HORST JANSSEN

Eine Biographie

STEFAN BLESSIN

HORST JANSSEN

EINE BIOGRAPHIE

B.S. LILO · 1984

Copyright und alle Rechte 1984 beim Autor
Das Buch ist zu beziehen über
B. S. LILO-Verlag, Postfach 20 25 11, 2000 Hamburg 20
oder über den Gesamthersteller
H. M. Hauschild GmbH, Rigaer Straße 3, 2800 Bremen 15

ISBN 3-920 699-57-2

Das Unternehmen wird entschuldigt

Die Lebensbeschreibung hatte lange die Unterstützung von Janssen. Am Ende bin ich eigenmächtig vorgegangen.

Ich habe meinem Appetit auf Bilder frönen können und bin allemal im voraus entlohnt. Ich habe am Tisch des Herrn gesessen, aber zuletzt muß auch dort jeder seine Zeche selber bezahlen.

Natürlich war es alles anders, als es hier geschrieben steht. Und ganz uneinholbar ist der pralle Augenblick und die körperlich anrührende Intensität im Gespräch. Wer von dieser Lebensfülle einen Eindruck haben will, suche die kleinen Radierungen auf und gehe darin mit den Augen wie in einem Zaubergarten spazieren. Je kleiner desto besser.

Im Grunde hat Janssen unwahrscheinlich lange stillgehalten. Nun bin ich es, der das Warten satt hat. Wer schreibt, muß Geduld haben. Aber ich kann den Händedruck zwischen Meyer-Merlin und Janssen nicht sehen, ohne an ein Komplott hinter meinem Rücken zu denken. Etwa in dem Sinne: „So — den Text haben wir. Jetzt brauchen wir nur noch *den da* rauszudrücken." Wenn ich dann erfahre, daß Thomas Ayck im Rollstuhl zu Besuch war, höre ich nicht, daß Janssen gesagt haben soll: „Wozu brauchst du eine neue Jacke? Die trägst du doch nicht mehr auf." Ich sehe nur, daß da einer ist, der schon mehrere Monographien für Rowohlt verfaßt hat. Dazu noch Brockstedts Äußerung, der immer schon für sich gedacht haben will: „Na, der Blessin zieht das Material zusammen. Das nimmt ihm Janssen dann irgendwann aus der Hand." Und was noch hinzu kommt: Hoffmann und Campe sitzt auch noch auf einem Manuskript ... Alles Schlußfolgerungen, Vermutungen, Verdächtigungen. Ich behaupte nicht, daß irgend etwas davon wahr ist. Aber ich kann mit diesen Indizien nicht leben, ohne sie so miteinander zu verknüpfen, daß daraus ein Strick wird — ein Strick für mich.

Das nenne ich den „kleinen Janssen" in mir — den Panikmacher und Amokläufer —, und der muß raus!

16. März 1984

Stefan Blessin

Inhalt

Vorbemerkung

Horst Janssen hat sein Leben in unabsehbar vielen Bildern und in einer wachsenden Zahl von Büchern öffentlich gemacht. Sie sind das ausführlichste Tagebuch. Keine Arbeit über Janssen kann damit in einen Wettstreit treten. In *Querbeet* liegt sein schriftstellerisches Werk bis 1981 chronologisch geordnet vor. Zitate daraus erscheinen *kursiv* gedruckt. Auf Seitenangaben und Anmerkungen wurde verzichtet, weil der Kontext den Fundort hinreichend deutlich ausweist. Wo Janssen darüber hinaus (in Anführungszeichen) zitiert wird, stammen die Äußerungen aus Gesprächen, Kladden oder unveröffentlichten Texten. Ein detailliertes Register soll das Werk auf größerer Breite erschließen helfen. Dank sei all denen gesagt, die durch Rat und Tat, durch Leihgaben oder die Überlassung von Rechten am Entstehen der Biographie mitgewirkt haben.

1. Kindheit in Oldenburg

Als sie mit ihrer Kunst am Ende war — sie hatte ihre Eltern bis zuletzt erfolgreich getäuscht, und der künftige Vater brauchte solche Rücksichten nicht, er war schon verschwunden —, da zog sich Martha aus Oldenburg in Richtung Berlin zurück. In Hamburg, auf Zwischenstation, kam sie am 14. November 1929 mit einem Sohn nieder. Zwei Wochen später verabschiedete sie sich von Arzt und Klinik: „Getrösteten Herzens verlaß ich nun das Haus, da Herr Doktor mir teilt den Laufpass aus." Sie kehrte mit ihrem Kind nach Oldenburg in die Georgstraße zurück, ein paar Straßenzüge von der elterlichen Wohnung entfernt. Dort, in ihrer Nähstube, hielt sie ihr Kind versteckt, bis nach fast einem halben Jahr eine Gemeindeschwester, von Nachbarn auf das Babygeschrei aufmerksam gemacht, Mutter und Sohn überraschte. Sie lief sofort in das Haus von Schneidermeister Fritz Janssen: „Wissen Sie überhaupt, daß Ihre Tochter ein Kind hat?" Der Großvater, ein schweigsamer Mann von soliden Grundsätzen, fühlte den Boden schwanken: „Ick knöpp mi op." Dann stellte er fest: „Das machen wir mit groß."

Den Großvater sollte das Kind bald vor allen anderen liebgewinnen. Dieses Wechselbad von Anerkennung und Strafe, das der kleine Horst dem bloßen Umstand schuldete, da zu sein, war so recht nach dem Temperament der Mutter. Sie hatte keinen Mann, dafür einen Sohn. Sie rackerte sich ab für ihn. Immer wieder konnte man sie, mit einer Wärmflasche an den Leib gepreßt, von der Wohnung der Eltern in die Nähstube hinüberlaufen sehen. Aber mit ihrem Söhnchen wollte sie höher hinaus. Sonntags zog sie den Kleinen fein an. Das Hemd mit Spitzenmanschetten und Rüschenkragen machte ihn fast zum Mädchen. Im Café Bohlmann hob sie ihn auf den Tisch, ließ seine blonden, nach innen gerollten Locken sehen. Im Schloßgarten machte sie die Runde, der dünnbeinige Horst im Sonntagsanzug mit weiß abgesetztem Mantelaufschlag an ihrer Seite. Aber zu Hause rutschte ihr die

Hand aus. Sie konnte gerade den Faden einziehen oder zum Fenster hinausschauen, der Schlag hinter die Ohren saß — nur so und rein prophylaktisch.

Martha Janssen mit Sohn Horst

Martha war eigentlich eine eher glücklose Frau, die keine 50 Jahre alt werden sollte. Sie war sechsunddreißig, als sie ihr uneheliches Kind bekam, das sie mit ihren Einkünften als gelernte Damenschneiderin, doch nicht ohne Hilfe der Eltern, in den schwierigen Jahren der Wirtschaftskrise durchbringen mußte. Sie hatte bessere Tage gekannt. Aber welche Geschichte man sich auch erzählt, jede endet mit einer herben Enttäuschung für die Sitzengelassene. Fernando — in diesem Namen klingt die heftige Jugendliebe ebenso nach wie die Entfernung zweier Welten. Denn er mußte zurück nach Brasilien, und sie blieb daheim in der Schneiderei.

In ihrem Verhältnis zum Sohn des angesehenen Hofapothekers waren es dann die sozialen Unterschiede, die eine Heirat mit der Tochter des armen Schneidermeisters unmöglich machten. Das Liebespaar mußte sich heimlich unten in der Giftküche der Apotheke treffen. Noch heute steigern sich die Erinnerungen der Nachbarn zu wahrhaft exotischen Vorstellungen. Martha war eine leidenschaftliche, stolze Frau, die sich ohne Zimperlichkeit einem entschiedenen Gefühl hingab. Solch ein Feuer anerkennt nicht das Gefälle von oben nach unten. So versuchte sie sich auch zeitlebens aus der kleinbürgerlichen Enge, die sie umgab, herauszuarbeiten, ohne daß sie einen Plan für ihren Aufstiegswillen gehabt hätte. Sie zeigte einfach nur, daß sie wer anders war. Sie zog sich elegant an, was der geschickten Schneiderin nicht schwer fiel. Über ihren Schultern lag sogar ein Fuchs, und sie hatte Pumps an, wie sie nicht jede trug. Natürlich brachte sie damit die ganze Kleinstadt gegen sich auf. Die Nachbarn beobachteten sie genau und sahen mehr, als wirklich zu sehen war. So erzählt man sich noch heute, daß die Martha Janssen sich in der Oldenburger Hunte das Leben nehmen wollte. „Sie lag im flachen Wasser wegen so einer Männergeschichte." Seitdem hieß es, wenn Frau Borchers am Kantstein mit den Nachbarinnen klönte und die Aufgetakelte von nebenan auftauchte: „Guck mal, da kommt Gut Naß."

Martha begegnete den muffigen Anfeindungen mit stolzem Trotz. Später bezog sie ihren Sohn in diese Frontstellung mit ein. So sollte seine phantastische, mädchenhafte Kostümierung vor allem herzeigen, daß er nicht irgendwer war. Sie wollte, daß er sich von den anderen Kindern unterschied und wenn es nur darum ging, daß er lange Strümpfe trug, während seine Klassenkameraden in Kniestrümpfen herumliefen. Erst als die Pimpfe des Jungvolks ihn in seinem Anzug mit der schwarzen Samtschleife auslachten, weinte er und merkte, daß er anders aussah. Martha explodierte und verteidigte ihn gegen die Jungen mit Halstuch und Koppel. Wie sie überhaupt nie zärtlicher zu ihrem Sohn war als in der gemeinsamen Abwehr des Oldenburger Mittelmaßes. Sonst fielen ihre Liebkosungen eher flüchtig aus.

Zu all diesen Kühnheiten und Extravaganzen fühlte Martha sich berechtigt, weil sie für den Hof des oldenburgischen Großherzogs geschneidert hatte und auch für andere hochgestellte Persönlichkeiten der Stadt arbeitete. Wenn sie zu den Prinzessinnen Ingeborg und Altborg gerufen wurde, holte eine Kutsche sie ab. Ihre Kleiderentwürfe waren genialisch. Sie brauchte den Stoff nur so anzuwerfen, dann sah sie das Kleid bereits vor sich. „Ich weiß schon, gnädige Frau, wie ich's mach." Genäht wurde dann auch mal mit der heißen Nadel.

Als ihr Kind aus dem Gröbsten heraus war, versuchte Martha, ihrem Leben eine neue Wende, einen gewissen Stil zu geben. Per Zeitungsannonce bot sie sich als reisende Schneiderin an. Und so kam sie in den Harz und an die See und auch ins bayrische Ruhpolding, halb zur Arbeit, halb zum Urlaub. Der kleine Horst war meistens dabei. Auf den Erinnerungsfotos schaut er mal aus einer Sandburg, mal zwischen den Fensterläden einer ländlichen Pension heraus. Aber die ständige Luftveränderung hat ihn nicht davor bewahren können, ausgiebig zu kränkeln. Martha jedoch hatte sich mit jeder Reise einmal mehr den Oldenburgern entzogen. Immer, wenn sie aus der Fremde zurückkehrte, fühlte sie sich vor den Kleinstädtern noch interessanter, so, als trüge sie jedesmal ein besonders extravagantes Kleid den Schloßgraben entlang.

Bei allen Widersprüchlichkeiten in ihrem Leben, in dem Impulsivität und Zähigkeit miteinander stritten, blieb Martha sich in einem gleich: in ihrem unverwandt nach oben gerichteten Blick. Von dorther kam auch der Mann, der Horst Janssens Vater werden sollte. Ein Herr Bauder. Eine Art Hochstapler, gewiß. Er war aus der Stuttgarter Gegend angereist, ein Handelsvertreter, der im Ersten Weltkrieg Offizier gewesen sein soll, eine Reihe von Oberlehrern und Professoren, auch solche mit italienisch klingenden Namen, unter seinen Vorfahren wußte und der sich jetzt, zu Beginn des Jahres 1929 von Martha aushalten ließ. Das blieb ihr nicht verborgen. Nichts rührender als ihre

Naivität, die wider besseres Wissen um Verständnis wirbt. „Nimm den lieben Schuft auf", so kündigte sie ihrer Schwester einen gemeinsamen Besuch an. Gleich vom Bahnsteig weg lud Herr Bauder die kleine Begrüßungsgesellschaft ins nächste First-Class-Hotel ein. Bezahlt hat Martha. Leicht vom Wege abgekommen, war Herr Bauder das, was man eine stattliche Erscheinung nennt. Er führte Martha in die oldenburgische Oper, in die Cavalleria rusticana. So wollte sie genommen sein. Kein Wunder, wenn sich Horst Janssen später vornehmen sollte, die Kunst in der Kunst zu vermeiden.

Der Sohn hatte keine Gelegenheit, Zuneigung oder Opposition gegen den Vater zu entwickeln. Es gab ihn einfach nicht, er hatte sich vor der Zeit davongemacht. Das Erbe, das der Vater hinterließ, kostete diesen nichts: Es war der Konjunktiv irrealis. Daraus aber sollte Horst Janssen einmal unvorhersehbaren Gewinn ziehen. Männer, die sein Vater hätten sein können, traten in sein Leben, herbeigewünschte und selbstgewählte, überschwenglich verfolgte und verstohlen geliebte. Hier mag auch eine der Wurzeln für *Die Kopie* liegen. Der Zeichner Janssen griff gleichsam auf der Suche nach einem Vater immer wieder auf Füssli, Hokusai oder die alten Meister zurück. Für den leiblichen Vater blieben nur Sentimentalitäten. Der Heranwachsende stellte sich den Unbekannten als Strumpfvertreter vor und träumte manchmal, selbst vor seiner Tür irgendwo im Schwäbischen zu stehen und ihm Strümpfe anzubieten, und er genoß die Vorstellung, dem ablehnenden Vater dann die Worte nachzurufen: „Auch nicht vom Sohn?" Manchmal spielte er auch mit dem Gedanken, sich wirklich nach Süddeutschland aufzumachen, wo es zudem eine Halbschwester geben sollte, aber es blieb nur ein Jonglieren mit Möglichkeiten. Er wußte schon, warum er es so genau denn doch nicht wissen wollte.

Als uneheliches Kind, das den Vater nie zu Gesicht bekommen hat, wuchs Horst in der Wohnung der Großeltern auf, abgeschirmt von den Vorurteilen der Kleinstadt. Der Großvater war ein schweigsamer Mann. Wie auf einer Insel saß er in seiner Werkstatt auf dem Schneidertisch, während Horst darunter selbstvergessen spielte. Nicht einmal zum Mittagsschlaf stieg der Großvater herab, sondern streckte sich lang auf dem Tisch aus und deckte ein Taschentuch über das sonnenfleckige Gesicht.

Sonst stand Horst unter dem weiblichen Regiment von Mutter und Großmutter. Hat er die beiden Frauen geliebt? Oma war damals schon über siebzig, „lütsch" und unscheinbar, aber emsig und freundlich. Sie hielt zusammen, was unter den kargen Umständen das Wichtigste war. Sie bemutterte den Jungen und verfolgte ihn mit jener Unsumme gutgemeinter Forderungen, die so lästig sind — Warmanziehen, Haarekämmen, Mundabwischen. Er hielt dagegen und verweigerte den Suppenlöffel, den sie auf dem Weg vom Topf zum Teller noch schnell durch den Mund zog, um ihn zu säubern. Auch Abwaschen half nicht, es mußte ein neuer aus der Schublade sein. So lief das bei Martha nicht. Sie machte kurzen Prozeß. Oma schaltete sich dann schon mal ein: „Laß den Jungen. Er will nur seinen Willen haben!" Hat sie es ihm zu leicht gemacht? In Janssens Erinnerung ist sie eher blaß geblieben. Sie stand nie im Wege. Einen letzten Gefallen tat sie ihren Kindern, indem sie kurz vor der Währungsreform starb. „Hätte man denn von der ersten D-Mark einen Sarg kaufen sollen?"

Da war die Mutter härter. An ihr konnte sich Horst nicht vorbeimogeln. Ein Zuckerschlecken war es mit ihr bestimmt nicht. Einmal wollte der kleine Horst ein gefundenes Markstück in seine Spardose tun, aber Martha öffnete seine Kinderfaust *mit ihren harten Nähknochen* und nahm ihm das Geld weg ohne Erklärung, und er durfte nicht einmal weinen dabei. Dennoch hat er sie geliebt. Und er fand sie auch schön. „Ungemein schön", wie er heute sagt, obwohl sie wirklich nicht schön war im landläufigen Sinne. Allerdings muß man auch nicht mit den Nachbarn, die sie zum Publikum ihres herausfordernden Lebensstils gemacht hatte, der Meinung sein, sie sei abgrundhäßlich gewesen mit ihrem vorstehenden Gebiß.

Der kleine Horst jedenfalls fand Martha schön, und er liebte ihre aufbrausende, explosive Natur. Er liebte sie hemmungslos, auch wenn sie wie eine Blitzhexe aus der Haut fahren konnte, ein Gewitter, das sich nach allen Seiten entlud. Für einen Liter Milch, der ihr einmal von einer Nachbarin vorenthalten wurde, ließ sie die Küche demoliert zurück. Dieses exzessive Wesen hat Janssen später in den sechziger und siebziger Jahren immer wieder in die Zeichnungen seiner weiblichen Gestalten eingebracht: langgliedrig, knochig, in den Gelenken bis zur Verrenkung biegsam, mit spitzen Bewegungen, das Schlüsselbein scharf hervortretend, sehnig und hart gespannt die Muskeln. Wie bei

Martha mit Pelz und Pumps

Martha ist es schwer zu sagen, ob sie schön sind oder häßlich. Die merkwürdige Ruhe, die trotzdem in all diesen Blättern liegt, zeigt den Sohn als liebenden Beobachter, als rückhaltlosen Bewunderer seiner Mutter. Mit ihr identifizierte er sich gerade in Momenten der Erregung. Selber oft der Stein des Anstoßes, sprang er Martha in Streitfällen bei. So hatte sie sich zum Beispiel einmal mit ihrer Schwester Anna angelegt. Wahrscheinlich ging es um die leidige Erziehungsfrage. Die gläsernen Nippes in den Borten — die weißen Papiermanschetten wurden jeden Sonnabend erneuert — klirrten beängstigend. Ein böses

Wort gab das andere. Da warf sich Horst gegen Tantchen und trommelte mit seinen kleinen Fäustchen auf sie ein. Ein paar Jahre später, als Martha, von ihm nicht besonders bemerkt, gestorben war, sollte sie seine Ziehmutter werden.

Ganz ohne solchen Aufruhr entwickelte sich die Zuneigung zum Großvater. Nach dem ersten Schreck über das uneheliche Kind, hatte er sich endgültig für den Enkel entschieden. So wurde die Lerchenstraße 14 für ihn sein Zuhause. Wie unter einem zweiten Dach saß der Kleine oft unter dem Schneidertisch, zu Füßen dieses großen, hageren Mannes, und wie der Großvater da oben konnte er sich ausdauernd beschäftigen — mit Stoffresten, die herabfielen. Spielsachen waren die Ausnahme in dieser Zeit.

Johann Friedrich Janßen — so urkundlich — wurde am 15. Februar 1863 in Jeddeloh geboren, Staatsangehörigkeit oldenburgisch. Sein Vater war Heuermann, er lernte das Schneiderhandwerk. Mit fünfundzwanzig Jahren eröffnete er eine Werkstatt, und obwohl er keine Meisterprüfung abgelegt hatte, war ihm vom Magistrat der Stadt das Recht erteilt worden, Lehrlinge auszubilden. Ein größerer Betrieb wurde dennoch nie aus der in der Vorstadt gelegenen Schneiderstube. Allein, mit seiner Hände Arbeit mußte er seine Frau und die fünf Kinder, Erna, Ernst, Martha, Ewald und Anna, durchbringen. Die Kinder vereinigten unterschiedliche Talente, unter denen das zu einer steten, soliden Lebensführung am seltensten war. Eigentlich konnte sich nur Erna, die Älteste, durch ihre Heirat auf Dauer konsolidieren. Ernst brachte es zwar zum Finanzamtmann, war aber später dem Alkohol nicht abgeneigt. Wie Martha angestrengt auf Niveau hielt, ist bekannt. Ewald fuhr zur See, war auffallend musikalisch und Mitglied eines Gesangvereins, bevor er der Volksseuche Tbc erlag. Bleibt Anna, die, über die Landesgrenzen von Oldenburg hinaus, in die Welt gegangen war und sich in Hamburg zur Bilanzbuchhalterin hochgearbeitet hatte. Sie blieb ledig, und als Horst nach dem Krieg zu seiner Tante kam, ging es mit ihr nur noch bergab.

Der Schneidermeister Janßen hat sich immer vor seine Familie gestellt, so auch vor den unverhofften Neuzugang Horst. Überhaupt — der Kleinstadt mußte man es zeigen. Zuhause nur in geflickten Hosen, holte er zum Stadtgang den Anzug aus dem Schrank. Am liebsten aber hielt er sich in seinem Schrebergarten hinter dem Haus auf. Und der kleine Horst war immer dabei. Er bekam sogar ein eigenes Beet und einen eigenen Kürbis. Da draußen im Garten, außer Reichweite der Frauen, wuchs der Enkel mit seinem Opa zu einer rührigen Arbeitsgemeinschaft zusammen. Sie jäteten Unkraut, versorgten das Gemüse mit Wasser, spannten gemeinsam den Bindfaden aus und markierten mit Spucke die Bahn, um die Kante für das neue Beet schnurgerade abstechen zu können. Zusammen richteten sie auch den Misthaufen. Er bestand aus mehreren Schichten. Erst Rhabarberblätter, darauf

Mit Großvater im Garten

Fallobst, dann Pferdeäpfel, die der Junge heranschaffte. Opa schaufelte Erde auf den Kompost. Darunter lag ein ganzer Sommer, der im Winter bei Frost mit einer klirrend festen Schale überzogen war. Mit einem Besenstiel klopfte Horst oben eine Öffnung hinein. Während Opa gern hinter dem Schuppen, wo er auch die Speckgrieben vom Elfuhrpfannkuchen an die Spatzen verfütterte, sein Wasser ließ, stieg der Junge jedesmal auf den Misthaufen und zielte mit seiner Pipi in das Loch hinein. Im Frühjahr verstreute der Großvater den Kompost wortlos über die Beete.

Eines Tages schenkte der Großvater dem Enkel eine Schubkarre. Damit vergrößerte er den Radius seiner gärtnerischen Geschäftigkeit. Er lief in den Straßen den dampfenden Dunghaufen hinterher, die die Pferdefuhrwerke der Kohlenhandlung Taapken hinter sich zurückließen. Er sammelte alles ein, auch was von den Rädern zwischen das Pflaster gequetscht war. Gründlichkeit schafft Probleme. Wenn er mit einer Fuhre voll zweitklassigem, ausgemergeltem Dung auf dem Heimweg auf vier Pfund lebendwarme Pferdeäpfel stieß, wurde mit jedem Schritt, den er in die Lerchenstraße zurückhastete, seine Angst größer, daß dieser frisch aufgeworfene Haufen plattgewalzt sein könnte, bevor er zurückkam. Doch er ließ sich nicht ablenken. Immer der Reihe nach mußte der Erfolg eingefahren werden.

Es war eine innige Freundschaft zwischen dem Großvater und seinem Enkel, auch wenn der Großvater ein Mann ohne viele Worte blieb, einer, der mit untergeschlagenen Beinen, im Schneidersitz, zwischen Flickenhaufen und Elefantenei das deutsche Märchen verkörperte. Wozu der Volksmund nie mehr als einen Satz braucht, das sprichwörtlich karge Dasein des Schneiders, hier war es lebendig zwischen Elle und Eisen, hier in der Werkstatt mit dem Torfofen und dem Plumpsklo draußen um die Ecke. Natürlich wurden vom Großvater kaum Herrenanzüge entworfen, Flickschneiderei war gefragt. Und hatte der Kunde kein Geld, dann ging die reparierte Hose auch mal so weg, weil Opa großzügig war und weil er das hinhaltende Gerede nicht mochte. Gegen Oma ließ er das Schweigen manchmal ausufern, aber nicht gegen seinen Enkel, mit dem ihn eine schrankenlose Zuneigung verband. Nur einmal bekam Horst von ihm wortlos Schläge. Er hatte es sich zur Gewohnheit gemacht, auf dem Heimweg gemeinsam mit anderen Schuljungen einen Blick auf den Hof der Holzfirma Möhring zu werfen. „Was macht die Säge?" Mit einem kurzen Anlauf sprangen die Kinder den Plankenzaun an, um mit einem Klimmzug drüberweg zu gucken. Eines Tages hatten sie nicht bemerkt, daß der alte Möhring über Nacht oben Stacheldraht angebracht hatte, so daß sich Horst die Hände blutig riß. Entsetzt, aber auch im Gefühl der eigenen Unschuld, lief er schreiend nach Hause, und der Großvater reagierte, als er das Blut an den Händen des Kindes sah, auf seine Weise, er langte voll hin.

Als Horst zehn Jahre alt war, ging für ihn die Zeit der behüteten Kindheit in der Lerchenstraße zu Ende. Im Frühjahr 1939 starb der Großvater. Obwohl er schon lange an Alterstuberkulose dahingesiecht und von der Mutter aufopfernd gepflegt worden war, kam sein Tod für das Kind so überraschend, daß es ihn nicht realisierte, sondern den Opa noch lange in seiner Märchenwelt weiterleben ließ. Daß dann auch der Zweite Weltkrieg begann und durch den weiten oldenburgischen Himmel immer häufiger Kampfflugzeuge zogen, war nicht so einschneidend für das Kind wie die Erkrankung der Mutter, ebenfalls an Schwindsucht. Solange sie noch unverdrossen dagegen anarbeitete, ging es. Aber als sie dann hinfälliger wurde, an den Sonnabenden nicht mehr die Kraft fand, die Wohnung sauberzumachen und alles verlottern ließ, als das wenige Geld noch knapper, die Nerven reizbarer wurden und Oma, der Zankerei mit ihrer Tochter müde, nach Bad Gandersheim zu einem ihrer anderen Kinder übersiedelte, da war die Kindheit in Oldenburg endgültig vorbei.

Lerchenstraße 14. Das ist ein zweigeschossiges Haus, das noch heute steht, ein wenig dichter vorspringend gegen die Straße als die anderen in der Reihe, deshalb ist der Vordergarten noch enger, winziger als bei den Nachbarn. Diese Art Ackerbürgerhäuser in städtischer Randlage wurden in der zweiten Hälfte des 19. Jahrhunderts gebaut, von Oldenburgern, die vor der Stadt noch eine kleine Landwirtschaft betrieben. Im Volksmund hießen diese schmucklosen Kleinbürger- und Handwerkerhäuser schlicht „Hundehütte". Die einzige architektonische Abwechslung in der Vorderfront mit dem nackten Giebel sind die zwei Reihen zu je vier Fenstern, spärlich gefaßte, rechteckige Öffnungen, die für eine zweiflügelige Mitteltür Platz ließen. In Haus Nummer 14 wohnten links Eisenbahner Schmidt, rechts Janßens. Oben schauten zuweilen zwei ältere Frauen aus dem Fenster, die ihre Wohnung im 1. Stock durch den Seiteneingang in einem nachträglichen Anbau erreichten. Was aber diese grauverputzten Häuser erst richtig und serienmäßig klein erscheinen läßt, das ist das Fehlen eines anderen Maßstabs. Weit und breit kein höheres Bauwerk, zwischen Nutzpflanzen und Rosenstöcken nicht ein Baum, der herausragt, der den Himmel zerteilt und sich dem Blick entgegenstellt. Unter lauter flache Giebel geduckt, liegt die Lerchenstraße da. Das macht den Himmel so riesig, ein endloses Wolkenschauspiel im Wechsel der Jahreszeiten.

Diesen Himmel fangen die Häuserfronten mit ihren milchig-glänzenden Fensterscheiben ein; die Pfützen holen ihn vollends auf die Erde herunter. Ein gewöhnlicher Oldenburger Regen- und Sudeltag: auf dem Bürgersteig eine kleine, glänzende Seenlandschaft, am Kantstein entlang die stärker fließenden Abwasser, vom Buckel der Straße herab, von dorther, wo ein doppeltes Band aus Backsteinen das Kopfsteinpflaster teilt, ein tausendfältiges Rinnsal. Bevor Horst in diesem feuchten Paradies seine Streichhölzer und Stöckchen schwimmen lassen konnte, verging viel Zeit. Denn er wurde ja lange von der Straße weggehalten. Dem Gespött der Leute vorbeugend, hatte die ledige Mutter, wie wir wissen, entschieden, daß sie und ihr Kind etwas Besonderes waren. Und auch später, als Horst das Geviert zwischen Lerchenstraße, Sonnenstraße und Bürgereschstraße erobert hatte, war es nicht die Regel, daß er draußen mit den anderen Kindern spielte. Er mußte oft drinnen hocken und sich selber beschäftigen. Opa holte die hellen Kartons vom Regal herunter, löste vorsichtig die Stoffproben ab, die er für die Kundschaft bereithielt, und gab seinem Enkel die Pappdeckel zum Malen. Horst vergaß dann, daß er lieber draußen gespielt hätte.

Als er in die Schule kam, durfte er sich einen Freund ins Haus einladen, aber nur zu bestimmten Zeiten am Nachmittag: Rolf Strehle. Den akzeptierte Martha nach der simplen Grundregel: Gegensätze gleichen sich aus. Dieser Spielkamerad mit dem dünnen Haar und der allzu hohen Stirn war betulich und ganz und gar ungewitzt. Die geringste Frotzelei genügte, daß er eingeschnappt nach Hause lief. Ihn mit Zeichnen zu malträtieren, war gar nicht drin. Lebhafter wurde es nur, wenn beide Kinder auf dem Boden der Werkstatt ihre Soldaten aufmarschieren ließen. Ein Blick vom Großvater vom Tisch herunter

Vor der Schule

beruhigte die Gemüter wieder. Die wahren Schlachten konnten ohnehin nur draußen unterm Apfelbaum stattfinden. Keine Rangelei, versteht sich; aber die Entscheidung zwischen den feindlichen Heeren, die sie in der unebenen Gartenerde in Deckung brachten und hinter einer entfernt gezogenen Wurflinie mit Steinchen bombardierten.

Horst war ein quirliges Kind, das nicht stillsitzen konnte, ein Wippsteert, und nur vom Großvater und vor allem mit Malen zu besänftigen. Auf dem Papier Strich neben Strich war ihm so gut wie dem Großvater Stich an Stich. Er wollte ihm gefallen und hatte schnell heraus, was von ihm erwartet wurde. War ein Photo gefragt, dann präsentierte er sich zwischen zwei blondzopfigen Gretchen mit vielsagend verdrehten Augen. So kasperte er durch die Welt der Erwachsenen, kurz: ein aufgeweckter Junge. Aber eingeschult wurde er mit einjähriger Verspätung 1937, als er sieben war. Daran war seine zarte Konstitution schuld. Er kränkelte viel. Aus dem runden Kinderkopf mit vorgewölbter Babystirn war ein schmales Gesicht geworden. Die übergroßen Augen waren das Resultat eines andauernden Untergewichts, ein Grund mehr für die Mutter, ihn von den Straßenjungen aus der Nachbarschaft fernzuhalten.

Die Volksschule Donnersschwee hinterließ bei dem Erstkläßler den stärksten Eindruck mit dem, was zwischen den Stunden geschah, in den Pausen auf dem Schulhof, als er sich unversehens im Gedränge der anderen Kinder wiederfand. Lernschwierigkeiten kannte er nicht. Martha schickte ihn, die blonde Tolle keß in die Stirn gekämmt, mit schrägsitzender Mütze zur Schule, in der Erwartung, daß er genauso adrett zurückkäme. Aber Horst kam prompt mit aufgerissenen Hosen nach Hause. Den Sohn von Winters brauchte er nur zu sehen und die Prügelei war da. Das wuchs den Großeltern über den Kopf. Hinzu kamen die Vorhaltungen von Martha und die Einlassungen ihrer jüngeren Schwester, sofern sie gerade in der Lerchenstraße zu Besuch war. Die Erziehungsfrage wurde zu einem prekären Dauerthema. Horst entzog sich den Querelen häufig auf seine Weise. Er schloß sich den Pferden an, die den städtischen Wasserwagen vormittags durch die Straßen zogen. Stundenlang konnte er neben diesen mehrzentrigen belgischen Kaltblütern herlaufen. Dafür schwänzte er sogar manchmal die Schule. Eine zärtliche Freundschaft verband den spiddeligen Jungen mit den riesigen geduldigen Tieren. Aber er stand nicht allein da mit seiner Begeisterung für diese kolossalen Gesellen, die den Wasserbottich so sicher über das Holperpflaster bewegten. Oldenburg war die Stadt der Hengstkörungen und hatte dafür besondere Festtage eingerichtet. Ein Menschenauflauf füllte dann an diesen Tagen den weiten Platz, auf dem die Pferde vorgeführt wurden.

Seit Horst in die Schule ging, merkte er erst richtig, wie isoliert er von seiner Mutter bis dahin gehalten worden war. Jetzt durchschaute er ihr System, ihn von den fabelhaften Unternehmungen seiner Klassenkameraden abzusondern, indem er zu Hause irgendwelche Gelegenheitsarbeiten verrichten oder mit dem Fahrrad, obendrein einem Damenfahrrad, Marthas Näharbeiten an Kunden ausliefern mußte. Dazu gehört auch die Sache mit der großen Scheibe im Café Bohlmann. Er hatte dieses exquisite Rundglasfenster — einmalig in der Stadt — mit einem Stein eingeworfen. Ja, er war schuld. Aber war es notwendig, ihn den Schaden abarbeiten zu lassen, ihn langwierig damit zu beschäftigen, Spirituosen und alle möglichen Kundenbestellungen auszufahren? Solche Geschäftsleute sind doch versichert! Jedenfalls sagte das seine Tante Anna, die schließlich aus der Großstadt Hamburg kam.

Am Ende seiner Kindertage fiel die Familie auseinander. Immerhin waren sie so etwas wie eine Familie gewesen bis zu Opas Tod und Marthas Siechtum. Sie hatten einen ordentlichen Haushalt geführt. Zwar waren sie schon lange darauf angewiesen, die gute Stube nach vorn zur Lerchenstraße zu vermieten, aber zu Weihnachten, wenn der Herr Student nach Hause fuhr, feierten sie zusammen in den gemütlichen Polstersesseln. Das alles war nach Opas Tod vorbei. Das Vormundschaftsgericht trat die Nachfolge des Großvaters an, der den Enkel adoptiert hatte. Als 1941 eine Kommission zur Auswahl von Schülern für die neugegründete Nationalpolitische Erziehungsanstalt, für die NPEA Emsland in Haselünne, in die Mittelschule kam, fiel ihre Wahl auf Horst und noch einen anderen Mitschüler. Das war eine Auszeichnung für den Elfjährigen, jedenfalls empfanden er und Martha es damals so. Aber als eines Tages zwei uniformierte Männer mitten in der Küche standen, um ihn abzuholen, bedeutete das für ihn auch das Ende der Familie.

Die Kindheit erklärt vieles im Leben eines Menschen. Obwohl Horst Janssen in der Lerchenstraße ein behütetes Zuhause hatte und von den Großeltern auch verzogen und verzärtelt wurde, ist er doch in keiner intakten, vollständigen Familie aufgewachsen, denn ein Großvater ersetzt nicht den Vater und eine unverheiratete Mutter kann nicht beides sein. Und so bleibt Horst Janssen ein Leben lang auf der Suche nach der Familie. Keine Frau wird er später erobern, ohne gleichzeitig einen Werbefeldzug um die Eltern zu entfesseln, nie wird er aufmerksamer und erfinderischer sein, als wenn es darum geht, die Mutter, den Vater der Geliebten für sich einzunehmen. Zu Geburtstagen denkt er sich Präsente aus, die er wirkungsvoll von einem Taxifahrer mitten in die überraschte und entzückte Kaffeegesellschaft bringen läßt. Auf diese Weise sind viele seiner Bildergeschichten entstanden, für die Mutter von Birgit Sandner und andere, nicht zu zählen die Zeichnungen für die Knauer, die von Bethmann Hollweg, für die Herrnberger. Janssen will in die Familien der Frauen, die er liebt, aufgenommen werden. Wird ihm das Wohlwollen auch nur zeitweise verwehrt, weil seine begeisterte Zutraulichkeit auch anstrengend sein kann, besonders nachts zwischen zwei und drei, wenn er die Zuneigung durch Telefonanrufe auf die Probe stellt, dann gerät er außer sich.

Aber die Kindheit liefert nicht die Ursachen für alle künftigen Entwicklungen. Es gibt Auswüchse, die geradezu infantil sind und sich doch nicht allein aus der Kindheit rechtfertigen. Der kleine Horst spielt mit dem Frosch unterm Lattenrost vor der Wohnung Lerchenstraße und quält ihn dabei zu Tode, wie es viele Kinder tun. Aber was ist diese Grausamkeit gegen Janssens spätere Exzesse, wenn er seine Frauen in blinder Wut schlägt, selbst dann, wenn sie hinter dem Steuer ihres Autos sitzen und sich nicht wehren können. Das Spiel hat seinen natürlichen Ort in der Kindheit. Jeder will Sieger bleiben. Aber Janssen kann später um keinen Preis verlieren. Aus jeder Situation muß er einen Wettkampf machen. Selbst Plaudereien und Gespräche, besonders wenn der andere fremd ist oder in der Auseinandersetzung fremd wird, verwandelt er in einen Kampf um Sieg und Niederlage. Ja, man sagt, daß Janssen heute nur deshalb so einsiedlerisch zurückgezogen lebt, weil er am Zeichentisch, dort aber immer, Sieger bleibt. Er muß gewinnen und findet sich auf jeden Fall unvergleichlich. „Auch in meinen Schwächen bin ich unschlagbar." Hybrid ist schließlich der Trost für den Verlierer: „Sei nicht traurig, auch das kann ich besser."

Janssen verbindet mit seiner Person später einen Totalitätsanspruch, der alles in den Schatten stellt. Um sich wohl zu fühlen, um in den Vollbesitz seiner Kräfte zu gelangen, duldet er nicht die Spur einer Opposition. Ohne attackiert zu sein, greift er schon an. Dabei gäbe sich Janssen nie damit zufrieden, faschistoid zu sein. Wenn schon — denn schon Hitler selber. Die Auftritte in dieser Rolle Anfang der 70er Jahre, zu denen er sich die Haare mit Rotwein in die Stirn klebte, waren so ungeheuer beklemmend, weil er sich nicht an die Rolle hielt. Denn dazu gehört nicht nur, Stimme, Tonfall und Mimik richtig zu treffen, sondern auch, daß das Spiel Spiel bleibt. Aber Janssen steigerte sich von Anfall zu Anfall. Joachim Fest, der in dieser Zeit sein

Hitler-Buch schrieb und am Mühlenberger Weg ein- und ausging, rang um Contenance. Als die Anwesenden in der Angst, angegriffen zu werden, kreidebleich an die Wände zurückwichen, vollführte Janssen einen regelrechten Veitstanz. Unter seiner sich überschlagenden Stimme erdröhnte das Haus. Ein Wahnsinniger, der in den Augen der anderen sehen wollte, daß sie ihm den Hitler glaubten.

Janssen war Hitler, Nazi war er nie. Zunächst aber war er ein kleiner Junge, neugierig wie die tausend anderen, als er zum ersten und einzigen Mal den Führer sah. Die Oldenburger erwarteten ihn auf der schmalen Brücke, die außerhalb des Bahnhofs über die Gleise führte. Die Frage war, von welcher Seite man Hitler sehen würde. Ein kleines Kerlchen, das sich zwischen das Gitter hindurchgeklemmt hatte, rief zuerst „Heil", als die Menge sich auf diese Seite der Brücke warf. Es gab auch Verletzte. Horst, der günstig stand, sah den ausgestellten Unterarm und die abgewinkelte Hand, sonst war die Gestalt des Führers im Schatten des Coupés.

Wie in mancher Hinsicht ist Janssens Kindheit ohne Beispiel für das, was später aus ihm wurde. Die Diktatur des Zeichenstifts kündigte sich kaum an. Er malte auf den Pappunterlagen, die Opa für ihn zurechtmachte. Eine Gelegenheit, mit Kindern zu spielen, ließ er dafür nicht sausen. Obwohl ihn der Ehrgeiz schon zu kitzeln begann, obwohl, was ihm nicht gelang, Pferde zum Beispiel, doch gelingen mußte, war es noch lange eher ein Notbehelf gegen Langeweile. Das Schiff, das er an Mutters Hand nur kurz im Schaufenster gesehen hatte, bevor sie ihn ungeduldig weiterzog, zeichnete er erstaunlich genau nach. Zwar hatte er sich schon festgaffen wollen, wie Martha fand, aber so lange dauerte es denn doch nicht, so daß sie überrascht war, wie er die Aufbauten, die ganze Takelage präzise traf. Sogar die Bullaugen konnte man zählen. Horst hat tatsächlich nicht ein Schiff, sondern dieses Segelschiff aufs Papier gebracht. Zu Weihnachten und Ostern malte er Karten, die seine Mutter stolz herumzeigte, bei den Bakenhus, den Cordes und Gades.

Janssen schaut auf seine Kindheit und von daher wieder zurück auf uns mit einem Blick, der, übersetzt in einen seiner Herzenssprüche, sagen will: „Ich bin lieb! Bin ich nicht lieb?" Ja, das hat es einmal gegeben: Wärme, Geborgenheit, Unschuld, Offenheit. Die Geschichten, in denen er an diese Zauberformeln tippt, sind die Erzählungen von einem Kind, das aus seinen Himmeln gerissen und überwältigt wurde. Die Überwältigung, das ist der Topos, der immer wiederkehrt, wenn Janssen später von seiner Kindheit erzählt — in der Kinderzimmergeschichte und in den Erinnerungen an Linde und an Opas Tod. Doch wird da nicht lamentiert. Nichts liegt ferner als das anklägerische „Seht, was man aus mir gemacht hat".

Da ist ein erstauntes und von den Geschehnissen überwältigtes Kind. Lauter kleine Sternstunden der Menschheit. So liest es sich. Mit fünf die Vertreibung aus dem Paradies, als er von Martha bei nächtlichem Sturm vorsorglich aus dem Kinderbett gezerrt wurde, dem einzigen Ort auf der Welt, wo er sich unter seiner Nachtdecke sicher gefühlt hätte. Deshalb wollte er fortan den Wohltaten der Menschen mißtrauen.

Linde hieß die kleine Eva, die dem Jungen vormachte, daß ein Opfer nicht ein Opfer sein muß. Sie hatte die Schulhofquälereien beobachtet und zugesehen, wie Horst beim Muskelreiten unterlegen war. Es war in Möhrings altem Geräteschuppen: *Mit der niedlichsten Lüsternheit machte sie die Schilderung ihrer Beobachtung zu einem Geständnis: Sie verlangte nach einer gleichen Prozedur — unter Ausschluß der obszönen Pointe, und legte sich ohne Prelüd mit einem ganz komischernsten Gesicht auf den gestampften Lehmboden. Da lag sie — in willfähriger Positur und aus ihren im sanften Winkel abgespreizten Armen wuchsen die Federn eines Engelsflügels. Nach meiner ersten Verblüffung stieg ich auf, setzte meine Knie behutsam und genau auf ihre wohlgeformten schlanken, aber kräftigen und langgestreckten Armmuskeln und wippte im Zuckeltrab los — anfangs unbeholfen und verlegen und zaghaft, dann aber wie auf meinesgleichen und schließlich in ganz und gar unbekannter Lust. Es war ein Ritt über einen Engelparcours.* Auch Glück überwältigt. Die geraubte Unschuld ist das Paradigma, dem Janssens vita sexualis noch häufiger folgen wird.

Es gibt zwei mögliche Lebenswege. Der eine ist der des Revolutionärs, der sagt, die Welt sei schlecht, er wolle sie verändern. Der andere verändert nicht die Welt, sondern verändert sich mit ihr, um sein Paradies nicht zu verlieren, so wie Janssen. Man behaupte nicht, diese Art sich

26

anzupassen sei keine Kunst. Es genügt nicht, brav und angepaßt zu sein, wenn man selbst diejenigen, die es gut mit einem meinen, als Vergewaltiger empfindet. So ging es dem kleinen Horst mit Martha, wenn sie ihn auf seinem Weg zur Spardose noch rasch spüren ließ, daß Sparen wehtut, und wenn sie ihn mit dem täglichen Mittagsschlaf und all den penetranten Fürsorglichkeiten quälte. Nur Martha trifft keine Schuld, sie wollte bloß sein Bestes. Horst aber litt darunter. Es ist diese Art Verletzlichkeit, in der Janssen es zu einer unvergleichlichen Virtuosität gebracht hat.

Janssens Verletzlichkeit bricht häufiger durch, als Anlässe tatsächlich sichtbar sind. Mit den Jahren handhabt er sie offensiv und produktiv. Er macht sie zu einer höchst kalkulierten Kunst- und Lebensform und wehrt damit jede Art von Entfremdung ab. Verletzlichkeit ist für ihn auch ein Seismograph, der ihn davor warnen soll, von anderen vereinnahmt zu werden.

Man stelle sich vor, welche paranoiden Dimensionen sich diese Hyperverletzlichkeit erschließt. Nur die das Zeug dazu haben, daß sie einmal die härteren, raffinierteren, bestgerüsteten Feinde werden, läßt er freundschaftlich an sich herankommen. Er staffiert sie aus, nicht nur mit Zeichnungen, er gibt ihnen Vollmachten, er räumt sein Haus für sie leer. Aber während er sich noch an sie verschenkt, baut er unterirdisch an einem Labyrinth von Gräben und Fallen. Er wird verfolgt. Die Tücke und Durchtriebenheit, die er auf der Gegenseite voraussetzt, inspiriert ihn zu einem Filigran aus Bosheit und Bespitzelung. Natürlich ist der Punkt längst überschritten, wo nicht Absicht im Spiel wäre. So ist Janssens Verletzlichkeit vor allem auch ein Instrument der Selbstinszenierung, im Laufe der Zeit auf einen immer perfekteren Stand gebracht.

Das Kind aber ist davon noch weit entfernt. Der kleine Horst — das ist bezeugt — war bereitwillig und anhänglich. Noch am Ende des Krieges fiel er als rundherum gutartig auf. Wie sagt doch einer, der ihn aus jenen Tagen kennt: „Sie dürfen den Horst von damals nicht mit der Jugend von heute vergleichen."

2. Auf der Napola

An einem grauen Septembertag 1942 fuhr Horst in Richtung holländische Grenze zur Napola nach Haselünne. Er verließ nicht die ehemalige Landeshauptstadt Oldenburg, die Residenz- und Garnisonsstadt mit ihren repräsentativen Bauten, sondern die Lerchenstraße 14. Für ihn ging die Geschichte des Landes Oldenburg noch ausschließlich durch den Magen: Grünkohl mit Pinkel, Weißkohl mit Hammelfleisch, Pfannkuchen mit Speckgrieben und wie Omas Gerichte sonst noch hießen. Daß einst, 1918, durch die Stadt, die nur auf der Landkarte links von Bremen liegt, die Revolution gezogen war, daran erinnerten sich selbst die Eltern und Großeltern der Oldenburger kaum noch. Zu kurz und allzu hoch über ihre Köpfe hinweg hatte sich das Spektakel vollzogen. In der Hauptsache ging es den Matrosen aus Wilhelmshaven und dem Großherzog von Oldenburg um die rote Fahne, die oben auf dem Schloß die Landesfarben ablösen sollte. Die Zeitungen von damals berichten, daß dem Auf- und Einziehen der Flagge ein ominöser Austausch von Höflichkeiten vorausgegangen sei: „Als die Revolutionäre aber bemerkten, der Fürst könne die rote Fahne schon bald wieder einziehen, erklärte der Großherzog, er würde das nicht tun, das möchten sie nur selber besorgen."
So wenig eine Revolution in dieser Stadt am Platze war, so zögernd hatte sich in den Jahren vorher die Industrie dort angesiedelt. Oldenburg war seit eh ein bißchen Residenz mit Hofleben und Stallgeruch, ein bißchen Binnenschiffahrt und Kulturmittelpunkt mit Landestheater und großherzoglicher Kunstsammlung. Die auffälligste Neuerung im Stadtbild gegen Ende des 19. Jahrhunderts war jenseits des alten Walls der soziale Wohnungsbau, der Oldenburg zu jener Gartenstadt ausdehnte, die es noch heute ist. Obgleich man jede Kasernierung ablehnte und freistehende Zwei- und Dreifamilienhäuser baute, „bei jeder Wohnung etwas Gartenland, wenn auch nur $1/2$ Scheffelsaat", geriet die neue Bauart in ein kleinkariertes Schema. Der Philosoph Karl Jaspers, der ebenfalls in Oldenburg, aber in einer älteren, großzügigeren Villengegend aufgewachsen war, erinnert sich nicht ohne Widerwillen an die künstlich geschaffenen Wohnviertel, an die triste Geschichtslosigkeit der „Hundehäuser" mit ihren kleinlich abgemessenen Gärten. Aus dieser Enklave des ersten sozialen Wohnungsbaus

kam der frischernannte Pimpf Horst Janssen in die Nationalpolitische Erziehungsanstalt. Die gewaltigen Räume des bollwerkartigen Klosters zu Haselünne öffneten sich der künftigen Elite des Tausendjährigen Reiches.

Für Horst war der erste Tag hinter den hoch aufragenden Wänden ein Schock. Aus der adretten Kostümierung, mit der ihn Martha ins Leben schickte, rein in die Uniform. Weg von Zuhause, von den geduckten Kleinstadtgiebeln hinein in das Riesengemäuer mit seinem Labyrinth aus Gängen und Sälen. Nonnen hatten sich hier einst vor der Welt abgeschlossen. Das Einzelkind, nun unter fast dreihundert Jungen, die sich in Jahrgänge, Züge und Gruppen teilten. Als Horst an diesem Anreisetag, an dem sich die neuen Eindrücke nur so jagten und zu einer Ahnung des Kommenden verdichteten, zum ersten Mal die Augen aufschlug, stand er vor einem Berg geschmierter Brote. Alle Neuzugänge waren aufgefordert worden, ihren Reiseproviant abzuliefern. Jetzt wurden ohne Ansehen der Person und ihrer Herkunft die Brote neu und gleichmäßig verteilt. Die zwei Schinkenstullen in der Hand — die nachrückende Reihe drängte schon weiter — ersetzten ihm nicht die Marmeladenbrote, die ihm Oma geschmiert hatte. Keinen Bissen bekam er herunter.

Man weiß, wie straffgeführte Anstalten mit einem strengen ausgefüllten Tageslauf Widerstände überwinden helfen: Wecken, Frühstück, sechs Stunden Schulunterricht, Gemeinschaftsessen, Mittagsschlaf, Sport und Exerzieren, Kaffeezeit, Hausaufgaben für den nächsten Tag, Abendbrot, Appell und Zapfenstreich um neun Uhr. Da gibt es keine Langeweile oder Zeit zum Aufmüpfen. Die täglichen Wiederholungen schafften eine permanente Wettkampfatmosphäre. Ein ständiges Auseinander- und Zusammenrennen in Stuben- und Tischgemeinschaften, in Gruppen und Zügen. Man vergleicht sich. Wer ist besser, schneller, am besten? Mit zwanzig sagt Janssen rückblickend: „Es war alles neu und machte mir Spaß." Mit fünfzig erinnert er sich anders: „Es war ein böses Himmelreich auf Erden." Fest steht, daß die erste Zeit auf der Napola für den Jungen, der nie dem Jungvolk angehört hatte, neu und spannend war, auch wenn ein absurder Drill herrschte. Die Spindabnahme fand regelmäßig abends statt. Der Z. v. D. prüfte mit einem Lineal, ob die Hemden und Unterhosen auf Kante lagen. Wo nicht, flog der Inhalt des Spinds auf den Fußboden.

Während der Allgewaltige seinen Durchgang durch die Räume machte, stand ein Stubenkamerad Schmiere. Denn bis zuletzt mußte die Wäsche in Länge und Breite passend gezogen werden. Die weiteste Hose gab den Maßstab an, alle kleineren Formate waren bis zum Moment der Kontrolle zu strecken. Denn nur zwanzig Sekunden hielt die Streckgröße. Eine Verzögerung im Zimmer davor, und man wäre unweigerlich aufgefallen.

Horst setzte alles daran, sich schnell einzuleben. Der Sauberkeitsdrill, dessen bürgerlich mäßige Variante ihm später unerfüllbar schien, war tiefer Alltag. Im dritten Glied überstand er Ohren- und Fingerappelle. Er war so mit der Integration in das Anstaltsleben befaßt, daß er im Februar '43 den überraschenden Besuch seiner Tante Anna aus Hamburg kaum wahrnahm. Die Schwester seiner Mutter reiste am nächsten Morgen schon wieder ab. Daß er jetzt Waise sein sollte, war ihm ein Fremdwort. Martha ist am 27. 1. 1943 gestorben — an Tbc wie der Großvater.

Zu den Mitteln, die Neuen auf die Elitegemeinschaft einzuschwören, zählte die Drohung, von der Napola zu fliegen. Auf den Kopf zugesagt, wirkte das wie eine Gehirnwäsche. „Jungmann Janssen, willst du aus der Anstalt entlassen werden?" „Nein, Herr Hundertschaftsführer", kam die Antwort hastig mit nassen Augen. Die Napola war an die Stelle der Familie getreten, auch wenn Horst noch nicht begriffen hatte, was das heißt. Die Nationalpolitischen Erziehungsanstalten (NPEAs) bildeten den Führernachwuchs aus, aber im Unterschied zu den Adolf-Hitler-Schulen erzogen sie nicht den künftigen Parteifunktionär, sondern den „politischen Soldaten". Die SS wollte daraus ihre Elite rekrutieren. Welchen Beruf die Jungmannen auch ergreifen würden — die Berufswahl blieb frei —, sie sollten nach ihrer politisch-paramilitärischen Schulung als eine Auslese aus allen Bevölkerungsschichten in der SS aufsteigen. Zu dem Zweck wurden seit Gründung der ersten NPEAs 1933, dem Jahr der Machtergreifung, „erbgesunde", besonders leistungsfähige und begabte Jungen ausgesucht. Sie wurden in der Regel nicht von aktiven Offizieren, sondern von staatlich geprüften Pädagogen erzogen, die eine spezielle Eignung für ihre Aufgabe nachgewiesen hatten. Der Unterricht folgte dem Lehrplan der deutschen Oberschule. Deutsch, Geschichte, Erdkunde,

Biologie und Fremdsprachen waren Kernfächer. Am Ende stand das Reifezeugnis.

Im Mittelpunkt der politischen Erziehung war der Gedanke der Bewährung für das Vaterland, der Kampf an der Front war die Perspektive. Darum spielten neben dem sportlichen Training auch militärähnliche Waffen- und Geländeübungen eine große Rolle. Das war die Gewähr für eine starke, einwandfreie Charakterbildung im Sinne der nationalsozialistischen Ideologie und Voraussetzung für einen „gesunden" wissenschaftlichen Unterricht. Die Formung der künftigen Führerpersönlichkeit war Gemeinschaftserziehung. Sich für den Kameraden einzusetzen, bedingungslos das Ganze zu tragen, gipfelte in der Hingabe an Adolf Hitler. Dieses Elite- und Sendungsbewußtsein stellte die weniger schneidige Hitlerjugend in den Schatten. Da das intelligente Kind des Handwerkers wie auch des Arbeiters seinen Platz nicht in der Fabrik an der Werkbank haben sollte, sondern in den staatlichen Zuchtanstalten, war es völlig in Ordnung, daß Horst Janssen dazugehörte.

Die schulischen Anforderungen stellten ihn auch auf der Napola vor keine besonderen Schwierigkeiten. In den meisten Fächern gut im Durchschnitt liegend, fielen seine Aufsätze auf, die ausdrucksvoller, witziger, ja geistreicher waren, als es das bekennerische Herunterhaspeln ideologischer Versatzstücke erforderlich machte. Horsts Schwäche war das Geräteturnen, und in der Leichtathletik war er nur im Schlagballweitwurf und im Kurzstreckenlauf gut.

Eine willkommene Abwechslung brachten die gemeinsamen Fahrten, auf denen die Jungmannen das Reichsgebiet zwischen Norden und Süden kennenlernten. Skikurse in den Alpen wechselten mit Übungsaufenthalten auf der Insel Juist. Einmal stießen sie auf einen Walfisch, der mit einer Mine kollidiert war und am Strand angeschwemmt lag. Das Tier verbreitete von der Mitte der Insel aus einen starken Verwesungsgeruch. Die Jungmannen feierten den krepierten Wal als den Endsieg Großdeutschlands. Sie stürmten den breiten Rücken, sprangen und tanzten obendrauf. Wenn der Wal in der Sonne dünstet, fault das Fett ab und zerläuft, unsichtbar unter der Hautkruste, in einen Flüssigkeitsdünger. Einer brach ein und versank bis zum Hals in einem Vulkan aus Gestank. Zum Glück hatten sie Erfahrung im Ausheben von Gräben und Stellungen, und so gelang es, den Kameraden zu bergen.

In Haselünne wurde jede Art von Kriegsspiel geübt: Handgranaten-werfen, Pionierarbeit, das Sprengen von Bäumen, deren Stämme man vorher mit bleistiftförmigen Sprengstoffstäben umwickelt hatte. Um die Schüler an das Rattern des Maschinengewehrfeuers zu gewöhnen, mußten sie gruppenweise hinter Sanddünen in Deckung gehen. Die MG-Garben strichen über ihre Köpfe hinweg. Auf den Ruf „Feuer einstellen" rannten sie zur Sandwand, gruben mit flinken Händen die Geschosse aus und legten sie als Trophäen in den Schlafsälen auf ihre Nachttische.

Diese Art und Weise, sich bei den Kriegsübungen in die Erdhaufen am Ufer der Hase einzugraben, stieß Horst „mit der Nase" auf die Landschaft, die er einmal *mein Emsland* nennen sollte. Tatsächlich erkennt man den Himmel über sich nicht besser als mit dem Gesicht im Dreck, wenn Fliegeralarm befohlen ist und man auf eine schmale Horizontlinie blinzelt, die Erlösung aus dem Schlamassel verheißt. *Es ist das melancholischste, tiefatmigste, dunkelste und hellste Land der Welt und aller Galaxien. Es stinkt nach Moor und duftet nach Kiefer. Es ist rostig und maigrün, es ist rosaviolett wie die Lüneburger Heide und so hell und blau wie eine Sommermarine; es ist so unendlich weit, voller knuffiger Enge; es ist so verschrottelt, uralt voll ewigem Wind, der sich an sirrenden Moorsommertagen just hier so gern schlafen legt, daß es so still ist wie in Vakua. Vor, über und in allem ist es aber ein hohes Land. Über diesem Land, das sah ich zu meiner Zeit, ist jene Öffnung, durch die allein man den Himmel sieht. Und in diesem Loch werden alle Farben zu dem schönsten Grau zusammengemischt, um sich in Licht zurückzuverwandeln. Die dicken Wolken kann man getrost der Erde zurechnen.* Was Janssen später mit Gesche und Schack auf dem Feldweg 91 im Klövensteen oder vor Holm und Haseldorf in Schleswig-Holstein suchte, war inspiriert durchs Haseland. In die radierten oder gezeichneten Landschaften Anfang der 70er Jahre ist eingegangen, was er damals an seinem Körper gespürt, mit den Händen umgepflügt hat: beim Ausheben von Kampfständen oder bei der Kartoffelernte, wenn sie in Dreier-, Fünfer-, Siebenergruppen zur Landarbeit abkommandiert wurden.

Ja, die Jungmannen wurden häufig auf den Acker, zum Heuen, zur

Getreideernte geschickt. Obwohl die Unterstützung der Bauern auf allen Napolas zum Dienst gehörte, hatte es damit in Haselünne eine eigene Bewandtnis. Als der Sicherheitsdienst 1941 das Ursulinenkloster übernahm und die Nonnen auswies, hatten die Nationalsozialisten nicht nur die Kirche gegen sich aufgebracht, sondern auch die Landbevölkerung, die zu den Nonnen hielt. Die Bauern begleiteten sie zur Bahn und sogar die Hitlerjugend war auf ihrer Seite. In diesem Kloster und von diesen Nonnen waren die Mädchen der Umgebung erzogen worden. Die Bürger von Haselünne und die Bauern der Umgebung schlossen sich fester denn je der katholischen Kirche und dem Widerstand der Geistlichen an. Die Felder mochten noch so ausgewintert sein, ihre Bestellung noch so dringend, der Gottesdienst wurde nicht versäumt, im Marienmonat Mai sogar täglich morgens um 9 Uhr, auch bei weiter Fahrt mit dem Fahrrad. Viele Parteigenossen konnten oder wollten sich der kirchlichen Machtstellung nicht entziehen. Die Führer der Hitlerjugend liefen im Kirchenfestzug mit, und selbst der Ortsgruppenleiter ging ins Gotteshaus, wenn auch abends im Dunkeln.

Als im Herbst 1941 die ersten Schüler der Napola durch das feindliche Spalier der Bevölkerung in das Kloster einzogen, mußten sie sich Beschimpfungen wie „SS-Schweine" stillschweigend gefallen lassen. Künftig rückte kein Zug zum Geländedienst aus, der sich nicht nach beiden Seiten durch die kräftigsten Jungmannen gegen die Attacken der Landjugend gesichert hätte.

Zur Körperertüchtigung des Elitenachwuchses wurde auch Reiten geübt. Rosinante hieß das Pferd von Jungmann Janssen. Es lief immer in der Mitte der Gruppe und tat nur, was das Pferd vor ihm machte. Eines Tages war der Zug auf dem Rückweg nach Haselünne. Mit Feindseligkeiten der Einwohner war zu rechnen. Als sich die Jungen den ersten Häusern näherten, kam eine Steckrübe geflogen. Ein Pferd scheute und ging durch. Sein Reiter fiel herunter, blieb aber im Steigbügel hängen und wurde über das Pflaster zwei Kilometer weit bis zur Klosterbrücke mitgeschleift und sein Kopf bis zur Unkenntlichkeit zerschlagen. Und der das aus der Nähe mitansehen mußte, war Horst, weil Rosinante sich brav nach vorn orientiert hatte und dem durchgehenden Pferd auf dem Huf gefolgt war.

Die Umstände eines anderen Todesfalls wurden von der Anstalts-

In Reih und Glied

leitung nach außen hin geheimgehalten. Alle Neuankömmlinge wurden kurz nach ihrem Eintritt in die Napola einem Einweihungsritual unterworfen. Mit unausgesprochener Billigung der Erzieher, aber ohne deren Beisein, machten sich die älteren Schüler nachts zu Herren über die Neuen, die Scheiße essen mußten, bis sie fast in der Jauche erstickten. Den Höhepunkt bildete jedesmal die Verhöhnung des früher im Kloster verehrten Abtes Thomas Stange. Jeder Neue, der gerade gelernt hatte, daß Gottesdienst auf der Napola verpönt war, mußte vor seinem mit einer Kapuze verhüllten Peiniger ein Gebet sprechen. Zur blasphemischen Ausschmückung war der Kniende von Kerzenleuchtern umgeben. Als Ludwig Runne auf die Knie gezwungen wurde, nahm er plötzlich einen Leuchter und schlug ihn dem Kapuzenquälgeist über den Kopf. Körperliche Schikanen konnte der hünenhaft gewachsene Runne ja noch ertragen, nur das Beten ging zu weit. Solche Unglücksfälle nahm die Napola hin und hielt sie unter der Decke. Aber Horst hatte in dem Kraftkerl aus Hameln an der Weser den Jungen gefunden, den er zum Freund haben wollte. Daß er auch noch malen konnte, brachte die beiden für über zehn Jahre zusammen.

Unter dem Erfolgszwang der Neugründung, mit der Kirche als Widersacher, und unter dem Druck des Krieges herrschte auf der Anstalt scharfe Disziplin. Abweichungen wurden den Jungmannen nicht erlaubt. Ein Außenstehender hätte nur eine Front kurzer Hosen, blitzender Stiefel und eine mit der Körpergröße ansteigende Linie von Koppeln und sauber geknoteten Halstüchern gesehen. Innerhalb des unmerklichen individuellen Spielraums zeigte Horst mit der Zeit eine besondere Mentalität: das Unmilitärische, das Zivile. Diese Einstellung entwickelte sich ganz allmählich und ohne daß Horst damit bewußt provozieren wollte. Oft ging es nur darum, sich gegen Übertreibungen abzugrenzen. Es gab zum Beispiel den Typ des Naziangebers: „Mein Vater ist Kreisleiter!" Das konnte Horst nicht leiden. Solch ein Großmaul versuchte er wegzuekeln, vor allem von der Stube Störtebeker. Die Stube Störtebeker war sein Gemeinschaftsrefugium. Horst hatte die Dekoration der Wände übernommen: fast nur Koggenbilder. Sorgfältig ausgetüftelte Bleistiftzeichnungen, pingelig im Detail und hineingestellt in eine mit dem Lineal gezogene Rahmenfassung. Über der Kogge flatterte im Wind ein Totenkopf, aber nicht der der SS, sondern die Piratenflagge des Abenteurers der Meere. Das war, wie man auch außerhalb der Stube zugab, Kunst.

In dieser besonderen Begabung des Jungmann Janssen sah der Anstaltsleiter eine Abweichung von der Norm und damit eine Gefahr für die allgemeine Disziplin. Darum begann er, ihn zu schikanieren. Erst als sich der Zeichenlehrer Wienhausen für den Jungen einsetzte und seine künstlerische Begabung lobte, ließ er ihn in Ruhe.

Mit der Zeit begann er sogar stolz zu sein auf den jungen Künstler in seiner Anstalt. So konnte es zum Beispiel vorkommen, daß er, wenn er mit Heidt, dem Besitzer der Schnapsbrennerei, nachts durchsoff, Horst aus dem Bett holen ließ: „Turnhose an und Moorbild mitbringen!" Dann zeigte der Hundertschaftsführer stolz auf die Wildgänse, die dem Lied getreu unter verdecktem Mondlicht übers Papier zogen, und sagte gutgelaunt: „Das sind ja Krähen."

Hanns Wienhausen, genannt der Tiger, weil seine erste Aufgabe für die Klasse eine Tigerjagd war, konnte resolut sein, aber die Pranken zeigte er nicht. Er wirkte eher zart und feinfühlig und wegen seiner geringen Körpergröße unfreiwillig komisch. Da er nach 1942 nach einer schweren Verwundung kriegsuntauglich war, wurde er zur NPEA abkommandiert. Er hatte die Wahl zwischen drei Napolas. Der Kunsterzieher aus dem Münsterland ging nach Haselünne. Er gehörte nicht zu den strammen Sachwaltern des Nationalsozialismus. In dem Deutschlehrer Pleisner erkannte er einen verwandten Geist, als er ihn über den Kabarettisten Werner Finck lachen sah. Horst spürte die Übereinkunft zwischen den beiden und fühlte sich von ihrer zivilen Einstellung angezogen. Besonders Wienhausen gab ihm die Gewißheit, daß er sich unter der Diktatur soldatischer Zucht eigentlich nie wohl gefühlt hatte, auch als er noch mit Leib und Seele dazugehören wollte.

Von den anderen Jungen zog er sich deshalb nicht zurück. Umgänglich, witzig, zu jedem Schabernack aufgelegt, konnte Horst offensichtlich mit den Kameraden gut umgehen. Der dicke Seute, ein urgemütlicher Typ aus der nahen Kreisstadt Meppen, und jener Ludwig Runne aus dem Weserbergland, der zu einer alle überragenden Stämmigkeit emporwuchs, waren seine Freunde, die er mit verrückten Einfällen amüsierte. Seine erfolgreichste Rolle auf der Napola allerdings war die in einer richtigen Bühnenaufführung. Wienhausen und Pleisner hatten von der Anstaltsleitung den Auftrag bekommen, für einen unheldischen Feiertag ein Stück zu inszenieren. Beide Lehrer waren sich darin einig, keinen ideologischen Stoff zu wählen. So schrieben sie die Märchen „König Drosselbart" und „Von einem, der auszog, das Fürchten zu lernen" in Dialoge um. Horst, schmal bis zierlich, spielte die Prinzessin in „König Drosselbart". Auf der Sessellehne wippend und kapriziös die Freier abweisend, pointierte er die in der Mädchenkostümierung steckende Komik so treffend, daß der Anstaltsleiter ihm für seine Rolle den ersten Preis zusprach: einen Wilhelm-Busch-Hausschatz.

Aber Horst bemühte sich auch, vielleicht gerade, weil er so spiddelig aussah, im Kreis seiner Kameraden ein ganzer Kerl zu sein. Jeder Jungmann sollte schwimmen können. Die Devise hieß: „Reinspringen! Du schwimmst von allein." Die Angst vor der Blamage war das Schlimmste. Horst ließ sich ins Wasser fallen, fest entschlossen, jetzt zu sterben. Halbtot mußte man ihn wieder herausziehen. Er hatte

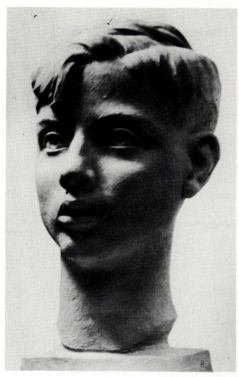

Von Lehrer Wienhausen 1946 angefertigtes Ton-
Porträt seines ehemaligen Schülers.

seinen Part so überzeugend dargeboten, daß sich die Anstaltsleitung
gezwungen sah, von der Lehrmethode abzuweichen. So bekam Wienhausen den Auftrag, dem Jungen Einzelunterricht im Schwimmen zu
geben. Sie gingen zur Hase hinunter und lagerten auf der Wiese am
Fluß. Wienhausen trug Horst mit männlichem Pathos Passagen aus
Kleists „Penthesilea" vor.
Der Lehrer hatte auch in seiner Bude, die, in der Tradition der bündi-
schen Jugendbewegung, im selben Gebäude lag wie die Unterkünfte
der Jungmannen, eine kleine, versteckte Bibliothek verbotener Bücher,
wie zum Beispiel Bände von Alfred Kubin. Stundenlang steckten hier
Lehrer und Schüler über Zeugnissen der „entarteten Kunst" ihre

Köpfe zusammen. Einige Jahre später, als der Krieg längst zu Ende war, machte Wienhausen eine Tonplastik von Horst, aus der weniger das klassische Bildungsgut sprach, als die jüngste Vergangenheit. Es war eine Porträtbüste, die einen idealisierten Hitlerjungen zeigt mit germanischer Kopfform, kurzgeschnittenen Haaren und klarem Blick.

Die Lehren, die Wienhausen weitergab oder was Janssen davon im Gedächtnis behielt, waren globale Disjunktionen. „Das Querformat ist erzählend und episch, das Hochformat dramatisch." — „Graphiker gibt es nur im Norden. Der Süden will eine die schöne Farbe einschließende heile Form." — „Die abendländische Kunst erobert diagonal, dem Schriftzug folgend, die Weltgeschichte." Auf Horst machten diese plakativen Gegenüberstellungen Eindruck. Sonst lag Wienhausens Stärke jedoch eher in der praktischen Unterweisung. Der Tuschkasten und die grelle Farbkleckserei verwandelten sich unter seiner Anleitung in eine reiche Skala von Zwischentönen. So lernte Horst einen Zauberwald in romantischem Dämmerlicht malen. Schon früh am Morgen, wenn die Jungen die Flure entlang in die Waschräume spurteten, hielt Wienhausen Horst am Arm zurück und zeigte ihm die Hasewiesen in der Morgensonne. Horst tuschte die ländliche Idylle mit Haselünne im Hintergrund, vorn links ein bäuerliches Paar und quer durchs Blatt die Hase, auf dem Wasserspiegel ein morgendliches Farbspiel. Ein anderes Aquarell zeigt auf einer Hügelkuppe über einem eierartigen Gelege von Findlingen eine sturmgepeitschte Baumgruppe. Mit lockerem Pinsel sind die fliegenden Äste vor einen dramatischen Gewitterhimmel gesetzt. Der aufgehellte Horizont gibt rechts den Blick frei in die Tiefe auf eine Allee von Bäumen. Diesmal sind es wirklich Krähen, die hochfliegen.

Von „entarteter Kunst", von Expressionismus nicht die Spur. Es war die nachromantische Landschaftsmalerei, wie sie in Volksbüchern weite Verbreitung gefunden hat. Diese popularisierte Romantik, die zur Ideologie der Nationalsozialisten gehörte, kam auch Horsts kindlicher Vorliebe für die deutschen Heldensagen und Märchen, die Wikinger- und Seeräubergeschichten entgegen. Später liebte er dann Reineke Fuchs und den Eulenspiegel.

Die wenigen erhaltenen Schülerarbeiten verraten Begabung, aber keine ausgesprochene Frühgenialität. Die meisten hatte er selber gegen Ende des Krieges vor den anrückenden Amerikanern „gerettet" und dem Feuer übergeben, das die Jungmannen feierlich auf dem Hof entfacht hatten. Soweit identifizierte er sich mit den Erziehungsgrundsätzen der Napola.

Bald nach dem Tod seiner Mutter hatte Horst zwei kurze Reisen unternommen, eine zu seiner Kusine nach Bad Gandersheim und eine zweite zu Tantchen nach Hamburg. Aber in den Sommerferien, als alle anderen Jungen nach Hause fuhren, blieb Horst fast allein in der Anstalt zurück. Da nahm ihn Wienhausen, der damals noch Junggeselle war, mit in seine Heimat in die Nähe von Münster. Dort durchstreiften sie zusammen das hügelige Land oder arbeiteten mit Pinsel und Bleistift. Es war kurz nach dem 20. Juli 1944. An den Kiosken sprang ihnen die Schlagzeile entgegen: „Attentat auf Hitler". Horst verstand nicht recht, was vorging, kaum daß er die Erregung um sich herum wahrnahm. Wienhausen hatte Horst an diesem Tag in das Atelier eines befreundeten Künstlers mitgenommen. Seine Absicht war, ihn in eine andere Welt jenseits der Napola-Ideologie einzuführen. Aber der Künstler polterte zu Wienhausens Entsetzen schon bei der Begrüßung los: „Vierteilen sollte man die Schweine!"
Die 14- bis 15jährigen Jungmannen wuchsen im männlichen Geist auf. Vom weiblichen Geschlecht waren sie durch eine Welt getrennt. Pubertät stand nicht auf dem Dienstplan. Sex war verpönt. Hahndorf besaß von allen Jungen die köstliche Gabe, Karl May haarklein nacherzählen zu können. Über dramatische Höhepunkte schlang er den Faden des Endlosabenteuers am liebsten abends weiter. Im Schlafsaal war Sprechverbot ab 21.00 Uhr. Darüber wie über die Pipi-Sperre wachte der Z. v. D. Einziger Ausweg war, die Betten um Hahndorf so herumzustellen, daß die Köpfe zusammenlagen. So lauschten sie atemlos zu viert, zu fünft der Erzählung über den Zapfenstreich hinaus. Eines Nachts wurde Horst geweckt. „In Sportzeug im Klassenraum melden." Im grellen Schein der Lampe saßen auf den Schulbänken die Erzieher und Hilfserzieher. Ein Hundertschaftsführer leitete das Tribunal. Rechts Weidenruten heil, links Weidenruten gebraucht. Schlaftrunken folgte Horst den Kommandos: Bücken, Schläge. „Jungmann Janssen, du bist ein Schwein." „Jawohl, Herr Hundertschaftsführer." „Weswegen?" „Weil ich ein Schwein bin." In den Nebenraum abgeführt, stieg ihm aus allen Ecken Schluchzen entgegen. Der ganze

Zug kauerte dort. Daß am nächsten Tag zwei Mitschüler von der Anstalt entlassen wurden, verstand Horst nicht. Sie hatten geantwortet: „Ich bin ein Schwein, weil ich homosexuell bin."

Bestrafungen — je näher dem Kriegsende, desto drakonischer — waren an der Tagesordnung. Immer wenn ein Lehrgang angehender Offiziere oder Unteroffiziere die Napola besichtigte, war es üblich, daß die Jungmannen gefragt wurden, was sie später werden wollten. Strammstehend antwortete man, je nach der besonderen Einheit, zum Beispiel: Infanterist. Horst sagte das auch in Anwesenheit einer Fallschirmjägertruppe und erhielt dafür Strafdienst. Kurze Zeit später wurde er wegen zu weit abgelaufener Stiefelsohlen mit sechs Tagen Karzer bestraft. Als Tante Anna in Hamburg davon Kenntnis erhielt, fuhr sie sofort nach Haselünne, um Horst von der Anstalt zu holen. Wienhausen, der schon einmal Tantchens Sorgen zerstreut hatte, hielt sie davon ab. Jetzt, da es in Deutschland überall drunter und drüber gehe, gebe es für den Jungen keine bessere Schulausbildung als hier. So blieb Horst bis zum Schluß.

Das war nicht ungefährlich. Inzwischen rückten die Alliierten von Westen heran. Haselünne lag nur wenige Dutzend Kilometer von der holländischen Grenze entfernt. Die erste Feindberührung war ein Schock. Eine auf einem Acker abgestürzte englische Maschine lockte die Jungmannen an. Sie rannten um die Wette. Aus der Entfernung konnte man den Piloten im ausgebrannten Cockpit aufrecht sitzen sehen. Bei der ersten Berührung aber zerfiel er wie der Glühstrumpf einer Gasleuchte in nichts. Das war der dritte Tote, der sich in Horsts Gedächtnis schrecklich eingrub.

Der Unterricht lief weiter. Die Ernährung blieb gut. Aber nach und nach wurden die älteren Züge in den Endkampf geworfen. Für den Rest der Anstalt stritten mehrere Planungsabsichten miteinander. Sollte Haselünne zu einem festen Stützpunkt des Verteidigungskampfes ausgebaut werden? Für alle Fälle war Schulpforta die Auffangsanstalt. Konnte man die Jungen einfach in ihre Elternhäuser auseinanderlaufen lassen? Es war in dieser Endphase des Krieges ein Glück, daß die Napolas nicht der SS unterstanden. Während die Erzieher untereinander im Meinungsstreit lagen, wurde der Restzug beschäftigt. Der Durchbruch des Feindes bei Remagen sollte die Jungmannen noch einmal zu Schanzarbeiten anfeuern, um die 6. Armee aufzuhalten. Es entstand ein unterirdisches, verzweigtes Stellungssystem. Über einem Mannschaftskessel brach eine anderthalb Meter dicke Erdschicht zusammen. Die Verschütteten wurden freigeschaufelt.

Die Tage in Haselünne waren gezählt. Die letzten dreißig Jungen bestiegen einen Flakzug nach Plön und fuhren in Richtung Holstein, zur NPEA Plön. Dort hockten sie fast Tag und Nacht in einem Keller oberhalb eines Loches von Faulwasser aus Weißkohl und Kartoffeln. Der leitende Hundertschaftsführer hatte panische Angst vor Flugzeugen. Er ließ nur ausrücken, um Brennesseln für das Mittagessen zusammenzusammeln. Aber nicht einmal Salz gab es mehr. Nun glaubte auch Horst nicht länger an den Endsieg. Zusammen mit Ludwig Runne verließ er Plön auf eigene Faust. Vier Tage wanderten sie zu Fuß nach Hamburg zu Tantchen.

3. Nach dem Krieg in Hamburg

Als der Krieg zu Ende ging, war Horst fünfzehn. Hamburg ist seine Geburtsstadt — auf dem Papier. Die tausend und aber tausend Evakuierten, die nach den Luftangriffen vom Juli '43, nach der „Operation Gomorrha", bis hinunter in den Schwarzwald geschickt worden waren, kehrten in eine trostlose Stadt zurück. Auch Horst sah, als er auf dem Weg zu Tantchen war, das ganze Ausmaß der Zerstörung. Nur hatte er keine Erinnerungen daran, wie die Stadt einmal ausgesehen hatte. Er stieß überall auf Trümmer und Ruinen. Die Hafenanlagen waren ein wüstes Gesprenkel aus Bombentrichtern und eingestürzten Kaimauern. Brücken griffen ins Leere. Der Stadtteil Hammerbrook war Sperrgebiet und wegen Seuchengefahr mit Stacheldraht und Steinwällen abgeschottet.

Horst wohnte bei Tantchen in der Burchardstraße 16, nahe dem Chilehaus. Es war eine adrett ausstaffierte Junggesellinnenwohnung mit zweieinhalb Zimmern. Wen sie sich da in fürsorglicher Liebe aufgehalst hatte, das hätte ihr ein zurückliegender Vorfall aus der Kriegszeit klarmachen können. Damals war Horst einmal von der Napola zu ihr zu Besuch gekommen. Fast jede Nacht war Fliegeralarm. „Horstel,

Alarm!" Aber Horst stand einfach nicht auf und maulte wegen der ewigen Weckerei. In Haselünne waren die Bomber auch immer nur drüber weggeflogen. Doch Hamburg war eben nicht Haselünne. Als eine Luftmine ganz in der Nähe einschlug, wurde das mehrstöckige Haus schwer erschüttert. Im Schlafzimmer riß die Decke nahe der Außenwand. Unter dem Verputz löste sich die Strohmatte und rollte staubsprühend herab bis an das Bett von Tantchen, die sich auch nicht in Sicherheit gebracht hatte, sondern geduldig wachte. So sollte es bleiben. Tantchen bekam immer was ab, wenn sie „ihren Horst" schützen wollte. Sie scherte sich nicht weiter darum. Sie schimpfte nur kräftig los.

Eine Stadt in Trümmern. Für die Ausgebombten war es die nackte Haut, die sie gerettet hatten. Für die Obdachlosen immer noch eine Chance, in Kellerlöchern unterzukriechen. Für den Heimkehrer war es ein Mauerrest, auf dem er eine Nachricht hinterlassen konnte, für das Durchsuchungskommando eine Signalwand: Der grüne Fleck hieß „nach Leichen durchsucht". Eine Stadt in Trümmern ist ein verwirrendes Netz von Abkürzungen; Trampelpfade über Schutthalden, auf denen sich das Leben neu organisiert. Für Jungen im Alter von Horst aber war die Ruinenstadt ein Spielplatz, gefährlicher und aufregender als irgendein Ort der Welt. Ein Eldorado aus umgestürzten Hauswänden, die, ineinander verkeilt, Hohlräume und Höhlen bildeten. Unter jedem verkohlten Balken konnte ein Toter liegen. Wären es nicht lauter Mutproben gewesen, der Modergeruch, die Angst vor Ratten, die feuchtstickige Dunkelheit hätten die Jungen von ihren waghalsigen Klettereien abgehalten. Überhaupt war eine neue Gangart zur Gewohnheit geworden. Wie man im Winter am Rand der Elbe übers Packeis balancierte, so sprang man jetzt im ersten Nachkriegssommer von Mauerscholle zu Mauerscholle, auf schwankenden Sockeln, die beim nächsten Schritt nachzugeben drohten, immer in der Gefahr, einzubrechen. Auf einem dieser Streifzüge im Gelände hinter der Mönckebergstraße stieß Horst auf die ausgebrannte Fassade der Nicolaikirche. Von einem höhergelegenen Mauervorsprung pinkelte er in bester Napola-Tradition ins Kirchenschiff.

Wagemut und Tollerei, das war nur die eine Seite solcher Trümmertouren. Die andere war die Suche nach Brauchbarem. Wer nicht in Mülltonnen herumstochern mußte, fahndete wenigstens nach Brennmaterial. Es war die große Zeit der Handkarren. Bevor Schrott zu einem Exportartikel des wiederbelebten Hafens aufstieg und die Ruinen planmäßig ausgeweidet wurden, war Holz gefragt. Holz als Ersatz für Kohle, die knapp war. Kein angesengtes Brett, das man nicht mitgehen ließ. Fensterrahmen wurden aus dem Mauerwerk gerissen, Planken gelöst, Balken unter Schutt hervorgezogen. Für Kinder eine herrlich sinnvolle Zerstörungsarbeit. Und immer fanden sie noch etwas, das sie in den Taschen verschwinden ließen, die schwer und schwerer wurden, bis die Hose in den Kniekehlen hing. Meistbegehrt war Munition. Zu Hunderten lagen Blindgänger herum. Einer von Horsts späteren Mitschülern an der Kunstschule hatte seine Hände bei diesem gefährlichsten aller Spielzeuge verloren. Damals war jeder sein eigener Sprengmeister.

In diesen Zeiten des Mangels, der Wohnungsnot und der gesenkten Lebensmittelrationen machte ein Millionending Karriere: der Ziegelstein. Er war selten allein, selten war er von allen Seiten heil. Er lag überall herum mit vielen anderen in großen Haufen. Die Trümmerverwertung machte mit den Mauerbrocken kurzen Prozeß. Zu Ziegelsplitt zermahlen, war er gut als Packlage für den Straßenbau. Aber für den Wiederaufbau der Häuser suchten die Leute nach unbeschädigten, wiederverwendbaren Steinen und hämmerten sie von Mörtelresten sauber. Kolonnen ausgemergelter, halbverhungerter Menschen ließen die Ziegelsteine massenhaft durch ihre Hände laufen. Es gab Monate, in denen Lebensmittelkarten nur an diejenigen ausgegeben wurden, die hundert Ziegelsteine bearbeitet hatten. Trotzdem war er noch Mangelware. Das machte ihn für den Schwarzmarkt interessant. Aufkäufer ließen Kinderscharen ausschwärmen und zahlten zwischen fünf und zehn Pfennig pro Stück. Das Tausend ging dann schwarz weg zwischen zwei- und sechshundert Reichsmark. Dieser Ziegelstein, ordentlich verfugt, taucht später in den Holzschnitten auf, die Janssen in den 50er Jahren machte. Natürlich entsprang das Fugenmuster aus Backstein auch einem grafischen Kalkül. Aber auffällig ist doch, daß dieses Symbol des Wiederaufbaus Pate stand in den Holzschnitten, mit denen er seine ersten großen künstlerischen Erfolge haben sollte.

Im Sommer '45 stand die Organisation der Schulspeisungen erst am Anfang. Auch in Horsts Gesicht schlug jene verwegene Magerkeit durch, die selbst die Jüngeren zu Veteranen machte. Was lag näher, als mit jenem Ludwig Runne, mit dem er nach Hamburg gekommen war, die Ruinenstadt wieder auf ein paar Wochen zu verlassen und nach Hameln zu gehen, wo die Eltern eine Gemüse- und Kartoffelhandlung hatten. Das sah auch Tantchen ein, obwohl eine Reise damals in keinem gesunden Verhältnis zu den in Aussicht gestellten Kalorien stand. Selbst mit dem Zug machte man keine richtige Bahnfahrt, man schlug sich durch.

In Hameln am Rande des Weserberglands kam Horst, der kein Elternhaus mehr hatte, in eine richtige Familie. Solche Familien übten eine magische Anziehungskraft auf ihn aus. Das konnte ihm auch Tantchen nicht ersetzen. Da saß er mit am Tisch zwischen den Runnes, die dick in den Kartoffeln steckten und mit ihrer Gemüsehandlung keine Ernährungs- und Beschäftigungsprobleme hatten.

Jeder von ihnen konnte jähzornig werden, der Alte am meisten. Wenn Friedchen, die Tochter, wegen einer Verabredung in Zeitnot war und die Butter etwas flotzig auf den Tisch knallte, brauste der Alte auf, nahm die Butter und schleuderte sie an Horsts Kopf vorbei gegen die Wand, wo die auf Birkenscheiben gemalten Wald- und Heidebilder hingen: „So mußt du das machen, Friedchen." Diese in der Rage kühl gesetzte Pointe imponierte dem Jungen. Das erinnerte ihn an Martha.

Der alte Runne belieferte seit eh und je das Gefängnis mit Gemüse und Kartoffeln. Alle Kassiber gingen über ihn. Er hatte sie in dem Pferdewagen versteckt, mit dem er durch das Anstaltstor aus- und einfuhr. Als Horst zwei Jahre später noch einmal in Hameln zu Besuch war, malte er das Pferdegespann mit Feder und Tusche. Ein frühes Meisterwerk. Aber — wie man am Ende des *November*-Buches sehen kann — keine Kartoffelkarre, sondern einen Kutschwagen mit Aufbauten und feinem Deichselwerk. Zwei Jahre später war Horst schon auf der Kunstschule und er hatte sich bereits ihre besondere Optik zu eigen gemacht. Was nicht heißen soll, daß die Kutsche seinerzeit nicht dazu diente, Kartoffeln auszufahren. So war das nach dem Krieg.

Horst kam es in der Zeichnung besonders auf die Pferde an. Pferde stehen für Freundschaft. Er, der schon als kleiner Junge neben den belgischen Kaltblütern hergetrabt war, fühlte sich in der Nähe ihrer mächtigen Körper beschützt. Solch ein kolossaler Brocken war auch

Ludwig Runne, ein blonder Hüne und ein richtiger Gefährte noch aus den Tagen der Napola. Schulter an Schulter durchstreiften die beiden Jungen Hameln und Umgebung. Aber einmal an einem Feiertag, als die Straßen leer und die Geschäfte geschlossen waren, zog Horst allein durch die Stadt. Er bekam Ärger mit einer Fahrradclique. Man piesackte ihn. Mit dem Rücken gegen ein Fachwerkhaus war er schnell eingekreist. Ein paar Fäuste flogen an seinen Kopf. Schon halb am Boden verfluchte er die Kleinstadt und den Sonntag. Als er wieder hochschaute, tupfte Ludwig Runne, der sich zufällig in der Gemüsehandlung aufgehalten hatte, die Widersacher mit den Köpfen auf das Pflaster. Das war das Urbild aller Freundschaften: „Zusammen sind wir nicht zu schlagen. Die Welt gehört uns."

Jede Freundschaft hat ihren Code. Wer ihn nicht versteht, gehört nicht dazu. „Angler" war zwischen den beiden solch ein Wort. Die Weser floß damals schon so genügsam träge wie heute. Zwar quälte sie sich bei Hameln über eine Gesteinsschwelle und da wirbelte sie etwas Schaum auf, aber wo die beiden Freunde ihre Angel ins Wasser hängen ließen, da tat sich nichts. Stundenlang stippten sie erfolglos herum. Dabei wurde ihnen klar und fast war es schon eine Entscheidung: Immer nur warten wollten sie nicht!

Es gab besonders eine Sache, die sie ausdauernd und mit gleichbleibend guter Laune betrieben: malen. Lui Runne zeichnete ebenso leidenschaftlich wie Horst. Aber das Familienerbe schrieb ihm vor, sich an die Kartoffeln zu halten. So kostete es ihn später erhebliche Anstrengungen, die Gemüsehandlung einige Zeit zu verlassen. Tatsächlich ging er eines Tages an die „Akademie" und studierte neben Horst mehrere Semester „Kunst".

Der Rattenfänger von Hameln war damals noch der Rattenfänger von Hameln und nicht der große Verführer, dem die Deutschen wie Kinder mit blindem Gehorsam ins Unglück gefolgt waren. Damals liefen nur Geschichten und Schicksale um, keine Deutungen. Zu tief steckte allen das Elend in den Knochen. Erst als die Verheerungen des Krieges mit friedlichen Mitteln und mit steigenden Produktivitätsraten wieder wettgemacht wurden, waren solche Deutungen gefragt. Das fällt aber schon in die Zeit der Bundesrepublik. Wir stehen nicht mal an ihrem Anfang. Nur auf Trümmergrund. Horst kehrte aus dem

Weserbergland bald wieder in die in Schutt und Asche liegende Groß-stadt Hamburg zurück. Was sollte er tun?

Auf der Napola hatte er keinen Schulabschluß erwerben können. Die Kapitulation war dazwischengekommen. Tantchen war es nicht ge-heuer, daß ihr großer Neffe von einer Schar vagabundierender Knirpse gesucht wurde, die ihre Nase zur Tür hereinsteckten und nach ihrem Anführer fragten: „Ist Horst da?" Sie drängte auf eine Fort-setzung des Unterrichts. Die Schule lockte obendrein mit regelmäßigen Speisungen. Wer den Ränzel vergaß, vergaß doch nicht das Landser-geschirr für die Kakaosuppe. Horst kam auf eine Oberschule in St. Georg. Sie war ein Provisorium wie alles in der Zeit. Den Unter-richt fand er trist. Als er im Sommer 1946, nach gut einem halben Jahr, die Schule wieder verließ, war es wie eine Art Befreiung. Dahin-ter steckten auch Mißerfolge. Der Übergang von der Nationalpoliti-schen Erziehungsanstalt, die Mathematik zugunsten der ideologischen Fächer vernachlässigt hatte, war nicht reibungslos verlaufen. Zehn Schuljahre bis zur Mittleren Reife sind auf die Weise nicht zusammen-gekommen. Horst wäre gern Tischler geworden.

Ob Schule oder nicht, wer durchkommen wollte, mußte sich seine Lebensmittel beschaffen und besorgen gehen. Die Entnazifizierung fand auf dem Schwarzmarkt statt. Der vorschriftshörige Deutsche verwandelte sich in den kleinen Gauner. Der Not gehorchend, trieb man sich in unerlaubten Geschäften herum. Tantchen hatte damit ihre Schwierigkeiten. Mit einem Pfund Zucker in der Tasche wurde sie von der Verwandtschaft losgeschickt und verfehlte die verabredete Anlaufstelle auf einem Umweg, der sie rund um die Alster und wieder zurück in die eigene Haustür führte. Die ganze Zeit glaubte sie sich von einem Polizisten verfolgt. In ihrem Beruf als Hausverwalterin konnte sie schlitzohrig sein, aber bei Schiebergeschäften auf dem Schwarzmarkt fühlte sie sich überfordert.

In diesen Notzeiten waren besonders Kinder und Jugendliche im Ein-satz, die als kleine Fische damit rechnen konnten, daß die Behörden sie immer wieder laufen ließen. Auf dem Rangierbahnhof ging der Koh-lenklau um. Horst war mit einem Körbchen dabei, in dem ein paar Briketts Platz hatten. Wenn die Kohlenzüge einmal nicht dastanden, trieben die Jungen Keile in die Eisenbahnschwellen und sprengten Stück für Stück Feuerholz ab.

Verwandte auf dem Land wohnten nie zu weit weg. Man hätte sonst beim Bauern von Tür zu Tür schnorren gehen müssen. In Büchen, in Richtung Zonengrenze, lebte jetzt Horsts Großmutter. Sie war inzwischen über achtzig Jahre alt und von Oldenburg zu einem ihrer Kinder gezogen. Dorthin fuhr der legendäre Kartoffelzug, unfahrplanmäßig und vom Trittbrett bis zum Dach mit Menschen vollgestopft. Oben auf der Plattform des Wagens saßen Horst und Tantchen. Und mit einem Sack Kartoffeln gingen sie auch wieder ab nach Hamburg.

Oma hatte ihren Jungen wieder an sich gedrückt. Noch einmal hatte ihn ein Stück Oldenburg angeweht. Oma — das war die Küchenschürze, in die er sein Tränengesicht vergraben hatte; das war der lange Arm, der über ihn hinweggegriffen und ihm den Spulwurm aus dem Hintern gezogen hatte, als er, ein einziger Aufschrei und starr vor Entsetzen, merkte, daß alles Drücken und Wackeln nichts half. Seitdem war viel geschehen. Er war älter geworden, aber was aus ihm werden sollte, wußte er nicht.

Er interessierte sich für Tiere, für die Kühe, Hunde und Katzen; für die Katzen besonders, die er auf dem Bauernhof hatte spielen sehen, während sie in der Stadt Rattengift fraßen und in den Gullys verendeten. Sonderbar, was damals bei einem Sechzehnjährigen zusammenging: eine drollige Zuneigung zu Tieren, der weite Soldatenmantel, die Besorgungstouren im Schutz der Dunkelheit und das Desinteresse an Mädchen.

Horst hörte nicht auf zu malen. Die Napola hatte er nach dem Vorbild der großen Niederländer mit Tempera beendet und in Hamburg, das unter einem Grauschleier lag, mit viel Weiß wieder angefangen. Wie Leibl wollte er arbeiten. Aber mit den bis dahin gelernten Techniken schlug das fehl. So erklärte er Leibl zum Nichtkünstler und wendete sich wieder Ludwig Richter zu. Die Vorlagen besorgte er sich aus der Bücherhalle am Mönckebrunnen. Es entstanden Kleinformate, die er in selbstgezogenen Rahmen so vollkommen durchgestaltete, daß sie aussahen, wie aus dem Buch herausgetrennt. Der Bleistift übertraf sogar den Holzschnitt im weichen Relief. Auch das in die Dunkelheit einfallende Licht blitzte noch traulicher als in den alten Reproduktionen. Heimeliger, kuscheliger und biedermeierlicher ging es nicht. Das

Nach Ludwig Richter, Bleistiftzeichnung 1945/46. Später sollte
Janssen selber solch ein Haus in Blankenese bewohnen.

war Horst, wenn er sich selber überlassen war. Sehnsüchtiger, aber
auch unbefangener ist die volkstümlich-altdeutsche Idylle nie gegen
die Trümmerkatastrophe gesetzt worden. *Erfroren, Überrascht, Mor-
genvisite* sind die Titel. Was die Pointe im Literarischen, das ist im
Handwerklichen die gesteigerte Konzentration. Zeichnend ganz bei
sich sein — das war seine Wärmequelle in dem kalten Winter 1945/46.
Ein frühes Blatt von 1946 knüpft ebenfalls an eine Bekanntschaft aus
Haselünne an. In bester Wilhelm Busch-Manier geht eine Federzeichnung das Märchen „Hase und Igel" an. Selbst der flott hingewor-
fene Strich und das karikierende Kürzel leugnen das Vorbild nicht.
Horst schien nicht den leisesten Wunsch zu haben, originell zu sein.

Das blieb allein dem Witz der Geschichte vorbehalten; einem Witz, der tausendfach wiederholt worden war und den er aufs neue treffen wollte. Daneben gab es auch ambitionierte Arbeiten, darunter Sonnenblumenbilder, die er an Frau Speckmann verkaufte. Die hieß nicht nur so, sondern zahlte auch mit Fett und Zucker. Daß Bruegel sich in Tempera und dann in Lebensmittel umsetzen ließ, bestätigte ihn in seinen Vorlieben.

1946 hingen Sieger und Besiegte an derselben Währung. Aber wer auf Zigaretten und Nylonstrümpfe nicht scharf war, fand auch die britischen Besatzungskräfte nicht besonders beneidenswert. Die englischen Soldaten, die auf der Moorweide biwakierten, hätten sich gern mit einem Gespräch durch den Drahtzaun etwas Abwechslung verschafft. Da es aber mit der Sprache haperte, glichen sie ihre Verlegenheit mit einem Kaugummi aus, das sie durch den Stacheldraht nach draußen reichten. So gelangten die erste Schokolade und die erste Banane und Apfelsine ins Freie. Lauter Premieren, denen im Laufe der Zeit Produktionserfolge der wiedererwachenden deutschen Wirtschaft folgten. Besonders der Wohnungsbau und mit Abstand die anderen Branchen bilanzierten jedes Jahr neue Siege. Horst gehörte zu den Siegern. Bei dem Mal- und Dekorationswettbewerb eines Hamburger Kaufhauses gewann er den ersten Preis. Das war zu seinem großen Stolz eine freie Auswahl für Tantchen, die sich einen Wintermantel aussuchte.

In der Zeit wurde er, wie später nur im Traum oder unter den Drohungen seiner Feinde, zum ersten Mal blind. Er spaltete auf der von einem Zweiminutenlicht erhellten Kellertreppe Holz. Scheit für Scheit, das dauerte ihm zu lange. Er legte das Brett quer über den Treppenabsatz und schlug es in der Mitte durch. Ein Splitter sprang ihm zwischen die Augen. Wie warmes Wasser floß Blut über sein Gesicht. Als er die Hand von den Augen weg und vor sich führen wollte, um sich das Ausmaß der Verletzung mit einem Blick zu bestätigen, war er blind. Es dauerte fünf lange Sekunden, bis er begriff, daß sich das Kellerlicht automatisch abgeschaltet hatte. So genau hatte er bis zu dem Moment selber noch nicht gewußt, daß er malen wollte.

In der Hoffnung, eines Tages auf die Kunstschule wechseln zu können, machte sich Horst im Sommer 1946 auf den Weg nach Kinderhaus bei Münster, zu dem ersten Förderer seiner Talente. Hanns Wienhausen hatte den Krieg mit einer Heirat beendet; ein Kind war auch schon da. Horst, der den pädagogischen Eros seines jugendbewegten Lehrers beflügelt hatte, komplettierte die junge Familie. Es war eine für alle glückliche Zeit. Von den Hungertagen blieb mehr nicht in Erinnerung als die gestohlenen Birnen auf Streifzügen, die weit ins Münsterland hinausgingen. Es war eine Stimmung lebensfrohen Aufbruchs; anders als im Haushalt in Hameln, wo der alte Runne im Sessel lag, links die Zeitung, rechts die Fliegenpatsche und hinten im Rücken die schwarz gemästeten Kartoffelschweine. Weil Horst kein Elternhaus mehr hatte, brachte er vor sich den Begriff der harmonischen Familie so zum Leuchten, daß seine Anhänglichkeit vieles übertraf, was dieses Alter gewöhnlich an positiven Identifikationen freimacht.

„Horsti, ach wie war er lieb." Ohne tantenhafte Überzuckerung — er war es. Wienhausens Vaterrolle wies er nicht zurück. Er hörte sich seine Ratschläge an. Geduldig ließ er sich von seinem früheren Kunsterzieher in Ton kneten. Während das Kind der Familie in den Windeln lag, entstand von Horst jene Porträtbüste, die den idealen Sohn vorwegnahm. Ein arischer Vorgriff zurück, der den Zeitläuften nicht standhielt und bei anhaltender Materialknappheit vom Künstler wieder in einen Klumpen Rohstoff zurückverwandelt wurde.

Zu der Zeit machte Horst von sich das erste Bildnis, das überliefert ist. Wahrscheinlich war es ein persönliches Mitbringsel und Erinnerungsstück. Es zeigt einen jungen Sensiblen; ausdrucksvoll sind Mund und Augen, das Kinn ist aufgestützt. Und wie um diesem empfindsamen Typ noch eine charakteristische Perspektive mitzugeben, ist in den Hintergrund ein Skorpion gezeichnet, Horsts Tierkreiszeichen.

Aber was für ein Skorpion war er damals! Als sich das Ehepaar Wienhausen in einer benachbarten Ortschaft aufhielt, versorgte er das Baby. Es war verabredet, daß er ihnen mit dem Kind auf der Landstraße entgegenkommen sollte. Als er sie in der Ferne erblickte, schob er den wackligen Kinderwagen schneller. Bedenklich sahen ihn die Eltern heranschwanken. Zu ihrem Entsetzen stand der Kinderwagen plötzlich mutterseelenallein auf dem Asphalt. Horst war hinter eine Korngarbe in ein Versteck gesprungen. Der Witz kam nicht recht an, und die Eltern waren eher erleichtert. Doch war der Spaß genauso harmlos, als wenn Wienhausen einen Teller auf den Boden schmetterte und von den anderen sein Gesicht nach dem Ernst dieses

Erstes erhaltenes Selbstbildnis von Horst Janssen;
Bleistift 1946

Gewaltaktes ausforschen ließ, bis er sich vor Lachen nicht mehr
halten konnte. Sie waren allesamt übermütig mit jenem Stich ins
Alberne; eine Lizenz wirklicher Notzeiten, wenn niemand etwas zu
verlieren hat. Horst war zugetan und unverklemmt. Mädchen waren
kein Thema. Wenn an den Sommerabenden Hanns Wienhausen vorlas
und seine Frau Strampelhosen nähte, konnte er mittendrin sagen: „Ich
finde das so gemütlich."
Er war vor allem zum geselligen Malen nach Münster gekommen.
Eine aquarellierte Wasserburg, die Lehrer und Schüler gemeinsam mit
dem Fahrrad entdeckt hatten, gewann das volle Lob des Freundes.
Wienhausen fabulierte gern in Märchenmotiven. Und Horst zeichnete

dazu mit der Feder: Ein Arzt behandelt die Tatze eines Bären unter der Lupe. Ein Hund stiehlt sich mit einem Einkaufskorb davon. Ein Fuchs als Pförtner. Die Quelle ist jedesmal das Volkstum; wie es scheint, direkt aus dem Bücherschrank des Kleinbürgers.

Aber das belegt keine einfältige Beschränktheit. Im Kraftfeld der Naziideologie war das Volkstum lange neutraler Boden gewesen, deutsch und doch unpolitisch genug, um das aufkeimende Talent zu erproben und die erste Anerkennung zu gewinnen. Das bewährte sich noch einmal nach dem Krieg. Denn in den Märchen und Schwänken konnte Horst das Kind, das er halb noch war, ungebrochen über die Katastrophe des „Tausendjährigen Reiches" retten. Das war eine starke und geradezu immunisierende Erfahrung; ein so nachhaltiger Erfolg, daß davon der Verlust des oldenburgischen Elternhauses und der Zusammenbruch der nationalsozialistischen Erziehungsideale auf den nachgeordneten Rang verwiesen wurden.

Die Volkshelden, die er liebte, den Fuchs, den Bären, den Hasen, den Igel, die kleinen Leute aus der Ludwig Richter-Welt, konnte Horst in wachsender Zahl um sich versammeln, weil er ein Kopiertalent besaß, das, noch im freien Strich unverkrampft, sich am liebsten der Anekdote andiente. In jeder Geschichte war es der zündende Funke, der sofort übersprang. Selber ein helles Köpfchen, bereiteten ihm der gewitzte Opportunist und der listenreiche Pfiffikus das größte Vergnügen. Das machte ja seine Helden so außerordentlich langlebig: wie Eulenspiegel oder Reineke Fuchs hatten sie das Zeug zum Antihelden. Sie paßten sich den wechselhaften Zeiten an und widerstanden ihnen doch.

Hinzu kam, daß die Klassische Moderne ihn immer noch nicht erreicht hatte. Trotz Wienhausen und seiner schmalen Bibliothek „entarteter Kunst", trotz des einjährigen Aufenthaltes in Hamburg wußte er vom Aufbruch der Malerei am Anfang dieses Jahrhunderts wenig genug. Die Rezeption eines Cézanne, eines Kirchner oder Picasso, zu Marthas Lebzeiten schwer vorstellbar, dann durch die Napola blockiert, war auch im frühen Nachkriegsdeutschland für den Handwerkersohn aus dem Oldenburgischen kaum nachzuholen. So entwickelte sich das Volkstümliche im Schnittpunkt unterschiedlicher Beweggründe zu einer der Quellen, aus der Janssen zeitlebens schöpfen konnte.

Horst wollte in Hamburg auf die Kunstschule am Lerchenfeld. Jeder Bewerber mußte eine Auswahl eigener Arbeiten einreichen. Zuerst einmal warf er alles Volkstum aus der Zeichenmappe heraus. Nur die „Originale" sollten drin bleiben. Bevor jedoch der Kanzleibeamte dazu bewegt werden konnte, diese Mappe anzunehmen, mußte noch eine andere Schwierigkeit behoben werden. Horst war nämlich zu jung für eine Aufnahme in die Kunstschule. Das war die große Stunde von Tantchen, nicht die erste und schon gar nicht die letzte.

Tante Anna — Marthas jüngere Schwester —, die Horst an Mutter Statt aufgenommen hatte, war früh aus Oldenburg herausgekommen. In ihrem Leben überschnitten sich drei Karrieren: die des Fräulein Janssen, wie sie sich auch später noch mit siebzig Jahren anreden ließ; die Karriere zur Buchhalterin und die des Tantchen, ohne deren Einsatz und — dann — ohne deren fünf Mark für Wermut Janssen nicht geworden wäre, was er werden sollte. Bevor Anna nach Hamburg kam, hatte sie schon im Büro gearbeitet. Um die Handelsschule bezahlen und weiter zur Bilanzbuchhalterin aufsteigen zu können, hatte sie sich zeitweise als Gesellschafterin in einem vornehmen Haushalt nahe der Alster verdingt. Nach dem Diplom trat sie in die Buchhaltung eines Juweliers ein. Als einer der letzten Juden konnte er mit seinem Schmuck Deutschland verlassen, und die Angestellte wechselte zu einem Herrenausstatter am Burstah. Ein Steuerberater, der ebenfalls für die Firma arbeitete und von der attraktiven, unverheirateten Frau angetan war, vermittelte ihr die Stellung einer Hausverwalterin. Allein und selbständig führte Fräulein Anna Janssen die Buchhaltung sowie alle anderen Verwaltungsgeschäfte. Ihr Chef hieß Adolf Winandy und besaß vor dem Krieg in Hamburg fünfundzwanzig Wohnhäuser, danach neun. Er war Luxemburger und kehrte nach der Kapitulation im weißen Anzug an die Elbe zurück. Er fing Tantchen, die wie alle mit dem Überleben beschäftigt war, auf der Straße ab. Auf die Frage, wieso sie nicht im Büro sei, bekam er zur Antwort: „Würden Sie bitte meine Kündigung entgegennehmen."

Winandy nahm nicht an, und so arbeitete Tantchen noch zwanzig Jahre im gekündigten Verhältnis weiter.

Die resolute und eigenverantwortlich tätige Anna Janssen war, wie man heute sagen würde, eine emanzipierte Frau. Damals aber hieß es, die Schönheit sei ihr zum Verhängnis geworden. Wirklich war sie eine aparte Erscheinung mit ihren hohen Wangenknochen und den leicht schräggestellten grünlichen Augen. Die aufgesteckten Haare lagen immer irgendwie widerstrebend und ungezähmt um den Kopf. Eher noch als Martha hatte sie Männergeschichten. Und wegen jenes Herrn Bauder sollen sich die beiden Schwestern sogar vorübergehend bekriegt haben. Zuletzt blieben auch für Anna nur ein gebrochenes Eheversprechen (diesmal sitzt der Flüchtige in Chile) und die häuslichen Besuche in der Lerchenstraße, die sie für die Oldenburger stets sorgfältig inszenierte. Da war sie ganz Dame und hielt auf Niveau, was ihr besser und auch unangestrengter gelungen war als Martha, weil sie aus der Großstadt kam und wieder dorthin verschwand.

Tantchen hatte nie den leisesten Zweifel an Horsts Fähigkeiten. Ihr auch nur Ehrgeiz zu unterstellen, wie ihn Martha zeitlebens hatte, hieße, jenen tiefen Glauben zu verkennen, der Einwände gar nicht erst aufkommen ließ. Wenn ihr Neffe auch Mißerfolge einstecken mußte und später Ärger und sogar Anfeindungen auf sich zog, dann konnte sie darin nur Mißverständnisse sehen. Sobald er nach Hamburg gezogen war und sich seine künstlerischen Neigungen verstärkt hatten, war es ihr das Natürlichste, sich zur Förderung seines Zeichentalents für gestandene Maler zu interessieren. Der Hamburger Sezession nahestehend, hatte sich Heinrich Stegemann einen Namen gemacht. Vom Jungfernstieg weg ließ sich Anna in sein Atelier einladen: „So, Fräulein Janssen, jetzt ziehen Sie sich mal aus." — „Nein, Herr Stegemann, dazu habe ich keine Meinung."

Wenige Tage bevor Tantchen dem angesehenen Künstler Zeichnungen von Horst zur Begutachtung unterbreiten konnte, war er plötzlich verstorben. Janssen nennt das „sein Glück", als könnte man ihn noch nachträglich um seine Vorfreude auf die Malklasse bei Mahlau betrügen.

In der Bewerbungsfrage brachte ein beherzter Auftritt von Tantchen die Entscheidung. Alle Jahrgänge, die unter dem Nationalsozialismus in ihrer künstlerischen Ausbildung behindert worden waren, drängten auf die Kunstschule. Kriegsteilnehmer, besonders die älteren, hatten ein gewisses Vorrecht. Horst war aber erst sechzehn Jahre alt. Zu jung für die „Akademie", wie Tantchen den roten Klinkerbau mit dem ausgebrannten Seitenflügel nannte. So machte sie ihn kurzerhand älter und half bei demselben Sekretariatsbeamten, den sie schon zur Voransicht überredet hatte, mit einem Pfund Pfirsichen nach, damit er Horsts Mappe weiterleitete. Vier Wochen später erreichte ihn die Aufnahmebestätigung. Tantchen kehrte gerade von einem Geschäftsgang zurück, als sie ihn auf dem Rinnstein sitzen sah. Sie kam näher, und er hockte immer noch da: „Nun, bist du nicht angenommen?" — „Doch", ließ er sich dazu lakonisch einfallen. Der neue Heldentyp im Stile Hemingways hatte Deutschland noch vor dem Marshall-Plan erreicht.

4. Auf der Kunstschule

Janssen kam nicht mit dem ersten Nachkriegssemester an die Landeskunstschule am Lerchenfeld, sondern mit dem zweiten im Herbst '46. Friedrich Ahlers-Hestermann, der nach einem von den Nationalsozialisten erzwungenen Rückzug von der Kölner Werkschule das Buch *Stilwende* geschrieben hatte, war nach dem Krieg zum Rektor ernannt worden. Aus Berlin hatte er seinen Freund Alfred Mahlau an die Schule für bildende Kunst geholt. Vor den anderen Dozenten der ersten Stunde genoß der neue Lehrer den Vorzug, unter den Bewerbern aussuchen und seine Klasse für freie und angewandte Grafik mit den auffälligsten Begabungen füllen zu dürfen. Horst stieß im zweiten Semester dazu, und Mahlau hatte jetzt nicht mehr die Wahl, sondern stand hinten in der Reihe. Dennoch entdeckte er unter den zur Besichtigung ausgelegten Arbeiten Janssen sofort. Aus der Ecke heraus, seinen konzentrierten Fischmund ziehend, hoffte er, daß dieses sich auch gegen die gepinselten Blumen und Landschaften behauptende Zeichentalent von keinem anderen okkupiert würde. Das verhaltene Drängen aus dem Hintergrund wurde von den Kollegen akzeptiert. So kam Horst, obgleich er malen, richtig in Öl malen lernen wollte, zu dem aquarellierenden Mahlau, der ihn als seinen jüngsten Schüler anderthalb Jahre duzte, um ihn dann zwei Jahre lang zu siezen und danach wieder zu duzen.
Janssen war leidenschaftlich Schüler. Er war begierig nach fachlicher Unterweisung. Ohne botmäßig zu sein, machte er die Rolle des Schü-

lers so vollkommen zu seiner Welt, daß er darin, den Respekt für Mahlau immer vorausgesetzt, nach Laune arbeiten und faulenzen, herumalbern und provozieren, vor allem aber lernen, immer weiter lernen konnte. Er wurde der Lieblings- und Meisterschüler von Mahlau und war der Klassenjüngste, ein überschlanker, langaufgeschossener Junge unter meist älteren Jahrgängen. Unter Kriegsteilnehmern und vielen verspäteten Existenzen war er das Enfant terrible und einer, der seine reiferen Mitschüler bald korrigieren durfte. Am wenigsten verstand er es, wenn jemand in der Arbeit lustlos war. Anders als heute, war nach den „tausendjährigen" Entbehrungen die Rolle des Lehrlings eine Chance. Sie machte frei; nicht der Widerstand gegen sie und nicht die Verweigerung, in die man sich heute zurückzieht. Wer keck genug war, konnte innerhalb ihrer Möglichkeiten souverän und unbegrenzt erfinderisch sein. Janssen reizte die Schülerrolle bis an die Grenze. Viele der Bübereien erscheinen uns inzwischen unbegreiflich harmlos. Kaum etwas ist einem solchen Alterungsprozeß unterworfen wie die Frechheiten, mit denen die Jugend zu ihrer Zeit die Erwachsenengeduld zu strapazieren wagt. Aber wie unreif uns auch der Schabernack von damals vorkommt, er bezeugt doch am besten, daß es eine Lust war, Schüler zu sein. Denn die genau definierte Distanz zwischen den Positionen — Mahlau war unangefochten Meister, und alle wollten sein wie er — bedrängte nicht die Phantasie, sondern das waren die Spielregeln, mit denen sich experimentieren ließ. Nach etlichen Semestern fühlte sich Janssen auf der Kunstschule immer noch so wohl, daß er freiwillig nicht gehen wollte. Ein gelinder Tritt war notwendig. Es charakterisierte das inzwischen erstarkte Selbstbewußtsein des fortgeschrittenen Schülers, daß er zu seiner Entfernung eine „Lex Janssen" aufgeboten sah.

Die besonderen Anfangsbedingungen, die Horst in so hohem Maße zum Studium motivierten, waren paradox mit den ungünstigen Arbeitsbedingungen verknüpft, mit denen alle nach dem Krieg fertig werden mußten. Vom Papier bis zur Farbe, vom Pinsel bis zum Bleistift war jedes Material knapp. Lehrer und Schüler mußten das Fehlende organisieren. Mahlau setzte sich besonders ein. Er besorgte Zeichenpapier, das als Rest oder Ausschuß für die Druckereien der Tageszeitungen entbehrlich geworden war.

Wo die Mahlzeiten für den nächsten Tag ungesichert waren, lebten viele Schüler in einer anhaltenden Misere. Auch hier half Mahlau, so gut es ging. Er besaß nützliche Verbindungen zum Senat der Stadt und zu privaten Firmen und vermittelte an seine Studenten Arbeitsaufträge, die, finanziell nicht sonderlich ertragreich, doch immer ein Loch stopften. Mahlau bürgte mit seinem Namen für die Erledigung eines Kundenwunsches durch seine Klasse. Mahlau hier und Mahlau da. Was aber diesen Mann fast allgegenwärtig machte, war der merkwürdige Umstand, daß er seine Wohnung und sein Atelier direkt neben dem Klassenraum hatte. Das war eine Folge der allgemeinen Wohnungsnot. Wie in alten Zeiten schien er mit seinen Schülern in einer Art Hausgemeinschaft zu leben, was auch bedrückend hätte sein können. Aber Mahlau war zurückhaltend, ja vornehm, und setzte seine Autorität hintan. Er ließ Freiheiten, die nach dem Kriegsdrill und bei seinem sehr persönlichen Engagement noch Freiheiten waren. Er schrieb den Besuch der Klasse nicht vor, und wer zeichnen wollte, war in der Arbeit nicht auf das von ihm skurril dekorierte Stilleben verpflichtet. Tatsächlich werkelte er nebenan, durch die Tür getrennt, oben in seinem Atelier und kam gelegentlich, mit Sicherheit aber freitags am Ausstellungstag, heraus, wenn er in aller Anwesenheit mit festem Schritt, ohne Stocken, ohne pädagogischen Kompromiß, eben unbestechlich, die besten Blätter an der Wand auswählte: „Dies — dies — dies." Mehr sagte er nicht.

Kaum jemals korrigierte er eigenhändig in die Schülerarbeiten hinein. Dennoch gab er seine Vorlieben zu erkennen. Gegen Kitsch war er allergisch. Das traf ihn, der bei aller Distanz dünnhäutig war und das nicht verbergen konnte, körperlich.

Dabei bedurfte es nicht eines Wortes, daß man fleißig war und den Ehrgeiz hatte, daß ein Zehntel der Ausstellungsfläche am Freitag mit eigenen Bildern dekoriert war. Womöglich sollte das „Bild der Woche" von einem selber stammen. Er, der nicht vormachte, nicht forschte, der sich im Hintergrund hielt, im Atelier daneben und sich auf das eigene Werk konzentrierte, er war dennoch von jener kraftabstrahlenden Wirkung, daß alle Schüler „mahlauerten". Die zeitliche Entfernung heute, die die Unterschiede zwischen den Schülern zurücknimmt, macht es noch deutlicher, als es damals war, wenn auch mit dem Wortspiel die Sache schon früh getroffen worden war. Die Klasse wetteiferte mit dem Meister. Nur war es nicht epigonal und auch keine Selbstbeweihräucherung. Mahlau stand in diesen Jahren im Zenit seines Könnens. Gerade während Janssen die Kunstschule besuchte, hielt Mahlau die widerstrebenden Elemente seiner Kunst in jenem schwebenden Gleichgewicht, das so leicht aussieht und so unerhört große Energien kostet, daß er sie vorher gelegentlich und später nicht in gleichem Maße besaß.

Mahlau hatte seine Kunst bis zu dem Punkt glücklich vorangetrieben, wo seine Art zu sehen und die Gegenstände, die er auswählte, sich zu einem Weltbild verbanden, das für den unzeitigen Moment licht und luftig und ganz Auge war. Er suchte das Komplizierte, Verwirrende und Gegenstrebige überschaubar zu machen und in eine Ordnung aufzulösen, die, frei von Aufzählung und Pedanterie, dazu einlud, dem Chaos lächelnd ins Herz zu blicken. Im besten Sinne gefaßt und verhalten männlich sind diese heiteren Kunststücke. In ihnen schwingt der verworrene Augenblick nach, dem sie — ohne Kampf und ohne falsches Pathos — abgelistet sind. Wer da unter dem ausgebrannten Dachstuhl der Kunstschule seiner Arbeit nachging, Wand an Wand mit den studentischen Notunterkünften im Keller, der sah, daß diese schwebend leichten Aquarelle nicht flunkerten und nicht verklärten. Das Trümmergeröll, die Menschenschlangen vor den Geschäften, das Elend der Kriegs- und Nachkriegsjahre sind ja da — eben als das, wogegen Mahlau den kühlklaren Morgen einer helleren Zukunft ausbalancierte.

Er war ein Zauberer, der Wert darauf legte, daß die Verwandlung keine Spuren hinterließ. In sein Atelier in der Landeskunstschule holte er mit wenigen Mitteln den Fernen Osten herein. Ein paar Glöckchen und ein Paravent — und es sah ein bißchen aus wie Japan. So arbeitete er auch der wiederaufblühenden Hafenstadt vor. Als Zug um Zug die Beschränkungen für den Schiffbau fielen, hatte er schon eine ganze Handelsflotte um sich geschart. Gegen Lebensmittelkarten tauschte er Holzschiffchen ein, die der Pedell der Schule gebastelt hatte. Zuerst pinselte er sie bunt an, dann machte er davon ein Aquarell. So entstanden Bilder der Schiffahrt, bevor die Hamburger wieder an eine eigene Flotte denken konnten.

Mahlau vermaß im Spielzeug die Welt der Erwachsenen neu. Er galt schon damals als spinnert. Freilich, erst als die abstrakte Malerei Oberhand gewann und die Schlacht zwischen Künstler und Leinwand

Alfred Mahlau

ausbrach, fand man den Mann rundherum antiquiert. Bis dahin über-
wog die Achtung vor dem Artisten. Und gleich nach dem Krieg war
es noch etwas Besonderes, in der Klasse von Mahlau zu sein; wenn
auch seine Behandlung einer Gemüsekiste oder einer elektrischen Ver-
teileranlage innerhalb der Bandbreite der in Hamburg vorherrschen-
den Gegenständlichkeit eher am Rande lag. Die Grimm, Titze, Hart-
mann, die Bildhauer Marcks und Scharff, die an der Kunstschule
Klassen leiteten und teilweise der hamburgischen Sezession angehör-
ten, verfolgten aus unterschiedlichen Motiven den Gegenstand durch
rigorose Gestaltmetamorphosen, bis die eigentliche Aussage im ein-

59

fachen und klargegliederten Formzeichen schwer wog. Dieses Werde-wesentlich-Pathos, das einen Teil seiner Fernwärme aus dem Expressionismus bezog, hat Mahlau nie für sich in Anspruch genommen.

Als dann noch vor der Wende zu den 50er Jahren die zerbrochenen Gitarren und geviertelten Krüge von Frankreich herüber in das Vakuum einströmten — so empfand sich das von der internationalen Avantgarde abgeschnittene Deutschland damals —, lag er wieder nicht im Trend. Statt sich in wuchtigen Kuben über die Bildfläche zu verbreiten, statt der wiedergewonnenen Nachbarschaft mit den Franzosen und einem existentiellen Körpergefühl Raum zu geben, hielt sich Mahlau, ein schwereloser und komischer Vogel, über der Provinz und sie unter sich in der Schwebe. Provinz — das war der Blick vom Michel über den Hafen genauso wie die Zwiebel vor der Nase, wie die Herbstbeeren auf dem Buchdeckel und die Feder im Glas. Dieser durch keine Moden zu korrumpierende Alfred Mahlau war für den jungen Janssen ein Glücksfall. Und ein Glücksfall war es auch, daß er gerade die Höhe seiner Fähigkeiten und die größte Spannkraft erreicht hatte, obwohl er wegen des Krieges wie die gesamte Dozentenschaft eine Generation zu alt war und überhaupt zum ersten Mal ein Lehramt ausfüllte. Die Sicherheit, ja die Zuversicht, künstlerisch am Ziel zu sein, hat sich der Klasse mitgeteilt. Sie war an seiner Seite, als er die „Nahe Welt" aufs Papier pusselte, während sich Deutschland der Welt im großen und ganzen wieder anvermählte.

Mahlau hat in seinem Leben keine Gelegenheit ausgelassen, die nicht dem Verkennen seines einzigartigen Künstlertums vorgearbeitet hätte. Am Ende war er enttäuscht, daß sie ihm seine Selbstverkleinerungen und nicht seine Bilder abgekauft haben. Statt in Öl weiterzumalen, hat er die simplen Wasserfarben bevorzugt — zu Recht. Statt in Berlin zu bleiben, hat er sich nach der Studienzeit, nach dem Ersten Weltkrieg und einer vierjährigen Soldateska nach Lübeck zurückgezogen. Er hat seine zeichnerisch-dekorative Begabung in den Dienst der Industrie gestellt, und es gibt keine Branche, die sich nicht mit einem seiner Entwürfe schmücken kann. Am berühmtesten ist Lübecks Altstadtsilhouette auf dem Niederegger-Marzipan. Noch viele Jahre später hat er anläßlich eines Geburtstages der Westfälischen Drahtindustrie Draht gezeichnet; vergitterten, geflochtenen, zu Nägeln verarbeiteten Draht, sogar Stacheldraht. Seine Behandlung des kruden Materials könnte jeden Verismus beschämen. Der Erfolg war mit ihm. Aber er hatte als Gebrauchsgrafiker seinen Namen weg und den freien Künstler reichte er zum Dessert nach, als man schon gesättigt war. Das hat ihn immer wieder in Depressionen gestürzt. Mit seinen Naturbeobachtungen, mit seinen Skizzen und Reisenotizen stand er quer zur Zeit. Das sah er, daran trug er schwer und war doch immer bemüht, es in seiner Kunst nicht zu zeigen. Später schrieb Janssen über seinen großen Lehrer: *Er hat sein Papier freigehalten von seinen Zweifeln und Ängsten.*

Selber ist ihm Janssen darin nicht gefolgt. Ihm sollte später eine Walnußschale genügen, um daraus die Kulisse zu machen, die er für sein Drama brauchte. Und nie hat sich Janssen weiter von dem Ästheten Mahlau entfernt als in der Selbstcharakteristik, die er nach Jahrzehnten von sich gab: „Ich bin direkt, ordinär und brutal." Aber sonst ist er in vielem der Schüler Mahlaus geblieben. Als er seinen Lehrer längst an Erfolg überflügelt hatte und er unverwechselbar *der* Janssen geworden war, konnte es vorkommen, daß mitten in der Arbeit ein Zwiegespräch weiterlief oder das Vergnügen an einem gelungenen Strich sich mitteilen wollte. Der Jüngere sah sich mit den Augen des Älteren, und nur wie er diesen unentwegt verjüngte, wollte er selber altern. Diese Zwiesprache hielt Janssen zeitlebens mit seinem Lehrer.

Alle Wege führen zurück zu Mahlau, und das sind nicht wenige in dem Imperium, das sich Janssen mit dem Zeichenstift erobern sollte bis hinein in Gegenden, in die sein Lehrer sich nie getraut hätte. Ob es die Behandlung der Farbe oder die Welt im Spielzeug ist oder in einer Streichholzschachtel die selbstgebastelte Allegorie der Tageszeiten, ob didaktische Fußnote oder ein hochgeschobener Horizont, ob Asiensehnsucht oder das Interieur einer Küche, alles ist Mahlau. Wenn irgendwann Gebirgslandschaften und Schluchten in seinem Œuvre auftauchten, das sonst der flachen Marsch ergeben ist, wenn er, der so lange nicht reiste, sich eines Tages ins Tessin locken ließ, dann vor allem, weil Mahlau schon dagewesen war. Die Schweizer Aquarelle des Lehrers gaben ihm freie Hand. Mahlau — das war immer, selbst wenn es mit seiner Art zu zeichnen kaum noch zu tun hatte, die Lizenz und die Sicherheit, die erst den echten Janssen machte. Wo es keine technischen Probleme mehr gab, da gab es doch immer noch die Angst, die hemmte. Dann genügte es, daß sich — ewige Schulzeit! — der Schatten

Mahlaus mit seinen kräftig gerundeten Schultern von rückwärts aufs Papier legte, und wie er die leere Fläche noch einmal faßte, faßte Janssen sich ein Herz und los ging's.

Janssen ist später dadurch hervorgetreten, daß er das Werk seines Lehrers betreute. Eröffnungsreden, Erinnerungen, Kataloggestaltungen, die Zusammenarbeit mit Eliza Hansen in einem Buch über *Rumänische Spezialitäten* markieren den Weg durch das schwache Gedächtnis der Nachwelt. Dabei verfolgte er hartnäckig sein Ziel: „Eine Ausstellung von Mahlau in Tokio, damit ihm das Kupferstichkabinett zu Hamburg eine Schublade einräumt."

Solange Mahlau an der Kunstschule unterrichtete, hatte er immer gute Verbindungen zum Senat der Stadt. Er konnte dort vorsprechen, wann er wollte. In seinem einteiligen Arbeitsdrillich ging er ins Rathaus und kehrte mit einem Auftrag der Freien und Hansestadt Hamburg zurück. Für die Klasse bedeutete es jedesmal die Abwendung einer finanziellen Notlage. Einmal kam es besonders Horst zugute. Denn ihm stand eine Geldforderung ins Haus, die er allein nicht hätte bewältigen können. Er hatte sich selber in eine schwierige Lage hineingeritten.

Zu Mahlaus speziellen Schulaufgaben zählte die Farbtreffübung. Gerade hatten die Schüler die Früchte weggepackt, die es im Ton genau zu treffen galt, und die meisten dösten auf der Fensterbank durch die geöffneten Läden nach draußen, als eine Frau am Lerchenfeld heraufkam. Über einem starken Bauch trug sie einen Pelzmantel, der im Grundton leopardenbraun war. Janssen griff nach einem Beutel Trockenfarbe und mit Ocker zielte er von oben so genau, daß die Schwangere in einer Wolke aus Pulverstaub verschwand. Als er sie wiedersah, schritt sie mit dem Hausmeister die Reihe der möglichen Täter ab. Im Stil der Hasenschule mit gesenktem Kopf schuldbewußt, gab Horst sofort zu, daß er es war. Die Farbtreffübung ging auf sein Konto. Eine Vollreinigung und zehn Prozent Wertminderung sollte er bezahlen. Auch in diesem Fall vermittelte Mahlau einen Auftrag. Aber Rektor Ahlers-Hestermann ließ Peter Voigt rufen, den er häufig mit dem Übeltäter zusammen getroffen hatte: „Sehen Sie mal zu, daß Janssen das nicht wieder macht. Der ist noch etwas jung. Sie sind der Ältere."

Horst Janssen zur Kunstschulzeit

Zuerst das Einzelkind, von Martha in Samt und Seide gekleidet, auf der Napola von Wienhausen beiseite genommen, gerade wieder Tantchens Einziger, war Horst auf der Kunstschule rasch in eine besondere Rolle hineingewachsen. Er war das von seinem Lehrer erkannte und geförderte Talent und eine Art Eulenspiegel, der unter lauter Älteren zu jung war, um für seine neckischen Bosheiten belangt zu werden. Es kam vor, daß er den Ringfinger der rechten Hand in den Mund steckte

und die beiden benachbarten Finger, wie unbeobachtet, an den Nasen-
flügeln seitlich vorbeischob. Das hätte lieb und artig aussehen können,
wenn es ohne Sabber abgegangen wäre. Die Lutscherei war auch schuld
daran, daß die oberen Schneidezähne, die nicht ordentlich parallel
standen, auffällig hervortraten. Zusammen mit den flachen Wangen
und dem Kinn, das wie bei seiner Mutter zurückwich, spitzte sich das
Gesicht im unteren Teil zu. Von der Seite ergab das eine kurvige Profillinie. Dennoch sah er gut aus. Die Augen waren unter hochgewölbten
Deckeln gleichmäßig oval geschnitten. Die Haare trug er erst vom
Scheitel weg nach beiden Seiten kurz, später lockig um den Kopf
herum und in die Stirn fallend. Ein großer Junge — so erschien er
vielen bis zum Ende der Schulzeit. Und das nutzte er aus für seine
Bubenstücke, die wir heute belächeln mögen, die aber nie ohne Pfiff
waren.

Damals gab es noch den Schaffner, der auf den S-Bahnhöfen die Kelle
hob und die Züge abfahren ließ. Janssen machte sich von hinten heran
und brachte einen Bindfaden hinter das Lederkoppel. Mit dem anderen Ende sprang er auf den Zug, und wie der pflichtschuldige Mann
seines Amtes waltete und dem stählernen Ungetüm freie Fahrt gab,
strammte sich bis zum Zerreißen der Faden, der ihn mit seinem davon-
eilenden Schicksal verband. Janssens Witz entzündete sich bei allen
Gelegenheiten und wo immer es ein Publikum gab. Das war in dieser
Zeit die Malklasse. Und der ihm hinter der Tür im losbrausenden Zug
den Ausblick sicherte, war auch einer vom Lerchenfeld. Der Witz
gehört zu Janssen wie das Salz in die Suppe. Er soll nie witziger gewesen sein als damals — ein zu allen Tageszeiten verschwenderisches
Feuerwerk.

Von Anfang an brachte er den Witz auch in seine künstlerischen Arbei-
ten ein. Der Witz ist die Produktivkraft schlechthin. Er setzt in
Bewegung, er greift ein und stellt auf den Kopf, was sich mit beiden
Beinen auf der Erde dünkt. Er drängt sich dazwischen und zieht das
Entfernte zusammen. Wie sich die Welt auch dreht, er ist in ihrem
Rücken, und als ein wahrhaft subversives Element verteilt er die
Gewichte neu. Dabei ist er sozial. Der Witz ist die schnellste Form
der Verständigung. Hinter das gemeinsame Lachen kann keiner so
leicht zurück.

So machte der Witz und Janssen mit ihm seine Eroberungen. Ursula

Aspers war als Schülerin ebenso außergewöhnlich wie unzugänglich; für Janssen ein Grund, sie zu gewinnen. Damals gab es jene Zeichenstühle, auf denen man grätschbeinig saß. Wollte man sich bewegen, nahm man den Bock zwischen die Knie. So rutschte Horst mit seinem Schemel an die Aspers heran, die eine Landschaft malte, und ließ sich betont flüsternd mit einem Kommentar zu ihrem Bild hören: „Eine Landschaft von Caspar David Friedrich. Auf der einen Seite, hinter Hügeln, stehen Eichen. Man sieht nur die Baumkronen und lauter schwarze Punkte darin. Ein Punkt erhebt sich, steigt auf und fällt vornüber in einen einsamen Baum. Da kichern die Krähen A-a-s-pers-s-s." Das skurrile Engagement belohnte die Unnahbare mit einem Lächeln. Wie genau Janssen diesen schwierigen Charakter erfaßt hatte, bezeugt treffender nur noch ihr eigener überstürzter Schulabgang, der sie, als sie schon verwirrt war, um den Tisch herum gegen Mahlau und dann ab ins Dunkel führte.

Die Mahlau-Klasse zählte bei wechselnder Stärke bis zu dreißig Schüler. Obwohl kein Arbeitsthema vorgeschrieben und nicht einmal die Anwesenheit bindend war, blieb man eng zusammen. In den Pausen hockte jede Klasse für sich in der Kantine. Die Grimm-Schüler, die Titze-Schüler, die Hartmann-Schüler — es war die reine „Klassengesellschaft". So kommt es, daß sich Janssen und Paul Wunderlich während der Kunstschulzeit nicht näher kennenlernten. Jeden füllte die eigene Klasse vollkommen aus, und man war eine Welt für sich.
Es gab unter Mahlau eine Reihe exotischer Existenzen, darunter einen Vico von Bülow, der nur selten da war, deshalb kaum auffiel, und heute unter dem Namen Loriot berühmt ist. Eine Marianne von Bismarck nahm hin und wieder am Unterricht teil. Unentbehrlich war Madame Tscho, weil ihr Lehrer fernöstliche Tuschbilder liebte. Es gab die Peter Neugebauer und Mirko Szewczuk, von denen der eine mehr, der andere aber nur wenig Zeit hatte, um zu großartigen Karikaturisten heranzureifen. Gisela Röhn hieß schon damals die „Göttin des Tuschkastens". Mit bezaubernden Aquarellen sollte sie sich später in Thomas Manns ägyptischen „Joseph" einspinnen. In der Klasse waren auch die Zwillinge Steffi und Isabell. Und es war da mit zwei amputierten Händen Lothar Voss, der sich mit einer akribischen Zeichnung beworben hatte: Sonnenblumenkerne auf einen Teller gehäufelt, ein

Kern auf den anderen Schatten werfend. Almut Kasten hieß das Mädchen, in das sich Janssen zuerst verguckt hatte, ohne daß sie es merkte. Für Christel Meyer-Davisson war er dann schon kein grüner Junge mehr. Er brach nachts bei ihr ein. Es gibt keinen Mitschüler, der nicht eine Geschichte erzählen könnte.

In der Klasse fand er auch seine engeren Freunde: Peter Voigt, Günter Schlottau und Günter Gatermann, die ihn kürzer oder länger durchs Leben begleiten sollten. In den späten Schultagen stieß Ludwig Runne dazu, der Gefährte von der Napola.

Der diese sehr verschiedenen Lebensläufe um sich scharte, war Alfred Mahlau. Auch ohne die Erfahrungen des gelernten Schulmannes besaß er die Eigenschaften eines Pädagogen. Dafür gibt es Beispiele. Günter Schlottau genoß in der Klasse den Ruf eines Akrobaten. Er hatte die Idee und Janssen war sofort dabei. Beide stapelten sie das Inventar des Klassenraums auf einen Drehhocker. Je mehr sie in die Breite und Höhe gingen, desto artistischer mußten sie die Schemel und Bänke gegeneinander ausbalancieren. Das aufgetürmte Werk war drehbar. Mahlau trat in den Raum und, nicht einen Moment verärgert, erkannte er hinter der Posse die Parodie und hinter der Parodie sein künstlerisches Credo: „Nun zeichnet das mal."

Wenn Peter Voigt schon frühmorgens todmüde zwischen das Stilleben auf einen Stuhl geplumpst und eingeschlafen war, wehrte Mahlau die Klasse ab, die sich gerade mit ihrem Lehrer gegen diese Dreistigkeit verbünden wollte: „Laßt ihn schlafen."

Das Sammelsurium bizarrer Außenseiterrollen um den Mann herum, der angeblich nicht nein sagen konnte, tatsächlich aber in dem gezügelten Wildwuchs einem abgründigen Humor frönte, bildete sich eindrucksvoll in seinen berüchtigten Stilleben ab. Mahlau baute sie so auf, daß der Gipsabguß eines griechischen Helden und ein Speichenrad, ein ausgefranster Bastkorb und eine Pferdeattrappe, die Maske und der Pfau, das Skelett und die Heldenbrust miteinander im Streit lagen. Diese makabren Arrangements deuteten auf den Janssen der frühen Radierungen von 1957 voraus. Der Schüler mochte es sich denn schon damals nicht verkneifen, der Ritterrüstung an kitzliger Stelle eine rote Rübe unterzujubeln. Solche Stilleben ließ Mahlau stellvertretend im Klassenraum zurück, wenn er sich zum Arbeiten in sein eigenes Atelier begab. Man konnte aus der Groteske eine Zeichnung

Ein „Mahlau-Stilleben"

machen oder sie auch unbeachtet lassen. Schlottau und Janssen bauten einmal an einer Art Rutschbahn, die mitten in diese surrealistische Kulisse hineinführte.

Mit Günter Schlottau war Janssen in einer Art Produktionsgemeinschaft verbunden, die — aus ihrer Sicht heute — nur ein Ziel verfolgte: dummes Zeug machen. Sie stachelten sich gegenseitig an. Wenn der eine sagte: „Du traust dich nicht?" — dann gab es für den anderen kein Zurück. Wie Max und Moritz heckten sie Pläne aus, und für den Fall, daß der Autofahrer, der am langen Draht eine Waschschüssel hinter seinem Wagen herziehen sollte, ihnen nachstellen würde, war verabredet, daß sie in zwei Richtungen auseinanderlaufen.

Auf dem Jungfernstieg ließ sich der gummihafte Schlottau über die Schulter abrollen, und zusammen mit seinem Freund, der ihm übertrieben hilfreich beisprang, provozierten sie die Anteilnahme der Passanten: „Haben Sie sich 'was getan?" Günter Schlottau war turnend und kletternd am Boden und in den Baugerüsten gut und gut war er im perspektivischen Zeichnen. Das gehört zusammen. So schloß sich Janssen ihm an, wenn es — wie so oft — zum Zeichnen nach draußen ging: in den wiedererstehenden Hafen — zu den Schrotthalden — an Blohm + Voss vorbei — zu den Werften. Auf einer dieser Touren benutzten sie die Straßenbahn zu den Elbbrücken. Die Linie 45 war voll mit Arbeitern, die die Schicht wechselten. Schlottau trug damals, als außer ihm nur Wunderdoktor Gröning sich diese Exzentrizität leisten konnte, schulterlange Haare. Immer mehr Hafenarbeiter stiegen zu, und in das Gedränge hinein sagte einer : „De loppt rum as son Indianer, un wie hefft nix to freten.“

Sonst fielen die Kunststudenten damals kaum auf und hoben sich auch nicht von der Bevölkerung besonders ab. Wie viele andere auch standen sie in den Warteschlangen, wenn auf den Bahnhöfen oder vor den Ämtern öffentlich Erbsensuppe ausgeteilt wurde. Unter Hitler war ein bestimmter Schlag Jugendlicher verpönt gewesen, den man „verniggert und verjazzt“ nannte. Daran knüpften die Jüngeren nach dem Krieg an. Deshalb waren schon mal die Haare zu lang und die Hosenaufschläge wetteiferten in Überweiten. Aber einen prinzipiellen Widerstand gab es nicht und wurde auch nicht gesucht. Der Generationskonflikt mit den Eltern, in dem oppositionelle Einstellungen eingeübt werden, hatte für diese Jahrgänge nicht stattgefunden. In der Zeit war man Soldat oder auf der Napola oder Vater und Mutter waren schon tot. Eine neue Tradition, die sich verteidigen oder verwerfen ließ, hatte sich inzwischen nicht entwickeln können. Die Politik hatte als Thema so abgewirtschaftet, daß weniger nur über moderne Kunst geredet wurde. Man sprach nicht einmal darüber, was man werden wollte: freier Künstler oder Grafiker oder Mitarbeiter einer Zeitung ... Die Aussichten waren schlecht. Ja, es war völlig unvorhersehbar, wie einer sich durchschlagen würde.

Um so mehr lebten sie aus dem Augenblick. Sie machten sich einen Jux und kehrten schon mal den Bürgerschreck heraus, der sich nicht gegen soziale Verhältnisse, sondern gegen den Spießer schlechthin wendete. Auch nach den Malstunden bewegten sie sich in den Freundschaften, wie sie durch die Schule vorgegeben waren. Auffallend war, daß auch nach dem Krieg Mutproben unter ihnen hoch im Kurs standen.

Janssen konnte sich immer schon besonders auf seine Mitschüler einstellen, und seinen Freunden wußte er auf die überraschendste Art zu gefallen. Schlottau war als einer der ersten in eines der neuerbauten Grindel-Hochhäuser gezogen — direkt unter das Dach. Bis dato kannten die Hamburger keine so hohen Wohnhäuser. Janssen wollte seinen Freund besuchen, und weil er ihn nicht antraf, hangelte er sich durch das Fenster einer benachbarten Boden- und Besenkammer und kroch außen den 40 cm schmalen Sims entlang bis an das geöffnete Wohnzimmerfenster, unter sich den Abgrund von 14 Stockwerken. Die Verblüffung im Gesicht von Schlottau, als er die Tür aufschloß, das Fenster offen und seinen Freund davor sitzen sah, war Janssen das wert.

Neben Schlottau war Horst in der frühen Schulzeit besonders mit Peter Voigt befreundet. Zwischen Offizierslehrgang und Frontbewährung wurde Voigt vom Kriegsende überrascht. Er kam etwas zu spät an die Kunstschule. Janssen half ihm, in der Klasse Fuß zu fassen, die das Maltalent schon wieder gegen Ende '48 verließ, um in Berlin weiterzustudieren. Bis dahin unternahmen die Freunde vieles gemeinsam. Sie tourten durch die Trümmerstadt. Ihre Augen strichen die Abbruchfassaden entlang. Die Brandspuren und Müllfarben begeisterten sie. Wenn sie auf Lippenhöhe mit den Fingern schnalzten und auch mal ein „oh — schön" hören ließen, meinten sie natürlich nicht die Kriegszerstörungen. Auch der Frachter, der im Hafenbecken versenkt lag und dessen Heck gegen die aufragenden Dalben eine schräge Kontur warf, hatte mehr mit Mahlau und seiner Optik als mit der Nazikatastrophe zu tun. In ihren Studien arbeiteten sie gegenständlich, aber nicht inhaltsbezogen. Am Abend pokerten sie um die Tagesproduktion. Gespielt wurde mit einem Fahrtenmesser, das sie von der Daumenkuppe per Salto in ein vorgezeichnetes Feld zielten und das je nach Einschnitt der Klinge eine Aufteilung der Fläche erzwang, die zu Sieg oder Niederlage führte: Janssenzeichnungen gegen Voigts Ölbilder. In solchen Geschäften wuchsen die beiden zusammen. Tantchen fürchtete indessen, sie würden homosexuell.

Tantchen war mit ihrem Neffen nach Beginn der Kunstschulzeit in die Warburgstraße umgezogen, die damals noch Klopstockstraße hieß. Als Hausverwalterin hatte man ihr ein ehemaliges Kutscherhaus überlassen, das auf der anderen Seite der Alster lag, in der Nähe des Dammtorbahnhofs. Das Kutscherhäuschen war eigentlich eine Garage mit einer Zweizimmerwohnung über den Stellplätzen für zwei Autos. Es stand in einem gepflasterten Innenhof und war durch eine schmale Einfahrt zwischen hochgeschossigen Bürgerhäusern der Gründerzeit zugänglich. Eine Steintreppe führte rechterhand herauf, und dann wurde es auch schon eng. Vom kleinen Flur gingen Toilette und Bad ab; erst Horsts, dann Tantchens Zimmer und, durch einen Vorhang abgetrennt, die winzige Küche. Irgendwie muß Tantchen die Turbulenzen vorausgeahnt haben. Hier unter dem flachen, mit grüner Teerpappe gedeckten Dach waren sie jedenfalls für sich. Wenn es Horst auch nicht dauernd in der Enge aushielt und sich nach einiger Zeit in das große Wohnhaus nebenan einquartierte, so hat er doch zwanzig Jahre in der Warburgstraße gelebt.

Die Warburgstraße wurde sein Zuhause. Gleich zu Anfang sah es allerdings nicht so aus. Auf dem Höhepunkt der Kumpanei zog er zu Peter Voigt nach Eppendorf, wenn auch nur auf ein paar Tage. In der Dunkelheit kehrte er zum Garagenhaus zurück und klaute aus Tantchens Vorräten Brennholz. Darüber konnte sie, die über alle Stehlereien immer im Bilde war, froh sein. Denn dann hatten es die beiden wenigstens warm. Aber auch so hatte sie keine Ruhe und schlich nachts um das Haus in der Tarpenbekstraße herum.

5. Gabriele

Gut 17 Jahre alt, gingen vom weiblichen Geschlecht noch immer nicht die Sensationen aus, die Horst bewegen konnten, seine Unbekümmertheit und zuletzt wohl auch eine jungenhafte Scheu abzulegen. Der nationalsozialistische Männlichkeitswahn und jetzt die kokett angenommene Rolle des Klassenjüngsten hatten daran teil, daß aus Janssen ein Spätentwickler geworden war. Aber die Klasse, die seine Welt und ein buntes Panorama aller möglichen Typen war, hielt auch einen Cupido bereit, der ihn mit seinem zentralen Lebensnerv verkuppeln sollte: mit der Liebe. Sie war ein süßer Fratz und eine Sphinx zugleich; anziehend genug, um mit ihrer zierlichen Gestalt die süßesten Versprechen zu geben, und doch auch so abwehrend, ja, prüde, daß eine

Mit Francis auf dem Kostümfest LiLaLe

Verwechslung mit ihrer Person nicht in Frage kam. Sie hieß Francis Schwimmer, und durch sie lernte Janssen ihre Schwester kennen.

Aber zunächst hat die Freundschaft zu Francis ihr besonderes Gewicht. Sie besaß, was er bewunderte: eine freie Art, jede Darstellung in einem einzigen Strich genialisch zusammenzuziehen. Francis wiederum war überzeugt, daß nur er die Begabung hatte, aus der mal was werden konnte, wie sie auch zu Hause beiläufig hören ließ.

Auf seinen Witz sprang sie sofort an, und da er nicht damit geizte, ihre Ballettstudien dort zu korrigieren, wo sie sich dem treffenden Kürzel nicht fügen wollten, stimmte sie auch in seine geliebten Frechheiten ein. Sie waren füreinander die beste Unterhaltung und ließen sich ein größeres Publikum gefallen. Es gibt ein Foto, mit dem die Neue Deutsche Wochenschau für ihre Verfilmung des Karnevals warb: Der kindsköpfige Horst schiebt die daumennuckelnde Francis in einer Babykarre durch den Fasching. Zwei große Kinder unter ausgewachsenen Narren. Das war — witzig überpointiert — ihre Rolle in der

Mahlau-Klasse. Auch außerhalb der Schule verstanden sie sich gut. Eine Zeitlang ging Francis jeden Morgen auf dem Umweg über die Warburgstraße zum Lerchenfeld. Janssen wartete mit dem Frühstück auf sie; so kameradschaftlich es war, hieß es in den Hungerjahren auch, daß er sie mit durchfutterte.

In Oldenburg kannte er keine Zote. Wer ein Schwein war, lernte er zwar auf der Napola. Aber Aufklärung war dort kein Thema. Der Jungmann pubertierte nicht. Unerfahren und ahnungslos wie er war, hörte er auf der Landeskunstschule manche Andeutung, die er sich nicht erklären konnte. Im Bad im Kutscherhaus, nebenan bei Tantchen, passierte es dann. Beim Pipimachen gingen ihm Welten durch den Kopf. Im Wasserkasten hörte er Engel singen. Es war hüpfend weiß und erschreckend schön — zweizehntelsekundenlang. Da wußte er: „Du bist homosexuell." Das war wie Jude sein. Er setzte sich ins Zimmer an den Tisch und überlegte, was zu tun sei. Er telefonierte mit Peter von Zeschwitz, der wie die meisten Mitschüler mehrere Jahre älter war: „Wollen wir ein bißchen miteinander zeichnen?" Er verwickelte „Exzellenz", wie Zeschwitz in der Klasse genannt wurde, in ein Gespräch darüber, wie Homosexualität entsteht. Der holte zu einem Vortrag aus: „In Gefängnissen, Kasernen, Lagern . . ." Janssen unterbrach ihn scheinbar unbeteiligt: „Ich finde das blöde. Das kann man doch selber machen." — „Natürlich, das machen ja auch alle!" Die Antwort erlöste ihn und ließ ihn einen neuen Morgen sehen. In den nächsten Wochen schaute Horst etwas blasser drein. Neben dem Wasserkasten hatte er, aus der Zeitung ausgeschnitten, das Foto einer Negerin hängen.

Das erste Semester auf der Kunstschule und das ganze Jahr '47 waren für Janssen eine Lehrzeit, in der er alles in sich hineinfraß. Genie ist zuerst und zuletzt Genie im Lernen. Denn vom Gelernten befreit man sich nicht besser als durch das Lernen selbst. Und darin entwickelte Janssen eine frappierende Fixigkeit. Die mahlau'sche Sehweise stellte sich plötzlich ein, und dennoch war er damit in der Klasse nicht tonangebend, weil er nicht ausschließlich genug wie Mahlau zeichnete. Das konnten Lothar Walter und Hilda Körner besser. Und Jatzlau beherrschte es später so perfekt, daß sich Mahlau auf seine alten Tage noch einmal in ihm neu entdeckte.

Die Optik seines Lehrers, der mit Vorliebe bei gegenstrebigen Konstruktionen verweilte, bereitete Horst keine Schwierigkeiten. Unter der Glasdachkonstruktion der Fischmarkthallen schreitet eine Frau aus der Zeichnung heraus — mit einem Gesicht, das diesen Winkelwirrwarr — wie auch immer — kommentiert. Der erzählende Ausdruck und die Geschichte waren für Janssen wichtig. Und so fand er auch zu Szenen, denen Mahlau ausgewichen wäre: Strangulierte, die mit abgeknickten Hälsen durcheinanderbaumelten.

Zur Zeichnung gehört die Kunst der Aussparung. Die Skizze hält das Wesentliche fest. Nicht erst der Expressionismus verband damit den Begriff des gültigen Werkes. Durch Weglassen ist man früh fertig, und es ist nur ein kleiner Schritt, daß sich der junge Künstler schon früh vollendet glaubt. Bevor er richtig angefangen hatte, war der Mahlau-Schüler auch bald an diesem Punkt angekommen. Der *Geiger,* aus ein paar Pinselstrichen in bekannter Virtuosenhaltung ekstatisch gefügt — ohne Geige selbstredend —, ist als Studie komplett. So betrachtet, ist Janssen immer schon fertig gewesen. Er selber sollte eher den Chinesen recht geben: *Für einen langen Weg muß man langsam gehen.*

Besonders erfolgreich war Janssen in einem Genre, das ihm noch aus der Zeit vor der Kunstschule bestens vertraut war. Mit einem seiner Lieblingsmotive kam er sogar in die Zeitung. Die Rückkehr in die Völkergemeinschaft war für die Deutschen das Gebot der Stunde, und die man vorlaufen ließ in der Hoffnung, daß sie für den unmenschlichen Feind von gestern die Unschuld zurückgewinnen könnten, waren die Kinder. Kinder kennen keine Landesgrenzen. Das Völkerkundemuseum veranstaltete eine „Internationale Jugendbuchausstellung". Die „Meisterklasse Mahlau" hatte die Dekoration übernommen. Als DIE ZEIT in einer ihrer frühen Ausgaben vom April 1947 diesen Willen zur internationalen Verständigung breit anzeigte, veröffentlichte sie dazu ein Rollbild von Horst Janssen: *Die Prinzessin auf der Erbse.* Wer hätte es besser machen können? Die humoristische Darstellung kostete ihn nicht ein Quentchen Anstrengung. Die Rolle der *Prinzessin auf der Erbse* ist ihm ja ein für allemal auf den Leib geschrieben. Der Turm aus Kissen und Matratzen kann gar nicht hoch genug sein. Es drückt doch immer unerträglich.

Diese Erstveröffentlichung nach einem halben Jahr Schulzeit konnte dem Klassenbenjamin wohl schmeicheln und, was noch wichtiger war, sie bestätigte ihn in seiner Zuneigung zu den Figuren aus Volkstum und Märchen. In Oldenburg an Marthas Arm war er, märchenhaft genug, wie ein kleiner Prinz in Bleylehosen herausgeputzt gewesen; in Haselünne hatte er in der weiblichen Hauptrolle aus „König Drosselbart" den SS-Hundertschaftsführer bezirzt; am Mönckebrunnen war er zum Ludwig Richter-Virtuosen herangereift, und dazu gesellte sich jetzt der Erfolg, zum ersten Mal in der Zeitung zu stehen. In direkter Linie sollte sich daraus seine früheste Buchpublikation ergeben: ein Kasperlebuch.

Aus dem Jahr 1947 datiert die erste Bildergeschichte, die erhalten ist, aufgezeichnet auf Zetteln, die aus Tantchens Buchhaltung stammten und teilweise beschriftet sind. Es ist die Geschichte von einem Mantel und trägt den Titel *Palito*. Wir können annehmen, daß sie sowohl einem Fehler in der Rechtschreibung wie seiner absichtsvoll-spielerischen Weiterverwendung entsprungen ist.

Bei seiner Bewerbung für die Landeskunstschule hatte Janssen noch alle erzählenden Bilder aus der Mappe herausgeworfen. Mit einem Teil seiner Arbeitskraft war er längst wieder zu den früheren Themen zurückgekehrt. In welchen Techniken er sich auch versuchen sollte, er hielt fest an den verrückten Prinzessinnen, an Reineke Fuchs, Eulenspiegel und Kasper und wie die volkstümlich eingeführten Antihelden heißen. Seine Mitschüler ließen von den Geschichten allenfalls die Pointen gelten.

Mahlau stellte sich indessen niemandem in den Weg. Seine Klasse war nach den verschiedenen Richtungen das Überschreiten der Grenzen, die er sich selber und seiner Kunst gezogen hatte. Seine Kritik war selten scharf und beschränkte sich höchstens auf die Feststellung: „Wenn ich recht sehe, habe ich hier einen besseren Mahlau vor mir."

Als Horst die Erfolge der Anfangszeit zu Kopfe stiegen und er sich der Zuneigung Mahlaus sicher glaubte, fing er an, sich mit Eifersüchteleien wichtig zu machen. Da erschreckte ihn sein Lehrer eines Tages mit der Bemerkung: „Ich glaube, Sie wechseln mal für ein Jahr in die Klasse von Willem Grimm." Doch gingen sie sich nie länger als drei Tage aus dem Weg.

Die härteste Prüfung stand Horst bevor, als ein Schüler dazukam, der noch ein halbes Jahr jünger war als er. Außerdem konnte dieser Michael Langer mit den billigsten Schulaquarellfarben auf beneidenswerte Weise umgehen. Janssen hatte unter Mahlau das Aquarell zunächst der Zeichnung zugeordnet und auch die Farbigkeit zurückgenommen, die sich noch unter Wienhausen in spekulativen Mischungen gefallen hatte. Nun verteilte er die einzeln gesetzten Tupfer, die nicht ineinander verlaufen durften, rhythmisch über die Bildfläche. Als er dieses fugenhafte Verfahren, das in der Musikalität Mahlaus seine geheimen Wurzeln hatte, nach seiner Art freier handhabe, gelangen ihm bald sehr schöne Aquarelle von den Parks an Elbe und Alster. Doch in Michael Langer war ihm eine Konkurrenz an die Seite gerückt, die mit besonders trocken aufgetragenen Parklandschaften ebenso zu überzeugen wußte. Horst hätte diesen jüngeren Mitfavoriten, der nur mit einer eingedrückten Aktentasche bewaffnet war, leichter ertragen, wenn er nicht so schüchtern und im Reden nicht so unfähig zur Selbstverteidigung gewesen wäre. So mußte er sich wieder stärker auf sein Zeichentalent besinnen.

Er blieb der Lieblings- und Meisterschüler Mahlaus, der ihn auch aus seinen Selbstzweifeln wieder herausholte. Das war von Anfang an die Stärke seines Lehrers gewesen. Nie hat er Horst im Stich gelassen, schon in der allerersten Stunde nicht, als er einen Fisch malen sollte und immer zu seinem Nachbarn hinüberschielte. Mahlau sagte damals nur: „Zeichne doch einfach den Kugelfisch, den du vor dir siehst", und damit erlöste er ihn aus seiner trotzigen Verängstigung. Mahlau übernahm die Verantwortung, als Tantchen ihm eines Tages die schwierige finanzielle Situation vortrug: „Machen Sie sich keine Sorgen, das regele ich." Er verbürgte sich auch später für seinen begabtesten Schüler und warf die Tür nicht zu, als ihm eine Gefängnisstrafe drohte. Er half mit Aufträgen und verfolgte den Aufstieg des Zeichners Janssen, als er selber die Zeichnung, die Signatur des Unbestechlichen, die er so lange als ein weitgefächertes Netz allen seinen Aquarellen untergelegt hatte, eines Tages zurückzog, um noch einmal spontan zu aquarellieren. Das war noch vor dem Ausbruch der Krankheit, die sich unter Depressionen lange hinzog, bis er ihr dann mit zweiundsiebzig Jahren 1967 erlag.

Wie Janssen früh spürte, wollte Mahlau immer einen Sohn haben. Aber dieser verbarg es hinter sachlicher Anteilnahme, was schließlich hilfreicher als alles andere war. Ob sich Türen öffneten oder verschlossen blieben, ob er abgewiesen wurde oder nicht, war eine Erfahrung, auf die Janssen zeitlebens seismographisch reagiert hat. Mahlau fühlte immer am stärksten, wie ihn sein Schüler brauchte. Weil er kein Elternhaus mehr hatte, behielt der Lehrer ihn sogar länger auf der Schule. Denn wo sollte Horst hin?

Eine Tür, die ihm in einem der ersten Semester durch Francis geöffnet wurde, führte ihn bei Gutsches ein. Fritz Gutsche war ein unternehmerischer Mann; ein Verleger aus Ostpreußen. Der Krieg hatte ihn aus Königsberg nach Bergedorf vor die Tore Hamburgs verschlagen. Eigentlich war er nur seiner Bibliothek nachgereist, die er auf der Flucht vor den nachrückenden Sowjetsoldaten, in 25 Kisten verpackt, an seinen Freund Burmeister ins Lauenburgische geschickt hatte. Wie es bisweilen bei Männern vorkommt, die als Kaufleute mit Büchern umgehen, war in ihm die Empfindung lebendig geblieben, daß er dem geschriebenen Wort mehr als das tägliche Geschäft schuldig ist. Gutsche besaß eine wertvolle Sammlung von bibliophilen Werken und Erstveröffentlichungen. Goethe war in wenigstens einem halben Dutzend Ausgaben vorhanden, eine prächtiger gebunden als die andere. Über den Wert alter handgeschöpfter Papiere und über die ehrwürdige Tradition der Buchbinder- und Drucktechnik ließ sich der Verleger in lehrreichen Gesprächen aus. Jetzt in der Reichsmarkzeit wurden die Druck-Erzeugnisse auf Papieren zusammengepappt, die nicht einmal holzfrei waren. Kultur war dem weißhaarigen Charakterkopf ein besonderes und geselliges Anliegen.

Wenn er zu Leseabenden in sein Haus einlud, dann geschah es auch zu Gefallen seiner Frau Gabriele. Gabriele war jung und dem Alter nach fast durch eine Generation von ihrem Mann getrennt. Sie zog einen so anerkannten Schriftsteller wie Beheim-Schwarzbach an. Wenn nicht gerade Burmeister oder der Hausherr selber ihren Goethe, ihren Fontane oder Thomas Mann vortrugen, wurde der Abend oft zu einer Dichterlesung. In diese literarischen Kreise gelangte durch Francis, die eine Schwester Gabrieles war, Horst Janssen. Und literarisch war auch gleich der Eindruck, den er hervorrief: schüchtern, schülerhaft, zart, sogar mit Verdacht auf eine schwache Lunge.

Seinen Talenten nach war er kein Unbekannter mehr. Davon hatte Francis erzählt. Aber richtig neugierig war man erst durch eine Verkaufsausstellung geworden, die Mahlau einmal im Jahr in dem Klassenraum am Lerchenfeld veranstaltete. Das Geld floß in die Kasse, aus der auch die gemeinsamen Klassenausflüge über die Elbe nach Cranz oder Finkenwerder bezahlt wurden. An den Wänden hing ein Potpourri frei nach Mahlau und dazwischen ein mit expressivem Pinsel gemalter Frauenkopf in Seitenansicht. Die Schattenkontur über der Stirn deutete das Profil nur an; unerhört genialisch aber war ein ohne jeden Sachbezug souverän gesetztes Rot. Die oder keine! Gutsche kaufte die Gouache und hinterlegte in bester Entdeckerlaune 50 RM für den Janssen. Das war das Entreebillett, und das junge Genie brauchte nur noch der niedlichen Francis mit ihren unschuldigen Augen unter dem vollen Pony nach Bergedorf zu folgen.

Die bildenden Künste hatten im Hause Gutsche schon Tradition. Die Schwestern Gabriele und Francis waren die Kinder von Eva und Max Schwimmer. Das zeichnerische Werk des Vaters wird heute von der DDR in sorgfältigen und wohlfeilen Ausgaben betreut. Doch auch die Musik kam in Bergedorf nicht zu kurz. Gute Freunde wie den Arzt Knauer zog man zu Hauskonzerten heran. Dem literarischen Teil stand Gutsche in Person vor. Mit seinem lichtdurchfluteten Scheitel und einer untersetzten Gestalt, wie sie Goethe vor dem Eintritt ins Alter hatte, wirkte er imponierend. In diesem Bildungshaushalt hörte Janssen zum ersten Mal von Loerke und Trakl. Er, der keinen richtigen Schulabschluß besaß und in Sachen Bildung gewissermaßen kriegsgeschädigt oder, wie sich die Gutsches bald in didaktischer Absicht verständigten, unerzogen war, sah sich einem breiten und von schönen Büchern getragenen Wissen gegenüber.

Das sentimentale Verhältnis, das Janssen lange zur Bildung hatte, stammte aus diesen Tagen eingestandener Not. Denn wenn sich auch der Wunsch, genausoviel zu wissen, nicht leicht befriedigen läßt, so doch die ins Sentimentale gesteigerte Sehnsucht danach. Und er war anstellig, er hörte zu und war aufmerksam. Rasch hatte er heraus, wie man sich der breiten Front ungelesener Bücher mit einem ausgesuchten Zitat erwehren konnte und wie eine treffende Wendung ganze Epochen verfügbar machte. Wo sich der alte Gutsche behaglich darstellte, ging er dazu über, das wenige Angelesene geschickt einzusetzen. Peter Voigt hatte sich nie für dümmer gehalten, bis er Janssen einmal nach Bergedorf begleitete und sah, wie sein Freund damit Eindruck machte, daß er eine These aufstellte und durch das Gespräch in alle Richtungen so lange verfolgte, bis man sie wie einen ungebetenen Gast doch wohl akzeptieren mußte. Janssen frappierte schon damit, was man die spontane Setzung eines Gedankens und seine dialogische Erprobung nennen könnte. Später sollte er die Kunst beherrschen, in einem einzigen Zitat ein ganzes Lebenswerk wie einen Sesam-öffne-dich aufspringen zu lassen.

Sein Hunger nach Bildung oder wenigstens danach, im Bilde zu sein, wurde nur noch von seinem Wunsch übertroffen, in einer Familie zu leben. Mahlau mit seiner wohlgehüteten Distanz war der Vater im Geiste. Hier aber gab es eine richtige Familie, die ihre Fittiche ausbreitete und bereit war, ihm einen Rückhalt zu geben. Sogar Kinder waren da: Friederike, die Jüngste, und der zarte und leicht kränkelnde Anselm, dem Janssen ein Märchenbuch von Andersen schenkte, obwohl er selber immer in Geldnot war. Er liebte es, wenn der Haushalt mit seinen alltäglichen Geschäften neben ihm herlief. Und das wahre Behagen überkam ihn, sobald sich daraus als die natürlichste Unterhaltung der Welt eine gemeinsame Malstunde ergab. Schon vom Elternhaus her waren Gabriele und Francis an diese Art von Geselligkeit gewöhnt. Zwischendurch wurde gegessen, geplaudert, wieder gezeichnet, und immer lief es darauf hinaus, daß man sich gegenseitig die Arbeiten überließ. Etwas von der guten Laune dieser unterhaltenden Arbeitsstunden, die regelrecht zur Gewohnheit wurden, teilte sich den Bildern mit, die Janssen von dem Sohn Gabrieles machte. Solche kleinen Wesen haben den Vorzug, daß ihr Porträt nicht nur zur Ähnlichkeit verpflichtet ist. Eine freie Behandlung ihrer kindlichen Anatomie steigert noch den persönlichen Ausdruck. Daß Janssen in dieser Zeit nicht nur aus der Zeichnung, sondern auch aus der Farbe arbeiten konnte, zeigt ein Bild des kranken Anselm in Mischtechnik.

In der Mahlau-Klasse wußte man, daß Janssen seine Sache gut machte und daß der Funke zu neuen Einfällen oft von ihm auf die anderen übersprang. Aber in Bergedorf wollte man auch sehen, daß es mit ihm auf Höheres und Besonderes hinauslief. Das entsprach ganz der

Rührigkeit, mit der Gutsche seinen Freundeskreis in dieser Zeit exponierte. Halb in kaufmännischer, halb in mäzenatischer Absicht besorgte er die Aufgaben eines Kulturattachés. Die Ausnahmestellung, die Janssen da angetragen wurde, machte ihm die Gegenwart der Freundinnen noch angenehmer. Obendrein eröffnete ihm der Verleger und väterliche Freund die Aussicht auf ein Projekt, das ihm wie auf den Leib geschneidert sein mußte. Die Königsberger Flüchtlinge hatten sich großenteils in einer Eulenspiegelgemeinde unter dem Vorsitz jenes Burmeister gesammelt, der zeitweise zum Bürgermeister von Lauenburg aufgestiegen war. Er organisierte eine Ausstellung, in der unter anderem die Totenschädel des jungen und des alten Eulenspiegel gezeigt wurden. Die Ehrenmitgliedschaft in dem Verein haben sich angeblich so ungleiche Zeitgenossen wie Churchill, Stalin und Knut Hamsun geteilt. Geplant war die Herausgabe des Ulenspiegel nach einem alten Text, den Janssen illustrieren sollte. Mit Verve machte er sich an die Arbeit, die — ohne politisch zu sein — der Idee folgte, daß der volkstümliche Altmeister des Absurden einmal mehr sein Bein in der Tür stehenließ; diesmal in der Tür, die zwischen Ost und West gerade zugeschlagen werden sollte. Die Skizzen zu dem Eulenspiegel-Thema sprudelten reichlich. Die Buchausgabe ist aber nicht zustande gekommen, wie Gutsche mit seinem Verlag überhaupt Schiffbruch erlitt. Fertig geworden ist nur ein von Janssen gestalteter Buchumschlag für August Scholtis: *Der heilige Jarmussek. Schlesische Erzählungen.* Stromverlag Hamburg-Bergedorf 1948. Freilich, im Impressum steht irrtümlich: Einbandzeichnung Kurt Tillessen, Berlin. Das sollte noch häufiger vorkommen.

In seiner verlegerischen und buchhändlerischen Tätigkeit war Gutsche viel unterwegs und auf Reisen. Gabriele zog dann die Freunde um sich. Wenn man eine Erzählung zu lesen angefangen hatte, las man sie auch ohne den Hausherrn weiter. Gabriele hatte schon früh geheiratet, auch um einer strengen Erziehung zu entgehen. Als junge Mutter strahlte sie Reife aus, obgleich sie nicht anders als ihre Schwester knabenhaft gewachsen war. Der kurze Haarschnitt machte sie nur noch kühler und schöner. Sie hielt auf Entfernung und war dabei sehr anziehend. Verehrer wie der alte Claassen kamen allein ihretwegen. Nur der siebzehnjährige Janssen wollte nichts merken. Zwar hatte er sich seit dem Kostümfest LiLaLe in sie verguckt. Gabriele war ihrer Schwester zum Fasching am Lerchenfeld im Mozartkostüm mit Zopf und seidig-engen Beinkleidern gefolgt. Aber er war ihr schüchtern ausgewichen, freilich unter allen Anzeichen wachsender Irritation. Die Krise löste Gabriele auf eine Weise, die ihn umwarf. Es war ein Abend wie viele, gesellig auch ohne den Hausherrn. Einer aus dem Kreis sagte zu Janssen: „Ele fühlt sich nicht. Sie ist in ihrem Zimmer. Du suchst sie am besten mal auf." Er ging die wenigen Schritte, an einen kalten Waschlappen denkend, und öffnete die Tür. Er sah Gabriele auf der Couch liegen, die Bluse aufgeknöpft. Drei Tage traute er sich nicht zurück nach Bergedorf.

Janssen erzählt dieses überwältigende Erlebnis noch in einer Variante, die, da es eh Literatur ist, nicht unterschlagen sei. Er befand sich in derselben gemütlichen Gesellschaft. Von Glenn Miller wurde *In the mood* aufgelegt. „Geh doch mal zu Ele, ihr ist ganz schlecht." Sie lag in Samtkniehosen, mit schwarzen Collegeschuhen und weißen Strümpfen, schmal und mit einem entzückenden Pagenkopf auf dem Sofa und riß ihn an sich: „Pudel, nimm mich. Pudel, nimm mich."

„Pudel" — das ist hier nachzutragen — war der Name, mit dem Horst in die Familie Gutsche aufgenommen worden war. Alle hatten solche Spitznamen. Vater Gutsche hieß „Fuchs". Den wunderbar brillierenden Jungen hatte man mit einer mephistophelischen Anspielung — als Pudel — poetisch und herzlich eingemeindet. Und der Pudel hat es in sich.

Janssen ist Jahrzehnte später auf seinen Streifzügen durch die literarische Abseite auf eine Bearbeitung von Brehms Tierleben gestoßen, die dem Pudel eine Charakteristik widmet, die er dann in sein *November*-Buch aufnahm.

„Der Pudel nämlich: er hat Eigenschaften, Sonderbarkeiten und geradezu Unerklärbarkeiten. Er ist bereits viel ohne Anleitung. Er lehrt sich selbst, ahmt den Menschen nach, drängt sich zum Lernen, liebt das Spiel, hat Launen. (...)
Wie geschickt auch jeder Hund in seinem Speziellen sein mag und wie gelehrig — der Pudel lehrt sich selbst noch weit mehr. An ihm ist nichts Dummes oder nur, wenn er selbst es will; und nichts Schimpfliches ist an ihm, wenn er nicht verzogen wurde. Wenn man ihn nur ruhig seinem eigenen Genius überlassen hat, so ist

Vom Podest herab läßt Gabriele den Pudel im Kreis springen. Federzeichnung 1948
(Blattgröße 34 x 25 cm).

der Pudel von Natur aus gut; jeder schlechte ist durch Menschen schlecht gemacht worden ..."

Soweit Brehms Tierleben. Janssens Freunde von damals erinnern sich: Seine Persönlichkeit war durch die Liebesbeziehung zu Gabriele in einem Maße und in einem Umfang wie nie zuvor gefordert. In der Tat, alles, was sehr elementar und höchst verwickelt an ihm ist, war mit einem Schlag da, und zugleich war die verhängnisvolle Situation und der Abgrund von Widersprüchen wie eine Wunde aufgebrochen, die sich nie mehr schließen sollte. Er wollte die Familie. Nie war er dankbarer, nie anhänglicher als dort, wo sich ihm ein Haus öffnete. Lieb-Kind-sein ist leicht, aber langweilig. Und so war er auch witzig und mutwillig und jedem zu Gefallen. Ein großer Junge, der zuverlässige und ihm zugetane Menschen brauchte. Der alte Gutsche mag oft gedacht haben, daß es eine Lust ist, diesen begabten Bengel um sich zu haben. Aber ihn mußte Janssen betrügen. Die Familie, die er suchte, mußte er von Grund auf erschüttern.

Das aussichtslose Verhältnis zu der verheirateten und um sechs Jahre älteren Frau brachte ihn erst mal völlig durcheinander. Die verspätete Entdeckung seines sexuellen Begehrens glich einem Erdbeben. Wenn er Jahre danach behaupten konnte, es sei doch das Schönste, von einer erfahrenen Frau „entjungfert" zu werden, dann hatte er sich inzwischen eine gewisse Kaltschnäuzigkeit zugelegt. Damals jagten sich die Verzweiflungstaten. Je vergeblicher alles schien, desto heftiger bestürmte er Gabriele. Janssen wollte sie an sich binden: „Ich heirate dich mit deinem Kind. Ich werde Künstler." Aber sie wich aus: „Weißt du überhaupt, was es heißt, verheiratet zu sein und Kinder zu haben?"

Im Winter 1947 auf '48 hatte dieser wahnwitzig ungleiche Zweikampf begonnen. Ein halbes Jahr danach erwischte sie der Ehemann in flagranti. Unter seinen entsetzten Blicken bäumte sich die Frau auf: „Fuchs, das kannst du mir nicht antun." Es folgte ein Brief an den perfiden Eindringling, den Gutsche mit den Worten begann: „Herr Janssen, beim Schreiben dieser Zeilen habe ich Handschuhe übergestreift ..." Im Spätsommer '48 stellte Tantchen, die damals anfing, alles gut zu finden, aber abscheulich, wie es geschah, die Verbindung zu dem früheren Lehrer Wienhausen wieder her. Dahin reiste Horst, zwei Jahre nach dem letzten glücklichen Aufenthalt.

Mann und Frau. Aktdarstellung mit porträthaften Zügen aus dem Winter 1947/48. Signatur und Datum auf der aquarellierten Monotypie sind später hinzugefügt (Blattgröße 34 x 25 cm).

Das Erzieherehepaar sah ihn auf dem Bahnhof Münster mit einem Köfferchen ankommen: ausgemergelt, bleich, mit tiefgeränderten Augen und unter allen Anzeichen eines bohrenden Schmerzes. „Ist das Horst?" Er trug jetzt bohemehafte Kleidung, einen breiten Armreifen am Gelenk und rauchte. Die Hände zitterten. Er war abgerissen. „Was ist denn los?" Dann erzählte er die Geschichte mit Gabriele.

6. Meisterschüler bei Mahlau

Wir sind im katholischen Münsterland. Tantchen hatte in ihren Botschaften nur sehr vage Andeutungen gemacht. Jetzt war es heraus. Aus dem harmlosen Jungen war ein Mann in unsäglichen Verhältnissen geworden. Vorher so unberührt und dann gleich eine Affäre mit einer Verheirateten. Während sich Frau Wienhausen empörte, wollte ihr Mann seinem früheren Schüler nicht mit Moral kommen. Doch was er auch zu bedenken gab, letztlich war die Wirkung die gleiche. Offenbar hatte das leidenschaftliche Erlebnis den Jungen aus der Bahn geworfen: „Wenn du dich völlig auf das Sexuelle einläßt, bist du als Künstler tot. Das bringt dich auf den Hund!" Die Konfusion war vollkommen. Horst wäre am liebsten wieder weggelaufen, aber er blieb. Er hatte sich zu einem väterlichen Ratgeber flüchten wollen und Schläge kassiert. So jedenfalls empfand er es.

In vielen eindringlichen Gesprächen warnte ihn Hanns Wienhausen. Horst sollte sich nicht an seinem aufkeimenden Künstlertum versündigen. Die Absolution konnte er sich dann selber erteilen. Obwohl in Hamburg völlig unbekannt geblieben war, wohin er sich zurückgezogen hatte, erreichte ihn ein Brief von Gabriele. Halb im Scherz — denn das konnte sie nicht verlangen — hielt Frau Wienhausen den uneröffneten Brief über die Herdflamme: „Soll ich ihn verbrennen?" Um so überraschter war sie, als er kompromißlos zustimmte: „Ja, verbrennen." Es kamen noch mehrere Briefe, die ins Feuer wanderten.

Horst schien seine Ruhe wiedergefunden zu haben. Er lenkte sich in der Arbeit ab und schnitt zum ersten Mal in Linol. In mehreren Fassungen entstand das Bild der alten Pilar aus Hemingways *Wem die Stunde schlägt*. Die Züge der Frau sind hart und vom Krieg gezeichnet, doch auch voller Verständnis. Liebe und Leid der jungen Maria haben sich tief in ihr Gesicht eingegraben. Frans Masereel ist das Vorbild, wenn Horst auch sonst an Tantchen dachte. Tantchen hatte er Kummer bereitet. Sie deckte ihn, als er in das Unglück hineingeschlittert war; sie deckte seinen Rückzug hierher ins Münsterland. Aber sie stand auch hinter seinem Rücken mit ihm im Bunde. Sie schickte einen Brief, der deutlich ihre Handschrift zeigte, doch Post von Gabriele enthielt. Das war Tantchen! Kleinlaut ließ er sich hören:

Die alte Pilar aus Hemingways *Wem die Stunde schlägt;*
Linolschnitt 1948

„Ich habe Heimweh. Ich möchte nach Hause."
Eines Morgens war er ausgerückt. Das Familienfahrrad mit dem Kin-
derkörbchen hatte er mitgenommen. Und auch einen Beutel führte er
mit sich, um für die Fahrt nach Hamburg Äpfel zu sammeln. Unterwegs fiel er der Polizei in seinem abenteuerlichen Aufzug auf. Für eine
Überlandtour sah er recht ungewöhnlich aus. Die Ausläufer des Teuto-
burger Waldes schaffte er mit letzter Kraft. Fünfzig Meter von der
Landstraße entfernt, schlief er mit einem Fieberanfall im Farnkraut
ein. Für die lange Reise nach Hamburg fühlte er sich viel zu elend.
Auch der Rückweg zog sich endlos hin. Mit langem Arm hängte er

sich hinten bei einem Lastwagen an. Am nächsten Morgen klopfte er wieder bei Wienhausen an die Tür: „Ja, ich bin wieder da." Wenige Tage später stand Tantchen an seinem Krankenbett und holte ihn heim.

Schuldgefühle, die Janssen später rücksichtslos bekämpfen sollte, diese niederdrückende Schuld empfand der Achtzehnjährige tief und ungemildert. Allein schon daß er Wienhausen das Fahrrad entwendet hatte und nachts ausgerissen war, bedrückte ihn. Weil er den Lehrerfreund nicht verlieren wollte, fragte er immer wieder, bis Tantchen eingetroffen war: „Bin ich lieb? Ich bin doch lieb?"

Natürlich quälte ihn besonders, daß er den um Jahre älteren Gutsche enttäuscht hatte, den Mann, der ihm die Tür in sein Haus, in eine Familie geöffnet hatte. Mitschülern erklärte er einmal, daß der Finger, der durch das ganze Bild auf eine Gestalt gereckt war, auf ihn zeige: den Schuldigen. Aber was heißt Schuld? Die natürliche Robustheit, mit der sich Gabriele seiner wieder bemächtigte, diesmal mit Tantchens Hilfe, besiegte ihn. Zurück in Hamburg, traf sich Janssen wieder mit ihr, nun aber unter besonderen Vorkehrungen. War Gutsche auf Reisen, kam es vor, daß er dort wohnte. Sonst nahm er den letzten Nachtzug nach Bergedorf. Anderthalb Stunden wartete er, dann klopfte er ans Fenster. Gabriele sprang heraus und beide tauchten im Sachsenwald unter. Morgens mit dem ersten Zug fuhr er zurück in die Stadt und schlief ein paar Stunden, um bei Mahlau wieder der Meisterschüler zu sein. So ging es, wenn auch nicht immer mit der gleichen ruinösen Intensität, noch zweieinhalb Jahre lang.

Ein so aussichtsloses, über solchen Zeitraum gedehntes Verhältnis müßte eigentlich den jugendlichen Zyniker hervorbringen. Das Versteckspiel droht den Charakter zu korrumpieren. Janssen stürzte sich in die Auseinandersetzung. Das war die einzige Chance, vor sich ehrlich zu bleiben, wenn er sonst zur Heimlichkeit gezwungen war. Es fehlte nicht an Gelegenheiten sich zu streiten. Eine Treppe höher hing im Haus ein Porträtbild von Fritz Gutsche, gemalt von Eva Schwimmer. Janssen schlug es in einem Anfall von Eifersucht Gabriele über den Kopf, so daß der Rahmen mit den Fetzen der Leinwand wie eine Halskrause auf ihren Schultern lag. Das war endgültig die Trennung. Aber nur solange, bis ihn die Angst einholte, daß er sie damit wirklich verloren habe. Er raste zurück, und in die Tür springend, sah er Gabriele auf dem Teppich knien und das Bild ihres Gatten zusammenkleben. Diese wieder und wieder gegen unzählige Widerstände leidenschaftlich erneuerte Liebe forderte ihm alles ab.

Was auch in ihm steckte, der Verzweifelte und Unduldsame, der Panikmacher und Amokläufer, hier entzündete sich sein einzigartiges Talent zum Drama. Und wie ihn die Eifersucht halb wahnsinnig machte, so lernte er zurückzuquälen. In dem Bergedorfer Haushalt half kurze Zeit Ebba, eine junge Verwandte aus Ostpreußen. Sie sollte zu ihren Eltern reisen. Janssen erklärte sich bereit, sie zum Zug zu begleiten. Aber unterwegs überredete er sie, ihm in die Wohnung von Peter Voigt zu folgen. Horst und das Mädchen wußten so recht nichts miteinander anzufangen; ein Eindruck, der sich bei dem Freund immer mehr verstärkte, so daß er sich zu einer dringenden Besorgung abmeldete. Von dem Seitensprung erfuhr Gabriele, und so wütete die Eifersuchtskrise diesmal mit vertauschten Rollen.

An der Kunstschule verging das Jahr '48 mit wechselndem Erfolg. Nach den ersten Semestern, die er mit Feuereifer angegangen war, stagnierte er jetzt. Oft war er ausgelaugt durch die nächtlichen „Waldläufe". Die Konkurrenz zu dem um ein halbes Jahr jüngeren Michael Langer brach gerade aus. Wie dieser vom Aquarell auf Tempera umrüstete, so kleckste Janssen jetzt Weiß in Weiß, ohne den schnell deckenden Pinsel der Zeichnung zu versichern. Mahlau beobachtete diese Entwicklung und meinte im Vorbeigehen: „Das nächste Mal nehmen Sie besser die Pistole." Damit war Tempera fürs erste gestorben und gestorben war auch der spontane und expressive Ausdruck, mit dem er seine Liebesnöte künstlerisch bewältigen wollte. *Adam und Eva,* in Tempera auf einem Ausflug nach Lübeck gemalt, kehrt als Thema erst wieder im Holzschnitt. Wie er die Liebe zu der verheirateten Frau verbergen mußte, so durfte er sich darüber auch nur indirekt, auf dem Umweg durch ein anderes Medium, mitteilen. Hier kam ihm die Darstellung von Tieren zu Hilfe. Einem Hund, einer Katze konnte er seine Empfindungen leihen.

Der Fuchs, der Bär, der Hase — das waren seine volkstümlichen Helden. Auf den Exkursionen der Mahlau-Klasse schloß er sich der Gruppe an, die in den Zirkus oder Zoo ging. Er besaß die Gabe, Tiere vollkommen nachzuahmen. Mit seinen beweglichen Gliedmaßen konnte er über die Handballen abrollen wie ein Orang-Utan. Die Tatze des Bären ließ er unbeholfen und bittend vor der Brust tanzen. Seine Gesichter dazu waren so mitreißend komisch, daß die Mitschüler ihr Erstaunen augenblicklich in ein Lachen hinüberretten mußten. Schauspielerei und Mimikry sind für Janssens Zeichenkunst von Anfang an wichtig. Die Formen mittelbarer Darstellung, die Tiere reden und menschlich handeln lassen, sind so alt wie Märchen und Fabel. Welches Fell sich einer auch überwirft, er bringt doch immer den Menschen zum Sprechen. Janssen war es ein Bedürfnis, sich auf diesem Wege mitzuteilen. Gelegentlich sind es Monotypien, die durch eine archaisierende Gestaltverknappung dem symbolischen Ausdruck nahekommen. Aber meistens bewegte er sich in Geschichten. Es gibt Szenen, die voller Anspielung sind, in denen er Wünsche auszusprechen riskierte, die er sonst kaum über die Lippen gebracht hätte. Besonders stark war der Wunsch nach einer eigenen Familie. Geradezu anrührend ist die Federzeichnung einer Igelfamilie, die er um 1949 machte: Zu Füßen der schlafenden Eltern kuscheln sich lauter Igelkinder.

Seine früheste Veröffentlichung noch im Jahre '48 war ein Kasperlebuch. Die Zeichnungen stammten größtenteils aus dem Jahr davor, als er Mädchen noch gar nicht zeichnen konnte und er Gisela Röhn bitten mußte, ihm eine Skizze für das Käthchen anzufertigen. Aber die endgültige Redaktion fiel in eine Zeit, als er sich schon heimlich mit der verheirateten Frau traf. Er fühlte sich deshalb um Jahre älter. Da stellte Rolf Italiaander, der den Text zu den Kasperle-Bildern verfassen sollte, die Zusammenarbeit mit dem Ausruf in Frage: „Nein, mit so einem kleinen Jungen will ich nicht!"

Es ist Janssens erstes veröffentlichtes Buch. Aber dem Verdacht, daß Rolf Italiaander ihn entdeckt haben könnte, beugt er mit einer krassen Schilderung von der Entstehung dieses Büchleins vor: Mit der Zeichenmappe unter dem Arm habe er den Schriftsteller in seiner Wohnung am Klosterstern aufgesucht. Den Flur entlang und vorbei an einem Boudoir, trat er in das hintere Zimmer und breitete ziemlich verwirrt seine Skizzen aus. In der Form heftiger Abwehr griff Italiaander zu einer frischen Publikation von Hans Leip und fing an, sie zu preisen: „Ich will Freude in die Welt setzen. Freude! Freude! Das will ich." Janssen schossen vor Wut Tränen in die Augen. Er wurde krank, und Mahlau führte die Kolorierung aus, dürftig zwar, aber ohne in die

Zeichnung einzugreifen. Die Endredaktion entschied der Lehrer dann auf seine lakonische Art. Das Treffen mit den Autoren sollte in seinem Arbeitszimmer stattfinden. Um ihn an seinem Atelierplatz neben dem Sofa zu erreichen, mußte man erst dem labyrinthischen Verlauf einer spanischen Wand folgen, begleitet vom Gebimmel der Tür und anderer Glocken unterwegs. Italiaander kam herein und war gleich begeistert von dieser Inszenierung. Er ließ schon sein „entzückend, entzückend" hören, als er, hinter der letzten Windung hervortretend, über Janssen stutzte: „Du bist schon da?" Darauf Mahlau — und alles war gelaufen: „Herr Italiaander, ich sieze meine Schüler." Dann erst wünschte er einen „guten Morgen".

Das Kasperle-Buch erschien im Verlag von Hermann Laatzen, den er damals neben seiner Buchhandlung in den Collonaden betrieb. Laatzen setzte auch durch, daß auf dem Titel *Seid ihr alle da?* die Autorennamen in der richtigen Reihenfolge erschienen: *Kasperle-Bilder von Horst Janssen. Mit Versen von Rolf Italiaander.* Die Verse sind danach. Laatzen brachte es eine lebenslange Freundschaft ein, die ihn zeitweise täglich mit dem Künstler zusammenführte, als er mit seiner Buchhandlung ebenfalls in die Warburgstraße gezogen war.

Bei Mahlau der Meisterschüler, mußte sich Horst anderswo die Anerkennung erst erwerben. Bei den Gutsches war es ihm früh gelungen. Der Verleger schmiedete mit ihm noch Buchpläne, als ihn der Junge schon mit seiner Frau betrogen hatte. Im Hause Gutsche lernte Janssen einen Sprößling aus der Verwandtschaft des Dichters Gerhart Hauptmann kennen. Michael Hauptmann — kurz Michel genannt — war mit Francis so gut wie verlobt; ein Zustand, der gegen Veränderungen resistent schien und sich endlos hinziehen sollte. Je prekärer ihre Verhältnisse zu den Schwimmer-Töchtern wurden, desto enger brachte das die beiden zusammen. Michel war von den Talenten seines fast zehn Jahre jüngeren Freundes von Anfang an überzeugt. Er erschien mit einer Mappe von Janssen-Zeichnungen auf einem Fest, das Ahlers-Hestermann gab, als der Rektor der Kunstschule am Lerchenfeld von dem Lieblingsschüler Mahlaus noch gar nichts wußte. Michel legte die Arbeiten des Freundes auf einem langen Tisch zur Begutachtung aus. Die Frau von Ahlers-Hestermann, unter dem Namen Povorina selber eine anerkannte Malerin, begeisterte sich auf der

Stelle. Ihr Interesse steigerte sich bis zur Erregung; schließlich rannte sie um den Tisch herum, umgetrieben von der gleichen Spannung, die sie in den Blättern fand und in die Worte faßte: „Das ist ja unheimlich gut!" Zu Michel gewandt, sagte sie: „Ich gebe Ihnen ein Empfehlungsschreiben für die Aufnahme in die Hamburger Sezession mit." Wie sie sich spontan hinsetzte und mitten aus der Erregung heraus einen Brief entwarf, war der Bote dieses Talentes über sich selber erschrocken. Nein, so begabt — das hätte er nicht gedacht! Sein Onkel Ivo Hauptmann, führendes Mitglied der Sezession — an ihn war der Brief gerichtet —, holte ihn auf den Boden zurück. Den Schrieb öffnend, winkte er schlaff ab: „Ja, ja, Michel, du mit deinen jungen Freunden."

Michael Hauptmann hatte eine ungezwungene Art, aus dem Leben zu plaudern, wenn andere über Kunst redeten und den Literatur- und Theaterbetrieb mystifizierten. Er war mit „Kultur" großgeworden, und literarische Themen hatte er gleichsam mit der Muttermilch eingesogen. Die Eltern, der Onkel, die Generation davor, die ganze Familie, ob Kunst, Musik oder Theater, jeder hatte sich in der Stadt oder sogar darüber hinaus einen Namen gemacht. Michel war nicht so erfolgreich, eher ein Schlendrian. Aber seine saloppe, zuweilen hemdsärmelige Beredsamkeit mochte Janssen. Und er fand ihn belesen. Auch als er sah, daß es damit nicht weither war und daß seine Plaudereien eigentlich nur von Stendhals *Le Rouge et le Noir* zehrten, hielt er ihn weiter für weltläufig gebildet. Jedenfalls war Michel frei von jedem pädagogischen Hintersinn. Den Hamburger Kulturbetrieb kannte er von Hause aus und berichtete darüber ungeniert und mit wegwerfendem Charme. Darin war er allen überlegen, die sich abends bei Gutsches versammelten. Dort ging er Francis wegen aus und ein und gehörte wie Janssen zur Familie.

Francis war auf kokette Art mit den beiden Freunden im Bunde. Vieles unternahm man gemeinsam, sogar Reisen, wozu Janssen sonst keine Lust hatte. Sie fuhren nach Berlin, als Peter Voigt dorthin gezogen war, und auch zu Lui Runne nach Hameln. Wenn das Geld ausgegangen war, reisten sie per Anhalter. Einmal hielt ein Fleischtransporter. Francis fand im Führerhaus Platz und die beiden Männer mußten im Laderaum unterkommen. Sie konnte ein Biest sein und ein Genie im Unruhestiften, aber diesmal war sie unschuldig. Der Fernfahrer wollte es seiner schönen Beifahrerin zeigen: Erst schaltete er hinten die Kühlanlage ein, dann fuhr er im Zickzack. Auf der schmierigen Ladefläche schlitterten die Freunde von einer Wand gegen die andere.

Ihre Idyllen zu dritt waren nie frei von Spannung. Francis lag auf dem Sofa ausgestreckt und sie ließ es sich gefallen, daß Horst ihre Füße kraulte, während sie an Michels Lippen hing, der eine seiner Geschichten zum Besten gab. So schützte sie sich mit dem einen gegen den anderen. Denn gewöhnlich war an sie nicht heranzukommen. Aber wenn sie der Hafer stach, schürte sie die latente Eifersucht. Janssen durfte sie dann von ihrer schwachen Seite nehmen. Sie lag flach auf dem Bauch, und seine Fingerkuppen liefen den Rücken herauf, die neuralgischen Punkte entlang. Plötzlich stand Michel hinter ihnen auf leisen Tennissohlen und im Sportdreß. Er war aber nicht leger, sondern rannte nach draußen. Ein Mauerstein flog durchs Fenster herein. Francis schob ihren Pullover wieder unter den Gürtel und die Massage war beendet.

Die Freundschaft focht das nicht an. Wenn der kleine Kobold nicht zwischen ihnen war, legten sich Michel und Horst aufs Debattieren. Sie redeten oft bis in die Nacht hinein. Sogar die moderne Kunstentwicklung diskutierten sie. Unter sich verteilten sie Gott und die Welt. Da wurden auch Sprüche geklopft, besonders Michel sah sich schon in der Rolle des Impresario: „Ich bring dich groß raus." Auch Angeberei war im Spiel: „Wir reißen Mädchen auf." Horst wird das recht gewesen sein. Das Herausposaunen solcher Ideen, wenn sie einmal im Kopf sind, läßt man am besten durch einen Freund besorgen.

Im Hause Gutsche war das Doppelspiel zur Gewohnheit geworden. Man malte und musizierte und um Francis herum tat man verliebt. Aber sein Verhältnis mit Gabriele mußte verborgen bleiben. Je länger sich die Heimlichkeiten hinzogen, desto nachhaltiger ging Janssen der Respekt verloren, mit dem er zuerst an den Dichterlesungen teilgenommen hatte. Die Fassade aus Bildung und Anstand wurde ihm zusehends suspekt. Wenn er es nur boshaft genug betrachtete, dann mochte er sich sogar darin gefallen, den „Vorstand des Goethehaushaltes" mit seiner Frau zu hintergehen. Der für diese Einsichten in den kaputten Lauf der Welt immer ein Ohr hatte, war Michel Hauptmann.

Und Michel war es auch, den Janssen immer häufiger um sich haben mußte. Denn in Frivolitäten auszubrechen, das war nur ein Ausweg, um mit den Erschütterungen fertig zu werden. Wichtiger war es, mit jemandem reden zu können, nur reden. Wenn nicht arbeiten, dann reden. Das schweißte die Kumpane fünf, sechs Jahre lang zusammen.

Leidenschaftlich, aber ohne Zukunft — anders konnte das Verhältnis für Gabriele nicht sein, wollte die junge Frau und Mutter die Rücksichten ihres Mannes nicht obendrein mit übereilten Dummheiten entgelten. Janssen war wie nie zuvor auf sich zurückgeworfen. Er schaute in einen Abgrund. Empfänglich für Enttäuschungen und jede Art Verzweiflung, rettete er sich für den Augenblick in den tyrannisch Liebenden. Wenn es auch nicht stimmt, daß er mit vorgehaltener Pistole auf Gabriele losgegangen ist, so wollte er doch — abenteuerlich genug — mit ihr fliehen. Tag und Ort hatte er genau festgelegt. Gabriele kam nicht. Ein Kind war unterwegs. Die Lage schien ausweglos. Im September 1950 brachte sie einen Sohn zur Welt.

Die Vaterschaft für den kleinen Clemens übernahm Fritz Gutsche. Der Mann bewies in seiner Lage Übersicht und Entschlossenheit. Da ihm natürlich die Fortsetzung der leidigen Beziehung nicht verborgen bleiben konnte, lag es nahe, daß er resigniert hätte. Es zahlte sich aber das Alter aus. Er liebte nicht nur seine Frau, sondern war auch so lebensklug, daß er über allem Unglück seinen Vorteil nicht aus den Augen verlor. Dem Kind gab er ein Elternhaus, und dadurch verpflichtete er sich Gabriele, die allerdings auch jetzt nicht gleich anerkennen wollte, daß nun sie an der Reihe war, Zugeständnisse zu machen. Für den nicht mal zwanzigjährigen Janssen war es ein Glück. Noch vor Beendigung der Schulzeit hätte er die Verpflichtungen eines Vaters übernehmen müssen. Selber vaterlos aufgewachsen, hätte er sich in die Aufgabe hineingestürzt, ohne mehr als einen vorsätzlich guten Willen mitzubringen. So begleitete Gutsche an Vater Statt den kleinen Clemens ins Leben und förderte seine musikalische Begabung nach Kräften. Janssen hat dieses loyale Verhalten, je älter er wurde, desto dankbarer empfunden.

Die verheimlichte Vaterschaft hat ihn freilich auch herausgefordert, seinen Schabernack damit zu treiben. So oft er in späteren Jahren bei Gutsches einkehrte — die Tür stand ihm immer offen —, wußte er

Clemens bis auf den Punkt zu reizen, wo dieser mit der heroischen Geste des innerlich freien Jünglings dem Vater am lautesten widersprach. Nicht Zartgefühl oder Rücksicht und bestimmt nicht der Alkohol hielten ihn ab, sich zu erkennen zu geben. Es waren allein die Freunde, die ablenkten, abwiegelten und sich dazwischenwarfen, wenn er es dem Sohn zeigen wollte.

Fritz Gutsche hat alle Situationen gemeistert. Er hat zu seiner Frau und zu seiner Familie gehalten. Er hat Bücher wie in den besten Zeiten des Buchhandels mit den Autoren zusammen gemacht, statt sie bloß zu vertreiben. Auch nachdem ihm die Kunst in Gestalt dieses jungen Zeichentalents unverschämt eng auf den Leib gerückt war, hat er das Gleichgewicht wiedergefunden und Jahre später sogar eines der frühesten Janssen-Bücher herausgegeben: *Der Wettlauf zwischen dem Hasen und dem Igel*. Frei nach der Tierfabel, waren die Bilder 1950 entstanden, in dem Jahr, das für Gutsche das schwärzeste war.

Und noch einmal sollte er sich souverän zeigen: Als seine Tochter Friederike das Jungmädchenalter überschritten hatte, stand Janssen plötzlich mit schöngemalter Post ins Haus. Fritz Gutsche fing, sobald er ahnte, daß jetzt „Der Wolf und die sieben Geißlein" zur Wiederaufführung gelangen sollte, Janssens Briefe an Friederike ab und antwortete eigenhändig in seiner ausgeprägten, von altertümlichen Unterschleifen getragenen Schrift: „Ich bin ein alter König und brauche nur noch gute Nachrichten ..."

Sei es, daß Gabriele nicht zurückstecken wollte oder Janssen nach seiner Karriere zum fordernden Liebhaber vollends frech geworden war, auch nach der Geburt von Clemens kamen die beiden zunächst wieder zusammen. Noch einmal sollte Francis die Botschaft unausweichlicher Folgen hinterbringen. Doch was man vor gut einem Jahr einfach geschehen ließ, das löste man diesmal medizinisch. Soviel war inzwischen klar: Die bürgerlichen Verhältnisse, wollte man auf ihren Schutz nicht ganz verzichten, ließen sich nicht endlos kompromittieren. Das Jahr '51 machte denn auch die Trennung unausweichlich. Janssen war aus dem verquälten Verhältnis herausgewachsen. Er hatte inzwischen eine Menge Unruhe gestiftet. Aus dem vorwitzigen, aber ahnungslosen Jungen war ein selbstbewußter Mann geworden; einer, der neugierig auf sich selber, auch die Neugier der Frauen auf sich zog. Francis hatte ihm nach der damaligen Mode — es ist die Zeit des Koreakrieges — die Haare raspelig kurz geschnitten. Vor der Kamera posierte er mit jener Nüchternheit, die allen Herausforderungen unerbittlich entgegensieht. Ein gewisser brutaler Zug um den Mund war ihm recht. Die Hasenzähne, groß und vorstehend hinter den sinnlich geöffneten Lippen, hatten so gar nichts Gemütliches. Mit den Augen kühl auf Distanz, aber im unteren Teil des Gesichtes leichtentzündlich, so sah sich Janssen auch auf einem Selbstbildnis gegen Ende der Gabriele-Zeit. Er machte sich nichts mehr vor.

Die erste Liebe ist das Paradigma für die folgenden. War es schon kein Zufall, daß er an eine verheiratete Frau geraten war, das nächste und übernächste Mal sollte erst recht kein Zufall sein. Er war überrascht, vielleicht sogar verführt worden. Aber je häufiger er in das Haus am Sachsenwald zurückkehrte, desto deutlicher zeigte sich: er war es, der in die Familie einbrach. Er liebte die Frau des Freundes. Die Konkurrenz des Mannes stimulierte ihn. Ihn mußte er hintergehen, verraten, bloßstellen. Und dieser Mann war nicht irgendwer. Er war eine Vaterfigur, einer, der ihn in die Familie aufgenommen hatte, in eine Familie, wie sie ihm seit der Napola fehlte und wie er sie sich sehnlicher nicht wünschen konnte.

Noch während er darauf versessen war, Gabriele für alle Zeiten an sich zu binden, brach er in andere Beziehungen ein. Natürlich auch, um die Eifersucht herauszufordern und um die Treue ein für allemal Lügen zu strafen. In der Schulklasse drängte es ihn hin zu dem treuflachen Gesicht von Hilda Körner. Hilda Körner und Lothar Walter waren unzertrennlich. Das konnte man sehen: Walter malte wie der verehrte Lehrer und sie wie Walter. Mahlau, der Wandervogel, organisierte gerade wieder eine Barkassenfahrt nach Finkenwerder. Mit Unterstützung der Klassenkasse standen Würstchen, Lagerfeuer und Zeichnen auf dem Programm. Janssen, der schon vorher seine Zuneigung zu Hilda mit einer Wahnsinnstat dokumentiert und einen Kalender mit 365 Tagen und Zahlen beschriftet hatte, holte Hilda in ihrer Wohnung neben den Geleisen des Altonaer Bahnhofs ab. Er war etwas früh. Als sie sich von der Couch erhoben, sagte Hilda: „Du Lieber, nun haben wir unser Märchen."

Die Konstellation ist bekannt. Hilda war weiß Gott keine überwäl-

In die Reihe fotografischer Selbstbildnisse, die Janssen 1950/51 von sich machte, gehört auch dieses Foto.

tigende Versuchung. Aber sie war in festen Händen. Das reizte ihn. Alles Weitere schien einer unschuldigen Automatik zu folgen. „Ihr Märchen", nannte es Hilda. Als sie dann auf der Barkasse über die Elbe setzten, verkrümelte er sich schamhaft hinter den schmalen Schultern von Francis. Diese Scham sollte er auch bald ablegen. Er wechselte aus der Rolle des verführten Opfers in die des Täters, aus der Szene in die Inszenierung. Wie er merkte, welche Dramen sich hinterrücks abspielten, mußte er auch die Heimlichtuerei abstreifen. Es konnte jeden Abend wieder passieren: Unter vielen fremden Gesichtern rückt ein Pärchen zusammen, Hand in Hand — eine Welt für sich. Das Glück wird heimlich geneidet, nur Janssen spricht es offen aus. Ein Wort gibt das andere. Da provoziert er — alle sind Zeugen — den Mann: „Soll ich dir deine Frau wegnehmen?" Je größer das Publikum, desto zwingender ist er in der Rolle des Versuchers: „Ich will sie haben. Ich krieg sie doch!" Als hätte das dauernde Versteck-spiel im Gutschehaus seine Geduld restlos erschöpft, will er jetzt gleich und partout der Sieger sein. Die schrecklich-schöne Geschichte mit Gabriele — immer wieder von vorn.

Die Welt, in der Janssen auf der Wende zu den 50er Jahren lebte, war nach wie vor die Mahlau-Klasse samt den angrenzenden Terri-torien. Freundschaften, Vorlieben, Anhänglichkeiten, alles hatte sich da heraus entwickelt, auch seine erste Leidenschaft. Wie er dabei gleich in eine Ehe eindrang, nicht von außen, sondern von innen, unter der Flagge des Kumpels, des Freundes, ja, des Sohnes, das geht an den Nerv. Die Familie ist der Ursprung aller persönlichen Verwicklungen. Das Drama seines Lebens ist die Familie. Das ist keine kleine Welt. Sie wühlt den ganzen Menschen auf.

Nichts gewöhnlicher, als daß einer sein Mädchen gegen Widerstände und auch gegen manchen Nebenbuhler erobert. Doch auf der Frau des Freundes liegt ein unausgesprochenes Verbot. Nur *ein* Tabu ist stärker. Janssen hat — Freundschaft hin, Freundschaft her — die enttäuscht, hintergangen, verraten, denen er sich innerlich am meisten verbunden fühlen mußte. Den moralischen Aspekt dieses einseitigen Engage-ments gegen ihn selber gewendet, bedeutet das: Er mußte sich in den Augen seiner Freunde als derjenige akzeptieren können, der gerade in die Feindrolle hinübergewechselt war. Wie ihm die Frauen auch dabei geholfen haben, so ist es doch immer er, der mit diesem Bild, dem Feindbild seiner selbst, leben können mußte. Das ist bezeichnend: er konnte es und stand dazu. Von Anfang an war er so stark, wie er schwach sein wollte. Die anderen hätte es in das Räderwerk ihres eigenen schlechten Gewissens getrieben. Er aber ist nach vorn aus-gebrochen — in die Aktion, in das zum theatrum mundi überdehnte

Familiendrama. Das ist die einzige Bühne, auf der wir uns nicht im Symbol, sondern selber begegnen. Jeder betrogene Freund ist ein Stück Selbstzerstörung. Das sind die Kämpfe, durch die er hindurch mußte und die ihm mehr abverlangten als alles, was in der Zeit geschah. Auf dem Höhepunkt spannte er seinem Freund Günter Schlottau die Frau aus.

Wie immer fing es mit einem verräterisch unschuldigen Auftritt an. Judith Claassen war Schülerin von Gerhard Marcks. Sie führte Janssen als Modell in die Klasse des Bildhauers ein. Er posierte zweimal als Akt, dann brachte sie ihn auf den Dachboden und leerte ihn, wie Gabriele das nicht konnte. Das war schon 1948. Richtig erobert hat er Judith aber erst, als sie mit Schlottau verheiratet und ein Kind da war.

Auch wenn sich schon neue Passionen anbahnten, das Verhältnis mit Gabriele dauerte die ganze Schulzeit. Seine leidenschaftliche Natur hielt ihn in Atem. Wo er sich wie ein Kind zurücklegen wollte, war ihm die Rolle des gewaltsamen Eindringlings auf den Leib geschrieben. Das mußte sich auch in seinen künstlerischen Arbeiten niederschlagen. Obgleich er sich selten unverdeckt aussprach, knüpfen viele Bilder an sein persönliches Desaster an. Zeichnete er die Grindelhochhäuser, wälzte sich ein Liebespaar im Gras — gut getarnt. Mahlau sollte es nicht erkennen. Zeitweise lebte er mit dem Gefühl, nur Frauen im Kopf zu haben. Ein frühes Selbstbildnis zeigt ihn, ineinander verschlungene weibliche Gestalten unter der transparenten Schädeldecke.

Spielerisch und witzig behandelte er sein Herzensthema in den Tiergeschichten. An diesen volkstümlichen Illustrationen hielt er fest auch auf die Gefahr hin, provinziell zu sein. Weil er sich darin indirekt mitteilen konnte, waren sie für die persönlichsten Botschaften reserviert. Er kleidete in eine kesse Erzählung ein, welche Rolle er zwischen den Eheleuten Gabriele und Fritz Gutsche spielen wollte: den starken Tiger, in den sich die zierliche Hauskatze verliebt. Die Liaison bleibt nicht ohne Folgen. Der „böse Kater" muß den Seitensprung verzeihen, weil er sein Weibchen allein, nur in Begleitung der beiden Kinder, in den Zoo gehen ließ. Eine kokette Form der Selbstrechtfertigung. In solchen comicartigen Bilderfolgen gelang ihm einfach alles: die charmanteste Art der Werbung und die selbstbewußte Erklärung für seine Frechheiten. Wer hätte ihm böse sein können?

In seinen Tierdarstellungen ist Janssen der unverbildete Künstler. Seine mimetische Begabung erlaubte ihm, jedes Tier von innen heraus — in seiner charakteristischen Bewegung — zu erfassen. Ein Tier hatte es ihm besonders angetan: der Affe. Allein und in Gruppen tummelt er sich auf dem Blatt, vom Pinsel oder Bleistift in allen Posen liebevoll umkurvt. Ihren Höhepunkt erreichten diese durch Jahre verfolgten Studien mit einem Auftrag, den 1950 die Mahlau-Klasse erhielt. Im Kinderkrankenhaus Borgfelde sollten die Räume dekoriert werden. Janssen beteiligte sich mit einer *Affenkapelle*, die hinreißend komisch aufspielt. Inzwischen ist sie aus Hygienegründen übertüncht.

Die Affenbilder machen vielleicht am deutlichsten, wie er sich aus der Verschlüsselung privater Mitteilungen heraus- und auf ein größeres Publikum zubewegte. Jeder wußte von seiner verbotenen Liebschaft, aber niemand sprach es aus. Es war ein offenes und verdecktes Spiel. Und so konnte er die possierlichen Bilder überall vorzeigen, doch wer Augen hatte, sah, daß hier Affen zu einem Paar zusammengerückt waren, dort aber einer abseits stand. Wenn Janssen jemals symbolisch verfahren ist, dann in den Anfängen seiner Tierdarstellung, unter den prekären Umständen seiner heimlichen und andauernden Passion für die verheiratete Frau. Es gibt ein Bild, eines der wenigen Ölbilder aus der Gabriele-Zeit, auf dem sich ein Säugling in den Schoß eines Affen zurücklehnt. In hellen Fleischtönen ruht das Kind zwischen seinen Spielsachen und vor dem harlekinesken Anzug seiner Ziehmutter. Seine Lage ist so selbstverständlich und entspannt, daß erst wieder das befremdliche Arrangement von Tier und Mensch zur symbolischen Ausdeutung zurückführt.

Das Affenmotiv leitet zu einer anderen künstlerischen Technik über. Wohl nicht vor 1950 begann Janssen mit dem Holzschnitt. Es waren die gesellige Existenz dieser Tiere, das Mit- und Gegeneinander, die unangestrengte Berührung ihrer Körper, bildnerisch gesprochen, der Wechsel von positiver und negativer Form, die zu einer rhythmischen Behandlung des derben Materials einluden. Früh erkannte Janssen, wie der mitdruckende Holzstock jene Körperlichkeit an die Figuren weitergibt, die Feder und Bleistift kaum erreichen. Von Mahlau, der nicht in die grafischen Techniken einführte, konnte er es nicht haben; eher von

Bildergeschichte um 1950; Feder, Tusche und Bleistift. Von oben nach unten: 1. Weiße Katze macht sich schön / Sie will zu Hagenbecks Tierpark gehn / 2. Und tritt vor den Gemahl und spricht. Nur dieses mal / mein Liebster, sei so nett / und komm mit zu Hagenbeck. / 3. Jedoch der böse Mann / er hört sie gar nicht an. / 4. Da geht sie mit den Kleinen / alleine und möcht weinen. / Möcht's weinen du, so wein / man läßt dich schnöd allein / Oh, wüßte nur der böse Mann / was unbedacht er dir getan. / 5. Doch all der Kummer ist verweht / Als sie vorm Tigerkäfig (!) steht. / Sie staunt und denkt: „Wie schön / ist dieser Kater anzusehn." / 6. Sie blieb, bis des Mondes Licht / sie rief retour zu ihrer Pflicht / 7. Nun ist sie wieder da und strickt / und ist im innersten beglückt. / Der schwarze Mann er schreibt und sieh' / er ist nicht bös, weil er verzieh.

Titze und Grimm, den Lehrern aus den Nachbarklassen. Wie alle
Dozenten wegen des Krieges eine Generation zu alt, hatte Willem
Grimm im Holzschnitt eine spätexpressionistische Formgebung gefällig weiterentwickelt. Abgesehen von seiner schulischen Umgebung, war
es besonders ein Künstler, den Janssen damals für sich entdeckte:
Edvard Munch. Munch ist in den rund 40 Holzschnitten von 1950/51,
die bisher auftauchten und von denen es oft nur einen Abzug gibt, am

Drei Affen und *Fünf Affen,* Holzschnitte 1950/51 (6 x 11,5 cm und 8,9 x 24,8 cm)

Mann und Frau, Holzschnitt um 1950/51 (16,2 x 23,5 cm)

häufigsten zu erkennen — häufiger als Kirchner und die deutschen Expressionisten. Janssen ging in seiner Bewunderung für den Nordländer so weit, daß er sich als ein zweiter Munch vor die Kamera brachte: im Dreiviertelprofil, das altertümlich abgedunkelte Gesicht über einem schneidend hellen Kragen, den er sich aus Papier zurechtgebastelt und um den Hals gelegt hatte.

Neben den Tierdarstellungen kehrt in den Holzschnitten ein Motiv immer wieder: Mann und Frau. Es sind ihm Paare in zärtlicher Umarmung gelungen. Dann wenden sich Mann und Frau wieder voneinander ab. Als trennten sie Welten, verharren sie unschlüssig beieinander, jeder mit seinen eigenen Wünschen beschäftigt. Diese Holzschnitte tragen die Spannungen aus, die Janssen in seiner Beziehung zu Gabriele erlebt hat, wenn er von einem Extrem in das andere fiel, von Euphorie in lähmenden Unmut. Seine verzweiflungsvolle Situation bilden am eindrucksvollsten die Holzschnitte ab, die *Mann und Frau vor der Gesellschaft* heißen könnten. Das Paar wird getrennt: er fortgezogen oder weggedrängt, sie festgehalten. Und der zwischen ihnen steht, Kopf an Kopf neben der Frau, trägt die Züge von Fritz Gutsche.

Mit den Holzschnitten hat Janssen zur grafischen Darstellung gefunden, zu *seinem* Ausdrucksmittel. Es ist wie mit seiner Vorliebe für Tiere. Um sich auszusprechen, begibt er sich in die Obhut von Hase und Igel. Oder er schlüpft in die Rolle des Tigers. In dem Kostüm, aus dieser relativen Ferne geht er den Punkt an, über den er sich — jetzt aber so treffend wie möglich — mitteilen will. Nicht Übertragbarkeit, sondern Annäherung, die genau auf den Punkt hinzielende Annäherung ist das Prinzip. Es ist ein Prinzip, das die symbolische Darstellung immer schon hinter sich läßt. Es sucht die Entfernung in einem anderen Medium zum Zweck größerer Nähe. Die Grafik ist selber ein solches Medium. Anders als Pinsel und Farbe distanzieren die drucktechnischen Verfahren. Sie rücken einen zusätzlichen Arbeitsschritt ein. Natürlich entspricht es auch seinem Naturell. Janssen hatte sich nach zwei entgegengesetzten Seiten weiterentwickelt. Gabriele hatte ihn erregbarer *und* mutwilliger gemacht. Ein leidenschaftlicher *und* analytischer Kopf war aus ihm geworden; zwei Eigenschaften — die sich im Medium der Grafik fruchtbar ergänzen. Die Einschaltung grafischer Mittel und das Bekenntnis zur Intimität gehören zusammen. Im Holzschnitt, in der atavistischen Zeichnung auf klobigem Holzstock, war Janssen seinem Lebensnerv so nah und fern wie nie zuvor.

Das prägnante Muster seiner Biographie hatte den Einundzwanzigjährigen eingeholt. Künstlerisch steckte er in seinen Anfängen. Am Ende seiner Schulzeit wendete er mehrere Techniken an. Auf Anhieb erfolgreich war er im Holzschnitt. Hier gelang ihm, ohne sich krampfhaft gegen die Tradition behaupten zu müssen, eine Reihe kleiner Meisterwerke. Mit jeder neuen Arbeit muß er selber überrascht gewesen sein, wie schnell sich ihm auch die komplexeren Möglichkeiten des Holzschnitts erschlossen. Als rannte er offene Türen ein, bewegte er sich in der Grafik schon wie zwischen den eigenen vier Wänden.
Es war eine Zeit experimenteller Vielfalt. Neben dem Holzschnitt erprobte er auch andere, monotypische Drucktechniken. Er hantierte

Mann und Frau vor der Gesellschaft, Holzschnitt 1950/51 (Blattgröße 28 x 30,5 cm)

mit eingerußten Glasscheiben und Transparentfolien. Im Linolschnitt hatte er sich schon vorher versucht. Der Vorstoß in die grafischen Medien führte von Anfang an über Mahlau hinaus. Mit der speziellen Zeichenkunst seines Lehrers hatte es kaum noch zu tun. Nach den ersten Semestern konnte er sie abrufen, wann immer er wollte. Er konnte wie Mahlau arbeiten, wenn der Zweck es erforderte, besonders wenn es der Veröffentlichung im Rahmen der Meisterklasse von Mahlau diente. Erich Lüth war Senatssekretär der Staatlichen Pressestelle. Er gab die Zeugnisse vom Wiederaufbau der Hansestadt heraus. In der VI. Folge (1951) bestritt Janssen von der BP-Reklame bis zum Hafenpanorama die besten Illustrationen.

Es charakterisiert die Fieberkurve das Talents, daß es, die Einzelleistung kaum achtend, in eine Endlosproduktion verstrickt ist. Ruhe kannte Janssen nur, solange sein Zeichenstift übers Papier lief. Michael Hauptmann sah unzählige Entwürfe den Orkus hinabgehen. So motorisch-triebhaft die Notierung, so sorglos war der weitere Gebrauch. Wer hätte auch all die brüchigen Bögen sammeln sollen? Das Papier war der Zeit entsprechend schlecht und stammte oft aus den Vorräten, die Tantchen in ihrem Beruf zur Verfügung standen. Soweit Blätter erhalten sind, zeigen sie uns eine Meisterschaft, die plötzlich erreicht wird und ebenso schnell wieder verlorengeht. So gibt es ergreifende Porträtstudien von Tantchen. Das über schräggestellten Wangenknochen in den Falten hängende Gesicht seiner Adoptivmutter ist schonungslos gesehen. Es gibt aber auch die Darstellung kleiner Kinder, wie Gabriele jetzt drei davon hatte, die sich in ihrer properen Nacktheit anmutig bewegen.

Bärbel heißt eine Monotypie, die weit vorausweist auf die Radierkunst späterer Jahre. Solche Arbeiten verdeutlichen, weshalb Janssen in der Zeichnung und in den grafischen Medien eher experimentierte als mit Öl und Leinwand. Interessant in ihrer Farbigkeit sind die wenigen Ölbilder, die in der Schulzeit entstanden, doch selten von der gleichen Entdeckerlaune inspiriert. Die Aufgliederung großformatiger Flächen erinnert zuweilen an Max Beckmann. Das ist so, auch wenn er schon 1947, nach der vielbeachteten Ausstellung in der Galerie Bock, gewußt haben will, daß Beckmann keine Kunst sei.

In der Schulzeit hat sich Janssen in allen Disziplinen versucht, auch in Kreide, Aquarell, Kohle und Mischtechnik. Darunter sind ihm früh museumsreife Arbeiten gelungen wie jenes Bild, das Carl Georg Heise, der damalige Direktor der Hamburger Kunsthalle, erwarb. Die Ästhetik stammte zweifellos von Mahlau, aber wie er sie auf die Fassade eines Pariser Bürgerhauses anwendete und Front und Fenster in einen schwindelerregenden Illusionismus hineinzog, ging das über seinen Lehrer hinaus. Dennoch: welche Weiterungen Janssen auch vornahm — in der Szene, im Porträt, in der Figur, im Gruppenbild —, die Sicherheit im Gegenständlichen kam von Mahlau. Mahlau verpflichtete ihn auf das Nahe und Nächste und auf das richtige Sehen. Das auch noch in einer Zeit, als man im großen Stil den Anschluß an das internationale Kunstgeschehen suchte, als man sich mit den Amerika-

Pariser Fassade, Mischtechnik 1948. Nach einer Abbildung aus dem Journal *Vogue*. Das Mädchen mit dem Pferdeschwanz links in der Kutsche ist jene Judith, die bald darauf Günter Schlottau heiratete. — Das Bild ist anläßlich eines Halstuchwettbewerbs der Firma „Horn" entstanden; deshalb das quadratische Format.

nern wortkarg oder mit den Franzosen desillusionistisch geben wollte. Um 1950 stand man vor dem langen Marsch in die Abstraktion.

Dazu waren hierzulande die Voraussetzungen günstig. Die Bundesrepublik Deutschland war eben gegründet worden. Dieser Teil der Nation wurde darauf eingeschworen, daß Nationalsozialismus und Kommunismus totalitäre Systeme seien, die, ob ihre Führer nun Hitler oder Stalin hießen, gleich menschenverachtend sind. Wenn viele deshalb auch im Winter nicht weniger froren, so wärmten sie sich doch an dem Gefühl, daß es besser sei, zwischen Hamburg und München arbeitslos zu sein als zwischen Rostock und Dresden. Mehr hatte der neue Staat oft nicht zu bieten. Politisch war die Gründung der Bundesrepublik Deutschland eine Zeit fundamentaler Entscheidungen. Aber was man sich noch vor den Jahren des Wirtschaftswunders gönnte, war das reine Gefühl, es sich diesmal wirklich leisten zu können, unpolitisch zu sein.

Gerade die Jüngeren in diesem kriegsgebeutelten Land nahmen zu einer radikalen Nüchternheit Zuflucht. Denn schon wieder traten Festredner in ihrem Namen, im Namen der nachwachsenden Generation auf. Sie, die ersten Schulabsolventen, wollten aber nicht in Geschichte, sondern schlicht Inventur machen. Die asketische Bestandsaufnahme hatte ihr eigenes Pathos. Oft war es der umgewendete Rock des Landsers. Man machte Front nach allen Seiten, und wenn man überhaupt noch eine Geschichte an sich herankommen lassen wollte, so sollte es die letzte, das Ende aller Geschichte, sein. Dieser skeptische Rigorismus war auffällig mit der bildenden Kunst verknüpft. Denn wie keine der Künste schien ihre Entwicklung in den letzten hundert Jahren den Beweis anzutreten, daß die großen abendländischen Themen abgewirtschaftet haben und daß gerade die Malerei konsequent genug sei, mit den falschen Idealen auch die Gegenständlichkeit selber auszutilgen.

Hamburg war freilich nicht der Ort, wo solche Radikalität gleich preisgekrönt wurde. Die Stadt begann gerade Kokoschka zu entdecken. Dennoch griff auch hier jene Ernüchterung Platz, die im Gegenstand nur noch den Malanlaß gelten lassen wollte. Weniger als seine Altersgenossen war Janssen bereit, das mitzumachen. Er suchte sein Heil weder in dem grassierenden Geschichtspessimismus noch in der Gegenstandslosigkeit.

Das verdankte er Alfred Mahlau. Einige Jahre später galt der Lehrer schon als altmodisch. Aber zu Anfang der 50er Jahre war er noch ein Rückhalt, und seine Autorität zog um die Klasse einen Schutzwall, wie weit sich auch einzelne daraus entfernten. Seine Person ließ keinen Zweifel aufkommen, daß die bildende Kunst ihre gegenständliche Tradition nicht aufkündigen dürfe. Das war auch für Janssen selbstverständlich — so selbstverständlich, daß er in einem Lebenslauf von 1951 den *Kunstsumpf dieser Tage* anprangern konnte.

1952 und '54, als viele schon keine Kunststudenten mehr waren, zog der Lehrer noch einmal seine Schüler um sich. Für zwei Bücher arbeiteten sie wieder im Stil der Meisterklasse: *Vom Baumwall bis Elbe III* und *Das ist Hamburg. This is Hamburg.* Keine Sammelveröffentlichung zeigt besser, welchen Halt Mahlau seinen Schülern bis in die Tage der avantgardistischen Bewegung gab.

Als der Kunststudent Janssen nach etlichen Semestern die Schule verlassen sollte, wehrte er sich instinktiv. Mahlau wußte nur zu genau, wie heimatlos sein Lieblingsschüler war, und so tat er ihm den größten Gefallen, indem er ihn, solange es ging, auf der Kunstschule hielt. Er verschaffte ihm Zugang zur Studienstiftung des Deutschen Volkes, die wegen geringer Mittel damals noch eine exklusive Begabtenförderung war. Zur Auswahl der Bewerber kam Alfred Hentzen, der spätere Direktor der Hamburger Kunsthalle, aus Hannover angereist. Bevor er die Unterlagen einsah, begegnete er bei Heise einer Meisterarbeit von Janssen, eben jener gegen den Verdacht der Unmalbarkeit souverän dramatisierten Hausfassade. Fortan unterstützte Hentzen den jungen Künstler. Die Erbsensuppe, zu der er ihn einlud, entsprach eher der Verlegenheit knapp bemessener Spesenabrechnung. Janssen war dankbar für die persönliche Geste. Er war auf solche Ermutigungen angewiesen. Mahlau, Hentzen und Heise — das war die stattliche Reihe seiner Befürworter. Die Rückversicherung brauchte er gegen seinen erklärten Widersacher, gegen Gustav Hassenpflug, der ihn von der Schule vertreiben wollte.

Nach Ahlers-Hestermann war Hassenpflug Direktor geworden, und er verfolgte mit der Landeskunstschule ehrgeizige Pläne, in denen die Frechheiten des ins neunte Semester vorrückenden Ausnahmestudenten keinen Platz hatten. Daß Janssen sich auf der Kellertreppe kopfüber totgestellt und mit einer selbstgezeichneten Blutspur vom Mundwinkel zum Ohr die nichtsahnende Raumpflegerin halb zu Tode erschreckt hatte, ging ihn, den Schulleiter, persönlich an. Es war schon dem Vorgänger nicht immer recht gewesen, daß Janssen zuletzt mehr zu Hause als in den Räumen am Lerchenfeld arbeitete. Aber erst Hassenpflug, der durch eine straffere Reglementierung des Unterrichtswesens die Kunstschule leistungsfähiger machen wollte, stellte ihn zur Rede: „Wie können wir unsere Forderungen nach dem Ausbau des demolierten Gebäudes und nach einer besseren Ausstattung der Werkstätten vor den Politikern vertreten, wenn die Herren Studenten es nicht einmal nötig haben, anwesend zu sein." — „Dann lassen wir das", hatte Janssen den Direktor verblüfft stehenlassen.

Das Stipendium wurde ihm zugesprochen, nachdem Hentzen den elternlosen Studenten gegen einen Oberlehrer und den Vorwurf in Schutz genommen hatte, daß er in seinem Lebenslauf dem flüchtigen Vater allzu wegwerfend Erwähnung getan und dadurch eben die gleiche Charakterlosigkeit wie jener verraten habe. Aber bevor noch gegen Ende 1951 die ersten 300 Mark an Janssen ausgezahlt waren, verband Hassenpflug die Annahme des Stipendiums mit einer Auflage: Er sollte die Fächer „Architektur" und „Schrift" belegen. Auf dem Weg nach Hause umrundete Horst einmal die Alster, und wieder zurück in der Warburgstraße, war er mit Tantchen einig, daß dieses Ansinnen abzulehnen sei. Er schrieb nach Bad Godesberg, in seinem Leben würde er nie „Schrift" und „Geometrie" nötig haben, und erhielt prompt die Antwort, das Stipendium werde für bisherige und nicht für künftig zu erbringende Leistungen vergeben.

So hellsichtig man ihn höheren Ortes verteidigt hatte, so schwarz wurde es Hassenpflug vor Augen. Er fühlte sich umgangen und überrumpelt und zitierte den Frechling in sein Rektoratszimmer: „Janssen, Sie sind ein Intrigant, ein Verräter . . ." Vor dem Wortschwall zurückweichend, öffnete die Sekretärin dem konsternierten Schüler die Tür nach draußen auf den Flur.

Zur gleichen Zeit, auf der Wende der Jahre 1951/52, zeichnete sich ab, daß Janssen, unterstützt von Carl Georg Heise, den Förderpreis erhalten sollte, der mit der großen, diesmal an Kokoschka verliehenen Lichtwark-Auszeichnung verbunden war. Hassenpflug setzte einen Brief an den Senat auf, der mit Zustimmung des Lehrkörpers in dem Anwurf gipfelte, der vorgeschlagene Stipendiat sei wegen charakterlicher Mängel nicht förderungswürdig. Der Rundlauf, der an Mahlau vorbeigehen sollte, ihm aber durch den Pförtner hinterbracht wurde, erreichte sein Ziel dank besserer Verbindungen zum Senatspresseamt nicht. Im Januar '52 erhielt Janssen das Lichtwarkstipendium. Um so intensiver betrieb Hassenpflug seinen Abgang von der Schule. Er schickte in der Person Sattlers einen der Dozenten vor, der den Austritt sachlich begründen sollte und seine Rede mit der privaten Bemerkung schloß: „Nebenbei, wenn ich Ihr Lehrer wäre, wären Sie längst nicht mehr hier." Darauf der Mahlau-Schüler: „Es ist kein Zufall, daß ich nicht Ihr Schüler bin." Als Hassenpflug dann eine Verordnung über die zulässige Semesterhöchstzahl zu reaktivieren drohte, reichte dem höheren Semester die Idee einer „Lex Janssen", und er zog sich von der Schule zurück.

Es war eine tief ins Persönliche gezogene Feindschaft zwischen dem aufbrausenden Hassenpflug und einem Janssen, der, bis zur Arroganz selbstbewußt, sich doch nicht ins Abseits manövrierte, sondern seine Ausfälle gegen die eine Seite durch Freundschaften zur anderen Seite absicherte. Schmähung und öffentliche Belobigung hielten sich genau die Waage. Und auch das konnte er sich schon leisten: Mit dem Geld, soweit es ihm bei der Preisverleihung bar ausgezahlt wurde, bestieg er ein Taxi und fuhr solange um die Außenalster, bis nichts davon übrigblieb. Es war ein Jux und natürlich ein Seitenhieb gegen Hassenpflug, der immer nach Geldmitteln für die Schule Ausschau hielt. Unerbittlich wie die beiden sich bekämpft haben, kann eine Frau in diesem Streit nicht fehlen. So oft Janssen das Rektoratszimmer betreten hatte, war dort zu einem dienstlich nicht genauer bestimmbaren Zweck eine Mitstudentin anwesend. Birgit Sandner mußte er acht Jahre später ehelichen, um sie schon sechs Wochen nach der Hochzeit halbtot zu schlagen.

Merkwürdig ist, daß dieser persönliche, von wilden Haß- und Rachegefühlen angeheizte Krieg sehr sachliche Gründe hatte. Merkwürdig ist es deshalb, weil solche Animositäten besondere Begründungen gewöhnlich entbehren können. Hier aber liegt es anders. Der Gegensatz ist ursprünglich einer in der Sache. Nur, für Janssen waren schon damals Sache und Person untrennbar. Zur Sache: Hassenpflug war Bauhäusler. Wenn Janssen auch kaum ahnte, worauf es mit seiner Kunst hinaussollte, so wußte er doch, daß er nicht an das Bauhaus anknüpfen würde. Hassenpflug umwarb die politischen Geldgeber mit Argumenten, die die Konzeption des Bauhauses insofern noch radikalisierten, als sie unmittelbar wirtschaftlichen Nutzen versprachen: „Die Kunstschulwerkstätten müssen zum Laboratorium für die Industrie werden." Damit erreichte er nicht bloß, daß die Dachdecker endlich das Gebäude renovierten. Aus der Kunstschule wurde eine Kunsthochschule. Gegen die Aufwertung des Studiums konnte Janssen nicht sein. Aber was er ablehnte, war die ideologische Anbiederung und die unter dem Zauberwort der „Funktion" gesellschaftsfähig gemachte Kunst.

Es war die Zeit, da sich die Tischplatten nierenförmig zu krümmen begannen und aus den Cocktailsesseln Beine in alle Richtungen staken wie die Raumachsen in Kandinskys Gemälden. Janssen wehrte sich gegen einen nach Subventionen schielenden Funktionalismus, wie er sich auch dagegen wehrte, daß die offizielle Kunstförderung zum Wegweiser in die Abstraktion wurde. Zur „freien Marktwirtschaft" sollte nur noch das „freie Spiel mit den künstlerischen Mitteln" passen. Schluß mit der Gängelei durch den Gegenstand, hieß die Parole. In Bonn vergaben das Gesamtdeutsche Ministerium und das Innenministerium ihre Förderungsmittel in wachsendem Maße nach dem Vorbild der École de Paris. In Hamburg war schon vorher die Senatsvorlage „Kunst am Bau" verabschiedet worden, und auch hier zeigte sich, daß die „Abstrakten" davon überdurchschnittlich profitierten. Nützlich war, was an die Zeit *vor* dem Nationalsozialismus anknüpfte; am nützlichsten, was ganz ohne thematischen Bezug auskam. Die heroische Nullpunktexistenz parodierte Janssen schon 1950 in der Figur des Malers Pedro Atomicus: „Atomicus wurde 1919 in Ruhpolding in Oberbayern geboren. Seine Bilder sind ganz aufs Wesentliche hin gesehen. Auf unserem Bild ,Alter Mann im Korbstuhl' verzichtet er auf Bart und Falten und malt ein ausgepustetes Ei."

7. Judith

Die Jahre nach dem Kunststudium wurden die schwierigsten. Janssen reüssierte in Sachen Alkohol, er wurde Mitbesitzer einer Kneipe; er fand einen Mäzen; fast hätte er Judith, seine große Liebe, totgeschlagen, und er saß im Gefängnis ein, weil er noch vor Ablauf der Bewährungsfrist rückfällig geworden war. Vorläufig aber stand er verloren auf der Straße. Nach dem Schulaustritt lief auch das Stipendium der Studienstiftung nicht weiter. Die Verbindung zu Gabriele war endgültig unterbrochen. Ohne Rückhalt, ohne festes Ziel, ohne Freundin fühlte sich Janssen im Frühjahr 1952 entwurzelt.

Deshalb war er sofort begeistert, als ihm in der Unterhaltung ein Mädchen kräftig kontra gab. Thora war die Tochter jenes praktischen Arztes Knauer, der im Hause Gutsche seinen Musikliebhabereien nachhing und der Gabriele zur Seite stand, als sich Clemens angekündigt hatte. Janssen fuhr gleich am nächsten Tag mit dem Taxi — das war damals seine Luxuswährung — vor die Rackow-Schule und holte Thora ab. Sie zog ihn ohne Umschweife in die Familie hinein. Obwohl man den Schwerenöter kannte, war er willkommen und saß am gedeckten Tisch. Michael Hauptmann forderte er auf, mit nach Wandsbek zu kommen. „Thora sieht aus wie eine Madonna." Auf dem Rückweg, auf der offenen Plattform der Straßenbahn fragte Michel, was er denn gegen die Schwester habe, die spiele doch nicht nur rasant Pingpong. Die Schwester hieß Marie und war auf dem Weg zur norddeutschen Tischtennismeisterschaft. So genau hatte sich Janssen seine künftige Ehefrau noch gar nicht angeschaut.

Nach der großen Leere, die auf Gabriele folgte, sah er Thora als eine Art Divertimento. Es ging so lange gut, wie Janssen in dem Haus des kunstverständigen Arztes gern gesehen wurde. Wie er sich auf Vater und Mutter und auf jeden genau einzustellen wußte, brannte er zu aller Vergnügen ein Feuerwerk witziger Einfälle ab. Er war von Grund auf ein verwundetes Kind, und er versuchte seine unordentliche Vorgeschichte wettzumachen. Aber mit dem gleichen scharfen Blick wie er seine Schwächen sah, sah er die Verwundbarkeit anderer. Hinter vorgehaltener Hand brachte er seinen Förderer Heise und den klavierspielenden Knauer-Sohn in einem Reim zusammen, der, als er herauskam, alle bloßstellte. Reihum nahm das jeder jedem übel. Professor Heise stellte Janssen zur Rede. Janssen drohte dem vermeintlichen Verräter mit einer Konservendose. Am tiefsten aber war die Mutter gekränkt. Es waren noch keine drei, vier Wochen vergangen, da stieß sie das Kuckucksei aus dem Nest. An sich war das für Janssen kein Grund, sich endgültig zurückzuziehen. Aber Thora, die sich mitschuldig fühlen konnte, machte ihrem schlechten Gewissen Luft und empörte sich gegen die Eltern. Sie suchte sich einen eigenen Job und zog von zu Hause aus. Das fand Janssen langweilig. Denn nun war die Familie wirklich für ihn verloren. Thora sollte es spüren. So oft sie ihn in Tantchens Kutscherhaus besuchte, malte er gerade Decken und Wände. Erst auf dem Weg zurück, an der Straßenbahnhaltestelle, brachte sie den flüchtigen Pinsel zum Stehen.

Die elterliche Geduld der Knauers hatte man auch dadurch überstrapaziert, daß immer reichlicher Alkohol floß. Es wird behauptet, Michael Hauptmann hätte seinen Freund zum Trinken angestiftet. Wahr ist, daß Janssen zum Alkohol gefunden hätte wie die Fliege zum Glühfaden. Getrunken wurde in Gesellschaft, und es gehörte zu den Verrücktheiten, die der bohemienhafte Kreis um die Knauer-Kinder gerade für sich entdeckte, daß man mittags in der Sonne saß und herumsoff — nur so. Janssen war das Trinken noch nicht gewöhnt und weit davon entfernt, den Morgen gleich mit der Flasche zu beginnen. Der Alkohol ließ sich Zeit mit einem seiner Getreuesten. Als er aber Geschmack daran fand, folgte auf die Gin-Orangensaft-Tour die Wermut-Tour, darauf die Wodka-Tour. Ging ihnen das Geld aus, stellten sie sich auf Rotwein um, den sie manchmal über einer offenen Flamme aufkochten. Die Flasche kostete 1,10 DM bei dem kleinsten der kleinen Kolonialwarenhändler, bei Solibieda nebenan in der Warburgstraße. Mit der Entdeckung des Alkohols in den frühen 50er Jahren begann eine nicht abreißende Kette von Dramen, deren zweite Hauptfigur neben dem unverwüstlichen Dauerakteur Tantchen war. Tantchen war die Anlaufstelle, wenn Geld fehlte. Verweigerte sie den Vorschuß, gab es handgreiflich Streit. Mit der Zeit verlegte sie sich ebenfalls auf den Alkohol. Wenn sie schon an jeder neuen Flasche schuld war, sollte Horst sie wenigstens nicht allein austrinken. Sie war eine akkurate Verwalterin, die ihre Bücher Zeile für Zeile mit einer gestochen gleichmäßigen Schrift füllte. Aber zuletzt war ihr für jede neue Eintragung die Seite zu klein.

Solibieda, um 1952. Auf preiswerten Alkohol spezialisierter Kolonialwarenhändler aus der Warburgstraße.

Nach dem Schulabgang nahmen die Turbulenzen zu. Die Freundschaften aus der Mahlau-Klasse hatten sich erhalten, auch die mit Günter Schlottau. Schlottau hatte 1949 jene Judith geheiratet, die bei Gerhard Marcks und Scharff Bildhauerei studierte. 1950 war das Ehepaar mit einem Kind der Anstellung in einer Stoffdruckerei nach Herdecke ins Rheinland gefolgt. Aber schon ein Jahr später kehrte man nach Hamburg zurück. Schlottau fing in der Firma des Schwiegervaters an. Der Claassen-Verlag erzielte gerade im Aufwind der Amerikabegeisterung mit dem Buch „Vom Winde verweht" seinen größten Verkaufserfolg. Wie zur Kunstschulzeit, trafen sich die Freunde wieder, und zusammen mit Judith unternahmen sie vieles gemeinsam. Zwar wußte Schlottau, daß zwischen seiner Frau und Janssen nur so die Funken geflogen waren. Auf einem Fest hatten sich beide in ein Gebüsch verdrückt und tauchten bis tief in die Nacht nicht mehr auf. Aber Schlottau verlangte von seinem Freund keine Rechtfertigung. Denn er kannte das Temperament seiner Frau und nahm die Ausbrüche als reine Naturkatastrophe. Er sah Janssen dabei bloß in einer Nebenrolle.
Judith war dunkelhaarig und trug zeitweise eine Prinz-Eisenherz-Frisur, unter der die leicht schräggestellten Augen, die hohen Wangenknochen und die energisch ausgeformte Nase überhaupt nicht norddeutsch aussahen. Eine Indianerin — so erschien sie Janssen. Auf exotische Weise schön — das sinnlichste Geschöpf am Lerchenfeld —, hatte sie ihn schon in der Schulzeit mit ihrem ganz und gar ungekünstelten Lachen hingerissen. Auf dem Weg ins Rheinland hatte er ihr selbstgemalte Postkarten hinterhergejagt, die er, um sie vor Günter Schlottau zu verbergen, zurückverlangte und zu einem Buch zusammenband: *Freitag 14. Mai.* Nach der Rückkehr konnte man alle zusammen auf den Hamburger Jazzfestivals sehen. Sogar Gabriele war noch mal mit von der Partie. Aber wie Schlottau saß auch die alte Freundin am Rande der Tanzfläche, zwei Sitzengelassene, die zusahen, wie Janssen mit seinem frisch kreierten Apachentanz Judith umwarb. Damals fegten die weitausgestellten Cocktailkleider das Parkett ab. Allein, Judith genoß es immer schon aufzufallen. Als die Büstenhalter noch rundum versteifte Festungen waren, schockierte sie mit einer durchsichtigen Drahtspirale.
Im Sommer 1952 befand sich Janssen auf einer Reise nach Süden, wie er sie seit Kindestagen nicht unternommen hatte. Im Takt des über

die Schienen eilenden Zuges skandierte er: „Judith ist ein indianischer Typ und hat dunkle Haare." Er war auf dem Weg nach Aschaffenburg, zur Buntpapierfabrik des Herrn Dessauer. Die Einladung, die Industriellenfamilie zu porträtieren, hatte ihn über Mahlau erreicht. Jetzt saß er im selbstgenähten Kaftankittel im Abteil, und wenn er nicht an Judith dachte, hatte er Angst vor der Ölfarbe.

Wie war der begüterte Papierfabrikant gerade auf den jungen Hamburger Künstler verfallen? In den arbeitsreichen Tagen, als Guido Dessauer damit beschäftigt war, die von den Nazis konfiszierte Fabrik wiederaufzubauen, erschien eines Tages die Schwiegermutter mit dem Satz zum Frühstück: „Man muß seine Frau und Kinder malen lassen, solange sie noch jung sind." Dessauer sann auf Mittelspersonen und horchte herum. „Gibt's niemand Modernes, der begabt ist?" So erreichte ihn eines Tages die Nachricht von einem „wahnsinnig talentierten Schüler", den der früher in Lübeck beheimatete Altmeister der künstlerischen Gebrauchsgrafik, Alfred Mahlau, ausgebildet hatte. Natürlich war das vor allem ein Geklingel mit Namen.

Guido Dessauer übernahm die Rolle des Mäzens. Nur sollte es nicht gleich so viel Geld kosten. Er setzte eine richtige, wenn auch nicht übertrieben hohe Bezahlung aus. Aber als Janssen in Frankfurt aus dem Zug stieg, kam er aus dem Staunen nicht heraus. Er hatte vom Bahnhof aus mit Dessauer telefoniert, der ihm gleich mit der Frage zuvorkam: „Wo sind Sie?" — „Im Wartesaal dritter Klasse." — „Dableiben." Ein taubenblauer vollautomatischer BMW holte den angereisten Künstler ab. Der Chauffeur überreichte ihm ein Kuvert mit 500 Mark. Das war über Erwarten großzügig. Obwohl mit der Leinwand nicht ganz unerfahren, hatten doch Geldmangel und eine gewisse Berührungsangst mit dem Öl Janssen bisher abgehalten, für seinen Auftrag Pinsel und Farben einzukaufen.

Die Buntpapierfabrik schien Janssen halb Aschaffenburg zu umfassen. Das Werksgelände grenzte an den mehrere Hektar großen Garten. Darin stand die 48fenstrige Villa, die wegen ihres klassizistischen Baustils und wegen der tief in die beiden Seitenflügel reichenden Salons das Weiße Haus genannt wurde. Zwei Haushälterinnen waren den ganzen Tag beschäftigt, dazu ein „guter Geist", der der Familie schon vier Jahrzehnte treu war. Janssen zog in den zwei bis drei Wochen, die er dort arbeitete, in das etwas abseits gelegene Gartenhaus, das man in ein Atelier umgewandelt hatte — wegen der Sandsteinplastik eines, wie Fontane sagen würde, unvermeidlichen Pelikans kurz das „Haus Pelikan" genannt. Für die Kinder war der Zugereiste, der ihre Herzen im Sturm erobert hatte, niemand anders als „Herr Pelikan". Man kann sich denken, wie angetan Janssen von der noblen Familie war, die ihr Leben mit einer durch Generationen erworbenen Grazie nach einer Seite hin stilisierte, die er nur aus Romanen kannte. Statt der Kutsche stand zeitgemäß das Automobil in der Gunst des Hausherrn. Ja, Dessauer wurde über diese Leidenschaft zum Kind. Die Begeisterung des wahren Enthusiasten setzte er auch bei seinem Gast voraus. „Es wird Sie interessieren, daß ich vor einigen Tagen aus dem Besitz eines Vetters einen fast neuen, silbergrauen Porsche 1500 Cabriolet erworben habe, damit man für den Sommer und für den Urlaub doch auch ein nettes kleines, offenes Auto zur Verfügung hat." Janssen behandelte Autos zeitlebens wie eine geladene Pistole. Das schloß Zuneigung zu speziellen Zeiten nicht aus. Aber wie manche Leute aus Rücksicht gegen ihre Natur einen Bogen um scharfe Waffen schlagen, so schaffte sich Janssen nie ein Auto an und machte auch nie einen Führerschein. Dessauer aber hatte die größte Freude, den jungen Mann eigenhändig durch die Gegend zu chauffieren. Die gemeinsamen Spaziergänge, soweit beim Essen angesagt, waren in der Mehrzahl Autotouren durch den Spessart. Die Unterhaltung über die Weltprobleme florierte bei rasch wechselnder Landschaft.

Janssen fügte sich so vollkommen in das Ambiente, und für die Kinder wurde er zu einer so unersetzlichen Attraktion, daß sich die Familie durch den Künstler in ihrer gehobenen Lebensart wunderbar bestätigt fühlte. Als er dann die Frau des Hauses, eine geborene von Keller und promovierte Ärztin, erzogen im Sacre-Cœur-Orden, also sehr katholisch, in Öl malte und darauf achtete, daß sie nicht nur der Königin von England, sondern auch dem erotischen Gedächtnisbild Judiths ähnlich sah, stellte er seinen Auftraggeber vollkommen zufrieden. Dessauer verzieh ihm sogar, daß er sich selber auf dem Porträt, das Janssen von ihm machte, nicht wiedererkannte. Er mußte auch während der Sitzungen ununterbrochen Geschäftsakten lesen. Doch wie wünschte sich der Fabrikant zu sehen? Ein in sich vergnügtes Mönchlein, das Dessauer immer war, fand er, Jahrzehnte später,

nach manchen Wechselfällen des Lebens für die veränderte Geschäfts-
lage die glückliche Wendung, er sei in die Forschung zurückgekehrt.
Und wirklich, das intelligente Gesicht des studierten Physikers hat
Janssen seinerzeit genau getroffen, wenigstens in der Lithographie.
Mit der Lithographie erschloß sich Janssen eine neue grafische Technik. Naturgemäß waren in der Buntpapierfabrik Steine von ausge-
suchter Qualität. Da er sich mit den Arbeitern bestens zu stellen wußte,
war ihm jeder behilflich, sich das Verfahren rasch anzueignen. Wenn
er während des Aschaffenburger Aufenthaltes etwas für sich geleistet
hat, dann auf dem Stein. Sonst war er in allen Branchen tätig. Er entwarf Weihnachts- und Geburtstagskarten, er fertigte monotypische
Stoffdrucke an, er dekorierte Werbebeilagen und zeichnete Koffer-
papier, sogar die Beschriftung des Firmen-Lastwagens ging auf seine
Idee zurück. Weil aber die Erfindung nur der eine Teil, der andere
aber der Vertrieb ist, nahm ihn Dessauer mit auf die Vertreterkonfe-
renz, auf der die Entwürfe vorgeführt wurden. Hier entdeckte Janssen
seine Leidenschaft für das Dozieren. Schon immer hatte es seinen
Freunden die Sprache verschlagen, wenn er genau beschreiben konnte,
was an einem Ernst Ludwig Kirchner gut war. Diesmal gab es aber
einen richtigen Zweck. Er sollte seine Entwürfe verteidigen. Sofort
wollte er den Erfolg, und jedes Argument mußte entwaffnend sein.
Als er von Aschaffenburg abreiste, war es ein glücklicher Zufall, der
seinen Weg bei einem Schwager von Michael Hauptmann vorbeiführte.
In Heidelberg wohnte Professor Ernst Siegmann, in der Familie kurz
Platos genannt. Er brachte Janssen das Reden bei. Dem Altphilologen
war die gewitzte Logik platonischer Beweisführung genauso geläufig
wie das Entziffern alter Papyri. Wenn er im Gespräch mit Janssen
einen Aphorismus interpretierte, dann sollte der blitzgescheite Junge
aus Hamburg gefälligst erklären, was an Dürers Hasen vortrefflich
sei. Ausgerechnet dieser Hase, in dem die deutschen Tugenden — Fleiß
und Gehorsam — zur Kunst erhoben sind! Der Professor und sein
lernbegieriger Schüler redeten sich bis in die späten Nachtstunden
heiß, von geistigen Getränken beflügelt. Am nächsten Morgen, bevor
noch die Familie aufgewacht war, hatte sich Janssen schon wieder erhoben und mit Schultusche auf einem Badezimmerrollo — andere
Materialien waren nicht erreichbar — sein Dankeschön gemalt. Er
kehrte später mehrfach zu Professor Siegmann nach Heidelberg zu-

rück, wie er auch bis 1956 fast jedes Jahr ein paar Wochen in Aschaffenburg zubrachte.

Nachdem er im Sommer 1952 aus Süddeutschland zurückgekommen war, merkte er, daß er sich Judith nicht hatte aus dem Kopf schlagen können. Die neuen Eindrücke hatten ihn seine Leidenschaft nicht vergessen lassen. Hinzu kam, daß Judith drauf und dran war, sich aus ihrer Ehe zurückzuziehen. Sie suchte das Gespräch mit Janssen, der eines Tages überraschend seinem Freund Michael Hauptmann gestand: „Judith würde zu mir ziehen. Wie findest du das?" Michel fragte ungläubig zurück: „Kann sie denn einfach weggehen? Das ist nicht in Ordnung. Du mußt erst mit Günter Schlottau reden." Zusammen fuhren sie mit dem Taxi zu den Grindelhochhäusern, wo die Eheleute Atelier und Wohnung hatten. Michel blieb unten im Auto, und Janssen raste die Stockwerke hoch. Oben im Türrahmen gestand er: „Ich liebe deine Frau." Als Schlottau sie nach einem kurzen Wortwechsel freigab, war er überzeugt, sie würde zu ihm zurückkehren. Drängend und unberechenbar, wie Judith sein konnte, war sie oft über ihre eigenen Entscheidungen nachträglich am meisten erstaunt. Am nächsten Tag hatte sich gewöhnlich der Aufruhr wieder gelegt.
Nachdem sich Judith mit ihrem dreijährigen Sohn zu Janssen umquartiert hatte, blieb sie bei ihm. Allerdings nicht im Kutscherhaus. Denn der Raum wurde bald zu eng. Sohn Sascha kam zu seinen Großeltern. Die jungen Leute zogen in das Vorderhaus, in die Warburgstraße 33, direkt unter das Dach. In dem Kutscherhaus war es auch allzu hoch hergegangen. Bloß durch eine Sperrholzplatte getrennt, turnten die Verliebten neben Tantchen. Das soll ihr den Satz abgenötigt haben: „Ich bin auch nur eine Frau." Sie war es denn auch, die den Trockenboden vorn im Bürgerhaus ausbauen ließ.
Judith legte später Wert auf die Feststellung, daß sie sich auch aus gemeinsamen künstlerischen Interessen zusammengetan hätten. Richtig ist, daß Janssen die Möbel für ihr Nest selber zimmerte. Er fertigte auch einen Gipsabguß von seinem Penis an. Sonst beschränkte er sich auf die wenigen Aufträge, die ihn meist über Mahlau erreichten und die ihm die 100 Mark geringfügig aufbessern halfen, die Schlottau seiner Frau monatlich ausgesetzt hatte. Judith und Janssen waren viel zu sehr mit sich beschäftigt, um in ihrer künstlerischen

Arbeit fortzufahren. Aber nicht das führte zu Spannungen, sondern das unbewältigte Verhältnis zu den Claassen-Eltern. Die Mutter war nicht uneinnehmbar. Den genialischen Jüngling fand sie interessant. Aber der alte Claassen blieb bei seinem Widerstand. Von den Eskapaden seiner Tochter hielt er sowenig wie von der heimlichen Zustimmung der Mutter. Janssen hatte ihn als Konkurrenten im Wettstreit um die Gunst Gabrieles kennen- und hassen gelernt. Er wußte, wie eifersüchtig er sein Haus bestellte. Und so fand er sich in seiner Abneigung bestätigt, als er die Eltern zum Frühstück besuchte. In demselben Raum saß jeder, getrennt durch eine Flucht von Schränken, an einem anderen Tisch. In den Schränken waren Vorräte aus der Zeit des Krieges und für den nächsten Krieg gehortet, darunter auch Seife, und natürlich durfte nur der Alte daran. Janssen bemerkte boshaft: „Jetzt läßt er einen Juden schwimmen." Das kam einer Kriegserklärung gleich.

Es gelang ihm auch in den folgenden Wochen nicht, sich in die Familie und die Familie hinter sich zu bringen. Judith war ihren Eltern ohnehin in einer Art Haßliebe verbunden. Ungezähmt temperamentvoll, wie auch ihr Vater sein konnte, brachte sie in den neuen Haushalt eine Mitgift ein, die Janssen selber im Übermaß hatte: Eifersucht. Sie lebten beide in einer karg möblierten Dachkammer in zärtlicher Umklammerung. Aber sobald einer den anderen daraus entließ, trug er prompt wieder eine Katastrophe zur Tür herein. Ein Launometer an der Wand sollte anzeigen, welche Stimmung gerade herrschte. Janssen hatte den Pappmechanismus gebastelt, dessen Mundwinkel sich nach oben oder unten verzogen. Den Zusammenprall konnte das Launometer nicht verhindern.

Außerhalb der vier Wände drohten immer gleich die heftigsten Auseinandersetzungen. Judith und Janssen saßen im Winterhuder Fährhaus auf den Stufen, die zur Tanzfläche hinführen. Sie wurde zum Tanz aufgefordert; er lehnte ab. Als sie das nicht ernst nahm und dem jungen Mann folgte, zerrte Janssen sie aus dem Lokal. Mit Tritten jagte er sie im Morgengrauen zurück in ihr Zimmer, wo sie, mit einem Butterbrett verbleut, noch tagelang im Bett lag.

Am besten vertrugen sie sich noch, wenn sie unter ihren Freunden aus der Schulzeit waren. Die „Klassengesellschaft" von früher hatte ihre Schranken mit der Zeit fallen lassen. Das junge Künstlervolk

Bild aus einer zu einem Heft zusammengestellten Szenenfolge;
um 1952. Schrift und Federzeichnung sind ineinander gearbeitet.

war ein bunter Haufen, der durch die gemeinsame Schulzeit zusammengehalten wurde. Albert Christoph Reck und Peter Neugebauer
waren dabei und wie sie alle hießen. Gemeinsam konnte man sie auf
einem Ausflugdampfer sehen, der die Elbe herunter nach Kolmar
tuckerte. An Deck schwoften sie nach den Klängen der Magnolia-Jazz-
band, die sich aus den Mitgliedern einer Grafikklasse zusammensetzte,
die den Dixielandtrip entdeckt hatte. Wieder zurück an Land, zogen
alle zum Hans-Albers-Platz nach St. Pauli. In einem chinesischen
Restaurant ließ sich Petchen Neugebauer gegen 100 Mark verführen,
einen Löffel Zusatzgewürz herunterzuschlucken. Den würgenden Aufschrei haben sie nicht vergessen.

In dieser Gesellschaft war einer, zu dem es Janssen besonders hinzog. So tückisch, ja, unfair er in der Auseinandersetzung sein konnte, so viel Respekt nötigte ihm körperliche Überlegenheit ab. Das war schon der Schlüssel zur Freundschaft mit Ludwig Runne, das war es auch, was ihn zuerst an Reinhard Drenkhahn faszinierte. Ein kolossaler, breitschultriger Kerl, war Drenkhahn das Muster sensibler Urwüchsigkeit. Die mächtige Pranke, der Schädel, das breite Grinsen, die tiefernste Schwärze unter den Augenbrauen, alles war ein paar Nummern größer als bei der übrigen Menschheit. Neben ihm mußte jedem sein, als balancierte er einen gebrechlichen Körper auf schwachen Füßen. Diese physische Wucht der Persönlichkeit fehlte natürlich Janssen, der auch Gefühlsstürmen ausgesetzt war, aber immer gleich aus der Haut fuhr.

Was sich in dieser Zeit zwischen den beiden entspann, war eine Art Kumpanei. Die Gegensätze zogen sich an. Drenkhahn, der empfindsame Riese, war des befreienden Wortes nicht mächtig. Das wurde um so deutlicher, je quälender er auf den Lebensfragen insistierte. Der überschlanke Janssen stach dagegen durch seine Wortgewandtheit ab. Er hatte sich dem Professor Siegmann im Rededuell ebenbürtig gemacht, aber in den platonischen Welten lief er doch immer, ein um- und umgetriebener Schatten, seiner wahren Verkörperung nach. So ergänzten sich die beiden ehemaligen Akademieschüler. Nachdem sie jahrelang nebeneinander studiert hatten — Drenkhahn war von der Innenarchitektur zur Klasse von Willem Grimm hinübergewechselt —, führte sie nun das Kneipenleben zusammen.

Reinhard Drenkhahn machte mit, als Janssen im August 1953 den Auftrag erhielt, das *Handtuch* auszumalen. *Handtuch* — so sollte eine schmale Kneipe heißen, die hinter der Warburgstraße entstand. Kurt Pech war Hausmakler und überall dabei, wo es etwas zu verdienen gab. Er wickelte auch mit abbruchreifen Häusern Geschäfte ab. Er machte Janssen auf das Souterrain in der Neuen Rabenstraße 16 aufmerksam: „Da unten ist eine herrschaftliche Küche. Daraus läßt sich eine Jazzkneipe machen." Janssen ging mit Lackfarben über die Kacheln. Die Decke malte er so aus, daß jeder unwillkürlich auf dem Kopf laufen sollte, wenn er hochschaute. Drenkhahn räumte die Bänke mit ein.

An sich war es eine glückliche Wendung, daß Janssen hier zur Abwechslung Arbeit fand. In diesem Sommer 1953 waren ihm und Judith die Wände der Dachwohnung gefährlich nah auf den Leib gerückt. Gegenseitig trieben sie sich in eine gefängnishafte Bindung hinein. Von Trennungsängsten verfolgt, zog er die Fesseln immer stärker an, je länger Judith die Scheidung von ihrem Mann hinauszögerte. In dieser zugespitzten Lage lenkte ihn die Dekoration der Kneipe ab.

Da es keinen speziellen Eigentümer gab, Janssen aber in die Ausmalung die meiste Arbeit gesteckt hatte, konnte er sich als Mitbesitzer fühlen. Auf jeden Fall wurden Getränke kostenfrei an ihn ausgeschenkt. Das Mobiliar stammte entweder vom Sperrmüll oder von ausrangierten Bahnwaggons. Die Durchreiche — für Schnaps, Bier und Würstchen — war gepolstert. Darüber stand deutlich zu lesen: „Hier betrügt sie Marita." Zur Eröffnung lud Janssen mit einem kleinen Holzschnitt ein: „Eintritt 20 Uhr. 1,— DM. Tanz. — Demnächst: Tischtennis + Leseraum. Vorführungen und Lichtspielexperimente. Gastspiele."

Im *Handtuch* waren mal zwanzig, mal fünf und mal dreizehn Gäste. Aber wer im September fast jeden Abend und bis in die Nacht dort festsaß, war Horst Janssen — in Begleitung von Judith, auf die das Freitrinken ausgedehnt war. Beide kehrten sie zuletzt regelmäßig angetrunken in ihre Wohnung zurück. Die Streitereien, die dann ausbrachen, waren nicht länger dramatische Aktionen zur Rettung ihrer Liebe. Janssen rannte in einer Art Amoklauf dagegen an, daß diese stärkste Leidenschaft zu Ende gehen sollte. Judith lernte indessen den Herrn Malte Madlung kennen, einen Gerichtsreferendar vom Sievekingplatz.

In den ersten Tagen des Oktober bekam Janssen davon Wind. Sofort reagierte er heftig. Als Judith ihm den Vorschlag machte sich zu trennen, saßen sie im *Handtuch*. In dieser Nacht zum 4. Oktober hatte Marita 23 Aquavit für den Mitbesitzer der Kneipe gezählt.

Es gab zwischen Judith und Janssen eine Verabredung, daß sie sich nie betrügen wollten, aber für den Fall, daß es einmal geschehe, sollte jeder sofort dem anderen die Wahrheit sagen. Auf dem Weg zu einem Zigarettenautomaten, der außerhalb der Kneipe stand, stieg Janssen im Vorgarten mit einem Mädchen ins Gebüsch, das er bis dahin nicht gekannt hatte. Vom Zigarettenholen endlich zurück, berichtete er auf der Stelle. Judith war empört. Sie wollte sich sofort von ihm trennen. In der Absicht, ihre Sachen zu holen, kehrte sie noch einmal in die Warburgstraße zurück. Janssen beschwor sie, in ihrer gemeinsamen Wohnung zu bleiben. Zum Zeichen seiner Opferbereitschaft zerriß er eine Reihe von Zeichnungen. Als er sie am Hals packte, ließ er sich ein Butterbrett über den Kopf schlagen und taumelte zurück. Mit ausgestrecktem Arm kam er wieder auf sie zu. Ein Milchtopf zerbrach auf seinem Schädel. Aber wie sie zur Tür hinauswollte, warf er sich noch einmal davor. Erst als Judith eine Teekanne auf seiner Stirn zertrümmerte, wehrte er sich nicht mehr.

Der Tag der Prügelei war auch der Tag der Trennung. Judith zog sich in die Körnerstraße zurück, in das Haus ihrer Eltern, die gerade auf Ferienreise waren und ihrem Schwiegersohn Günter Schlottau die Wohnung zur Betreuung überlassen hatten. Die Ehe lebte aber nicht wieder auf. Malte Madlung war ihr in den wenigen Tagen sehr nahegekommen, ohne daß Janssen mehr als die undeutliche Gewißheit eines männlichen Rivalen hatte. Er suchte Judith nun jeden Tag auf, obwohl er gleich beim ersten Mal hören mußte, „daß nichts mehr drin sei". Er überbot sich in Vorschlägen zur Aussöhnung. Rein platonisch wollten sie zusammenleben, und wenn das nicht ginge, sollte jeder ein eigenes Zimmer nehmen; Judith könnte eine Verlagslehre bei ihrem Vater anfangen; beide würden sich dann hin und wieder treffen, vielleicht sogar miteinander verreisen; später wollte er sie, wenn er die Prüfung bestanden hätte, heiraten. Heiraten — das war Janssens Erlösungsperspektive, aber das wollte Judith nicht, und zu dem Zweck hatte sie die Scheidung hinausgeschoben.

Dem Spaziergang um die Alster am 13. Oktober waren zwei nächtliche Belagerungen des Hauses in der Körnerstraße vorausgegangen. Zutritt konnte sich Janssen nicht verschaffen, und so strich er, mit Steinchen ans Fenster pickend und Judith rufend, im Vorgarten herum. Erst am Mittag darauf traf er sich mit ihr, und mit Sohn Sascha am Händchen umrundeten sie die Alster bis zum Dammtorbahnhof. Unter dem Vorwand, daß sie um 16 Uhr in der Nähe des Amtsgerichts jemanden treffen würde, der dem Kleinen Schuhe kaufen wollte, verabschiedete sich Judith von ihm. Janssen kehrte ins Atelier zurück und wie am Vormittag arbeitete er.

Um 22 Uhr stellte sich Drenkhahn in der Warburgstraße ein; ein gemeinsamer Freund war schon früher eingetroffen. Man aß zusammen und trank Kaffee. Eine halbe Stunde vor Mitternacht ging man auf einen Sprung ins *Handtuch*. Als Janssen die Kneipe betrat, saß dort schon drei Stunden lang Malte Madlung und wartete auf ihn. Sie rückten an einem Tisch zusammen. Nach einigen beiläufigen Worten ließ Madlung erkennen, warum er ihn abgepaßt habe. Janssen wisse wohl nicht, mit wem sich Judith am Sievekingplatz getroffen habe? Mehr wolle er aber nur sagen, wenn sie gemeinsam etwas trinken würden. Zu dem Zweck mußte Janssen die Armbanduhr des Gerichtsreferendars verpfänden.

Madlung rückte schließlich damit heraus, daß er gerade vorhin Judith veranlaßt habe, eine gewisse Flasche Parfüm wegzuwerfen. Das Parfüm war ein Geschenk von Janssen an seine schwankende Geliebte. Das hatte ihn immerhin zehn Bände einer Kulturgeschichte gekostet, die er gegen den Erlös von 12 Mark in einem Antiquariat versetzt hatte. Die Eifersucht kroch wie eine Kröte seinen Hals herauf. Als Madlung ihm Stück für Stück auseinandersetzte, welche Entscheidungen Judith getroffen und auch schon vollzogen habe, griffen beide Kontrahenten immer zügiger zum Glas; schließlich waren 18 Aquavit und Kognak auf dem Konto.

Auf dem Hin- und Rückweg zum Tresen ging Janssen seinen Freund Drenkhahn vielleicht nicht hartnäckig genug mit der Bitte an, ob er heute bei ihm übernachten könnte. Er mußte sich auf ein anderes Mal vertrösten lassen. So bat er, von einer fiebrigen und rauschhaften Erregung erfaßt, den erschöpften Madlung, mit ihm weiterzutrinken. Zunächst müßten sie aber bei seiner Tante vorbeischauen. Nach Mitternacht machten sie sich auf den Weg. Tantchen sah das grün verfärbte Gesicht ihres Neffen und war sofort für Zubettgehen. Sie mußte ihm aber zwanzig Mark geben, und wie sie sich noch im Nebenraum die beschwichtigenden Worte zurechtlegte, er möge nicht mehr trinken, griff er auf einem Aktenbord nach einem Rest Rum, den er mit einem Schluck wegkippte, während das Messer daneben in seiner Tasche verschwand. In einer Kneipe an der Esplanade wurde die Zwangsfreundschaft weiter begossen. Janssen befiel eine Niedergeschlagenheit, die seinem Begleiter unheimlich wurde. Er weinte und schien sich nur noch damit zu trösten, daß sie gemeinsam zu Judith führen. Aber das lehnte Madlung ab. Wieder im Taxi, stieg dieser vor seiner Wohnung aus und ließ Janssen allein, der sich immer weniger damit abfinden konnte, daß er Judith verloren hatte.

Gegen drei Uhr nachts klingelte Janssen in der Körnerstraße Sturm. Das Hausmädchen erkannte seine Stimme und zog sich sofort wieder von der Tür zurück. Aber Schlottau war aufgewacht und aus Rücksicht auf die Mitbewohner öffnete er eine Handbreit. Der schmale Spalt genügte Janssen und er warf sich dazwischen. Schlottau fühlte sich am Kopf getroffen, und schon halb überrumpelt, sah er ein Messer blitzen, das er dem Rasenden zu entwinden versuchte. Ineinander verklammert, wirbelten und wälzten sich beide von der Diele ins Eßzimmer und in die Bibliothek. Als Judith im Nachthemd hinzueilte, war die Klinge nach einem verkanteten Hieb über Schlottaus Scheitel abgebrochen. Sie wollte die Kämpfenden trennen. Mit zwei Metalleuchtern und einem kleinen Tonkrug zielte sie auf den Kopf von Janssen, der unter einem Schwall von Worten immer wieder den Satz hervorstieß: „Du entgehst mir nicht!"

Die Schläge zeigten Wirkung, man stand sich atemlos gegenüber, das Restmesser lag auf einer Truhe. Da ging die Rangelei von neuem los. Gegenseitig drängten und zerrten sie sich zur Tür hinaus. Wieder verkeilten sich die beiden Männer ineinander, und wieder warf sich Judith dazwischen. Plötzlich hielt Janssen die Klinge in der Hand. Diesmal fügte er Judith seitlich am linken Ohr zwei Schnittwunden zu, die, wie es im Bericht der Mordkommission heißt, nicht ernster Natur waren, aber sofort stark bluteten. Judith fühlte die Wunde rot einnässen und stürzte sich, zu allem entschlossen, auf die verknäuelten Leiber. Sie zerrte die Köpfe auseinander, nahm Maß bei Janssen und schlug ihm zweimal mit einem schweren Messingascher auf den Schädel. Lang hingestreckt, stöhnte er: „Es ist genug."

Wieder bei Besinnung, saßen die drei erschöpft in den Sesseln herum. Nur Sascha zog erstaunt seine Bahn durch das Chaos. Mit seinen nackten Füßen trug er das Blut in alle Ecken der Wohnung. Während Schlottau seiner Frau ein Kissen um den Kopf band, taumelte Janssen zur Tür hinaus ins Treppenhaus. Er hatte nicht gemerkt, daß inzwischen die Polizei alarmiert war, die ihm entgegenkam und die er in die Wohnung zurückführte, als sie ihn gefragt hatte, wo hier ein Mordversuch stattgefunden habe. Oben schlossen sich Handschellen um seine Gelenke.

Während Judith noch in derselben Nacht im St. Georg-Krankenhaus verarztet und wieder nach Hause entlassen wurde, begannen für Janssen die Vernehmungen. Die Polizei fragte besonders nach dem Vorsatz. Wenn er sich auch an keine Einzelheiten der Prügelei erinnern konnte, auch nicht daran, wo er das Messer mitgenommen hatte, so wußte er doch um 4 Uhr morgens, als ihm der mittelschwere Rausch noch immer in den Gliedern steckte, genau, daß er die Absicht hatte, Judith zu töten. Das war denn auch die Hauptlast, die die Verteidigung durch den Rechtsanwalt Dr. Müller Stück um Stück abtragen mußte.

Bis zur gerichtlichen Verhandlung verging noch ein halbes Jahr. Davon saß Janssen die ersten beiden Monate, vom 14. Oktober bis zum 12. Dezember 1953, im Untersuchungsgefängnis. Die Erfahrungen, die er in der U-Haft machte, deprimierten ihn. Er war in Einzelhaft und die erste Zeit von allen Gemeinschaftsveranstaltungen ausgeschlossen. Seit dem Anpassungsdruck der Napola hatte er nicht wieder unter solchem Zwang gestanden. Er fühlte sich allein gelassen, isoliert und ohnmächtig an den Rand gedrängt. In seiner Zelle lief er auf und ab. Der Gefängniswärter, den nur noch wenig vom Rentenalter trennte, nahm schließlich den unruhigen Häftling beiseite. Janssen sollte mithelfen, Kaffee auszuschenken. Sie standen mit dem Kaffeepott vor der Zelle des mutmaßlichen Mörders vom Klosterstern. Durch die Klappe quollen ihnen alle Ingredienzen der Drogerie entgegen. Während Janssen die Kelle bediente, fragte Herr Loose, wie der umgängliche Wärter hieß, was den Neuen ins Gefängnis gebracht habe. Der erwiderte, indem er sein Gesicht vorschob: „Schwarz geschlachtet."

Wieder draußen war Janssen der Mörder und Messerstecher. Tantchen kämpfte um seinen Ruf. Sie verschickte Abschriften von Briefen, die sie aus dem Gefängnis erhalten hatte und die die Freunde an Horst erinnern sollten. Damals fing sie an, von ihrem Adoptivsohn mit der Wendung zu sprechen: „. . . aber im Kern ungemein gut." Sie finanzierte die Verteidigung, und sie war es, die die Verbindung zu Dessauer wieder aufnahm. Janssen hatte von dem Aschaffenburger Katholizismus die Vorstellung, alles beichten zu müssen — je schneller desto besser. Bei seiner Ankunft sagte Dessauer abwehrend und mit einer

Loyalität, die den frisch entlassenen Häftling aufrichtete: „Janssen, das macht doch nichts." Tatsächlich nahm sich aus der größeren Entfernung das Eifersuchtsdrama nicht so gemeingefährlich aus.

Nach ein paar Wochen intensiver lithographischer Arbeit und nach der Rückkehr in die Hansestadt war auch der Strafverfolgungswille der Claassen-Eltern nicht mehr so unerbittlich wie vorher. Judith war frei von Rachegefühlen, der Freund Schlottau ohnehin. „Er konnte nichts dafür." Diese Meinung gewann schließlich die Oberhand. Die Zeitungen, die nach dem Gerichtstag am 25. März 1954 in ihrem Lokalteil die Meldungen öffentlich machten, waren sich darin einig, daß es die alte und ewig junge Geschichte einer gefährlichen Künstlerliebe gewesen sei. Das war es wohl auch, was die redaktionelle Berichterstattung dazu ermunterte, alle Fakten sorglos durcheinanderzuwerfen.

Horst Janssen wurde durch das Gericht vom Mordversuch freigesprochen und wegen Volltrunkenheit zu einer Gefängnisstrafe von sieben Monaten auf Bewährung verurteilt. Noch während der Verhandlung mußte der Richter mißbilligend zur Kenntnis nehmen, daß man sich auf der Klägerseite für die juristischen Tatbestände kaum noch engagierte. Judith flirtete gar im Gerichtssaal. Auf dem Flur waren die Akteure von damals wieder munter plaudernd unter sich.

Die Anklage des schuldhaften Vorsatzes zum Mord ließ sich nicht aufrechterhalten, weil Janssen entgegen seiner ersten Bekennereuphorie die Herkunft der Tatwaffe nicht recht erinnerte und das Tafelmesser für einen geplanten Mord überhaupt das untaugliche Instrument war. Es schlug zu seinem Vorteil aus, daß er sich „grobfahrlässig" betrunken hatte. Obendrein begünstigte es seine Unzurechnungsfähigkeit im strafrechtlichen Sinne, daß von Judith das Bild der älteren, reiferen, entscheidungsfähigeren Frau gezeichnet wurde, von der der elternlose Angeklagte in Abhängigkeit geraten sei. In dieses Horn stießen denn auch zwei Ärzte. Der eine nannte Janssen einen „schizoiden", bestimmt aber einen „abnormen" Menschen; der andere bescheinigte ihm wenigstens eine „affektlabile und nervös überreizte" Persönlichkeit. In der Tat hatte er beim Rorschachtest, den Dr. Lungwitz mit ihm durchführte, alles, nur keine Schmetterlinge gesehen.

Damit war der Vorsatz zum Mord vom Richtertisch. Nicht aber für

Janssen. Er wälzte die strafentscheidende Frage nach der Tatabsicht lebenslang vor sich her. Er war immer der Meinung, daß Edgar Allan Poe der großartige Schriftsteller nicht geworden wäre, hätte er die perfektesten Morde nicht geplant, ja, gewollt. Als dem berühmten Zeichner dreißig Jahre später der Bürgermeister der Hansestadt am Ateliertisch gegenübersaß, verwickelte er ihn in ein moralphilosophisches Gespräch: Der Vorsatz dürfe nicht über Freiheit und Gefängnis entscheiden, man müßte denn die Menschheit größtenteils hinter Gitter führen. Der Bürgermeister kannte nicht die beiden Enden, nicht das Woher und Wohin des Fadens, der da vor ihm ausgezogen wurde. Aber er hörte gespannt zu, wie sein Gegenüber den unbedingten Tatvorsatz verteidigte. Den Künstler Janssen hatten die in detaillierte Vernichtungsstrategien umgesetzten Racheabsichten stets zu seinen besten Werken angefeuert.

8. Ins Gefängnis

1954 war das erste von insgesamt drei Jahren Bewährungsfrist. In diesem Jahr 1954 lernte Janssen drei Frauen näher kennen. Mit Helga Gatermann begann eine Freundschaft, die Jahrzehnte halten sollte. Der „48-Stunden-Flirt" mit Jill Strohn brachte ihn an den Rand der Verzweiflung. Mit großen Schritten eilte er der ersten Ehe entgegen.

Auf Marie Knauer war er besonders während der Untersuchungshaft aufmerksam geworden. Der Leiter des Gefängnischors — ein Student der Musik — hatte Janssen seinerzeit wie ein wildes Tier durch die Zelle laufen sehen und gefragt: „Ist der gefährlich?" Er kam mit dem Häftling ins Gespräch. Es stellte sich heraus, daß sie in den Knauer-Kindern gemeinsame Bekannte hatten. Besonders Marie hatte es dem Orgelstudenten angetan. Janssen wärmte sich an dem Feuer des anderen. So wurde ihm Marie zum Fraß vorgeworfen, wie Thora das nannte, die fortan ihre kleine Schwester glaubte beschützen zu müssen; eine Sorge, die zuletzt nützlicher war, als wenn sie bloß eifersüchtig gewesen wäre. Marie war ja auch noch so jung. Sie ging zur Schule und war etwas üppig, weil sie im Jungmädchenspeck stand.

Helga Gatermann war mit einem Mitschüler und Freund aus der Mahlau-Klasse verheiratet. Deshalb kannte man sich gut. Tantchen verhalf dem Paar zu einer Wohnung in der Warburgstraße 33 — direkt neben Janssen. Die Wohnräume waren um einen Lichtschacht gruppiert. In den hinteren Bodenraum zogen für zwei Jahre Gatermanns ein. Janssen hatte links neben der Eingangstür zum galerieartigen Umlauf sein Zimmer, einen annähernd 30 qm großen schrägelosen Raum, den ein Schrank unterteilte. An den Wänden standen Regale, die mit zierlichen Sachen à la Mahlau geschmückt waren. Eine Zeitlang gab es da oben unter dem Dach noch einen zusätzlichen Mieter, einen Berufsbastler, der mit mehreren Näherinnen Lampenschirme für ein Fachgeschäft montierte und über die größte Sammlung von UHU-Tuben verfügte. Doch er gehörte nicht zu dem Freundeskreis.

Günter Gatermann hatte auf der Kunstschule mit Erfolg undramatische Landschaften gemalt. Wie sein Lehrer konnte er nicht nein sagen, und so war es hier Mahlau selber, der ihn noch über die Studienzeit hinaus zum Auszeichnen seiner Entwürfe benutzte. Gatermann machte das einfühlsam. Aber es war so zeitaufwendig, daß er sich dabei verzettelt hätte, wäre Janssen nicht im Interesse des Freundes dagegen eingeschritten. Trotzdem blieben die Beziehungen zu Mahlau eng, der ihn zum Sachwalter seines gebrauchsgrafischen Lebenswerkes einsetzte. Später arbeitete Gatermann für den „Spiegel". Janssen, der auf seinem ersten Wahlgang eine CDU-Stimme zur Urne trug, hatte immer sein Gaudi daran, den Schulkameraden mit seiner rußlandfreundlichen Einstellung aufzuziehen. Einmal sollte ihm jedoch das Lachen vergehen — natürlich wegen Helga.

Niendorf ist ein Fischerort an der Ostsee, der damals touristisch erschlossen wurde, weil Timmendorf die vielen Sommergäste nicht mehr fassen konnte. Der Hausmakler Kurt Pech war der Typ des unternehmerischen Mannes, der zwar nicht das Wirtschaftswunder in Person verkörperte, aber keine Gelegenheit ausließ, ein Geschäft zu machen. Auf seine Initiative ging das *Handtuch* zurück. In zum Abbruch bestimmten Häusern richtete er Clubräume ein. Er lockte Gäste mit den ersten Tonbandgeräten und betrieb die ersten Waschsalons.

Er betreute Kinos und vom Dauerlutscher bis zur Tonfilmspule besorgte er alles. Neuerdings bereitete er in Niendorf die Eröffnung eines Jazzlokals vor. Tagsüber im Büro, fuhr er abends mit Dekorationsmaterial an die Ostsee. Oft ging es um drei Uhr nachts erst zurück. Janssen mochte diese Geschäftigkeit, die immer das volle Risiko einging. Vor der Konzession war die Kneipe da, vor dem Führerschein das Auto. Nach Tantchen war Pech damals als erster zu Janssen ins Untersuchungsgefängnis vorgedrungen. Das hatte sie noch näher zusammengebracht, und so half er ihm jetzt in Niendorf, das Lokal einzuräumen. Hinten zog das Flüchtlingsheim aus und vorn die Tanzdiele ein. Die Männer hatten alle Hände voll zu tun, während Helga Gatermann, die mithalf, für Kaffee sorgte. In den Pausen döste sie am Strand. Den Nacken über den Rand einer Sandburg gekippt, verfolgte Helga kopfüber die untergehende Sonne auf die Ostsee hinaus. Dem konnte Janssen nicht widerstehen. Wieder zurück in Hamburg, verkrochen sich beide unter dem Dach der Warburgstraße. Freund Gatermann erzwang eine Aussprache, die er mit den Worten schloß: „Willst du sie jetzt heiraten?" Janssen, der nein sagte, litt die größte Angst, daß Günter mit seinen russischen Sympathien auch hier wie eine Figur von Dostojewski reagieren würde. Vor dem geöffneten Fenster des dritten Stockwerks trat ihm der Schweiß auf die Stirn.

Eines Tages hatten Günter und Helga Gatermann die Spitznamen Onkel und Tante weg. Onkel blieb sich treu und hielt zu den Russen, als der Kalte Krieg auf dem Höhepunkt war. „Warum läßt du dir nicht vom Kommunismus das Bett bereiten?" piesackte ihn Janssen und wollte sich über seinen Vorschlag ausschütten vor Lachen. „Mit Tante läpperte sich das Sexuelle so hin" und schlief bald ganz ein. Die Freundschaft hielt jahrelang an. Zwischendurch stellten sich immer wieder Zeiten ein, in denen man täglich zusammenkam — zum Kartenspiel. Die stundenlange nächtliche Kartenspielerei wurde nur noch von der russischen Sauferei übertroffen. In den 60er Jahren war das ganz nach Janssens Geschmack. Fünfzehn, ja zwanzig Jahre lang stellte er Helga Gatermann jede neu in sein Leben tretende Frau vor. In der verständnisvollen Beraterin hatte sie ihre Rolle gefunden. Sie wollte sein Bestes. Darin war sie monoman — auch als ihr erinnerungsschwerer Blick lange schon nichts Gutes mehr ahnen ließ. Sie beklagte noch jede Gemeinheit, die Janssen beging. Doch wie die Mutter, die hinter allen Schandtaten ihres Kindes immer die hilfesuchende Kreatur sieht, hielt sie zeitlebens an dem Oldenburger Jungen fest, der vom Wege abgelenkt, heim, nur heim will. Darüber ist sie älter geworden, von Mitwisserschaft gebeutelt. Ihr früher behendes Wesen hat sich zurückgezogen in ein flüchtiges Augenlachen, das wie ein Irrlicht durch das Aprilwettergesicht zieht. Ein Menschenleben davon entfernt ist das klare und ruhige Porträtbild, das Janssen 1954 auf den Lithostein gezeichnet hat.

Helga Gatermann, Lithographie 1954 (78,6 x 56,5 cm)

Die Bekanntschaft mit einem jungen, scheuen, aber sehr einnehmenden Mädchen führt direkt wieder in das Jahr '54 und in die Mahlau-Klasse zurück. Nach der Untersuchungshaft und nachdem er vorsorglich von der Bildfläche in Richtung Dessauer verschwunden war, kehrte Janssen dort wieder ein, wo er gern gesehen war: bei Alfred Mahlau am Lerchenfeld. Dort zeichnete im ersten Semester Jill Strohn. Sie war die Tochter eines amerikanischen Besatzungsoffiziers, der in Bremerhaven Dienst tat. Er stellte ihr für das Studentenleben in einer Frühstückspension monatlich einen Wechsel aus. Lothar Voss kam unverkennbar aus dem Kreis, wie ihn nur Alfred Mahlau um sich versammeln konnte, und war in seinem Leben noch nicht so verliebt wie in Jill. Er hatte gegen Kriegsende beide Hände verloren und sich mit einer akribisch hingetüftelten Fleißarbeit in die Kunstschule eingeführt. Daß Janssen dem amputierten Klassenkameraden die Freundin abspenstig machte, beschwor einmal mehr übles Gerede herauf. Denn keiner hatte jemals eine größere Anteilnahme auf sich gezogen als Lothar Voss, der jemanden gefunden hatte, der ihn gern mochte und ihm half, die Buntstifte in den Schaft unterhalb der Armprothese zu stecken. Nur, in Janssen konnte das nicht den Rivalen unterdrücken. Er mußte dem Mädchen imponieren und in großen Armschwüngen das freskohafte Bild einer Meerjungfrau an die Wand werfen. Da reichte Lothar Voss nicht heran. Gegen sein eigenes Versprechen, Jill nicht weiter zu bedrängen, stürmte Janssen mit ihr nach Bremerhaven. Von dort reiste sie Ostern 1954 schon wieder über den Atlantik nach Amerika zurück. Ihr Vater, den wir uns angetrunken, mit der Pistole fuchtelnd, in dem Kasinosessel lang hingestreckt vorstellen sollen, war in die Staaten zurückbeordert worden. Er war es denn auch, der seinen Einfluß geltend gemacht hatte, daß innerhalb der Bewährungsfrist kein Visum erteilt wurde. Janssen wollte auswandern.

Künstlerisch waren die ersten Jahre nach der Schulzeit nicht sonderlich erfolgreich. Das Lichtwark-Stipendium im Geldwert von 1000 Mark bildete den Abschluß seiner Karriere unter Mahlau. Am 30. Januar 1952 widmete das Mittagsblatt dem 22jährigen längere Passagen eines Artikels. „Ein deutlich erkennbarer Zug zum großen Wurf" wurde ihm attestiert. An die Spekulation, er könne nach Paris oder

Spanien gehen, schloß sich die Warnung an, er solle sich nicht zwischen den Stilrichtungen zersplittern. Größere Ausflüge machte er schon damals nur auf dem Papier. Mahlau lud im Juni zu einer Ausstellung im Amerikahaus ein: „Amerika in Bildern der Vorstellung". Mit einem *Negerballett* beteiligte sich Janssen. Am Ende des Jahres, in dem größeren Rahmen der Jahresausstellung Hamburger Künstler, fiel er noch einmal unter den „erwähnenswerten Nachwuchstalenten" auf. 1953 zeigte die Kestner-Gesellschaft in Hannover einen seiner Holzschnitte. Doch im Grunde stockte die Produktion. Es war die Zeit, in der er gänzlich von Judith beansprucht war, die ihrerseits eine Begabung hatte, enthusiastisch zu gammeln. Der künstlerische Leerlauf brachte sofort Ebbe in die Kasse. Deshalb läuft dieses Jahr auch unter dem Motto: „Tantchens Portemonnaie".

Die Ölmalerei in der ersten Hälfte der 50er Jahre, die in ein bis zwei Dutzend Bildern belegt ist, war überwiegend Auftrags- und Gelegenheitsarbeit. Auf Ausstellungen zeigte er sich damit nicht. Die Ölfarbe war nicht dazu da, Entdeckungen zu machen und die eigene Entwicklung voranzutragen. Je wichtiger ihm die grafischen Techniken wurden — mit dem Holzschnitt war er in geheime Schatzkammern eingebrochen —, desto mehr kam es darauf an, von dort herüberzuholen, was zu holen war. Das heißt nicht, daß die Ölbilder mißlungen sind. Im Gegenteil, es gibt keine schwachen Arbeiten darunter, nicht einmal mißratene Details. Aber es fehlen auch die überraschenden Eroberungen. Es scheint, als wollte Janssen in diesen Bildern auf Nummer Sicher gehen; was um so verständlicher ist, wenn der Auftrag zwar erteilt, aber Geld noch nicht ausgezahlt war.

Nur am Anfang seiner Exkursion ins Reich der Ölmalerei stand die Farbe im Vordergrund. Mit Dessauer und der herzlichen Aufnahme in die Aschaffenburger Familie kam zur Gestaltung ungewohnt großformatiger Flächen noch hinzu, daß man sich auch repräsentabel wiedererkennen wollte. Janssen entledigte sich der Aufgabe mit Anstand. Beileibe kein leichtes Unterfangen für einen Komödianten. Die Exzellenz von Keller, ein naher Verwandter mütterlicherseits, versammelte auf seinem Frack mehr Orden, als Brust da war. Die Übertragung grafischer Techniken auf die Leinwand ist am deutlichsten in dem Bild, das er von den Dessauer-Kindern machte. Soweit figürlich, ist die Malerei der 50er Jahre flächendekorativ; eine Tendenz, die

Janssen hier zu einer naiv-statuarischen Umrißzeichnung nutzte, so daß sich die Szene in viele gegeneinander bewegte Muster verwandelte. Aus der puppenlustigen Staffage schauen drei Paar Kinderaugen mit erwartungsvollem Ernst hervor. Guido Dessauer ist dieses Bild immer das liebste gewesen.

Abstrakt malen hieß damals, öffentliche Mittel beanspruchen zu können. Die Entbindung der Kunst von ihrer gegenständlichen Tradition, nur radikal genug und in der Hoffnung betrieben, die Vergangenheit schlechterdings ungeschehen zu machen, war für den Nachwuchs eine Versicherung, daß er sein Auskommen schon finden würde. Dahinter standen die Förderungsprogramme zweier Bonner Ministerien und des Bundesverbandes Deutscher Industrie. Hamburg richtete an der Hochschule für bildende Kunst gerade Gastprofessuren ein, die mit namhaften Künstlern besetzt wurden, die im allgemeinen Trend lagen. Der Zug war abgefahren in Richtung École de Paris, und der neue Staat schaufelte die Kohle in den Kessel. Janssen war dagegen auf private Auftraggeber angewiesen. Neben wenigen anderen war es vor allem der Fabrikant Dessauer, der ihn unterstützte. Er wurde regelrecht sein Mäzen. Nur muß man nicht denken, daß es Janssen unangenehm gewesen wäre, sich auf eine Person einzustellen. Wenn Dessauer auf seinen Reisen nach Hamburg im Hotel „Vierjahreszeiten" logierte und der Portier dem jungen Künstler, der Cordhosen trug, den Zutritt verweigerte, brach für Janssen keine Welt zusammen. Im Gegenteil, Janssen zog diese unmittelbar auf die Person gemünzten Verhältnisse allen anderen vor. Darin sah er die Chance, sich mit seinem ganzen Wesen einzubringen. Genaugenommen wollte er von Dessauer und seiner Familie geliebt werden, wie er umgekehrt sich als Teil seines Hauses fühlte. Ja, in dem überholten, von ihm jedoch leidenschaftlich mit Leben erfüllten Sinn gehörte er zum ganzen Haus, so oft er in Aschaffenburg einkehrte. Er suchte die Familie und in ihr das emotionale Engagement, das ihn produktiv machte. „In Liebe" schrieb er später über das Bildnis seines Gönners.

Den anonymen Arbeitsverhältnissen mißtraute er ebenso wie der staatlichen Förderung. Er brauchte einen handgreiflichen Zweck. So kam Herr Mielke zu seinem Blumenstrauß in Öl, auch wenn nur 100 Mark Bezahlung dafür ausgesetzt waren. Denn daran hing die Iduna-Versicherung und der Verkauf der Wohnungen zwischen Alster und Neuer Rabenstraße und daran hing seine Kneipe — das *Handtuch* — und daran endlich Kurt Pech. Es waren manchmal skurrile Umstände, die ihm die Ölbilder aus dem Atelier zogen. Mit dem größten, schon 1952 fertiggestellten Ölformat schwankte Michael Hauptmann um 5 Uhr morgens bei leichtem Schneefall von der Warburgstraße in seine Wohnung. Die einzige Bedingung, die Janssen zuzüglich des Verkaufspreises von 30 DM gestellt hatte — bei seiner ersten Verauktionierung brachte es schon 20 000 DM —, war, daß Michel gleich und auf der Stelle das Bild mitnehmen müsse.

Das Kapitel Ölmalerei schließt mit einem Fall, der am besten zeigt, wie willkürlich oft die Anlässe waren. Ein Plan steckte nicht dahinter. Tantchen stand ihm von allen am nächsten, und so durfte es Janssen nicht gleichgültig sein, daß ihre Katzen stets an einer bestimmten Stelle neben der Tür die Krallen in die Tapete schlugen. Die Tiere waren durch nichts zu hindern und geradezu verliebt in die abgerissenen Papierfetzen. Für genau diesen Platz malte er ein Katzenporträt auf Holzgrund. Sollten sie sich doch auf dem harten Holz die Augen auskratzen!

Janssens Entwicklung vollzog sich 1954 in der Lithographie. Es entstanden mehrere Bildnisse, in denen die einfache und sparsame Zeichnung des Gesichts durch die Körperphysiognomie gleichsam unterstrichen wird. Die Technik ist so simpel wie elementar grafisch: Flächige Schraffuren drücken den Körper flach weg und hervor tritt eindringlich und fast schon plastisch das Gesicht, auch wenn die charakteristischen Züge nur eben markiert sind. Dabei fällt auf, wie die Umrisse von Schulter, Brust und Armen leicht nach innen geführt werden und wie diese kleine anatomische Manipulation dazu beiträgt, den Ausdruck zu steigern; ein Verfahren, das Janssen später ausgestalten und zu besonderen Effekten weiterentwickeln sollte (vgl. S. 131).

Zum ersten Mal arbeitete er, wie die Bildnisse über einen Zeitraum von zwei Jahren zu erkennen geben, in Serie. Die Mittel auf einer gewissen Breite variierend, hielt er sich an ein selbstgewähltes Repertoire. Als er gegen Ende August 1954 abermals nach Aschaffenburg fuhr, beschäftigte ihn eine neue Reihe. Die Formate waren größer als die vorigen und in den Ausmaßen nur deshalb praktikabel, weil Dessauers Buntpapierfabrik dazu übergegangen war, die wuchtigen Lithosteine durch handlichere Zinkplatten zu ersetzen. Die Zeichnungen entstanden sogar schon vorher — auf Umdruckpapier, das dann auf die Zinkplatte aufgelegt wurde. Auf die Weise konnte Janssen bis auf 100 cm Breite ein Thema ausführen, das er schon lange vorbereitet hatte: das Mehrfiguren- oder Gruppenbild. Ein wichtiger Schritt in die Richtung waren die Zeichnungen und Holzschnitte, mit denen er 1950 angefangen hatte — zum Beispiel: *Mann und Frau vor der Gesellschaft.* Es ging darum, eine bildfüllende Szene so zu arrangieren, daß die Tiefenstaffelung entfiel und keine Figur von einem Raum umfangen ist, der bloß kompositionell erzwungen und mit Beiwerk ausgefüllt wird. Im mitdruckenden, grobgeschnittenen Holzschnitt hatte Janssen — wenn man so will — die expressionistische Lösung bald gefunden (vgl. S. 103). In der Zeichnung aber kam es darauf an, die Figuren so ineinanderzuschieben, daß sie sich gegenseitig und im Wechsel von positiver und negativer Form Vorder-, Seiten- und Hintergrund zugleich sind. Die Organisation dieser grafisch bewegten Szenen ging inhaltlich vom besonderen Anlaß aus: vom Karneval oder von der mit grotesk-volkstümlichen Tierfiguren durchsetzten *Späten Gesellschaft,* die unter diesem Titel gleich zweimal auftauchte. Auf diese Weise ließ sich die Körpergestik freier handhaben. Die menschliche Gestalt erschien im Tierkostüm wie schon auf einer für diesen Zusammenhang wichtigen Federzeichnung von 1952. Das erinnerte damals an Max Beckmann und seine Fabelwesen zwischen Tier und Mensch. Janssen hat jedoch diese halb surrealistischen Anleihen nicht weiter aufbereitet.

In Aschaffenburg sah er zum ersten Mal die *Suite Vollard.* Aber nicht der *Frauenkopf im Profil,* nicht jene berühmte Kaltnadelradierung von 1905, sondern die ebenfalls vom frühen Picasso stammende Darstellung einer Frau auf dem Feld soll ihn angeregt haben, auf dem Zinklitho mit einer Art Grauschleier zu experimentieren.

Unter dem Titel *Listen to the rain* machte die Lithographie in diesem Spätsommer 1954 einen Sprung nach vorn, der uns überraschend und mit einem Schlag den Janssen der kommenden Jahre zeigt. Es ist eines der Blätter, die Paul Wunderlich vor Augen hatte, als er seinem Freund 1957 riet, zur Radierung hinüberzuwechseln. Wie ein Schnürlregen legen sich durchsichtige Nebelschwaden über große Partien des

Späte Gesellschaft, 1952. Auf Ingres-Papier, überklebt und eingewalzt. Die Federzeichnung zeigt Einflüsse von Max Beckmann.

Späte Gesellschaft, Lithographie 1954 (67,6 x 93,3 cm). Das im Holzschnitt *Mann
und Frau vor der Gesellschaft* (1950/51) zuerst erarbeitete Motiv setzt sich bis 1956
fort in dem Litho *Späte Gesellschaft II.*

Bildes. Teils aus dem schwebenden Umriß, teils aus der Tiefe abgedunkelter Strichlagen treten Figuren hervor. Das Halbdunkel rauchverhangener Jazzkneipen bevölkerte damals in allen größeren Städten solche Gestalten. In einem Frankfurter Jazzkeller hatte Janssen ein Mädchen aufgetan, das er überreden konnte, mit ihm einen Abstecher nach Heidelberg zu machen. In dieser Begleitung sprach er jedoch vergeblich bei seinem Professor vor. *Domicil du Jazz,* aber besonders *Listen to the rain* sind die atmosphärisch gelungene Umsetzung jener populären Musik ins grafische Medium. Der dichte Grauschleier übernimmt Funktionen, die auf den anderen Blättern das Kostüm oder die Verkleidung in Tiergestalt innehaben. Damit entfällt das Alibi einer phantastischen Maskerade. Die menschliche Gestalt kann sich unverhüllt zeigen — freilich in Verrenkungen und bizarren Körperdrehungen, die wieder einer besonderen Inszenierung folgen. Die Zeichnungen und Radierungen der 60er Jahre werden voll davon sein.

Janssen hat die Lithographien dieser Jahre auf Papieren abgezogen, in wenigen Exemplaren auch farbig, die viel zu dünn, an den Rändern leicht knitterig und nicht haltbar genug waren. Dafür gab er das Blatt für zwei Mark weg. Doch ließen sie sich kaum losschlagen. Zu kompakten Rollen aufgewickelt, kommen sie erst heute hinter den Schränken und aus den Ecken solcher Wohnungen hervor, in denen er damals aus- und einging. Wer für zehn Mark kaufte, wurde von ihm gleich zum Essen eingeladen. Es war die Zeit, in der Reinhard Drenkhahn ein Ölbild für eine Flasche Schnaps weggab. Man hatte kein Geld, und erhielt man welches, zerrann es zwischen den Fingern. Janssen kam von Dessauer nach Hamburg zurück und steuerte schnurstracks auf einen Blumenladen zu. Fast der ganze Arbeitslohn ging in dreihundert Rosen auf, die er Jill Strohn nach Amerika schickte. Die Kunststudentin war ihm nicht aus dem Kopf gegangen. Eine Zeitlang stand er im Briefwechsel mit ihr. Er wollte ihr sogar ein Opfer bringen: ein Jahr Alkohol-Abstinenz aus Trauer um Jill, was er natürlich nicht durchhielt. Zu Weihnachten stellte er sich mit einer Flasche Schnaps zu Hause bei Lothar Voss ein. So lange waren sie Rivalen, nun vereinte sie der Schmerz, und gemeinsam spielten sie Schallplatten ab, von denen sie wußten, daß Jill sie gern gehört hatte.

Im Herbst 1954 erhielt Francis, die Schulfreundin, das Angebot, in der Volkswagen-Werbung mitzuarbeiten. Francis hatte endlich Michael Hauptmann geheiratet, ein Fest, an dem Janssen aus unerklärlicher Eifersucht nicht teilnahm. Zum Ausgleich hatte er den Polterabend im *Handtuch* mit ausrichten helfen. Von seiner Hand waren die beiden Schreckgestalten des Zerberus, die sich gleich vorn am Eingang ungebetenen Gästen entgegenstellten. Das war an sich keine Empfehlung für erfolgreiche Werbung. Aber Francis kam mit dem umfangreichen Auftrag der Firma Raffay allein nicht zurecht. Es war ein Musterschaufenster zu entwerfen, das an ein und demselben Tag in allen deutschen Städten der Öffentlichkeit vorgestellt werden sollte. Die Schaufenster hatten natürlich überall andere Maße, und so war man auf ein variables Stahlrohrgestänge verfallen, in dem die Einzelteile des VWs zur Demonstration hingen. Die unbegrenzte Anpassungsfähigkeit dieses Baukastensystems nannte Herr Schroedter, der das Werbeprojekt leitete, Kreativität. Die Konstruktion stand ganz im Zeichen des Fortschritts und ahmte optisch das Bohr'sche Modell der um einen Atomkern kreisenden Elektronen nach. An dieser ultramodernen Dekoration beteiligte sich ausgerechnet Janssen — aus Geldnot und weil er Francis nicht im Stich lassen wollte. Seinen Vorschlag, diese Science-Fiction-Welt in einen Märchenwald zu verwandeln, lehnte das Werbebüro ab. Besser kamen seine parodistischen Eierköpfe aus Pappe an, die vorn im VW sitzen und das Lenkrad halten sollten. Am meisten Erfolg hatte er mit einem Werbespruch: „Dreierlei in einem Ei". Das traf genau den Nimbus dieses Vielzweckautos in den Wirtschaftswunderjahren.

Abends erhielt Janssen für einen Tag geleisteter Arbeit 50 Mark auf die Hand. Das war ein Batzen Geld, und zum ersten Mal hatte er die Chance, sich von Tantchen unabhängiger zu machen. Er wollte dichter bei seinem neuen Arbeitsplatz wohnen. Der mit ihm eingestellte Ingenieur Horst Zuschke wohnte im Nienstedtener Hof und hatte sich sogar ein Zimmer unter dem Dach ausgebaut. In diesen Gasthof, in die Nähe seiner Arbeitsstelle bei Raffay, zog vorübergehend auch Janssen. Wie in jedem Hotel gab es unten eine Bar. Dort hieß er bald nur noch Duda, weil er sich bei jeder neuen Bestellung mit nur zwei Wörtern an den Wirt wandte: „Du da!" Als sich ihm dann, er war gerade für ein paar Tage grippekrank, das polnische Zimmermädchen als Wärmflasche ins Bett dazulegte, ließ er sich seinen Job richtig gefallen.

Auf Dauer stabilisierte ihn der geregelte Werktag bei Raffay nicht. Er war ein Ausbund kurioser Einfälle. Die Bauklötze, aus denen diese Welt gebastelt war, konnte er einen auf dem anderen nicht lassen. Er war ein Versucher und Draufgänger, ein Wagehals und Eulenspiegel. Wie ein Komet stürzte er von einem Jokus in den anderen, und seine Freunde riß er in einem funkensprühenden Gelächter mit. Mal fiel er hart, mal fiel er weich. Eine Sternstunde war sein Geburtsmonat in diesem Jahr nicht. Er landete aus Jux und Tollerei im Gefängnis.

Ludwig Runne, der Kumpel aus Napolatagen, hatte in dem Jahrzehnt nach dem Krieg ein zwischen Kunst und Kartoffeln, zwischen der Gemüsehandlung in Hameln und der Mahlau-Klasse schwankendes Leben geführt. Anläßlich eines „Internationalen Kartoffeltages" war er gerade mal wieder in Hamburg mit einem Auto, das nur durch geschickt verknotete Bindfäden zusammengehalten wurde. Die Nachgeburtstagsfeier fing an diesem Novembertag 1954 bei Raffay an und hatte einen Höhepunkt zu Hause bei Reinhard Drenkhahn. Von da war es nur ein Sprung in den Stadtpark. Dort gab es eine Rennbahn mit überhöhter Kurve; für den berufenen Autokünstler eine Herausforderung, die mit jedem Zehntel Promille nur größer wurde. Plötzlich tauchte in der Nacht eine Polizeikelle vor dem scheppernden Opel auf. Janssen — am Steuer — fand die Bremse nicht und mußte den Polizisten regelrecht umkurven. Erst Meter dahinter brachte er die Kalesche zum Stehen. Noch bevor er die Tür öffnen konnte, zog der Polizist von draußen an dem Griff, den er statt der Tür in der Hand hielt. Jetzt war der Ordnungshüter richtig wütend. Janssen konnte jedoch entkommen. Er flüchtete in einen Schrebergarten und lag zitternd unter Kohlblättern, bis er ergriffen wurde. Er war vor Ablauf der Bewährungsfrist straffällig geworden: Fahren ohne Führerschein, obendrein unter erheblichem Alkoholeinfluß. Man machte mit ihm kurzen Prozeß. Die Aktenlage war eindeutig, er galt als vorbestraft.

Nach dem Attentat auf Judith war ihm seinerzeit eine Schilderung des Tathergangs abverlangt worden: „Aber Herr Janssen, Sie sind doch Akademiker." Das hatte er damals zum ersten Mal gehört, und weil er nicht genau wußte, was das hieß, war er besonders auf dem Quivive gewesen. Diesmal war sein Fall ausschließlich eine Sache der Justiz.

Gegen die Gefängnisstrafe von drei Monaten, die im Februar 1955 aufgrund des Verkehrsdeliktes gegen ihn verhängt wurde, setzte sein Rechtsanwalt Müller ein Gnadengesuch auf. Eine Reihe von Arbeitszeugnissen und Gutachten lag dabei, die dem „Kunstmaler" Horst Janssen die glänzendsten Aussichten bescheinigten. In diesen Dingen um sein Urteil gefragt, reagierte der Richter standesgemäß fest: „Der Gesuchsteller mag ein Gebrauchsgrafiker sein, ein Künstler ist er nicht."

Janssen mußte die Gefängnisstrafe antreten. Eine solche Aufforderung erging Anfang April 1955 an ihn. Ungewiß war, ob er auch die im Fall Judith Schlottau zur Bewährung ausgesetzten sieben Monate absitzen sollte. Davor hatte er die größte Angst. Und noch vor Strafantritt war er ehrlich bemüht, den Schaden nicht zu vergrößern. Unmöglich durfte er jetzt schon morgens mit einer Fahne zur Arbeit antreten. Die Chlorophylltabletten, die er gegen Alkoholgeruch unterwegs beim Krämer kaufte und die er sich gleich die ganze Schachtel voll verabreichte, färbten seinen Mund rundum grün. Sein Chef Franz Schroedter sah darüber hinweg und beurlaubte ihn in der Zeit zwischen Ende April und Anfang Mai.
Janssen kam nach Glasmoor. Das war eine aus einem ehemaligen Gutsbetrieb hervorgegangene offene Haftanstalt für privilegierte Straftäter. Generaldirektoren, die mit dem Auto betrunken einen Unfall verschuldet hatten, kamen dort am Wochenende hin, um sechs Wochen Haft in zwei Jahren abzusitzen. Als er im Eingang des Fünf-Betten-Schlafraumes verdutzt durch die Brille schaute, hatte er eine Einzelzelle wie im Untersuchungsgefängnis erwartet. „Doktorchen, du schläfst da oben." Unten lag einer, der liebte seine Ehefrau wirklich. Das Bettgestell kicherte an allen Ecken. Abend für Abend onanierte er mit einer Taschenlampe unter der Decke. Es wäre eine kuriose Zeit geworden, hätte Janssen nicht der Ruf eines Kunstmalers eingeholt. Die Häftlinge rückten zum Torfstechen und Kühemelken aus, während er als zweiter Lehrling in die Anstreicherkolonne gesteckt wurde. Papiertüte auf dem Kopf, schmirgelte er die Heizungsrohre, die in unendlichen Schleifen durch die Kellerräume liefen. Ein Wärter nahm ihn beiseite: „Sind Sie nicht Kunstmaler?" Bei einem Tagespensum von drei Stück mußte er gußeiserne Platten reinigen und

in gotischer Fremdenblattschrift mit der Warnung versehen: „Das Betreten des Gefängnisgeländes ist bei Strafe verboten."

Dagegen erschien ihm die UG-Haft vor anderthalb Jahren heute in einem angenehmeren Licht. Damals hatte ihn der Direktor rufen lassen und ihm in einem aufdringlich zivilen Ton die Frage gestellt: „Sie sind doch musikalisch?" Janssen, der eine Falle witterte, beharrte auf seinem Nein und brachte damit einen Zweimeterriesen in die Verlegenheit, der Klaviervirtuosin Elly Ney einen von Handschweiß durchfeuchteten Blumenstrauß zu überreichen. Die Frau Professorin, die mit einem umfangreichen Spinnengewebe auf dem Kopf an das Anstaltsklavier geschlurft war und für die Häftlinge Beethoven gespielt hatte, konnte bei der Danksagung die Tränen nicht unterdrücken. Solche Abwechslungen gab es in Glasmoor nicht. Hier mußte er seine Strafe richtig abbüßen. Und was das Schlimmste war, bis zuletzt blieb er im ungewissen darüber, ob er wegen Rückfälligkeit innerhalb der Bewährungsfrist noch sieben Monate zusätzlich absitzen mußte. Das spannte ihn auf die Folter.

9. „Es gibt keine Erlösung"

Die Warburgstraße war Mitte der 50er Jahre noch ein Kleinstadtidyll, obwohl gleich hinter der Lombardsbrücke die Hamburger City lag. Wo die Warburgstraße in die grüne Fontenayallee einmündete, wurde es sogar dörflich. Dort hing noch eine Eisenkette, die die Autos fernhielt. In dieser Umgebung entwickelte sich Tantchen zum Original. Es gab hier noch andere Menschen ihres Schlages. Muhme Becher gehörte dazu, die einen Blumenmaler zum Mann hatte und ihr Geld durch Untervermietung verdiente. Sie zog die merkwürdigsten Existenzen an. Aber es gab auch eine richtige Pension auf der Etage, die von den Geschwistern Heilcke geführt wurde. Das waren drei „Öhmchen" aus der Wilhelminischen Zeit; keine war jünger als 80 Jahre. Auf der Ecke hatte Fred Bölck eine Boxschule. Und es paßte ins Bild, daß seine aus Wien gebürtige Frau die acht muskulösen Neger einer US-Boxstaffel im Dirndl empfing. Dazwischen bewegten sich, als wäre man im katholischen Süden, Nonnen in ihren schwarzen Gewändern. Sie waren Lehrerinnen an der Sophie-Barat-Schule, ein an Bürgerfassaden anschließender Backsteinbau, der durch ein Tor im Mauerwerk artige, langbezopfte Mädchen, immer zehn Storchenbeine auf einmal, ein- oder ausließ. Das war die Warburgstraße, wo der Schuster nach dem abwesenden Janssen fragte, wo der Krämer Solibieda neuerdings auf seinem Rotwein sitzenblieb und wo Frau Zotzmann sich wunderte, daß es in der Straße sehr still geworden war.

Am Tag vor der Entlassung aus dem Gefängnis sagte Tantchen zu Helga Gatermann: „Horst kommt morgen. Wir machen ein Frühstück." Die beiden Frauen bereiteten zeitig den Kaffeetisch vor, als von der Straße her sein Pfeifen heraufschallte. Tantchen machte alles so zurecht, daß es aussah wie immer. Die eine Katze leckte an der Zuckerdose, die andere im Butterfaß. Janssen hatte nicht mehr als vier Wochen absitzen müssen. Aber es blieb bei der Bewährungsfrist — und so blieb auch die Angst vor dem Gefängnis. Daraus wurde regelrecht ein Trauma. Als er zur Tür hereintrat und zwischen den Frauen Platz nahm, berührte er kaum die Stuhlkante. Zahm und tonlos bat er: „Tantchen, ich möchte etwas essen."

Als er wieder bei Kräften war, erzählte er davon, was es heißt, eingesperrt zu sein. Enervierend und mit einer an Dostojewski erinnernden Besessenheit malte er Szene für Szene aus. Für ihn stand fest, daß er sich diesem Alptraum nicht wieder aussetzen wollte. Sein Leben lang sollte er Vorkehrungen treffen, um am Ende nicht isoliert dazustehen. Seinen Freunden erteilte er förmlich den Auftrag, ihn aus dem Gefängnis herauszuholen, wenn er noch einmal hinter Mauern käme.

Nach seiner Entlassung aus der Haftanstalt Glasmoor im Mai '55 kehrte er zu seiner Arbeitsstelle bei Raffay zurück. Aber länger als bis zum Sommer war er nicht für die VW-Werbung tätig. Als Zuschke und er die Werbeeinfälle abfotografieren wollten, gerieten sie in den Verdacht der Betriebsspionage. Von da an war es nur noch eine Frage der Zeit, daß sie aus dem Arbeitsverhältnis entlassen wurden.

Es war keine Katastrophe, eher ein Mißverständnis. Aber solche unheilvollen Zwischenfälle häuften sich in letzter Zeit. Besonders wurde er mit den Folgen konfrontiert, die sein unbeherrschtes oder überschießendes Temperament heraufbeschwor. Wegen Judith hatte er sich zur Gewalt hinreißen lassen und war verurteilt worden. Er hatte sogar im Gefängnis gesessen, und dazu hatte schon ein Dummerjungenstreich ausgereicht. Unweigerlich sah er die schlimmsten Verwicklungen auf sich zukommen. Diese Erfahrungen zogen sich ihm in einem Satz zusammen, den er in letzter Zeit oft wiederholte: „Es gibt keine Erlösung."

Selbst in seinem Verhältnis zu Tantchen gab es Mißverständnisse, die an den Nerv gingen und nahezu unvermeidbar wiederkehrten. Tantchen deckte ihn, wo immer er belangt werden sollte. Sie schirmte ihn vor zudringlichen Fragen ab, und wer ihn oben in seinem Atelier besuchen wollte, ließ sich erst unten im Kutscherhaus sehen. Tantchen war auch nicht frei von Eifersucht, und so atmete sie selber zwischen den Frauengeschichten auf. Ihre Rede war laufend: „Der Junge muß Ruhe haben." Wie sie sich dafür stark machte, kam es vor, daß er sich durch ihre Fürsorge gegängelt fühlte. Dann mußte er denken, was sie dachte, daß er dachte . . ., und wütend ging er auf sie los. Das war schlimmer, als wenn er sie wegen eines Geldscheins prügelte, den sie ihm zum Kauf einer Flasche Schnaps verweigert hatte. Tantchen befiel dann eine harsche Traurigkeit. Davon erholte sie sich nur, wenn sie auf ihren „verrückten" Neffen schimpfen konnte und irgendwer ihre Empörung teilte. Über den fiel sie dann mit ihrer robusten Stimme her und schnitt ihm das Wort ab und verteidigte „ihren Horst", als wäre er unter die Wölfe geraten.

Janssen mußte auch erkennen, daß bis jetzt seine Liebesbeziehungen verhängnisvoll verlaufen waren. „Es gibt keine Erlösung." Das stand fest, als ihn nach Judith auch sogleich Jill Strohn verlassen hatte. Ja, im Sommer '54 hatte sich ihm die Frau schlechterdings in ein Rätsel verwandelt, dazu ausersehen, den Mann zu peinigen. Davon erzählt *Die Geschichte von der schmerzigen Wolke,* die zum Überlaufen voll ist, aber sich nicht abregnen darf. Die in einer märchenhaft entrückten, poetisch-einfachen Sprache vorgetragene Erzählung findet sich Zeile für Zeile auf einer Aschaffenburger Lithographie vom August '54 und trägt den genauen Titel: *Genever + der Mond + die Geschichte von der schmerzigen Wolke.*

Es gibt eine Fortsetzung dieser Geschichte, die unveröffentlicht ist.

„In den Händen der Frauen." Auch nach der Schulzeit spielte die Kunsthochschule eine wichtige Rolle. Hier wird Janssen für das legendäre Schul- und Künstlerfest LiLaLe geschminkt; oben die frühere Mitschülerin Christel Davisson (Foto Ingeborg Sello).

Darin wird die Peinigung des Mannes drastischer ausgestaltet. Auch im zärtlichen Spiel mit dem Mädchen Ganene bleibt Genever, der Mann, unerlöst. Die Figur eines Buckligen ist hinzugekommen; ihm hat Ganene ihren Umhang gegeben. Hier ein Textauszug:

„In der Parkmitte dämmert es. Der Bucklige liegt auf Ganene's Umhang im Gras. Ganene lehnt mit dem Rücken an eine Mauer. Die Kante drückt ihre Schulterblätter, ihr langes Wollkleid läßt

145

die Arme nackt und die Arme liegen ausgestreckt nach beiden Seiten auf der Mauer. Das Wollkleid ist aufgewickelt. Der aufgewickelte Teil liegt wie ein Gürtel um ihre Hüfte.

Sie stellt die Füße weit auseinander und der Bucklige rollt auf dem Umhang hin und her.

Genever sitzt vor ihr an einen Wasserspiegel gelehnt. Er führt einen nassen Wasserhahn in der Hand und ist ihr zu Gefallen.

Und Ganene kann sich sehen und den Genever, und sie singt ein häßliches Lied.

Der Bucklige beißt auf seinem Ring.

Die Luft steht still. Es ist hell geworden und ein großer Tropfen wie frischer Harz läuft langsam aus Ganene. Und Genever trocknet sie mit einer Handvoll Moos.

Der Bucklige ist eingeschlafen. Sie zieht den Umhang unter ihm weg und hebt einen Stein auf und schlägt ihn in den halbgeöffneten Mund des Schläfers."

Die Szene schließt unversöhnlich. Selbstherrlich rächt sich die Frau. Auch in der Liebe gibt es keine Erlösung!

Nach Judith und Jill ging Janssen daran, seine schmerzlichen Erfahrungen zu verallgemeinern. Was er prinzipiell die Unerlöstheit des Menschen nannte, fand in der Zeit einen starken Widerhall. Die mittfünfziger Jahre gaben sich vor allem desillusionistisch wie die Endzeit, grundsätzlich wie die letzte Philosophie und ausgebufft wie der Nihilismus. *Die Geschichte von der schmerzigen Wolke* zeigt deutlich Spuren des Absurden Theaters. Die Antinomien des Daseins werden hier wie da verrätselt und mit abgründiger Naivität mythisch vertieft. Ausdrücklich unerlöst ist der Mensch im theologisch gewendeten Existentialismus. Rein spekulativer Natur war der Versuch, sich mit Gottes Hilfe aus der Krise zu stehlen. Es blieb nur eine Episode, wenn ihn auch schon länger bewegt haben muß, was er am Heiligen Abend 1954 aufs Papier brachte. Janssen besann sich gewissermaßen darauf, daß der Begriff der Erlösung, der ihm so wichtig geworden war, eine theologische Herkunft hat. In einer weitausholenden Verklammerung von Kunstgeschichte, Anthropologie und Gottesbeweis schlußfolgerte er, daß dem Menschen „die Unruhe" — sein unerlöstes, zappeliges Wesen — in die Glieder gefahren sei, zumal in die Hände, und daß es also nur natürlich sei, wenn er sie im Gebet zusammenfaltet und zur Ruhe kommt. So still und artig wie in dieser Heiligen Nacht war Janssen nicht wieder. Einen Monat davor hatte ihn die Polizei gegriffen. Er war vorbestraft, und seine Verurteilung stand bevor.

Nach Abbüßung der Strafe und nach der Entlassung bei Raffay schloß er sich im Sommer '55 noch enger an Horst Zuschke an. Zuschke sollte ihn auch davor bewahren, daß eine Dummheit ihn wieder zurück ins Gefängnis brachte. Er brauchte jemanden, auf den er sich verlassen konnte, der ihn vor seinem eigenen gefährlichen Naturell schützte und die schlimmsten Folgen von ihm abhielt. In dieser Rolle mußte auch Tantchen den Freund anerkennen und sogar ins Vertrauen ziehen. Denn er war der einzige, den sie um Nachrichten angehen konnte, wenn ihr Neffe — was immer häufiger vorkam — aus ihrer Obhut floh. Als Janssen merkte, daß ihm Tantchen den Freund zur Bewachung nachschickte, war ihm das schon wieder zuviel — und er riß aus. Es war auf einem der einschlägigen Künstlerfeste, daß Horst Zuschke den Ausreißer erst im Lazarettraum wiederfand, wo er gerade den diensttuenden Sanitäter mit seiner Armbanduhr entlohnte. Janssen war auf seiner Flucht durch eine Glastür gelaufen. Ein Mißgeschick — gewiß. Aber solche Situationen rissen nicht mehr ab. Er brauchte jemanden, der ihm beistand.
Hinzu kam, daß Horst Zuschke neuerdings mit Francis verheiratet war. Das hatte sich aus der gemeinsamen Arbeit für die VW-Werbung ergeben. Francis war nach der Tagesarbeit immer häufiger mit in den Nienstedtener Hof gegangen. Dort debattierten sie leidenschaftlich. Zuschke war in der Argumentation wendig und geistesgegenwärtig, was Janssen sehr liebte. Zu dritt redeten sie bis in die Nacht. Mal fuhr Francis nach Hause, mal nicht. Erst als sich Michael Hauptmann aufgeregt einschaltete, merkte Janssen, was los war. Gemeinsam verfolgten sie das Liebespaar mit dem Taxi und stöberten es elbabwärts bei Hettlingen auf. Da war es schon zu spät. Francis wurde bald geschieden und heiratete den patenten Ingenieur. Janssen war ihr Trauzeuge, ja, per Spitznamen mochten sie sich miteinander verschwägert fühlen. Zuschke hieß „Freund Nuschketin" und Janssen erst „Ströh", danach „Schorfholde" oder kurz „Schorfi".
Horst Zuschke war über sein engeres Fachgebiet hinaus ein technisch versierter Kopf. Seine Kenntnisse und Fertigkeiten eröffneten dem

Freund mit der Zeit immer neue Möglichkeiten, der Welt auf den Leib zu rücken. Zuschke war das Know how, für die Anwendung wollte Janssen schon sorgen. Sie ergänzten sich wie Huckleberry Finn und Tom Sawyer. Aber auch wenn sie in das gleiche Schelmenstück verwickelt waren und sich gegenseitig anfeuerten, blieb Zuschke der Besonnenere. Er behielt auf jeden Fall einen klaren Kopf.

Janssen wußte, warum er den Technikus und zuverlässigen Freund möglichst nahe an seiner Seite haben wollte. Er fühlte sich dann sicherer. Denn auch nach dem Gefängnis drohte sein Leben schon wieder unübersichtlich zu werden. Es war kein Mangel an Gelegenheiten, in

Auf der Horner Rennbahn. Von links nach rechts: Janssen, Francis und Horst Zuschke.

denen er das Äußerste provozierte. Und Zuschke konnte nicht immer dabeisein.

Seit Janssen wegen Trunkenheit am Steuer verurteilt worden war, stand für ihn fest: das Auto war sein Verhängnis. Nun wollte er es genau wissen! Er wettete mit einem Autonarren, der im dichten Nebel neben ihm am Lenkrad saß: „Ich guck auf die Uhr, du fährst exakt zwanzig Sekunden mit Höchstgeschwindigkeit auf der linken Straßenseite." Dabei gehört Janssen nicht zu den Menschen, die in Todesverachtung den Kitzel kleinhalten. Er griff seine Nerven an und ging aufs Ganze. Erst so wurde aus der Wette ein Spiel — *sein* Spiel, das ihm die letzten Reserven abverlangte und seine Glaubwürdigkeit bis an die Grenze strapazierte. Wer dahinter ein kalkuliertes Risiko, einen geschützten Rest Selbstkontrolle vermutet, den belehren die Zeugen von damals: Janssen hat Situationen angehäuft, in denen er Glück brauchte, sonst wäre er nicht heil davongekommen. Helga Gatermann feierte jahrelang neben seinem ersten Geburtstag einen zweiten, an dem ihm das Leben wiedergeschenkt worden war. Die Zufälle, die seinen Tod verhindert hatten — das wußte niemand genauer als sie —, konnte er unmöglich vorausgeplant haben.

„Es gibt keine Erlösung." Solche Wahnsinnstaten waren die Probe aufs Exempel und sollten wenigstens auf kurze Zeit in ihm die ungeheuren Spannungen lösen.

Janssen ist oft genug versucherisch auf den Tod losgegangen. Er hätte auch draufgehen können. Aber im Gegensatz zu Reinhard Drenkhahn trug er den Tod nicht im Leib, sondern trieb ihn in einem aggressiven Dauerflirt vor sich her. Drenkhahn war gefährdet und vielleicht hätte er einen Zuschke nötiger gehabt. Aber er hatte Janssen zum Freund, der sich selber gegen den Tod alle Freiheiten herausnahm und der eine kuriose Nachricht gern mit den Worten einleitete: „Du hängst dich auf, wenn ich dir erzähle ..."

Ja, Drenkhahn war gefährdet! Wie eine Geröllawine, die hinter einem Berg niedergeht, konnte ihn eine unsichtbare Last niederziehen. Von wuchtiger, kolossaler Statur, liebte er halbakrobatische Kletterereien. Oben im Treppenhaus der Landeskunstschule war alles noch Jux und Tollerei. Er wollte nur ein Turnkunststück vorführen, glitt aber aus, und weil er keinen Halt fand, schlug er durch zwei Etagen tief unten krachend in die Vitrinen ein, in denen gerade das Kunsthandwerk seine Meisterstücke ausgestellt hatte. So ein Lichtschacht war auch vor Janssens Wohnung. Und fast nie kam Drenkhahn ohne eine Flasche Korn in die Warburgstraße in den dritten Stock. Er balancierte auf dem niedrigen Handlauf, bis ein Gitter ihn daran hinderte. Die tollkühne Kletterei und die Gefahr des Absturzes müssen auf ihn eine ganz eigene Faszination ausgeübt haben.

Reinhard Drenkhahn stand in dem Ruf eines Bürgerschrecks. Die Polizeiwache in der Sierichstraße weigerte sich eines Tages, den Anzeigen, die Person des Herrn Drenkhahn betreffend, nachzugehen. In der Hamburger Innenstadt, in den Collonaden, gab es eine Stehbierkneipe, die sich *Kuckuck* nannte. Die Saufkumpane tranken Pernot, Janssen kam vom Pinkeln zurück, als Reinhard ihn mit den Worten aus der Kneipe zog: „Es ist bezahlt, Schorfi. Komm!" Draußen ließ er unter der Jacke eine mächtige Flasche Likör sehen. Spontan kamen sie auf den Gedanken, Freunde zu einer Party in die Sierichstraße einzuladen. Bevor aber die ersten Gäste eingetroffen waren, stiegen sie beide auf das Dach des Wohnhauses und tranken zwischen den in den Nachthimmel aufsteigenden Erkern und Türmchen die Flasche leer.

Übermütig, wie soviel Alkohol macht, entdeckten sie bei ihrer Kletterei einen Luftschacht. Es war der enge Abzug für die Toiletten des Hauses. Ein paar verkantete Stangen und Rohre ermunterten Reinhard hinabzusteigen. Mit den haltsuchenden Beinen in der Finsternis herumstochernd, trat er ein Klofenster ein, wollte wohl auch hinein, blieb aber stecken, so daß er sich wieder nach oben hangeln mußte. Zurück im Atelier, waren inzwischen die Freunde hinzugekommen. Reinhard Drenkhahn wurde klar, daß er nichts mehr zu trinken anbieten konnte, und verlegen zog er sich in den Bodenraum über dem Atelier in Richtung Toilette zurück. Dort unter dem Dach war aber inzwischen die Polizei eingetroffen. Denn hier mußten ja die Einbrecher stecken! Reinhard sah die Polizisten und kehrte auf der Stelle um. Ein Schuß aus der Dienstpistole verfolgte ihn; dann rückte die Polizei in das Zimmer voller Gäste ein. Drenkhahn und Janssen wurden abgeführt.

Sie fanden sich in zwei Zellen nebenan in der Polizeiwache wieder. Als Reinhard hörte, daß Janssen die Hosen ausziehen sollte und sich

sträubte, rief er herüber: „Tut er dir was? Schorfi, tut er dir was?"
Diese Sätze leiteten einen Anfall ein, der zu einer offiziellen Mitteilung führte, in der Drenkhahn am nächsten Morgen eröffnet wurde, daß er die Zelle im Zustand der Volltrunkenheit erheblich beschädigt hätte. Wie immer nach einem freien Tag, trat Wachtmeister Pietsch pünktlich zum Dienst an. Das Protokoll, das man ihm vorlegte und auf das man schon deshalb nicht verzichten konnte, weil von der Dienstwaffe Gebrauch gemacht worden war, schob er seinen scheidenden Kollegen mit den Worten zurück: „Was ist denn los? Das machen *die* jeden Tag."

Janssen und Drenkhahn steckten und stifteten sich gegenseitig an. Zusammen setzten sie die Normalität des Alltags außer Kraft. Wer länger als einen Abend in ihrer Gesellschaft war, der mußte sich an die Verrücktheiten gewöhnen. Sonst wäre er von einer Verlegenheit in die andere geraten. Das Grammophon, das die Treppe herunterpolterte, oder das Bücherbord, das vom dritten Stock aufs Pflaster stürzte, war gleichsam die gängige Münze im Verkehr mit den beiden.

Drenkhahn war damals wild auf Schiffseinrichtungsgegenstände. Die Firma Ritscher in Harburg weidete schrottreife Schiffe aus und gab das niet- und nagelfeste Mobiliar billig ab. Janssen erstand ein Nebelhorn, das er aufs Fensterbrett stellte und über alle Dächer hinweg durch die Nacht erdröhnen ließ. Das sollte ein Zeichen für Reinhard sein, der jetzt in der Sierichstraße aufbrach, um auf halbem Wege den Freund zu treffen. Im Winter war das mitten auf der zugefrorenen Alster. Das Nebelhorn alarmierte natürlich auch die Polizei.

Was sich Drenkhahn und Janssen leisteten, war jugendlicher Unfug. Jede Zeit bringt die Art von Widerstand hervor, die sie genauso charakterisiert wie die Politik oder Mode. Gemessen an den Protestformen der jüngeren Generation heute, nehmen sich die Kühnheiten der beiden Künstlerfreunde eher wie Streiche von Max und Moritz aus. Und doch überforderten sie ihre Mitwelt mit derselben waghalsigen Konsequenz, wie das zu allen Zeiten geschieht. In der zweiten Hälfte der 50er Jahre entstand mit dem Rock 'n' Roll zum ersten Mal eine jugendliche Subkultur. Die ersten Halbstarkenkrawalle tobten durch die Collonaden. Aber Drenkhahn und Janssen, die Jahrgänge 1926 und 1929, gehörten schon nicht mehr dazu. Sie hatten den Krieg noch miterlebt und den moralischen Zusammenbruch Deutschlands. Staat und Gesellschaft konnten und wollten sie nicht unterscheiden: es war ihnen eins. Darin wirkte der Nationalsozialismus am krassesten nach. Er hatte das politische Engagement unter den Jüngeren so nachhaltig diskreditiert, daß nur der einzelne übrigblieb — und die Masse. Aber zur blinden Masse wollte niemand mehr gehören. Zwischen den Freunden war eine Schelte jenes Professor Hassenpflug zum geflügelten Wort geworden: „Dann zieht die Gesellschaft die Hand von Ihnen weg." Darüber wollten sie sich ausschütten vor Lachen. Sie wären nie auf den Gedanken gekommen, verantwortlich für die Gesellschaft zu handeln.

Die Einfälle, die unentwegt aus ihnen hervorsprudelten, entstanden spontan und aus der Situation heraus, in die sie sich gerade verrannt hatten. Sie besaßen keine festumrissenen Gegner, keine Zielscheibe, es sei denn eine behäbig daherschreitende Spießbürgerlichkeit. Im Kern war es das permanente Attentat auf die Normalität; eine besonders von Janssen immer wieder forcierte Anstrengung, keine gesellschaftlichen Übereinkünfte unversucht zu lassen. Der Witz, der jedem ihrer Bubenstücke eine unverwechselbare Handschrift gab, dieser nicht abreißende Witz, der an allen Regeln zu rütteln wagte, war ihre Form der subversiven Weltveränderung; aber ohne Tendenz, ohne Programm und Heilsabsicht — einfach nur drauf- und einzelgängerisch. Das hat Janssen für sein Leben geprägt. Mit Boheme hatte es wenig zu tun, um so mehr mit der hemdsärmeligen Wirtschaftswunderzeit, in der Erfolg und Frechheit besonders eng zusammengingen.

Weil sie sich hinter keinen Protest verschanzen konnten, zahlten sie jedesmal direkt mit ihrer Person. Janssens Bewährungsfrist war noch nicht abgelaufen, und so mußte er sich vorsehen. Aber Drenkhahn kannte solche Hemmungen nicht. Wenn er kein Geld für Alkohol hatte, brach bei ihm der Notstand aus. Der Architekt Lodders zählte zu den Adressen, die Reinhard in solchen Fällen aufsuchte. Einmal war er kaum in der Tür, als er einen gedeckten Tisch und darauf eine Flasche Cognac sah. Der Anblick zog ihn an. Der Einfachheit halber wollte er den Korken mit dem Finger in die Flasche drücken, als Lodders einschritt: „Wir haben eine Burgschauspielerin zu Gast." Reinhard bremste sich: „Wo!" Als der Gastgeber zum ersten Stock zeigte, war Drenkhahn schon mit wuchtigen Schritten die Treppe heraufgesprungen und zog, weil er nicht länger warten konnte, die Schauspielerin an den Haaren zum Eßtisch. Das brachte ihm einen Tag in der Nervenheilanstalt Ochsenzoll ein.

In dieser turbulenten Zeit breitete sich Janssen in der Hamburger Kneipenszene aus. Das *Handtuch* war inzwischen geschlossen worden, und so versackten die Künstlerfreunde am Heiligengeistfeld, auf der Ecke Feldstraße oder in der Altstadtumgebung beim Michel. In dem Chinarestaurant *Pacific* mit dem großen Spielautomaten an der Rückwand hielt ein ehemaliger Preisboxer einen Tisch für sie frei. Fünf Mark ließ Janssen für ein Lied springen, das in der *Washington Bar* — später kannte ihn jeder — Freddy Quinn zum besten gab. Am liebsten kehrten sie aber zwischen Reeperbahn und Hafen in das *Ballhaus Jahnke* an der Davidstraße ein. Die Attraktion des Hauses waren ein überlanger Tresen und ein kitschig verzierter Balkon. Die Mädchen begrüßten sie mit Hallo. Das fanden sie aufregend. Hinten links in der Tiefe des Raumes hatten sie ihren Platz, wo sie sich sicher fühlen konnten. Wenn betrunkene Seeleute sie anrempelten, waren die Kellner und Nutten auf ihrer Seite. „Laß mal", und keiner stänkerte mehr, Sie hatten sogar Kredit.

Im *Ballhaus Jahnke* gingen die schrägen Typen aus und ein, die dann in Janssens Radierungen wieder auftauchen sollten — genauso ruchlos und gespreizt schreitend wie *Susi*, so verkorkst und aufgedonnert wie das Pärchen hinter dem Piano, so nebulos und ausgebrannt wie der Saufkopf hinter der Flasche Absinth. Die Halunken und Drahtzieher, die Galane und Aufgetakelten, der dicke Mäck und die süße Geile, das ganze obskure Völkchen, das in St. Pauli mit den Hanseaten unter einem Dach lebt, gab sich hier ein Stelldichein. Als der Spuk nach wenigen Jahren vorüber war und neuere, modernere Etablissements eröffnet hatten, brachte Janssen 1969 seine frühen Radierungen unter dem Titel *Ballhaus Jahnke* heraus.

Er ist nie in dem Milieu aufgegangen. Er gehörte nie dazu, er war keiner vom Kiez. Er mischte sich nicht darunter und er tauchte nicht in die Halbwelt ein. Er ließ sich auch nicht dorthin zurückfallen, um von unten her genauer beobachten und authentischer Mitteilung machen zu können. Weder St. Paulianer noch Milieuforscher, war er einfach dabei, als im *Ballhaus Jahnke* noch getanzt wurde. Und er tanzte wild und mit grotesken Verrenkungen, und das Drumherum prägte sich ihm ein.

So war es denn auch kein Vorstoß in neue Erfahrungshorizonte, wenn er mal wieder vor Tantchen ausrückte und zu Ingrid zog, die an der Reeperbahn wohnte und im *Ballhaus Jahnke* „anschaffen" ging. Mit ihrem Glasauge und einem Zimmer voller Gummitiere ist von ihr mehr nicht geblieben als der Spitzname „Ingrid Behörde". Mit diesen Worten meldete die Wirtin hinter der Tür das Gesundheitsamt an. „Ingrid Behörde" war in dem pikaresken Lebensroman dieser Jahre ein Abenteuer, wie die Zusammenstöße mit der Polizei ein Abenteuer waren und der Alkohol und einmal zu Weihnachten die Anrufung des lieben Gottes. Jedes für sich war nur eine Episode, aber zusammen ergab es ein heilloses Durcheinander. Lauter Ausbruchsversuche. Doch: „Es gibt keine Erlösung." Erst mit Marie kehrte Ruhe ein — eine herbeigesehnte Ruhe.

Die Ehe mit Marie kam ziemlich überraschend. Noch Anfang 1955 lief das Gerücht um, Janssen würde Jill Strohn heiraten. Eine reiche Großmutter wollte angeblich den Flug nach Amerika bezahlen. Wahrscheinlich sollte das nur davon ablenken, daß er im Gefängnis Glasmoor erwartet wurde. Allerdings hatte er den Kontakt zu Marie auch nie ganz abreißen lassen. In der Untersuchungshaft war es ihr musikalischer Verehrer, der in Janssen ahnungslos den Rivalen geweckt und seine Phantasie beflügelt hatte. Danach ging ihm Marie nicht mehr aus dem Sinn. Hin und wieder suchte er sie auf, oder der alte Freundeskreis führte sie zusammen. Als Kurt Pech in einem Auto vorfuhr, das, einen Sehschlitz ausgenommen, von oben bis unten mit Reklamematerial vollgeklebt war, meinte Janssen spontan: „Das müssen wir Marie zeigen."

Die Schule trug dazu bei, daß sie sich häufiger begegneten. Ärger mit den Lehrern und schlechte Zensuren hatten Maries Umschulung vom Gymnasium Wandsbek zum Gymnasium Lokstedt notwendig gemacht. Dammtor war Umsteigebahnhof, und von da waren es nur ein paar Schritte in die Warburgstraße. Die Eltern durften von den Treffen nichts wissen. Bei Vater und Mutter Knauer stand Janssen in dem schlechtesten Ruf. Ihm haftete der Geruch des Verräters, ja, des Mörders an. Wenn Marie sich verspätete, mußte sie ihren Onkel einschalten. Goge, wie er genannt wurde, praktizierte als Arzt in einer von Flüchtlingen überbevölkerten Schrebergartenkolonie bei Finkenwerder und war ein nachsichtiger Verbündeter. Er beschwichtigte die Eltern.

Doch der alte Knauer griff eines Spätsommertages 1955 zum Telefon und rief, tief durchatmend, in der Warburgstraße an. Als sich gleich Marie am anderen Ende meldete, war klar, daß der Wüstling seine Tochter genommen hatte: „Bleib da! Ich hol dich raus." Oben im dritten Stock baute sich der Vater im Türrahmen auf, und Janssen, der geöffnet hatte, wich vor ihm zurück in die Tiefe des Raumes bis auf die Höhe von Marie, die seine Hand ergriff, und wie aus einem Munde sagten beide: „Wir heiraten." „Dann bin ich ja überflüssig hier", bemerkte der alte Knauer und drehte ab.

10. Erste Ehe. Holzschnittzeit

War der Vater ablehnend, regte sich die Mutter erst recht auf. Obwohl sie gerade krank im Bett lag, hielt sie es nicht mehr aus. Sie erinnerte sich einer alten Verbindung zu Bürger-Prinz und rief gleich bei der obersten Autorität in Menschheitsfragen an: „Der Janssen will unsere Tochter heiraten." Der Psychiatrie-Professor sagte, daß da nichts zu machen sei, auch weil Marie inzwischen 19 Jahre alt wäre, und er gab den Rat: „Schick die beiden drei Wochen nach Sylt, dann erledigt es sich von selbst." Mit 300 Mark gingen Janssen und Marie Ende August auf die Reise. Sie wohnten in Kampen auf der Wattseite in einer ehemaligen Flakbaracke, die ihnen ein Postbote für 5 Mark pro Tag überließ. Dort zeugten sie in Frieden Lamme, die seitdem unterwegs war und richtig Cathrin heißen sollte. Es war das langersehnte Idyll, das auch in die Warburgstraße einkehrte. Marie war dafür besonders

155

begabt. In einem Sylt-Gruß vom 15. September 1955 schrieb Janssen an „Onkel Goge":

> „Lieb Goje
> Marie möchte eine Möve sein.
> eine graue mit schwarzen Punkten
> ich glaube, nur weil ihr das
> Baden als Mensch zu anstrengend
> ist.
> Sie schläft doch so gerne
> heute ist sie Einholen gegangen
> muß im Gehen eingeschlafen sein
> + hat 3 DM verloren.
> Gruß von Beiden."

Geld war knapp, sonst fühlten sie sich glücklich. Dort oben auf Sylt, hinter den Kleewiesen, war Janssen wohl zum ersten Mal der Frau, die er liebte, wirklich sicher. Er genoß es, wenn Marie sich wohlig in den Tag hineinkuschelte. Ihr zu immer größerer Bequemlichkeit ausuferndes Behagen gab ihm die Hand frei, für sich zu arbeiten. Je länger sie schlief, desto fleißiger schaffte er an einer Serie von Aquarellen. Diese Aquarelle, die in trockenen Farben allerlei Strandgut versammeln, hat Janssen wie Wunderkinder gehätschelt. Er hat sie unter besten Freunden herumgezeigt, eine Mauer bewundernden Einverständnisses um sie gezogen und sie wie einen Joker ruhen lassen. Zuweilen konnte man glauben, daß alles, was danach entstand, nur aufgeboten sei, diese Frühmeisterlichkeit recht zu exponieren. So wurden ihm die Aquarelle zur eigenen Legende: die im kleinen Format monumentalisierte Treue zu sich selber. Aber als er sie — lange herbeigeredet, stets hinausgezögert — endlich veröffentlichen wollte, nach zweieinhalb Jahrzehnten, da waren sie verschollen, versackt in den Schubladen seines Sammlerfreundes Carl Vogel oder sonstwie abhanden gekommen in den Abgründen, die sich zwischen beiden zeitweilig aufgetan hatten. Doch wie dem sei. Für Janssen markieren die Sylter Aquarelle die ursprünglichen und glücklichen Umstände gesteigerter Produktivität. Was er in den Kampener Tagen erfahren hatte, suchte er in seinem Leben immer wieder zu arrangieren. Eine Art schöpferischer Urszene. Die Nacht tief in den Tag hineinziehend, liegt die Frau, ein atmendes Kissen, schlummernd in seinem Rücken.

Ihre traumtiefe Körperlichkeit sagt mehr als alle Worte: Sie ist da, sie geht nicht weg. Sie ist die Höhle, in die er zurückkann. Von da aus sind alle Erkundungen, zu denen Bleistift oder Pinsel auslaufen, als kehrte er heim. Das war ihm Marie, als sie ihre Flitterwochen an der Nordsee machten, als er arbeitete und ihren Schlaf hütete. Das sollte so drei Jahre bleiben.

Am 2. November 1955 war Hochzeit. Vorher gingen sie noch auf einen kurzen Besuch nach Paris, wo Thora eine Zeitlang wohnte. Die Reise ist ohne Spuren geblieben, geisterhaft erinnerungslos, als sei Janssen in das Mekka der bildenden Kunst nur gekommen, um es nicht wahrzunehmen. Seine Stadt blieb Hamburg. In Hamburg war er zur Schule gegangen. In Hamburg hatte er sich mit der Polizei angelegt. In Hamburg heiratete er. Am Grindel war das Aufgebot bestellt. Ins Standesamt zog man mit Kind und Kegel. Er in Schlabberpullover, sie in Bluejeans, gaben sich die Brautleute ungeniert häuslich. Die Kinder von Goge und Gatermanns, den Trauzeugen, waren wie aufgedreht. Kein Wort des Standesbeamten, das sie nicht lauthals belachten. Als sie von dem Zeremoniell ausgeschlossen werden sollten — damals war selbst der Rock'n'Roll noch eine Angelegenheit mit Schlips und Kragen —, kommandierte Tantchen die Kinder zurück: „Die bleiben hier." Überflüssig zu sagen, daß Maries Eltern den Feierlichkeiten nicht beiwohnten. Sie waren auch nicht in dem fröhlichen Haufen, der auf der Ecke Warburgstraße in die Kneipe einbrach.

Die Ehe mit Marie war harmonisch. Zwischen Janssen und ihr war eine Ausgewogenheit, wie es sie kaum je wieder gab. Nicht in der Form und nicht für die Dauer. Marie brachte sich unverbogen in ihr gemeinsames Leben ein. Freunde kamen ebenso zu ihr wie zu ihm. Sie war der Typ des Kumpels, der alles mitmachte und nach einer durchfeierten Nacht den Weg nach Hause fand. Sie ließ sich auch gerne mal bedienen, und den Haushalt machte mehr oder weniger er. Von der Schulbank weggeheiratet, wußte sie es oft nicht besser. Sie konnte spröde sein und sich faul stellen. Aber sie war selbständig genug, sich beharrlich zur Fotografin auszubilden. Später richtete sie sich eine eigene Dunkelkammer ein. Der frische Glanz echter Partnerschaft lag auf dieser Ehe. Streit entzündete sich an den einschlägigen Kleinigkeiten. Daß sie geschlagen wurde, hat niemand gesehen. Auch war sie nicht dauernd in der Defensive und weit davon entfernt, das weibliche System der Konfliktvermeidung auf wechselnden Niveaus den jeweiligen Launen ihres Künstlermannes anzupassen. Es waren — so mißverständlich es klingt — normale Verhältnisse. Vielleicht spricht Janssen deshalb von seiner Kinderehe.

Im April 1956 kam Cathrin zur Welt, nach der Figur des Lamme Goedzak aus dem „Ulenspiegel" kurz Lamme gerufen.

In die Rolle des Vaters kniete sich Janssen mit Verve — es war schon verdächtig. Wenn es richtig ist, daß auf der Lithographie, die *St. Georg* heißt — wie das Krankenhaus, sein Bildnis zu sehen ist, dann haben wir gleich das ganze Ausmaß seiner Ängstlichkeit vor Augen. Marie wird in den Kreißsaal geschoben. Von dem Ereignis der Geburt ausgeschlossen, zwängt Janssen sein Gesicht in den Rahmen eines viel zu kleinen Fensters: ein mit all seinen Befürchtungen Ausgesperrter. Sobald das kleine Wesen zu krabbeln anfing, steigerte sich zur fixen Idee, daß ihm etwas passieren könnte. Der Säugling hatte in einer offenen Schublade gesteckt, damit er nicht herausfiel. Das Kleinkind wurde mit Maßnahmen verfolgt, wie sie nur die jede Schrecknis haarklein antizipierende Angst ersinnt. Eine Drahtvorrichtung sicherte zusätzlich zu den verriegelten Läden das Fenster. Lammes Kinderzimmer hinter dem großen, von Wäscheleinen durchzogenen Wohn- und Arbeitszimmer war kahl. Ein selbstgebasteltes Mobile hing nur zum Gucken da. Als wäre alles Spielzeug ein geheimer Anschlag auf ihre Gesundheit, mußte sie Fusseln vom Boden zusammenklauben, wenn sie spielen wollte. Natürlich sind das die Schreckensnachrichten einer hyperkritisch beobachtenden Mitwelt. Sie könnten von Muhme Becher stammen, die mit einem vergilbten Karton voller Babywäsche aus der Vorkriegszeit von Marie abgewiesen wurde und die ihren Ärger vier Wochen lang die Straße hinauf- und hinunterzeterte.

Vor allem gab es neben dem Vater und seiner übertriebenen Fürsorge die Mutter Marie, die gelassen blieb und die das übrigens allerliebst heranwachsende Mädchen die meiste Zeit um sich hatte. Lamme hat keinen Schaden genommen. Aber Janssen war durch diesen kleinen verwundbaren Menschen aufs Äußerste gefordert. Denn auf dem Grund seiner Seele lauert die Angst. Er hatte das Kind zu dem verletzlichsten Teil seiner selbst gemacht. Und unschwer erkennen wir in den Vor-

Marie und Janssen mit der Milchflasche für Tochter Lamme 1956
(Foto Ingeborg Sello)

kehrungen, die seine Tochter schützen sollten, die gleiche Gegenwehr, mit der er gewöhnlich, aber auf dem kürzesten Weg, spontan und aggressiv nach vorn ausbricht. Er wird gesteinigt von einer Phantasie, die die leiseste Bedrohung vorwegnimmt. Das führte zu merkwürdigen Situationen. So konnte man Lamme auf einem Schaukelstuhl wippen sehen, ein lebendiges vor- und zurückschlagendes Pendel, das im Gleichtakt die Worte „Vadder ... Mudder" wiederholte. Damit sie nicht herunterfiel, war sie an der Stuhllehne festgebunden.

Merkwürdig war auch, was mit der Katze geschah. Sie hieß nach dem sowjetischen Außenminister Molotow. Ihr Anspruch auf Unterhaltung schien Janssen unersättlich, und so nahm er ihm ein für allemal die Spitze mit einer ausgefallenen Konstruktion. Er legte die Schränke entlang Ofenrohre auf den Boden. Sollte das Tier doch darin herumsausen wie der Teufel durch den Kamin!

Das Eheidyll mit Marie wäre nicht vollkommen ohne die durchziehenden Irrlichter. Hier und da flackerte es gefährlich im Untergrund. Doch mußte Janssen nicht sofort in jedes Feuer hineinblasen. Er konnte sich zurückhalten und zügeln. Aber Selbstbeherrschung macht noch kein Glück. Wer die junge Familie unterwegs und Lamme auf den Schultern ihres Vaters reiten sah, der konnte die gute Laune mit Händen greifen. Im nachhinein weiß man es freilich anders. Die Geschichten, die haften bleiben, haben sich alle daran vorbeigemogelt, wofür sie eben nicht erfunden sind. Doch es hat sie gegeben, die vielen freundlichen Stunden, in denen Janssen ausgiebig gelesen und gearbeitet hat. Sie reichten bis tief in die Nacht — aus einem einfachen Grund: Der Milchwagen, der durch die Warburgstraße schepperte und beim Kolonialwarenhändler die Kannen einsammelte, kam immer erst nach Mitternacht. So lange war an Ruhe nicht zu denken. Zum Ausgleich schlief man in den Morgen hinein. Ärgerlich war nur, zu früh geweckt zu werden.

Die Freundschaft mit Paul Wunderlich hatte gerade begonnen und war schon so eng, daß Paul einen seiner feinen Anzüge in der Warburgstraße deponiert hatte. Nach diesem guten Stück rief er genau zur falschen Zeit. Das Plumeau, das gewöhnlich das Telefon dämpfen sollte, lag ausgerechnet diese Nacht nicht auf dem Apparat. Als Marie erwachte, saß Janssen über eine Stresemannhose gebeugt, die Schere beharrlich und mit Energie über die Doppelnähte führend, sonst aber sich an die Nadelstreifen haltend, so daß, erst der Länge nach und dann quer geschnitten, von der Hose zuletzt nur noch Gefissel übrigblieb.

Es gibt Zeiten, da nimmt alles ein gutes Ende. Janssen kam fast ganz von der Flasche weg. Dabei war er längst kein Alkoholiker. In seiner nächsten Umgebung wären die meisten nie auf den Gedanken verfallen, daß für ihn Rotwein oder Wermut mehr als ein geselliges Mittel zur Unterhaltung gewesen wäre. Auch wenn er manchmal stärker danach griff, es war eine schlechte Angewohnheit — nicht mehr und nicht weniger. Wenn er jetzt ganz auf den Alkohol verzichten wollte, hatte das einen guten Grund. Lamme war noch sehr klein. Marie wechselte die Windel und Janssen stieß nach einer durchzechten Nacht mit dem Wattekopf gegen den bleiernen Himmel. An diese Wunde rührte Lamme, und obgleich es nur ein zartes Gewimmer war, schleuderte Janssen einen massiven Aschenbecher in die Richtung — und knapp daneben. Danach trank er anderthalb Jahre nicht mehr. In der Zeit entstanden die großen Holzschnitte.

Mit den Holzschnitten machte er seine erste Ausstellung und sein erstes Geld. Die Zwanzig- und Fünfzigmarkscheine stellten sich dann so reichlich ein, daß Marie mit dem Taxi Milchholen fuhr, wie Janssen stolz erinnert. Bis es aber soweit war, fehlte Geld an allen Ecken und Enden. Er mußte Aufträge übernehmen, wollte er nicht nur auf Tantchen angewiesen sein. Mal richtete sie eine Zigarrenkiste mit Notgroschen ein, mal ließ sie absichtsvoll das Portemonnaie liegen. Streit konnte sie nicht vermeiden. Horst war ihre kostspieligste Investition, und immer noch war sie zu sehr Buchhalterin, um nicht ab und an Bilanz zu ziehen. Aber dann waren es nicht die Haushalts- und nicht die Prozeß- und Anwaltskosten, auch nicht die Hunderte von Mark, die er mit Jill nach Amerika vertelefoniert hatte, sondern der Fünfer für den Kornbranntwein, der sie mitschuldig werden ließ und den sie ihm gern verweigert hätte. Aber das war Gott sei Dank erst mal vorbei.

Auch nach Raffay bearbeitete Janssen Aufträge, die ihm häufig sein alter Lehrer vermittelte. Trotz der Gefängnisstrafe hielt Alfred Mahlau seine Hand über den „Meisterschüler". Er verschaffte ihm das Angebot für die Gestaltung eines Glasfensters, mit dem die Bahnhofsdirektion ihren Neubau an der Ehrenbergstraße schmücken wollte. Die Verewigung im Stadtbild von Altona forderte Janssens Ehrgeiz heraus. Das Fenster zog sich durch die einzelnen Etagen empor und füllte das ganze Treppenhaus aus. Der maßstabsgerechte Entwurf dieser über fast zwanzig Meter langen Komposition mußte auf 3 mm genau sein. Den unhandlichen Papierwust konnte er nur bändigen, indem er das aufgewickelte Ende der tapetenartigen Zeichenrolle hinter dem Kleiderschrank verstaute und Stück für Stück

Illustration für eine Kurzgeschichte im „Hamburger Abendblatt" vom 26. 1. 1956

hervorzog. Zur Besichtigung versammelte sich die Schiedskommission vor dem Haus 33 der Warburgstraße und blickte gespannt auf das Fenster im obersten Stock. Von da heraus entrollte der junge Künstler das Bild. Der Vorsitzende holte zu einer großen Geste aus: „Wenn ich unten vor dem Eingang unseres Neubaus stehe und an dem vorspringenden Regensims vorbei- und emporschaue, dann sehe ich nur . . ." Offenbar hatte er an drei Möwen im Abendrot über dem Hafen gedacht, als Mahlau den behördlichen Ausflug ins Reich der Kunst beendete: „Wenn Sie die Augen zumachen, sehen Sie gar nichts!"

Das war 1955. Anfang 1956, als Lamme kam, verdiente Janssen bei Axel Springer mit Illustrationen Geld, die er zu Kurzgeschichten im „Hamburger Abendblatt" veröffentlichte. Er hat nicht vergessen, woher die Zuwendungen kamen, als sie am nötigsten waren. Freilich hatte er sie sich auch verdient. Denn auf die Talentproben vor dem größten Hamburger Publikum verwendete er viel Mühe. Auf den ersten Blick sind sie dem damaligen Illustrationsstil der Zeitung verpflichtet: Linien und Flächen, Perspektiven und Räume bilden ein Vexierspiel, das sich zu einer freundlichen, ja humorvollen Szene gefällig auflöst. Im einzelnen wäre manches zu entdecken, was bei Janssen erst später wieder auftaucht — wie der Baum, der im unteren Teil seines Stammes und Wurzelwerks die Metamorphose eines rasenden Ebers ist. Solche Verlebendigungen kehren in den Kopfweiden wieder. In einem Leserbrief mußte Janssen sich seinerzeit vorhalten lassen: „Wenn der Zeichner nicht weiß, daß der Eber ein Keiler ist, sollte er es ganz sein lassen."

Auftragsarbeiten waren immer ein Balanceakt. Selten hielt die Aussicht auf Geld dem Einwand stand, von fremden Ansprüchen und unannehmbaren Terminen gehetzt zu sein. Ende der 50er Jahre kam noch einmal ein Teppich zur Ausführung. Der Teppich war für Philipp Reemtsma zum 65. Geburtstag bestimmt. Herr Loose aus dem Vorstand des Zigarettenkonzerns setzte sich mit dem Wunsch durch, die sternkundlichen Vorlieben des Jubilars ins Bild zu rücken. Ein Astrologe wurde eingeschaltet, der die Konstellation zwischen Schütze und Wassermann erörterte. Janssen zeichnete im Maßstab von 1:1 Planetenbahnen auf den Karton. Er warf die Arbeit hin; dann wieder ließ er sich vom konzerneigenen Schofför nach Mecheln bei Brüssel kutschieren, um in dieser bedeutendsten Gobelinwerkstatt die Wirktechnik kennenzulernen. „Nie wieder", fluchte er. Als er aber die Tapisserie endlich ablieferte, nahm er den Auftrag für einen Teppich an, der die Deutsche Botschaft in Stockholm zieren sollte. Der leitende Architekt Godber Nissen war von der synchronoptischen Darstellung Berlins und seiner Geschichte angetan. Das Auswärtige Amt entdeckte jedoch zwischen Friedrich dem Großen, der Siegessäule und dem Reichstagsgebäude alliierte Bomber, die — wie Mahlau es festgehalten hatte — die Stadt in Schutt und Asche legten. Soviel Realismus wollte man den Verbündeten nicht zumuten, und Janssen hatte einen Grund mehr, sich von Aufträgen unabhängig zu machen. Wenn er es mit Institutionen zu tun hatte, verweigerte er sich; nur sehr persönliche Empfehlungen und Vermittlungen konnten ihn motivieren.

An jedem Auftrag, den Janssen durchführte, hängt eine Geschichte, in die unverwechselbar seine Person und die eines Kaufmanns, eines Architekten, Rechtsanwalts oder Arztes, keineswegs immer die des Geldgebers verwickelt sind. Ohne die stürmische Eroberung eines Menschen bewegte sich der Entwurf nicht von der Stelle. Und fast immer zog er den hanseatischen Mittelstand in ein solches Abenteuer, daß mancher mit einem verwegenen Nervenkitzel daran zurückdenkt. In diesem Element konnte sich Janssen entfalten. Der Staat als anonymer Auftraggeber kam nicht in Frage.

Das führte zu andauerndem Streit mit Drenkhahn, der die Bereitschaft der abstrakten Künstler teilte, sich für den Verlust eines aufnahmefähigen und zahlungswilligen Publikums dadurch zu entschädigen, daß sie die Unterstützung mit öffentlichen und halböffentlichen Mitteln in Anspruch nahmen. Eine solche Einrichtung hieß — wie noch heute — „Kunst am Bau". Bevor für den um Förderung nachsuchenden Künstler die Kasse klingelte, war ein Wettbewerb zu gewinnen. Die alte Freundin Francis war im Glück. Eine kleine Formalität mußte sie noch erledigen. Denn es wurde die Mitgliedschaft im Berufsverband bildender Künstler erwartet. Francis hatte so geschwind nicht genug vorzeigbare Blätter beisammen. Janssen half mit einer eigenen Zeichnung aus. Alle Arbeiten wurden abgelehnt: „Das taugt nur für Gebrauchsgrafik, nicht für freie Kunst." Dem Vorsitzenden dieses Verbandes gratulierte ausgerechnet Drenkhahn regelmäßig per Telegramm zum Geburtstag. Janssen, der nie die Absicht hatte, dem Verein beizutreten, sah sich in seinen Aversionen bestätigt und fiel triezend über Reinhard her. Die Angriffe galten der Sache und trafen die Person. Denn Reinhard war, intellektuell herausgefordert, geradezu wehrlos. Mit seinen Argumenten umtänzelte Janssen den unbeholfenen Freund wie ein Meister des Floretts.

Drenkhahn rang schwer mit seinem Künstlerberuf. Wo andere ihre Entscheidungen leichthändig ändern, mußte er Berge versetzen. Seine Sprechweise war stoßend, seine Gestik abrupt, aber immer wuchtig und bedeutungsschwer. Geschichten erzählte er so, wie Wortklötze kyklopisch in einem weiten Raum zu stehen kommen. Das Schweigsamkeitspathos der Existentialisten bildete den Hintergrund. Am liebsten ließ er Gebärden sprechen. Ein Seesack auf der Schwelle hieß:

„Ich will jetzt auf den Fischkutter. Abschied von der Kunst!" Als er vom Schiff herunterging, fuhr er gleich zurück in die Warburgstraße. „War das nun die wahre Männerarbeit?" fragte Janssen. Und Reinhard fluchte: „Furchtbar war es. Knochenarbeit. Rund um die Uhr. Mein Fischanteil ist auch noch gestohlen." Mit diesem Freund diskutierte Janssen die neueste Kunstentwicklung.

Drenkhahn bewegte sich mit seiner Malerei — je später desto radikaler — auf der Grenze zwischen Abstraktion und hintergründiger Zeichenmetaphorik. Mit seinen malerischen Mitteln, den Lasuren und reliefartig aufgetragenen Farbquasten, brachte er eine Hieroglyphik hervor, die — vielfältig ausdeutbar — dem Wort immer voraus war. Dahinein piekste Janssen. Gewöhnlich redete er auf den vor sich hinbrütenden und die Dialektik emotional auslotenden Freund ein, bis dieser in seinem Sessel zurücksank und mit den Worten „Schorfi hat recht" in ein grübelndes Nachsinnen verfiel. Da war Janssen mit seinen Argumenten schon auf der Gegenseite und stürzte Reinhard in eine noch schmerzlichere Verwirrung. Der Wechsel von Identifikation und Objektivation war für den einen ein Gedankenspiel, den anderen machte es fertig. Den entgeisterten Riesen führte Janssen vor: „Der bringt sich um."

Aber es war auch ein Kommentar zu dem eigenen umkämpften Weg in die Kunst. Denn soviel war Janssen klar: Hinter jedem gelungenen Bild steht eine Existenz. Und das bewunderte er an Drenkhahn: den vollen, gerade auch körperlich greifbaren Einsatz der Person. Sein uriges Schwergewicht brachte einen Bildkorpus hervor, der für sich stehen konnte. Dagegen war Janssen ein Leichtgewicht und Magerling. Drenkhahn hat einmal, um seinen oft gemalten *Leitermann* und das Gerüst aus Holz und Knochen recht anschaulich zu machen, am Rand notiert: „wie Schorfis Rippen". Tatsächlich war Janssen damals noch der hochaufgeschossene und schmalgliedrige Jüngling. Und seine Anhänglichkeit an den Stärkeren war ein gut Teil Sehnsucht nach jener erdschweren Monumentalität, die ihm fehlte.

Die Körperlichkeit fand er in allen Äußerungen des Freundes, auch in solchen, über die er sich schon wieder lustig machte. Er nannte es Reinhards monumentale Logik: Weil er selber immer Lust gehabt hätte, hätte er jede Frau für unbefriedigt gehalten. Auf der Ecke Alsterterrassen wohnte die Müllerin, eine gemeinsame Freundin, die in ihrer großen Wohnung häufig Partys feierte. Im Haushalt war ein Neger-mädchen beschäftigt, an das kam Drenkhahn nicht heran. Wenn Betty die Lippen öffnete, trat ein unbeschreibliches Rosa hervor . . . Betty bewegte sich auf dem Fest emsig und nach allen Seiten lächelnd zwischen den Gästen. Reinhard fühlte sich auf die Folter gespannt und verließ, zu allem entschlossen, die Gesellschaft, in die er klitschnaß zurückkehrte. Was war geschehen? An diesem Abend war er zur Kühlung an die Alster gestürmt. Als dort auf einer Bank eine junge Frau saß, setzte er sich neben sie. Er muß verbindliche Worte gefunden haben, jedenfalls lief sie nicht sofort weg. Vor sich hinschauend, sehen sie den Mond auf den seichten Wellen schaukeln. Reinhard, sonst nicht sehr belesen, fragt: „Soll ich ihn dir herausholen?" und springt ins Wasser. Als er zurückkehrte, war die Bank leer. Durchnäßt gesellte er sich wieder unter die Partygäste. Das war Reinhard Drenkhahn, wie Janssen ihn liebte: aus einem Stück und kolossal. So brachte er sich in die Kunst ein, wie sensibel und vielschichtig auch seine Persönlichkeit über diesem Fundament angelegt war.

Janssen ging diese Statur ab — und so sollte ihm bei seinen ersten künstlerischen Arbeiten, mit denen er vor die Öffentlichkeit trat, das Holz ersetzen, was ihm die Natur noch schuldig war. Das archaisch-spröde Material des mitdruckenden Holzstocks brauchte er, um seiner Zeichnung, der er sonst nicht sicher gewesen wäre, das volle Gewicht zu geben.

Drenkhahn hat auch darüber hinaus die Holzschnitte beeinflußt. In seiner malerischen Entwicklung hatte er die auffallenden und grellen Farbkontraste immer weiter zurückgedrängt. Zwischen Abstraktion und naturalistischer Gegenständlichkeit zeigten die *Ofensteine* zuletzt eine monochrom wirkende Oberflächengestaltung. Als hätte die Zeit lange daran mitgearbeitet, brechen Poren, Risse und Abgründe auf. Weniger diese in zarten Farben schimmernde Tonigkeit als die insgesamt gedämpfte Farbigkeit bevorzugte auch Janssen. Wenn er Flächen nuancenreich drucken konnte, dann lag es daran, daß er den Holzstock mit einer selbstgemischten, in hohem Grade fetthaltigen Substanz und jedesmal unterschiedlich einfärbte. Zuweilen scheint es, als hätte es Janssen darauf angelegt, die Farbe überhaupt zu verstecken und sie nur gelegentlich, die Tiefe erhellend, hervorlugen zu lassen.

Vor solchem verhalten leuchtenden Hintergrund konnte er dann das geschnitzte Filigran doppelt sperrig ausbreiten.

Denn das war ihm die Hauptsache: die grafische Gliederung und Belebung der Fläche. Immer ist es das grafische Gerüst, das die großen Formate trägt. Darauf hatten ihn die Optik Mahlaus und die lithographischen Studien vorbereitet. Und auch Drenkhahn hatte daran seinen Anteil. Wie Heydorn in seinem Buch *Maler in Hamburg* zutreffend beobachtet, war Drenkhahn in einem entscheidenden Moment Mitte der 50er Jahre dazu übergegangen, seine halbgegenständlichen Figurationen vor der Bildfläche „seltsam zu vergittern". Ein grafisches Element drang in seine Malerei ein, und seine *Strandläufer* und *Leitermänner* wurden immer mehr zu rätselhaften Schriftzeichen. Diesem Zug ins Grafische ging Janssen gleichsam auf den Grund. Er holte ihn in den Holzschnitt hinein. Dabei verwandelte er in den Gegenstand und in die figürliche Szene zurück, was die abstrakte Kunst zur Vieldeutigkeit metaphorischer oder runenartiger Gebilde ausgezogen hatte.

Von Anfang an stand Janssen in Opposition zum Modernismus. Dennoch steckte kein Programm dahinter, wenn er die neuesten Tendenzen in seiner künstlerischen Umgebung für sich benutzte und nach seiner Weise umformulierte. Janssen schaffte in einem Augenblick den Durchbruch als Grafiker — mit ihm eine Gruppe junger Hamburger Künstler —, als sich die malerischen Mittel und Ausdrucksformen von sich aus darauf zubewegten. In der gitterartig über die Fläche gespreizten Hieroglyphik war das unübersehbar geworden. Die Ersetzung einer solchen Malerei durch Grafik lag gleichsam in der Konsequenz ihrer eigenen Entwicklung. Das wird noch deutlicher in den Radierungen, die in den Jahren darauf entstehen sollten und die vollends ins Gegenständliche übertrugen, was die rauhe Peinture in der materialen Botschaft belassen hatte.

Das zeigt einmal mehr, wie wichtig Drenkhahn — der herausragende Maler dieser Jahre — für Janssen war, nicht nur als Kumpel und Parteigänger jedes erdenklichen Unfugs, sondern auch als Künstler.

Obgleich einfach lesbar, sind die zwei Dutzend Holzschnitte von 1956/57 eher dekorativ als erzählend. Im Vordergrund steht eine klar gliedernde Tektonik, oft durch betont senkrechte Streben nachdrücklich im Lot gehalten. Die weißen und schwarzen Massen, die andere Holzschneider gegeneinanderarbeiten lassen, hat Janssen in schier unbegrenzt abwandlungsfähige Muster aufgelöst, so daß eine Fülle von Hell-Dunkel-Werten die Drucke phantastisch belebt. Es entspricht den großangelegten und ausgewogenen Kompositionen, daß die figürlichen Darstellungen darauf bezogen sind. Beispielhaft ist dafür ein Holzschnitt, den Janssen *Beerdigung* genannt hat. Er benutzte damals Reißbretter, in die vertikale Querstreben eingelegt waren. Eine dieser Senkrechten erschien, als er sie mit dem Hammer herausgeschlagen hatte, als eine Art Telefonmast im Bild. Zu diesem die Komposition dominierenden schwarzen Pfahl brauchte er ein Gegengewicht. Er fand es in einem Sarg, den er einigen Trauergästen auf die Schultern setzte. Als Schulhofszene begonnen, wie an den umgebenden Gebäudeteilen noch leicht erkennbar, beendete er den Holzschnitt unter dem Titel *Beerdigung*.

Nicht beliebig, aber in Einzelzügen austauschbar sind manche der Figuren. Ob Holzsammler, Schlittschuhläufer oder Spaziergänger im Regen, durch die verkürzende, naivizierende Darstellungsweise erscheinen sie ähnlich vorgebeugt schreitend. Die genaue Beobachtung ist nicht das Wesentliche. Die vereinfachende Gegenstandserfassung drückt das realistische Detail weg und läßt oft nur das Kürzel stehen, in dem die Schilderung dann allerdings pointiert und um so witziger wiederkehrt. Im ganzen gesehen, wird die Aufmerksamkeit jedoch vom Sujet weggezogen und auf die flächendekorativen Lösungen des Farbholzschnitts hingelenkt.

Thematisch knüpfte Janssen an das an, was ihn immer beschäftigt und wofür er allemal Beifall gefunden hatte: das Volkstümliche. Wie ja überhaupt der Holzschnitt in Deutschland eine eigene große volksnahe Tradition hat: mit Dürer, mit Ludwig Richter und mit den Expressionisten. Die Vergewisserung nach rückwärts war ihm wichtig, genauso wichtig wie der prüfende Blick nach links und rechts: „Es schneidet doch gerade keiner wie ich in Holz?" Im einzelnen sind es Bilder aus der Oldenburger Kindheit oder von der Warburgstraße und ihrem idyllischen und skurrilen Ambiente, die Janssen in nächtelanger Arbeit mit dem Messer ausgehoben hat. Die *Schlittschuhläufer,* die *Witwen* und *Hühner,* der *Dampfer,* die *Feuerwehr* und *Oma,* die *Nonnen* und *Eulen* und natürlich die *Affen* rücken zu einer schnurrigen kleinen

Große Schlittschuhläufer, farbiger Holzschnitt 1957; drei Platten (80,3 x 49,4 cm)

Welt zusammen. Daß es nicht wirklich gemütlich wird, dafür sorgt ein grotesker Humor, der, farblich verhalten illuminiert, in der grätigen Zeichnung bisweilen die Zähne zeigt.

Der Holzschnitt war lange vorbereitet: seit Janssen 1950 die ersten Stöcke bearbeitet hatte und natürlich durch die Aschaffenburger Lithos. Im Gegenständlichen eine nicht zu erschütternde Unbefangenheit — das war durch viele Jahre hindurch sein größtes Kapital gewesen. Diese Epoche fand jetzt ihren Höhepunkt.

Wichtig sind aber auch die näheren Umstände. Und wenn ihm Marie nicht dafür das Nest zurechtgemacht hätte, so hätte sich die Holzschneiderei kaum zu dieser Serie großformatiger Platten ausgewachsen. Je Druck waren es bis zu drei Platten. Marie besaß den richtigen Pulsschlag für dieses langwierige und auch hinterwäldlerische Handwerk. Es kam vor, daß sie mit Holzspänen im Haar einschlief und Holzspäne sich morgens schon im Bett ausgebreitet hatten, weil Janssen, an ihrem Kopfende sitzend, bereits wieder an der Arbeit war.

Was im Alltäglichen den Anstoß gab, die vollkommen beruhigte Häuslichkeit, das war im Künstlerischen ein Name, der heute wenig bekannt ist, der aber damals diskutiert wurde. Ben Shahn war ein amerikanischer Maler und berühmt geworden durch die Bilder zweier zum Tode Verurteilter, der als Anarchisten hingerichteten Sacco und Vanzetti. Er war nach dem Vorbild von Diego Rivera zur Wandmalerei gekommen. Seine sozialkritische Menschendarstellung hob er gewöhnlich gegen einen architektonischen Hintergrund ab. Dort muß Janssen gesehen haben, was ihm schlagartig die Sicherheit gab, daß seine Backsteinmauern Kunst seien. Bis zu dem Augenblick war er furchtsam gewesen, wie nur ein Anfänger ist. Ben Shahn, der die größte Anerkennung gefunden hatte, zerstreute mit seinem gemalten Mauerwerk alle Zweifel. Von da an fraß Janssen Holz.

In der Tat hat der Backstein bei der Gestaltung seiner Holzschnitte eine Schlüsselrolle inne wie sonst — in anderem Maßstab — beim Wohnungsbau der Nachkriegszeit. Der Backstein schuf Volumen, er half die Massen grafisch auflockern und er kam mit dem Schema der stupenden zeilenförmigen Reihung Janssen von einer Seite entgegen, die er bald als seine virtuoseste entdeckte. Was jeden anderen erschöpft hätte, soundso viele Steine pro Wand, das setzte bei ihm einen Trieb zum

Spielerischen und ingeniösen Einfall frei. Denn unter seiner Hand verwandelte sich der gemauerte und festgefugte Verband in ein die unterschiedlichsten Muster und Tonwerte generierendes Gliederungsprinzip. Dabei wäre es eine Lebensarbeit gewesen, jeden Stein der Mauer mit dem Eisen einzeln auszugraben. So hielt er sich an Willem Grimm, den alten Lehrer der Landeskunstschule, von dem er gelernt hatte, nur die Fugen mit dem Messer zu ritzen und auszuziehen. Voraussetzung war eine Art Negativverfahren. Die Grundfläche behandelte er schwarz vor, so daß auch schwarz blieb und hervortrat, was herausgeschnitten war. Mit den erhabenen Teilen des Holzstocks kam Farbe aufs Papier. Mehrfarbig, besonders in einzelnen, gegen den Rand gerückten Akzenten, wurden die Abzüge obendrein dadurch, daß er die druckenden Flächen mit der Walze unterschiedlich einfärbte. Das ersparte zusätzliche Platten und hob die fertigen Drucke so gegeneinander ab, daß sich jeder der Monotypie näherte.

Das Atelier Warburgstraße 33, in dem Janssen seine erste Ausstellung im Januar und Februar 1957 veranstaltete, war die Notlösung. Zuvor hatte er überall vorgesprochen. Der kleine, abgelegene, für Sonderveranstaltungen reservierte Raum in der Kunsthalle war ihm versperrt geblieben. Nicht einmal die Buchhandlung *von der Höh* wollte ihn. Später wollte er nicht mehr woanders als zu Hause, nachdem die Holzschnitte dort gefallen hatten und auf Anhieb erfolgreich waren.
Aus der Not eine Tugend zu machen, hatte er schon mehrfach Gelegenheit. Die schwarze Grundierung, die ihm bei den großen Drucken zustatten kam, stammte noch aus einer Zeit, da er für seine kleinen Holzschnitte kein Papier hatte und er Zeitungen mit einer neutralen Farbe abdeckte, um darauf seine Abzüge zu plazieren. Sogar die Rückseiten ausgedienter Plakate hatten herhalten müssen. Ein langer Weg lag hinter Janssen, als er sich mit 27 Jahren in den eigenen Räumen der Öffentlichkeit vorstellte.
Ein langer und dorniger Weg. Seit seiner Schulzeit bei Mahlau hatte er seine Bilder selten und immer nur einzelne von ihnen zeigen können. Er erinnerte sich, wie er vor ein paar Jahren um einen Platz in einer Gemeinschaftsausstellung gekämpft hatte. Sie sollte im Kuppelraum des Völkerkundemuseums stattfinden; noch dachte niemand an

Janssen. Aber es fehlte an einem Plakat, und so konnte er sich damals mit einigen Rollen seiner Lithos, die nur herumlagen, in das Vorhaben „einkaufen". Harald Duwe besorgte die Hängung, und weil der Neue sowieso durch die Hintertür dazugekommen war, stellte er ihn mit seinen wenigen Arbeiten im äußersten Winkel aus, wo man nach dem Lichtschalter für die Toilette sucht. Da fand sich auch Drenkhahn wieder, dem es genausowenig paßte. Sie rächten sich, indem sie die 100 Mark, die sie als die Trottel des Unternehmens für die Bearbeitung der Einladungskarten erhalten hatten, gemeinschaftlich versoffen und die Briefe unfrankiert abschickten. Um ganz sicherzugehen, korrigierten sie auch die Hängung. Sie bestachen in der Nacht vor der Eröffnung den Pförtner. Am nächsten Tag trafen die Besucher so zeitig ein, daß sich der Eingriff nicht wieder rückgängig machen ließ. Aber welchen Mißlichkeiten ist das aufstrebende Talent ausgeliefert! Janssen las anderntags in der Zeitung, daß eines seiner Bilder den stärksten Eindruck hinterlassen hatte, jedoch unter dem bekannteren Namen Arnold Fiedlers. Das war bei der Umhängung herausgekommen.

In der Warburgstraße, am 18. Januar 1957, war alles anders. Da hing er in seinen eigenen Räumen — in dem galerieartigen Umgang, der von seiner Wohnung im weiten Quadrat um einen Lichthof herumführte. Von dem übrigen Treppenhaus war dieser Teil getrennt durch eine letzte Wendung und Verengung der Treppe. Ein — wie sich herausstellte — vortrefflicher Ausstellungsraum, vor dessen hellgestrichenen Wänden sich die großflächigen Holzschnitte imposant abhoben.
Die Gesellschaft, die zur Eröffnung das mehrgeschossige Bürgerhaus emporgestiegen war, umstand die Malerin Gretchen Wohlwill, die seit ihrer Rückkehr aus der Emigration zu einer Mentorin der Hamburger Künstler geworden war. Die Achtzigjährige hatte sich im Rollstuhl herauftragen lassen. Die Bestellungen waren schon angelaufen, die ausliegenden Drucke rasch verkauft — für 60 Mark das Stück, kaum teurer als ein fotomechanisches Repro, als sich alle Blicke auf einen jungen Mann richteten, der seine Hosen durch Fahrradklammern zusammenhielt und der gerade eine Studienodyssee durch 19 Semester und fast ebenso viele Fächer hinter sich hatte. Aber Carl Vogel trotzte den Erwartungen. Er wollte den Holzschnitt *Belästi-*

gung unbedingt haben und trat seine Bestellung nicht an die alte Dame ab, die im Rollstuhl begreiflicherweise ein bißchen zu spät gekommen war. Diese Dickköpfigkeit gefiel Janssen. Hier hatte sich einer gegen die Regeln der Höflichkeit, aber für ihn entschieden. Die Sympathie war geweckt — und ein Prinzip gefunden: sich rar machen; die Leute ins Haus kommen lassen; es muß ein Gedränge geben. Schon bald darauf waren die Holzschnitte vergriffen. In den meisten Fällen hat er die Auflage von 25 nicht ausgedruckt.

11. Wunderlich, die Radierung und Reinhard Drenkhahn

1957 fing Janssen an zu radieren. Zuerst konnte niemand begreifen, warum er nicht beim Farbholzschnitt blieb. Sein Erfolg war auf Anhieb so groß, daß jeder andere sich erst einmal darauf ausgeruht hätte. Er wurde über Hamburg hinaus bekannt. In Hannover wohnte ein agiler junger Mann, der sich im Kunsthandel umgetan hatte und nun auf eigene Füße kommen wollte. Seine Ausstellungspremiere am Georgsplatz hatte er mit Arbeiten von Heinz Trökes bestritten, der ihn auf einen Hamburger Nachwuchskünstler aufmerksam machte. Als erster Galerist klopfte Hans Brockstedt an die Tür von Janssen. Die Holzschnitte gefielen ihm, und er wollte sie in seiner *Galerie für Moderne Kunst* zeigen. Die Hannoveraner kauften vom ersten Tag an, seit der Eröffnung am 16. Mai 1957, zu der sich Janssen telegrafisch krank meldete. Sie kauften am liebsten die *Roten Reiter*, hart gefolgt von den *Hühnern* — insgesamt 40 Stück à 50 Mark. Wenn das zusammen auch nur 2000 Mark ergaben, für Brockstedt war es der erste große Geschäftserfolg.
Erfolg hatte Janssen auch bei der Kunstkritik. Gottfried Sello besprach in einer großen deutschen Illustrierten einen Holzschnitt, der im ganzen Land zum Verkauf stand. Eine andere Arbeit — *Juwelier* — gelangte in die repräsentative Ausstellung der Kestner-Gesellschaft: *Farbige Grafik 1957*. Auf der Jahreswende erschienen sogar zwei Holzschnitte in der 4. Nummer der internationalen Kunstzeitschrift *Quadrum*, die ihre Redaktion in Brüssel hatte. Darin wurde als der

erste deutsche Künstler Janssen vorgestellt. Den Beitrag in französischer Sprache verfaßte Hanns-Theodor Flemming, der schon den Studenten am Lerchenfeld kennengelernt hatte und der seitdem, in Rezensionen aus den Jahren '52 und '53, den Weg des jungen Künstlers aufmerksam verfolgte. Flemmings Artikel in der FAZ veranlaßte einen Flugreisenden, auf der Strecke Stockholm—Zürich in Hamburg zwischenzulanden, mit dem Taxi in die Warburgstraße zu fahren und einige Holzschnitte in die große Welt zu entführen.

Damit war Janssen längst nicht berühmt. Ihn in die vorderste Reihe der jungen deutschen Grafiker zu rücken, war in dieser Zeit, da eine Pariser Adresse jeden Ausstellungsort zwischen Hamburg und München aufgewogen hätte, eine Plazierung unter Fernerliefen. Künstlerisch war dieses Deutschland immer noch eine besetzte Nation. Man schielte über die Grenzen. Aber genau das tat Janssen nicht. Ihn scherte nicht, was draußen vorging. Hannover war eigentlich schon zu weit weg. Er hatte in Hamburg eine Gruppe von Freunden um sich gezogen. Daran hielt er sich strikt. Diesen Kreis füllte er mit seiner Person vollkommen aus. Mancher war im Laufe der Zeit neu hinzugekommen, aber viele stammten noch aus der Kunstschulzeit. Alfred Mahlau stand nach wie vor an der ersten Stelle. Mit dem Recht des väterlichen Freundes nahm er seinen Schüler vor den Holzschnitten beiseite und machte ihm ein Kompliment, das aus dem Mund des Alten freilich auch nach Resignation klang: „Wir wissen doch beide, du bist großartig."

Von früher her kannte Janssen den Mann, der ihm das Radieren beibringen sollte. Solange sie gemeinsam am Lerchenfeld studierten, sahen sie sich nur aus der Entfernung, denn die Klassen hielten untereinander auf Abstand. Paul Wunderlich hatte bei Willi Titze gelernt. Nebenbei handelte er auf dem Lande mit Büchern und Zeitschriften, bis er die Druckerei an der Kunsthochschule übernahm und eine Art Assistentenvertrag über 120 Mark monatlich erhielt. Auf dem Feld grafischer Techniken hatte er es bald zu einer bewunderten Meisterschaft gebracht, so daß ihm der Ruf eines Kunstdozenten vorauseilte, was er nicht war. Seine ausgesuchte Kleidung und die ganze elegante Erscheinung taten ein übriges, um Wunderlich über die Grenze der Kunsthochschule hinaus bekannt zu machen. Janssen beobachtete das aus der Entfernung genau und argwöhnisch. Dem Freund Zuschke hämmerte er ein: „Der ist gut, aber in zwei Jahren habe ich ihn überholt." Und dem Michel Hauptmann zischte er beim Überqueren der Moorweide ins Ohr: „Du sollst noch sehen, wer in diesem Wettrennen gewinnt." Um so überraschter waren die Freunde, als er, der lange genug gegen den zwei Jahre Älteren gestänkert hatte, spontan die Freundschaft erwiderte, als jener die Hand ausstreckte.

Wunderlich war eines Tages auf Janssen zugegangen und hatte ihn mit einem Wort mitten ins Herz getroffen: „Wir sind hier die beiden einzigen, die Deutsch sprechen können." Man muß wissen, daß mit dem Siegeszug des Tachismus vor den Bildern ein Sprachgestus aufgekommen war, der auch lautlich die vehemente und keuchende Verausgabung an die Leinwand nachahmte: „... dicht — bähh — ungeheuer dicht — bähh — tief — bähh — aber überzogen — bähh — es kommt — bähh ..." Gegen dieses Gestammel setzte Wunderlich die „deutsche Sprache", und obwohl er zu der Zeit selber noch auf dem Zug von Sonderborg mitfuhr und mit Zisch und Pfiff und Kolbenstoß die Bilder per Schwamm hinwischte, signalisierte er den neuen Kurs. Janssen war sofort mit dabei. Er kannte von dem ehemaligen Mitschüler die kleine, sorgfältig gearbeitete Radierung einer Maus, um die er ihn heftig beneidete. In großartiger Manier waren die winzigen toten Gliedmaßen wie zu einem zweiten Leben erweckt. Wunderlich hatte das Tier erlegt, als er noch in der Landeskunstschule ein Zimmer bewohnte. Auch Alfred Mahlau war in seinem Atelier in der Schule von Mäusen heimgesucht worden. Schon 1948 hatte der Lehrer eine Mausefalle samt Beute aquarelliert und darunter geschrieben: „Endlich habe ich sie gefangen (ohne Schwanz 20 cm lang) und nun tut sie mir leid." Auf Wunderlichs Meisterradierung will Janssen aber den Spruch gelesen haben: „Alles verstehen, heißt alles verzeihen." Das war Blasphemie — einfach zu perfekt! Bei aller Freundschaft — das ging zu weit!

Von Anfang an war Janssen von dieser Rivalität gegen Wunderlich erfüllt. Auch als er von ihm lernen konnte, trat sie nie ganz in den Hintergrund. Ja, sie beflügelte seinen Ehrgeiz doppelt und dreifach.

Wunderlich war aufgefallen, daß Janssen schon in der Lithographie zu radieren angefangen hatte: „Du mußt radieren!" Dem Ängstlichen trug er die ersten Zinkplatten ins Haus. Er zeigte ihm, wie man mit

Paul Wunderlich (Foto Ingeborg Sello)

der Säure umgeht. In der Werkstatt der Kunsthochschule brachte er ihm das Drucken bei. 24 Stunden Lehrzeit — so Janssen zu Pauls uneingeschränktem Lob —, dann habe er begriffen, was in der Radierung „drinsteckt". Die Freunde sahen sich damals mehrfach täglich. Als sich in diesen Wochen intensivster Zusammenarbeit Drenkhahn den beiden näherte, wurde er von Janssen eifersüchtig „weggebissen", der auf der Radierplatte von einer Eroberung zur nächsten fortstürmte. Er lernte wie im Flug und riß alles Neue sogleich an sich. Wunderlich vermittelte ihm die Technik, wie sein Lehrer Mahlau ihm das Weltbild vermittelt hatte. Dazu eine Fülle von Tricks, von raffinierten und ausbaldowerten Ätzverfahren. Desto erstaunlicher ist, daß Janssen, nach-

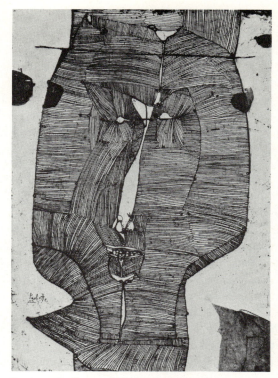

Paulette, Radierung 1957 (43,6 x 29,8 cm)

dem er ein großes Stück Wegs hinter sich hatte, auf den ersten, für ein größeres Publikum bestimmten Radierplatten wirklich mit dem Anfang anfing.

Die Radierung beginnt mit dem Bild des Lehrers und Künstlerfreundes. *Paulette* ist natürlich kein Porträt von Paul Wunderlich; das gäbe die selbstauferlegte Beschränkung der grafischen Mittel nicht her. Es ist eine von Janssens ersten Strichätzungen, und es sieht aus, als hätte er sich damit begnügen wollen, parallele Schraffen immer neu zu bündeln, bis zuletzt doch noch — einer Kinderzeichnung nicht unähnlich — ein Gesicht daraus wird. Freilich, die simple Technik und die naive Darstellung haben ihren Sinn. Denn aus dem Schutz unzureichender

Mittel und grotesker Vereinfachungen kann Janssen nun desto freier auf gewisse Ähnlichkeiten zurückkommen. Und in der Tat ist das asketisch-hagere Gesicht des jungen Paul Wunderlich von eben der herben Schönheit gewesen, die in jener *Paulette* wiederkehrt, besonders in den gegeneinander bewegten, wie über gratige Knochen gespannten Flächen. So gesehen, ist die Radierung weniger eine Erfindung der Phantasie — das auch. Sie ist vor allem ein Zwiegespräch mit dem Freund, das sich nicht bei Gefälligkeiten aufhält, sondern zu den ambivalenten Neigungen vordringt, die es in dem Künstlerwettstreit der beiden immer gegeben hat, jedenfalls auf Janssens Seite.

Die realistische Lesart dieser ersten großen Radierungen sei von Anfang an hervorgehoben. Sie steckt hinter der Groteske; darauf spielen noch die skurrilsten Figuren an. Als eine Auswahl der annähernd 40 großformatigen Radierungen zum ersten Mal öffentlich zu sehen war, konnte die Kritik die bizarre Phantasie des jungen Künstlers nicht hoch genug loben. Doch ist Janssen in den Anfängen dieses Metiers auch deshalb so phantastisch, weil er von dort — gleichsam aus der Distanz — auf Bekanntes hinzielen kann. Wir glauben uns unter die Köpfe eines Kuriositätenkabinetts versetzt und bewegen uns doch mitten im Kreis der Freunde.

Das zeigt treffend eine andere frühe Radierung. Wer will, kann in dem *Zehvogelkopf* den leidenschaftlichsten aller Sammlerfreunde porträtiert finden. Aus einer bestimmten charakteristischen Linie, die, haarfein und spitz ausgezogen, schier unerschöpflich variiert wird, entwickelt diese Radierung die Ähnlichkeit mit C. Vogel. — *Fischmund* ist der Titel eines Einzeldrucks, der vielleicht ganz abstrus wäre, wenn sich für Janssen nicht zu einem solchen Fischmund das Gesicht seines Lehrers Alfred Mahlau zusammengezogen hätte. Eine andere Arbeit aus dieser Zeit nennt sich *Friedrich der Große oder Voltaire*. Ungenannt ist der Dritte im Bunde, der Schriftsteller und Freund Richard Hey, der genau dieses markante Profil mit vorspringender Nase hatte und der nach einem langen Gespräch „über die beste aller möglichen Welten" nur noch „Richard Voltaire" hieß. So sind es immer die Freunde, auf die selbst die monströsesten Schöpfungen bezogen bleiben. Wenn es auch so aussieht, als jagten die witzigen und aberwitzigen Einfälle ihren eigenen Kapriolen nach — *unnütze Spiele* einer sich überschlagenden Phantasie —, hinten im Tor der gleichnamigen Radierung stehen und schauen unverwandt zu: Marie und Tochter Lamme.

Soweit die realistische Lesart! Freilich soll das noch keinem Realismus das Wort reden. Hervorgehoben sei nur, wie Janssen aus der Distanz — das ist die Groteske so gut wie jede andere phantastische Vereinfachung — auf seine Freunde anspielte. Mit seinen Arbeiten umwarb er sie, und sein Humor rückte ihnen gleich auf den Pelz. Er war durchaus auf Eroberung aus. Seit der Holzschnittausstellung kann man von einer kleinen Gemeinde sprechen, die ihn umgab. Zu dieser Gemeinde stießen nach und nach Kaufleute, Ärzte, Juristen und Architekten. Darunter befand sich auch der Oberstaatsanwalt Buchholz, der die rollstuhlfahrende Gretchen Wohlwill eigenhändig unter das Dach der Warburgstraße getragen hatte. Die Sammlerfreunde waren ein Querschnitt durch die gediegenen hanseatischen Berufe. Die Anhänglichkeit war in jedem Fall persönlich und gegenseitig. Im Wechsel hofierte und überanstrengte man sich. Ungeschoren blieb keiner und keiner, der nicht seine Reputation für diese Bekanntschaft aufs Spiel gesetzt hätte. Die Radierungen sind ein Teil dieses Dialoges.

In jeder Gesellschaft war Janssen das Kuckucksei — unberechenbar, bis es passiert war. Wenn er jemanden mochte, verfolgte er ihn mit seiner Liebe. Das bekam der Präsident der Kunsthochschule zu spüren. Hans von Oppen hatte nach einem kurzen Interregnum Mahlaus die Nachfolge von Hassenpflug angetreten. Janssen war in dieser ersten Radierphase wieder häufiger in der Werkstatt seiner ehemaligen Schule. Den neuen Präsidenten wollte er für sich einnehmen. Er brachte sein Konterfei in einer Radierung unter, die Hans von Oppen in einer Telefonzelle auf dem *Hansaplatz* zeigt. Im Hintergrund spreizt sich ein Animiermädchen. Der Hansaplatz hinterm Hauptbahnhof hat einen noch schlechteren Ruf als die Reeperbahn, weil das „Gewerbe" dort in dem Geruch steht, illegal betrieben zu werden.

Der Präsident fand diese Art Werbung lästig. Er wehrte sich gegen die anstrengende Belagerung seiner Person, indem er den Künstler kurzerhand ein „halbseidenes Kerlchen" nannte. Das ließ Janssen nicht auf sich sitzen und taufte Tantchens Neufundländer auf den Vornamen des Präsidenten. „Hans-Werner" rief er ab jetzt den großgewachsenen Hund mit der buschigen Rute und hängte auch gleich die passende Geschichte hintendran.

Mit solchen anzüglichen Geschichten setzte Janssen denen zu, die er für sich gewinnen wollte. Er forderte sie regelrecht heraus. Die Provokation war seine Form der Werbung; und hätte er nicht gleichzeitig seinen besonderen Witz aufgeboten, ihm wären noch viel mehr Feinde zugefallen. Er wollte geliebt werden und das unbedingt. Denn der Kreis seiner Freunde sollte ihm ersetzen, was ihm der Kunstbetrieb jener Tage im großen Maßstab versagen mußte: Aufmerksamkeit und Anerkennung.

Denn international herrschte die abstrakte Kunst. Der Tachismus war eben zur Weltkunst ausgerufen worden. Wer nicht mitmachte, mußte sich seine eigene Anhängerschaft suchen. Auch das ist ein Aspekt jener neuen Gegenständlichkeit, die sich gegen die allgemeine Mode zu behaupten begann. Das machen die Radierungen noch deutlicher als die Holzschnitte, die eher dekorativ sind. Dagegen arbeiten sich die Radierungen von innen heraus gegen die Figur vor. Halb Werbung, halb Attacke rücken sie uns auf den Leib.

In den Holzschnitten sind die Figuren bisweilen noch Staffage. Erst die Radierung gestaltet sie von innen heraus. Das hängt auch mit der neuerworbenen Technik des Radierens und Ätzens zusammen. Die radierte Linie erweckt leicht den Eindruck, zu den Seiten auszufransen. Der Effekt liegt in der Sache, und wenn es der Radierer darauf anlegt, findet er bald zu einer porösen oder körnigen Linie. Solche Linien entwickeln ein eigenes Leben, je tiefer sie geätzt sind. Innen und Außen treten auseinander. Von da ist es nur ein Schritt, und die Darstellung nimmt auf, was in dem Mittel und Medium selber angelegt ist. Janssen ist diesen Weg gegangen. Zwischen sprödem Lineament und flächenbildenden Mustern hin- und herwechselnd, erfaßt er seine Gestalten mit dem Blick des Anatomen. Aus Knochen und Knöchelchen, aus Muskeln und Sehnen, aus Adern und marmorgraphischen Strukturen setzt er seine Figuren zusammen. *Susi* ist das beste Beispiel. Vom Strumpfband bis zu den erotischen Einschnürungen des Leibes — alles ist zur Anatomie geworden. *Tulps Anatomie* heißt eine frühere, frei nach Rembrandt gestaltete Zinkplatte.

Wirbelsäulen, Beckenknochen, Harnblasen und vom Zahnfleisch entblößte Zähne sind gewiß ein aggressives Vokabular. Janssen spricht sich darin mit der ihm eigenen Verletzlichkeit aus. Der inwendig gewaltsame, der ätzende Charakter der Radierung kommt ihm dabei zu Hilfe. Der 28jährige ist endlich auf das ebenbürtige Medium gestoßen.

Dennoch sind diese unter die Haut gehenden Sektionen nicht quälend. Ein abgründiger Witz hält ihnen die Waage; ein Witz, der mehr als das mildernde Einlenken der Ironie ist. Dieser Witz ist auffällig mit der Technik im Bunde. Janssen ist unerschöpflich im Erfinden flächenfüllender Muster. Die Klaviatur aus Knochen und Wirbeln zeigt es beispielhaft. Was jeden anderen im Schema erstarren ließe, überwindet er in einem Kosmos phantastischer Filiationen. Janssen treibt das bloß Technische gegen den Punkt vor, wo es Figur wird. Genau da zündet der Witz.

An der Stelle ist es aufschlußreich, den Blick auf Reinhard Drenkhahn und seine späten Arbeiten zurückzulenken. Drenkhahn war, einer europäischen Entwicklung folgend, zur Struktur- und Materialmalerei gekommen. Das reliefartig aufgetragene Farbmaterial zerfurchte die Oberfläche und bildete auf der Leinwand zerklüftete Landschaften mit Kratern, Tälern und gezackten Graten. Was an Figürlichem stehenblieb, war nicht mehr vom Umriß her gestaltet, sondern von innen heraus, so daß die schrundigen Flächen gegen den Rand zerbröckelten. An die Stelle der gliedernden Kontur war der muster- und strukturbildende Farbauftrag getreten. Wer sich die Figurationen von 1958, die *Strandläufer* und *Leitermänner,* anschaut, wird in diesen unmittelbar aus dem Material gearbeiteten Bildern die gleichen grafischen Prinzipien am Werk finden, die Janssen geleitet haben, als er, Linie an Linie setzend, aus einer minutiösen Strichelei flächendeckende Muster schuf. Nur, daß Janssen diese grafischen Strukturen jedesmal auf eine gegenständliche Bedeutung hin überschritt. Noch das Reihen- und Rasterhafte geriet ihm zur Figur. *An der Mauer* heißt eine Radierung, die das Backsteinmuster wiederaufnimmt. Aus den Bruchkanten im Mauerwerk entwickeln sich die anatomischen Strukturen — lauter knöchelartige und spitzgliedrige Gerippeteile, die luftig durcheinanderwirbeln: eine makabre Vision des Totentanzes.

Reinhard Drenkhahn war mit seiner Strukturmalerei bis dorthin vorgestoßen, wo Janssen deren geheime Intention im Medium der Grafik aussprechen konnte. Was für den einen eine schöpferische Befreiung,

Reinhard Drenkhahn im Atelier

An der Mauer, Radierung 1958 (58,4 x 39,6 cm)

ein Durchbruch war, endete für den anderen in der Blockierung seiner produktiven Arbeit, in Depression und Tod.

Auch ein zweiter vorzeitig abgebrochener Lebenslauf ist mit dem Weg verbunden, den Janssen in der Radierung zurücklegte. Georg Gresko kam 1957 von Berlin nach Hamburg und lehrte an der Kunsthochschule. 1962 starb er an einer unheilbaren Krankheit. Gresko hat die wachsenden, sprossenden, sublunarischen Formen in eine Sphäre metallisch harter Töne entrückt. Man hat Max Ernst an erster Stelle genannt, um für dieses assoziative Sehen und Bilden die europäische Anregung auszumachen. Richtig ist, daß sich Gresko eine eigene gegenstandsbezogene Sprache schuf und damit in Hamburg erfolgreich war. Diese Bildersprache band er jedoch an allgemeine Ausdrucksformen zurück, wie sie durch die vegetative Traumsymbolik des Surrealismus vorgegeben waren. Niemals hätte er es gewagt, die international eingeführte Sprachregelung mit lokalen Notizen und allzu persönlichen Einsprengseln zu untermischen. Man war ohnehin, solange man halbwegs gegenständlich arbeitete, in der Gefahr, provinziell zu sein. Diesen Provinzialismus hat allein Janssen innerhalb der Gruppe riskiert, die in Hamburg die Grafik und mit der Grafik den Gegenstand neu entdeckte und die, ohne eine Schule zu bilden, einen Einschnitt und einen Wiederbeginn markiert.

Wunderlich, Drenkhahn, Gresko, auch Gisela Bührmann und andere haben sich in der zweiten Hälfte der 50er Jahre mit dem Gegenstand ins Verhältnis zu setzen versucht. Aber keiner hat sich so entschieden auf das Nahe und Nächste, auf das Kleine und Kleinstädtische eingelassen wie Janssen und — was noch wichtiger ist — ihm die Möglichkeit zurückgegeben, von sich zu erzählen. Dieses Jahrhundert hat viele Wege ersonnen, auch das Banale und Triviale in die Gestaltung einzubeziehen. Aber ins Museum überführt, erzählt der *Flaschentrockner* von Duchamps nicht mehr seine Geschichte, sondern die Geschichte der modernen Kunst. Dagegen sind *Solibieda, Pfiffi mit dem Knochen,* die *Kaffeetanten,* die *Knopfoma* und wie die Radierungen heißen, die entfesselte Provinz.

In demselben Jahr 1958, nur wenige Monate später, ist in einem anderen Metier ein Werk erschienen, das das Kleinbürgertum zur einzigen Bühne, den Danziger Provinzmief zum Großschauplatz und die bis dahin epigonale deutsche Nachkriegsliteratur mit einem Schlag in den Rang der Weltgeltung hob: *Die Blechtrommel* von Günter Grass. Die gleiche „Sucht zum Gegenstand", die gleiche „Detailbesessenheit", die diesen epochemachenden Roman episch in die Breite führt, ist auch in Janssens frühen Radierungen am Werk. Grass hat nach eigenen Angaben gegen das ort- und zeitlose Ausspinnen kafkaesker Traumwelten angeschrieben. Das auf dem Umweg über das Ausland reimportierte Absurde war die Mode. Das kulturelle Vakuum, das dieses Nachkriegsdeutschland bis zur Selbstverleugnung aufgeschlossen machte, hat Grass mit seiner Danziger Kindheit gefüllt.

Ähnlich Janssen: Er verweigerte sich den internationalen Verkehrssprachen der Kunst. Die gegenstandsfreie Malerei, die damit locken konnte, daß wir an die Spitze der Weltkunst und in den Schoß der Völkerfamilie zurückkehren, lehnte er ab. Was flächendekoratives Muster oder was Materialstruktur war, hat er auf den Gegenstand zurückverfolgt. Bei seiner Oldenburger Herkunft ist nicht weiter verwunderlich, daß die Vorlieben des Kleinbürgers breit durchschlagen. Die Warburgstraße mit ihren *Öhmchen* und *Kaffeetanten* ist die Verlängerung der Kleinstadtbühne. Die Damen auf der *Promenade* mögen sich noch so mondän spreizen, ihre schmuddelige Erotik verrät den Blick von unten. Die *Knopfoma* ist die wandelnde Schneiderwerkstatt aus der Kindheit.

Und auch das ist auffällig: Beide — Janssen wie Grass — greifen hinter das Gymnasium und die gehobenen Bildungsstandards zurück auf das Volkstum, das, in Märchen, Legenden und Hausbüchern überliefert, seit eh und je im Kleinbürgertum lebendig ist. Kaschubische Familientraditionen kehren ebenso wieder wie in der niederdeutschen Maske des „Reinke de Vos" jener *Fuchs mit Fuchs*, den Janssen sehr früh radiert hat.

Oskar Matzerath ist im Nachkriegsepos der blechtrommelnde Held. Aber auch in der Radierung ist der Trommler mit einem Mal da. Das ist merkwürdig: Bevor *Die Blechtrommel* auf den Markt kam, „trommelte" Janssen schon, erst auf einer Einladung für die Holzschnittausstellung in Hannover, dann auf großformatigen Zinkplatten. Die Trommelei hatte es ihm angetan. Die Schallplatte, von Trude Hesterberg nach einem Text von Tucholsky, konnte er stundenlang abnudeln.

Am Wittenbergener Strand ist er mit eigener Trommel als der große Zampano voranmarschiert, frei erfundene Lieder über die Elbe schmetternd. Es ist schon erstaunlich, wie in den Spätfünfzigern die unterschiedlichen Metiers fast gleichzeitig im Bild des Trommlers ihren Selbstbehauptungswillen entdecken. Es ist der Selbstbehauptungswille des auf die Menschheit losgelassenen Kleinbürgers. Aus diesem erfahrungsgesättigten Material machten die annähernd Dreißigjährigen — halb Kriegs-, halb Nachkriegsgeneration — eine eigene Kunst.

Im nachhinein rücken Grass und Janssen noch enger zusammen, als es manchem Zeitgenossen schon auffiel. Beide haben ihre Protagonisten körperlich deformiert. Oskar hört mit drei Jahren auf zu wachsen und zersingt Glas. Als sei der Leibhaftige in diesen eigensinnigen Kerl gefahren, ist der Zwerg mit dem bösen Blick begabt. Von unterwärts, aus der Perspektive des zurückgebliebenen Kleinen, zieht er die häßlichen und philiströsen Bilder an. Der gleiche hyperbolische Realismus beherrscht die Totentanz-Visionen. Der Janssen der frühen Radierungen ist gerippewütig: Knochen rasseln, Gebeine tanzen in ekstatischen Verrenkungen. Was für den einen der sezierende und skelettierende Blick ist, das ist für den anderen die Froschperspektive des Oskar Matzerath mit ihren gnomhaften Verzerrungen. Dennoch haben Grass und Janssen nur einmal zusammengearbeitet, aber nicht für *Die Blechtrommel,* wie der Autor es gern gesehen hätte, sondern für das Faltblatt *Schweinekopfsülze.*

Mit den späten 50er Jahren datiert eine kulturelle Wende und ein neues künstlerisches Selbstverständnis in diesem Teil Deutschlands. Mit der *Blechtrommel* war Günter Grass die Erneuerung einer epischen Großform gelungen. Auch Janssen war dabei, sich in der Grafik einen Namen zu machen. Aber die Radierung steht traditionell nicht im Zentrum der bildenden Kunst.

Manches spricht allerdings dafür, daß die bildende Kunst sich nurmehr von der Peripherie her verändern konnte. In den 60er Jahren sollte die Arbeit mit Pinsel und Farbe ohnehin zurücktreten. Neue Materialien, Techniken und Konzepte drängten sich nach vorn und kehrten zeitweise das Verhältnis von Zentrum und Peripherie um. Zeichnung und Grafik fanden wachsendes Interesse. Diese Entwicklung ebnete auch der Perfektionierung der Malerlithographie den

Weg, wie Paul Wunderlichs Leistung auf dem Gebiet der Grafik genannt wird. Hamburg steht überhaupt in dem Ruf, die Renaissance der grafischen Künste nach dem Krieg entscheidend vorangetragen zu haben. Und natürlich wird neben Wunderlich, Drenkhahn, Gresko, Bührmann, Cords und anderen an vorderster Stelle Janssen genannt. Doch ist Janssen nicht bloß ein Ereignis der norddeutschen Metropole. Wie sich immer deutlicher zeigen wird, begann mit Janssen eine Erneuerung des gegenständlichen Sehens. Die Radierung, die er gerade für sich entdeckt hatte, war nicht bloß eine Sparte im weitgefächerten Angebot künstlerischer Tätigkeiten. Sie war in dem historischen Moment, an einem geschichtlichen Endpunkt der Moderne, die Möglichkeit zu einem Neuanfang. Sie war es freilich durch Janssen.

Als sich die Malerei wieder mal auf einen kruden Naturalismus zubewegte und am liebsten die Oberfläche eines *Ofensteins* oder einer schäbigen *Brandmauer* unmittelbar zur Kunst erklärt hätte, sprang im selben Augenblick die Radierung ein. Sie half die Materialstruktur ins Gegenständliche übersetzen. Wo Drenkhahn die Leinwand mit einem porösen und schrundigen Relief überzog, zeichnete die Radiernadel jede Ausfransung und jede Bruchkante genau nach. Was der Maler in der materialen Botschaft beließ, verwandelte Janssen in Figur. Ohne auf die unruhige, ja nervöse Oberflächenbehandlung der Strukturmalerei zu verzichten, überwand er die „Abstraktion".

Janssen ahnte wohl, was ihm da gelungen war. Und er wußte auch, daß er in der Radierung auf das kongeniale Arbeitsmittel gestoßen war, das seinem Naturell am meisten entsprach. Achtundzwanzig Jahre mußte er alt werden, bis er zu radieren angefangen hatte. Früher wäre es fast auch nicht möglich gewesen. Denn bei Mahlau auf der Landeskunstschule stand Radieren nicht auf dem Programm. Und in den Jahren nach dem Krieg hätte auch das Geld für Material gefehlt. Um an Zink- und Kupferplatten heranzukommen, brauchte Janssen auch heute noch die Hilfe von Tantchen, die geschäftlich mit Klempnern und Installateuren zu tun hatte und ihm die Metallplatten besorgte. Als er im Frühjahr 1958 die großen Radierungen im Treppenhaus vor seiner Wohnung zeigte, wurde die Ausstellung ein Erfolg. Mit Preisen und Auflagen, auch wenn sie unter denen der Holzschnitte lagen, verdiente er reichlich Geld.

Doch seine Erwartungen waren noch höher gespannt. Der Direktor der Kunsthalle stand nicht in dem Ruf, provozierend zu sein. Wo's Janssen aufgeschnappt hat, ist denn auch unklar. Schuld waren wohl seine überzogenen Ansprüche. Als die ersten Radierungen aushingen, hatte die Begeisterung gleich hohe Wellen geschlagen, und auf einer Feier bei Willem Grimm preschte einer mit der Forderung vor, die Hamburger Kunsthalle möge die ganze Suite ankaufen. „Wir sind doch kein Wohlfahrtsinstitut", soll Alfred Hentzen gesagt haben. In die erste Verlegenheit explodierte Janssen und fegte den Kunsthallendirektor, diesen frühen Freund und Förderer, mit einer Verbalinjurie weg, daß alle Anwesenden sich gottweißwohin wünschten. Niemand wagte dem Tobenden ins Wort zu fallen. Professor Hentzen war jedoch souverän genug, die Beleidigungen wegzustecken und nur den Aufschrei zu hören — den Aufschrei eines Verletzten.

Am Ende der Radierphase hatte Janssen wieder zu trinken angefangen. Solange er fleißig zu Hause am Arbeitstisch saß, hatten ihn die Freunde und besonders Drenkhahn schon zum Langweiler erklärt. Aber auch ohne diese Fopperei wäre er wieder zum Alkohol zurückgekehrt. Darunter hatten vor allem Marie und die Ehe zu leiden.
Die Abhängigkeit von Tantchen war nie ganz ausgestanden. Das bedrückte Marie, und mit der Zeit machte es sie so eifersüchtig, daß sie die Hilfe von dieser Seite nicht anerkennen wollte. Mit ihren eigenen Eltern ging es nicht viel besser. Die feindselige Einstellung der Knauer-Eltern gegen die in ihren Augen überstürzt geschlossene Ehe führte zu Spannungen. In Janssens Kopf saß der Gedanke fest, daß er nicht nur Marie, sondern auch in die Familie des angesehenen Arztes geheiratet hätte. Selbst wenn es ihm nur zum Anlaß gedient hätte, seinen Spott damit zu treiben und sein eigenes kleinbürgerliches Nachobenschielen zu karikieren, es regte ihn auf, daß die Kontakte nicht besser wurden. Er hatte eine Werbeoffensive gestartet und war bei der Mutter kategorisch abgeblitzt. Der alte Knauer hätte zuletzt nachgegeben. Aber trotz der Freundschaft zu Künstlern wie Bargher und Pfitzner war ihm dieser Schwiegersohn zu unbequem. Den Störenfried hatte er schon im Hause Gutsche rumoren sehen. Er hatte Gabriele beigestanden, als sie das Kind austrug. Jetzt mußte er sich nächtliche Telefonanrufe und ein paar in den Hörer geraunzte Anmaßungen gefallen lassen. Wenn Vater Knauer dennoch zu Besuch in die War-

burgstraße kam, so aus Anhänglichkeit an die Tochter. So oft er mit selbstgeschossenen Blumenfotos in der Tür stand, zog er Marie beiseite und verschwand mit ihr in dem zum Fotolabor verwandelten Teil der Wohnung.

Das Ende der Ehe kam schnell und überraschend. Janssen führte es so mutwillig herbei, daß es schon wieder stutzig macht, wenn er auch noch vorgab, darunter zu leiden.

Eine herzliche Freundschaft verband ihn mit Edith Garrels, die in Lebensgemeinschaft mit Richard Hey und ihren heranwachsenden Töchtern in einem Haus am Goßlars Park wohnte. Das war Janssens Liebstes: mitten in einer vielköpfigen Familie sein Plätzchen haben. Der Familienkrach gehörte dazu. „Ja, Öpchen, du hast recht." Und beschwichtigend: „Öpchen ist lieb." Natürlich drehte es sich nicht um den Großvater, der seine Kammer nebenan nur verließ, wenn schon alles drunter und drüber ging, sondern um die drei Töchter. Eines der Mädchen hieß Sibylle, und Marie sollte ihre Haare wie sie tragen. Die Dauerwelle wurde zu einer Katastrophe, und die Schere mußte helfen. Darauf zog er Katharina, die andere Schwester, vor und widmete sich ihr mit drolliger Aufmerksamkeit. Die er aber eigentlich meinte, die ältere, gleichwohl erst achtzehnjährige Etta, die „Kunst" studierte, grüßte er nur wortlos und ging ihr scheu aus dem Weg. Erst in Worpswede lernte er sie etwas besser kennen.

In Worpswede hatte Janssen seine ersten Platten drucken lassen. Die großformatigen Radierungen, die er in der Kunsthochschule noch selber andruckte, bearbeitete Jaeckel für die Auflage, höchstens 25 Abzüge. Und Jaeckel lebte in seiner Werkstatt in der alten Künstlerkolonie vor Bremen. In Worpswede hatten um die Jahrhundertwende Hans am Ende, Overbeck, Mackensen, Modersohn und Vogeler gearbeitet und natürlich auch Paula Modersohn-Becker. Die Künstlergemeinschaft war damals so lebendig gewesen, daß sie mit Rilke und Gerhart Hauptmann vorübergehend die berühmtesten Dichter in ihren Bann zog. Auch nach zwei Kriegen ging es in den Atelierhäusern, die einzeln im Wald untergezogen waren, immer noch gesellig zu. Janssen beeindruckte das emsige und ungestörte Leben dort, und er spielte mit dem Gedanken, nach Worpswede zu ziehen, bis ihm klar wurde, daß er es dort auf die Dauer doch nicht aushalten und gewiß der unleidlichste Mensch würde. Er schlug sich das Vorhaben wieder aus dem Kopf.

Es gab jedoch Zeiten, in denen er nachts mit Pyjama und halboffenem Bademantel über die Moorweide schlurrte und vor dem Dammtorbahnhof ein Taxi in Richtung Bremen bestieg. Als er sich in den ersten Tagen des Jahres 1959 mit Etta Garrels verabredete, fuhren sie mit der Eisenbahn nach Worpswede. Sie mieteten sich ein Zimmer, das kalt und feucht und von einem unerträglich knarrenden Bett ausgefüllt war. Alles drängte die beiden zur Natur. Der Nieselregen machte ihnen nichts aus. In größer werdenden Bögen umrundeten sie die Ortschaft. Janssen war zu verknallt, um potent zu sein. Etta zeigte Verständnis und ließ ihn machen. Auch das Arrangement in einer Ackerfurche mit zwei Moorwanderern, die direkt auf sie zumarschierten, klappte nicht. Aber wieder zu Hause, baute er sich vor seiner Frau Marie auf und erklärte: „Wir müssen uns trennen. Ich habe dich betrogen." Und pathetisch setzte er noch hinzu: „Ich bin deiner nicht würdig."

Wie konstruiert das ganze Vorhaben war, hätte schon Etta merken können, als ihr Janssen noch vor dem Ausflug eine Zeichnung überreichte, die den ländlichen Schauplatz ihrer gemeinsamen Bemühungen im voraus beschwor. Sie glaubte jedoch lieber an den Zufall, und so ließ sie es auch geschehen, daß ihre Mutter sie umgehend auf sechs Wochen nach Italien mitnahm. Als dann Marie das erklärte Ende der Ehe wirklich vollzog und resolut die Koffer packte und mit Lamme nach Schweden abreiste, stand Janssen allein da. Eben hatte er noch die Schwester und frühere Freundin Thora hämisch gefragt: „Wie findest du, daß ich wieder läufig bin?" Jetzt stand mit einem Schlag fest: er konnte nicht allein sein — nicht einen Augenblick. Maries konsequenter Rückzug war ein Schock. Entgegen allen Plänen hatte ihn die Angst eingeholt.

Zu der Zeit, als Janssen in sein Unglück rannte, stürzte sein Freund Drenkhahn in eine noch viel tiefere Krise. Alle Katastrophen, die Drenkhahn durchlitt, entsprangen einer nicht zu dämpfenden Überempfindlichkeit. Davon erlösten ihn nur die Arbeit und der Alkohol. Stärker noch als Janssen, konnte er das Leben manchmal nur im Suff ertragen.

Tief in ihm brodelte es, auch wenn er nach außen einen Berserker verkörperte. Ja, im Grunde war er schüchtern. Wenn Janssen so skrupulös schwierig sein konnte, daß er nicht einmal ein Geschäft betrat, wie unpassend mußten erst die Verlegenheiten dieses hünenhaften Freundes erscheinen. Es war an einem Frühlingstag, und Drenkhahn hatte wie alle Hamburger das Bedürfnis, die Alster zu umrunden. Vielleicht störte ihn das langgezogene Feld rüstiger Marschierer oder die Luft war zu lau — ohne Alkohol ging es nicht. Man sollte aber die Flasche nicht sehen. Deshalb stellte er sie auf den Boden eines Kartons, in den er oben ein fünfmarkstückgroßes Loch gebohrt hatte. So spazierte Reinhard mit dem Karton unter dem Arm um die Alster, und wenn er trinken wollte, hob er — unauffällig — den ganzen Pappkasten hoch.

Janssen und Drenkhahn waren viel umeinander herum. Sie mochten sich, auch wenn es oft so aussah, als wenn sie rüde aneinandergerieten. Als sich Janssen von Wunderlich in die Radierung einführen ließ, schien Drenkhahn eine Zeitlang das Nachsehen zu haben. Aber Wunderlich war ein viel zu eigenwilliger Charakter. Die Gesellschaft tat das Ihre und mit der Zeit zog sie jeden in ein anderes Lager herüber. Während Wunderlich nach der Tagesarbeit vom Malkittel auf englisches Tuch umstieg, behielt Janssen die Gummistiefel an. Er kehrte den Grobian und Saufbold heraus und tat bald alles, um seinen Gegenpart so glaubhaft wie möglich zu machen. Das führte ihn zu Reinhard Drenkhahn zurück, mit dem es diese Art Rollenverteilung nicht gab. Im Gegenteil, wenn es darum ging, einen neuen Unfug auszuhecken, ergänzten sich die beiden, und wie eine Geschichte aus ihren besten Tagen erzählt, liefen sie bei ihren gemeinsamen Streichen zu einer tollen Form auf.

Es war auf einer Autotour an die Ostsee. Die Müllerin und Edith Garrels hatten sich zu einem Ausflug nach Travemünde verabredet. Janssen und Reinhard drängten sich den Frauen auf. Sie wollten aber die männliche Begleitung nur akzeptieren, wenn der Schnaps zu Hause bliebe. Sie ließen sich überzeugen, daß es nur ein paar Flaschen Bier seien, mit denen sich die beiden Freunde in die Hinterbank des offenen Sportwagens schoben.

Der in den Bierflaschen abgefüllte Rum tat seine Wirkung, und auf der Autobahn krakeelten die Hinterbänkler immer lauter. Drenkhahn hielt es schon nicht mehr auf dem Sitz. Kein Auto sollte sie überholen.

Er stieg über die Müllerin und die Windschutzscheibe hinweg und setzte während der rasenden Fahrt seinen Fuß auf die Kühlerhaube. Je stärker er sein Gewicht auf dieses Bein verlagerte, desto tollkühner geriet der Balanceakt. Wild gestikulierte er zu den abstandsuchenden Autos auf der Nebenfahrbahn herüber, als sich eine Windböe in seinem Trenchcoat verfing und ihn in die Windschutzscheibe drückte. Im Splitterregen brachte Edith Garrels den Wagen zum Stehen.

Auf der Höhe von Lübeck erwartete sie bereits eine Eskorte der Polizei. Die Strafanzeige war ihnen vorausgeeilt. Auf der Wache wurde Drenkhahn sofort renitent. Wie er auf die Erledigung protokollarischer Formalitäten reagierte, hatte sich noch nicht bis Lübeck durchgesprochen. Reinhard drohte sie alle mit hineinzureißen. Da stieg ein Knirschen gegen die Decke und zog auch die Aufmerksamkeit der Polizisten auf sich. Janssen kaute Glas. Zwischen seinen Zähnen zermahlte er die Splitter der Windschutzscheibe, die sich in seinem Pullover verfangen hatten. Wenige Geräusche gehen so unter die Haut. Aber er lachte und demonstrierte mit aufblitzendem Hasengebiß, wie harmlos alles sei — ein Glasschaden, mehr nicht. Schließlich wollte die Polizei Drenkhahn nur noch zur Ausnüchterung in Gewahrsam behalten. Doch der widersetzte sich. In einem unbewachten Moment hangelte er sich aus dem Fenster heraus und ließ sich von oben direkt auf einen Fahrradsattel herabfallen. Als die Freunde ihn auf dem Rückweg von der Ostsee abholen wollten, war er noch flüchtig. Erst später hat ihn eine Polizeistreife aufgegriffen.

Wo Janssen und Drenkhahn auftauchten, ging es rabaukenhaft zu. Aber auch untereinander schonten sie sich nicht — zwei Künstler, die um ihren Weg rangen. Dabei argumentierte Janssen viel beweglicher, und oft war sein Urteil schneidend. Drenkhahn überließ sich eher seinen intuitiven Ahnungen. Aber in der letzten Ziel fiel es ihm immer schwerer, über seine scheinbar an ein Ende gekommene Malerei hinauszugelangen. Unter einer aufgerissenen Oberfläche stehen seine späten Hieroglyphen stumm und wuchtig im Raum. Zu solchen urtümlichen Lebensäußerungen zog sich für ihn die Kunst zusammen — und kein Wort reichte da heran. Darauf spielte Janssen an, als sie einmal beide nach einer durchsoffenen Nacht auf einem Bauernhof aufwachten und er am Fenster stand und sah, wie die Sonne über einem Acker durch den Morgennebel brach: „Die Bauern schweigen, weil sie es nicht besser wissen. Sie wissen es nicht. Deshalb schweigen sie." Das war eine rüde Abfuhr für eine ganze Epoche; für die Epoche des Existentialismus und des mythischen Absurdismus oder wie immer diese Phase nach dem Krieg genannt wird.

Von Paris kommend, wo er mit seinen Bildern nicht den erhofften Erfolg hatte, nach einem trostlosen Zwischenaufenthalt in Karlsruhe und einer ins Dunkel gehüllten letzten Begegnung im D-Zug erhängte sich Reinhard Drenkhahn am 26. März 1959 in seiner Wohnung. Der Vater, der als Schiffsingenieur zur See gefahren war und der der Kunst eher hilflos gegenüberstand, wurde herbeigerufen und gab die Bestätigung: „Ja, das ist mein Sohn. Knoten konnte er machen."

Kreidebleich und schlotternd stand Janssen vor der Tür von Paul Wunderlich: „Du mußt sofort mitkommen . . ." Allein wäre er nicht zu dem Toten gegangen. Vor ihren Augen wurde der Leichnam abgeschnitten. Danach versammelten sich die Freunde in der Warburgstraße. Von Entsetzen erfaßt, wurden hier und da finstere Vorahnungen memoriert. Mit Kai Sudeck soll Drenkhahn eine Wette geschlossen haben: „Wenn's nicht klappt — aus."

„Marie hatte ihn verlassen." So nannte Janssen ihren couragierten Auszug und die Abreise nach Schweden. Das machte ihn halb wahnsinnig. Jetzt hatte sich auch noch Reinhard Drenkhahn das Leben genommen.

12. Birgit Sandner

Es folgte die überstürzte Flucht in eine neue Ehe oder — aus der Sicht Birgit Sandners, die das Opfer war — ein Kesseltreiben, vor dem es kein Entrinnen gab außer die Einwilligung in eine sofortige Heirat. Birgit Sandner war Kunststudentin am Lerchenfeld. Nach einigen Semestern richtete sie im Gassenviertel nahe dem Großneumarkt eine Galerie ein. Die muffigen Eckkellerräume in der Brüderstraße Nr. 10

In der Galerie Sandner. Von links nach rechts: Drenkhahn, Wunderlich, Birgit Sandner, Ursula Leffkes.

hatte das Gesundheitsamt für unbewohnbar erklärt. Wo eben noch die Ratten untergekrochen waren, zog unter den neugierigen Blicken der Nachbarn — „Dascha doll — 'ne Gemäldegalerie in unse Straße!" — das Künstlervölkchen mit Schrubber und Besen, mit Gips und Farbe ein. Das war im Sommer 1957. Bald darauf sprach Birgit Sandner bei Janssen vor. Sie wollte seine Holzschnitte ausstellen, aber alle Drucke waren bereits vergriffen. Seitdem kam Birgit häufiger als Gast in die Warburgstraße. Sie freundete sich mit Marie an, spielte mit Lamme und erlebte am Rande den kaffeetrinkenden, bücherlesenden und stupend fleißigen Vater.

Janssen hätte schwören können, daß er Birgit schon früher kennengelernt hatte. Er behauptete steif und fest, daß sie unter dem Schreibtisch von Professor Hassenpflug gehockt habe, so oft er am Ende seiner Studienzeit in das Direktorenzimmer gerufen worden sei. Als er sich von Marie getrennt hatte und Etta nach Italien verschwunden war, ging ihm der Gedanke überhaupt nicht mehr aus dem Kopf, daß

Birgit Sandner die Geliebte seines Erzfeindes Hassenpflug gewesen sei. Die Gelegenheit zur Rache an dem gehaßten Rektor und Bauhäusler Hassenpflug, der ihn seinerzeit von der Schule weggeekelt hatte, spornte ihn zur Liebe an — oder was er sehr hitzig dafür ausgab.

Hinzu kam, daß er durch die Verbindung mit Birgit eine Galerie in die Hand bekommen würde. Er hätte dann Einfluß darauf nehmen können, welche Künstler gezeigt werden. Der Inhaber eines florierenden Malereibetriebes und Kunstliebhaber Siegfried Poppe zog damals kulturpolitisch mit die Fäden in der Hansestadt, besonders wenn es darum ging, wer aus Wien eine Gastprofessur an der Kunsthochschule am Lerchenfeld erhalten sollte. S. Poppe hatte neben seinem Geschäft mit Wandfarben eine bedeutende Kunstsammlung aufgebaut. Er war mit Richard Oelze — wie es in Sammlerkreisen heißt — so gut wie „verheiratet". Ausgerechnet ihn wollte Janssen ausstechen und eine Ausstellung von Oelze-Werken in die Kellergalerie der Brüderstraße ziehen. An freiverkäuflichen Arbeiten war aber nicht heranzukommen. Wenigstens ein Bild mußte Janssen von Oelze selbst erwerben. Zwölf geschlagene Stunden redete er auf den Künstlerkollegen ein, nachdem er sich mit dem argumentationsgewandten Horst Zuschke verstärkt hatte. Aber Oelze versteifte sich auf seine Ablehnung, und gegen Mitternacht hatte er überhaupt genug von diesem hartnäckigen Feldzug um seine Person. Wie Janssen schon erfolglos auf der Straße stand, schickte er den Freund wieder hinein. Er sei noch nicht so verbraucht. Er solle noch einmal verhandeln.

Nicht besser erging es Schröder-Sonnenstern, dem naiven Zeichner und Koloristen ausladender Gesäßrundungen, der in Berlin wohnte. Mit Brockstedt und Birgit und einer Batterie Schnapsflaschen rückte Janssen, der nur widerwillig reiste, im Auto an. Da er mit Geld nicht zahlen konnte, wollte er die Serie erotischer Blätter, die er bei dem schizophrenen Meister entdeckt hatte, mit eigenen, ad hoc angefertigten Zeichnungen auslösen, was sich dieser mürrisch, fast angewidert verbat. Flasche um Flasche wurde geköpft, und die Frau des Hauses lag schon wie umgefällt in der Küche, als Schröder-Sonnenstern keinen Ausweg mehr wußte. Das befreiende Wort war nach etlichen Stunden gefallen, da raffte Janssen mit einem einzigen Klammergriff die Bilder zusammen. Brockstedt hatte den Auftrag, Birgit zu schultern, die die Entwicklung der jüngsten Ereignisse nicht mehr bewußt miterlebt

hatte. So stürmten sie die Treppe herunter. Nächtlich und überfall-
artig, wie sie gekommen waren, suchten sie auf der Transitstrecke wieder das Weite, die künftige Braut mit ihrem Hochzeitsgeschenk im
Gepäck. Denn Birgit sollte die Schröder-Sonnenstern-Zeichnungen bekommen, wenn sie in die Ehe einwilligte.

Janssen wollte Einfluß darauf gewinnen, was in der Hansestadt als
neue Kunstrichtung präsentiert wurde. Dazu engagierte er sich in der
Gegenwartskunst, wie es später nie wieder vorkam. Man konnte damals mit ihm das breite Spektrum der Moderne diskutieren. An solchen aufregenden Gesprächen nahm er teil, ließ Meinungen gelten,
enthielt sich ultimativer Äußerungen und war frei davon, jemandem
die eigene Ansicht zu oktroyieren. Natürlich war er kritisch, aber auch
aufgeschlossen und Anregungen zugänglich — aus dem *Quadrum,* dem
Monat und wie die Zeitschriften hießen. Seinem Sammlerfreund Carl
Vogel riet er ohne Eifersüchtelei zum Kauf einer Radierung von Ensor,
und unter mehreren Vasarélys half er sogar, die beste Wahl zu treffen.
Wenn zu jener Zeit für Brockstedt die Front zwischen Tàpies und
Bissier einerseits und Hartung, Soulages andererseits verlief, so war
das gesprächsweise umkämpft, doch ohne das Risiko persönlicher
Bloßstellung. Janssen hatte eine sehr klare und prägnante Diktion. Er
faßte rasch auf, und was er hörte oder formuliert hatte, konnte er noch
Wochen später, oft wörtlich, wiederholen. Er besaß nicht das Wissen
und die Vorbildung, aber wo in der Parteinahme für dieses oder jenes
das psychologische Problem lag, sah und sezierte er genau. In der Diskussion gefaßt leidenschaftlich, war er in der Selbsteinschätzung kühl
und nüchtern. Geradezu zwingend war seine Argumentation, wenn er
die eigenen Fehler schilderte. Ohne Skrupel und unbestechlich führte
er die Beobachtung wie ein Messer gegen sich selber.

Gegen eine Richtung hatte sich Janssen früh entschieden: gegen das
Bauhaus und den Funktionalismus in der Kunst. Als er gegen Ende
seiner Schulzeit in Hassenpflug auf einen Vertreter dieser Richtung
gestoßen war, wurde aus der instinktiven Abneigung eine persönliche
Feindschaft. Hassenpflug vertrat mit cholerischem Temperament die
preußischen Tugenden. Organisation ging ihm über alles. Als Kunst-
schuldirektor hatte er neben dem Pförtner gestanden und Ivo Hauptmann, den berühmteren Lehrerkollegen, barsch angefahren: „Herr

Hauptmann, ich warte schon eine Stunde." So dürfte er erst recht vergeblich auf den jungen Meisterschüler Janssen gewartet haben, der zu den Fächern „Schrift" und „Geometrie" verpflichtet war. Hassenpflug hatte aus der Landeskunstschule mehr als ein Malatelier gemacht. Sein Verdienst war es, daß sich die freie Akademie der Künste in eine integrierte Hochschule verwandelte. Der Künstler sollte nicht länger etwas Besonderes sein. Er rückte in eine Reihe mit dem Architekten, dem Grafiker, dem Designer. Darin trafen sich alte Tendenzen des Bauhauses und modernistische Weiterungen des Kunstbegriffs mit dem ökonomisch vertretbaren Ausbau der Hochschulen. Janssen paßte die ganze Richtung nicht. Von Anfang an hatte er für sich den Genieparagraphen beansprucht. „Der kleine Mozart" war sein Kosename im Hause Gutsche, bis er die Frau geschwängert hatte. Frechheiten gehörten genauso zu ihm wie seine Aggressivität, wie sein Witz, wie seine Zärtlichkeit. Er konnte sich nicht um eines Programms willen disziplinieren. Die Ecken und Kanten, die sein Lebenslauf hatte, wollte er nicht abschleifen lassen. Wenn er schon verletzlich war und in ungezähmter Wut nach vorn ausbrach, dann wollte er in dieser Verletzlichkeit einen empfindlichen Kompaß sehen, der ihm den Weg — seinen Weg — anzeigte.

Als sich der baubesessene Architekt Hassenpflug 1955 mit der Kulturbehörde überworfen hatte und den Direktorenposten am Lerchenfeld abgab, hörte Janssen voller Genugtuung davon. Sein Bedürfnis nach Rache war damit aber noch nicht gestillt, wie sich schon bald zeigte, nachdem er Birgit Sandner näher kennengelernt hatte. Mit Birgit brach die Rivalität mit dem Bauhäusler noch einmal frisch auf. Er schickte ihr eine Postkarte, auf der die Mitglieder des Weimarer Bauhauses abgelichtet waren. Jedes Gesicht hatte er so übertüncht, daß sich das Gruppenbild in eine Versammlung von Robotern verwandelte. — So fing das mit den übermalten Postkarten an.

Obwohl die Verbindung mit Birgit Sandner nur wenige Monate dauerte und eigentlich nur die letzten Wochen enger war, ist sie für Janssens künstlerische Entwicklung wichtig. Birgit Sandner hatte eine eigene Galerie und erinnerte ihn an Hassenpflug. Das stimulierte ihn auf eine Weise, die mit ihrer Person wenig, aber sehr viel damit zu tun hatte, was in seinem Kopf vorging. Er entfesselte um sie eine hysterische Art der Werbung. Er stellte ihr nach, er kreiste sie ein, er verbaute ihr jede Flucht. Er nahm sich das Recht dazu, weil er sie zu lieben glaubte, ja — wie er meinte — lieben mußte. Seine ganze Person setzte er daran, um glaubhaft zu machen, daß er nicht nur verknallt war, sondern ein Gefangener seiner Leidenschaft. Einer, der in einem Netz zappelte und vollkommen von Birgit erfüllt war. Er lebte und atmete nur noch durch sie hindurch. Als Reaktion auf die gescheiterte Ehe wäre es zum Teil verständlich gewesen. Aber es blieb doch immer eine Übertreibung und mutwillige Inszenierung. Und das sollte es auch sein. Denn er nahm seine Liebe zum Anlaß, um sich spontaner und direkter mitzuteilen, als er es bisher getan hatte. Die Hysterie sollte von ihm völlig Besitz ergreifen und all seine Äußerungen durchdringen — bis in die kleinste Nebensächlichkeit. Das künstlerische Vorbild war die *art brut*. Dubuffet hatte ihm dazu Mut gemacht, wie er selber sagte.

Jean Dubuffet war Initiator einer Sammlung von Werken, die ursprünglich für kein ästhetisch gebildetes Publikum und für keinen künstlerischen Zweck geschaffen waren. Zum großen Teil stammte die *Collection de l'art brut,* die er seit 1945 systematisch zusammentrug und in Museen zeigte, aus den psychiatrischen Abteilungen der Krankenhäuser. Damit bewegte er sich in dem säkularen Zusammenhang ästhetischer Grenzüberschreitung, die von Anfang an die Moderne charakterisiert. Die neuere Geschichte der Kunst läßt sich beschreiben als ein Prozeß, der sich nach und nach alles einverleibt, was jenseits des klassischen Ideals liegt: erst die gotischen und manieristischen Stilelemente, die Primitivkunst der Neger und Polynesier, den archaischen und expressiven Ausdruck, schließlich die bildnerischen Gestaltungen der Neurotiker und Schizophrenen, die Kinderkunst sowie das weite Feld alltäglicher, trivialer und kollektiver Äußerungen. Dubuffet knüpfte mit seiner eigenen ästhetischen Produktion dort an, wo der psychopathologische Impuls seine Spuren hinterläßt, wo die Besucher öffentlicher Bedürfnisanstalten ihre Kritzeleien verewigen und wo Kinderhände Papier und Wände beschmieren.

Wie der Franzose gingen manche vor, die im Gegenständlichen neu beginnen wollten, ohne gleich wieder zu den alten ästhetischen Konventionen zurückzukehren. Milly und Cilly — so nannten sich zwei amerikanische Kunststudentinnen, die der Ruf Professor Mahlaus an die Elbe gezogen hatte und die nach seiner Emeritierung die grafische Klasse von Willem Grimm besuchten. Milly und Cilly waren Freundinnen und hausten zusammen in einer Kellerwohnung in Altona, die nur durch eine Backröhre beheizt war. Hinter der Kellereingangstür, die mit einem Tuch notdürftig verhängt war, drängten sich auf engem Raum Malatelier und Rumpelkammer, Küche und Bettgestell. Hier trafen sich allabendlich Wunderlich, Janssen, Gresko, Paul Reissert, aber auch der kregele Oberstaatsanwalt Buchholz. Besonders Mildred Thomson, die wuschelköpfige und dunkelhäutige Wärmequelle dieser nächtelangen Zusammenkünfte, zog Drucke ab, auf denen abstruse Figuren und Gesichter locker verknäuelt waren. Von Dubuffet angeregt, hatte Janssen mit solchen Krakeleien begonnen. Sie hätte das aber auch bei Wunderlich entdecken können, der zur gleichen Zeit den Lithostein mit seinem Telefongekritzel bedeckte. So unbefangen und ziellos wie beim Telefonieren die Umrisse einer Figur entstehen und sich während des Gesprächs zu einer zweiten, dritten und vierten Figur auswachsen, sollte die Zeichnung aussehen. Notizen, Zahlen, Türme von Zahlen, Adressen waren wahllos hingeworfen — ohne Rücksicht auf die Komposition. Dieser Rückfall in den ungelenkten Primärausdruck setzt entweder eine unbekümmerte Gemütslage voraus — das war eher Millys Stärke — oder die hohe Kunst der Kunstlosigkeit. Darin war Janssen erfolgreicher als Wunderlich, der in der kurzen Zeit, die er diesem Experiment widmete, sich nicht vollkommen selbst entmächtigen konnte und bald zu den Pinselschlägen eines Francis Bacon kam, die, verglichen mit jener Regression, gestaltschaffend sind und sich einen zwar deformierten, aber plastischen Körper erfinden.

Janssen machte mit der betont kunstlosen Kritzelei einen neuen Anfang. Es war nicht nur innerhalb der Radierung ein Neubeginn und nicht nur die Eröffnung seines zeichnerischen Werkes — es war der erste bewußt inszenierte Anfang. Das ist etwas anderes als das Erklimmen einer weiteren Entwicklungsstufe, etwas grundsätzlich anderes auch als die Eroberung einer neuen Technik. Zwar hatten wir schon bei den frühesten Strichätzungen festgestellt: Janssen fängt mit dem Anfang an. Aber das hatte dort einen handwerklichen Sinn. Dieser Anfang, der jetzt bevorstand, hatte all das schon hinter sich. Nach so vielen Anfängen — Janssen wird dreißig Jahre alt — ein Anfang, der alles, was dazugehört, die Angst, den Zufall, die Einfalt und das Unvermögen, sehr gezielt für sich arbeiten läßt. Solche frischen Inszenierungen eines Neuanfangs sind, wo immer sie sich ereignen — zum Beispiel bei Picasso — ein großartiges Schauspiel, spektakulär durch das, was verworfen wird: die schon erworbene, früh erlangte Meisterschaft, gewissermaßen die Erstausstattung des geborenen Talents.

Bei Janssen fällt es mit der stürmischen Werbung um Birgit Sandner zusammen. In diese neue Leidenschaft warf er sich mit aller Macht hinein, ja, er ließ sich mitreißen wie einer, der von Sinnen ist und nur noch manisch fordernd halbwirres Zeug redet. Birgit mußte das Drama um ihre Person sehr kalkuliert erscheinen, und sie warf ihm vor, wie künstlich seine Liebe und wie aufgesetzt seine Hektik seien. Er wollte aber unbedingt die Ehe und drehte ihr das Wort im Mund herum: „Ich möchte Dich verfluchen + bitte dich inständig — sich (zu) entscheiden, künstlich zu sein."

Mit demselben Gekritzel, mit dem er solche Zettel füllte, machte er sich auch an besonders kleine Zinkplatten heran. Die großen Schwarz-Weiß-Radierungen erschienen ihm jetzt unerhört „bunt". Die neuen Radierungen sollten wie nebenbei entstanden aussehen — wie zufällig auf die Platte geratene Kritzeleien aus einer fieberhaften Endlosproduktion. Er wollte sich mit all seinen Widersprüchen einbringen. Zwischen Kunst und Wirklichkeit sollte es keinen Unterschied mehr geben. Liebte er Birgit oder redete er sich das nur ein? Auf jeden Fall reagierte er hysterisch. Beteuerungen und Verwünschungen wechselten in einem fort: „Birgit ist lieb, Birgit ist doof." Er deckte sie mit Notizen und kleinen Zeichnungen ein. Sie sollte wissen, daß er von ihr Tag und Nacht nicht loskam. Er schickte ihr Briefe, Eilbriefe, jeden Tag mehrere, und nachts Telegramme. Um sie auch von anderer Seite einzukreisen, zeichnete er zum Geburtstag der Mutter eine Bildergeschichte. Als Beweis für seine pausenlose Aufmerksamkeit führte er eine Art Stunden- und Minutenprotokoll. Er kritzelte ein Kontokorrentbuch voll und in einem Oktavheft hielt er seine Einfälle fest, wie banal sie auch waren. Nur sachlich sollte es aussehen, umstandslos hingeworfen, durch den Augenblick genötigt. Am sachlichsten aber war die totale Inszenierung der eigenen Person gedeckt durch den Anfall von Liebe. Den schlachtete er aus und nahm sich zurück wie einer, der, seiner selbst nicht mehr mächtig, bloß noch stammeln kann, der Geschichten anfängt, ohne sie zu Ende zu bringen, der von einem ungeheuren Mitteilungsbedürfnis gedrängt, auf die Stufe einer infantilen Gebärden- und Zeichensprache zurückfällt. Ein delirierender Liebender inmitten einer selbstgeschaffenen Welt verteufelter Nebenbuhler, unfähig zu unterscheiden zwischen Gestern und Morgen, zwischen Wollen und Müssen, zwischen Mann und Frau:

„Mantala / meine Süße / wärst du ein Junge /
ich hätte dich zu meiner Frau gemacht
wenn du / dich nicht gewehrt hättest /
so tue ich das morgen / wenn du willst /
willst / Aber dich zu fragen ist / gleich
fragwürdiger Weise / lieb wie quälend
+ süß / Wie Mantala / was heißt, Mantala."

Eine Geschichte wie ein Irrläufer. Sie füllt eine grafisch durchgestaltete Doppelseite in dem Oktavheft vom 24. September 1959. Damit korrespondiert eine Kugelschreiberzeichnung, die in der Verwirrung von Schrift und Bild, von Neben- und Übermalung der gleichen psychotischen Dynamik folgt. So eignete sich Janssen die *art brut* an. In der Verfolgung Birgits, in diesem Sturmlauf eines Werbenden, eines Eifersüchtigen, verankerte er autobiographisch, was für Dubuffet in der Distanz eines Vorbildes geblieben war: die Kunst des psychopathologischen oder kindlich regressiven Ausdrucks.

Es ist erstaunlich, wie weit Janssen in der Brutalisierung seiner zeichnerischen Mittel ging. Was er bis dahin gelernt hatte, und was ihm Sicherheit gab, stieß er von sich weg. Es war auch ein Akt der Selbstzerstörung. Er ließ sich zurücksinken auf den besinnungslos kreisenden Kugelschreiber, der eine irrwitzige Freude daran zu haben schien, sich in einem endlosen Kringel leerzulaufen. Was daraus entstand, waren kaum lesbare Umrisse, eher schon das Unkenntlichmachen einer Gestalt durch die' nächste überwuchernde Figur und immer so weiter, bis das Blatt nach allen Seiten wie unter einem horror vacui ausgefüllt war. Es ist das Prinzip der zeilenschlingenden Handschrift, ein der Kontrolle scheinbar entzogenes Hin- und Herspringen zwischen Zeichnung und Alphabet. Die Merkmale schizophrener Bildnerei sind nahezu vollständig versammelt, allem voran der autodidaktische Zug, der die Hochkunst unterläuft; die randvolle Überladung, die sich skripturaler

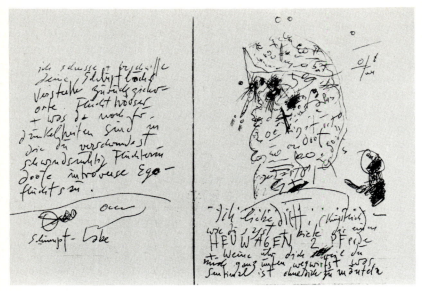

Doppelseite aus einem Oktavheft vom September 1959. Links: „Ich scheisse und bescheisse / deine Schlupflöcher Verstecke Zurückzieh/orte . . .“; rechts: „Birgit ist doof / Ich liebe dich (künstlich) . . .“

und ornamentaler Elemente in unbegrenzter Wiederholung bedient; das Zu-Tode-Hetzen eines Motivs durch eine Serie von Bildern; das gedrängte Durcheinander und die pointenlose Verflächung; die gegen alle Regeln der Komposition isolierte oder plump zentristische Darstellung. Soweit in dem Gewusel von Linien ein Gesicht auftaucht, herrscht das gemischte Profil vor, die Doppelansicht des Kopfes von vorn und von der Seite. Menschliche und tierische Physiognomie werden kombiniert. Das aus dem Manierismus bekannte Prinzip der Anamorphose griff Janssen besonders simpel, ja, fahrig auf. Es ist diese demonstrative Unbeholfenheit, die hinter dem Gekritzel einen manischen Ausdruckszwang erkennen läßt.

Manisch ist alles, was er in diesen Tagen tut. „Schreiben, schreiben / quasseln. Bloss reden / um Gottes G o t e s / willen nicht aufhören.“ Und an anderer Stelle: „Man will dann nicht so viel. Im Moment.“

Ruhelos spult ein Ich seinen Tag aus sich heraus — unfähig, die Eingebungen und Empfindungen zu sortieren. Aus einem Brief an Birgit: „Morgens 7⁰⁰ nach dieser verdammten Nacht. 1. kann ich nicht mehr schlafen 2. tut das immer noch verdammt weh und sieht auch komisch aus 3. deprimiert wie lange nicht 4. liebe ich dich 5. werde ich mir einen Hund kaufen 6. versuche ich dies alles mal zu ordnen 7. ist hier alles zum Kotzen dreckig 8. bin ich ein stabiler älterer Herr, der 9. keinen Korn trinkt (im Moment) im Gegensatz zu mir 10. werde ich heute nach Ulli Groß rufen 11. werde ich heute nichts essen 12. war ich aber mal unverschämt lustig 13. glücklich 14. pfeife ich gerade 15. frage ich dich, wo du eigentlich die Vokabel ‚austauschbar‘ hergenommen hast 16. Birgit Sandner ist doof 17. Guten Morgen Tantchen 18. gehe ich auf und ab, nur kann ich jederzeit rausgehen 19. Siogeno Geigy 20. rede ich mit mir selbst 21. wünsche ich mir von dir ein oder zwei Paar Strümpfe 22. . . . .“

Diese litaneiartige Schreiberei zieht alle Einfälle wie auf eine lange Schnur auf. Es herrscht der gleiche Mangel an Perspektive, der in den Kritzelzeichnungen jeden Strich, jede Figur, sogar die Bildbegrenzung auf ein und dieselbe Fläche bringt. Alles ist gleich nah und gleich fern, gleich bedeutend und unbedeutend. Nicht in der Lage, sich zu orientieren und eine feste Mitte zu finden, ist dieses Ich einem äußerst labilen Gleichgewicht ausgesetzt, wie es bei gestörter Identität vorkommt. Unerledigte innere Probleme und Affektschübe bestürmen es mit der Dringlichkeit äußerer Mächte. Die nächsten Dinge sind der sklavische Spiegel tiefsitzender Not. Und in alltägliche Handgriffe mischt sich ein Befremden, so daß selbst die eigene Sprache zu einem Hindernis werden kann.

Nie hat sich Janssen der Moderne und ihren Hauptverkehrswegen so angenähert wie in seiner „Kritzel-Periode". Figürliches und Szenisches, die traditionelle Gegenständlichkeit erscheint zurückgenommen und in eine filigrane Textur verwoben, die als Ganze das Bild hervorbringt. Vorder- und Hintergrund gibt es nicht mehr. Die Zeichnung ist, einem nervösen Muster ähnlich, auf die Fläche aufgezogen. Jedes Blatt ist der Ausschnitt aus einer Endlosproduktion. Als das

Ziel dieser Art von Bildnerei könnte die Schriftkunst gelten, die eine Nische in dem weitverzweigten Modernismus ausfüllt.

Nie wieder hat Janssen das Dargestellte so konsequent hinter eine Bildidee zurücktreten lassen. Das aber wird als die Entdeckung, als der Fortschritt dieses Jahrhunderts gefeiert. Solange die Kunst auf Abbildlichkeit festgelegt gewesen sei, und solange die Zentralperspektive einer nicht endenden Subjektivierung unseres Weltbildes Vorschub geleistet habe, hätte immer nur eine Interpretation die nächste abgelöst. Es ginge jedoch nicht darum, einen Gegenstand sehend zu verstehen. Vielmehr sei das Sehen und bildnerische Gestalten als das Erstellen eines ursprünglichen Weltbezuges neu zu begreifen. Sinn der modernen Kunst sei, im Erschaffen eines Bildraumes oder -körpers das handelnde Sehen selbst existent werden zu lassen. — Und wie man uns auch immer den Weg bis zur action painting plausibel zu machen versucht hat! So oder ähnlich klingen die Deutungen. Tatsächlich sieht es so aus, als hätte Janssen doch noch Anschluß an die Moderne gefunden, nachdem ihn der Welterfolg des Tachismus von seiner gegenständlichen Perspektive nicht hatte abbringen können. Dazu bedurfte es erst eines Dubuffet.

Den Mißverständnissen sind Tür und Tor geöffnet. Zuletzt läuft es darauf hinaus, den späteren Janssen eine Fehlentwicklung zu nennen. Nur die frühen Arbeiten seien einmal an der Spitze der Bewegung gewesen. Janssen ist jedoch nie selbstvergessen hinter die *art brut* und ihren betont kunstlosen und anonymen Gesten zurückgetreten. Im Gegenteil. In der „Kritzel-Tour" suchte er nach einer Plattform, um sein Ich spontaner, umfänglicher und auch widersprüchlicher kommen zu lassen. Die Kritzel- und Krakelzeichnungen sind denn auch voller persönlicher Bezüge und so etwas wie ein Katalog aller Dinge in ihm und um ihn herum. Die bildhaften Notationen erscheinen wie von einer nicht abreißenden Erzählung fortgerissen; Auszüge aus einem Sekundenprotokoll. Dem entspricht grafisch die Handschrift, die sich im Wechsel zwischen Bild und Zeichen jede Äußerung einverleibt. Alles wird zur Handschrift und in die Handschrift hineingeholt wie die Figur, die in einem einzigen kunstlosen Schlenker aufgeht. Aber unverkennbar ist es Janssens Hand, die da übers Papier, über den Lithostein, über die Platte fährt.

Es lag nur zu nahe, wenn Janssen diesen allerpersönlichsten Schreib-Zeichen-Duktus zuerst im Verkehr mit Birgit Sandner erprobte, die sich weigerte zu ihm in die Warburgstraße zu ziehen und die er deshalb mit Briefen, Notizen, Tagebucheintragungen bombardierte. Ihre Familie beschäftigte er mit einer Bildergeschichte, die in bester Nonsens-Manier ihrem Titel die Untreue hält. *Das Pferd* lautet die Ankündigung:

> „Hier ist das Pferd. Warum es gerade ein Pferd sein muß, weiß kein Mensch. Aber das stört das Pferd nicht. Außerdem ist es ein sehr begabtes Pferd und könnte jederzeit etwas anderes sein als ein Pferd. Pferd oder nicht, es ist was ganz Liebes Liebes von Pferd. Wir wissen es. / Also dieses Pferd muß für einen kleinen Bericht herhalten. Da es alles andere auch sein kann als ein Pferd, können wir also einen Bericht schreiben über dies u. das. Was wir gerade wollen. Wir, das bin ich. (. . .)"

„Wir, das bin ich." Wann immer sich Janssen der anonymen Technik sgraffitihafter Schmiererei bediente, im Mittelpunkt stand sein Ich. *Selbst als Mozart* und *Selbst aus Zeichenfedern* heißen frühe Einladungen und Plakate. In diesem Genre bereitete sich vor, was jetzt zum Durchbruch kam: die randvolle, Schrift und Bild durcheinanderwirbelnde Endloskritzelei. Im November 1959 zeigte er eine Reihe „ganz kleiner Radierungen" in der Galerie Sandner. Zur Ausstellung machte er eine *Einladung,* die wie ein Leporello gearbeitet ist und aus einem fünfteiligen Faltblatt besteht. Genau im Zentrum — auf der Mittelseite — befindet sich ein Selbstbildnis und auch gleich daneben, wie zur Verdeutlichung, ein zweites, kleineres. Die übertrieben kurvenreiche Profillinie mit dem zurückstehenden Kinn und dem eingerollten Schweinskringel als Auge ist gut zu erkennen. Das Blatt ist eine Sammlung aller möglichen Krakeleien, gewissermaßen die Grammatik des entfesselten Krickelkrakel. Ob Strippenkringel, Zitterstrich, Punktlinie, ob Durch- oder Unterstreichung, jeder dieser Schlenker ist ein elementarer Bedeutungsträger. Am geläufigsten ist es uns aus der erotischen Gebrauchszeichnung: der keck aufgereckte oder schlapperige Peniskringel und die weiblichen Kurven. Wenn Janssen den kleinen Schnauzer von Birgit malte, der Gerda gerufen wurde, dann war das eine mäßig stramme Wurstpelle, charakteristisch ausgebeult an Gliedern und Genitalien. Einfacher geht es nicht. Auf das Niveau solcher

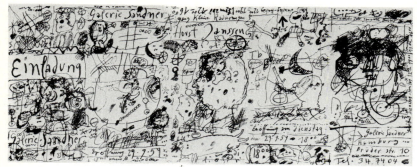

Einladung zur Ausstellung Kleine Radierungen in der Galerie Sandner, Eröffnung
29. 9. 1959. Lithographie 1959 (21,1 x 53 cm)

infantilen Gestik hatte er sich zurückgleiten lassen wie unter dem
Zwang, sich nur selber, ohne den landläufigen Anspruch auf Kunst,
auszudrücken. „Hysterie" ist das Wort, das auf der Einladung neben
Titel und Öffnungszeiten noch am deutlichsten zu lesen ist.

Unübersehbar ist in dieser Phase die Nähe zu so unterschiedlichen
Avantgardisten wie Asger Jorn, Cy Twombly, Jackson Pollock. Nur
daß Janssen, als er zum ersten Mal bewußt einen Anfang machte, die
Moderne dort aufsuchte, wo sie sachlich zu Hause ist: in der den tradi-
tionellen Kunstbegriff sprengenden Primärsprache, sei es die der
Kinder, der Kranken, der Laien. Soweit Dubuffet ihm dabei voran-
gegangen ist, hat er dessen Intentionen radikal auf sich bezogen: Janssen brutal selbst.
Dabei hat er im Zuge handschriftlicher Spontaneität alles physiogno-
misiert. Er hat im flüchtigen Krakel den nächsten Dingen und Gesichtern jene Lebendigkeit zurückerstattet, die dem genau beobachtenden
Zeichner den Weg weisen sollte; einen Weg, der weit wegführte von
den Bildideen der Asger Jorn, Twombly usw.
Die beiläufigen und künstlerisch unerheblichen Ereignisse gaben den
Anstoß zu den meisten Arbeiten, die in der Galerie Sandner gezeigt
wurden. Einige der Situationsprotokolle sagen es direkt im Titel:
*Telefonradierung I, Telefonradierung II, Fleck, Birgit kommt doch
morgen, Radierung mit Strich.* Eine ganze *Tel(efon)-Mappe* sollte es

geben. Die Hauptattraktion bildete jedoch die *Nana*-Serie mit fast einem Dutzend Blättern, frei gestaltet nach Zolas berühmter Romanfigur, die schon Manet und vielen Späteren als Vorlage gedient hatte. Es sind Darstellungen, in denen Janssen seine erotischen Vorlieben zum ersten Mal inszenierte: kleine zwei- und mehrfigurige Kabinettstückchen. Die Kritik war zustimmend, machte aber den Vorbehalt: „man braucht sie ja nicht an die Wand zu hängen." Damals ging das Nachkriegszeitalter der Prüderie seinem Ende entgegen. Aber auch für Janssen war Sex kein Thema, über das er lauthals schwadroniert hätte. In der Hinsicht nannte er sich einen „Spätkommer". Seine Art war, sich Geschichten zu erfinden, Handlungen auszuspinnen und eine Revue zu imaginieren. Sein Motto hieß: „Denn was sich ausdenkt, liebt." Diese präludierende Erfindungslust ist die Quelle seiner Erotika. Dazu gehört, Situationen auszugestalten und mit Hindernissen zu möblieren, die es unmöglich machen, zu früh ans Ziel zu kommen. Der Dreitöchterhaushalt der Edith Garrels mit dem schriftstellernden Richard Hey als Familienvorstand war in der Hinsicht so etwas wie eine prall gefüllte, gut gehütete Vorratskammer. Was Birgit Sandner betrifft, so machte er sich sogar anheischig, „die Tür zu den Mädchen- und Kinderzimmern ihrer süßen Gedanken" aufzuschließen. Ob Birgit oder Etta — entscheidend für die Entstehung der *Nana*-Mappe ist eine entzündliche, im voraus auskostende Phantasie.

Neu an diesen Radierungen ist, daß sie nicht — wie Janssen es nannte — „vollgestrickt" sind. Nicht aus einem Gewusel von Linien, sondern aus einer wolkigen Leere treten Konturen hervor, zeichnen sich Gestalten ab, darunter auch Birgits Lieblingstiere, die recht schlüpfrig posieren, doch den eindeutigen Beweis schuldig bleiben. Überhaupt sieht man immer mehr oder weniger, als da ist. Dieser Balanceakt bedient sich einer Technik der Anspielung und Andeutung, die von der rudimentären Affektsprache der Pissoirwände herkommt. Am sprechendsten sind vielleicht die Gliedmaßen, die an ihren Enden zipfelig verkümmern: lauter krumme Penisfinger. Zweideutig bleibt die Zeichnung zwischen den männlichen und weiblichen Geschlechtsmerkmalen — hermaphroditisch besonders da, wo es haarig wird. In diesem Vexier- und Verwechslungsspiel ruft ein wie zufällig hingeworfener Schlenker widerstreitende Vorstellungen wach. Darauf läuft das Experiment mit der Kritzelei hinaus: eine polymorph-perverse Bildlichkeit.

Um so erstaunlicher ist es, daß die Blätter Charme haben. Eine Art Schalk hält Janssen den Rücken frei, noch diese und jene Bosheit zu landen. Dem Charme ist sowenig wie dem Witz beschreibend auf die Spur zu kommen, ohne daß er platt wird. Es ist die Tendenz zur Physiognomisierung, die in jeder spontanen Bildnerei angelegt ist, die aber hier besonders durchschlägt. Denn in eroticis können wir gar nicht anders als hinsehen; wir wollen es genau wissen. Nirgends sind wir stärker motiviert. Die Hand des Zeichners mag noch so ungelenk sein, wenn uns nur von Ferne anlächelt, was wir schon ahnen, ist das Auge gleichsam noch vor uns da, schafft Leben und sinnt auf Gestalt. Das ist einer von den ernsteren Scherzen, und Janssen hat ihm sein Lebenswerk gewidmet.

Eines der Hauptblätter im *Nana*-Zyklus macht deutlich, was gemeint ist. Vom Rand her fixiert uns Abraham Lincoln in der Rolle des väterlichen Vorbildes. Sobald wir aber seinem strengen Blick ausweichen, lesen wir ungeniert alles Erdenkliche in die nebenstehenden offenen Formen hinein, die ein pathologischer Zeichner flüchtig notiert haben könnte.

Als die „Kritzel-Tour" auf dem Höhepunkt war, kam Janssen zur Bleistiftzeichnung. Wer die ersten reinen Bleistiftzeichnungen sieht, ohne das Vorher und Nachher zu kennen, käme nicht auf die Idee, hier würde sich irgendeine Meisterschaft ankündigen. Als hätte er nie eine charakteristische Umrißlinie gezogen, als sei jedes Sich-Festlegen auf eine Kontur eine unverzeihliche Kühnheit, schummert Janssen mit dem Bleistift nur eben über das Papier. Wie unscharfe Organabbildungen auf einer Röntgenplatte gruppieren sich hellere und dunklere Schatten um Teile der Anatomie, die besser erkennbar sind. Die menschliche Gestalt ist der äußere Anlaß dieser von innen heraus wuchernden Wirrnis. Es gibt aber auch die leere Körperhülse, die mit wuseligen Strichen ausgefüllt wird. Das Gesichtsprofil ist meistens eingedellt. Unter einer vorgewölbten Stirn drängeln sich wie Greifwerkzeuge Mund und Nase. An den Gliederenden tritt die Linie freier hervor; Hände und Füße sind auffällig verkrüppelt.

Man merkt diesen ersten Zeichnungen an, was der mitdruckende Plattenton in den grafischen Arbeiten für Janssen bedeutet hat. Als eine Art Patina legte er sich der Darstellung unter, gab ihr eine gewisse

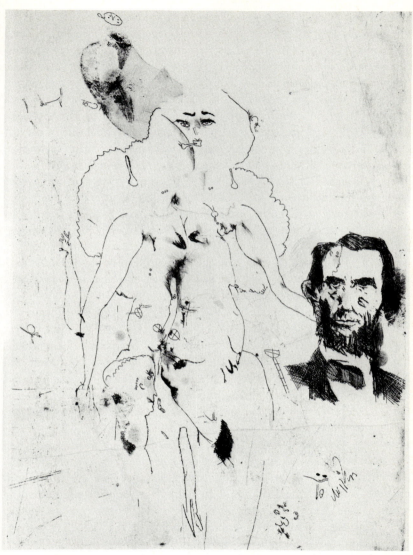

Aus *Nana*-Mappe, Radierung 1959 (17,7 x 24,5 cm)

gewachsene Körperlichkeit und integrierte auch die zufällig verstreuten Spuren. Das alles fehlt jetzt. Die Zeichnung liegt ängstlich flach auf einem viel zu großen weißen Papier auf. Sie brauchte ein anderes Element zu ihrer Entfaltung. Hier war es nach Dubuffet, Oelze, Schröder-Sonnenstern, die — jeder auf seine Weise — wichtig waren, vor allem Wols, der Anstöße gab. „Wols gefällt mir", heißt es kurz in einem Brief. Hinter der explosiven Gestik, hinter den Zerstörungen — als würde Materie auseinandergesprengt — trifft man bei Wols auf ein spinnwebfeines Liniennetz, das, unterschiedlich dicht verknotet, die eintretenden Räume sehr sensibel gegeneinander in Bewegung hält. Janssen knüpft mit seinen hauchzarten Strichgeweben daran an. Aber einer gegenständlichen Absicht folgend, problematisiert er die Naht- und Berührungsstellen. Ihn interessieren die Achselhöhlen, die Falten und Spalte, kurz, alles auf der Grenze zwischen Zeigen und Verbergen. Auf diese heiklen Körperzonen einmal aufmerksam geworden, greift die Erotisierung bald auf die ganze Gestalt über. Die Haarwulst, die durch einen Scheitel in der Mitte zweigeteilt ist, verwandelt sich in ein Paar aufspringender Schenkel.

Die Verwandlungsfähigkeit und Vieldeutigkeit werden zum Motor der frühen Zeichnung. Das geht nicht ohne Gewalt ab. Denn die Metamorphose erschließt nicht nur erstaunliche, nie gesehene Zusammenhänge, sie erlaubt — sexual-ästhetisch gesprochen — nicht nur den Partialtrieben, sich auf ganzer Breite darzustellen. Sie manipuliert auch den Körper, schafft ihn teilweise um, setzt das eine für das andere. Rüsselartig, wie mit besonders beweglichen Nüstern ausgestattet, tastet sich ein Arm heran — ein überdimensionaler Penis. Die Profillinien des Gesichts hängen unter den gekräuselten Stirnhaaren wie Genitalien heraus. All das umkreist der Bleistift eher zaghaft und andeutend. Dennoch entsteht der Eindruck größerer Frechheit und Gewalt — einfach deshalb, weil die Details anfangen, plastischer zu werden. Die Anzüglichkeiten erscheinen nicht länger in den Duktus einer Handschrift zurückgenommen, sondern treten pointiert hervor. Die Zeichnung wird boshafter und aggressiver.

In den letzten Jahren hatte Janssen mehr denn je die Aggressionen für sich arbeiten lassen. Er war verletzlich und fuhr leicht aus der Haut. Bevor einer sich's versah, ging er schon auf ihn los. Wie unberechenbar er auch schien, jede Aggression folgte einer objektiven Spur. Die Gründe lagen immer auch außer ihm selber. Ja, er machte die Aggression zum Mittel der Beobachtung.

Oft genug stand er selber seinem gefährlich reizbaren Temperament fremd gegenüber. Die Kröte diente ihm zum Beweis. Als Junge hatte er sie unter dem Fußrost zu Tode gequält. Jetzt stellte er fest: nicht er, sondern die Kröte war schuld. In ihrer geduckten, schleimigen Penetranz forderte sie zur Gewalt heraus; so archaisch das anmutet, Janssen machte daraus eine experimentelle Einstellung. Von anderer Seite kam ihm Konrad Lorenz zu Hilfe. Sein berühmtes, damals vieldiskutiertes Buch befaßte sich mit den stammesgeschichtlich erworbenen Aggressionen. Nach der Lektüre sagte Janssen: „Das ist so mit dem Bösen. Aggressionen sind zum Leben, zum Überleben notwendig. Es geht nicht anders."

Wenn er überempfindlich und oft überreizt war, dann auch deshalb, weil er auf jede Art Entfremdung sofort aggressiv reagierte. In diesen Bahnen entwickelte sich auch sein Werk. Zuerst beschäftigte ihn die Aggression dort, wo sie ihm schon äußerlich entgegenkam: im Medium der Radierung; in den tiefen, das Metall angreifenden Ätzungen. Dem entsprach in der Darstellung des Grotesken und Skurrilen die größte Naturferne. Nicht weniger naturfern, wohl aber die ganze persönliche Welt in Szene setzend, war die folgende, zweite Phase, die „Kritzel-Tour", wie wir sie nannten. Sie ist eigentlich eine Manier; und wenn sie einerseits die Befreiung zur Selbstdarstellung brachte, so war sie doch immer ein Akt gewaltsamer Überformung. In der dritten Phase, die mit der Bleistiftzeichnung beginnt, wandert die Aggression in den Gegenstand hinein. Die Darstellung gewinnt an Plastizität. Die inneren Spannungen drücken sich jetzt körperlich aus. Unter unzähligen Strichen und Strichlagen schwellen einzelne Partien des Körpers plastisch an. Das Ziel wird eine Kunst sein, die zur vollen Gegenständlichkeit zurückkehrt. Dabei sind die heftigen Affekte in einer Schlüsselrolle.

Als sich Marie von ihm abgesetzt hatte, fuhr sie mit Lamme auf einige Wochen zu einer Freundin nach Schweden. Wieder zurück in Hamburg, hieß es, daß man sich scheiden lassen müsse. Das war im Sommer '59. Akute Gründe gab es inzwischen für Marie und Janssen nicht mehr. Es wäre nichts geschehen, hätte man nicht schon früher den Rechtsanwalt beauftragt. Er entfaltete eine aufgeregte Geschäftigkeit, und ihm wollten sie keine Scherereien machen. Vor dem Gerichtstermin spielte er ihnen beim gemeinsamen Essen vor, was sie erwartete: ein geistesabwesender Gerichtsvorsitzender, der sich die Akte reichen ließ — es könnte auch eine Morgenzeitung sein —, darin herumblätterte und das Drama einer Ehe in den Worten resümierte: „Kaputt, kaputt..."

Nach der Scheidung hat sich Marie sehr rasch zu einem neuen Leben entschlossen. Mit Tochter Lamme ist sie schon im Herbst nach Kanada ausgewandert, wo ein Bruder lebte. Sie hat Klaviere abgewaschen und aufgearbeitet. Sie hat mit Fotografieren Geld verdient und in dem fernen Land ihre Chance neu gesucht.

Als Marie und Lamme Deutschland verlassen hatten, brach der Machtkampf mit Birgit voll aus. In der Angst, nicht glaubhaft zu sein, steigerte sich Janssen in Exzesse beteuernder Werbung. Wenn sie ihn nicht lieben konnte, wie er geliebt sein wollte, wenn sie ehrlich genug war und eingestand, daß sie seiner mimosenhaften Verletzlichkeit nicht dauernd gewachsen war, nannte er sie feige. Er schnitt ihr alle Auswege ab. Zuletzt ging es nicht um Zuwendung und Zärtlichkeit, nur noch um Nebenbuhler, wirkliche oder inquisitorisch herbeigeredete, die er besiegen mußte.

Birgit konnte sich nicht mehr wehren. Ein zierliches, schwarzhaariges Kaninchen, saß sie fest in einem Bau, dessen sämtliche Ausgänge versperrt waren. Im Dezember war die Hochzeit. Janssen, der über dem Pyjama gewöhnlich Cordhose und Pullover trug — „bloß nicht umziehen" —, ließ sich zum Fest einen Anzug mit Weste schneidern. Wenige Wochen später, zu Silvester, ging die neue Ehe zu Bruch. Die Treppenstufen in der Warburgstraße, auf die Janssen am Abend noch Rosen gestreut hatte, waren am Neujahrsmorgen mit Blutflecken übersät. In immer kürzeren Abständen hatte er Birgit geschlagen und schließlich so auf sie eingeprügelt, daß ihre Nase schrecklich demoliert war.

13. Hochzeit mit Verena von Bethmann Hollweg

Die 60er Jahre waren nach Janssens eigenen Worten seine Gesellenjahre. Dazu brauchte er einen Halt, einen festen Grund. Das war die Ehe. Wenn er von der Ehe spricht, meint er Verena.

Janssen veränderte in diesem Jahrzehnt seine Figur. Er wurde dick. In den Tagen von Birgit Sandner sah er noch schmal aus. Unter der Schiebermütze, wie sie auch in den 20er Jahren getragen wurde, beherrschten die Augen das asketisch zugespitzte Gesicht. Aber mit der Zeit erfaßte vom Hals herauf ein feister Zug die Backen und zog sie in ein volles Rund auseinander. Der Mund mit seinen veränderlichen Symmetrien wurde zum Zentrum. Wie Janssen auch zulegte, er blieb behend. Nie wirkte er schwerfällig. Freilich, nach den großen Ausstellungserfolgen Mitte der 60er Jahre mußte er sich aus Stühlen förmlich befreien, wenn sie eine Seitenlehne hatten. Der alte Lehrer aus der Napola, Hanns Wienhausen, sah das Bild seines früheren Schülers in einer Illustrierten und war erschüttert: „Wie sich ein Mensch physisch verändern kann."

Daß Janssen so voluminös wurde, hatte viele Gründe. So auch den: er wollte sich Totalität geben. Wie kaum ein anderer Künstler hat er sich auch physiognomisch mit den Gegenständen verändert, die er zeichnend an sich heranzog. Die Hand des Zeichners folgte gewissermaßen der expansiven Geste des Körpers. Mit der ganzen Physis legte er sich in seiner Arbeit aus. Das ist seine Art von Materialismus. Und es ist nur natürlich, daß eine solche Entdeckung des Gegenstands einhergeht mit der Selbstdarstellung. Als der lebendigste Spiegel aller Erfahrungen ist es immer wieder das Gesicht, in dem sich zeigt, wieviel Welt einer hat.

Von Anfang an zählte die Nachahmungsgabe zu seinen stärksten Talenten. Er konnte sich zum Erstaunen seiner Freunde in ein Tier verwandeln. Als Mahlau die Klasse noch in den Zirkus schickte, hatte er seinen Mitschülern Tränen in die Augen getrieben — so mußten sie über ihn lachen in der Rolle des Schimpansen oder Bären. Er wußte genau, wie einem Sterbenden das Kinn entgleist, und er machte es erschütternd echt nach. Am besten bildete er ab, was er auch pantomimisch nachspielen konnte. Unter allen Gaben hat diese dem Zeichner am meisten geholfen. Denn das bloß beobachtende Auge sieht weniger, als die eigene Verkörperung anschaulich macht.

Eine hochempfindliche Membran, dehnte Janssen gleichsam seine Berührungsfläche aus. Was draußen vorging, es sollte in ihm den stärksten Nachhall finden. Ja, mit der ganzen Welt wollte er es aufnehmen. Auf drollige Weise illustriert das eine kleine Geschichte, wie sie sich jeden Tag zutragen konnte. Unten im Hof, neben Tantchens Kutscherhaus, rannten Hühner herum. Darunter ein Hahn, der zur Unzeit krähte. Das heißt, Janssen wollte arbeiten, und wie er gerade in Wut geriet, machte er sich mit einem Kikeriki Luft, lauter, rechthaberischer, origineller als es auf dem Hof je zu hören gewesen war. Für den Tag herrschte Ruhe. Solche Fälle von Mimikry konnten einem die Sprache verschlagen.

Wenn seine Freunde von imposanter Körperlichkeit waren, bewunderte er das. Jetzt wurde er selber solch ein Schwergewicht. Ein Universum widerstreitender Kräfte sollte darin Platz haben. Janssen war nie der neutrale, unengagierte Beobachter. Nie hielt er sich die Welt vom Leib, um aus sicherer Distanz auf sie hinschauen zu können. Wenn er arbeitete, wollte er zwar allein sein, ja, er bunkerte sich vormittags ein. Es gab sogar Tage und Wochen, wo ihn niemand hätte bewegen können, sein Atelier zu verlassen. Aber dann war er wieder unter Freunden, und sogleich schuf er eine Situation, zu der sich jeder stellen mußte, ob er wollte oder nicht. Mit schnellen, instinktsicheren Reaktionen kam er den anderen zuvor. Er machte seine Erfahrungen handelnd, inmitten der Turbulenzen, die er um sich entfachte. Auf die Weise sah er mehr, er sah hinter den Fassaden die Blößen, hinter den Flucht- und Abwehrversuchen die Angst und eine heillose Panik in den Augen der Wehrlosen. Er sprengte die Menschen auf. Auch und besonders mit seinem Gelächter, das ansteckend war und zündend wie sein Witz. Deswegen wurde er auch geliebt. Denn wer hätte seine Gesellschaft sonst ertragen, wer hätte die Feuerprobe auf einen ängstlich geschützten Alltag aushalten können, wenn er nicht auch berückend gewesen wäre. Einmal in Laune — und das hieß immer gleich in bester Laune —, riß er die Runde mit, und in einem Strudel sich gegenseitig befeuernder Einfälle befreite er jeden zu seinem glücklicheren Selbst. Keiner, der sich in seiner Gegenwart nicht dem Leben näher gefühlt hätte, im Guten wie im Bösen. So heftig sich Janssen dieser Welt aufdrängte, so von Erregung geschüttelt, zeigte sie ihm das Gesicht.

Überall mußte er im Mittelpunkt stehen. Nie hat er nur zugehört. Da er in den Formulierungen brillanter war und alles schneller aus dem Ärmel zog, rückte man um ihn herum und wartete auf das, was kommt. Seine gedankliche Schnellgangschaltung verschaffte ihm einen uneinholbaren Vorsprung. Gegen intelligentere Einwände setzte er sich notfalls mit der größeren Lautstärke durch.

Es kam vor, daß er sein Atelier nur verließ, um einen Krach vom Zaun zu brechen. Er guckte einen in dem Kreis aus, einen, der Angriffsfläche bot, der womöglich schwach genug war. Wehe ihm, wenn er nach den ersten Sticheleien nicht den Raum verließ. Janssen beugte ihn unter seinen bösen Blick. Mit der ihm eigenen aggressiven Beobachtung beutete er die gegnerischen Schwachstellen für seine Strategie der Demütigung aus. Für jede Empfindlichkeit gab's eine Peinigung obendrauf. Mischten sich dann die Frauen ein, machten sie alles nur schlimmer. „Was — von diesem jungen Schnösel läßt du dich fertigmachen?" Mit solchen Worten wollten sie ihren Männern beispringen. Doch verspielten sie endgültig die Chance, heil herauszukommen. Janssen machte vor den Frauen nicht halt. Gnadenlos zog er sie in den Streit hinein. Am liebsten brach er in eine Ehe ein. Wie der Blitz fuhr er dazwischen, und die kleinsten Mißverständnisse unter den Eheleuten schlachtete er zu seinem Vorteil aus. Zurück blieben nicht selten ein heillos zerstrittenes Paar und eine Gesellschaft, die ihre Hilflosigkeit beklagte: „Was kann sich dieser fiese Kerl denn noch erlauben?"

Sein stärkstes Mittel war: Tabus brechen. Die meisten sind nicht bereit, die Konventionen zu verletzen. Das hat Janssen regelrecht in die bessere Position katapultiert. Der Schock macht betroffen, und wie man noch an die Wand zurückweicht, ist er in seinem Element, fuhrwerkt er wie besessen herum, angetrieben von dieser infernalischen Sucht, die eine Widerlichkeit durch die nächste zu überbieten. Er stieß schwangeren Frauen den Ellbogen in den Bauch und quälte Tiere, nur um auf den Nerven der Leute herumzutrampeln.

Seinem Tantchen widmete er die erschütternde Zeile: „Bei Dir darf ich Hund sein, bei den anderen nur ein Tier." Wenn in einem Hause aber Hunde geliebt wurden, konnte er dem verhätschelten Tier unter dem Tisch einen Tritt verpassen, daß Todesschreie durch den Raum gellten. Mit einer Handvoll Zwergdackel spielte Janssen zum Entsetzen der Gastgeber Verstecken. Während die in eine Schublade eingepferchten Tiere zu ersticken drohten und eine fieberhafte Suche im Gange war, konnte man aus dem Hintergrund sein meckerndes Lachen hören. Viele Bekanntschaften dauerten nicht lange, wer aber aushielt, mußte Peinlichkeit über Peinlichkeit verkraften. Wie er sich selber nie auf die Rolle des außenstehenden Betrachters beschränkte, so riß er alle wie in einen Strudel hinein. Mit der Zeit wurde er zur Attraktion der Hamburger Gesellschaft. Es bildete sich um den Tollkopf eine Aura willfähriger Nachgiebigkeit.

Freund und Feind, alle bastelten an seinem Ruf mit — dem Ruf des Exzentrikers, des Sauf- und Raufbolds und des jähzornigen Genies. Man wollte ihn zum Bohemien stempeln. Doch die Eingemeindungen unter diesem Titel erwiesen sich als zu idyllisch. Zänkisch, ordinär und unerträglich anmaßend konnte er noch die engsten Freunde gegen sich aufhetzen. Die Feindseligkeiten, die er um sich herum verbreitete, hielt er aus, weil er psychisch stark war. Wenn er alle gegen sich aufgebracht hatte, war er erst recht so erdrückend, daß niemand aufstand, um ihm die Faust ins Gesicht zu schlagen. Das wünschten sich aber sogar die älteren Damen, die er nach seiner Meinung immer nur zärtlich anrempelte.

Mit seiner Kunst stand er nie im Verdacht, revolutionär zu sein. Aber hier in den besseren Kreisen war er es, wenn er nur wollte. Biestig und vulgär in seinen Ausfällen, probte er in den Häusern der Ärzte und Kaufleute, in denen er aus- und einging, den Aufstand. Im Zweifel waren es immer die niedrigsten Beweggründe, die ihn, den wildgewordenen Kleinbürger, vorantrieben.

Hinter dem Rücken dieses jähzornigen Diktators schossen Gerüchte ins Kraut — Geschichten tollkühner Selbstbehauptung. Man ließ sich wie für den Widerstand im Faschismus feiern. Eine energische Haltung, ein entschlossener Wille und vor allem Courage — das hätte schon gegen die Gestapo geholfen. Was war vorgefallen? Janssen, der Erfolg am liebsten in Geld vorrechnete, attackierte zu später Stunde die Frau eines Kunstkritikers und Sammlers: „Was an euren Wänden hängt, ist wertloser Ramsch — keine Kunst." Die Angegriffene konterte: „Dein großkotziges Getue mit dem Geld finde ich impertinent.

Ein Kerl warst du noch, solange du dich über einen eingelegten Hering gefreut hast." Auge in Auge sei sie ihm gegenübergetreten, zum Äußersten bereit. Janssen habe eingelenkt, und durch die Anwesenden sei ein Aufatmen gegangen. Unten an der Haustür hätten alle der Siegerin gratuliert: „Ein herrlicher Abschluß des Abends. Gestern hat er Frau X auseinandergenommen. Sie waren großartig."

In Wirklichkeit ist Janssen nie ernsthaft in die Schranken gewiesen worden. Fast alle Rechnungen sind offengeblieben. Nur einmal geriet er an den Falschen.

Es war 1960, in dem Jahr, als Paul Wunderlich seine umstrittene Ausstellung im „Dragonerstall" hatte, dort, wo heute das Unilever-Haus steht. Die Staatsanwaltschaft hatte Wunderlichs Erotica zu einem skandalumwitterten Ruhm verholfen, so daß sie hinter einem Vorhang im Nebenraum hingen. In dem großen langgestreckten Hauptraum bewegten sich Gäste zwischen den Säulen und klönten, als ein Mann hereinkam, einer von der Sorte, die sich unwiderstehlich schön findet. Der Mann war offensichtlich auf dem Weg zur Reeperbahn, wo sein Spektakel am richtigen Platz gewesen wäre. Denn er riß sein Hemd auf. Blutunterlaufene Peitschenstriemen und Messerstiche kamen zum Vorschein. Er legte sich auf einen Tisch und fing an, sich zu rekeln. Frauen strömten herbei und streichelten seine Wunden. Daß die „Weiber" ihn liebten, war eine Herausforderung für Janssen: „Du bist das Dümmste, was mir begegnet ist. Du wirst verarztet und damit basta. Dann gehst du." Der riesige Kerl — ein Boxer — faßte den Maulaufreißer am Schlafittchen und trieb ihn, links rechts mit der Vorder- und Rückhand Backpfeifen schlagend, vor sich her — zwanzig Meter tief in den Raum hinein. Janssen, den Tod vor Augen und eine Filmszene im Hinterkopf, griff nach einem Bierseidel und stieß das Glas dem Stärkeren auf das linke Auge.

Aber im Unterschied zum Film fiel der Mann nicht um, sondern stand wie angewurzelt. Janssen tauchte unter seinen rudernden Armen weg und rannte zur Tür hinaus. Er raste die ABC-Straße herunter, und auf der Flucht sich umschauend, prallte er voll gegen einen Laternenpfeiler. Um die eigene Achse trudelnd, brach er zusammen. Die obere Zahnreihe, seine Hasenzähne, waren herausgebrochen. Frank Weyrauch war dem Türmenden gefolgt und schleppte ihn in einen Hausflur. Daran tapperte der Riese vorbei, der sich nur langsam aus

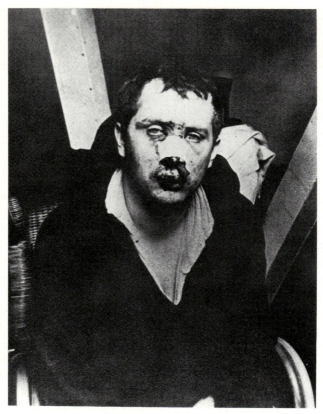

Janssen 1960; auf der Flucht gegen einen Pfahl gelaufen.

Schmerz und Verblüffung gelöst hatte. Als Brockstedt dazukam, schlug er vor, das zertrümmerte Gebiß einem Zahnarzt zu zeigen.

Im Auto auf dem Mittelweg hielt sie eine Polizeistreife an. Janssens Gesicht leuchtete blutig hinter der Windschutzscheibe hervor. Er glaubte sich immer noch auf der Flucht und fuhr zusammen: „Jetzt ist es aus." Aber Brockstedt streckte seinen runden Kopf aus dem heruntergekurbelten Fenster und stellte klar: „Diesen Mann hat man drüben in der Kneipe ‚But'n Dammtor' zusammengeschlagen. Der

Kerl ist noch da. Wo geht es zur nächsten Wache?" Damit war man raus!

Am nächsten Morgen um 10 Uhr ließ Janssen das Massaker in seinem Gesicht fotografieren. Um 11 Uhr stand der Boxer in der Warburgstraße vor der Tür — mit einer genähten Augenbraue. Er sann auf Rache, aber ebenso war er um seine Boxlizenz besorgt. Janssen glaubte seinerseits, daß er das Auge des Mannes auf dem Gewissen habe. So beugte er den Anschuldigungen vor und zeigte sich in seinem Zustand. Vorsorglich hatte er den Tampon aus der Nase genommen und das geronnene Blut über die Wangen verschmiert. Er sah schrecklich zugerichtet aus. Der Schläger mußte sich geschmeichelt fühlen und entschuldigte sich beim Abschied.

Janssen war der parteiischste Mensch. In welcher Gesellschaft er auch war, sofort schuf er eine Lage, in der jeder zur Entscheidung gezwungen war: für oder gegen ihn. Viele, die sich auf die Weise zur Unterwerfung aufgefordert sahen und die ihm das nachtrugen. Sie konnten sich freuen, daß er dafür endlich mal bestraft worden war. Die Rolle des außenstehenden Betrachters war nie sein Fall. Nichts wollte er lassen, wie es war. Sein Witz, seine Aggression — beides waren Formen eingreifenden Handelns. Das beeinflußte die Gegenstände seiner Kunst, ja, diesem ganz persönlichen Engagement sollten sie ihren besonderen Ausdruck verdanken.

Paul Wunderlich war der entgegengesetzte Typ. Er hielt sich auf Distanz und war eine eher vornehme und unangreifbare Erscheinung. Die zwischenmenschlichen Desaster reichten kaum an ihn heran. Darum beneidete ihn Janssen. Besonders was das Verhältnis zu Frauen anging, trieb er immer den größten Aufwand, während Wunderlich gelassen blieb.

Nachdem Janssen die Kurzehe mit Birgit Sandner in Prügel und Blut erstickt hatte, warb er ein zweites Mal um Etta Garrels. Morgens um 6 Uhr stand er mit warmen Semmeln vor der Haustür in Blankenese und blieb bis nach Mitternacht. Die ganze Zeit fühlte er sich für die Unterhaltung verantwortlich. Er strengte sich gewaltig an und erzählte sogar freierfundene Romane zum Klavier, das er nicht spielen konnte, das er sich aber mit zwei Fingern zur musikalischen Begleitung gefügig machte. Er erschöpfte die Garrelsmädchen eine nach der anderen und sich selber am meisten. Endlich aus dem Haus, hatte man den Eindruck, daß er über den Garten nicht hinausgelangt war, denn am nächsten Morgen stand er genauso früh vor der Tür und wieder war er ununterbrochen um das Amüsement der Familie besorgt.

Solche Anstrengungen hätte Wunderlich nie auf sich genommen. Er mußte sich bei den Frauen nicht bedingungslos engagieren. Es gab Zeiten, da er sie wie Nummern ablegte. Solche Mädchen, die einfach wegsollten, übernahm morgens Karl Mickinn, der übrigens mit Wunderlich wie mit Janssen befreundet war. Karl Mickinn brachte ihnen das Frühstück ans Bett und beruhigte die Wartende: „Paul kommt gleich." Er dehnte den Morgen künstlich und kam nach zwei Stunden, den Blick immer noch unverwandt aus dem Fenster auf den Ersehnten gerichtet, mit dem Satz hervor: „Eigentlich ist der Mensch allein." So gab er das Zeichen zum Kofferpacken.

Janssen legte sich diese Geschichten jedenfalls so zurecht. Und es spricht daraus, was er an Paul bewunderte. Er, der immer restlos involviert war, hielt diese Unterkühltheit des Freundes für eine Stärke. Wenn er dagegen eine Nacht mit Cilly verbracht und sich Mühe gegeben hatte, aber verkatert aufgewacht war, lief er mit einem schlechten Gewissen herum. Ein Versager. Er mußte, um seine Sorgen loszuwerden, erst in die Kunsthochschule kommen und dort auf einer Leiter Milly treffen, die ihm von oben mit ihrem breiten amerikanischen Akzent zurief: „Oh, Janssen, du hast Gilean so glücklich gemacht." Und ab durch die Tür sprang einer singend ins Freie.

Im Laufe ihrer Freundschaft hat Janssen den zurückhaltenden Wunderlich auch zu Albernheiten verführt. Gemeinsam sind sie mit dem Fahrrad die Treppen in der Musikhalle heruntergefahren. Die Tochter des Pedells hatte sie zu einer nächtlichen Musikprobe hereingelassen. Janssen verband damit auch eine Provokation gegen den Vater, der ihm ein blaues Auge geschlagen hatte. Der Mann wütete gegen den „Kunstknilch", der sich an seine Tochter herangemacht hatte. Er wollte ihn „umbringen und im Keller der Musikhalle verscharren". Obwohl es nicht Wunderlichs Stil war, machte er mit, als Janssen mit zwei Fahrrädern ankam. Gemeinsam radelten und jodelten sie nachts über die gebohnerten Flure der Musikhalle.

Janssen hing zeitweise sehr an Wunderlich. Aber der hat sich davon nicht abhängig gemacht. Er ist nie mit durch die Kneipen gezogen. Er hatte seine eigenen Kreise und war gesellschaftlich erfolgreich — auf seine seriöse Art, was ihm Janssen prompt neidete. Deshalb kehrte er gegen den weltläufigen Ästheten immer mehr den Korntrinker und das gummistiefeltretende Urviech hervor. Mit der Zeit gewann die frühere Rivalität wieder die Oberhand. Als Konkurrent schien ihm Wunderlich am nützlichsten. Wie die Eifersucht machte der Wettbewerb in ihm die stärksten Kräfte frei. Daß die Konkurrenz aus dem „gleichen Dorf" kam, war nur folgerecht. So hatte er einen in der Nachbarschaft, an dem er sich immer reiben konnte.

Janssen mochte Ursula Leffkes, die Freundin von Wunderlich, und er schenkte Moeffke, wie sie genannt wurde, eine prächtige Serie von Zeichnungen aus den Anfängen. Aber er machte sie auch dem Freund madig. Wenn Moeffke auf einen Sprung in die Warburgstraße kam, unkte die Clique um Janssen, daß Wunderlich mit ihren Augen stehlen ging. Das heizte die Stimmung an. Ihren ersten Höhepunkt erreichte die Rivalität, als Wunderlich die Mappe *que s'explique* ausstellte; jene Lithographien, die die Staatsanwaltschaft mit dem Pornographieparagraphen zu verfolgen drohte und die deshalb im Dragonerstall sehr publikumswirksam hinter einem fadenscheinigen Vorhang verschwinden mußte. Der Janssenkreis sah in den erotischen Szenen nur die lithographische Umsetzung dessen, was in der Radierung mit *Susi* und *Promenade* angefangen hatte, mit jenen richtungweisenden Arbeiten von 1958.

Selber sprach Janssen nicht davon. Er wartete ab, bis sich beide noch in diesem Jahr 1960 — jeder mit seinen grafischen Arbeiten — um den „Deutschen Kunstpreis der Jugend" bewarben. Da kündigte er nämlich dem Rivalen an: „Wenn du gewinnst, ist es mit unserer Freundschaft aus." Wunderlich suchte den Kompromiß und machte einen Gegenvorschlag: „Wenn ich gewinne, bekommst du das halbe Preisgeld. Wir teilen die 5000 Mark und bleiben Freunde." Mit dem Zyklus zum *20. Juli 1944*, der übrigens aus dem gleichen Material wie die Erotica hervorgegangen war, siegte Paul Wunderlich. Seitdem hatten sich die beiden bedeutendsten Künstler Hamburgs immer weniger zu sagen.

Wunderlich vertrat im Leben den Standpunkt: „Wir machen eine Million. Dann ist die Sache gelaufen." Janssen setzte dagegen voraus, daß Wunderlich komplizierter sei als sein Verstand. Die Million, die dieser mit Sicherheit verdiente, würde ihn nur desto trauriger machen. Aus dem bewunderten distinguierten Freund war in seinen Augen der resignierte Typ geworden.

Dennoch hielt Janssen immer große Stücke auf die Virtuosität des Technikers. Was Artistik vermag, davon hatte er zu keiner Zeit eine höhere Meinung. Aber er begann auch die Grenzen zu sehen und daß der Künstler und der Techniker nicht die gleichen Triumphe haben, ja, daß der Sieg des einen die Niederlage des anderen sein kann. In der Lithographie, die wir beharrlich hintangesetzt haben, war ihm Wunderlich überlegen. Auf seine Anregung ging manches Experiment zurück. „Mit Pauls Tusche" ist ausdrücklich vermerkt. Im Laufe dieses Jahrzehnts überließ er ihm das Feld der Lithographie ganz.

1961 gewann Janssen den Wettbewerb um das Portal des Farmsener U-Bahnhofs. Ein breiter Mittelpfeiler war zu dekorieren. In der Nacht vor dem Schlußtermin kam die rettende Idee. Er griff auf seinen Holzschnitt *Kaiser* zurück und übertrug das Relief auf Zementgrund. Froh wurde er seines Sieges nicht. Denn Wunderlich, der die metallene Bodenplatte aus dem Führerhaus der U-Bahn kunstvoll bearbeitet hatte, unterlag mit dem lächerlichen Argument: „Eine Bodenplatte steht niemals senkrecht."

Als die Entscheidung fiel, war Wunderlich schon in Paris. Wieder in Hamburg arrangierten Freunde ein Treffen, zu dem auch Janssen erschien. Er kletterte über den Balkon in die Wohnung hinein und fing gleich an zu stänkern. — Die Gesellschaft hatte jedem seine Rolle zugewiesen. „Je eleganter Paul wurde, desto blödere Gesichter mußte ich schneiden." So machte der eine und der andere seinen Weg. Freilich beobachteten sie einander weiterhin genau. Manche hauchzarte Zeichnung ist eine Replik auf das, was die Malerlithographie perfektionierte. Der spitze Bleistift konnte es nicht lassen, die Spritzpistole zu kommentieren.

Nach Jahren begegneten sich die Freunde zufällig wieder. Wunderlich erinnert sich, daß es feuchtkalt war und schwierig, ein Taxi zu bekommen. Deshalb machte er den Vorschlag, gemeinsam mit der U-Bahn zu fahren. Obgleich Janssen das Zeug zum Volkstümlichen hat, schüttelte er verständnislos den Kopf. In einem vollen Abteil, unter all den Leuten — das würde nicht gutgehen. Dieselbe Begegnung erlebte er denn auch ganz anders. Nahe der Oper sei ihm ein englischer

Kolonialoffizier aus Indien entgegengekommen: Paul — und kein Taxi in Sicht. Als endlich ein Taxi vorgefahren sei, hätte eine Gruppe japanischer Mädchen plötzlich näher am Wagenschlag gestanden. Wunderlich wollte ihnen schon den Vortritt lassen, als Janssen dazwischentrat: „Paul, deine Höflichkeit ist hier fehl am Platz. Bei den Japanern ist es anders. Da halten die Frauen den Männern die Tür auf."

Noch eine andere Freundschaft geriet 1960 in die Krise. Im November '59 war Hans Brockstedt mit seiner Frau Maria von Hannover nach Hamburg umgesiedelt — direkt in die Wohnung von Janssen, der nach hinten unter die Dachschräge zog und die zur Warburgstraße hinausführenden geräumigen Zimmer dem Ehepaar überließ. Die Tiefdruckpresse, die er neuerdings hatte, ging mit in die hinteren Räume. Das Arrangement war auf Janssens Wunsch zustande gekommen. Er wollte mit Brockstedt enger zusammenarbeiten und ihn häufiger um sich haben. Bei Bier und Korn half er enthusiastisch mit, den Galeristenhaushalt die Treppen hochzuschleppen.

Maria Brockstedt war eine auffallende, ja extravagante Frau mit roten Haaren und provozierend in der Mode. Sie besaß einen künstlerischen Spürsinn, und ihr Mann tat gut daran, ihr darin zu folgen. Aber die Ehe war im siebten Jahr, und seit Weihnachten lebte das Paar quasi in Scheidung. Dennoch wurde Hans Brockstedt von einer heftigen Unruhe befallen, als nach den ersten Wochen ihrer Wohngemeinschaft Maria immer größeres Interesse an dem Hauptmieter fand, der sich hinten den Trockenboden einrichtete. Gewöhnlich saß man abends zusammen. Ein Kekshändler, ein Staatsdiener, ein Sammler und andere Freunde waren zu Gast. Brockstedt lehnte sich wie immer mit zu kurzen Hosen und einem zu kurzen Hemd im Sessel zurück, als Maria, die auf einem türkischen Sessel hockte, ihn von der Seite fragte: „Moby, juckt's dich oder bist du nervös?" Brockstedt gab erstaunt zurück: „Juck ich mich?" Worauf seine Frau entgegnete: „Nein, du bist nicht nervös. Es sind Filzläuse." Und weiter in ihrer unnachahmlich gedehnten Sprechweise: „Janssen und ich waren schon bei Professor Hopf."

Nach Birgit Sandner, nach Etta — nun also Maria. Sie rückte mit Janssen an einem warmen Märztag aus — in ein Hotel an der Ostsee.

Wieder in der Warburgstraße, wechselte Maria das Schlafzimmer. Daß man Küche und Toilette gemeinsam hatte, wurde für Brockstedt zur Hölle.

In den folgenden Wochen tobte das Eifersuchtsdrama. Jeder wehrte sich, so gut er konnte. Brockstedt gab keine Plakate mehr in Auftrag, und Janssen antwortete mit einer — sage und schreibe — vierjährigen Plakatpause. Zwischen den streitenden Männern stand Maria und schäkerte mit dem Spiegel. Sie verstand sich vortrefflich auf die Attitüde der selbstverliebten Kindfrau. Gegen den neuen Liebhaber brauchte sie hin und wieder den Schutz ihres Ehemannes. Zu dritt saßen sie beim Bier unten am Hafen. Etwas angetrunken verließen sie die Kneipe und traten in den Nebel hinaus. Draußen an der Luft schoß Janssen der Alkohol ins Gehirn und er schlug nach Maria. Als sich Brockstedt dazwischenwarf, fielen beide Männer hin und rollten im Gerangel zur Seite. Wie sie innehielten, lagen sie auf der Kaimauer, zwanzig Zentimeter daneben und drei Meter unter ihnen die Elbe. Keiner bewegte sich mehr.

Nachdem sich Janssen von dem Schreck erholt hatte, lief er durch Nacht und Nebel — lauthals schreiend: „Mörder, Mörder!" — Ehe sich Brockstedt versah, tauchten zwei Kerle wie aus dem Erdboden vor ihm auf: „Du hast unseren Freund in die Elbe gestoßen." Geistesgegenwärtig zog Brockstedt die zwei, die nicht mit sich spaßen ließen, in die Kneipe. Diesen beiden gewaltigen Zechern entkam er durch das Klofenster. Draußen hörte er immer noch Janssen im Nebel rufen: „Maria, Maria..."

Mit Maria kam das Ende rasch. Sie hatte die fixe Idee, daß ihr Geliebter nur in London berühmt werden könne. Erst ein paar Wochen zusammen, hatte sie Janssen soweit, daß er in die Reise nach England einwilligte. Schon waren sie unterwegs zum Flughafen. In der Abfertigungshalle kam er zu Bewußtsein: „Nee, da geh ich nicht hin." Mit dem Taxi riß er aus — zurück zu Tantchen. Maria lebte einige Jahre in London. Unter dem Namen Sarah Schumann wurde sie zu einer bekannten Künstlerin. — Die Freundschaft zwischen Janssen und Brockstedt lag fast ein halbes Jahrzehnt auf Eis.

Die beiden letzten Jahre waren äußerst wechselhaft gewesen: Drenkhahns Tod — die Scheidung von Marie — die Katastrophe mit Birgit

Sandner — die Rivalität zu Wunderlich — das Zerwürfnis mit Brockstedt. Ein paar Mal umkreiste er noch die Wohnung von Etta Garrels
und warf Erdklümpchen gegen das Fenster, dann gewann bei Janssen
ein ungeheures Bedürfnis nach Ruhe und regelmäßiger Arbeit die
Oberhand. Zu der Zeit erschien Verena, die plötzlich in Hamburg
auftauchte und nur für ihn leben wollte. Wie der rettende Schlußstein
löste sie das schwierige Puzzle auf.

Verena von Bethmann Hollweg war die Enkelin von Theobald von
Bethmann Hollweg, dem Reichskanzler unter Kaiser Wilhelm II. Ihre
Schwester war bis vor kurzem mit Paul Wunderlich verheiratet gewesen. Janssen schien das Entreebillett für die vornehme Gesellschaft
in Händen zu haben, und auch das beflügelte ihn in seinen Hochzeits-
absichten. Von nichts anderem als von ihrer Hochzeit war die Rede.
Im Frühsommer hatten sie sich näher kennengelernt, zum Erntedank
sollten die Glocken läuten. Es war keine Zeit zu verlieren.

„Ich muß Besuch machen auf Schloß Altenhof. Was soll ich tun?"
Janssen zeigte seine Schuhbänder einer alten Freundin aus der Warburgstraße. Es waren Taue. Frau Zotzmann färbte sie schwarz. Seine
künftigen Schwiegereltern waren aristokratische Herrschaften und
souverän im Umgang. Wenn M. L., wie die Mutter Marie Luise — eine
geborene von Reventlow — genannt wurde, auch nicht so rasch zu
erobern war, der alte Felix von Bethmann Hollweg zeigte Sympathien
für den Künstler aus Hamburg: „Ich höre, Ihre Geschäfte gehen gut.
Sie heiraten kein Geld. Verena ist meine Jüngste, also meine Liebste.
Machen Sie sie glücklich." Es folgte eine lakonische Handbewegung
des Sinnes, daß der junge Mann sich beeilen sollte, um den Anschluß
an die Fasanenjagd nicht zu verpassen.

Es gab kein Hindernis, das Janssen nicht nahm. Zuerst einmal war er
ungetauft. Zum Konfirmandenunterricht fuhr er von Schloß Altenhof
mit dem Fahrrad nach Eckernförde, bis er mit den kürzer werdenden
Tagen die Eisenkette am Tor, die bei Dunkelheit vorgehängt wurde,
übersah und in einem gewaltigen Satz über den Lenker schoß. Er
mußte viel lernen und sich auf die ungewohnten Verhältnisse einstellen. Das gutsherrliche Haus hatte eine große Bibliothek mit ehr-
würdigen Folianten, an den Wänden hingen Bilder von Gulbransson,
und die Hausherrin selbst hatte bei Derain und Léger Malerei studiert. Der gesamte Familienbesitz atmete Kultur und eine traditions-

reiche Geschichte. Aber Janssen steckte immer in der Gesindeküche, wenn man ihn suchte.

So gut es ging, paßte er sich an. Ja, er entwickelte darin eine solche Geschicklichkeit, daß er schon bald von sich aus Forderungen stellte. Zur Verlobung gab es den ersten Krach. Verena sah schon die Hochzeit geplatzt. Onkel Einar hatte sich erhoben, um mit Janssen auf die Verlobung anzustoßen. Der Angesprochene blieb sitzen. Der Ellbogen von M. L. bohrte sich in seine Rippen: „Stehen Sie auf, junger Mann." Empört brauste Janssen auf und rannte weg. Verenas Mutter hinter ihm her. Einige Treppen höher, im Plättzimmer, standen sie sich gegenüber. „Ich bin Napola-Schüler. Wer gehorcht, das seid ihr. Wenn ihr glaubt, ihr könnt mich einlullen, bis ich in eure Falle gelaufen bin ..." Das war der echauffierte Kleinbürger, der nach oben will, aber nicht einfach bitten kann, daß man ihm sagt, wie er sich verhalten soll.

Die Hochzeit auf Altenhof fiel mit dem Erntedankfest zusammen — im Herbst 1960. Die gerade zwanzigjährige Verena trug Weiß. Er hatte sich zu dem schwarzen Cutaway ein Plastron vorgebunden. Auf dem Hof waren die Arbeiter vom Gut versammelt. In den festlich geschmückten Räumen schleppten sich die Toasts hin. Janssen brillierte auf allen Rängen mit witzigen Reden. Er liebte Verena: „Sie hat Arme wie frische Brötchen." Daß er akzeptiert wurde, nannte er später eine letzte Sternstunde des deutschen Adels. Zwölf schleswig-holsteinische Adelshäuser hatten für das Hochzeitsgeschenk zusammengelegt — einen Kühlschrank, wie er in die Kleinküche einer Sozialbauwohnung paßt.

Von Anekdoten umrankt ist auch die Hochzeitsreise. Notorisch reiseunlustig, legte Janssen eine Route vor, die so exotisch war, daß ein langes Eheleben daraus Stoff zur Unterhaltung hätte ziehen können: über Le Havre — die Azoren — Curaçao — Kolumbien — durch den Panamakanal wieder zurück. Ermöglicht hat diese Reise Klaus Hegewisch, ein Sammlerfreund, der mit Südfrüchten handelte und der für das junge Paar die Oberdeckskabine auf einem seiner Bananendampfer freihielt.

Nur im Gefängnis fühlte Janssen sich ebenso eingesperrt. Es wurde eine ausgedehnte Zechtour und begann mit der Abfeierung am Liegeplatz in Hamburg. Bis Cuxhaven war der Alkohol unter Zollverschluß. Nur eine Flasche Steinhäger stand offen. Deshalb hieß der Hochzeiter für den Rest der Reise „Mister Steinhäger".

In seinem Widerwillen gegen das Reisen bekräftigte ihn der Kapitän: „Gestärkte weiße Shorts, von breitem Ledergürtel gehalten da, wo sonst die Taille ist. Weiße geflochtene Leder-Straßen-Sommer-Schuhe à la Alsterpavillon." Entsprechend war die Musik — Operetten und Gregor an der Funkorgel —, die diese deutsche Frohnatur per Lautsprecher bis aufs Sonnendeck hinaufschickte, wo bei 34° C im Schatten und Windstärke 4 von achtern ein Streichholz bis zum bitteren Ende herunterbrannte.

In einer Hafenstadt in Ecuador kam das Flitterpaar wegen legerer Kleidung nicht von Bord. „So können Sie nicht 'runter", sagte der Kapitän. Obwohl von Deck aus nur Slums zu sehen waren, strömten ihnen lauter blendend weiße Nylonhemden entgegen. Im Kampf gegen die Langeweile fand Janssen nur in dem 1. Offizier einen Verbündeten. Sie freundeten sich an und lästerten um die Wette. Aber auch diesen Mann stellte Janssen hart auf die Probe. Es war unterhalb der niederländischen Küste. Auf der Hinfahrt waren dort die mitgeführten Radierplatten über Bord gegangen. Sternhagelvoll torkelte Janssen vom Salon in die Kabine, und die Tür hinter sich zuschlagend, sah er durch das Bullauge Seenotraketen auf- und niedersteigen. Er weckte Verena. Sie drängte ihn zur Ruhe, aber er blieb hartnäckig: „Du wirst es morgen in der Bildzeitung lesen." Verena ließ sich breitschlagen und ging Meldung erstatten. Sie kam mit dem 1. Offizier zurück, um den Augenzeugen noch einmal zu befragen, als die Kabine leer war. Man fand Janssen auf Knien liegend und betend am Heck des Schiffes zwischen Tauen und Takelage. Das Schiff brauchte nicht gestoppt zu werden, denn was der Saufkopp bei mittlerer Dünung durch das schwankende Bullauge für Seenotraketen ·gehalten hatte, waren Leuchtfeuer an Hollands Küste.

Obwohl der Schnaps nur 17 Pfennig kostete, mußte Hegewisch ihn am Ende der fünfwöchigen Reise auslösen.

14. Karriere des Zeichners

Die Ehe mit Verena war die Zeit der schlimmsten Alkoholexzesse. Er liebte es russisch — bis zur Besinnungslosigkeit. Aber die ersten anderthalb Jahre waren durchweg friedlich und freundlich. Im Mai 1961 wurde Sohn Philip geboren. Als Verena noch hochschwanger war, spielte Janssen einmal mit ihr Erschrecken. Alle Attacken im Dunkeln prallten an ihr ab. „Ich weiß ja, das bist du." Tantchen nannte das ihr Phlegma. Sie war unerschütterlich in ihrem Zutrauen. Und genau das brauchte Janssen, der darin immer das unersättlichste Kind war. Das Gefühl, zu ihm zu gehören und diesem mit allen Schwächen geschlagenen Mann die Stärke zu geben, die er suchte, das machte Verena souverän und unantastbar.

Verena war nicht im gewöhnlichen Wortsinn hübsch. Sie ließ die Moden achtlos an sich vorüberwechseln. Das Haar führte sie in blonden Strähnen die Schläfen herunter über das Ohr, um es am Hinterkopf mit einem lockeren Knoten aufzufangen. So blieb die Stirn flächig frei und schien wie das ganze Gesicht auffallend weich gebildet. Die Lippen waren ungeschützt fleischig. Die Haut pastös. Die Lider schwer und halb über der Iris. Im Gegensatz zu Kinn, Nase und Wangen, die rund heraustraten, wölbte sich das Profil auf Höhe der Augen nach innen, wenn auch nicht so auffällig wie beim Vater. Aus dieser charakteristischen Kontur entwickelte Janssen später eine eigene Formensprache.

Die Arbeiten von '61 und '62 setzen die Anfänge fort. Es sind experimentelle Jahre, die das Erworbene in verschiedenen Disziplinen zur Anwendung bringen. Neben der Radierung und der Zeichnung sind der Holzschnitt wieder da und das Aquarell, vereinzelt auch die Collage, sogar das Gemälde wie im Bildnis vom Schwiegervater. Themen tauchen auf, ebenso plötzlich wie meisterlich in der Behandlung, so daß schwer faßbar ist, wenn sie wieder verschwinden und erst Jahre später zurückkehren.

Auch aus Geldgründen griff Janssen den Holzschnitt wieder auf. In der Ehe mit Marie hatte ihm das auf einen Schlag zu einer fünfstelligen Geldsumme verholfen. Mit volkstümlichen Tierdarstellungen wollte er noch einmal gefallen: *Chamäleon, Kleine Affen, Katze blau* und — mit einem Schuß Selbstkritik im Titel — *routinierter Krebs*. Den *Hund* hat er im Katalog als besten Holzschnitt bezeichnet; hier liegen denn auch die Neuerungen auf der Hand. Janssen will gegenständlich arbeiten. Aber eine Linie, eine Umrißzeichnung, die statt des Gemeinten sich selber und die Sache körperlich trägt, traut er sich noch nicht zu. Bis zur Hypochondrie empfindlich ist er gegen eine abbildende Kunst, die es vordergründig auf Ähnlichkeit anlegt. Auch aus diesem Grunde hatte er auf dem Höhepunkt der „Kritzel-Tour" die Gegenständlichkeit gleichsam in eine Handschrift zurückgenommen. Ein flüssiger Schreib-Zeichen-Duktus komplettierte verschiedene Elemente zu einem Bild. Die kleinen Radierungen, die so entstanden waren, erschienen wie auf eine belebte Fläche aufgezogen, und erst das nachfassende Auge unterschied Schrift, Figur und Krakelei. Die vollgekritzelte Oberfläche sollte das Bild verstecken.

Dieses Verfahren wendete Janssen auf den Holzschnitt und sein sperriges Material an. Im Ergebnis läuft es auf ein ähnliches Versteckspiel hinaus. Was ornamentale, was bildhafte Darstellung ist, bleibt unentschieden, wenn sich die Figur nicht mehr gegen einen Hintergrund abhebt und dieser Hintergrund zugleich figürlich aufgewertet wird. Der Hund im Holzschnitt scheint mit seinem ganzen Körper — einschließlich des weiteren Bildkörpers — um sich zu beißen. Es ist nur folgerecht, wenn solch ein Holzstock vom Mehrfarbendruck unabhängig wird und sich zur Plastik verselbständigt. Wie erwähnt, hat Janssen diesen Schritt vollzogen, als er das Farmsener Betonpfeilerrelief nach einem seiner letzten Holzschnitte — dem *Kaiser* — entwarf. Er brauchte nur noch die ausgekerbten Teile mit etwas Schmutz zu füllen und ein Zementgrau darüberzulegen.

Die Radierung hatte jahrelang die Farbe zurückgedrängt. Alle Sensationen spielten sich zwischen Schwarz und Weiß ab. „Im nächsten Jahr ganz viel Buntes", das war eine von den Vertröstungen, die unerfüllt blieben. Eine Farbradierung, drei Farblithos und der mehrfarbige Holzschnitt — diese Arbeiten konnten die Sehnsucht nach Farbe nicht befriedigen. Aber im Spätsommer 1961 und noch einmal im Jahr darauf war es endlich soweit: Janssen aquarellierte und das in delikaten und zum Teil satten Farben. Zwischen gedämpften, zart untermischten Tönen in Blau, Grün, Braun und Grau setzten einzelne

Tupfer stark leuchtende Akzente. Unverkennbar ist der Mahlau-Schüler, der die Farben konturiert und so über die Fläche verteilt, daß sie, von einem unsichtbaren Netz gehalten, gegeneinander in der Schwebe bleiben. Aber es ist nicht mehr der Lehrling am Werk. Mahlau muß sich jetzt die Chancen zeigen lassen, die er selber nicht mehr nutzen konnte. Die Möglichkeiten liegen dort, wo die farbigen Tupfer, gegeneinander abgehoben und gleichsam auf Lücke gestellt, Umrisse bilden, auch Naht- und Gelenkstellen, die sich figürlich und phantastisch ausformulieren lassen. Deutlich ist hier der Grafiker im Vorteil, der von Hause aus positive und negative Formen unterscheidet und so eine Fülle zusätzlicher Effekte freimacht. Auf die Weise gelingt es Janssen, seine teils bizarren, teils kindlich unbefangenen Figuren noch einmal und in üppiger Farbigkeit entstehen zu lassen. Die Aquarelle, obwohl nur gering an Zahl, bestehen vollauf gleichwertig in seinem Œuvre.

Seit den Ausstellungen in der Warburgstraße produzierte Janssen in Werkreihen und -gruppen. Von einer Serie läßt sich vielleicht zum ersten Mal bei den Aquarellen sprechen. Jedes Thema wird in einer Technik angegangen, die aus einem Korpus von Möglichkeiten den treffenden und sujetgerechten Aspekt auswählt. Mit der freien, ausgesparten Fläche arbeitet ein frühes Selbstbildnis, das, en face gesehen, die Asymmetrie der Gesichtshälften entdeckt und die aufgelöste Schattenlinie des Profils über die Schulter harsch herabführt. Mit ineinanderlaufenden Farben und ausgefransten Farbrändern — bei Mahlau undenkbar — wird *Leni Blum* charakterisiert. In anderen Aquarellen läßt Janssen die Farbe auf dem welligen Papier einsumpfen, so daß sich jene anatomischen Organlandschaften bilden, die seit den 58er-Radierungen, seit der *Nachtwache* und *Susi,* den Figuren ein bewegtes Innenleben geben. Zu dem zart modulierten Innen ein hart konturiertes Außen. Schattenrißartig greift auf dem Blatt *Herr und Frau Südekum* die Kontur in den freien Raum. Es gibt einen Blumenstrauß, der zwischen gedämpften Farbakkorden — an den Rändern und Schnittpunkten der Blüten und Blätter — einen nächtlich glitzernden Sternenhimmel aufgehen läßt. Vollends zum Bild wird die negative Form in dem Aquarell, das den Titel *Joyce nach Photo* trägt. Aus dem weißen, von Tusche ausgesparten Grund tritt knochig und schauerlich die Konkavgestalt des irischen Dichters hervor. Es ist das letzte Blatt in der Reihe. Wie so häufig radikalisiert es die technischen Mittel und gibt damit zu erkennen, daß sich die Serie erschöpft hat.

Die Hauptarbeit leistete Janssen in diesen Jahren — im Vorfeld seiner großen Erfolge — in der Zeichnung. Noch einmal sei der Weg dahin skizziert. Die Linie als körpergestaltender Umriß oder als individualisierender Ausdrucksträger, die Linie, in der sich wie in einer nachahmenden Gebärde die sichtbare Welt entfaltet, gibt es noch nicht. Die bizarren Figuren aus den frühen großen Radierungen sind nicht aus dem Umriß entwickelt, sondern von innen heraus — aus den grafisch strukturierten Innenräumen. Deshalb sehen viele dieser Gestalten aus, als legte der Radierer die Nervenenden bloß, als schaute er hinter die Fassade. In der „Kritzel-Phase" hat Janssen auch diese Körperlichkeit zurückentwickelt und in den Schriftzug einer ungelenken, flüchtigen Hand eingebunden.

Aus dem Gewusel eines tastenden oder endlos wuchernden Lineaments entsteht die Figur neu. Wo die Striche enger zusammenlaufen, sich bündeln und verknoten, formiert sich die Gestalt. Es sind besonders die Augen, der Mund, die Verengung zwischen zwei aneinanderstoßenden Köpfen, die der Bleistift dichter und tiefer auszieht. *Altenhof* heißt eine Zeichnung von 1961, die spinnwebartig ein Netz über die Fläche verknotet und im Sinne dieser Technik ihr Thema entfaltet: Herren, die die Köpfe zusammenstecken und Augen machen, die den Mund verziehen und grimassieren, kurz, eine feine Gesellschaft. Die Unbestimmtheit oder Vieldeutigkeit ist mit dieser Art von Zeichnung vorgegeben, und wer will, kann in den ineinander geschobenen Profilen die gegliederte Fassade des Schlosses wiedererkennen und dahinter die zentrale, von Bäumen gesäumte Zufahrt.

Der Weg zur blattfüllenden Zeichnung führt über eine Flächengestaltung, die lange grafische Prinzipien bewahrt. In freier und schöpferischer Abwandlung eines Grundmusters wechseln schraffierte und unschraffierte Teilflächen, die sich auf das Papier legen wie das verwirrende Schattenspiel eines lichtdurchfluteten Baumes. An den Rand- und Berührungszonen, an den Naht- und Bruchstellen bildet sich Figürliches. Das Davor und Dahinter wird zum Thema. Im Gedränge ineinander verschachtelter Gestalten sind wir an einer der Quellen, wo die Darstellung zur Plastik drängt. Die Fläche beginnt sich vorzuwölben oder in die Tiefe zu öffnen. Zeigen und Verstecken, Sehen und Sehenlassen — das ist die Bühne für das erotische Theater.

In der zweiten Jahreshälfte 1962 entstehen die Zeichnungen, die den eingeschlagenen Weg konsequent weiterverfolgen. Auf den ersten Blick ist es ein Wald von Strichen; ein vom Rand gegen die Mitte zuwachsendes Gestrüpp; ein Dschungel, der von Lichtungen aufgehellt wird. Die Metaphorik ist nicht von ungefähr. Denn in diesem wuchernden Durcheinander erscheint, von allen Seiten zudringlich in die Mitte genommen, die weibliche Gestalt. *Püppi* heißt eines dieser hart bedrängten Mädchen. Es ist ein Hauptwerk aus der Zeit. Das sehr komplex organisierte Gebilde genauer zu betrachten, lohnt sich. Das Bauprinzip dieser Zeichnung ist der Schirm, der sich über einem Kranz von Speichen aufwirft, die alle zu einem Punkt hinführen. Signalhaft erscheint tatsächlich der Schatten eines solchen Schirms oben drüber. Die zentrale Achse darunter bildet *Püppi*. Unterhalb ihres Bauchnabels, im Schnittpunkt der Diagonalen, wölbt sich rund und hell ihr Leib hervor. Alles drängt und alles dreht sich um *Püppi*.

Das Gedränge deckt manche Hinterhältigkeit und manche Anzüglichkeit. Wie vorwitzige Nasen, wie gekrümmte Finger und ausgestreckte Knöchelchen, die begehrlich ihr Ziel suchen, tauchen aus dem Getümmel von Strich und Strichlagen anatomisch sprechende Glieder auf. Folgt man nur dem Bleistift und läßt man die Frivolitäten hinter sich, löst sich das Bild zu den Seiten hin wieder in lauter Schraffen auf, die, kreuz und quer gebündelt, entweder die Fläche decken oder eine schattenrißartige Kontur bilden. Die plastische Illusion zergeht in Kritzelei. Zwischen diesen Polen — zwischen Körperplastik und flächendeckender Strichelei — arbeiten Ordnungen verschiedenen Grades gegeneinander.

Solche Zeichnungen setzen ein Maximum an Planung und Organisation voraus. In den Phasen ihrer Herstellung sind sie unkorrigierbar. Das Radiergummi ist ab jetzt verpönt. Das gestaltschaffende Erkennen tritt in eine neue Qualität ein. Das rhythmisch bewegte Chaos und die wuchernde Fülle bilden den Raum, in dem der Körper seine plastische Gestalt zurückgewinnt. Mit anderen Worten: Die Illusion, daß sich ein Bauch, ein Busen hervorzuwölben und die Scham zu verbergen scheinen, diese Körperillusion ist ihrem Ursprung nach gestisch.

232

Püppi, Zeichnung 2. 9. 1962. Bleistift und Farbkreide auf Papier (64 x 45,5 cm)

Sie entsteht aus lauter Gesten, wie wir das Verbergen und Andeuten, das Zeigen und Weglassen, die Anspielung und Ablenkung nennen wollen.

Die Entdeckung des Plastischen, die Janssen sehr bewußt und von langer Hand vorbereitet in dieser Zeit macht, geht einher mit dem Prinzip der Metamorphose, Ja, die Fähigkeit, sich zu verwandeln und mehrere Bedeutungen anzunehmen, ist die erste und originale Geste — eine Art physiognomisierende Urkraft.

Im Angesicht einer großartigen Tradition europäischer Malerei nimmt es sich merkwürdig aus, wie vorsichtig und tastend Janssen zur plastischen Darstellung zurückfindet. Ursache ist die tiefe Zäsur, die die Moderne hinterlassen hat. Nach dem Siegeszug der ungegenständlichen Kunst waren die meisten Brücken abgebrochen. Und wer neu beginnen wollte, konnte nicht einfach mit der Renaissance wieder anfangen. Die Renaissance hat zuerst die Perspektive in die Malerei eingeführt. Sie hat die räumlich-plastische Darstellung mit den richtigen und harmonischen Proportionen verbunden, die ein Körper im Verhältnis seiner Teile und im Verhältnis zu dem ihn umgebenden Raum hat. Ein solcher Körper war schön und konnte auch als ein Gegenstand der Wissenschaften gelten, weil aus der zentralen Sicht eines Betrachters die Entfernungen und Größenordnungen meßbar waren. Wie leicht einzusehen ist, hat Janssen bei seiner Wiedergewinnung des Plastischen diesen Weg nicht noch einmal beschritten. Der Raum ist für ihn nicht wie in der Renaissance eine objektivierbare Größe. Er läßt die Plastik aus der dramatischen Inszenierung des Raumes entspringen, aus der Heimlichkeit des Versteckens und der Unheimlichkeit des Erschreckens; was wir auch gestisch nannten.

Das Begehren ist etwas anderes als die Schönheit, die Angst zu sterben anderes als der Tod. Aus den ersten, elementaren Quellen schöpfend, setzte Janssen fort, was er in Anlehnung an die *art brut,* an die Ausdruckskunst der Laien und Kranken, begonnen hatte. Das führt zurück zum Manierismus, der in seiner langen Geschichte das Leiden und die Leidenschaft zu den stärksten bildnerischen Potenzen erhoben hatte und nicht einem Ideal der Schönheit und Objektivität gefolgt war. Wie bei der *art brut* wird Janssen aber auch beim Manierismus nicht haltmachen — er ist im ganzen kein Manierist —, sondern mit seiner

Hilfe den Weg der Moderne zurückgehen. Daß der Manierismus eine der Hauptquellen der Moderne ist, trat in den 60er Jahren ins allgemeine Bewußtsein. Was zur Erklärung eines Picasso, eines Klee oder Dali bemüht wurde und was den Modernismus vor der Geschichte rechtfertigen sollte, sah Janssen anders. Genauer gesagt, er sah es umgekehrt. Denn in seinen Augen war der Manierismus in unserer Zeit an sein verkehrtes Ziel gekommen. Indem er ihn auf seine Weise zeichnend wiederentdeckte, setzte er seine Kritik an der Moderne fort.

Arbeiten wie *Püppi* machen das deutlich. Diese frühe Zeichnung greift auch Elemente des Kubismus auf. Dem Kubismus wird bekanntlich das Sehen selbst zum Ereignis, das Sehen als sinnlich-räumliche Aktion. Janssen macht sich nun daran, der Dekomposition der Teile genau die sinnlichen Effekte zu entlocken, die der antinaturalistische Rigorismus unterdrückt. Er löst die Figur in der Gegend ihrer Hüften und Schenkel in eckige, annähernd dreieckige Formationen auf. Aber anstatt die Weiblichkeit zur Fläche zu ordnen, statt kubistisch zu verfahren, hält er es mit der Illusion. Als wären es die Knochen des Beckens, zieht er die Anatomie in eine sprechende Gebärde hinein. Ebenso schamhaft wie kokett schlägt *Püppi* ihre Beine übereinander. „Picasso aus der Welt schaffen", nannte er das.

Daneben ist 1962 eine Reihe von meisterlichen Werken entstanden; häufig auf leicht getöntem Papier und mit gelbem Farbstift gehöht. Aus einer dünn hingestrichelten Fläche, aus einem Gespinst von Linien steigt aus der Tiefe gestisch die Figur herauf. Zwischen Transparenz und Körperlichkeit bleibt die Gestalt vieldeutig in der Schwebe. *Frau Siemers* und *Freiin Münchhausen-Siemers* sind Zeichnungen, die das Porträt auf der Grenze zum Totenschädel ansiedeln. So attackiert er auch Tantchen, die er selber noch als schöne Frau kannte.

Ganz anders eine Zeichnung, die außer der Reihe gemacht ist: das Bildnis *Verena*. Man möchte meinen, von Technik und künstlerischer Raffinesse keine Spur. So behutsam, so begütigend hat sich die Hand des Zeichners auf das Gesicht gelegt, als würde es mit zitternden Händen gestreichelt. Solche Bildnisse glücken immer nur hin und wieder und lassen auf sich warten. Worauf Janssen auf längere Sicht hinauswill, das ist die Zeichnung aus dem Umriß. Sie kündigt sich in dem Porträt von Verena an (wie viele Werke dieser Jahre abgebildet in *H. J., Zeichnungen, 1970*).

Die Arbeiten dieser Zeit schreiten den Kreis der Themen zum ersten Mal voll aus. Da sind einzelne Figuren, die Gruppe, die Szene, das Bildnis und das Selbstbildnis, aber auch die ersten Blumen — Verenas vertrockneter Hochzeitsstrauß. Sogar Landschaften sind da, wenn man den Wald von Strichen nicht nur metaphorisch liest. Mädchen, Nymphen und erotische Zwittergestalten haben ihren Auftritt sowie Totenköpfe, Gebeine und Skelette. Nimmt man die Grafik hinzu, ist die Tierwelt in vielen, auch fabelhaften Exemplaren vertreten. Es zeichnet sich eine Themenbreite ab, die es darauf anlegt, den überlieferten Kanon der Kunst auszuschöpfen. Auch der Zahl nach beginnt das Werk zu imponieren. Dabei ist es jedesmal wieder eine Überraschung, wenn Janssen sein in Schüben entfaltetes Talent unvermittelt aus der Gegenposition kommentiert, also von dorther, wo die Generallinie nicht entlangführt. Das ist der Fall mit reichlich einem Dutzend Radierungen, die im Dezember '62 unter dem Titel *Die Stunde der Mylène* zu einer Mappe zusammengefaßt, aus dem Umriß gearbeitet sind.

Plötzlich ist die Kontur da, nicht wie zuweilen in den Aquarellen schattenrißartig gegen die Fläche gesetzt, sondern die aus der Kontur frei gezogene Gestalt. Die wenigen Radierungen, die davor und danach entstanden sind, weisen kaum darauf hin. *L'heure de Mylène* ist eine späte Replik auf Paul Wunderlich und seine Skandal-Mappe *qui s'explique*. Wo Wunderlich, noch halb in moralischer Absicht, die Frau als Lustobjekt zeigt, treibt Janssen frech-muntere Spielchen — zu dritt oder hermaphroditisch. Die Zeiten sind auch freier geworden; die Schweinereien unbeschwerter. Mit ihren lang ausgezogenen Füßen berühren die Figuren kaum den Boden. Die zentrale Achse, um die sich alles und alle drehen, ist das Genital — schwarz, ausgefranst und hypertroph. Drumherum turnen wie am Trapez, im Umriß locker und leicht gezogen, die erotischen Akrobaten. Diese Beherrschung der Kontur ist neu. Die anatomisch treffende Pointierung und die spielerisch-rhythmische Flächengliederung sind undenkbar ohne die frühen Kritzeleien, ohne deren Artistik und figürliche Verballhornungen. Noch hat sich die Linie nicht völlig befreit, doch die Richtung stimmt.

Aus *Stunde der Mylène*, Radierung 1962 (27 x 19,9 cm)

In den Jahren bis zur ersten großen Kestner-Ausstellung 1965/66 war Janssen sehr fleißig und größtenteils auch häuslich. Wie wäre sonst das Werk zusammengekommen, all die minutiös hingestrichelten Zeichnungen, die fertig wurden und verschont blieben? Denn er zerstörte, er zerriß viel: weil ihm eine Schlamperei unterlaufen war oder eine unmerkliche Disziplinlosigkeit; weil er einen Sammler erschrecken mußte; weil er gegen eine Schwäche oder Eitelkeit Sieger bleiben wollte und um nicht Selbstmord zu begehen. Ein Wutanfall war es allemal. Verena, die in diesem Auf und Ab an seiner Seite blieb, beherrschte die elementaren Gesten, die ein Künstler seines Temperaments nötig hat. Sie war immer da, wenn er sie brauchte.

Als Verena zu ihm in die Warburgstraße gezogen war, bauten sie die Räume unter dem Dach aus. Die Wohnung war mit wenigen Mitteln prachtvoll dekoriert, einige Möbel stammten von Altenhof, manches vom Sperrmüll — ein großzügiges Durcheinander, wie es zehn Jahre später modern werden sollte. Eine Katastrophe war der Abwasch. Aber Verena hatte alle Hände voll zu tun, das Kind beiseite zu halten. Philip zog von Anfang an die übertriebene Fürsorge seines Vaters auf sich. Das erstreckte sich auch auf die ersten Schuhe, die natürlich nicht spießig weiß sein durften. Janssen pinselte sie schwarz an. Die Sorge, die allen möglichen Beeinträchtigungen zuvorkommen will und sich dazu die Gefahren auch noch erfindet, ist Terror. Und bevor der kleine Philip mit Terror antwortete, war es besser, daß Verena mit ihm schräg über die Straße zur Familie Dietrich ging. Dann konnte es vorkommen, daß Janssens Stimme aus dem obersten Fenster heraus hinter Frau und Kind hertönte: „Verena, mein Schatz, ich liebe dich."

Wer mit diesem schwierigen Menschen das Leben teilte, mußte ihn im richtigen Moment sich selber überlassen und zugleich pausenlos für ihn da sein. Er durfte nicht ausruhen und nicht einschlafen, nicht einmal nachts, wenn eine fieberhafte Unruhe seinen Schlaf auf drei oder vier Stunden zusammendrängte. Janssen machte Ansprüche an die Person, wie sie nie unerfüllbarer waren. Einen kleinen Hausvogel, den Verena liebgewonnen hatte, mußte sie vor dem Eifersüchtigen retten und geschwind einer Nachbarin zustecken. Er hätte ihm den Hals umgedreht.

Es war frühmorgens an einem heißen Sommertag. Er kam nach einer durchsoffenen Nacht zurück in die Warburgstraße und hatte ein weißes Kaninchen unter dem Arm, wie es die Ehemänner ihren Frauen vom Fischmarkt mitbringen. Verena suchte keinen Streit, aber sie sah deprimiert aus. Wie sie ihre Finger in das Fell des Kaninchens eintauchte, ergriff er das Tier und schleuderte es zum offenen Fenster hinaus. Es war eines der Fenster, die nicht nach vorn oder hinten, sondern seitlich hinausgehen, wenn das Nachbarhaus durch einen

Zwischenraum getrennt ist. In diesen Schacht, der durch die aufstei-
gende Sonne im Moment ganz ausgefüllt war, fiel das Kaninchen — ein
weißer Blitz, um die eigene Achse einen letzten Haken schlagend. —
Sehr bestimmt und nüchtern stopfte Janssen unter den Augen der
ersten Sonntagsspaziergänger das Kaninchen unten in den Müll-
eimer.

„Das gibt noch was!" hatte Tantchen schon auf der Hochzeit festgestellt, als Janssen unter dem Stuhl von Verena hindurchkroch, die
einen Moment lang unaufmerksam gewesen war und versäumt hatte,
beiseite zu rücken.

Janssen riß immer gleich die ganze Familie mit hinein. Verena war
bis zum äußersten duldsam, aber auf ihre Eltern ließ sie nichts kom-
men. Ihre Mutter war eine Dame, wie sie selten geworden sind. Zu
Besuch in der Warburgstraße setzte sie sich zu Tantchen aufs Plünn-
sofa und zuckte nicht mit der Wimper, wenn Hans-Werner mit dem
Schwanz die leeren Flaschen vom Tisch auf ihr Reitkostüm wedelte.
Sie war beherrscht und beherzt und stellte das auch im Umgang mit
Janssen unter Beweis.

Philip wurde auf Schloß Altenhof getauft. Zur Feier fuhr die Familie
ins Dorf. Die Gesellschaft ging in die Kirche, Janssen ins Wirtshaus
gegenüber. Er mußte einen Korn fassen, wohl aus Angst, einer Rüh-
rung zu erliegen. Im Gutshaus war schließlich die ganze Familie wieder vereint. Draußen lag Schnee, und hier in den warmen und prächti-
gen Räumen hatte man Muße, in den Garten und übers Land zu
schauen. Philip lernte damals gerade laufen und tapperte über die
Teppiche. Er schien zu stolpern. Wie Janssen seinen Sohn wanken
sah, fielen ihm die orientalischen Brücken auf, die eine übereifrige
Putzfrau an den Fransen beschnitten hatte und die nun zur Verheim-
lichung dieses Mißgeschicks übereinandergelegt worden waren und für
Philip ein kleines Hindernis bildeten. Der besorgte Vater steigerte sich
beharrlich, zuletzt ultimativ in die Forderung hinein: „Die Teppiche
müssen festgeklebt werden, damit der Junge nicht fällt." M. L. lehnte
natürlich ab. Und wie sie das lächerliche Ansinnen vor der Gesellschaft herunterspielen wollte, wurde Janssen dreist: „Die Dummheit
wohnt auf dem Land."
Wenn es Streit gab zwischen Verena und ihm und er schon bis zum

äußersten gegangen war, stieß er die letzte Drohung hervor: „Morgen früh holt dich deine Mutter ab. Du rufst jetzt an!" Sobald Verena den Telefonhörer in die Hand nahm, riß er das Kabel aus der Wand.

Felix von Bethmann Hollweg steht in der Reihe der Vaterbilder. Janssen sah in ihm, was er nur seinen besten Freunden zugestand: Tücke, eine abgrundtiefe Tücke. Er soll perfekt in seiner Feindseligkeit gewesen sein und auf seinem Sterbebett niemanden in dem Glauben gelassen haben, daß er von ihm geliebt worden sei. Nun, Janssen wurde von dem Alten geliebt. Mit seinem großagrarischen Pulsschlag sah Felix von Bethmann Hollweg dem jungen Heißsporn die meisten Bübereien nach. Er war gelassen und ließ Spielraum wie die souveränsten Gestalten aus Fontanes altem Adel.

An ihn konnte sich Janssen in der Krise wenden, die im September 1963 noch einen Namen hatte: „Ausweglosigkeit". Diese Krisen sollten sich immer häufiger einstellen und seinen Produktionsrhythmus bestimmen. Schon damals wurden sie nie restlos beigelegt, sondern durch eine gelungene Arbeit zeitweise entschärft.

Der Alte hatte eine Art, auf das Leben hinzublicken, wie einer, der, von seinen Feldern und Wäldern abgeschirmt, die Stadt hinterm Hügel weiß — die schrecklich laute Stadt. Janssen konnte das auf seine Weise nachvollziehen. War er doch am glücklichsten, wenn er zeichnete oder — wie er es sah — wenn man ihn zeichnen ließ. Alle Störungen kamen von außen, eine nicht abreißende Kette von Überwältigungen. In seinen Arbeiten war er nicht nur unangreifbar und unschlagbar, er war autark und fühlte sich über sich hinauswachsen. Ein mit jeder günstigen Stunde erneuerbares Erlebnis, das sich seit Kindestagen wiederholte. Seit er in die beseligende Pingelei nach Ludwig Richter eingestiegen war wie ein Schwimmer, der in ein tragendes Wasser eintaucht, bis ihn das andere Ufer neu und frisch entläßt. Die Arbeit am Zeichentisch — das war die Befreiung der Phantasie, der Zärtlichkeit, des Witzes, der Erfindungslaune; ein ständiger Zustrom von Energien, der ihn so über sich hinaustrieb, daß er nun erst ganz er selber war. Das gesteigerte Selbstgefühl am Zeichentisch: das war sein Lebenselixier, seine Droge.

Was ihn an seiner Arbeit hinderte, war die Gesellschaft. Auf diesen Begriff brachte er die Krisen, die Störungen, die Belästigungen und

240

selbst noch die Aufträge, die ihn natürlich zur Unzeit bedrängten. Die Gesellschaft wurde ihm zum Inbegriff all dessen, was seinem Künstlertum momentan im Wege stand. Eine besondere Gesellschaftskritik oder auch nur die Nötigung, aus Grundsätzen heraus diesen Staat, seine Geschichte und in ihm die Stellung des Künstlers zu erfassen, kannte er zu der Zeit nicht.

Draußen auf Altenhof konnte man ihn wie Felix von Bethmann Hollweg reden hören: „Die in der Stadt, die spinnen." Darin ging er mit dem Alten d'accord. Und wenn Schwager Hubalek schon beim Frühstück zu schimpfen begann: „Alle Polizisten sind Verbrecher", dann setzte der Hausherr mit gedehntem Tonfall und unerschütterlicher Ruhe dagegen: „Verbrecher fängt man mit Verbrechern."

Neben seiner Gelassenheit bewunderte Janssen am meisten den versteckten Schalk des Alten. Als in den nächsten Jahren die gesellschaftskritischen Diskussionen heftiger wurden und Studentenproteste Unruhen heraufführten, nahm er sich den adligen Souverän insgeheim zum Bündnispartner. Dem väterlichen Freund widmete er 1971 ein Leporello. Der Plan ging auf den jugendlichen Felix zurück, also auf die Zeit der deutschen Imponierbärte, die auch Biber genannt wurden. Aus der „Geschichte des Bibers", wie Gulbransson sie um die Jahrhundertwende hätte illustrieren können, machte Janssen eine *Bibergeschichte:* ein lang ausziehbares Faltblatt — lauter Bärte —, die rauschende Einfalt. Und das gerade zu einer Zeit, als es die Bartträger wieder ernst meinten.

Der gesellschaftliche Protest, der in den 60er Jahren erwachte und das Ende des Jahrzehnts erschütterte, traf Janssen unvorbereitet. Was den Künstlern unter dem Druck einer sich zuspitzenden öffentlichen Diskussion als Parteinahme abverlangt wurde, mußte ihn in der Arbeit stören. Nach wie vor verstand er sich als Ein-Mann-Opposition, genauer: als Opposition der Opposition. Grundsätzlich fühlte er sich allein auf sich gestellt. Um sich herum sah er nur Ablenkungen — Ablenkungen von seinem künstlerischen Weg. Die Mitwelt hielt er im Grunde für verständnislos, für penetrant zudringlich und brutal.

Die ihn tothetzen wollten, waren so in der Überzahl, daß es eine Frage lebenskluger List war, mit der herrschenden Gewalt gegen die

Überwältigung zu paktieren. Wie Reineke Fuchs die Allianz mit dem Stärkeren sucht, um sein Fell zu retten, so konnte Janssen selbst den ungehobelten Vertreter der Macht mit dem Hintergedanken begrüßen, daß man sich diesen Kerl besser merke für eine Zeit, da man sich eine Diktatur zunutze machen müsse. Denn unverbesserlich wie der pfiffige Greifzu ist, wird ihm jede Widrigkeit zur Chance und zur günstigen Gelegenheit. Es ist der verdeckt anarchistische Zug im Liberalismus, der den Einzelkämpfer uneingeschränkt bündnisfähig macht. Obwohl es dafür historische Vorbilder gibt und jeder dialektische Kopf intuitiv Gebrauch davon macht, ist es hier auch eine Spätfolge der Hitler-Diktatur. Denn der Nationalsozialismus hatte viele aus der Identifikation mit Staat und Gesellschaft so herausgedrängt, daß sie sich noch in den Phasen glänzenden Wirtschaftswachstums nur sicher im Bündnis mit ihren Feinden fühlten. Janssen verstand sich darauf vortrefflich. Wenn er nicht das gesellschaftliche Abseits favorisierte, die Kinder und alten Damen, dann hielt er sich an den Stärkeren und den notorischen Gewinner, an die Macht und die Normalität. Den Erfolg behandelte er aber als seinen intimsten Gegner.

Sogar die besten Freunde sah er auf die Gegenseite wechseln. Dann verkörperten sie für ihn alle Mißhelligkeiten, mit denen ihm die Gesellschaft nachstellte. In seinen Augen waren sie die besonders gefährliche und tückische Vorhut jener Masse Mensch, die ihn einholen und unterkriegen wollte. „Die Leute" — ein größeres Schimpfwort gab es nicht. Janssen stattete sie mit allen Mitteln rücksichtsloser Gewalt aus, nur dazu ersonnen, sein Künstlertum zu verhindern. Wer ihm nahestand, den warf er auch irgendwann unter die Leute, irgendwann stempelte er seine Freunde zu Verrätern.
Ohnehin lag über allen Freundschaften eine merkwürdige Spannung. Carl Vogel, den man einen manischen Sammler nennt, war darin auch sein Geschöpf. Er hortete nicht nur Zeichnungen und Grafiken. Wenn er dazu auch noch die Papierkörbe aus dem Atelier schleppte, dann schmeichelte das Janssen ungemein. Der Besitztick des einen war die Wollust des anderen — und keiner konnte den Hals vollkriegen. „Wenn Sie mich morgen besuchen, bekommen Sie zehn tolle Zeichnungen." Nicht eine oder zwei, nein: „zehn" mußte Janssen ihm ver-

sprechen. Wie das Werk teuflischer Planung mutet es deshalb an, wenn Vogel vom überquellenden Gepäckträger seines Fahrrads ein Blatt verlor und er das Labyrinth der Einbahnstraßen in umgekehrter Richtung zurücklegte, um, gegen Angst und Ärger anstrampelnd, sein Eigentum wieder einzusammeln. Härte und Habgier, die ganze Palette virtuoser Werbung und eingängiger Verführung, sie war ebensogut Janssen selbst geschuldet, der in einer Mischung aus Schwäche und Bosheit ein Spiel daraus machte. Er warf sich als Köder aus und war doch unverdaulich. Er ließ Vogel eine Gouache aussuchen, die dieser, als er seine Freude zu deutlich zeigte, wieder herausrücken mußte. Janssen wußte jetzt, welches Blatt das beste war. Künstler und Sammler wetteiferten in einem absonderlichen Kräftemessen. Was noch hinzukam: Beide sind am 14. November geboren — im Zeichen des Skorpion.

Gewöhnlich erschien Carl Vogel, damals noch Hauptschullehrer und Lehrbeauftragter am Pädagogischen Institut, zwischen 13 und 15 Uhr in der Warburgstraße zu Milch und Banane. Die größeren Sammler waren sämtlich mit Janssen befreundet. Ja, man mußte mit ihm befreundet sein, um überhaupt an seine Arbeiten heranzukommen. Klaus Hegewisch war in diesen Jahren eine Art Mäzen. Er hatte dem frisch verheirateten Paar seinerzeit die Hochzeitsreise auf dem Bananendampfer ermöglicht. Hegewischs Karriere im Obstgroßhandel ist die Geschichte zweier Kompagnons. Einer sammelte nach dem Krieg im Ruhrgebiet Nägel, der andere besorgte Bretter in Schleswig-Holstein. Als wieder Schiffe mit Südfrüchten in Hamburg anlegten, konnten sie als erste Apfelsinen in Kisten verkaufen.

Ein Sammlerfreund der kommenden Jahre war Siegfried Poppe. Auch hier begeisterte sich Janssen für die Geschichte des Selfmademans, wie er sie sah. Poppe soll in der Branche der Gebäudemaler und Anstreicher den Konkurrenzkampf dadurch für sich entschieden haben, daß er das bewegliche Malgerüst erfand. Einen tüchtigen Architekten aus Rissen — Rolf Garten — bevorteilte Janssen besonders. Eine halbe Stunde vor seiner Ausstellungseröffnung überließ er ihm die freie Auswahl. Den nachdrängenden Gästen konnte er dann eine zu Dreiviertel verkaufte Bilderschau präsentieren.

Janssen liebte es, Frau und Familie in die Freundschaft einzubeziehen. Oft war er in den Häusern zu Gast, in Blankenese und Rissen und

Wellingsbüttel. Am besten war man mit Janssen allein. Denn selbst wenn einer im Augenblick den Mäzen spielte, war er nicht davor gefeit, daß nicht eine plötzliche Wendung die Freundschaft heillos überforderte. Gute Bekannte des Hausherrn triezte der Eifersüchtige zur Tür hinaus. Er konnte seinen Freunden Zugeständnisse an seine momentane Laune abnötigen, die bald die ganze Familie erschöpfen mußten. Um Schlimmeres zu verhüten, gab man nach. Schließlich war man froh, wenn die Bilder an den Wänden hängenblieben. Denn auch das kam vor: Der Jähzornige riß sein eigenes, gerahmtes Werk vom Nagel und warf es die Treppe herunter. „Ihr seid es überhaupt nicht wert!"

Kaum einer hatte die Kraft, sich dagegen aufzulehnen. Aber wer es tolerierte, lebte in einer Art Verschwörung mit diesem Feuerkopf. Denn Janssen war so anziehend wie abstoßend. Der sie alle überanstrengte, hatte auch den Nerv, jeden an sich zu fesseln. Immer über die erträgliche Grenze hinaus, hielt er doch die Balance, die nötig war, um seine Ausfälle zu decken. Und sei es, daß er anderntags mit einem Bildergeschenk vor der Tür stand oder sonstwie den Sammler zu bevorzugen versprach. — Einen Allerweltssäufer hätten die gestandenen Hanseaten vor die Tür gesetzt. Für eine unabsetzbare Ware prostituiert sich an der Elbe niemand.

Janssen hatte die Rolle des Bürgerschrecks über die Zeit gerettet. Ohne ein besonderes soziales Engagement, aber mit viel Witz rückte er jeder Gesellschaft auf den Leib. Die hamburgischen Haushalte, die ihn zu Gast hatten, hielten sich den anstrengendsten Narren, den es je gab. Wenn er sich nicht bei seinen betuchten Sammlerfreunden einlud, ging er am liebsten nur eben in Pantoffeln über die Straße: zu Frau Zotzmann, zu Hermann Laatzen, zu der Dietrich.

Allen älteren Freundinnen von Tantchen machte er spielerisch den Hof, und es war ein Fest, ihn zwischen „seinen Öhmchen" kokettieren zu sehen, die es ihm mit Entzücken dankten. Eine Zeitlang war er fast jeden Mittag bei Frau Zotzmann, und dort sah er sich auch, ein Lied schmetternd und die geballte Lebenskraft auf einmal ausposaunend, im Spiegel: *Selbst singend.* „Das muß ich zeichnen" — und war schon in der Arbeit.

Hermann Laatzen betrieb schräg gegenüber die Buchhandlung. Er

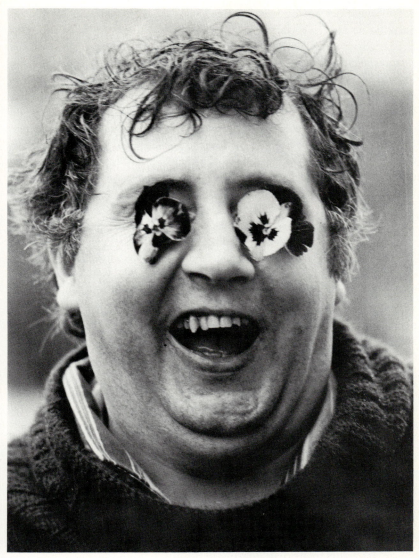

Horst Janssen Mitte der 60er Jahre (Foto Thomas Höpker / Agentur Anne Hamann)

hatte Janssens Erstlingswerk verlegt, das Kasperlebuch von 1948. Das hatte beide auf viele Jahre zusammengebracht. Obwohl auch in dieser Freundschaft die Flaschen flogen, die Polizei im Laden stand und die Zusammenarbeit hart geprüft wurde, blieb der Kaufmann unbeirrt. Er wußte, daß Janssen immer in die mit Büchern gefüllten Wände des Antiquariats zurückkehren würde. Außerdem hatte der Buchhändler seine Wohnung direkt über dem Laden und war auf einen Sprung erreichbar. So oft Verena und Janssen nach Feierabend hereinguckten, fanden sie Hermann Laatzen, unter den Klängen eines entfesselten Grammophons und durch einen guten Tropfen in der wahren Begeisterung genährt, Richard Wagner dirigieren.

Ein paar Häuser nebenan bei Ursula Dietrich ging es erst recht hoch her. An der Seite ihres in die Restauration alter Gemälde bis zur Unsichtbarkeit vertieften Mannes war Ursula Dietrich das temperamentvolle Eheweib; eine provozierend aufgereckte, feuerhaarige grande dame in den Straßen von Harvestehude und eine Löwenmutter, wenn es galt, ihre drei Kinder vor den Attacken des übermütigen Künstlers zu schützen. Die Dietrich wuchs mit den Herausforderungen. Janssen sagte es ihr ins Gesicht: „Du bist eine sehr häßliche, aber hochattraktive Person." Eine eigenwillige Lust muß sie angetrieben haben, als sie sich an diesem Hitzkopf rieb, der das Porzellan in den Garten warf, der die Wasserhähne aufdrehte und mit Überschwemmung drohte, der nachts vom Domfest kam, die Tür einlief und einer Mitbewohnerin über den Mund fuhr, bevor sie sich über den Klamauk auch nur mit einem Wort entrüstet hatte. Dazwischen stand Verena und glättete die Wogen und wiegelte ab. Denn sie war am nächsten Tag wieder mit Philip zu Gast und im Garten, bis abends „Fatter" dazukam. Wenn dann auch die ersten Galans der Dietrich-Töchter auftauchten, war wieder ein Tänzchen gefällig, so ausgelassen und aufgedreht, daß man vergessen konnte, wer um wessentwillen erschienen war. Dieser Lustbarkeit ging bis hoch in die 60er Jahre die Puste nicht aus. Aber Janssen ließ irgendwann fallen: „Ich komme jetzt jeden Tag zu euch. Doch wundert euch nicht, wenn ich einmal wegbleibe. Ist nichts mehr drin, mache ich Schluß."

Bleibt Tantchen. Von ihr wandte er sich all die Jahre nicht ab. Tantchen war aus seinem Leben nicht wegzudenken. Zuweilen konnte sie grantig wie ein Fels sein. Doch blieb sie stets eine Hilfe. Sie lebte immer zu seiner Unterstützung, seit er zum ersten Mal zu ihr nach Hamburg gereist war, in den Ferien direkt aus der Napola. Tante Anna hatte ihn an die Kunstschule gebracht und im Gefängnis besucht und seinen Jähzorn ausgebadet. Zwischen den Frauen blühte sie jedesmal auf. Damit er sie nicht bestehlen mußte, hatte sie eine Zigarrenkiste deponiert mit 5 Mark für den verdammten Alkohol. Sie war darüber selber an die Flasche geraten, trank aber grundsätzlich aus Tassen, damit er nicht sah, daß sie trank.

Um 9 Uhr morgens saß sie vor ihren Akten in dem Kutscherhaus mit den zwei kleinen Zimmern. Sie besorgte nach wie vor die Häuserverwaltung für Winandy, ging mit den Handwerkern über die Dächer und stritt sich mit den Mietern herum. Bezahlt wurde sie mehr schlecht als recht. Aber das wollte sie wohl nicht anders haben wie die enge Wohnung; wie den schlapperigen Mantel, dessen Futter nur mit einer Sicherheitsnadel angesteckt war; wie die Katzen, die ihr Janssen unterschob: „Nimm mal eben, nur einen Augenblick." Sie trug Winter wie Sommer ihre pelzgefütterten Stiefel und auf dem Kopf eine gestrickte Mütze aus flaschengrüner Mohairwolle. Sie war ein Original, und zusammen mit Hans-Werner, dem Neufundländer, der dicker und zotteliger wurde, bildete sie ein verschrobenes Paar, das zum Straßenbild an der Alster gehörte. Sie wurde respektiert und wegen ihres mürrischen Tons auch gefürchtet. Der alte Becher konnte sie über den Mund fahren: „Du quackelst ja dummes Zeug." Dann war sie wieder wie ein junges Mädchen und lachte über das ganze Gesicht. Einen Kimono, den sie aus dem Ascheimer gezogen hatte, warf sie sich gleich über: „Ich bin Madame Butterfly." So komisch sie herumlief, mokierte sie sich über die Leute und darüber, was sie anhatten.

Wer Janssen besuchen wollte, sprach erst bei Tantchen vor. „Der Junge braucht Ruhe." Über diesen Spruch konnte er sich amüsieren und war doch dankbar, daß sie ihn abschirmte. Wenn er abends mit Verena aus dem Atelier ins Kutscherhaus herunterkam, suchte er zuerst die Kornflasche, die Tantchen versteckt hatte. „Heute is nichts. Heute nicht. Bestimmt." Aber er fand sie immer. Miteinander hamburgerten sie und nannten sich gegenseitig „Schieter" und „Schietbüdel". Tantchen polterte viel und mit Behagen, aber gegen ihn war sie machtlos. „Schieter, gib mir 50 Mark. — Gibst du mir 50 Mark!" ließ Janssen die Bitte sofort in eine Drohung umschlagen. Es kam vor, daß er sie aus Unbeherrschtheit schlug; dann weinte sie. Und erst wenn man sie hinter der Tür schimpfen hörte: „Der ist ja größenwahnsinnig. Was bildet er sich denn ein!" war sie wieder die alte.

Die Jahre 1963 bis 1965 brachten die Zeichnung auf eine nicht erreichte Höhe. Es waren fleißige Jahre, in denen es familiär zuging und er immer unter Freunden war, die ihn gegen die Forderungen eines anonymen Marktes schützten. „Ausstellungen stören mich nur."
Aber was heißt „zurückgezogen und arbeitsam", wenn einer nur den Fuß über die Schwelle setzt, und es ereignen sich Katastrophen, von denen sich jeder andere wochenlang erholen müßte. Allein die Besäufnisse waren so selbstzerstörerisch, daß ein austrainierter Körper die rücksichtslose Erschöpfung seiner Kräfte nicht unbeschadet überstanden hätte. Wer Janssen und Verena nachts aus der Gegend des Großneumarktes heimkehren sah, ineinander verklammert und sich abwechselnd huckepack nehmend, ein doppelköpfiges Monstrum im Kampf gegen den vertracktesten aller Feinde, gegen die eigene Schwäche, der hätte auf den Künstler des nächsten und übernächsten Tages keinen Pfennig gewettet. Aus der Zeit datiert die Rede von den wenigen Jahren, die Janssen noch haben würde, „wenn's hoch kommt . . ." Aber wie er sich ruinierte, er konzentrierte sich auch wieder, und im Vollbesitz seiner Kräfte verbreitete er sich in Tausenden und Abertausenden von Strichen über das Papier.
Was er zeichnete, entstand nicht vor der Natur, wenn er es auch gesehen hatte. In solchen Aufregungen und in solchen Verrenkungen zeigt sich niemand von sich aus. Keine Milieustudie hätte ihm seine Figuren geliefert. Allein, er hat die Bilder gesehen. Denn er beschwor Szenen herauf, Szenen, die den Alltag außer Kraft setzten und in der die Menschen mehr von sich sehen lassen mußten als gewöhnlich. Seine exzessive Natur erweiterte den Raum des Sichtbaren.
Die kontemplative Beobachtung war nie sein Fall. Nichts ließ er einfach an sich herankommen. Er war in seinen Wahrnehmungen engagiert und seinen Gegenüber verwickelte er direkt in eine Situation hinein. Er machte keinen Hehl daraus, daß es um ihn ging. Er war Partei. Dem versteckten Angriff auf sich mußte er zuvorkommen. Der

Tantchen, Zeichnung 1979. Blei- und Farbstift
(23 x 13,7 cm)

antizipierende Kopf sicherte die leisesten Spuren der Entmündigung,
auch wenn sie sich nur entfernt andeuteten. Ja, er riß sie hervor. Kein
anderer hätte sich angegriffen gefühlt, er aber holte schon zum Schlag
aus. Deshalb ist die Inszenierung seine Stärke, die Inszenierung, die
ihn in den Mittelpunkt der Welt zurückholte. Jede Aggression war
eine Antwort auf eine Verwundung. Janssen ist der Dramatiker par

excellence. Die Zeichnungen dieser Zeit brachten endgültig den Durchbruch.

Es sind Bilder unerhörter Spannung: Mädchen, wie sie sich nie zuvor exhibitioniert haben; fabulöse Köpfe und zum Veitstanz ausgeworfene Glieder. Eine Zerreißprobe für die Nerven, bis zur Unerträglichkeit gesteigert und bis zum physischen Schmerz für das Auge. Das Schielgesicht, das entblößte Gebiß, die umgestülpte Scham, ein bis zur Verbiegung überdehnter Körper — der Anblick ist verletzend.

Aber es ist nicht der Schock, der die Arsenale der Moderne füllt. Die Erregungen und Peinigungen, die Janssen inszenierte, bestechen durch ihre sehr genau gesetzten Pointen. Sie sind ätzend und unter die Haut gehend. Was in diesen Tagen so oft ein blindes Drauflosschlagen gegen jeden und alles war, in den Zeichnungen ist es die gebändigte Kraft und das überlegene Können. ... *um so wenigstens auf dem Papier ein Genuß für die eigenen Freunde zu sein.*

Ein langer Anlauf war nötig, um Wut und Schmerz sicher ins Ziel zu landen. Die Ausstellung der Kestner-Gesellschaft breitete das Werk zum ersten Mal vor einem großen Publikum aus.

15. Ausstellung in der Kestner-Gesellschaft 1965

Die Zeichnungen, die auf der Wende der Jahre '65/66 zur Attraktion der Kestner-Ausstellung wurden und die erst die großartige Präsentation ermöglicht haben, sind beharrlich aus den Anfängen entwickelt. Der Werdegang des Zeichners besitzt eine innere Folgerichtigkeit, die sich schrittweise und über viele Stufen nachvollziehen läßt. Aus der Nähe betrachtet, ist dieser Weg jedoch von Stockungen und Krisen unterbrochen, so daß es besser ist, von produktiven Phasen und einer Arbeit in Schüben zu sprechen. Ja, in Janssens Augen ist es ein ständiges Neueinsetzen und die Anstrengung, sich nicht auf einen Erfolg festzulegen. Offenbar sind es die Brüche und Neuanfänge, die eine Entwicklung hervorbringen, die mehr ist als das Ausschlachten eines Einfalls und das Breittreten einer Masche. Erst die Diskontinuitäten machen frei für den Wiederbeginn auf gesteigertem Niveau. Mit der Entfernung wächst dann der Überblick. Der schöpferische Prozeß vollendet sich im nachhinein, und wie von einem Plan durchdrungen, wird die Architektur des ganzen Werkes sichtbar.

Als Alfred Mahlau der Landschaft und dem Stilleben den Vorzug gab, interessierte sich Janssen schon für das Bild des Menschen. Nie benutzte er es nur zu dekorativen Zwecken, nie war es ihm bloß Vorwand zur lebendigen Gliederung einer Malfläche. Immer suchte er das Charakteristische. Ja, was in dem Menschen vorging, das zog ihn besonders an. Als er zu radieren anfing, stülpte er das bewegte Innenleben seiner Figuren nach außen. Es entstanden Gestalten aus Knochen und Knöchelchen. Die *Susis*, die er damals entdeckte, waren aus inneren Organen, aus organähnlichen Teilen und anatomischen Segmentierungen zusammengesetzt. Das war die groteske Phase, auf die nach einem neuen Anlauf eine zweite, entgegengesetzte Phase folgte. Nun kehrte Janssen das Äußere gleichsam nach innen. Auf kleinen vollgekritzelten Platten und Heftseiten brachte er eine eigene Welt hervor. Unterderhand verwandelte sich alles in den scheinbar kunstlosen Duktus einer Bilderschrift. Szene folgte auf Szene, wo vorher die Figur alles war.

In einem dritten Schritt arbeitete er Figur und Szene ineinander. Innen und Außen, Sichtbares und Unsichtbares, Vorder- und Hintergrund, Mensch und Welt hören auf, ein nur von einer Seite gelöstes Problem zu sein. Die Perspektive schließt die Szene auf und die Körper werden plastisch. In den blattfüllenden Zeichnungen Mitte der 60er Jahre erreicht diese Entwicklung einen Höhepunkt. Der Weg führt von den bizarren Organlandschaften zur ekstatisch gespannten Körpermuskulatur. Der sezierende Blick unter die Haut wird zum Anblick, der unter die Haut geht.

Gestisch nannten wir diese Wiederinszenierung der Körperplastik, und gestisch ist auch der Ursprung, aus dem die Umrißzeichnung neu hervorgeht. Aus dem Schielen, halb verdeckt hinter einer überfallenden Haargardine, entwickelt der Zeichner die Konturen des Auges. Aus der Berührung mit einem lüstern vorgestreckten Finger entsteht die Profillinie eines Mädchenoberkörpers. Wo das Fleisch bis in die einzelne Faser bebt, springen Schenkel auf. Mit dem Drama bildet sich die Anatomie. Die richtige Proportionierung der Teile ist dagegen zweitrangig. Ja, soweit eine Verrenkung, eine mutwillige Deformation den Ausdruck steigern, werden sie der anatomisch korrekten Darstellung noch lange vorgezogen. Auf diese Weise entfesseln einzelne Partien des Körpers ein Eigenleben, das sie vieldeutig und wandlungsfähig macht. Nicht mit einem, sondern mit vielen Gesichtern schaut das Bild seinen Betrachter an.

Die dramatische Inszenierung des Körpers — von dorther arbeitete sich Janssen noch einmal an die menschliche Gestalt heran. Im Grunde ausstellungsscheu und eher abweisend, war er so in seinen Weg vertieft, daß er von der allgemeinen Kunstszene wie abgekoppelt scheinen konnte. Denn obgleich auch die Pop-Art zu dieser Zeit die Außenwelt neu entdeckte, schaltete sie zur Verdoppelung einer banalen Konsumwelt andere Mittel ein. Janssen mußte jedes Muskelspiel, jede Drehung des Leibes Strich für Strich zeichnen. In- und auswendig beherrschte er schließlich den Körperbau. Und offensichtlich war ihm das genauso wichtig wie die figürlichen Erfindungen. Denn mit solchen Neuschöpfungen würde er eine lang anhaltende Tradition doch immer nur um besonders skurrile Varianten bereichern. Ja, die thematische Festlegung auf den Geilemädchenzeichner sollte er am Ende widerrufen. *Die etwas angekrüppelten Gnome, die geilen Sybellinchen und die aufgesperrten Katzengesichter* waren nur *ausgewählt nach den Bedürfnissen jener Leute, die glauben, Bilder besitzen zu müssen und diese auch bezahlen können,* schrieb er 1970. Wenn die gespreizten Wuschelköpfchen und die fingerhakelnden Brustwarzen bald zum *Markenartikel* wurden —, er wollte darauf nicht eingeschränkt werden. In der Tat gehen aus seiner Biographie keine sexuellen Obsessionen hervor, und wer von den akrobatischen Kabinettstückchen der *Mylène*-Mappe auf Gruppensex schließen wollte, wird enttäuscht. „In der Hinsicht alles stinknormal", sagte eine seiner späteren Frauen, die von der Landwirtschaft besonders angezogen war.

Was dagegen tief in sein Leben zurückreicht, ist das Interesse an einer Ästhetik, die das Verschrobene und Häßliche einbezieht. Die dämonischen Gesichtskrüppel und die gefallsüchtigen Hysterikerinnen bewegen sich ganz auf dieser Linie. Sie sind so abstoßend wie anziehend. Alles Absonderliche, jede Art von Entstellung und sogar der Körperschaden waren für Janssen eine Quelle der Inspiration.

Das hatte in den 50er Jahren angefangen. Tantchen wollte ihm damals einen kleinen Nebenverdienst sichern. Sie verwaltete nicht nur die Häuser für die Familie Winandy, sie war auch mit Frau Winandy befreundet, die drei behinderte Kinder zur Welt gebracht hatte. Davon hatte nur Reinhart den Krieg überlebt, der Spastiker war und Lyriker. Zur Pflege seiner tyrannischen Talente richteten ihm die Eltern einen Verlag ein. Als der Vater starb, übernahm er auch die Familiengeschäfte, in denen er nur Schulden hinterließ. Seine Mutter brachte ihn jeden Morgen auf den Weg ins Büro zur Alsterdampferanlegestelle, und am Jungfernstieg holte ihn Tantchen ab. Auf der „Seereise" waren inzwischen die Gedichte entstanden, die er Tantchen in drei qualvoll stockenden Stunden diktierte und die sie in die Maschine tippte, bis er darüber einschlief. So sah ein Teil ihres Berufslebens aus. Den anderen Teil verwendete sie darauf, die Verluste des Verlages „Weißer Rabe" buchhalterisch zu minimieren. Janssen lernte den jungen Winandy kennen, als er gerade mit Judith Schlottau zusammengezogen war und zum ersten Mal für den gemeinsamen Unterhalt aufkommen sollte. Damals griff der Winandy-Sohn auf der Terrasse seines elterlichen Hauses und während einer allgemeinen Plauderei Judith unvermittelt unter den Rock. „Reinhart, das sollst du doch nicht", ermahnte die Mutter den Vierzigjährigen, der wie alle Spastiker in seinen Bewegungen voller Überraschungen war und sich in einer jähen Gelenkigkeit erging. Ihm sollte Janssen das Zeichnen beibringen.

Es war schon ein Tick. Janssen flog auf alles Abstruse. Buckligen alten Frauen streichelte er mitten auf der Straße zärtlich über den Knust, wie sie sich auch unter seinen Händen wanden. Leni Blum war die Schwester von Frau Zotzmann; sie lahmte und verzog einer Zyste wegen das Gesicht. Er verehrte sie, und so oft sie in der Warburgstraße auf Besuch war, versuchte er, sie zu porträtieren. Merkwürdigerweise waren diese Vorlieben, so abseitig sie scheinen, ein Schritt in die entgegengesetzte Richtung: eine Schule genaueren, eindringlicheren Sehens. Was andere irritierte, ja, abstieß, zog ihn an und schärfte seinen Blick.

Warburgstraße 33 um 1964/65. Von links nach rechts: der Hund Hans-Werner, Tantchen, Janssen mit Betthase, Francis Zuschke, Verena; Philip zwischen den Zuschke-Kindern.

Er selber gab sich manchmal in diesen Jahren, besonders wenn er fotografiert wurde, einen stupiden Gesichtsausdruck. Wer ihn in seinem selbstgenähten Drillich an der Seite der dicken und schlamperten Muhme Becher sah, konnte beide für anstaltsgeschädigt halten. Aber vielleicht entsprangen diese halb linkischen, halb schwachsinnigen Posen wirklich einer momentanen Verlegenheit. Im nächsten Augenblick konnte er schon wieder ein anderer sein und ungebärdig drauflosfeixen.

Weshalb diese Abstrusitäten? Weshalb das Häßliche und das Obszöne? Janssen wehrt schon die Frage ab: *Für mich ist das alles nicht häßlich oder scheußlich oder abstoßend. Denn dann könnte ich es nicht zeichnen. Ich kann nur zeichnen, was ich liebe.*

Die Ästhetik des Häßlichen mißt die Schönheit am Begehren. Das Begehren ist die Probe auf eine Vollkommenheit, die bloß angeschaut wird. Janssen, der immer gern provoziert, ist erst recht in eroticis ein

Versucher. Einer, der den Gegenstand seiner Liebe in einer dramatischen Aktion fordert, die ihn auch von seiner häßlichen Seite zeigt. Alles Widerwärtige, alles Schockierende zieht er hervor, bis die Rettung nur noch bei ihm liegt. Tatsächlich vermeidet er in seinen Bildern das Vexatorische. Die Verzerrungen und Übersteigerungen attackieren uns körperlich, aber sie sind nicht penetrant quälend. Der Zeichner erlöst auch die schmerzlichste Verrenkung.

Das Werk dieser Jahre steht dem Manierismus nahe. Der Manierist drängt sich mit seinen Vorlieben auf, und auch Janssen hat solche unverhältnismäßig ins Bild gerückten Vorlieben. Sein Spezielles: das sind die Arme — voll und gelenkig, wie Verena sie hatte. Auch sonst ist die überdeutliche Befassung mit einzelnen Körperpartien an der Grenze zur Fetischisierung. Der mindere Manierist lehnt sich jedoch bald an Schemata an und die lebendige Erfahrung ersetzt er durch Stilisierungen. Diesen Weg ist Janssen in umgekehrter Richtung gegangen. Er hat die menschliche Gestalt in ein künstliches Lineament hineingeholt und unter der aufgezwungenen Form solange sich winden und drehen lassen, bis der Funken zündet, der diesen Stil ursprünglich, bevor er zur Manier wurde, belebt hatte. Das wäre am Beispiel des Jugendstils zu zeigen.

Janssen hat nie subtiler und pingeliger gezeichnet. Er war nie perfektionsbesessener. Seismographisch fing er mit dem Blei- und Farbstift die Erregungswellen auf der Körperoberfläche ein. In Tausenden von Strichen, oft mikroskopisch dicht gesetzt, schuf er die feinsten Übergänge und Transparenzen. Die Vibrationen des Fleisches sind zuweilen so stark, daß die Konturen zu zerspringen scheinen. Auf dem Höhepunkt der „Millionen-Strich-Arie" glaubt man, statt des Originals die fotografische Reproduktion vor Augen zu haben. So haben wir uns daran gewöhnt, daß die kleinsten, unmerklichen Nuancen nur noch maschinell herzustellen sind.

In diesen Jahren wuchs Paul Wunderlichs Ruhm bedeutend an. Gerade wechselte er zur Spritztechnik hinüber, um die an- oder abschwellenden Tonwerte noch gleichmäßiger verteilen zu können, als Janssen größten Wert darauf legte, daß kein Schatten mit dem schmutzigen Daumen nur gewischt sei. Alle Abstufungen, jede Blässe, jede Dunkelheit mußten gezeichnet sein. Solche Herausforderungen spornten den eingebildeten Konkurrenten an — nicht anders als der Zweifel an sich selber und die Angst, es nicht zu schaffen. Denn die Arbeit auf dem Gipfel selbstauferlegter Perfektion, diese stundenschlingende Strichelei, sollte auch die Befürchtung zerstreuen, daß er mit der Zeichnung die Erfolge des Grafikers nicht erreichen würde. Bis zu sieben Tage arbeitete er an den großformatigen „vollen" Zeichnungen. Dabei konnte das Werk nur gelingen, wenn es aus einer einzigen Anspannung heraus bruchlos zu Ende geführt wurde. Eine Unaufmerksamkeit verdarb schon alles. Denn mit dem Radiergummi ging er nachträglich nicht in das Blatt hinein, es hätte nur geschmiert.

Die besessene Zeichnerei dieser Jahre ist undenkbar ohne den Alkohol. Zwar konnte er nicht zeichnen, wenn er getrunken hatte — nicht so zeichnen, wie er wollte, aber ein paar Gläser Rose's Lime-Juice mit Korn waren schon am Morgen nötig, um den Kreislauf aufzupäppeln.

Nachts arbeitete in ihm der Schnaps mit seinen zig Kohlehydraten, warf ihn im Bett hin und her und unterbrach nach wenigen Stunden den Schlaf. Dann schlug das Herz bis zum Hals herauf. Wie im Innern einer Glocke hörte er das Blut in den Ohren dröhnen. Die Dunkelheit des Zimmers kroch nach innen, und der kolossal aufgeschwemmte Körper wurde zum Schauplatz des pulsierenden Weltalls. Die Angst ging um, die Angst vor nichts. — In dieser Zeit erreichte ihn der Auftrag einer Medizinervereinigung. Dem von Adern und Gefäßen durchzogenen Herzklumpen gab er ausgerechnet den Titel: SCHohne Dein Herz. Selber hielt er sich am wenigsten daran.

Wenn er nicht trank, konnte er keine Stunde von der Arbeit getrennt sein. Er saß nicht am Tisch, der nur den Bauch eingeklemmt hätte. Er stand am Pult, so daß er den Platz schnell verlassen und ein paar Schritte gehen konnte. Zur Kühlung, einfach um Luft an sich herankommen zu lassen, lief er im Zimmer auf und ab. Der Schweiß floß in die Gummistiefel und verklebte die Socken. Die Kledage, die Verena ihm auf den Leib geschneidert hatte, als er immer dicker geworden war, stank fürchterlich. Diese brodelnden Zweizentner waren es, die er in winzige Striche umsetzte. Unter dem Druck seines Gewichts entstanden die unzähligen haarfeinen Striche, gleichsam herausdestilliert aus der Körpermasse, äußerste Sublimierungen eines permanenten Drucks. Denn so fett Janssen war, so schwebend leicht lagen die Striche auf dem Papier. Das sind die extremen Bedingungen, die diese Epoche der Zeichnung in seinem Leben unwiederholbar machen.

In den Wochen vor der Ausstellung in Hannover lernten sich Janssen und Wieland Schmied, der Leiter der Kestner-Gesellschaft, näher kennen. Janssen setzte auf seinen Charme und gewann — sehr zum Vorteil der Zusammenarbeit. Denn die Texte und Vorworte von Wieland Schmied gehören zum Besten, was über Janssen geschrieben worden ist. Dem Sachverstand teilte sich jener Schuß Begeisterung mit, der die Ausstellung erst zum Ereignis machte und das Publikum mitriß.

Am Tag der Eröffnung bestieg die hamburgische „Janssen-Gemeinde" den Zug nach Hannover. Janssen sollte auch auswärts ein Heimspiel haben. Daß er sich jederzeit in den Kreis seiner Freunde zurückziehen konnte, war ihm genauso wichtig wie die Hausmontur und der Flachmann in der Tasche.

Carl Vogel hat den Katalog und das Werkverzeichnis für die Grafik bis 1965 bearbeitet. Jahrelang hatte er aus nächster Nähe beobachten können, wie das Œuvre wuchs. Auch Einzeldrucke und seltene Exemplare der Grafik liefen in seiner Hand zusammen. Der Sammler hielt jede Skizze, jeden Entwurf fest. Das zahlte sich jetzt aus. Das Werkverzeichnis ist eine Quelle ersten Ranges, weil Janssen auch titelgebend und sogar glossierend eingriff. Am erstaunlichsten ist, daß er nichts verbergen mußte — keine Epoche seit der Schulzeit und keine Gelegenheitsarbeit in der Grafik.

Die erste Werkschau wurde unstrittig ein Erfolg, auch wenn sie die frühen Schaffensphasen nur in Auswahl dokumentierte. Sie machte anschließend die Rundreise durchs ganze Land, einschließlich der Schweiz: Hamburg — Darmstadt — Stuttgart — Berlin — Düsseldorf — Lübeck — Basel — München. Janssen rückte mit einem Schlag zum „besten Zeichner der Gegenwart" auf. „Ein Genie zur Abwechslung" schrieb DIE ZEIT. Es bahnte sich an, was auch ein Handikap ist und zu einer subtilen Form des Verschweigens führen kann: der Zeichner lief schon außer Konkurrenz.

Unter den 180 Exponaten waren die Arbeiten der letzten Jahre in Fülle zu sehen. Da Janssen in Schüben produziert, ballt sich das Werk zu bestimmten Zeiten. Gegen Ostern '63 war solch eine Phase. Die zahllosen Flimmer- und Fließstriche oszillieren zwischen Violett, Blau, Grün und Rot und schimmern so nuanciert farbig, daß das Auge in die größte Unruhe versetzt ist. Das Hauptblatt heißt *Mädchen in Fis,* ein umgestülpter Akt, der durch die Umdeutung der Körperpartien erschreckt. Wo wir den Kopf erwarten, spreizen sich die Beine, und der aufgerissene Mund gibt den Blick in das Innere der Scham frei. In keinem der Werke vorher war die Kontur ekstatischer belebt. Von seitwärts fingern sich Geisterhände an die Brustwarzen heran.

Eine weitere Phase, nun aber Höhepunkt an Höhepunkt reihend, fällt in das letzte Quartal '63. Die Farbe tritt zurück. Der Bleistift regiert in allen erdenklichen Verschattungen und modelliert aus der Tiefe heraus — wie aus dem Innern einer Berg- oder Mundhöhle — eine Sturzflut von Gesichtern. *Lupus, Zymischer Pommer, Der Maler Friedrich Ahlers Hestermann, Jesuit, Bäuerin aus Dubuffet, Pique Dame, Mann mit Tumor* heißen einige dieser blattfüllenden Zeichnungen — von Bildern überquellende Bilder. Eine wuchernde Phantasie bemächtigt sich immer neuer Gestalten. Daran erinnern buchstäblich die fabeltierartigen Verwachsungen: *Minotaurus, Metamorphose, Mezzosopran, Idiot, Globulus* (Abbildungen meist in *H. J., Zeichnungen, 1970).*

Daneben entstehen Zeichnungen, die das alptraumartige Innenleben an die Kontur weitergeben; Mädchenakte wie die *Halbgeile Stockholmerin* und *Pin up,* die sich mit ihren Leibern und Gliedmaßen leidenschaftlich ins Bild recken. Eines wird immer deutlicher: So verzerren und in der Verzerrung den Lebensnerv treffen, setzt die genaueste Kenntnis der Anatomie voraus. Aber diese Kenntnis kommt von innen, aus den Bewegungszentren, ist also gestischen Ursprungs und durch eine Welt getrennt von den Beobachtungen des akademischen Zergliederers.

Das folgende Jahr '64 entwickelt den Mädchenakt weiter. Die Körperkonturen schließen sich. Es entstehen Umrißlinien, die im ganzen ausgezogen sind und jetzt den Aufbau des Bildes bestimmen. Gleichzeitig tritt die Binnenmodulierung zurück. Die Strichlagen fließen gleichmäßiger. Die Farbe kehrt wieder. Zwischen *Sybille mit Murmel*

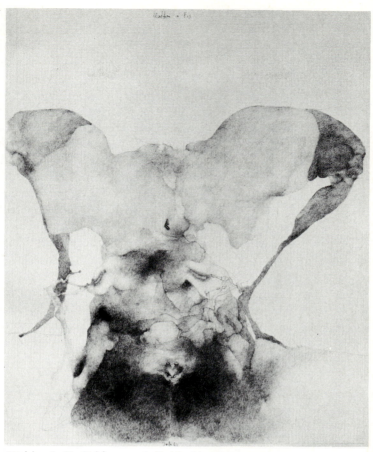

Mädchen in Fis, Zeichnung mit Farbkreide 1963 (46 x 37 cm)

und *Ingrid vom Kreuzer Nelson* liegt ein Dreivierteljahr. Die plastischen Wirkungen gehen immer stärker vom Umriß aus. Ein zweiter, parallel laufender Strang der Entwicklung führt zur Verräumlichung einer Szene. *Die Ankunft der Gardeulanen* heißt ein Blatt, das noch Ende '63 fertig geworden ist. Zwei Figuren stürzen ins Bild; wie sie ihre Beine werfen, die sich in der Luft überkreuzen, schaffen sie illusionistisch Raum. Der erste Schlagschatten heftet sich an die Fußsohle. Mit den Überschneidungen ergibt sich eine Tiefenstaffelung. Wie Wände sich kulissenartig ineinanderschieben, umstehen dunkle Gestalten ein Mädchen, das sich in ihrer Mitte, aus der Tiefe des Raumes, sehen läßt. Mit *Susi für Pinkus*, November '64, ist die Verräumlichung des Bildes szenisch vollzogen.

1965, das Jahr vor der Kestner-Ausstellung, ist kontinuierlich der Zeichnung gewidmet. Janssen zieht jetzt alle Register. Denn er weiß: Es „ist der Zeitpunkt abzusehen, wo meine Möglichkeiten, mit dem spitzen Bleistift zu arbeiten, erschöpft sind". Der Raum, der bei ihm eine Funktion drangvoller Enge ist, gebiert traumatische Einblicke. *Mutterglück* (1964), *Spätes Frühstück*, *Ghosts of Kinnitty* sind Bilder, die dem Betrachter die Perspektive des Opfers aufzwängen. Szenarien der Überwältigung. Im Laufe des Jahres werden die Blätter übersichtlicher im Gegenständlichen. Immer noch Ausgeburten der Phantasie, sind sie ein Stück näher an der bekannten Physiognomie. Janssen wollte mit Pastellkreide arbeiten, blieb jedoch beim Buntstift. Die Farbe, die oft nur zur Höhung oder Kolorierung diente, breitet sich in weichen und lichten Wellen aus. Die Übergänge, besonders wenn sich die Töne beißen, sind mit einem fotografischen Auge gezeichnet. Lichtdurchflutet könnte man diese Farbstiftzeichnungen auf dem Gipfel der Artistik nennen. Nur, freundlich oder arglos sind sie deshalb nicht: *Der Grüne, Fuchs lacht, Zwei aus Limerick*.

Schrittweise und über viele Zwischenstufen hat sich Janssen immer weiter auf die Gegenständlichkeit eingelassen — auf jene Gegenständlichkeit, von der es heißt, die Alten hätten sie erschöpft und die Moderne hätte deshalb eigene Wege und neue Bildideen suchen müssen. Aber er kehrte nicht einfach zur abbildenden Kunst zurück. Von keinem Mädchen, von keinem Gesicht ließe sich behaupten, er habe es genauso gesehen. Was der plastische Körper, was der Raum ist, was ein Umriß oder eine Gruppenszene ist, findet er selber unter Bedingungen heraus, die die Bedingungen des Zeichners und seines unverwechselbaren Talents sind. Denn die Zeichnung mit dem Blei- und Farbstift organisiert ein Gedränge von Strichen, also das Davor und Dahinter. Raum und Körper sind keine überprüfbaren Maßverhältnisse, sondern Elementarhandlungen des Zeigens und Verbergens, des Sehens und Sehenlassens. Von *der* Seite nähert sich Janssen wieder dem Gegenstand, aus diesen Quellen inszeniert er die Welt neu. Es ist eine Welt phantastischer Gestalten — abstrus und gewiß auch künstlich. Doch die Momente stärkster Erregung lassen die Artistik wieder vergessen.

Aus einem Gewimmel von Strichen, aus vielen über die Fläche verspannten Feinstrichlagen bringt der Zeichner noch einmal das gegenständliche Universum der bildenden Kunst hervor. Kein Außen, dem nicht ein Innen korrespondiert. Die Körperlichkeit, die sich den Gestalten mitteilt, ist eine von innen heraus entfesselte. Ein aufsteigendes Fieber, das sich in Wellen verbreitet, die Körperkontur erfaßt und zu bizarren Verrenkungen ausbiegt. Dahinter steckt natürlich mit seiner Unruhe, mit seiner Heftigkeit Janssen selber, der jede Bewegung mitspielt. Er zeichnet nur, was er auch darstellt. Der Mittdreißiger wiegt an die zwei Zentner — eine gewaltige Bühne, die empfindlichste Membran, die jede Erschütterung wie ein Verstärker weitergibt. Da liegt es nahe, sich auch selber zu zeichnen und das eigene Gesicht zu dem bewegtesten Schauplatz zu machen. *Selbst* nennt er sein Porträt. Darin fand er ein unerschöpfliches Thema. Meisterlich gestaltete er es aus. Wenn noch Zweifel zu zerstreuen sind, wenn auf die Gipfelstürmerei dieser Jahre noch ein Höhepunkt zu setzen ist, genügt der Hinweis auf die Serie der Selbstbildnisse.

Die Selbstdarstellungen dieser Epoche sind um den Mund konzentriert. Von den Backen und einer wuchtigen Wamme bedrängt, ist der Mund halb geöffnet, aufgerissen oder zum Schrei aufgestoßen. Wie ihn viele erlebt und manche zum Teufel gewünscht haben, stemmt sich Janssen — redend, fauchend, lachend, singend, grölend — von unten ins Bild. Immer mußte er das letzte Wort haben, und wenn es die Hasenzähne waren, die er aggressiv aufblitzen ließ. Dieses Maulwerk war ein Vulkan. Die Augen sind zu engen Schlitzen nach oben weggedrückt. Hals und Nacken fangen das Beben auf. Dabei mochte er diese Halswulst selber am wenigsten und versteckte sie später hinter einem aufgestellten Kragen oder mit einer schmalen Kordel. Aber wenn er sich zeichnete, hielt er voll darauf.

Die Selbstbildnisse — das war *der* Erfolg. Der Vergleich mit Rembrandt, in den Janssen damals spontan hineingezogen wurde, hat seinen weiteren Weg in gewisser Weise vorgebahnt. Später machte er daraus eine Anekdote — Dementi und Bestätigung in einem. Tatsächlich leuchtete ihm das Lob wie eine Laterne voran.

Aber auch sonst hatten seine Arbeiten stets und lange vor der Kestner-Ausstellung eine mehr als zustimmende Kritik. Es war schon unverschämt, wie gut er abschnitt, wo immer er sich zeigte: 1959 mit Grafik auf der II. documenta in Kassel; 1960 in Frankfurt in der Galerie seines Freundes Olaf Hudtwalcker; 1961 bei Brockstedt in Hamburg, der ihn — Krach hin, Krach her — mit Wunderlich und Hundertwasser zusammen ausstellte und damit richtig lag. Sehen, wirklich sehen konnte man sein Werk jedoch nur bei ihm zu Hause. Das Wenige, was nach draußen gelangte und nicht gleich in den Schubladen der Freunde verschwand, traf auf Zustimmung. Es gibt eine Art und Weise, durch Einschränkung das Lob zu steigern, die Janssen auf sich zog: „frech aber gut", „ätzend und verletzend aber gut". Das handwerkliche Können stand außer Zweifel; nur daß der Rest Geschmackssache war, wagte keiner zu behaupten. Im Gegenteil, man ließ sich von seinen Stärken mitreißen; davon, daß er bis an die Grenze und darüber hinausging, ohne im Vexierbild steckenzubleiben. „Das Chimärische mit humorigem Unterton", „die Angst mit einem Anflug von Selbstverspottung", so schrieben die Zeitungen. Die „aufgeblätterte Anatomie" — unter diesem Stichwort kursierte die Rede des begeisterten Generalstaatsanwalts Buchholz, gehalten 1963 in der Warburgstraße. Janssen war ansteckend. Die auf ihn flogen, befeuerte er zu größter Beredsamkeit. Desto erstaunlicher ist, daß er selber die Öffentlichkeit mied. Er verkroch sich in seine vier Wände und zog die Aura des publizitätsscheuen Künstlers um sich. Diesen Ruf verteidigte er hartnäckig. Als er ausgezeichnet werden sollte, drangen die Journalisten mit der Nachricht telefonisch nicht zu ihm durch. Man mußte den Preisträger erst zu Hause aufsuchen, wo er dann freudig überrascht war. Janssen hatte 1964 auf der I. Internationale der Zeichnung den *Kunstpreis der Stadt Darmstadt* gewonnen.

Die 5000 Mark Preisgeld konnten ihn freilich nicht nach Darmstadt locken. Aus Hamburg heraus wollte er nicht. Wenn er dennoch im gleichen Jahr '64 in Worpswede ausstellte, so aus alter Freundschaft. In Worpswede waren nach Wunderlichs Einführung die ersten Radierungen entstanden. Dort führten Lotte Cetto und der alte Pinkus die Galerie „die insel". Mit Pinkus lieferte er sich am langausgezogenen Tisch Tortenschlachten. Mit Pinkus tauchte er hinter einer Rosenhecke ab, um Bremer Bürger zu beobachten, wenn sie auf ihr erstes Happening stießen: der Heiland aufrecht im Klosettbürstenhalter, den Segen erteilend. Lauter Albernheiten, und keine war dreist genug. Zu allem Überfluß lebte in Worpswede eine Rothaarige, eine Walküre, die sich auch mal hinter ihrer Tür verbarrikadierte, so daß sich Janssen die ganze Anfahrt überlegen konnte, wie er sie einrennen würde. Solche Abenteuer fielen in die Nachtstunden. Er lief dann in Nachthemd und Bademantel nur eben über die Moorweide zum Dammtor und sprang ins Taxi: „Einmal nach Worpswede."

Der verrückte, launenhafte Künstler von der Elbe, der in Bierpfützen badende Kobold aus der Hamburger Kneipenszene — an diesem Bild arbeitete er genauso intensiv wie an dem des Schwierigen, der sich zurückgezogen hat, der keine Moden an sich herankommen läßt und wie besessen in sein Werk vertieft ist.

Immer war es für Janssen wichtig, Freunde in greifbarer Nähe zu haben. Zwar kapselte er sich ab, aber wenn er wollte, verwandelte er sein Atelier in einen Taubenschlag. Die Freunde veranstalteten ein Wettrennen um die Bilder. Dabei waren Preise kein Hindernis. Janssen verkaufte eher zu billig, die kleinen Arbeiten zu 500 Mark, die „vollen" Zeichnungen selten über 1000 Mark; Radierungen, wenn sie größer waren, kosteten 100 und die kleinen 30 Mark. Die Schwierigkeit war, an die Bilder heranzukommen, in dem Katz-und-Maus-Spiel nicht zu resignieren. Nicht aufzugeben, wenn nach stundenlangem Lauern ein Dritter, der zufällig hinzutrat, mit eben dem Werk davoneilte, auf das sich die Erwartungen gespitzt hatten. Dabei bereitete es Janssen das größte Vergnügen, die Marktlage zu erörtern. Nur, mit Geld allein hatte es wenig zu tun; jedenfalls nicht, was die Händler darunter verstanden hätten, die nahezu völlig ausgeschaltet blieben. Das Hauptwerk verteilte sich unter gut einer Handvoll Freunden.

Aus einem Brief vom 18. 11. 1965: „Die kleinen Zeichnungen kosten um 500,— im Schnitt. Das ist natürlich ‚happig Geld'. Wenn Du aber weißt, daß alle Leute, die hier klingeln, ‚Zeichnung, Zeichnung, Zeichnung' schreien —, daß Händler gern 300,— auf den Tisch legen, was bedeutet, daß die das Zeugs für 600,— verkaufen, dann darf ich meine Lieblinge, denn das sind sie ja, zu den höchsten marktmöglichen Preisen verkaufen, zumal ich nie soviel davon herstellen kann, daß eine ‚Verbreitung‘ daraus würde."

Wenn diesen Kalkulationen zum Trotz Geld nicht die Hauptrolle spielte, worum ging es dann? Wichtig war, daß die Zeichnungen in wenigen Händen zusammenblieben und Sammlungen bildeten. Auf den Markt ließ sich Janssen nur insoweit ein, als er die Händlerzunft foppen konnte, sonst aber unabhängig bleiben wollte, genau wissend, daß sich diese Position des Stärkeren nur behaupten ließ, wenn es genug Leute gab, die seine Zeichnungen kaufen wollten. Diese unbefriedigte Kundschaft, die vor der Tür wartete, machte die Freunde zu händeringenden Abnehmern. Was Janssen auf diesem Feld durchexerzierte, war ein Kunststück, das seiner Zeichnerei nicht nachstand: diszipliniert, in der Annäherung an sein Ziel schwer durchschaubar, virtuos in der Handhabe seiner Mittel. Er war sein bester Manager. Und das zu dem einen Zweck, nicht korrumpiert zu werden. Er wollte durchaus nicht zuviel Geld in den Händen haben, aber auch nie ohne die Möglichkeit sein, eine Quelle aufzureißen. So konnte er denn auch mit seinem Geldsinn kokettieren. Eine gelungene Zeichnung reduzierte er im Titel auf den Preis: *Ein Mantel für Verena*.

Wer am Anfang des Jahrzehnts in sein Atelier vorgedrungen war, konnte — auf den Moment kam es an — für ein paar spontan gezückte Scheine alles kaufen, was sich bewegen ließ, also die Druckpresse ausgenommen. Dann kam es vor — vielleicht zwei Jahre später —, daß Janssen einen zufälligen Besucher in seine Räume zog und ihm Bilder anbot, die er von Tantchen oder Verena zurückgestohlen hatte, nachdem er sie ihnen vorher geschenkt hatte. Regelmäßige monatliche Einnahmen besaß er nicht. Aufträge wurden jedesmal zur Belastung für die Freundschaft, weil er sich gedrängt fühlte. Geld kam mit den Verkaufsausstellungen herein, die er fast jedes Jahr im Dezember in seinen Räumen oben in der Warburgstraße veranstaltete; Geld, das rasch und mutwillig wieder ausgegeben wurde.

Zögernd übernahm die Hamburger Griffelkunst-Vereinigung die Rolle einer mäßigen, aber kontinuierlich fließenden Einnahmequelle. Janssen, der mit den Jahren zur Goldader dieses Vereins wurde, hatte

anfangs einen mißlungenen Start gehabt. Als er 1954 mit den auf-
gerollten Dessauer-Lithos in Langenhorn erschienen war, komplimentierte ihn der Gründer und Leiter, der alte Johannes Böse, mit dem
Allerweltsspruch zur Tür hinaus: „Machen Sie weiter so, junger
Mann." Inzwischen — zehn Jahre später — war er äußerst erfolgreich
und konnte sich schon bitten lassen. Er hatte ja auch nur den Rat von
damals befolgt!

Janssen hat seine Mäzene getriezt. Für Geld allein war er nicht zu
kaufen. Dann aber richtete er wieder einen Geldschnelldienst ein.
Eben über die Straße bei Hermann Laatzen reichte er morgens eine
Dreißig-Mark-Zeichnung herein, die der Antiquar mit einem Buch
zusammen verkaufte. Bis die Voranmeldungen sich häuften und Janss-
en keine Lust mehr hatte. Geld war notwendig und war Macht,
weiter aber nicht interessant. Allerdings — nichts war wichtiger, als
Macht zu haben. „Macht macht Spaß." „Links oder rechts?" Er verlor
die Wette und 1000 Mark. — „Ich kann das."

Dann wieder rührte er die Geldfrage von ganz tief unten auf. Was
zählte, war nur noch Geld. Wie irgendein Oldenburger Pfennigfuchser
rechnete er haarklein vor, was ihn seine Ausstellung in der Kestner-
Gesellschaft kostete, voran die Grafik, die er gestiftet hatte.

„90 Lithografien à 60,— DM	5 400 DM
170 Radierungen à 100,— DM	17 000 DM
200 signierte Plakate à 10,— DM	2 000 DM
(original Lithos)	
	24 400 DM"

Dann gab es Kosten, die in bar von ihm getragen wurden: 15 700 DM.
Es war der Erlös aus seinen Bildern. Wie ein Aufschrei: „Ich mußte
die Zeichnungen verkaufen!" „Macht zusammen 40 100 DM." Es war
schon keine Summe mehr, die er da zog, sondern eine Abrechnung:
„Ich bereue zutiefst diese ganze Ausstellungsangelegenheit . . . Früher
hatte ich Geld, Ruhe + war fleißig. Jetzt habe ich Schulden. Scheiße
Blut + bin ewig besoffen + tue nichts. Alles andere ist Einbildung."
Vor jeder Eröffnung befiel ihn diese Panik, und es ist typisch, daß die
Angst das Geld zum Büttel machte. Darauf hackte er herum, als wäre
er nie der Großzügige gewesen, als hätte er immer Pfennig für Pfennig umgedreht.

Ebensogut ging er für zwanzig Mark eine Zigarette kaufen, überschüttete er die Taxifahrer mit Trinkgeld, gab er mit dem an, was er verdiente. Er schenkte weg, ohne im Geschenk auf die Beleidigung zu achten. Er kaufte sich frei, wenn er besser die Peinlichkeit unterlassen hätte. Am liebsten bezahlte er im voraus, und die anderen sollten dann die Kröte schlucken. Sein Geldtick entsprach dem Größenwahn des hochgekommenen Kleinbürgers. Das aber war nur möglich, weil die bildende Kunst bei gehöriger Nachfrage unmittelbar Geld ist. Das wußte er genau und setzte es rücksichtslos ein — sogar voller Verachtung gegen die, die er mit seinen Arbeiten kaufte.

Die Radierungen und besonders die radierten Selbstbildnisse hätten ihn reich machen können, wenn er es darauf angelegt hätte. Aber er hielt die Auflagen klein, druckte sie nicht aus oder verschenkte viele Blätter. Auf ein knappes Angebot schien es ihm anzukommen. Jederzeit sollten neue Platten entstehen können.

Das Selbstbildnis hat eine großartige Tradition. Wer die Selbstzeugnisse eines Dürer, Goya, Caspar David Friedrich oder van Gogh sieht, weiß sich an der Quelle. Was sie in ihren Werken geleistet haben, wir suchen es in den Porträts. Jeden Zug ihrer Mimik durchlaufen wir, als müßten wir darin das Außerordentliche ihrer Kunst offen ausgebreitet wiederfinden. Solche Selbstbildnisse sind Dokumente. Daneben gibt es aber auch Bildnisse, die sind wie Sonden, wie Erkenntnissonden. Rembrandt folgen wir in jede seiner Visagen, in jede seiner Verkleidungen wie in einen fremden Kontinent. Auch die Posen sind noch Anverwandlungen von Welt. So oft uns Janssen sein Gesicht zeigt, gehen wir darin wie in eine Landschaft hinaus, die das Aprilwetter überraschend neu beleuchtet. Was dem großen Niederländer die Kostümierungen sind, das ist ihm die Metamorphose des Strichs — mit Bleistift oder Radiernadel. Daran entäußert er sich, um fremd und doch als derselbe wiederzukehren. Eindrucksvoll ist ihm das neben der Zeichnung auch in der Radierung gelungen: *Selbst-Suff, Selbst als Chess Addams, Selbst dramatisch.*

Das große Jahr der Radierung ist 1964. Im Vogel-Katalog schlägt es mit dreiundsechzig Nummern zu Buch, und es sind Platten dabei, die auch im Werk dieses Radierers Epoche machten.

Der Zeichnung traut man zuerst zu, daß sie sich in der Wahl der Mittel rasch umentscheidet. Folgt doch die Hand unmittelbar dem Auge. Janssen nimmt sich diese Freiheit auch bei einem Material, das ungleich spröder ist und wie eine Plastik bearbeitet werden muß. Die Radierung entsteht unter dem tastenden Blick, unter den Fingerspitzen, die über das Metall fahren und die Ätzstufen prüfen. Dazu verlangt die Drucktechnik besondere Vor- und Rücksichten und ein ständiges Umdenken. Denn das Bild entwickelt sich aus der Negativform. Mit genialischen Launen ist hier am wenigsten getan und eine Hand, die von Platte zu Platte wechselt, fast eine Unmöglichkeit. Aber gerade das führen die Radierungen von 1964 souverän vor.

Wenn Schiele und Giacometti, Klimt und Picasso, Klinger und Klee unter den Anregungen genannt werden, dann drängt sich das zuerst in den Radierungen auf — weniger in den Zeichnungen. So viele Namen, so viele Handschriften. Mit einem verschwenderischen Reichtum an Tonwerten gehorcht die Radiernadel den verschiedenen Techniken: gekräuselt, gezwirnt, pointillistisch gestreut, hart schraffiert und „vollgestrickt". Kein Aufwand ist zu groß, kein Filigran zu verzweigt. Wo das artistische Raffinement nicht weiter zu überbieten ist, wird es durch die Figur erlöst und ins Gegenständliche entbunden. So entstehen die verknorpelten Finger, die wolkigen Gesichter und Schielaugen — lauter skurrile Verkörperungen einer bis an die Grenze zur Manier gesteigerten Virtuosität. „The Newest Gothic" — unter diesem Titel kündigte die TIME ihren amerikanischen Lesern 1967 ein deutsches Ereignis, den Grafiker und Zeichner Janssen, an. Dazu bildete sie eine Radierung von 1961 ab: *Klee und Ensor um einen Bückling streitend.* Ensors sarkastisch belebte Skelettbilder und die Radierungen des frühen Paul Klee hat Janssen in den folgenden Jahren noch häufiger variiert. Die Radierung *Verlegenheitstanz* geht direkt auf den Klee von 1903 zurück: *Zwei Männer einander in höherer Stellung vermutend.* Der schizoide Pas de deux kehrt als Motiv auch in *Josefinchen unterm Tisch* (1964) wieder. Ensors spinnwebfeine Gravüren sind das Vorbild für einige zarte, frühe Landschaften. *Kathedrale nach Ensor* ist eines der Meisterwerke dieses an Höhepunkten reichen Radierjahres 1964.

Überhaupt scheint der Radierer gelöster als der Zeichner. Das liegt auch an der Flächenätzung. Denn wo der Bleistift genau Strich neben

Kleiner Traum, Radierung 1964 (49,6 x 38,5 cm)

Strich setzt, stellt die Flächenätzung die Übergänge zwischen den Hell-Dunkel-Werten her — fließend oder kontrastreich, wie beabsichtigt. Alles ist Kalkül bis auf einen Rest Zufall. Der bleibt und ist unberechenbar, es sei denn, er wird in die Gestaltung einbezogen. Der über eine alte Zahnbürste abgestreifte Asphaltlack hinterläßt unregelmäßige Spuren auf der Platte. Solche Unwägbarkeiten in die Figur hineinzuholen und mit der Darstellung aufzufangen, ist Janssens Stärke. Was die Zeichnung dieser Jahre nicht duldet, kann sich der Radierer schon leisten: den Zufall zu Hilfe nehmen.

Am besten sind die Radierungen, die zwischen der gedrängten Fülle grafischer Valeurs und ihrer Präzisierung im Gegenständlichen die Spannung aushalten: *Tisch, Kleiner Traum, Josefine, Ensors Einzug in Hamburg.*

In diese Reihe gehören auch solche Arbeiten, die zum ersten Mal schneidend und bissig eine Gesellschaftskritik formulieren. Seit geraumer Zeit liefen die Auschwitzprozesse, die die Funktionäre der Massenvernichtung vor Gericht zogen. Durchhaltegeneräle des letzten Krieges waren wieder ins Gerede gekommen. In Vietnam bereiteten die USA schon den nächsten Krieg vor. Das Militär aller Länder und aller Zeiten forderte Janssen zu einem hämischen Kommentar heraus. Die Kriegslüsternheit ist nie treffender, nie boshafter bloßgestellt worden als in diesen Radierungen. *General, Geliebter General, Langenhorner Obristen, de Gaulle, Streitende Generäle* lauten die Titel. Im Rollstuhl wird ein Ritterkreuzträger hereingefahren: *Ach, wie sind wir vornehm.*

Die Kestner-Ausstellung präsentierte vom Dezember '65 bis zum Januar '66 den Zeichner und den Grafiker. Unmöglich zu sagen, wer den Vorzug verdient hätte.

16. Ende Warburgstraße und Tantchens Tod

Die Warburgstraße liegt dicht zur Hamburger City. Ein Versicherungskonzern interessierte sich für das Gelände und wollte die alten Bürgerhäuser aufkaufen, abreißen und durch Bürokuben ersetzen. Tantchen hatte lange vorher die richtige Nase bewiesen und für ihren Neffen einen Zehnjahresvertrag ausgehandelt. Doch er mochte noch so frohlocken — eines Tages mußte er aus seiner großen Wohnung heraus, die er sich unter dem Dach nach hinten zu eingerichtet hatte. Diese Aussichten waren eine Quelle ständiger Beunruhigung. Jahrelang hatte er sich „unterm Hahnholz" zurückgezogen und am liebsten die Freunde zu sich kommen lassen. Er war nicht mal mehr ins Kino gegangen und höchstens in der Nacht unterwegs.

Eine neue große Krise stand bevor. Natürlich gab seine künstlerische Entwicklung den Ausschlag. Er selber hatte prognostiziert, daß sich die Arbeit mit dem spitzen Bleistift erschöpfen würde. Erspart hat es ihm nichts. Er mußte durch das Tal hindurch, das lang war und sich hinzog, auch wenn es hin und wieder an Höhe gewann. Und anfangs schien er überhaupt nur dem Erfolg zu gehören. Er schrieb launige Traktate für Düsseldorf, Lübeck und München, wohin seine Ausstellung weiterzog. Als im November 1966 der *Stern* einen bebilderten Artikel veröffentlichte: „Zwei Zentner Zartheit", trug ihm der Postbote korbweise Verehrerbriefe ins Haus. Er war der Vielgelobte, und Verena mußte ihn nur noch wissen lassen, daß er auch der Größte sei.

Nur weil jede Sauferei fürchterlich endete, fiel nicht besonders auf, daß der Alkohol ihn immer fester in den Griff bekam. Er wütete gegen sich und er terrorisierte die Familie. Zu den wenigen Ablenkungen, die ihn ausbalancieren konnten, zählte das Spiel: Würfeln und Kartenspiel, Siebzehn und vier, bloß kein Skat, aber jedes schnelle Entscheidungsspiel. So schlug er die Nächte tot — zu Hause, bei Gatermanns oder Zuschkes. Manchmal kündigte er schon telefonisch an, daß er mit Verena streiten wolle. Er war eine Maschine mit laufendem Motor. Der Schnaps besorgte die Schmierung. Noch weit nach Mitternacht war er mit seinen letzten Zuckungen so unberechenbar, daß das mühsam über Stunden gerettete Gleichgewicht mit einem Schlag kippen konnte.

Nach der Sauferei und für den Nachdurst stellte ihm Verena eine Terrine Suppe ans Bett. Er schlief prompt ein und wälzte sich frühmorgens in Weißkohl mit Hammelfleisch.

Aus einem Brief dieser Tage, den er nicht abschickte:

„Seit Jahren schäkere ich mit der Einsicht herum, daß dieses Leben ein lustiger Zufall sei. Ein makabres Spiel ... (Makaber, wohlverstanden, nur angelegt am Maßstab derer, die um uns sind und von denen die Überlieferung sagt, daß sie teilhaben. Pfeilhaben.) Ichbezogen betrachtet, ergibt diese Situation allerdings den einzig ernstzunehmenden Vorwand, etwas zu tun, was ich als eine Art Buchführung über den Verfall eines im Zynismus erdachten perfekten Brimboriums betrachte (Romantik). — Jetzt lese ich den Satz schon zum 12. mal; weiß, daß da ein Fehler drin ist und finde ihn nicht vor lauter Besäufnis. 11^{00} (nicht 23^{00})."

Er konnte aus seiner Wohnung wie aus seiner physischen Verfassung einen Schweinestall machen. Er suhlte sich darin herum und fühlte sich doch todunglücklich. Denn zum Arbeiten mußte er frisch und das Zimmer aufgeräumt sein. Die Depression reagierte er nach außen ab. Wenn ihm das Kartenspiel die Hände band, war das schon ein Glück. Nächtelang wurde gezockt. Auf dem Höhepunkt führte die alte Freundin Helga Gatermann ein Spielbuch, das mit endlosen Kolonnen von Zahlen gefüllt ist. Auf der Gegenseite sind Zeichnungen, farblich schon auf Serie getrimmt, wenn sie auch sonst lauter beiläufige Notierungen enthalten. Der Stift stand nicht still. Die Einsätze, um die man spielte, waren gewöhnlich niedrig. Aber mit den Stunden wuchsen die Summen. Man stellte Schuldscheine aus. Oder Janssen, der glaubte, gewonnen zu haben, erließ Schulden, bis einer nachrechnete und feststellte, daß er 2000 Mark verloren hatte. Eine astronomische Summe damals, die von keiner Seite eingetrieben wurde. Nur wenn er auf seine Zeichnungen setzte und der Ehrgeiz ihn hochschaukelte, zahlte er sofort. Solche Blätter sind unten mit einem kleinen Würfel markiert.

Über eine verlorene Zeichnung ärgerte er sich nicht. Aber wenn Verena mal ausgelassen war und sang, konnte es passieren, daß er eine einzige Wendung banal fand. Der Bruch war urplötzlich da. Er ging auf seinen Sohn Philip los, und dieser mochte in seinem kleinen Freund Robert einen noch so hartnäckigen Verteidiger haben, der Wüterich schleuderte beide herum. Vater Gatermann duldete das nicht und drückte den Raufbold aus der Wohnung. Der stürzte sich unten vor der Tür auf Verenas Auto und riß den Kotflügel aus der Karosserie. Was in dem Taxi geschah, mit dem er — Verena blieb immer an seiner Seite — abgeschoben wurde, wollte niemand mehr wissen. Sie hat nie um Hilfe gebeten. Die Polizisten, die Janssen an den

Kragen gingen, kaum daß er hinter ihren Rücken schon wieder los-
prügelte, sind nicht von Verena gerufen worden. „Wenn es denn sein
soll", so hat sie einmal die Vorhaltungen abgewehrt, daß nicht jeder
dieser blindwütigen Angriffe glimpflich abgehen müßte. Als das Ballhaus Jahnke noch nicht abgerissen war, rieten ihr zwei Prostituierte:
„Wenn du Sorgen hast, komm zu uns." Darüber wollte sich Janssen
ausschütten vor Lachen.

Seine Wut brach nicht immer da hervor, wo man vermutet hätte. Umgekehrt ließ sich jeder Anfall auf Ursachen zurückverfolgen, was
keine Entschuldigung sein soll. Die Gründe führten meistens auf
Stockungen in der Produktion zurück. Er stand und stürzte mit seiner
Zeichnerei. Wollte die Hand nicht so wie er, war das Gehorsamsver-
weigerung. Ein gelungenes Blatt aber ließ die Sonne aufgehen.
Daß einer nur er selbst ist, wenn er schöpferisch sein kann, ist Künst-
lerschicksal. Janssen litt besonders darunter. Das hing auch mit seinem
Metier zusammen. Einmal konnte er schnell schaffen, hochkonzen-
triert und in der Konzentration ohne Einengung freiweg und stür-
misch von Einfall zu Einfall, und dann wieder gelassen, sogar faul
sein, wo es anging. Seine Zeichnungen tragen immer die Handschrift
eines Tages, eines Augenblicks — und wenn sie fertig sind, sind sie
gleich vorzeigbar. Da muß keine Ausstellung arrangiert und keine
Vorstellung geplant werden. Die Freunde stehen schon mit einem Bein
in der Tür und mit ihnen der Chor des Entzückens. Denn das gehört
zu den Voraussetzungen: das Bild läßt sich sofort zu Geld machen.
Die Belohnung folgt auf dem Fuß. Das ist nicht in jedem Fall für die
Kunst charakteristisch. Aber Janssen hat es so gewollt und dahin gebracht und das Leben so um die Zeichnung gruppiert, daß sie hinein-
ragt, wo es am prallsten ist. Geld, Macht, Freundschaft, Geben und
Nehmen, Liebe und Intrige, was hing nicht alles an den Blättern
dran!
Dabei sprechen wir nicht von den Sensationen auf dem Papier. Kein
Wort darüber, wie eine Erfindung beflügelt und ein Witz den Kopf
freimacht. Nichts ist ansteckender als der Erfolg beim Arbeiten. Nur,
dann ist es schon in keiner Weise Arbeit mehr. Es ist ein Vergnügen,
ein Über-sich-Hinauswachsen, eine Euphorie, die aus der Verausgabung
restlos aller Kräfte neuen Mut — Übermut — gewinnt. Wenn Janssen

an irgend etwas glaubte, dann war es diese Lust am schöpferischen Selbst. So hat er es erfahren in besseren Stunden, die er unbedingt zum Maßstab erhob und an jeden Tag neu anlegte. Aber wenn es einmal nicht so lief, brach sofort die Katastrophe aus.

Was immer ging — bei jeder Gelegenheit —, waren die Gefälligkeitszeichnungen. Sie entstanden zahlreich neben den großen marktgängigen Zeichnungen, für die Janssen damals anfing, das Papier sorgfältiger auszuwählen. Immer häufiger bevorzugte er altes Papier. Mit der Hand strich er einfühlsam darüber und färbelte gern den Rand ein. Ein Teefleck, erst versehentlich verspritzt, dann absichtlich aufgetragen, wurde eine Herausforderung für den Zeichner. Er hatte sich daran gewöhnt, die technischen Vorbereitungen nicht lästig zu finden, sondern zu einer Quelle gespannter Erwartung zu machen. Schließlich diente jede Inszenierung dem günstigen Augenblick. Und es sollte keinen Augenblick mehr geben, der nicht der Zeichnung zugute kam. Das vervielfachte die Genres. Vorstudien hatte es immer gegeben, aber Mitte der 60er Jahre verselbständigte sich die Gefälligkeitszeichnung neben der Profizeichnung, wie er die unterschiedlichen Disziplinen nannte. Die Gefälligkeitszeichnung kannte keine Krisen. Sie war linear angelegt und nur an ausgesuchten Stellen zur thematischen oder rhythmischen Gliederung farblich . gehöht. Sie lief zügig aus der Hand — ein Präsent, das oft erst unter den Blicken des Beschenkten entstanden ist. Janssen schreibt dazu:

Als Motiv dient häufig eine Anzüglichkeit auf den Gastgeber oder, wenn sich solche ganz und gar nicht anbietet, ein miteinander vergnüglich spielendes Paar. (...) Die Zeichnung steht mitten in der Fläche, mit angespitztem B-Bleistift gezogen. Mund, Brust und Scham des Mädchens werden mit dem Braun des Randes sanft unterstrichen, und in den Hut oder in das Stiefelchen oder in eine beliebige Stelle des Gnoms wird ein kräftiges Dunkelgrün oder Dunkelrot gedrückt. Eine dicke, mit sehr weichem und ungespitztem Blei gezogene Bodenlinie verbindet die vier Füße mit einer der beiden Blattseiten, selten mit beiden Blattseiten. Ein kleiner Satz aus der Fülle des Angelesenen in aparter Schrift als Kratzfuß unter das Ganze gesetzt, ein schwarzes Pünktchen knapp am oberen Rand des Papieres und etwa in

der Mitte der Strecke macht das Ganze zu einem Souvenir, das
man schlecht ablehnen kann.

Ein Kommentar — so beiläufig wie kalkuliert im Understatement.
Man täusche sich nicht: diese erotischen Umrißzeichnungen bilden ein
eigenes Genre. Die Konturen sind spontan aufs Papier geworfen und
haben doch eine längere Vorgeschichte. Sie sind nicht denkbar ohne
die minutiöse Strichelei. Dort hatte sich Janssen Schritt für Schritt an
die Körperplastik und an die Verräumlichung einer Szene herangearbeitet. Mit der Zeit und nur zögernd, tastete er sich zum Umriß vor.
Er sparte sich das gleichsam auf, bis er die Bewegung eines Armes und
die Drehung des Leibes von innen heraus lebendig erfaßt hatte. Erst
jetzt ging er von der Kontur aus und zeichnete er Figuren aus nichts
als Kontur. So entstanden gelenkige Gestalten, oft mit einer über-
schießenden Akrobatik. Was die Anatomie sprengt, bindet die Erzählung. Die Frechheiten sind pointiert gesetzt und oft atemberaubend.
Wäre nicht der Witz, manches bliebe in Bosheit und Obszönität
stecken. Zum ersten Mal hatte sich Janssen ein Genre geschaffen, um
seine Entwicklung in eine neue Richtung zu lenken. Die ekstatisch
befreite, die artistisch beherrschte Linie arbeitete einer späteren
Epoche vor.

Zu den Gefälligkeitszeichnungen gehören auch die Kugelschreiber-
skizzen. Auch sie hat es schon vorher gegeben. Aber erst der Vogel-
Katalog machte daraus einen Typus: die Widmungszeichnung im
Buch. So oft Janssen sein Konterfei auf dem Vorsatzblatt wiederholte,
konnte er sehen, daß da mehr herauszuholen war als Routine. Frei
von Ehrgeiz einfach draufloszeichnen, darin lag auch eine Chance.
Natürlich war es obendrein Wichtigtuerei. Die Nachfrage nicht bloß
nach einem Buch, sondern nach einem „Janssen" kitzelte seine Eitelkeit. Doch so viele Wünsche zu erfüllen, ist zuletzt eine Qual, wenn
das zweckfreie Spiel nicht immer wieder aus sich heraus neue Kräfte
schöpft. Die Selbstdarstellung mit dem Kugelschreiber wurde zu einem
Tummelplatz sich jagender Launen.

Für das kaufende Publikum legte Janssen in Zusammenarbeit mit
Hermann Laatzen die Serie der Dichterköpfe auf; Offsetlithos, die
alle signiert sind und zuerst fünf Mark kosteten, gerade soviel, daß
sie sich ein Student leisten konnte. Dekoration für das Studierzimmer

Mit 17 hat man noch Träume, Zeichnung mit Bleistift 1966 (44,5 x 38 cm)

und ein Mitbringsel bei jeder Gelegenheit. Diese Dichterporträts sind keine Wiederholungen, kein massenhaftes Ausschlachten der laufenden Produktion. Man sehe sich nur die Köpfe aus den Vorjahren an, die im strengen Sinne keine Porträts sind, auch wenn im Titel Ahlers-Hestermann und andere genannt werden. Bei Brecht, Kafka oder Benn ist mit einemmal die Ähnlichkeit wichtig, die Ähnlichkeit auf den

275

ersten Blick und das staunende Wiedererkennen. Janssen näherte sich wie nebenbei einem Thema, das ihn nicht wieder loslassen sollte. Weil es für einen dekorativen Zweck war, mußte er nicht gleich all seinen Ehrgeiz aufwenden. Das einfache Reproduktionsverfahren schloß ohnehin übertriebenen Aufwand und allzu große Pingeligkeit aus. So hat er sich selber freie Hand verschafft für den ersten Anlauf und jene tintenklecksende Lockerheit gewahrt, die diesen Porträtköpfen so zugute kommt. Das war klug inszeniert und schlau dazu. Denn mit diesen Blättern schlich er sich in ungezählte Wohnungen ein, und es brachte ihm eine Menge Liebhaber, die auch sogleich Wert darauf legten, daß die Signatur „von Hand" sei. Dazu mußte man ihn für sehr belesen halten. Denn in der Auswahl der Zitate und Bildbeschriftungen zeigte er den sichersten Griff. Wer kann schon so treffend Brecht mit einem einzigen seiner Worte porträtieren: „Ich bin aufgewachsen als Sohn wohlhabender Leute." Die Dichterköpfe, die er ab 1966 bei Laatzen herausbrachte, sind der Beweis: Janssen war sein bester Public-Relations-Manager.

Aus der Abseite, wie nebenbei, ein Ziel ansteuern, dafür würde es noch viele Beispiele geben. Diese Art der Annäherung handhabt er mit Raffinesse. Innerhalb seines Werkes verschiebt das die Gewichte. Denn oft sind die Nebensachen alles andere als nebensächlich. Um in das Hauptthema der kommenden Jahre, um in die Landschaft hineinzukommen, sollte er eines Tages die Postkarte benutzen. Kleine, mit Farbstift ausgeschmückte Kartengrüße — nur so.
Beiläufigkeit als Tarnkappe. Seit seines großen Ausstellungserfolges zog er sich mit Vorliebe darauf zurück. Endlich konnte er sich mit Vergnügen kleiner machen. Für seinen Sohn Philip und auch für die Kinder der Zuschkes und Gatermanns hatte er immer schon Bildergeschichten und Theaterszenen entworfen, die er im selbstgebastelten Puppenspiel zur Aufführung brachte. Die klitzekleine Welt der Kinder war gerade passend, um die großen Schmerzen zu transportieren. Das Märchen von *Has und Swinegel* ist das Hohelied der ausgleichenden Gerechtigkeit. Janssen drehte es um, als wollte er in diesem Jahr der Studentenrevolte sagen: Die Umkehrung der Verhältnisse ist nur die Umkehrung der Verhältnisse. Denn auch in seiner Version bleibt einer am Ende tot liegen. Nur, daß es jetzt der Stachus Münster, der Igel, ist.

Das Leporello als politische Bildergeschichte? Auf jeden Fall zu hoch gegriffen. Ist ja nur eine Gelegenheitsarbeit auf gefaltetem Karton, möchte man meinen. Ein Jahr später — 1969 — erschien *Paul Wolf und die 7 Zicklein*. Ein Aufklärungsbuch, in dem noch einmal der „Fall Reineke" zur Belehrung der nachwachsenden Jugend verhandelt wird. Auch diese Geschichte, vom Merlin Verlag herausgebracht, ist betont unauffällig, wie ein Schulheft, gestaltet. Janssen lagen diese kleinen Produktionen besonders am Herzen. Denn darauf mußte er warten, bis ihm der Ruhm den Rücken gestärkt hatte. Sie sind gekonnt unaufwendig und scheinbar frei von Ambitionen. Ein Symptom der Krise sind sie nicht. Die Krise schlich sich in die großen Marktzeichnungen ein. Denn er wollte von der akribischen Strichelei weg und überhaupt die Themen wechseln. Diese Krise belastete am schwersten die Ehe mit Verena. Sie riß die ganze Familie hinein.

Unter seinen Kindern hat Janssen keines so an sich herankommen lassen wie Sohn Philip. Er war auch das Sorgenkind, besonders für einen Vater, der selber seinen Vater nicht kannte und in dieser Rolle manches Versäumnis nachholen wollte. „Fatter" — das waren die runden Schultern, auf denen Philip durch die Warburgstraße ritt. „Fatter" — das war der Kasper im Puppenspiel. Alles drehte sich um „Fatter". Vater Janssen machte sich Gedanken über die Erziehung und wie fremde Einflüsse fernzuhalten seien. Manchmal durfte man nur durchs Schlüsselloch in Philips Zimmer gucken. Was man dort sah, war ein kleines Kerlchen, das stumm und monoman in ein Buch mit Insekten vertieft war. Die Fürsorglichkeit drohte immer zur Schrulle zu werden.

Philip lernte nur zögernd sprechen und redete, als er es endlich besser konnte, noch lange von sich in der dritten Person. Zählen lernte er mit den Beinen, die der Vater den Fliegen ausriß. Als Kleinkind schon auffällig, mehrten sich mit der Zeit die Symptome: motorische Bewegungen, gestörtes Verhalten und autistische Abkapselung. Bald war offenkundig, daß er in der Entwicklung zurückbleiben würde. Jeder Streit mit Verena kam darauf zurück. „Der ist ja blödsinnig", entsetzte sich Janssen, der in Anfällen von Hypochondrie nur die eigene Hand in der Luft stehenlassen mußte, um die Blutleere in den Fingerspitzen entsetzlich zu finden: „Du hast mir einen Idioten geboren!"

Eine genauere Untersuchung, eine Punktierung, die die Befürchtungen hätte bestätigen können, wurde nicht vorgenommen. Es blieb bei dem sibyllinischen Spruch des Kinderarztes: „Entweder er ist verrückt oder er wird wie Sie." Das mußte natürlich den Vater nicht nur erschrecken, sondern ihm auch gefallen. Philip kam auf die Rudolf-Steiner-Schule, konnte dort aber nicht bleiben, weil er zu unruhig war. Erst nach der Trennung — Verena hatte sich mit ihrem Sohn in den äußersten Norden zurückgezogen — fand sich in Niebüll eine Lehrerin, die dieses geschädigte Kind behutsam an Spielfreunde heranführte. Von da an ging es aufwärts. Er entwickelte ein fabelhaftes Gedächtnis, war wortgewandt und unerschütterlich in seiner Begeisterung für Comics, die er später selber entwarf und zu immer ausgeklügelteren Geschichten zusammenstellte. Das Abitur konnte er nicht mehr verfehlen. Sehr zur Erleichterung des Vaters, der aus der Entfernung, aber mit Anteilnahme den Weg verfolgte. Es hätte ja auch Philips Unglück sein können, daß er am längsten von allen Kindern mit seinem Vater zusammengelebt hatte.

Als Philip schon aus dem Hause und über den Berg war, erkannte sich Janssen am liebsten in ihm wieder. Er sagte dann, daß er als Vater der Sohn seines Sohnes sei und von ihm gelernt habe. Aber solange er mit ihm zusammenlebte, stieß sich seine Zärtlichkeit immer wieder an der Angst; an einer Angst, die mächtiger war als jede Rücksicht. Fassungslos starrte er auf seine Hände: „Da schlägt man das Liebste, was man hat." Er konnte den selbstverursachten Schaden nicht mehr ertragen, als er sich von Verena trennte. „Töte den Sohn" steht auf einer angefangenen Zeichnung schon 1965.

Wenn wir von manchen Selbstbildnissen absehen, ist der kleine Philip das erste Motiv, das Janssen aus dem Umriß, ohne die Groteske einzuschalten, charakteristisch erfassen wollte. Gewöhnlich nahm er Übertreibungen oder Verzerrungen zu Hilfe, um von dorther auf das Typische anzuspielen. Seit Philip im Laufgitter stehen konnte, seit den frühen 60er Jahren widmete ihm Janssen Bleistiftstudien, die herausfielen. Die Skizzen gingen ganz nah an den Jungen heran. Die Augenlider, die knubbeligen Finger, die gebeutelte Hose — sie entstanden unmittelbar aus dem Strich. Zum ersten Mal und für die Profizeichnungen dieser Zeit undenkbar, wischte er einen Schatten mit dem schmutzigen Daumen. Philip stand für eine Entwicklungsphase Modell, die erst noch kommen sollte. Vielleicht lag es daran, daß er wie jedes Kind an sich schon die liebenswürdige Karikatur des Menschen war. — Ein Aquarell, 1965 in einem Zug hingeworfen, griff dem Janssen des nächsten Jahrzehnts weit vor: Philip — genau wie er aussah mit übergroßen Füßen und einem Kopf, der für den zarten, in der weiten Hose verlorenen Körper etwas zu schwer war. Ursula Dietrich dachte an ihre Kinder und sagte spontan: „So etwas mußt du mal für mich machen."

Was war neu? In der Zeichnung war es vor allem die Linie, die sich zur Individualität befreit hatte und die sich zum ersten Mal dem Gegenstand ebenbürtig zeigte. Solange hatte Janssen den Strich favorisiert, der, zu Strichlagen gebündelt, jede Nuance ausdrücken konnte. Doch blieb der Strich immer ein Medium. Erst die Linie ist selbstmächtig und der sichtbaren Welt gewachsen. Aber wir greifen vor. Noch einige Jahre sollten bis dahin vergehen. Und nach der Kestner-Ausstellung in Hannover fuhr Janssen weiter fort, mit dem lichtschaffenden Strich zu arbeiten, wie Wieland Schmied es nannte.

Im Frühjahr 1966 entstanden zunächst Mädchenbilder in psychodelischen, stark irisierenden Farben, die im Sommer wieder gedämpfteren und delikateren Tönen wichen.

> „Rosa, Sie sind ein Liebling
> und ich bringe Ihnen die Freundinnen:
> Gelbliche, grüne, graue, violett
> und schwärzliche — Betty, Susi, Jill, die Süße
> und die Schwestern Kesting — still,
> sanft, voll Herbst und ohne Leidenschaft,
> voll gelber Liebe und Pathos.
> Obsidian und Samt ins grüne Zimmer."

Diese einschmeichelnden Worte stellte Janssen der Auswahl von zehn Blättern für ein Buch voran. Zärtlich umschlungene Frauen waren damals noch kein verbreitetes Sujet. Die Visionen von leidenschaftlicher Stille und Innigkeit schienen denn auch erschreckend und neu. Nie waren Leiber biegsamer als in diesen Umarmungen. Unter leichtem Gaze blühte das Fleisch in sanften Tönen. Es sind Zeichnungen,

Mit Philip und Verena in der Warburgstraße 1966 (Foto Thomas Höpker / Agentur Anne Hamann)

die die Haut spürbar machen wollen. Ein Schritt weiter in Richtung auf den plastischen Körper. Um die Entdeckungen im einzelnen nachzuvollziehen, ist das letzte Bild in dem Buch aufzuschlagen: *Die Süße* (1965). Es ist das erste in der Serie und führt den Reigen aus Hingabe und Schmerz an.

1966 war das Jahr der Ausstellungstournee, ein Jahr der Ehrungen und großartigen Kritiken. In den ersten Tagen des Januar lehnte Janssen eine Professur ab, die ihm von der Hochschule für Bildende Künste in Hamburg angetragen worden war. Der Direktor Freiherr von Buttlar hatte sich dafür eingesetzt. Er mußte schließlich den Verzicht auf Sicherheit, Titel und institutionelle Ausstrahlung respektieren. Am 25. April ehrte die Hansestadt ihre bedeutendsten Künstler mit dem Edwin-Scharff-Preis. Zur Preisverleihung gab es ein pikantes Wiedersehen. Neben dem Erfolgreichen stand der noch erfolgreichere Wunderlich auf dem Podest, der nicht nach Hannover, sondern nach Paris gereist war, um die eigene Stadt auf sich aufmerksam zu machen. Die Urkunden waren prompt vertauscht, worüber sich die befreundeten Rivalen stillschweigend verständigten. Janssen dankte dem Senator mit einem Kuß; auch Wunderlich wurde umarmt. Wer sich nicht an den Nuancen freuen konnte, hatte sein Vergnügen an dem fast fünfjährigen Philip, der, mit einem riesigen Feldstecher bewaffnet, die Versammlung abschritt und immer wieder „schön" dazwischenrief. — Wunderlich lehnte es seitdem ab, sich einen Kunstpreis zu teilen.
Kreuz und quer, von Norden nach Süden und zurück, war das Kestner-Spektakel auf Reisen, in jeder Stadt von einem neuen übermütigen Plakat angekündigt. Radschlägerei unter den Augen der Kritik. Mißbilligungen waren selten, Verrisse noch seltener, und man mußte schon einen Leserbrief abpassen, um Vorbehalte kennenzulernen oder auch nur die Kriterien, an denen der neue Meisterzeichner gemessen wurde. Nach der *Stern*-Reportage im November schrieb ein aufgebrachter Leser an die Illustrierte:

> „Ihr Reporter hätte sich den Bericht über den Zeichner Janssen sparen können. Wem will er weismachen, daß dieses versoffene, fette Schwein ein zweiter Rembrandt oder der größte Maler aller Zeiten sei?"

Ende November ging Janssen wegen einer Blinddarmentzündung ein paar Tage ins Krankenhaus. Über den Jahreswechsel 1966/67 arbeitete er schon wieder an einem Buch. Als sich ankündigte, daß die „Ära Warburgstraße" zu Ende gehen würde, wollte er noch einmal das Ambiente festhalten. Er stellte ein broschiertes Heft zusammen, das unverkennbar seine Hand trägt und für das noch der Umschlag und die Indizes eigenwillig gestaltet sind. Das erste völlig selbständige Janssen-Buch. Das sagen wir, obwohl die großartigen Fotos von Thomas Höpker die Hälfte des Umfangs bestreiten. Entscheidend sind das Layout und die Komposition des gesamten Materials. Zum ersten Mal zeichnete Janssen für ein Buch, und das ist etwas anderes, als Bilder und Zeugnisse sehr unterschiedlicher Situationen zwischen zwei Deckel zu binden.

Der Anlaß für manche der Zeichnungen sind die Fotos — das im weiteren und tieferen Sinne. Die Höpker-Fotos sind autark. Es sind Dokumente des Familienlebens mit Verena, Philip und Tantchen, mit den Freunden und ihren Kindern. So sollte es nicht bleiben. Tantchen starb noch übers Jahr. Die Hintergartenidylle in der Warburgstraße und die geräumige Wohnung gingen verloren. Freundschaften lösten sich auf und schließlich zerbrach die Ehe. Obwohl Janssen offensichtlich das Normale will — Familie, Freundschaft, Gemütlichkeit und die Beine hoch im Altenhof-Sessel —, können ihn die Fotos kaum noch integrieren. Diese Spannung überträgt sich auf die Zeichnungen. Sie lehnen sich an die Fotos an und streben darüber hinaus. Aber aus der Entfernung, in der bizarren Verfremdung, weisen sie auf die fotografische Vorlage zurück. Das heißt, sie balancieren Ähnlichkeiten, die nun erst recht sichtbar werden.

Das Buch ist auch eine Hommage an Verena und ein Lehrbeispiel dafür, wie Janssen die Porträtähnlichkeit meidet und doch auf das Charakteristische anspielt. Dem Foto von Verena ist eine Zeichnung gegenübergestellt, die schlicht *Mädchen* heißt und die „Verena" zu nennen wenig schmeichelhaft gewesen wäre. Denn dem Mädchen fehlt die Nase. Zwischen Auge und Mundwinkel zieht sich das Profil zu einer Kurvatur zusammen, die — Deformation hin, Deformation her — das Typische einfängt: eine leicht nach innen geführte Eindellung, ein Lineament, das bei Verena noch den Schnitt der Augenlider und der Lippen bestimmt. Diese charakteristische Form kehrt nun in den meisten Bildern wieder, die für das Buch entstanden sind; sogar in den Zeichnungen, die das Höpker-Foto zusätzlich einblendet, wenn es uns das Interieur der Wohnung zeigt und wie zufällig einige frisch gerahmte Arbeiten an der Wand sehen läßt. So läuft der Blick vom Foto zur Zeichnung und von der Zeichnung zum Foto zurück. Was sich jahrelang als Ausgeburten einer wuchernden Phantasie präsentierte, stellt sich zum ersten Mal dem Vergleich mit der fotografischen Wirklichkeit. Janssen gibt uns gleichsam die Methode an die Hand, wie jene Epoche zu verstehen sei, die angeblich nur vom freien Spiel der Einbildungskraft und von der grotesken Übersteigerung beherrscht war. Eine realistische Lesart hat es immer gegeben.

Das Janssen-Höpker-Buch erschien wie schon die *10 Zeichnungen aus der Sammlung Poppe* im Verlag „Galerie Brockstedt". Anlaß war eine neueingerichtete Ausstellung von Zeichnungen im März 1967. Janssen arbeitete wieder mit Brockstedt zusammen. Das Eifersuchtsdrama um Maria lag mehr als fünf Jahre zurück. Brockstedt hatte eine neue Frau gefunden und zu sich in die Dachgeschoßgalerie in der Poststraße emporgezogen, dorthin, wo nur der Himmel der Hamburger City noch breiter strahlte.

Mit Brockstedt war die Freundschaft wieder aufgelebt, als eine andere abrupt zu Ende ging. Einen Tag nach der Eröffnung der Kestner-Ausstellung in Hannover hatte Janssen dem langjährigen Freund Carl Vogel den Stuhl vor die Tür gesetzt. Er hatte mitteilen lassen, „er sei Carlchens müde". Morgens war man noch gemeinsam mit Verena und Freundin Marianne nach Hamburg zurückgefahren. Abends bekam Vogel die Nachricht, die ihn niederschmetterte und doch auch wieder aufrichtete: „Sie waren der souveränste Diener, den ich hatte. Sie sind mir nie zur Last gefallen." Ein Kompliment — wenigstens keine Kriegserklärung. Für Janssen barg die Trennung auch Gefahren. Denn die Risiken lagen vor allem bei ihm selber. Eine Epoche schöpferischer Arbeit lag so gut wie vollständig in der Hand des Freundes, die Zinkplatten dazu. Davon hatte er sich nun abgenabelt. Es war wie ein Schnitt ins eigene Fleisch. Nun mußte er von vorn anfangen. Der Freund sollte ihm nur noch durch seinen Ungehorsam dienen. Das mußte über kurz oder lang das Stillhalteabkommen überfordern. Ein subtiler Zweikampf entbrannte, ein Tanz der Skorpione, in dem Janssen wider den Stachel seiner eigenen Ohnmacht löckte.

Freunde waren für Janssen immer epochemachend. Ohne einen neuen Freund konnte er sich keinen neuen Anfang vorstellen. Siegfried Poppe, einer der ersten Kunstsammler der Stadt, hatte in Janssens Augen mal als der härteste Widersacher im kulturpolitischen Meinungskampf gegolten; nun standen sie auf du und du. Im Sommer 1966 malte er dem Freund die Wände seines Hauses mit melancholisch gespreizten Mädchen voll. Im Sommer '67 saß er am Tisch davor und kritzelte Stadtlandschaften aufs Papier. Schräge Töne ziehen durch die Blätter, die dem Typus der Suffzeichnung nahekommen. Und übermütig muß er damals gewesen sein, als er auf die Idee kam, den Holzabfall von mehreren Jahren Gartenarbeit bei 32° C im Schatten in Rauch und Flammen aufgehen zu lassen. Zwischendurch zog es ihn immer wieder in Poppes Haus zurück an den Tisch, und er bearbeitete das Packpapier weiter. Der Bleistift legte sich hart auf die gerippte Unterlage und hinterließ silbrig spiegelnde Schwärzen. Die Diktatur der sorgfältig abgestuften Strichelei war durchbrochen. Großflächig kurvte die Hand über die bräunlich getönten Bogen und schob die Häuser, Bahnen und Passanten wie massige, bewegte Blöcke gegeneinander. In die Fugen und Spalte drückte der Buntstift ein Rot, ein Violett oder ein sattes Grün. Poppe, der dann und wann über die Schulter blickte, sagte sein aufmunterndes Das-hast-du-feingefärbelt-Horstel. Wie Janssen sich erinnert, war es eine schöne Zeit, gerade auch weil außer Haus die selbstauferlegte Pingelei von ihm abgefallen war. In der Warburgstraße packte ihn gleich wieder der Ehrgeiz. Da vollendete er die sorgfältiger gearbeiteten Blätter dieser Serie: *Penny Lane* und *Altona*. Über mehrere Zwischenschritte sollte sich daraus die Landschaft entwickeln. Der Blick, der dort in die Ferne gehen wird, ist hier noch eingezwängt, verbaut, verrammelt, höchstens daß er mal wie durch einen Sehschlitz in die Tiefe vorstößt.

Die Landschaft gehört in die 70er Jahre und schon nicht mehr in die Warburgstraße. Der Abschied von dort wurde auch einer von Tantchen. Die Sauferei der letzten Zeit hatte sie erschöpft. Sie konnte den brutal wechselnden Stimmungen ihres Neffen immer weniger entgegensetzen. Wo sie früher bedingungslos an ihren Horst geglaubt hatte, fing sie nun manchmal an, ihn ängstlich zu bemuttern. Er verwies es ihr. Tantchen, die noch mit über 70 Jahren die Winandy-Häuser verwaltete, wußte nur zu gut, wann die Mietverträge ausliefen und der Käufer seine Rechte geltend machen würde. Sie wurde mit jedem Monat unglücklicher. Lange war es her, daß sie Verena mit dem Abwasch stichelte. Für solche Eifersüchteleien hatte sie keine Kraft mehr. Sie lebte nur mehr vom Schnaps, den sie schon morgens zu sich nahm. Eintragungen in die Rechnungsbücher verschlangen jetzt Seiten, so zitterten ihre Hände. Während sie abmagerte, wurde ihr Hund fetter und zotteliger, bis er den Sprung aufs Sofa nicht mehr schaffte. Was er umstieß, lief aus und blieb liegen. Das Kutscherhaus versank im Chaos. Heide Schönhoff sollte ihr helfen und bekam zu hören: „Laß das sein! Wir wollen uns nur unterhalten." Tantchen fühlte sich in Stich gelassen. Sie setzte Testamente auf, eins lapidarer als das andere.

„Meine Lieben!

Einmal ist es soweit — Erdbestattung. In aller Stille stattgefunden ist mein Wunsch. Was hier ist, gehört Euch oder auf den Müll! . . ."

Von ihr hat es Janssen also gelernt — die apodiktisch knappen Formulierungen, die er unter seine Bilder setzte. Aber was hatte er nicht von Tantchen! Das unerschütterliche Zutrauen genauso wie das Geld für den Alkohol, den beide eine Zeitlang um die Wette schluckten. Denn was der eine trank, konnte der andere nicht mehr trinken. Sie waren aus dem gleichen Holz geschnitzt. Nur, Tantchen mußte daran zugrunde gehen. Daß es jetzt sein sollte, lag auch am Umzug und den einschneidenden Veränderungen.

Janssen hatte bereits ein Haus in Blankenese gekauft, das viel zu klein war, um neben Verena und Philip auch noch Tantchen Wohnung zu geben. Das sah sie deutlich und lehnte sich dagegen auf: „Heide, er nimmt mich nicht mit." Die Angst höhlte sie aus. Seit Marthas Tod hatte sie ihr Leben für unzählige Verrücktheiten drangesetzt. Sie hatte den Ruhelosen gestützt und ihm den Rücken freigehalten. Sie war das Ventil, wenn er Luft ablassen mußte. Darüber war sie alt geworden und verschlissen. Nun sollte sie in der Warburgstraße zurückbleiben. Tantchen stöhnte auf: „Er läßt mich allein."

Sie versuchte noch, mit Trinken aufzuhören. Die Durchblutungsstörungen wurden heftiger. Mit Blaulicht ließ Janssen sie ins Israelitische Krankenhaus transportieren. Am folgenden Tag setzten die Entziehungserscheinungen massiv ein. „Ich sehe lauter Spinnen hier." Man verlegte die halluzinierende Querulantin in die geschlossene Abteilung nach Ochsenzoll. Sie lag neben einer Frau, die ununterbrochen schrie. Tantchen wollte unbedingt nach Hause. Ältere Freundinnen, die sie besuchten und an ihrem Bett saßen, bestürmten Janssen, als er mit Verena dazutrat. „Kein Wort!" schnitt er ihr Vorhaben ab. Kurz darauf, am 5. Oktober 1967, starb Fräulein Anna Johanna Janßen. Der Adoptivsohn zeichnete die Sterbende, den Mund offenstehend, den Kopf ins Kissen gedrückt, leichenblaß und nur um ein geringes erhaben auf dem leeren Papier. „Glory Glory Halleluja."
Auf dem Friedhof Ohlsdorf hielt Wieland Schmied vor einer beachtlichen Gemeinde die Totenrede. Tantchen hat viele Freunde zurückgelassen und nicht bloß, weil ihr Neffe ein besonderer Künstler war.

17. Blankenese

„Ich muß mir ein Nest bauen", hatte Janssen seine Freunde schon lange vorher wissen lassen. Nach allen Seiten wurde Ausschau gehalten. Kurt Pech kam mit einem Angebot; gemeinsam hatte man damals am Dammtor die Kneipe betrieben. Nun konnte er ein schrulliges Häuschen in Blankenese vermitteln. Ein ehemaliges Kutscherhaus. Der Pferdestall und die Remise für eine Kutsche im unteren Teil waren zu einer Garage umgebaut. Darüber lag, durch eine überdachte Außenstiege erreichbar, die Wohnung. Kurt Pech fuhr mit Janssen in den Mühlenberger Weg. Eine Stunde nach der Besichtigung klingelte bei ihm das Telefon Sturm: „Entweder ich bekomme das Haus oder ich wandere aus!" Zur Beurkundung erschien Janssen in Gummistiefeln. Vorher hatte die Besitzerin in den Kauf einwilligen müssen. Die alte Dame, eine gestandene Blankeneserin, stieß sich weder an der Alkoholfahne noch an dem mit Isolierband geflickten Mantel. Sie wunderte sich nicht einmal, als der ominöse Kerl einen völlig zerknitterten Scheck aus der Tasche zog. Die 48 000 DM, die darauf signiert waren, hatte Hegewisch vorgestreckt. Erspartes war nicht vorhanden.

Rund zwanzig Jahre hatte Janssen in der Warburgstraße gelebt. Vor dem Auszug veranstaltete er ein Fest, eine Abbruch- und Räumungsparty. Was angefangen, unvollendet, wiedergefunden, in loser Folge verstreut oder nebenher skizziert war, auch viel Grafik, kam unter den Hammer, den Ernst Hauswedell, der führende Kunstauktionator der Stadt, ehrenhalber schwang. Die Blätter, die für wenig Geld zu haben waren, tragen alle den ordinären Stempel „Müllabfuhr 14. Nov. 1967". Daraus ist mittlerweile fast ein Gütesiegel geworden, jedenfalls ist er eine Erinnerung an ein legendäres Großreinemachen, bei dem sich keiner schmutzige Finger holte, aber mancher die richtige Nase hatte.

Zu Weihnachten '67 wohnte die Familie schon am Mühlenberger Weg 22. Die Garage wurde ausgebaut, die Vertiefung für die Autoreparaturen mit Schnapsflaschen zugeworfen und Estrich darüber gelegt. Wo die Garagentür war, kam ein in einzelne Scheiben unterteiltes großes Glasfenster hin, so daß man schließlich ein geräumiges und lichtes Zimmer dazugewonnen hatte.

Inzwischen standen die Räume in der Warburgstraße leer. Bis die Wohnblöcke endgültig abgerissen werden sollten, überließ Janssen die Zimmer einer guten Bekannten, die neuerdings aus Berlin zurückgekehrt war und auch für einige Freunde Unterkunft suchte. Die junge Frau war ihm früher mit sympathischen Extravaganzen aufgefallen. Mal trug sie einen besonders breitkrempigen Hut, mal kleidete sie sich in herausfordernden Farben. Von einem politischen Engagement wußte er nichts. Sie war mit Hark Bohm verheiratet, der eine Laufbahn als Schauspieler und Filmemacher vor sich hatte, damals jedoch wiederholt Anlauf zum juristischen Assessorexamen nahm. Hark Bohm war anderthalb Jahre in der Warburgstraße aus- und eingegangen und hatte dort manche Stunde verplaudert. Seine Interessen zielten nicht auf Bilder. Er und Janssen — jeder hatte an dem anderen wie an einem seltenen zoologischen Exemplar Gefallen. Gemeinsam verhackstückten sie Stegreifgedichte und gaben Clownerien zum Besten. Warum sollte Harks Frau nicht in die leerstehende Wohnung ziehen? Wie sich später herausstellte, war aber aus Angela eine der meistgesuchten Terroristinnen geworden. Als das Fahndungskommando erst vorsichtig, doch bald immer tolpatschiger am Mühlenberger Weg Stellung bezog, um den Konspiranten auszuspähen, mochte sich Janssen in seinem Gemäuer zum ersten Mal wie in einer Burg gefühlt haben.

Das von einem Türmchen und einer Wetterspitze überragte ehemalige Kutscherhaus hat tatsächlich Ähnlichkeit mit einer kleinen Burg. Vorgeschoben bis an die Ecke einer Wegegabelung, ist es von einer Seite ganz uneinnehmbar. Schroff und nur von wenigen Fenstern unterbrochen, fällt das Mauerwerk dort steil herab, wo der Fußweg über Stufen und Treppen zur Elbe herunterführt. Vorn am Eingang läuft die Asphaltstraße vorbei, die aus der Ortsmitte Blankenese kommt, an Bauers Park vorbeiführt und hier in enge und unübersichtliche Windungen übergeht, bis auch sie nach 250 Metern auf die Elbpromenade stößt. Zwischen alten Bäumen und Büschen gleicht das Haus einer abenteuerlich verspielten Festung oberhalb des Stromes, der Hamburg mit der Welt verbindet. Es gibt kein Fenster, das direkt auf das breite Wasser hinausgeht. Aber im Winter, wenn das Laub gefallen ist, kann man von der ausgestellten Plattform vor der oberen Tür die Zehntausendtonner sehen, die mit ihren Frachtmasten und Aufbauten wie eine bewegte Kleinstadt durch die Bäume fahren. Es ist ein Augenwunder, das sich fast geräuschlos vollzieht.

Wie überhaupt eine halbländliche Stille über diesem Teil Blankeneses liegt. Die lärmende Großstadt bleibt draußen vor der Tür. Hier lebt man hinter Hecken und tief in die Gärten zurückgezogen, am Elbhang oder eingesenkt in Mulden und Täler. Hier brütet die wohlhabende bürgerliche Gesellschaft ihre Leiden aus, und wenn eine Modekrankheit frisch schlüpft oder ein lange verheimlichtes Geschwür aufbricht, sind sie farbenprächtiger als anderswo.

Blankenese ist auch ein Dorf. Auf Wunsch gärtnert der Briefträger in den Blumenkästen. Die Taxis fahren einkaufen, und jeder pflanzt seine Bäume so, daß sie dem Nachbarn die Aussicht versperren. Das mußte Janssen gefallen und auch, daß die Brombeeren zur Tür hereinwuchsen und die feuchten Haselnußzweige unter der Nase kitzelten, wenn der Frühaufsteher auf dem Söller Morgenluft schnuppern wollte. Die Elbe zog ihn besonders an. Im Wechsel der Gezeiten schwemmt der Fluß immer wieder Strandgut an. Was er von dort herauftrug, landete eines Tages auch auf seinem Zeichentisch. Blankenese vor den Toren der Stadt — das war eine Welt neuer Dinge und Eindrücke.

Aber seine Kunst hielt erst einmal an den alten Motiven fest. Es entstanden weiterhin Mädchenbilder, die Haut wieder um eine Nuance griffiger und manche Bosheit noch deutlicher plaziert. Aber das Thema ging seinem Ende entgegen. Der spitze Bleistift stand vor der Erschöpfung. Und wo er sich die Freiheit nahm, grobspurig über das Papier zu schrubben, blieb das Ergebnis hinter den Erwartungen zurück. Das war kein Ausweg. Das Jahr 1968 ist der Höhepunkt der Krise. Die Arbeit stagnierte, rein zahlenmäßig nahm die Produktivität ab, die Radierung lag schon länger brach; was nicht ausschließt, daß ab und an Meisterliches gelang. Zu den künstlerischen kamen andere Schwierigkeiten. Nicht nur der Tod von Tantchen, auch der von Alfred Mahlau waren zu verkraften. Dazu der Umzug in ein Haus. Auch wenn Verena es gemütlich einrichtete, wohnlicher als es jemals wieder sein sollte, war die Enge spürbar und das Zusammenleben mit dem schwierigen Kind vielleicht noch schwerer erträglich. In diesem Jahr scheiterte die Ehe.

Das Jahr 1968 war auch der Höhepunkt der studentischen Protestbewegung. Daß der Sturmlauf einer jüngeren Generation ihn plötzlich
überholt hatte, muß ihn sehr irritiert haben. Wir entnehmen es indirekt seiner Abwehr, die heftig war und auch dazu führte, daß er
sich hastig neuen Freundschaften anschloß. Ausgerechnet als die Stadt
den Aufstand probte, war er „aufs Land" gezogen. Die außerparla-
mentarische Opposition eroberte die Straße, und Janssen malte niedlich
verkrüppelte Geilchen. Kein Wunder, daß er dieses Thema zuletzt
nur noch dem Markt und der Mode zu schulden glaubte. Das Ärgernis
saß tief.

Häuslichkeit war ihm mehr als ein Bedürfnis. Dem agitatorischen
Zeitgeist stemmte er seinen „Elfenbeinturm" entgegen. Am Mühlenberger Weg, in seiner Burg, war er noch schwerer zugänglich. Als
Spaziergänger ihre Nasen unten an den Fensterscheiben plattdrückten,
um den verrückten Künstler auszuspähen, floh er mit seinem Atelier
ins Stockwerk darüber. Da oben haust er seitdem.

Ungebetene Gäste sind ihm ein Greuel. Die Straße ist ohnehin zu laut.
Er muß den Lärm schon selber machen, sonst ist er ihm unerträglich.
Unten stand lange eine Musikbox mit nur einer Wahltaste für „Obladi,
Oblada".

Die „Journaille" sollte auch in seiner neuen Wohnung keinen Zutritt
haben. Aber als die Schüler- und Studentendemonstrationen immer
höhere Wellen schlugen, ließ er überraschend die Abordnung einer
Schülerzeitschrift an sich herankommen zu einem der ganz wenigen
Interviews. *Der Widerrist*, die Schülerzeitung des Johann-Rist-Gym-
nasiums, schien ihm der geeignete Ort, um sich zu Fragen der Politik
laut zu äußern. Nur dieses eine Mal und nicht wieder. Denn obgleich
er stundenlang über den Atomkrieg, über die Ostermarschbewegung,
über Vietnam und den Konformismus räsonieren konnte, ist davon
nie ein Wort nach draußen gekommen. Kein politisches Ereignis ließ
Janssen unkommentiert. Aber an die Öffentlichkeit sollte es nicht. Das
grassierende Bekennertum lehnte er ab.

Zu Beginn der Sommerferien standen also die jungen Redakteure vor
seiner Tür und streckten ihm eine Flasche Pflaumenschnaps entgegen.
Er begrüßte sie mit den Worten: „Ihr macht also in eurer Freizeit
Revolution? ... Wir waren früher froh, wenn wir Freizeit als Freizeit
hatten." Auf die Frage, was er von der Unruhe unter Studenten und

Schülern halte, meinte er: „Salz! ... und prima, solange es *mich* nicht stört!" Dann wurde er deutlich: „Ich glaube, daß das politische Engagement von Künstlern keine Wirkung hat ..." Darauf verkroch er sich in die Zeichnung der Titelseite: „Auch ein Polizist kann weinen." Noch eine witzige Klassenzimmerpornographie, und er hatte die Lacher endgültig auf seiner Seite. Das war's. Vom Pferdefuß guckte immer gerade so viel heraus, daß über seinen Widerstand zu reden akademisch geklungen hätte. Er war die Unangepaßtheit in Person, auch wenn er scheinbar einschmeichelnd bloß zum Gefallen der anderen da war. Dennoch fühlte Janssen seine forcierte Privatisiererei durch die politischen Ereignisse dieser Tage herausgefordert.

Genaugenommen war er nie unpolitisch gewesen. Er reklamierte für sich zwar einen Standort jenseits dieser oder jener Partei, aber das schloß Parteilichkeit nicht aus. Weder hatte der Erotomane auf dem Papier bloß Weiber im Kopf, noch kreiste der Eigenbrötler nur um sich selber. Eigenbrötlerisch war allerdings sein lärmendes „Ich bin CDU", mit dem er sich vordrängte, als die Mehrheit zur sozial-liberalen Koalition umschwenkte. Im Grunde wollte er die Opposition der Opposition sein. Nur das hätte seinem Widerspruchsgeist genügt. Aber dann wußte er auch wieder, wie töricht es ist, nur um eines Witzes willen die Lacher auf seine Seite zu ziehen, wenn es die falschen sind.

Die Tagespolitik ist in seinen Bildern gegenwärtiger, als es der flüchtige Überblick wahrhaben will. „... bei Regierungserklärung Erhard durch Disziplinlosigkeit im Gesicht verkorkst", kommentierte er eine mißglückte Zeichnung unten am Rand. *Selbst (Kuba)* heißt ein Blatt aus dem Krisenjahr '62. *Fidel Castro* hatte seinen Auftritt in der Radierung wie später *de Gaulle,* in der Platte auch bezeichnet *Das Pferd (jung);* ebenso in der Lithographie *Franz Josef Strauß,* der über Napoleon aufsteigt (*Langenhorner Nationalfeiertag,* 1964); ebenso Adenauer, der im Untertitel einer Zeichnung erscheint: *All I need is love oder Adenauer* (1967). Das war sein Tribut an die Zeitgenossenschaft und genauso leidenschaftlich dokumentiert wie alle aktuellen Bedrängnisse. Im Vordergrund haben die politischen Einlassungen nie gestanden. Nur im Jahre '64 häuften sich seine Attacken gegen die ewig Gestrigen aus der Branche der Kriegstreiberei. Die

Empörung gegen Krieg und Militärunwesen saß besonders tief. Das war eine Folge des Napola-Drills.

Sein Engagement gegen Krieg und Kriegshetze hat die längste Vorgeschichte. Wie gesagt, hatte es damit angefangen, daß er schon als Schüler zum Kriegspielen angeleitet wurde. Als dann 1954 der Bundesrepublik Deutschland die Wiederbewaffnung ins Haus stand, fühlten Janssen und Reinhard Drenkhahn sich noch nicht so alt, daß sie nicht einen neuen Wehrdienst auf sich zukommen sahen. Sie teilten dem damaligen Bundespräsidenten ihre Befürchtungen mit. Dessen persönlicher Referent antwortete, „daß Professor Heuss Ihr Schreiben als einen Höhepunkt der Naivität bezeichnet hat". Die beiden Schweyks förderten jedoch eine peinlichere Naivität zutage, als ihnen selber vorzuwerfen war. Denn in dem Brief steht auch:

> „Übrigens gehörte der Abgeordnete Theodor Heuss im Parlamentarischen Rat zu denjenigen, die sich gegen die Aufnahme des Kriegsdienstverweigerungs-Paragraphen im Grundgesetz gewandt haben.

Bonn, den 24. März 1954"

Das sind die Erfahrungen und tiefsitzende Ängste, die Janssen Jahrzehnte später veranlassen werden, gegen die atomare Überbewaffnung in aller Öffentlichkeit das Wort zu ergreifen. Bis dahin wird er Gerippe zeichnen gelernt haben, wie sie sich schauerlicher nie zu einem Tanz versammelt haben. Freilich wird auch in diesen Visionen das Restleben nicht auf den Witz verzichten. Der Witz ist das Trojanische Pferd des Künstlers. Was sich Janssen dagegen schwerlich verzeihen kann, ist eine Radierung mit dem Titel *Revolution* von 1961. „Scheußlich" findet er sie, und das heißt bei ihm „schlecht gemacht", geradeso wie er schreiben wird: *Käthe Kollwitz meinte es gut — Goya war es.*

Die Studentenbewegung und die erste große Sinnkrise der Bundesrepublik Deutschland trafen Janssen 1968 buchstäblich unvorbereitet. Für ein öffentliches politisches Engagement war seine Zeit nicht reif. Zwölf Jahre später bestimmte er selber die Bedingungen, und es entstanden die *Anmerkungen zum Grundgesetz.* Aber 1968 hätte er nur emotional und vorschnell reagiert, und diese Blöße wollte er sich nicht geben. Weil das Protestgeschrei seiner künstlerischen Entwicklung in die Quere kam, fühlte er sich persönlich belästigt. Deshalb hören wir ihn vorläufig zetern wie einen, den der Straßenlärm bei der Arbeit stört.

Der Aufruhr der Jugend kitzelte die Eigensinnigkeit dieses Mannes bis an die Grenze zur Selbstüberhebung. Auch verletzte Eitelkeit war im Spiel. Von Natur aus ein einziger Widerspruch, mußte er mit ansehen, wie alle Anlässe zum Protest von einer Massenbewegung vereinnahmt wurden. Daß es auch Askese und kluge Beherrschung sein kann, die mächtigen Zeitströmungen vorübergehen zu lassen, zeigt sich ja immer erst im nachhinein. Vorerst wollte Janssen die Rolle des Einzelgängers und genialischen Stänkerers weiterspielen.

Diesen Ruf hatte er weg — jetzt auch über die Grenzen der Stadt hinaus, wie die Zeitungen die nächsten zehn Jahre zu schreiben nicht müde werden. Ein Ruf — so dissonant, daß Rudolf Augstein hellhörig wurde, der Aufmüpfigkeit liebte, wenn sie im Geruch des Außerordentlichen stand. Ein paar Mal zog er Janssen in seine Zirkel, der prompt funktionierte und den Zeitungsmann huckepack durchs Foto trug. Bevor der Ausgelassenheit die Kränkung folgen konnte, liefen beider Wege wieder auseinander.

Auf einem anderen Fuße fanden sich Walter Scheel und Janssen. Zwei, die sich auf Anhieb mochten und aus großer Entfernung immer mal wieder aufeinander zugingen. Es fing damit an, daß Scheel zum FDP-Parteitag in Hamburg angereist war; so oft sich das wiederholen sollte, nutzte Janssen die Gelegenheit zu einem Stelldichein. — Schwaden von Rauch und Ströme von Alkohol ziehen durch die Kumpanei mit Franz-Josef Degenhardt. Zwei Gummistiefler im Morast, der eine bärbeißig, der andere rechthaberisch. Um sich politisch nicht in die Quere zu kommen, sang und zeichnete man im Duett. Den Profit hatte die Deutsche Grammophon, die für ihre Schallplatten eine Reihe sehr gelungener Cover einheimste. Janssen kam immerhin ins Schaufenster.

Prominenz heckt Prominenz. Er schien nun wissen zu wollen, was der Erfolg wert ist. Immer neue und einflußreiche Freunde zog er an sich heran. Dabei konnten Mißverständnisse nicht ausbleiben. Verleger Siegfried Unseld sollte ihm mehr Ärger als Freude bereiten. Er brachte in diesem Jahr im Insel-Verlag das Buch *Ballhaus Jahnke,* ein Album der frühen und gefragten Meisterradierungen, heraus. Mit dem ersten druckfrischen Exemplar erschien Unseld in Blankenese. Eine geschlagene Stunde, nachdem er Verena das Buch zur Besichtigung überreicht hatte, glaubte Janssen immer noch, daß seine Frau einen Kasten Pralinen auf den Knien hielt. So unfaßbar und außerhalb aller Erwartungen war ihm der goldfarbene Glitzereinband. — *Ballhaus Jahnke* sammelt, wie auch der nostalgische Titel zu erkennen gibt, eine Epoche der Radierung, die vorbei war und die in dieser Gestalt und mit diesen Themen nicht wiederkehren sollte.

Am 1. September 1968 kam unter der neuen Intendanz von Egon Monk eine Produktion des Schauspielhauses zur Aufführung, an der Janssen mit Zeichnungen für Plakat und Programmheft beteiligt war. *Über den Gehorsam* — im Untertitel hieß es noch anklägerischer: „Szenen aus Deutschland, wo die Unterwerfung des eigenen Willens unter einen fremden als Tugend gilt." Claus Hubalek war Mitautor. Über eine Schwester Verenas bestanden verwandtschaftliche Beziehungen, denen Janssen diesmal unbedingt Folge leistete, auch wenn er hören mußte: „Wir werden das deutsche Theater revolutionieren." Auf die Bühne kam ein Langweiler. Die Pointen hätte jeder im voraus beklatschen können. Das Künstlerhonorar — Plakate für *Die Räuber* und *Doppelkopf* entstanden kurz darauf — blieb im Schauspielhaus. Janssen lebte und arbeitete damals in der Kantine. Der Plan zu einem Bühnenbild platzte jedoch. Denn wie er der Presse erklärte: „In meinem Fall wäre das Bühnenbild die halbe Regie gewesen. Für ‚Team-Arbeit' bin ich aber zu alt und zu unroutiniert." Das war eine Absage an den brüderlichen Revolutionsstil, der mit Egon Monk gerade ins Deutsche Schauspielhaus einziehen sollte. — Die Zeichnungen, die Janssen fertigstellte, beweisen, was längst keines Beweises bedurfte: Er hatte das Zeug zum Satiriker und knüpfte mühelos an die besten Traditionen dieses Genres an. Aber für den Zeichner Janssen wäre die Satire der leichtere Weg gewesen.

Mitten in dieses ruhelose und zerfahrene Jahr 1968 platzte der Erste Preis für Grafik, den Janssen auf der Biennale di Venezia gewann. Alfred Hentzen, der deutsche Kommissär und verantwortlich für das nationale Kunstangebot, wurde wegen seiner „altmodischen Auswahl" — Seitz, Oelze, Janssen — heftig angegriffen. Als Janssen den begehrten Preis erhielt, war der alte Freund und Förderer rehabilitiert.

Seine Erleichterung sollte jedoch nicht lange währen. Denn auch in Italien revoltierte die Jugend. Sie protestierte lauthals gegen die „Biennale Faschista". Die Triennale in Mailand war ein paar Wochen vorher gestürmt worden.

Die Fahrt nach Venedig in den hochsommerlichen Tagen des Spätjuli war für Janssen die erste Reise nach vielen Jahren. Und er wäre nicht aufgebrochen, hätte ihn nicht eine anhängliche Hamburger Kolonie begleitet: Herr und Frau Hentzen, Hegewisch, Garten, die Garrels, die Müllerin, Brockstedts, auch Wieland Schmied und andere. Dennoch verunsicherte ihn die fremde Stadt so, daß er nicht allein über die Straße ins Hotel gehen mochte. Am ersten Abend war gleich sein ganzes Geld abhanden gekommen. Er fuhr Verena an, weil sie die Taschen in seinem Anzug nicht tief genug genäht habe. Tatsächlich hatte er sich beim Hotelpersonal Wohlwollen erkaufen wollen und die Lirescheine bündelweise nur so hinausgeworfen.

Um sich an jedem Ort verständlich zu machen und die Verbindung zu den Freunden nicht zu verlieren, ließ Janssen ein gellendes Kikeriki hören. Er krähte jeden Morgen aus seinem Hotelfenster heraus durch die Gassen bis hin zu dem preiswerteren Hotel, in dem Brockstedt wohnte. Der fand sich schon erwartungsgespannt auf der Bettkante sitzend, als der Hahnenschrei einmal verspätet herüberwehte. Das Kikeriki hielt Fühlung. Janssen erschrak nicht schlecht, als er nachts auf dem Markusplatz ohne Antwort blieb.

Eine Woche lang waren die Hamburger auf geistige Getränke abgestellt. Zum Mittagessen floß der Chianti schon literweise. Janssen schwitzte in seinem Drillich, der aus einem unförmigen grünen Flicken zusammengeschneidert war, dazu passende Schuhe aus braunen Lappen. In diesem Aufzug ging er einmal vom Bartresen zu einer Hausfassade hinüber, um mit Liremünzen gegen die Wand zu spielen. Als ein paar Kinder hinzukamen, teilte er Geld aus zum Mitmachen. Aus der gebückten Spielhaltung wieder nach oben blickend, sah er, daß sich dieser Stadtteil Venedigs um ihn versammelt hatte. Eine aufgeregte Italienerin fragte — zur Freude Brockstedts, der seine Sprachkenntnisse einschalten konnte —, ob Janssen nicht das Bürgermeisteramt übernehmen wolle. — Nur ein Problem kannte die ausgelassen feiernde Gesellschaft. Eine halbe Stunde nach Mitternacht war für das Lokal an der Ecke Polizeistunde. Zum Glück hatte der Wirt bald heraus, daß es sich lohnte, Tisch und Stühle draußen stehenzulassen. Die Tür war zwar verriegelt, aber es genügte ein Kikeriki, und jedesmal streckte er eine Flasche durch das vergitterte Fenster. So saß man bei jeder Menge alkoholischem Nachschub bis in die frühen Morgenstunden.

Der offizielle Teil der Biennale drohte in Demonstrationen unterzugehen. Die Academia hatten die Studenten eingenommen. Der Staatspräsident war deshalb gar nicht erst zur Eröffnung erschienen. Emilio Védova und der Musiker Nono marschierten an der Spitze aufgebrachter Studenten. Der johlende Zug hielt vor dem deutschen Pavillon, der zuzeiten des „Tausendjährigen Reiches" gebaut worden war. Die Italiener skandierten „Rudi Dutschke", obwohl sie das nicht aussprechen konnten. Hentzen erwog, den Pavillon zu schließen und wollte sich gegen die Menge stemmen. Vorher wandte er sich hilfesuchend an Janssen: „Ich glaube, du kannst es am besten." Da war einer in seinem Element, und keiner sang lauter, obwohl er die Texte nicht kannte, und nicht einmal die Revolutionsfahne in der ersten Reihe war vor ihm sicher. Védova und Nono fielen auf die hinteren Plätze zurück.

Der deutsche Botschafter, Herr von Herwarth, gab im Palazzo Gritti einen Empfang. Ein Fest war es auch für die Protestierenden, die den Eingang belagerten. Janssen und Verena, die sich endlich nach vorn durchgewühlt hatten, scheiterten an den Karabinieri, weil sie ihre Einladungskarten vergessen hatten und ihr Anzug in jeder Hinsicht suspekt war. Sie sprangen im Schutz der Dunkelheit in eine Gondel und erreichten von hinten auf dem Kanal den Palazzo Gritti. Der Karabiniere, der dort Wache schob, salutierte, als die Mannschaft im Mao-Look aus der Gondel stieg. Janssen gelang es später sogar, durch den Haupteingang einen Bekannten nachzuziehen, den er erst in der Nacht vorher aufgetan hatte. Inmitten hundert leerer Tische hatte er auf dem Markusplatz vor einer Flasche Rotwein einen schwarzen Klumpen sitzen sehen und Helmut Qualtinger erkannt. Dieser Erzmime stand nun eingeklemmt vorm Gritti und fand erst Einlaß, nachdem Janssen ihn mit der Autorität des Gefeierten hereinkomplimentiert hatte. Grußlos schritt der wuchtige Kerl zuerst bis an die Freßplatten vor.

Als er rastlos umgetrieben wurde und künstlerisch und persönlich am tiefsten in der Krise steckte, hatte Janssen den international angesehensten Preis in seinem Metier gewonnen. So kopflos ist das Glück. Es griff ihm unter die Arme, es schmeichelte ihm, aber es konnte ihn nicht mit sich versöhnen. So sehen wir ihn weiter in Hamburg durch die Reihen seiner Freunde berserkern. Die ältesten Freundschaften überstrapazierte er in diesem Jahr endgültig. War er größenwahnsinnig geworden? Mit einem seiner Treuesten setzte er sich mit den Worten auseinander: „Wer bist du denn? Bananenhändler! Ich verkehre mit dem Geist." Die leiseste Widerrede, und er machte nicht davor halt, der schwangeren Ehefrau in den Bauch zu boxen. Manchmal konnten die Kinder nicht schlafen aus Angst, daß er nachts wiederkommen würde. Freier Zutritt im Vollrausch — das war die Nagelprobe. Rührte sich niemand im Haus, polterte der Zudringling mit Steinen auf dem Dach. Darüber sollte Horst Zuschke verzweifeln, einer der beharrlichsten und pfiffigsten Weggefährten. Günter Gatermann war die Klopperei restlos leid. Er fand den früheren Klassenkameraden nur noch anstrengend. Wie die Ehe in den Fugen krachte, wechselte Janssen auch den Kreis langjähriger Freunde.

Katastrophal verlief in dieser Zeit eine Begegnung mit Ernst Bloch. Der berühmte alte Philosoph hielt sich in der Hansestadt auf. Er saß dem Bildhauer Gustav Seitz für eine Büste Modell und wohnte in diesen Tagen auch in seinem Haus. Janssen hörte davon. Er wollte sich mit einer Zeichnung einladen, die er nach einem unansehnlichen Foto in der Zeitung in Angriff nahm. Dieses Zeitungsfoto hatte auch Frau Bloch beim Frühstück entdeckt und entsetzt kommentiert: „Das darf Ernst nicht sehen. Er schaut so kränklich aus und viel zu jüdisch." Die Hausglocke schellte, und vor der Tür stand ein Mann, der ihr verlegen ein Bild entgegenstreckte: „Mit Verehrung für Ernst Bloch."
Die Ehefrau konnte in der Zeichnung nur eine zusätzliche, besonders bösartige Kränkung erkennen und wehrte heftig ab: „Raus, raus, nehmen Sie das Bild mit." Das Mißverständnis klärte sich auf, als Seitz dazutrat und Janssen gewahr wurde. Jetzt sollte er unbedingt Bloch begrüßen. Es entspann sich ein langer, intensiver Dialog zum Entzücken des Philosophen, dem ein so beweglicher Gesprächspartner nicht alle Tage unterkam.

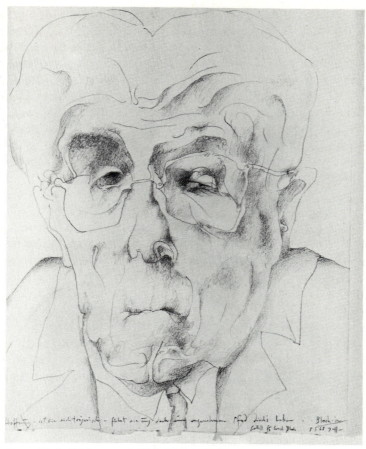

Ernst Bloch, Zeichnung mit Bleistift 8. 5. 1968

Zum Abend waren im Hause Seitz Gäste versammelt, darunter auch der Verleger Ledig-Rowohlt, der Kritiker Raddatz und ein zugereister DDR-Schriftsteller. Es klingelte, und in der Tür stand Janssen mit einer aus der Seitentasche lugenden Schnapsflasche. „Ich werde bei euch ja nie eingeladen, wenn was los ist." Sofort griff er Bloch an. Dem Erstaunten fuhr er über den Mund. Jede Gegenrede schnitt er mit den Worten ab: „Sei still, du bist ja doch morgen tot." Seitenhiebe vernichteten die Frau. Alle Anwesenden waren wie gelähmt, und es half nichts, das Ehepaar Bloch mußte sich in die oberen Schlafräume zurückziehen. Unten setzten nach dem Überfall Ledig-Rowohlt und Raddatz ihre Plauderei fort, wobei sie widerstandslos anerkannten, daß sich die Welt um einen neuen Mittelpunkt drehte. Wohl aus Höflichkeit gegen die Gastgeber kehrte Bloch um Mitternacht noch einmal in die unteren Räume zurück. Sofort kreischte der Tobsüchtige auf: „Ach, du bist auch noch da. Ich dachte, du bist schon gestorben." — Janssen will sich auch am Mythos des erblindeten Sehers gestoßen haben und daran, daß einer bewundert wird, obgleich er nahezu das Augenlicht verloren hat.

Die Trennung von Verena begleitete Janssen mit dem Aufschrei: „Sie hat mich verlassen." Es war auch eine Frau im Spiel, und vielleicht war das Resultat überhaupt der Anlaß: eine Erneuerung der Zeichnung an Gegenständen, die er bis dahin nur ausnahmsweise traktiert hatte: die Landschaft, Blumen . . . ein neuer Janssen.
Für Januar und Februar 1968 hatte er im Kunsthaus eine Mahlau-Gedächtnisausstellung miteingerichtet. Vorn an der Kasse stand eine zierliche Person, die durch die Ausbildung zur Grafikerin für das Genre der Zeichnung besonders sensibilisiert war. Die Nachricht, daß Janssen die Arbeiten seines Lehrers noch einmal hängen sehen wollte, breitete sich wie ein Lauffeuer aus. Nach seinem Auftritt zog er die Bewunderin gleich in die alte Wohnung in der Warburgstraße. Die Nachmieterin — Angela Luther — fertigte er so brutal ab, daß sie sich in einen Winkel verkroch, und Gesche merkte, daß es um ihretwillen war.
Es folgten Wochen, in denen Gesche Tietjens sich im großen Verzicht übte. Sie zog sogar auf gut ein halbes Jahr nach Kiel und holte ihr Abitur auf der Abendschule nach. Dann kehrte sie zu ihrer Mutter Johanna nach Blankenese zurück. Janssen trieb es nun nachts aus dem Haus. Einmal vergaß er die Zahnprothese, die ihm seine Geliebte nachtrug. Als Verena das Gebiß mit einem Gruß an der Tür hängen sah, ging sie mit Philip nach Altenhof zurück. Der alte Bethmann Hollweg — „Väterchen Felix" — schrieb einen Brief: „Mein lieber Horst, Du hast den Bogen überspannt. . ."

Verena kehrte gegen den Willen ihrer Eltern wieder zurück. Am Mühlenberger Weg wohnte schon Gesche, die aber rausflog und bei Sartorius Unterschlupf fand. Mit Verena schwieg Janssen 48 Stunden lang. Sie, die sich gegen das ganze Haus Bethmann Hollweg entschieden hatte, und er, der offenbar gegen seinen Willen handelte, bekämpften sich untereinander mit Schweigen. Nach zwei Tagen platzte er: „Kann es sein, daß ich irre bin? Ich kann nicht mehr!" Verena zog aus und Gesche ein. So ging es wohl an die fünfmal. In dieser Zeit hin- und hergerissener Gefühle besichtigte Janssen an Verenas Seite Lauenburg — zum ersten Mal Tourist, aber innerlich eine einzige Katastrophe. Anfang '69 holte er endgültig Gesche ins Haus und richtete ihr das Turmzimmer ein.

Seinen Jähzorn und die Wutausbrüche des Kleinbürgers tolerierend, hätte der deutsche Adel noch einmal eine Sternstunde gehabt. Dieser Nachruf auf die Ehe mit Verena spielt herunter, daß Janssen unter dem Ende höllisch gelitten hat. Nie vorher und nie nachher quälte er sich so. Eine heillose Zerrissenheit stieß ihn zwischen den Frauen hin und her. Ungezählte Male hatte er sich erregt und im Sturmlauf seiner Aggressionen sich immer doppelt kräftig wiedergefunden. Aber diesmal brach eine Welt entzwei. Er liebte Verena, er liebte Philip. Wenn er sich von ihnen trennen mußte, hielt er das nur unter der Fiktion aus, daß die Frau ihn verlassen hatte. Das zu beglaubigen, war die Presse gut. „Als Horst Janssen die dritte Frau davonlief . . .", stand da schwarz auf weiß zu lesen. Er steigerte sich so in die Rolle des Opfers, daß er die ganze Familie Verenas in eine Treibjagd hineinzog, die angeblich kein besseres Ziel kannte, als i h n zur Strecke zu bringen. Die Gutsherrn von Schloß Altenhof massakrierten ihn — das arme Schwein. Die Anleitung zur Folter schrieb er auf einen Bilderbogen, der bei Laatzen erschien.

Über die Trauer + Hoffnung (30. 6. 1969)

(. . .) Gegen die Schweine / Gebet eines Landwirts, der es selber nicht artikulieren kann.

Herr, du hast sie gemacht, vernichte sie, aber tu es langsam. Brühe sie an, anfangs aber nur kurz — steche eine Nadel quer durch ihren Kehlkopf, damit sie nicht quieken, aber auch nicht still sind, sondern Gurgellaute von sich geben (. . .) Das Schwein soll leben!!! Nun spalte ihm das Maul, soweit du kannst, ohne die

Schlagader zu verletzen, auch schräg hoch genug, damit du die
Kehle nicht triffst + es wird dir danken, durch einen lächelnden
Ausdruck seiner Visage. (...)
Dies, Herr, ist meine Bitte.
Janssen
ich liebe Verena Janssen.

Daß die Selbstpeinigung so orgiastisch ausmalend geriet, lag wohl
auch an dem Kriegsgeschehen in Vietnam, das jeden Tag über den
Bildschirm flimmerte. Die Massaker dort nahm er persönlich. Er fühlte
sich genauso gequält.

Seinen Masochismus schrieb und zeichnete er sich von der Seele. Zum
ersten Mal und mit der Verletzlichkeit eines Kindes schon zu Anfang
des Jahres, als er eines der beliebtesten Märchen subversiv bearbeitete:
Hensel und Grätel. Statt des artigen Geschwisterpaares sind es ab-
gefeimte Quälgeister, die die böse Hexe — hier die Großmutter —
zum Verzehr vorbereiten.

> *Hensel, welcher mit der Hand geschickt war, baute für Öhmchen*
> *einen Käfig gegen ihr Heimweh und Grätel fütterte Öhmchen*
> *dreimal am Tag. Einmal am Morgen, einmal am Mittag und ein-*
> *mal am Abend, daß sie sich gut erholte (...) und schier wurde bis*
> *Weihnachten kam und Zitzen ansetzte und Öhrchen und Lippen*
> *und Vötzchen und Zehen und Näbel und Augen und Knieknorpel*
> *und Hüftfalten und Waden und auch inwendig sich vervielfäl-*
> *tigte. So daß sie gut war für die Weihnachtsgesellschaft. Denn*
> *so war es mit Hensel und Grätel, daß sie zum Fest einluden.*
> *Alles, was im deutschen Wald wohnte, mußte kommen und pro-*
> *bieren, was gebraten war.*

Noch das ganze Jahr '69 stand unter den Zeichen qualvoller Ablösung von Verena. Was er am liebsten hatte, ihre Arme, machte er
zum Schlachtfeld ausgeklügelter Grausamkeiten. *Sie hat die schönsten*
Arme. Jeder ist besser zu reiten als wie der Elfenbeinschimmel der
Aphrodite. Nebenbei gesagt, war Gesche für diese Art von Muskelreiten auch völlig unempfindlich. Sie sah nur staunend, wie neben ihr
in der Zeichnung eine auf die andere Schulhofquälerei entstand. Denn
darauf geht es ja zurück, auf Oldenburg, die Pausenspiele zwischen
den Schulstunden und auf das Mädchen Linde, wie Janssen es in einer

Kindheitserinnerung geschildert hat. Verenas Arm — seine *Arm-Seligkeit* — steht für den muskulösen, biegsamen, vollschlanken Körper der Frau. Daran rächte er sich — zu seiner Selbstkasteiung. Er führte Maschinen ein; erst waren es Fingernägel und Hände wie Krallen, dann Gürtel, Schnallen, Litzen, die in das Fleisch einschneiden, es drehen und wenden. Die martialischen Accessoires verselbständigen sich und biegen die Gelenke gegen die Natur aus, so daß es körperlich schmerzt, das mitanzusehen. Unter den Peinigungen krümmt sich die gewachsene Gestalt. Je diabolischer die Vorlieben, desto unverhältnismäßiger drängt sich einzelnes ins Bild: die „Haarkapuze", eine Hautfalte, die Achseln und Ellenbogen, die Mundspalte und immer wieder die plastischen Schwellungen des Armes, das Ziel peinlicher Strafen. Ja, diese Zeichnungen sind Strafexpeditionen gegen die empfindlichen Partien des Leibes.

Janssen vertiefte sich noch einmal in die monomane Strichelei. Abertausende von Farbstiftstrichen legen sich, gegen den Rand dichter und dunkler, so übereinander, daß die Illusion samtig-weicher Fleischesfülle entsteht. Das Akribische der Technik ist schon ein Teil der Gewalt, die auf die Blößen losgeht. Monumental wie der Schmerz ist das Arrangement der Glieder, die häufig in einen viel zu engen Ausschnitt eingezwängt sind. Die Bilder inszenieren die verschiedenen Phasen einer Folter, die nur deshalb nicht zynisch und menschenverachtend ist, weil Janssen sie offensichtlich gegen sich selber wendet.

Für mich heißt eine große Zeichnung, die den Arm Verenas aus der Achsel herausdreht und ihn mit der Präzision eines Rades in die Kreisform beugt. Die Finger greifen einen Luftbalg. Der Schlauch, der davon abgeht, führt auf die gleiche geheimnisvolle Weise aus der Darstellung heraus, wie darüber zwei von einem Ärmel halbverdeckte Krallen ins Bild ragen und eine Kurbel bedienen, die ein Gestänge in Bewegung setzt. Das Marterinstrument rollt eine Kugel über die schmerzlich gespannte Innenseite des Oberarmmuskels. Ungeschützt wie der bleiche Bauch eines Fisches liegt das wehrlose Fleisch auf einem tiefen Violettblau. Das böse Spektakel richtet sich direkt gegen den Liebhaber dieses Armes. „Sich umbringen oder sich hochbringen", vor diese Wahl sah sich Janssen gestellt nach dem Bruch mit Verena. In einem unerhört produktiven Schub machte er „seine Trauer zu Geld".

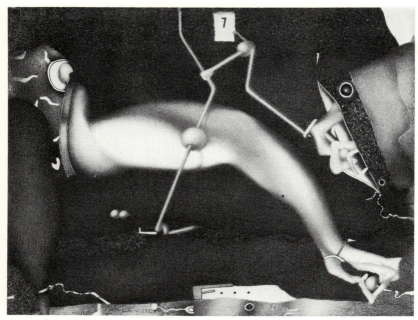

Für mich, Zeichnung mit Farbkreide 29. 2. 1970 (55,2 x 71 cm)

Die späteren Arbeiten dieser Serie — bis März 1970 — sind „farbig auf Moll gestimmt"; die früheren vom Herbst 1969 zeigen dagegen eine ungewöhnlich reiche, zuweilen enervierende Farbigkeit. In die Zeit dazwischen fällt eine Reise, die Janssen mit Gesche nach Svanshall unternahm. Das Reisen eröffnete eine neue Welt.
Svanshall ist ein kleiner Ort in Südschweden, unweit von Hälsingborg. Ein Landzipfel schiebt sich gegen den Öresund vor, an seiner äußersten Spitze ein steiler, windumtoster Felsen, „Kullen" genannt. Die Landschaft ist hügelig und von Feldern und Buchenwäldern durchzogen. Auf der einen Seite liegt eine Reihe touristisch erschlossener Ortschaften, die alle nach Dänemark hinüberschauen. Auf der anderen Seite ist der Fischerort Svanshall mit Blick auf eine stille Bucht und den schwedischen Küstenverlauf, der sich hier lieblich und weiträumig hinzieht. In dieses abgelegene Dorf mit seinen possierlichen Holz-

häusern und einer kleinen Mole fuhren Gesche und Janssen im Winter-
monat Dezember.
Ein Ehepaar aus Hälsingborg hatte sie in das Ferienhaus eingeladen —
der Arzt Runne Ahlström und seine Frau Gunilla. Neuerdings leitete
Gunilla in der Stadt eine kleine Galerie. Janssen hatte sich angeboten,
über den Jahreswechsel Zeichnungen für eine Ausstellung anzufertigen. So kam es, daß er sein Hauptthema dieser Zeit — den gequälten
Arm — in eine Landschaft zu versetzen begann, die er um sich herum
vorfand. Am 17. Dezember '69 zeichnete er zum ersten Mal einen
Arm, der lang ausgestreckt über dem Dachfirst eines geduckten Hauses
lag, wie es typisch ist für diesen Teil Schwedens. Je häufiger er seine
Mädchendarstellungen mit der bäuerlichen Architektur kombinierte,

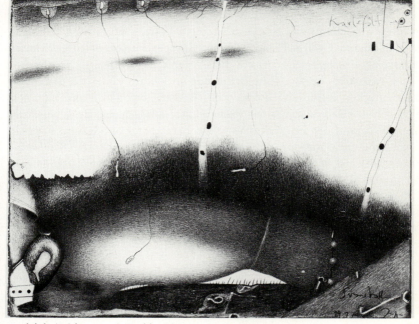

Karlsfält, Zeichnung mit Farbkreide 29. 1. 1970 (29,5 x 36 cm)

desto mehr Landschaft drang in seine Bilder ein. Wie eine schwere Wolke drückt der entblößte Oberkörper auf den Giebel eines Gehöftes: *Hogansas*. Von diesem Blatt ist es nur noch ein kleiner Schritt, und der breit hingelagerte Arm wird zu einem Hügel, auf dem sich ein Birkenwäldchen gegen den frostklirrenden Winterhimmel hebt. So in der Zeichnung mit dem Titel *Karlsfält* vom 29. 1. 70. Janssen hatte sich — wovon er schon lange sprach — zur Landschaft durchgearbeitet.

Im Frühjahr 1970 war die schwierige Ablösung von Verena noch ein Stück weiter gediehen. Als er nach einer ausgedehnten Pause wieder radierte, begann er mit erotischen Arrangements, die seinen Lieblingsarm in lauter Attacken verwickelten. Es waren jedoch eher präludierende Übungen mit dem Ziel, die alte Sicherheit mit Nadel und Säure zurückzugewinnen und Neues vorzubereiten. Das Neue und durch keine Routine Korrumpierte war die Landschaft. Soweit sich vexierbildartige Erotica davorschoben, entwickelten sich die Szenen aus den vorigen Zeichnungen. Nur, daß zu den erprobten Quälmaschinen eine weitere hinzukam: das Insekt mit seinem Panzer, mit seinen Fühlern, spindeldürren Greifern und Stelzen. Einzelnes wie ein Insektenbein oder eine Brustwarze arbeitete Janssen mit Vorliebe und vergleichsweise realistisch heraus. Eine Brutalität im Detail, die er durch Nicht-Eindeutigkeit in anderen Partien des Blattes überspielte und zu einer üppigen Vielfalt wechselnder Höhepunkte ausfächerte. So blieb auch dem Witz und der Entdeckerlaune des Betrachters Spielraum. Freilich haftet diesen Mädchenradierungen, auch wenn sie virtuose *Kabinettstückchen* sind, etwas vertrackt Quälendes an. Auch die Zeichnungen zu diesem Thema sind *Ersatzhandlungen,* die sich von dem schmerzlichen Anlaß noch soweit entfernen mögen, sie wirken nie ganz befreit. Deshalb war es nicht sehr glücklich, Janssen 1970 mit diesen Arbeiten in England, bei Marlborough in London, vorzustellen.

Gesche radschlagend in Bauers Park, mit Janssen

18. Gesche, Schack und die Landschaft

Mit Gesche kam die Eroberung der Landschaft. Obwohl Janssen ein schlechter Spaziergänger ist, hatte er mit einmal nichts dagegen, in die Landschaft hinauszugehen und hier einen Stein aufzuheben und da einen Stock zu brechen, ohne die Plauderei abreißen zu lassen. Gesche liebte das. Zu den beiden gesellte sich Gerhard Schack, der gern bei Kleinigkeiten verweilte, bei einer Blüte, bei der Unterseite eines Blattes oder einem verrosteten Hufnagel. Deshalb wurde er „Sächle" genannt. Zu dritt waren sie sich auf den Ausflügen vollkommen genug.

Andächtiges Schweigen oder irgendeine Naturschwärmerei wollten aber nicht aufkommen. Gesche stand mit beiden Beinen auf der Erde. Am besten auf einer kleinen Erhebung oder an einem Knickrand, denn ihr ging nichts über einen weiten Horizont, wie Janssen berichtet hat.

Wenn sich Gesche später — nach vier Jahren Janssen — auf einen Bauernhof zurückziehen sollte, folgte sie keinem ökologischen Modetrend. Sie tat wirklich die Arbeit einer Bäuerin. In Eiderstedt auf dem Hauberg versorgte sie sieben Pferde, die Schafe und Ziegen. Für ihre Hunde kochte sie Pansen auf. Um den Bottich vom Herd zu tragen, mußte sie ihren Oberkörper weit zurücklegen. Es machte ihr nichts aus, vor der Scheune knöcheltief im Schlamm zu waten. Trotzdem war sie von allen Frauen am meisten Künstlerin. Das Schöne zählte auch zu ihren praktischen Anlagen. Das Gegenteil einer Trine, sah sie ausgesprochen grazil aus. Zupackende Sachlichkeit gehörte zu ihren Stärken, dazu eine Unvoreingenommenheit, die sich mit allem anzufreunden bereit war. In solchen zierlichen Personen erweckt eine gradlinige Aktivität immer die größte Bewunderung.

Sie redete gern und munter drauflos, und das genoß Janssen, denn mit Verena konnte er zuletzt nicht mehr sprechen. Die Nur-Liebende hatte ihm ein schlechtes Gewissen eingebrockt, und Gesche war es, die ihn mit ihrer freien und lebhaften Art Stück für Stück davon erlöste. Auf seinem Schoß sitzend, ihn mit Zärtlichkeiten verfolgend, die er sich gespielt unachtsam gefallen ließ, waren beide, was Dritte ein frischverliebtes Paar nennen.

Gesche ist in zahlreichen Skizzen, Zeichnungen und Radierungen festgehalten. Im Vergleich zu den „gequälten Armen" und der maliziös arbeitenden Routine tut sich hier eine Gegenwelt auf. Ihr Gesicht, die ganze mädchenhafte Erscheinung wird behutsam vom Umriß her erfaßt. Die Zeichnung ist sparsam und hebt darauf ab, das Charakteristische rein und unbeschädigt zu erhalten. Japanisch anmutende Stilisierungen legen sich wie ein Schutz um die Gestalt und hüllen sie zärtlich ein. Am weitesten geht darin eine Radierung, die uns Gesche von hinten *am Geländer* stehend zeigt (1972). Obwohl nur ihr gegen die Dämmerung gestellter Umriß zu sehen ist, glauben wir doch, ihre Miene in diesem stimmungsvollen Moment zu erkennen. Janssen hat das Porträt von Gesche wie von keiner Frau vorher und nachher

Geisha Gesche, Radierung 28. 1. 1971 (26,2 x 18,7 cm)

immer wieder gesucht und abgewandelt. In den schönsten Blättern nimmt der nach vorn gerichtete Blick etwas auf, was nicht allein vor ihm, sondern auch zurück liegt, in der Vergangenheit, tief innen im Kopf. Ein Blick, der mehr weiß und erfahren hat, als das mädchenhaft anrührende Gesicht sonst verraten könnte. Der Blick einer Frau.

Sie war entschieden gegen Alkohol, und wenn Janssen wieder zu trinken anfing, seine Beleidigungen ausstieß und alle Gemeinsamkeiten zerstörte, dann verließ sie fluchtartig das Haus. Sie warf sich ins Auto und fuhr auf und davon. Janssen, der nicht wußte wohin, war auf eine Nachricht angewiesen und konnte ihr nur hauptpostlagernd schreiben — nach München, nach Berlin oder sonstwohin. Ein paarmal mit dieser neuen, für ihn unerträglichen Situation konfrontiert, verfiel er darauf, den Schnaps zu verbergen. Das Versteck im Abfalleimer war rasch entdeckt, und nur wenn er sich die Flasche auf den Arbeitsplatz unter die Tinkturen und Säuren direkt vor die Nase stellte, konnte er einigermaßen sicher vor Gesche sein, die mit einem Röntgenblick durch die Wohnung streifte und in allen Ecken nach Alkohol fahndete.

Sie haßte die Tage, wenn er zu seinen Sauftouren aufbrach. Der beliebteste Anlaufpunkt war in Wilmanns Park das Haus des Architekten Ahrens, das immer offenstand. „Brötchen Ahrens", wie er genannt wurde, vielleicht wegen seiner rot-blond-bärtigen Rundlichkeit, war ein Superlativ an Trinkfestigkeit und jovialen Gemütskräften und ein Hüne aus der Reihe der Lui Runne, Drenkhahn, Qualtinger. Man müßte den Simpliziaden einige Kapitel hinzuerfinden, wollte man nur den kleinsten Teil der Tumulte aufzählen, die dort zu nächtlicher Stunde an der Tagesordnung waren — vor den Augen der aufgebrachten Nachbarn und unter den giftigen Entladungen einer Haßehe, die in diesem Haus der wohlgelittene Alltag war. Gesche hatte aus ihrer eigenen Familie zwei Onkel am Schnaps zugrunde gehen sehen und war nie so couragiert wie im Kampf gegen die Alkoholexzesse. Tatsächlich gelang es ihr, Janssen dreiviertel der Zeit von der Flasche wegzuhalten. Kompromißlos lehnte sie ab, was er „seine Krankheit pflegen" nannte — mit Erfolg und zur Verblüffung der Freunde.

Versprechungen, Beschwörungen oder förmliche Alkoholreglements — Gesche wußte, was heute gelten sollte, wurde morgen umgestoßen. Es gab nur ein Mittel: sich trennen und ausrücken in die weitere Umgebung, erstmal in die Heide, nach Schleswig-Holstein oder in Richtung Dänemark, näher an die Landschaft des verehrten Knut Hamsun heran. Nach ein paar Tagen fühlte sich Janssen jedesmal so abgestraft, daß er auf Suche ging. Einmal hatte er die richtige Witterung und erwischte sie vor der Krabbenbude im Husumer Hafen.

War Gesche spurlos untergetaucht, ohne eine Briefkastenadresse zu hinterlassen, überschlugen sich seine Notschreie:

„Ich möchte dich jetzt im Moment + morgen + übermorgen + + + + + sofort wiedersehen. (...) wenn du meine allerletzten, ganz in letzter Sekunde dir gemachten Beleidigungen überspringen könntest, bleibt übrig, daß du ein paar Wochen Urlaub nehmen wolltest. Mache bitte — ich bitte dich so sehr — in dieser so schrecklichen Müdigkeit keine abstrusen Pläne." 29. 12. 70

Es war aber nicht Müdigkeit, sondern Gesches restlose Erschöpfung, die sie zum Rückzug gezwungen hatte. Nachdem mit dem ersten Schluck aus der Flasche das Wetter umgeschlagen war und seine Beleidigungen und Anwürfe sie wie wilde Tiere angesprungen hatten, stand sie gleich wieder schutzlos da. Sie war seinen Anfeindungen buchstäblich nicht gewachsen. Niemand war es. Wenn er dazu die besseren Seiten ihres Charakters als Argumente gegen sie verwendete, ihre Kameraderie, die ihn „ankotzte" und angeblich für die Zwecke seiner Gegner vereinnahmte, dann fiel sie auseinander. Hilflos — gejagt — nichts wie raus! Und erst wenn genug Abstand dazwischenlag, fand sie solche erschütternden Worte, die sie aufschrieb:

„Du hast nun einmal das Glück oder Unglück, keine Gegner zu haben. Ich und alle Deine Partnerinnen sind nun einmal von Natur aus nicht Deine Feinde und in Deiner maßlosen Sehnsucht nach Widerstand (ja ja) quälst Du uns in die Rolle hinein und wir sind so von vornherein zum Tode verurteilt, Tantchen, Marie, Verena, ich und viele andere."

Ihre Briefe und seine Antworten sind ein Kapitel gemeinsamen Lebens, und Janssen verdankt Gesches eindringlichen Formulierungen, daß seine eigene Schreibe in diesen Jahren richtig in Schwung kam. Sie nahm ja nicht nur Reißaus, sie lag auch mal für kurze Zeit im Krankenhaus oder spannte bei Freunden aus, und immer lief das Gespräch weiter. Jede Trennung fachte den Dialog weiter an. Sprachgewandtheit und Klärung der Verhältnisse, das war entschieden

Gesches Element und trug zu seiner Öffnung bei, die sich in diesen Jahren vollzog. Er, der widerstrebend den Zeichentisch verließ, den einzigen Ort, wo ihm die Katastrophen nicht entglitten, unternahm fünf große Reisen.

Gesche plante und kontaktierte Adressen. Sie steuerte den Volvo älteren Baujahrs wie eine Rallyemeisterin, worauf sie stolz war. Zwei Fahrten gingen in die skandinavischen Länder und drei ins Tessin; Touren, auf denen Janssen den Skizzenblock mitführte und im Freien oder auch in Hotelzimmern notierte, was er sah. Dabei fiel ihm natürlich auf, daß wir die Landschaft so original nicht sehen. *Die ganze Gesellschaft längst verstorbener Zeichner sitzt dir im Nacken.* Diese einfache Erkenntnis holte ihn dann auch wieder zu sich nach Hause zurück — wie weiland den alten Kuo Hsi, den Gerhard Schack zitieren konnte und der *dem Landschaftszeichner für seine Arbeit einen leeren, großen und weißgetünchten Raum mit guter Lüftung* empfiehlt.

Schack versorgte Janssen mit Landschaftsabbildungen, mit den alten niederländischen, mit den deutschen des 19. Jahrhunderts und natürlich mit chinesischen Tuschezeichnungen aus der eigenen umfangreichen Sammlung. Nicht daß Janssen auf die Meister erst hätte gestoßen werden müssen. Aber Schack trug seine Liebhabereien mit einer stillen Begeisterung vor, die ansteckend war. Das schuf eine intime Mitwisserschaft und machte es zur Verlockung, alles noch einmal und gemeinsam zu entdecken. Äußerlich eher weich und stumpf wirkend, konnte Schack in eine von innen vibrierende Erregung geraten, sobald er ein geschätztes, geliebtes Werk in Händen hielt. Sein Entzücken war körperlich, und so teilte es sich Janssen mit, der keine umständlichen Erklärungen brauchte. Ja, Schack war ein Liebhaber und Kenner im herkömmlich besten Sinne, einer, dem die richtige Behandlung eines Folianten, eines alten Papiers Bedürfnis war. Der Anflug zeremoniellen Gehabes war den Sachen selbst geschuldet. Und wenn ein ungewollt in die Länge gezogener Ätzvorgang die Valeurs in einer Radierung beeinträchtigt hatte, war ihm die Trauer anzusehen. Wie jede Leidenschaft, füllte sie den Mann völlig aus. An einen regelrechten Beruf war unter den Umständen nicht zu denken. So geriet er an Janssen, der Sensible an den Reizbaren, was für beide ein unerhörtes Glück war.

Man lernte sich kennen und hatte aneinander schon Interesse gefunden, als Janssen mit Gesche im Frühjahr 1970 zum ersten Mal nach Ochsenzoll vor die Stadt fuhr, wo Schack ein Einfamilienhaus bewohnte. Ein klein gehaltener Klinkerbau mit spitzem Dach. Der Arbeitswohnraum war mit Büchern tapeziert. Das Klavier und ein Ruhebett füllten ihn fast ganz aus. Daneben lag ein leeres Zimmer, das sich nach und nach mit Janssen-Bildern füllen sollte: „die Ochsenzoller Nationalgalerie". An dem Tag sah Janssen eine Berglandschaft von Kao Tsen an der Wand hängen, liebevoll gestreichelt unter den Blicken seines Eigentümers, der mit der Erzählung von der immer wieder abenteuerlichen Erwerbung solcher Raritäten seine Anhänglichkeit an diesen Schatz demonstrierte. Um Schack eine Freude zu machen, radierte Janssen am nächsten Tag — den 19. Mai 1970 — einen *Hohlweg: das Loch — Kopie ohne Vorlage nach einer chinesischen Querrolle.* So eroberte er sich das neue Motiv! Aus Zuneigung und dem Freund zum Gefallen, der durch nichts glücklicher zu machen war als durch den Besitz einer solchen chinesischen Landschaft.

So einfach! Für einen Freund, und um sich direkt in sein Herz zu katapultieren, macht Janssen, was diesem das Liebste ist. Man kann es sehen, wie man will: als persönliche Schwäche — dann liebedienert er; als Anbiederung — dann paßt er sich an; als raffinierte Form der Werbung — dann setzt er sich an die Stelle des begehrten Objektes; oder als Eifersüchtelei, die handgreiflich die Konkurrenz weg- und sich selber vordrängt. Es ist all das und mehr. Im Resultat die schönste Landschaft und eine der frühesten Kopien und obendrein die Elbmarsch vor Hamburg, die Wedeler Marsch auf chinesisch, der nun wieder Janssens Vorliebe galt. Das verstand er unter Freundschaft, und in dem Sinne gab ihm Schack eine Sicherheit und befähigte er ihn zu Leistungen, die schwerlich ohne ihn möglich gewesen wären.

Daß Janssen — jedenfalls in der Radierung — die Landschaft zur Kopie und die Kopie zugleich zur Landschaft wurden, dazu genügte eben nicht, daß Freund Schack Bücher und Abbildungen in den Mühlenberger Weg trug und Unterweisungen gab, die sowieso pedantisch gerieten. Er mußte haben wollen! Seine zu kurzen, etwas dicklichen und deshalb in ihrer taktilen Beweglichkeit leicht tapsigen Finger mußten ihr „ha'm ha'm" über den Tisch schnalzen. Das brachte Janssen hoch und entlockte ihm Zeichnungen, die die Entblößung vor der

Natur zu ihren gegenseitig intimsten Vergnügungen machten. Solche Gemeinsamkeiten drohen aber auch in Abhängigkeit umzuschlagen. Und wenn erst die leiseste Verstimmung aufgetaucht war, brach eine Welt zusammen. Janssen, der sich vergaß und wie eine Furie auf „die Klette", auf das „widerliche Waschweib" losfuhr, mußte geschlagene fünf Wochen warten, bis der Beleidigte an den Tisch zurückkehrte. So bekriegten sich die beiden zwischendurch.

Die Werbung um einen Freund und die Entdeckung der Landschaft und der Kopie in der Landschaft sind ein und dasselbe. Nur so und für sich allein zu landschaftern, wäre ihm nicht in den Sinn gekommen. Wie seine ganze bisherige Kunst, ist die Landschaft die Inszenierung eines Dialogs und so auch das Sich-in-der-Natur-Verlieren, das nicht die Erfindung eines empfindsamen einzelnen ist, sondern eine europäische Tradition. Zu diesem Dialog gehört die Kopie, die eine Art Zwiegespräch mit den umworbenen Vorbildern ist. Daß er sich darin mit Schack traf und einer dem anderen noch die geheimsten Wünsche von den Augen ablesen konnte, war der Glücksfall. Denn auf die Weise war Geben und Nehmen mehr als gegenseitige Sympathie, mehr als das Wechselspiel zwischen Vorlage und Kopie: der Vorstoß in eine andere, neue Dimension. Statt Kunst also Natur, was weniger ein Gegensatz als eine Umpolung der Sehnsüchte ist.
Mit Schack zusammen zog er aus in das Land der Bruegel, Aert van der Neer, Wolf Huber, Anton Koch . . . und kehrte in der Landschaft heim. Außer sich in der Kopie, kam er in der Natur zu sich zurück. Das ging nur, weil er Natur und Kunst nicht gegeneinander ausspielte. Er war sich klar: unsere Augen sind das Resultat der Menschheitsgeschichte. In jedem unserer Blicke liegen Jahrhunderte an Kulturarbeit. Gewöhnlich liefert das den Vorwand, sich bevormundet zu fühlen — so als seien es gar nicht mehr wir, die sehen, sondern die lange Reihe unserer Vorfahren und lauter Konventionen, die uns gängeln. Davon wollte Janssen aber nichts wissen. Wenn die Sinne eine Geschichte haben, wollte er mit ihren begabtesten Augen schauen, mit den Augen der alten Künstler. Ihre Entdeckungen nachvollziehend, reizte ihn in der Natur auch mehr und anderes zu sehen als die Augen vor ihm. Und sei es nur, daß er das, was sie im Blick hatten, um ein geringes deutlicher erkannte und neu aufs Papier brachte. Im positiven

und besten Sinn bedeutet es: mit dem geliehenen Blick eines Herkules Seghers oder Claude Lorrain noch das sehen, was ihnen verborgen war — sein mußte, weil der Baum, die Landschaft nicht mehr dieselben waren, vor allem aber, weil jene nicht mit unseren Augen heute sehen konnten, also auch nicht die Grenze ihrer stilistischen Angewohnheiten und nicht die sich daran neu entzündende Abenteuerlust. Die Geschichte der Landschaft ist die lange Wanderung durch den Projektionsraum unserer Sehnsüchte. Kein Bedürfnis hat sich so viele Bilder geschaffen wie der Rückzug aus der Gesellschaft. Mit den Horizonten wechseln die Landschaften. Das wieder und wieder auszuschreiten, machte sich Janssen auf den Weg — zurück in die Tiefe der Geschichte und nach vorn an die Spitze unserer weit vorauseilenden Wünsche. Dabei kostete es die größte Aufmerksamkeit und eine analytische Penetranz, nicht zu wollen, was für die Wünsche gehalten wird, sondern was Seghers und Lorrain wollten.

Janssen vereinigt in sich zwei Seiten, zu denen er nun ausdrücklich stand: Medium für alles sein und alles zum Medium für sich machen. Jede Landschaft nach den Niederländern, jede Anverwandlung selbst der Chinesen und Japaner wurde unverkennbar ein Janssen. Andererseits mußten es nicht die berühmten Vorbilder sein, es genügte ein altes Stück Papier mit Flecken und ausgerissenem Rand, und er konnte sich so vollkommen darauf einstellen, daß dieses Material unter der Hand des Zeichners ein besonderes Leben, mehr noch, einen eigenen Willen bekam, als gelte es, die Absicht eines anderen zu erfüllen. Er war das empfindlichste Medium.

Das prädestinierte ihn auch zum Radierer. Denn in der Grafik bekennt das Handwerkszeug am nachdrücklichsten seinen medialen Charakter. Wen wundert es da, daß die Landschaften, die sich hier ankündigen, in der Radierung entstanden. Und wie eines zum anderen kommt, zu dem Charakter das Talent und dazu die Fähigkeit, Gesundheit und Krankheit zu organisieren, und natürlich die einzige Frau und der passende Freund, so fand sich mit einem Mal und genau im richtigen Moment jemand ein, ohne den die Radierung nicht so erfolgreich zu erneuern gewesen wäre: der Drucker Hartmut Frielinghaus. Es waren viele unerhörte Umstände nötig, um am Ende einer langen Periode erotischer Mädchenzeichnungen die Krise überwinden zu helfen. Der glücklichste Moment aber war, als der Radierer auf seinen Drucker stieß.

Es war kein Zufall, daß Frielinghaus endlich seinen Meister gefunden hatte. Als ein jüngeres Semester hatte er Janssen zuerst auf der Kunsthochschule über den Flur in die Lithowerkstatt huschen sehen, unnahbar vor lauter Emsigkeit. In der Zeit der Holzschnitte riß Frielinghaus ein Plakat von der Haustür Warburgstraße 33 und verschwand in die Nacht. In den Jahren darauf bildete er sich in den grafischen Techniken weiter. Er schnitt besonders hartkerniges Holz, mußte aber auch Druckaufträge übernehmen und sich in Werkstätten verdingen. Vereinzelt druckte er auch schon Radierungen für Janssen, der aber immer hinten im Atelier saß, wenn Verena vorn an der Tür die Abzüge in Empfang nahm. Das Interesse wuchs, und als der Bewunderte nach Blankenese zog, schlich Frielinghaus durchs Unterholz und spähte die Zechkumpanen hinter dem erleuchteten Fenster aus. Er war einer von denen, gegen die sich die frisch gezogene Hecke richtete.
Anfang 1970 fuhr er fast täglich zu Wolfgang Werkmeister nach Rissen, der im Wittenbergener Weg in einer baufälligen Scheune eine Werkstatt unterhielt. Schack hatte davon gehört und zog Janssen mit. In einem ehemaligen Schweinekoben fand die erste Begegnung statt. Janssen entdeckte kleine angefangene Zinkplatten von Frielinghaus — Wasser, Sand und Strandkörbe —, die er sich ausbat und weitermachte. Schon bald war auf einer Radierung der Satz zu lesen: „Frielinghaus ist just so ... als wie ich" (24. 5. 70). Die Punkte dazwischen sind in der Abbildung aber kleine schwarze Bomben, die in die Landschaft — *an der Elbe* — einschlagen. In der Tat sollte noch viel Wasser die Elbe herunterfließen, bis das Bombardement abflaute und die schlimmsten Explosionen nachließen. Ein latenter Kriegszustand blieb es zwischen beiden noch lange.
Schack — Gesche — Frielinghaus, jeder in seiner besonderen Weise, waren Janssen zur Seite, als er seinem Werk eine neue Epoche erschloß. Mit Gesche und Schack fuhr er am frühen Nachmittag in die Landschaft, manchmal in die Elbmarschen, häufiger in die Klövensteen hinter Blankenese und Rissen. Der Feldweg 91 ist eine der zahlreichen Wirtschaftsstraßen, die vor der Stadt dieses Weide- und Ackerland durchkreuzen. Hier erwartet den Ausflügler nicht die unberührte

Natur, sondern die Illusion, daß er die Hochhäuser am Osdorfer Born hinter einem Busch oder hinter einem Kiefernwäldchen verschwinden lassen kann. Ein paar verluderte Weißdornhecken am übernächsten Knick stehen für den Horizont. Wer auf dem Asphalt bleibt, braucht die Straßenschuhe nicht zu wechseln, aber schon ein paar Schritte abseits ist es sumpfig und zwischen Grasbuckeln kann sich ein Wasserloch verstecken. Zu dritt tändelten sie über die Flur, immer bereit, den Bauern einen Schabernack zu spielen. Einmal hätten sie fast einen Brand gelegt. Janssen war ein großer „Pyromantiker", aber als er sah, wie im Strohgras das Feuer zündete, warf er sich darüber.

Am späten Nachmittag, wenn man heimgekehrt war, wurde die morgendliche Radierarbeit einem letzten prüfenden Blick oder einer kleinen Korrektur unterzogen. Schack packte die Platten ein — das waren auf dem Höhepunkt der Radierphase bis zu einem Dutzend Stück täglich — und brachte sie nach Eppendorf, wo Frielinghaus neuerdings eine eigene Werkstatt besaß. Er hatte schon das Papier angefeuchtet und noch am selben Abend zog er einige Probedrucke. Am nächsten Morgen fuhr Schack auf dem Weg nach Blankenese bei Frielinghaus vorbei und holte die Proben ab. Trat eine Verzögerung ein, mußte Janssen mit einem Telefonat besänftigt werden, für das der Freund einen Code gefunden hatte, der Nuancen der Wertung — und sei's nur durch eine Atempause — erkennen ließ. — Die Mädchenarrangements, die im Herbst '70 entstanden sind, hätte man einem gewieften Drucker überlassen können. Die kleinen Landschaften waren Frielinghaus in die Hände gearbeitet.

Janssen schrieb in dem *Brief an einen Kupferdrucker,* wie er seine Platten behandelt wissen wollte. Die hochgeschummerten Grauflächen, die samtigen Schwärzen, die ausgewischten hellen Lichter, die Kaltnadelspielereien, die vielen Krümeleien, sie dürfen nicht gegeneinander isoliert auf dem Papier stehen. Die Kunst des Druckers ist es, all das einzufangen und zwischen den Seiten der Platte ins Gleichgewicht zu bringen, als wäre ein einziger Himmel darüber, aber ohne die Pointen zu verflachen, ohne die possierlichen Details wegzudrücken oder einzusumpfen. Ein schwebender Schleier, der mehr zeigt als verdeckt, das wäre, so paradox es klingt, das Ziel.

Es hört sich merkwürdig an — das zu meinen Druckwünschen aufgezählte Sammelsurium von Einzelteilen. Aber für mich liegt

der Witz eben darin, daß das, was sich in seinen Einzelheiten er-
klärbar, nachvollziehbar, ja lernbar gibt, möglicherweise in seiner
Summe das genaue Gegenteil darstellt. Na ja, eine Binsenweis-
heit. Aber heute?

Frielinghaus war Künstler genug, diese Summe ziehen zu können —
einfühlsamer als jeder andere. Unter seinen Händen begannen die
empfindlich geätzten Landschaften vom Mai 1970 Licht und Luft zu
atmen. Es war die erste Radierserie nach langer Zeit. Janssen, der von
seinem Standpunkt aus die Arbeiten auch *unsolide* nannte, weil sie
dem Radierer nicht den vollen Aufwand abforderten, brauchte dafür
erst recht einen Meisterdrucker. Alles kam darauf an, beim Druck den
richtigen Ton zu treffen, der Himmel und Erde und was dazwischen
lag integrierte. Der Himmel mußte auf den Horizont herab- und das
Erdreich zu den Wurzeln in die Baumstämme und in das Filigran der
Zweige hinaufgezogen werden. Der diese Absichten mit den bloßen
Fingern aus dem Relief der Platte erspürte, war Frielinghaus. Janssen
fühlte sich in seinen Intentionen mehr als bestätigt. Denn das entsprach seinem Weg in die Landschaft. Das war ein Weg, wie er ihn
auf ähnliche Weise schon einmal gegangen war.

Wie er die menschliche Gestalt von innen heraus, aus ihren organi-
schen Teilen, entwickelt und wie er sich aus dem Zentrum der Erregung
immer weiter nach außen vorgearbeitet hatte, so entdeckte er auch
jetzt die Landschaft. Die Landschaft — das ist zuerst ein niedriger
Horizont, der von Bäumen oder einem Gehöft unterbrochen wird.
Das Problem — wenn man es so nennen will — besteht darin, den
Weidenbaum nicht einzeln und künstlich im Raum stehenzulassen.
Janssen erreicht das, indem er den Baum nicht nur im Boden, sondern
in der ganzen Landschaft verwurzelt. Im weitesten Sinne wird alles
zum Wurzelwerk, auch die Wege und Gatter und Bodenvertiefungen.
Was wir nach oben heraus über die Horizontlinie ragen sehen, ist
gleichsam das Positiv im Verhältnis zum Negativ. Die in den Himmel
starrenden Verästelungen reichen spiegelbildlich ins Erdreich hinab,
dorthin, wo das Auge eigentlich nicht folgen kann. Mit Übertreibung wäre von einem Röntgenblick zu sprechen, dem sich auch die
unterirdisch verlaufenden Gesteins- und Wasseradern erschließen.
Hier ist denn auch der Punkt, wo sich Kunst und Natur am innigsten
durchdringen. Denn diese Landschaften sind ebenso vor den Toren der

Weiden, Radierung 1970 (21,2 x 30 cm)

Stadt mit eigenen Augen gesehen, wie sie ästhetisch arrangiert sind. Janssen verheimlichte es keinen Moment. Im Gegenteil, antinaturalistische Einsprengsel führte er gerade dann ein, wenn sich die Szene im ganzen besonders natürlich gab.

Wenn die schönsten Radierungen auch *nach der Natur* entstanden sind, kommt Janssen doch nicht allein und nicht zuerst von der Naturbeobachtung her. Man erkennt es daran, wie er sich die Perspektive erarbeitet hat. Sie ist nicht das Ergebnis räumlichen Sehens und bestimmter nachvollziehbarer Maßverhältnisse, wie sie sich vom festgelegten Standpunkt eines Betrachters aus ergeben. Perspektive und Horizont entstehen gleichsam gestisch. Der Horizont — das ist dort, wo sich ein Bauernhaus in die Landschaft duckt und auf seinem Dach den weiten Himmel trägt; eben da, wo mit der landschaftlichen Einbindung des einzelstehenden Gehöftes die Einheit von Himmel und Erde Ereignis wird. Aus dieser absichtsvollen Dramaturgie ergibt sich

319

der Horizontverlauf. Wenn es dann so aussieht, als stehe dahinten die Zeit still, als sei die Natur immer schon so gewesen und der Künstler folge nur ihren Spuren, dann ist das — im Ergebnis — richtig, nicht aber nach der Art und Weise, wie Bild und Wirkung zusammengekommen sind.

Die Perspektive ist inszeniert: Wege, Ackerfurchen, Senken und Mulden, die nach hinten, in den Raum fliehen und „ihre" Landschaft suchen. Um im einzelnen zu erklären, wie daraus *eine hübsche Metapher für das natürliche Vorbild* wird — wie Janssen das nennt —, wäre noch weiter zurückzugehen, bis auf den Fundus technischer Mittel. Häufig sind es Kratzer in der Platte, zufällige oder hineingeriebene, die einen schmutzigen Regentag suggerieren. Der verdünnt aufgetragene oder nach den Seiten abfließende Asphaltlack, durch den die Säure hindurchätzt, hinterläßt den Effekt eines diesigen, verhangenen Himmels. Allein — wieviel Kalkül auch immer ins Spiel kommt, entscheidend ist: Es muß aussehen, wie es aussehen würde an einem Morgen in den Elbmarschen. Aller Aufwand ist hin, wenn nicht die Stimmung dieses Augenblicks herausspringt.

Rückblickend wird es immer das größte Erstaunen hervorrufen, daß Janssen mit Beginn der 70er Jahre zur Naturdarstellung fand. Die Kunstszene wurde von der Pop-Art beherrscht. Der fotografische Realismus verfolgte besondere Ziele. Die Landschaft, wenn sie im Bild überhaupt auftauchte, war ein Industrieprodukt. Lernprozesse und Konzepte traten in den Vordergrund; neuerdings hieß es visuelle Kommunikation. — Selbst der Werdegang des Zeichners scheint kaum zu erklären, weshalb die der Figur gewidmeten Jahre plötzlich von einer Epoche der Naturschilderung abgelöst wurden. Daß schon vorher Landschaften entstanden sind, daß der Lehrer Mahlau die Schweizer Berge und sein Schüler Elbe und Alster aquarelliert hatten, will als Begründung nicht ausreichen. Wenn Janssen aus dem Dickicht tausendfach verästelter Striche den Wald von Schloß Altenhof in die Platte radierte, dann schien er vor allem der metaphorischen Redeweise seiner Rezensenten zu folgen. Das Bild von der Natur, soweit damals — 1964 — angestrebt, wäre mehr oder minder in Analogien steckengeblieben. Erst jetzt war die Zeit reif und die Hand abgeklärt genug, um sich in die Natur zu finden. Aber was heißt „Hand"? Was heißt „Natur"? Es waren viele Hände nötig, so viele wie die Natur Gesichter hat. Bäume im Gegenlicht, ein windiger Tag, Regenschauer, jedes Motiv verlangt eine besondere Handschrift und wieder eine andere das Weidengestrüpp oder ein dösiger Nachmittag. Zudem war es nicht nur die Hand, die sich auf die Szenerien eines rasch wechselnden Apriltages einstellen sollte. Es war die charakteristische Linie, die, selbstmächtig und detailbesessen, das Naturschauspiel in jedem Licht erfaßte, sie war die Voraussetzung dafür, daß Janssen zur Landschaft kam.

Wir meinen nicht den typischen Janssen-Strich, den es längst gab und der Wiedererkennbarkeit sichert. Die Linie, die mehr Zeit und langjährige Erfahrung und am meisten Mut erforderte, war die Darstellung aus dem Umriß. Eine solche gegenständliche Linie hat Innen und Außen zugleich zu sein: eine elastische Grenze, die wie die Rinde eines Baumes die stärkeren Lebenssäfte transportiert. Der Vergleich mit dem Baum ist kein Zufall. Wie es auch kein Zufall ist, daß mit einem Mal die Kopfweiden mit ihren charakteristischen Verknorpelungen und Aushöhlungen im Bild erscheinen. Ihr gewundener, ausgemergelter Stamm verkörpert am sichtbarsten, wie Innen und Außen zusammenarbeiten. Die älteren Bäume sind völlig in sich verdreht. Innere und äußere Form wechseln sich ab. Der Zeichner braucht nur noch den Umriß beweglich nachzuziehen und er zeigt uns das dramatische Innenleben dieses flachen, unter einem weiten Himmel nur scheinbar beruhigten Marschlandes.

Die Zeichnung hat aber noch mehr zu leisten. Sie folgt den Erscheinungen bis in die Gebärde einer einzigen Linie, und was sie dabei ergreift, ist nicht nur dieses, sondern auch jenes, ein paar Zweige genauso wie einen Weg, das gegen den Horizont entrückte Gehöft genauso wie die Verwerfungen des Bodens im Vordergrund. Unter der Hand stellt sich eine Vielzahl von Korrespondenzen her. Sie geht den Metamorphosen der Dinge voraus. Ohne die Fähigkeit, die mannigfaltige Welt in einer Handschrift zu versammeln, bliebe jedes einzeln und stumm. Der Begriff des Stils gibt nur unvollkommen wieder, was hier angesprochen ist. Denn mit dem Stil legt sich die Persönlichkeit oder das Zeitalter über die Dinge. Hier ist es aber die Natur und die Beobachtung der Tages- und Jahreszeiten, aus der die Hand des Zeichners mit einem jeweils eigenen Duktus zurückkehrt.

Das Bild, für sich betrachtet, mag verhalten, still, intim sein, die Serie ist mehr. Sie zeigt uns das veränderliche Antlitz der norddeutschen Küstenlandschaft.

Jedes dieser flüchtigen Gesichter mit einem eigenen Lineament eingefangen zu haben, das gab es bei Janssen vorher nicht. Lange hinausgezögert und immer wieder vertagt, wagte er sich erst an die Natur, als er die gegenständlich, die gestaltschaffende Linie handhaben konnte; eine Linie, die den wechselnden Erscheinungen ebenbürtig ist. Das war zugleich der Anfang der Kopie. Zu der Zeit begann er, sich zu den Meistern und zur Geschichte zu bekennen. Erst jetzt konnte er in den umworbenen Vorbildern und in der Natur ganz bei sich sein.

Die befreiende Linie gelang merkwürdigerweise zuerst in der Radierung. Die geätzten Flächen und der Plattenton tragen die Linien mit, die sich sonst allein auf dem Papier zu halten hätten und vielleicht dem Gegenstand äußerlich blieben. Es ist die Körperlichkeit der mitdruckenden Flächen, die Janssen für seine Zeichnung brauchte. Um so lockerer und luftiger konnte er sie einsetzen — eben im Sinne jener ausbalancierten Weiträumigkeit, die für die schleswig-holsteinische Landschaft typisch ist. Im Mai 1970 entstand der erste Schub zarter und zugleich erdiger Landschaftsradierungen, die der Natur sehr nahe sind und auf phantastische Intermezzi verzichten. Es sind weder idyllische Verklärungen noch reduzieren sie die Natur darauf, ein Schaufenster für Industrieanlagen zu sein. Wer die Haseldorfer Marsch einmal mit Janssens Augen — nach Art der alten Niederländer oder eines chinesischen Tuschemalers — gesehen hat, wird wieder dorthin zurückkehren und die erstaunlichsten Entdeckungen machen. In Gesellschaft wechseln wir die Kleider, aber draußen in der Landschaft haben wir Lust, mit mehr als bloß den eigenen Augen zu sehen. Die Ästhetik endet nicht mit dem Bildrand.

In den Monaten September, Oktober, November 1970 radierte Janssen wiederum Landschaften. Sie sind kräftiger geätzt und weniger verhalten und schwebend im Ton. Es ist nicht mehr der Horizont, der das Bild kompositionell im Gleichgewicht hält. Mit der Belebung des Vordergrunds tut sich das Drama der nächsten und allernächsten Dinge auf. Ein Grabenzug, eine Verdämmung entpuppen sich als Berg und Tal. Ein Gebirge, mitten im Flachland; lauter Landschaften in der Landschaft. Zwischen groß und klein, zwischen Monumentalität und Possierlichkeit hin und her wechselnd, tendieren die Bilder zu phantastisch bewegten Stilleben. Der Himmel darüber bewölkt sich und wird zum Schauplatz rasch durchziehender Wetter. Eine schwere Regenwolke senkt sich auf eine Hagebutte nieder. Was im Titel *Brücke* heißt, krümmt sich wie ein Insektenbein zu Boden. Oder ist es der angefressene und in den Gelenken gewaltsam ausgebogene Arm eines Mädchens? Innerhalb desselben Blattes oszillieren die Perspektiven zwischen Mikro- und Makrokosmos. Wie vorher die Sehgewohnheiten der alten Meister, so schieben sich jetzt unterschiedlich dimensionierte Bilder ineinander. Die Natur im Ausschnitt entfesselt ein Universum gegeneinanderarbeitender Ansichten. Nach allem, was wir bisher erfahren haben, wundert es uns nicht, daß sich diese Fabulierlaune zuerst in der Radierung freimachte und nicht dort, wo es uns einfacher erschienen wäre: auf dem Papier mit Blei- und Buntstift. Janssen brauchte die integrative Wirkung des druckgrafischen Verfahrens. Damit hielt er die sich jagenden Erfindungen seiner zeichnenden Hand zusammen und holte noch die gegensätzlichsten Welten ins Bild hinein (Abbildungen in H. J., *Landschaften*, 1971).

Meine geliebten Gegensätze — so nannte er Gesche und Schack. Wenn sie ihn in die Natur begleiteten, verkörperten sie für ihn zwei Prinzipien: da die Weite des Horizonts und hier den Vordergrund, den *Nähkästchenkram,* der sich zum Stilleben versammelt. Janssen schloß beides gegeneinander auf. Wie das zu verstehen ist, sieht man an den kleinen Stilleben, die er seit dem Herbst '70 in die Platte radierte. Eine Brosche, die Reste einer Artischocke, eine Wurzel, lauter Dinge, die für ein Stilleben wie geschaffen sind. Doch wenn er diesen Kleinkram unter einen großen Himmel oder gegen einen fernen Horizont stellte, brach er mit den natürlichen Proportionen. Stilleben und Landschaft stören sich gegenseitig. Sie stehen sich im Wege und teilen nicht ohne Gewalt denselben Raum.
Aber gerade diese Künstlichkeiten, diese Verfremdungen sind es, die Janssen reizten und die er zum Medium genau entgegengesetzter Absichten machte. Wie einer umständlich einen Anlauf nimmt, entfernte er sich, um der Natur nur desto sicherer ins Herz zu zielen. Die Brosche

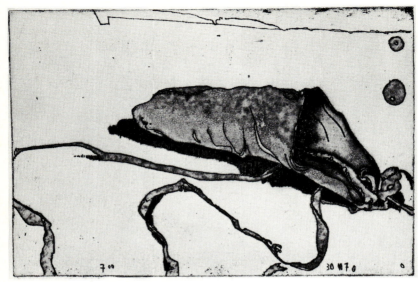

Lederner Fingerhut, Radierung 30. 10. 1970 (12,7 x 18,3 cm)

verwandelt sich in einen Käfer. Was wie ein Stück Holz aussieht,
treibt Wurzeln in alle Richtungen, die wie Insektenbeine den Boden
abtasten. Damit das recht natürlich aussieht, genügt diesmal nicht die
Flächenätzung, die sich wie eine Patinierung über die Platte legt. Mehr
als zuvor ist die Zeichnung gefordert. Sie räumt die Dinge, wie unverhältnismäßig klein sie auch sind, in die Landschaft ein. Alles Befremdliche zieht sich in die Schatten zurück. In seinem bisherigen Werk hat
Janssen die gegenständliche Welt noch nicht so plastisch aus der Linie
heraus modelliert. Diese Linie zieht nicht bloß nach, was das Auge
sieht. Sie inszeniert auch, was die Dinge zuinnerst bewegt, ihre Geschichte, die vor uns sichtbar wird. Erst das gibt der Zeichnung die
Überzeugungskraft. Kein Strich, der aufgesetzt und nur äußerlich um
Nachahmung bemüht wäre.
Innen wie Außen setzt die Modellierung an. Eine Radierung, die einen
Kokon mitten auf einer weiten Fläche zeigt, macht das besonders
deutlich. Kriechspuren führen an die Verpuppung heran, und wie wir
uns noch fragen, ob das Insekt schon geschlüpft sei oder noch verbor-

gen ist, tritt uns in der Puppenhülle unwillkürlich das Tier selbst
entgegen. Die Verwandlung ist perfekt. Innen und Außen haben die
Rollen getauscht. Doch nicht genug damit, daß wir mehr sehen als
wissen. Am größten ist die Verwirrung, wenn wir erst wissen, was wir
sehen. Denn sowenig das Insekt ein Insekt ist, ist der Kokon ein
Kokon. Was dem Radierer vorlag, war ein lederner Fingerhut, wie er
zum Schutz eines eitrigen Nagelbetts getragen wird. Diesen Leder-
finger hat Janssen unterhalb des Horizonts so in eine Ebene plaziert,
daß die Bänder, die gewöhnlich um das Handgelenk befestigt werden, wie die Spuren frischgeschlüpften Lebens nach vorn aus dem Bild
herausführen. Lauter tote Dinge, die in den Sog des Lebensdramas
geraten sind. „Nature morte" heißen solche Darstellungen in der Kunst.
Das ist der Stoff, aus dem Janssen die lebendige Welt noch einmal
erschafft. Eine Gegenwelt zum Surrealismus. In den kleinformatigen
Arbeiten war damals seine Ästhetik am weitesten fortgeschritten.

Wir sind es gewohnt, das Werk eines Künstlers durch seine Grafik
ergänzt zu sehen. Sie hat dessen Popularisierung zu dienen und das
Interesse breiter Kreise in Geld umzumünzen. Bei Janssen ist es umgekehrt. Die Radierungen gingen gerade jetzt seinem Werk voran.
Das spürte auch die größer werdende Zahl der Sammler. Als in dieser Zeit der Markt für Grafik wegen überhöhter Preise und Auflagen
zu wanken begann, erreichte Janssen die Krise nicht. Die Preise und
Auflagen seiner Blätter waren eher niedrig; durchweg 300 Mark bei
einer Auflage von 20.
Die Handzeichnungen dieses Jahres werden zwar sehr bewundert, aber
sie sind noch stärker der vorigen Epoche verpflichtet. Voll und farbig
ausgeführt, sind diese „Profiarbeiten" an den Strich zurückgebunden,
der zu Hunderten und Tausenden die Fläche füllt und gleichsam den
Corpus bildet, aus dem sich dann einzelnes nach und nach löst. Zuerst
ist es eine alleinstehende Birke, dann ein Birkenwäldchen und das Gedränge junger Birkenstämme über einem Wasserloch. *Moorege* und
Loch heißen zwei im März '70 entstandene Zeichnungen, deren Reiz
in der leicht faßlichen Szene liegt und darin, daß das Gesicht dieser
Landschaft ein zweites, verborgenes sehen läßt. Nennen wir es nun
das Unheimliche, das Bedrohliche, das Phantastische. Was uns da aus

der Tiefe anschaut, zwischen Birken und Ackerfurchen, zwischen Wolkenlast und Erdbuckel, das sind Visionen, die noch an die Zeit der Bedrängnis anknüpfen, als die Ehe mit Verena scheiterte. Die Litzen und Gürtelschnallen von damals sind jetzt Weidenruten und Lichtschlitze. Aus dem prallen Oberarmmuskel ist eine Wolke geworden, die bedrückend schwer auf dem Land liegt. Immer noch wagt es die gegenständliche Linie nicht, sich aus dem Verband flächendeckender Striche freizumachen; jene Linie, die in der Radierung schon da ist und den Launen des Aprilwetters spielerisch folgt. Sogar auf den gezeichneten Postkarten ist die Landschaft schon gelöster — im Strich und in der Stimmung. Mit diesen kleinen Formaten, mit den Kartengrüßen an Helga Gatermann, hatte es ja im Herbst '69 begonnen. Künstlerisch war es, wie so oft, die Abseite, die Janssen zuerst aufsuchte, um von dort auf das neue große Thema loszugehen.

Mit den Landschaften setzte er sich einmal mehr in Widerspruch zu seiner Zeit. Als er in den 50er Jahren die gängige Weltsprache der Abstraktion nicht übernahm und auch den Tachismus ablehnte, stand er noch in einer gemeinsamen Front mit befreundeten Künstlern. Für die lange Periode der Geilemädchenzeichnungen, die dann kam, mochte er sich sogar an die Spitze einer Bewegung gesetzt haben, die einmal die neue Figuration genannt wurde. Im nachhinein werden die Susis, die Silvias und Ingrids nur noch enger mit den „Superstars" zusammenrücken, die uns Andy Warhol in Filmen wie *Trash* und *Flesh* gezeigt hat. Mit ihrer überreizten Gebärdensprache sind sie Schwestern im Fleische. Aber mit seinen Landschaften stand Janssen allein gegen die Zeit. Jetzt hatte er sich endgültig vom modernistischen Kunstbetrieb abgekoppelt. Niemand nahm sich der Natur auf vergleichbare Weise an. Hätte er sich wenigstens zum Kritiker aufgeschwungen und die zerstörte, verplante, abgewirtschaftete Natur dokumentiert, er hätte viele Verbündete gehabt. Landschaftsschützer und Ökofreaks wären mitgezogen. Doch nichts davon. Er zeichnete sich in die Natur hinein, als gelte es, sie immer neu zu entdecken. Seine Landschaftsschilderungen machten Lust auf einen Spaziergang, und jedes Bild lud ein, das Marsch- und Geestland Schleswig-Holsteins mit anderen Augen zu sehen. Wo gab es das? Der Gegensatz war unüberbrückbar. Nur ist er nicht unversehens da hineingestolpert.

Er suchte die Gegenstellung und steigerte sich da hinein, als er merkte, daß es ihn stimulierte. Die Landschaft — das war der Bruch mit den Leuten und buchstäblich der Rückzug aus den menschlichen Beziehungen. „Die Leute" — so nannte er in dieser Zeit immer häufiger die Irregeführten, die einer Kunstdoktrin kurzatmig nachliefen und, kaum daß sie den Anschluß gefunden hatten, schon wieder für den nächsten Modernismus abgeworben wurden. *Was heute unter dem Alibi Kunst gemacht wird, ist mit „Volksverdummung" am besten bezeichnet. Mit Volk meine ich dabei nicht Lieschen Müller, sondern schon die selektierte Schicht, das außerordentliche Publikum, das für uns zuständig ist — dieses Kunstvolk wird heute systematisch verblödet.* Starke Worte, die von Janssen früher öffentlich nicht zu hören gewesen wären. Jetzt trumpfte er damit auf. Wie einer gegen den Rest der Welt steht, um sich Mut zu machen, so suchte er die singuläre Ausnahmestellung. Das sollte ihn zu Höchstleistungen anfeuern. „Größenwahn" nannten es kopfschüttelnd die verflossenen Weggefährten. „Früher war er nicht so maßlos überheblich." In seiner Umgebung mußte jeder mitspielen, und wie im Treibhaus gedieh die Anrede immer bombastischer, die er hören wollte: „der Größte" — „I A" — „Gottvater". Er war wie ein Kind süchtig danach. Hätte er die Droge nicht selber beim Namen genannt, es wäre unerträglich gewesen.

Er besaß das deutlichste Gefühl dafür, wie einzelgängerisch sein Weg in die Natur war. Und er wäre nicht angetreten ohne die Rückendeckung durch die höchste Auszeichnung in seinem Metier. *Die Etablierung bringt, wenn man's will oder wenn man aufpaßt, Freiheit. Man kann von nun an heimliche Liebe öffentlich streicheln.* Das war das eine, das andere aber war der Haß auf den Kunstbetrieb, der sich ihm widersetzte. „Alle sind gegen mich." Zwischen diesen beiden Extremen schaukelte er sich hoch. Wenn die Großtuerei längst zu seinen Unarten zählte — jetzt riß er sie hervor. Wie auf eine Trumpfkarte setzte er darauf. Er nahm sie, wie nur ein Maulaufreißer seines Schlages das kann, systematisch für sein Vorhaben in Anspruch. Auf die Weise war die Landschaft mehr als das Refugium des Weltflüchtigen und mehr als ein Unterschlupf für den Unglücklichen, der sich nach der Scheidung von Verena immer noch als das schuldlose Opfer sah. Mit der Entdeckung der Landschaft inszenierte Janssen seine Gegenstellung zur Zeit und zur Moderne in diesem Jahrhundert.

Agieren statt Reagieren. Wenn schon sich selber verlieren, wie es vor der Natur Tradition ist, dann wollte er wenigstens die Bedingungen bestimmen — zum Gelingen des Werkes und damit es nicht ein kleinmütiger, sondern ein befreiender Rückzug in die Landschaft würde und eine Renaissance der Maßstäbe. Er steigerte sich in eine Oppositionswut und feierte regelrecht Abgrenzungsorgien gegen *die Leute*, *die Blasierten* und gegen das *Gerede in der Stadt*. Im Originalton:

Wenn ich im Schilf sitze, verliere ich die Angst, fast vergessene Binsenwahrheiten einfach auszusprechen (...) Vergessen hatte ich auch nie, daß der Mensch eine Mißgeburt ist, aber hier fällt's einem so recht ins Gehirn, daß unser Schicksal, die Verwaltung von Mißgeburten durch Mißgeburten, eben eine Binsenwahrheit ist, die man im Konferenzzimmer nicht erinnert, wo ja Mißgeburten Mißgeburten in einer ausschließlich von Mißgeburten geschaffenen Umgebung davon überzeugen wollen, daß alles ganz anders sein könnte. Allerdings muß der Sauerstoffgehalt ungefähr konstant bleiben.

Für die Sammlerfreunde wurde es immer gefährlicher, die eigenen Eitelkeiten zu pflegen. Man konnte leicht auf der Strecke bleiben. Dr. Friedrich Bischoff hatte Janssen vor zehn Jahren das Gebiß geflickt, als der Lädierte mit ausgeschlagenen Hasenzähnen in seine Praxis kam. Damals war Janssen auf der Flucht gegen einen Laternenpfahl gerannt.

Zehn Jahre Zahnbehandlung gegen Janssen-Zeichnungen: Die Sammlung hatte beträchtliches Ausmaß gewonnen. Neuerdings interessierte sich Bischoff auch für David Hockney, der schlecht abzulehnen war, aber doch für einige eifersüchtige Sticheleien herhalten mußte. Janssen stieß auf das neue Selbstwertgefühl des Sammlers und bohrte nach. Der Arzt wollte nicht Patient sein und machte sich gerade. Das ging an den Nerv. Und weil es am Mittelweg, mitten im feinen Hamburg, geschah, sollte im Haus und an den Wänden nur noch bleiben dürfen, was nicht Janssen war. Der schleuderte zurück: „Ich verkehre doch nicht mit Leuten, die anderen im Mund herumgrabbeln."

Nicht nur Episode war das Zerwürfnis mit dem Kunsthistoriker Werner Hofmann, Autor eines Grundlagenwerkes über moderne Kunst und seit 1969 Direktor der Hamburger Kunsthalle. Aus Wien kommend, machte er nach seinem Amtsantritt in der Hansestadt die Runde und stieß bei einer der Gesellschaften zwangsläufig auf Janssen. Die potentiellen Partner, der Museumsmann und der Künstler, berochen sich. Obwohl augenblicklich ihre Wege auseinanderstrebten, hörte der eine noch über die Entfernung von einigen Schritten den Satzfetzen: „. . . das ist ja wohl seine eigentliche Periode gewesen". Gewesen! Der Totgesagte rächte sich am nächsten besten. Seitdem zuckt Hofmann mit den Achseln, wenn er nach Janssen gefragt wird: „Berühmt und unübertroffen mit dem Zeichenstift, schön und gut, aber muß ich deshalb meine Frau beleidigen lassen?"

Seit Georg Heise 1950 dem Mahlau-Schüler eine Arbeit abgekauft hatte, gab es zwischen der Direktion der Kunsthalle und Janssen persönliche Kontakte. Aber eine Sammlung für die Stadt ist nie daraus geworden und wird es wohl auch nicht geben. — Hofmann startete in den 70er Jahren eine vielbeachtete Ausstellungsreihe in der Kunsthalle: „Kunst um 1800". Füssli, Caspar David Friedrich, Goya sind genau die Namen, um die sich auch Janssens Werk kristallisierte. Ganze Serien und Suiten widmete er ihnen. Wenn das Publikum zu Tausenden in die groß aufgemachten Ausstellungen strömte und Hofmanns Deutungen nachvollzog, dann hatte sich Janssen schon zu den Wiederentdeckten geäußert — in der Radierung, in der Zeichnung. Unter der Oberfläche allgemeiner Aufmerksamkeit wickelte sich da ein Zweikampf ab: der Widersacher einer immer blasser werdenden Moderne gegen ihren engagiertesten Grundlagenforscher.

Rivalitäten beflügeln die Arbeit. So war es immer bei Janssen. Als er in die Landschaft einkehrte, exponierte er sich als Alternative zum herrschenden Kunstbetrieb, um vor der Natur ja recht allein zu sein. Bevor noch die erste Kritik kam, stand er schon in Flammen. Sogar seine Gegner wollte er selber benennen. Und wie er noch mit ihnen abrechnete und die Fronten ausdehnte, zog er sich auf seine Stellung zurück — auf einsamen Posten vor der Natur. Das kam seiner Kunst zugute.

Dialogisch wie dieser Charakter angelegt ist, ist er ebenso auf Feindschaften wie auf Freundschaften angewiesen. Je heftiger er sich abzugrenzen begann, desto sicherer mußte er seiner Verbündeten sein. Mitarbeiter und Freunde band er nie enger an sich. Am besten, man war nur noch für ihn da. Das bekam Frielinghaus zu spüren, der ursprünglich eine eigene künstlerische Laufbahn angestrebt hatte und Druckaufträge eher zur Finanzierung seines Lebensunterhaltes erledigte. Mit den immer stürmischer einsetzenden Radierperioden wurde er fast ausschließlich zum Janssen-Drucker. Der Kontakt zu anderen Künstlern trat zurück. Zwar sprachen sich seine Fähigkeiten als Drucker jetzt erst richtig herum, und die Zusammenarbeit mit Claas Oldenburg, mit Richard Hamilton und Jim Dine sollte noch folgen, aber Janssen legte es im ganzen darauf an, Frielinghaus allein für sich zu beanspruchen.

Das galt ebenso für Schack. Auch hier war die Bereitschaft schon vorhanden, sich an die intensivste Freundschaft auszuliefern, bevor Janssen ihn zum Herausgeber seiner Bücher machte. Im Alltag sah das später so aus: Gegen Mittag kamen Schack und Frielinghaus in den Mühlenberger Weg. Gesche hatte einen großen Suppentopf auf dem Herd kochen, und während Janssen abseits weiter zeichnete und höchstens mal in einen Apfel biß, langten die beiden kräftig zu. Aber was heißt kräftig: Es war ein Wettessen und unter den sich überschlagenden Belobigungen der Hausfrau ein Vernichtungskampf. Denn einer wollte den anderen beim Nachschlag überbieten. Janssen, der die kleine Schar Freunde um sich gezogen hatte, schürte auch die Eifersucht zwischen ihnen.

Wie er die Menschen peinigen konnte, war er doch auch auf ihre Zuneigung angewiesen. Nie war er erfinderischer, nie trieb er einen größeren Aufwand als in einer sich anbahnenden Freundschaft. Er brachte es fertig, sich wegzuwerfen und ein Vertrauen zu haben, das weit hinter unser Verständnis kritisch gesteuerter Partnerschaft zurückreicht. Das machte ihn ja auch über alle Maßen verletzlich. Die Überwältigung — das Paradigma für seine Art sozialer Katastrophen — resultierte aus dieser vollständigen Hingabe und einer als Vorschuß bedingungslos geleisteten Vertrauensseligkeit. Wenn er jemanden mochte, überantwortete er sich ihm uneingeschränkt, und nicht die leiseste Spur eines Vorbehaltes blieb zurück. Das sichtbare Zeichen dieser Entäußerung sind die Geschenke.

Parallel zu den nach vielen Seiten eröffneten Feindseligkeiten brach

Gerhard Schack und Janssen

eine neue Epoche der Freundschaft an. Er baute sein Leben darauf wie
auf den Liebesbeziehungen, die sich neu einstellen sollten. Beides
brachte er in seine künstlerische Entwicklung ein. Nichts sollte sich
mehr ereignen, was nicht in diesen breiter werdenden Strom einmündete. Die Passionen, die gemeinsamen Planungen, die Stimmungen des
Augenblicks, die Sticheleien und Verführungen, die ausgesprochenen
und unausgesprochenen Wünsche — alles sollte in dem Werk zusam-
menschießen, das gerade in Arbeit war, und in der Serie neuer Zeichnungen, die sich vorbereitete. Selbst wenn seine Freunde ihn ausnutz-
ten und sogar bluten ließen, immer war er es, der es dahin hatte
kommen lassen. Die bewußte und — für Janssen heißt das — die mutwillige Inszenierung des Lebens für die Absichten des Zeichners, das
ist die Signatur der 70er Jahre, des neuen Jahrzehnts.
Mit Schack verband ihn das kongeniale Auge. *Er hat ein Auge, das*

331

Nase und Fingerkuppe zugleich ist, und obenauf hat er ein kleines Gehör in der Pupille, so daß er alles versteht, was er sieht. So war es nicht nötig, sich gegenseitig und umständlich zu erklären. Wie sich Schack überhaupt zu längeren Gesprächen am liebsten aufs Telefon zurückzog, wenn er im häuslichen Sessel saß und die Entfernung ihm alle Verbalattacken vom Leib hielt. Am Mühlenberger Weg war es dann die abenteuernde Lust ihrer Augen, die sie atemlos beschäftigt sein ließ. Dafür fand Janssen, der ohnehin dabei war, den „Verstand" mit seinem „Gefühls-Kommando" neu auszubalancieren, den Vers:

„Die anderen denken —
wir schenken
uns was."

19. Reisen nach Norwegen und ins Tessin

Mit Gesche unternahm Janssen eine Reihe von Reisen, die ihm neue Gegenden erschlossen. In Svanshall hatte er überhaupt mit der Darstellung von Landschaften begonnen. An Gesches Seite war ihm gelungen und sollte ihm wieder gelingen, was bei einem ersten heftigen Anlauf gescheitert war. Damals hatte ihn ein überhasteter Ausflug gleich bis nach Sizilien verschlagen.

Mit der Familie des Nierenfacharztes Prof. Sartorius verband ihn eine langjährige, seinerzeit von der Schwester Edith Garrels gestiftete Freundschaft, die sich durch Höhen und Tiefen hinzog und die in der zweiten Hälfte des Jahres 1969 gerade wieder besonders lebendig war. Prof. Sartorius, sein Sohn Roland und Janssen müssen sich bombig verstanden haben. Anders ist nicht zu erklären, daß man ohne Vorausplanung, ohne jeden Beschluß, eben aus dem Moment heraus, als die selbstauferlegte Folge einer Schnapsidee, nach Sizilien fuhr. Am ersten Tag bis Neapel. Am zweiten übergesetzt nach Sizilien. Am dritten Tag mit dem Flugzeug sofort wieder zurück.

Die Hinfahrt im offenen Sportcoupé vollzog sich als ein rasend schneller Start mit dem Ziel, zwischen sich und Hamburg möglichst viele Kilometer zu bringen. In einem Rutsch durchjagend, ohne Schlaf, das Tessin streifend, war es der längste Anlauf, um in Neapel im letzten Moment auf die hochsteigende Klappe einer Fähre aufzufahren. Die Nacht auf dem Schiff nach Sizilien verbrachten die drei in der Bar. Sie pokerten mit Rieseneinsätzen. Die Spielkarten hatten sie gegen ein paar ad hoc gefertigte Nacktzeichnungen eingetauscht. Janssen trank Campari und machte damit seine Erfahrungen: jede Menge intus, klebte er doch am ganzen Körper. Die nächtliche Schwüle tat ein übriges, und erst der Morgen erlöste ihn. Er stand an der Reling, die Sonne suchte nach Perlen am Grund des Meeres, und eine schmale Wolke saß unbeweglich auf dem Horizont. Als die Scheibe glutrot auftauchte und die Wolke verzehrte, kamen die Touristen mit ihren Kameras. Janssen wich ins Dunkel zurück. Auch in Palermo hielt er sich nur im Schatten der Häuser und Gassen auf, im Herzen jenes Schattens, den der Anfänger tiefblau-violett malt. Oben, ganz weit oben erschreckte ihn zwischen den Dächern ein greller Lichtschlitz. Da lauerte der südliche Hitzetag. Als sie den Schatten verließen und aus der Stadt herausfuhren, bat Janssen, zum Flughafen abzubiegen. Ganz ohne Eklat trennten sich die Reisegefährten. Er flog mit der nächsten Maschine nach Hamburg zurück.

Es existiert die vor Ort angefertigte Zeichnung eines Berges, die die blendende sizilianische Helle mit unterschiedlichen Grauwerten einzufangen versucht. Die bleierne Leere des über die Landschaft ausgegossenen Lichts unterdrückt jedes Drama, ohne das der Künstler aus dem Norden nicht denkbar ist. Zu Hause am Mühlenberger Weg genügte Janssen ein Schritt vor die Tür, und die Sonne auf der Zeichnung stürzte ihn jedesmal in eine Depression. Das strahlende Licht hatte alle Nuancen und zarteren Töne verschluckt. So ging es nicht. — Sizilien war der Auftakt zu einer Reihe von Reisen, von denen nach Svanshall die nächstfolgende ins Tessin führte.

Im Tessin hatte man auf der rasenden Durchfahrt kurz Station gemacht. In Locarno wohnte eine gute Freundin aus der Marie-Zeit, Gudrun Müller, die seit den frühen Tagen in der Warburgstraße immer nur die Müllerin genannt wurde, die später einige Jahre in Afrika verlebt hatte und jetzt an den Lago Maggiore gezogen war. Sie arbeitete dort als Keramikerin. Neben ihrer Wohnung in Locarno unterhielt sie auf der anderen Seite des Deltas ein Atelier. Dorthin — in das milde Tessiner Klima — fuhr Gesche im Frühjahr '71, nachdem ein Bronchialkatarrh sie den ganzen Winter über gequält hatte. Sie war noch keine 24 Stunden in der Schweiz, als Janssen anrief, er sei krank — hohes Fieber, sie solle sofort zurückkommen. Gesche weigerte sich. Ein Wutausbruch war die Folge und noch einer, dann der nächste Anruf: „Ich bin unterwegs." Janssen war kaum eingetroffen, da gab es Krach. Gesche lief weg. Man hatte den St. Gotthard-Paß schon fast überquert, da gewann bei beiden die Einsicht Oberhand, es käme auf den Versuch an, ein bißchen im Tessin zu bleiben. So stellten sich Gesche und Janssen wie zwei unartige Kinder versöhnt und Hand in Hand vor die Müllerin und fragten ab jetzt jeden weiteren Tag: „Dürfen wir noch etwas bleiben?" Daraus wurden mehrere schöne Wochen im Mai und Juni 1971.

Einem Atriumhaus ähnlich, umstand das Atelier der Müllerin mit anderen Ateliers einen Innenhof, der im Laufe der Zeit zu einem verwilderten Garten geworden war. Hans Arp und namhafte Künstler hatten schon in den dreißiger Jahren in den flachen Häusern gelebt. Die südliche Vegetation hatte allenthalben die Spuren handwerklicher Arbeit überwuchert. Die Innenansicht einer Bildhauerwerkstatt hat Janssen gezeichnet. Diese Bühne merkwürdig versteinerter Begegnungen dehnte sich weiter bis in die Landschaft aus. Ein Hühnerstall, ein kleiner Schuppen, ein Taubenschlag — man lebte in einem köstlichen Durcheinander. Da fiel es nicht auf, wenn Janssen einer Schildkröte den Sonnenschutz überstülpte. Erst neu eintreffende Gäste wurden stutzig, als sich der Strohhut wie von selber wegbewegte.

Da sie zum Wandern und Klettern keine Lust hatten, fuhren Gesche und Janssen die nähere und weitere Umgebung mit dem Auto ab. Janssen hielt die wechselnden Eindrücke im Foto fest oder legte rasch eine Skizze an, die aber vor der Natur selten so weit gedieh, daß sie fertig gewesen wäre. Gewöhnlich war es eine Notiz für den nächsten Morgen, die er hervorzog und zu einer vollen Zeichnung ausarbeitete, während Gesche noch schlief. Bis sie aufwachte, hatte er schon den ersten Erfolg eingeheimst. Zum Frühstück ging es manchmal in eines der tiefen Seitentäler — an die Verzasca, einen Bergbach, der sich über unzählige rundgeschliffene Steine smaragdgrün ergoß. An einen kolossalen Felsen gelehnt, der wie eine Riesenmurmel im Bachbett liegengeblieben war, richteten sie ihr Frühstücksplätzchen ein. Er machte eine Skizze im mitgeführten Zeichenblock, und die Ewigkeit gehörte ihnen beiden.

In solchen Augenblicken mochte Gesche der Erfüllung ihrer Wünsche am nächsten sein. Der Mann an ihrer Seite erfuhr mit jedem Tag, daß er nicht auf die weiten Horizonte des Flachlands festgelegt war. Die Bergwelt, die sich ihm Szene für Szene wie ein zur Aufführung bestimmtes Drama erschloß, entdeckten sie gemeinsam auf ihren Fahrten: zum Splügenpaß, zum Simplon, ins Val Barona, ins Cannobiatal und ins Dorf Brione oder nach unten an den See, nach Minusio und Ascona.

Im September desselben Jahres 1971 folgte eine Reise in den hohen Norden. Zwischen dem 13. und dem 22. September, in knapp zehn Tagen, durcheilten sie ganz Skandinavien. Sie fuhren durch Norwegen hoch bis Hammerfest, gegen Osten zu nach Finnland und zurück durch Schweden bis Svanshall, von wo sie zu dieser kilometerschlingenden Rundreise aufgebrochen waren. In Svanshall, im Sommerhaus von Gunilla und Rune Ahlström, hatte sie Europa wieder. Was sie bis dahin beiderseits der sich endlos erstreckenden Straße gesehen hatten, entzog sich europäischem Maßstab: ein Land für Riesen und Zwerge. Die gigantische Kulisse verwandelt den Menschen. Wer sich vom Asphalt entfernt, wird zu einem Krümel in der Landschaft. Aber ein paar Häuser, die vor der Unendlichkeit enger zusammenrücken, machen den Eindruck, hier hätte die Menschheit einen letzten vorgeschobenen Posten bezogen. Übergangslos wechselte groß und klein, als stünden zum Gucken nur die beiden Seiten eines Fernrohrs zur Verfügung. Der abgeplattete Kieselstein in der Hand ist ein Spielzeug für Titanen, aber genauso in der Entfernung die hölzerne Eisbrecher-Konstruktion, die einen Schiffsanleger gegen Eisgang schützt. Nur zu gern machen wir uns vor dieser Kulisse zu Verbündeten von Naturgewalten, die Jahrmillionen am Werk sind. Was herauskommt, ist eine Landschaft, die in einer Streichholzschachtel Platz hat. Jedenfalls ließ Janssen sich den ungewohnten Maßstab nicht zweimal vorgeben. Er brachte die ausgedehnte Reise in einem *Skizzenbuch* unter, das den großartigen Panoramen mit den Mitteln der Verkleinerung und Vereinfachung auf den Leib rückte. Wie ein Kind fühlte er sich zwischen so viel Monumentalität geborgen. Allem gewachsen sein —

das ist das Geheimnis, mit dem er die dritte in die zweite Dimension herüberholte.

Im Juni 1972 sollte die zweite Fahrt ins Tessin gehen. Bis dahin türmte sich aber eine Reihe Schwierigkeiten fast unüberwindlich auf. Eigentlich war es Janssen, der immer mit fliegenden Fahnen in die Ehe gestürmt war. Zu seiner Beruhigung und um der Frau sicher zu sein. Und so war es auch diesmal, daß er, bevor Gesche noch eigene Vorstellungen entwickeln konnte, die Ewigkeit schon verplant hatte. Zugleich hatte ihn aber auch eine Aversion gegen das Heiraten ergriffen. Wie er diesen Zweikampf noch mit sich ausfocht und nach seiner Art die Mutter Johanna und die Großmutter Granny einbezog, bildete sich bei Gesche der Wunsch, ein Kind und ein eigenes Haus mit Hunden und Schafen zu haben. Und die Erfüllung dieses Wunsches machte sie nicht unbedingt davon abhängig, daß Janssen dieser Häuslichkeit als Ehemann vorstand. Sie konnte es um so eher offenlassen, als sie ja immer wieder gezeigt hatte, daß sie selbständig war und es auch ohne ihn aushielt. Aber gerade diese Beweislage riß Janssen in die schwärzesten Befürchtungen hinein, und so war er nach jeder Flucht Gesches mehr zu versprechen bereit, als ihm abverlangt worden war:

„— nochmal auf's Haus: und ich nicht krumm vor Kummer. Wir werden eins kaufen, wie geplant, nicht weit weg, und es ist ganz von dir gemacht + für dich da und ich werde darin so gerne dein Mann sein. Und um es unverspielt auszudrücken: Aus tiefer Einsicht wünsche ich dir AUCH ein Wunschkind." 23. 5. 72

Er hatte eben das verzweiflungsvollste Vierteljahr hinter sich. Dr. Schulze, sein Zahnarzt, beaufsichtigte eine Entziehungskur, die — genau besehen — eine Diät und vitaminreiche Ernährung war. Wieder bei Kräften, beschwor er den Himmel auf Erden. Gesche war seine Muse, und „das Maß ist die Muse", schrieb er ihr, um sie wieder mal aus dem Versteck zu locken.

„Es gibt keine Betrachtung meiner Arbeit durch irgendeinen Freund oder Menschen, die mir eine mich glücklich machende Reflexion wäre. Für mich, so ist es nun mal eben, weißt nur du, wo's herkommt. (...) Von allen Voraussetzungen bist du die erste. Und es hängt verdammt auch damit zusammen, daß in deiner Person zum ersten Mal in meinem Leben ein anderer als ich selbst meinen weiteren künstlerischen Weg initiiert hat — richtungsrückend begleitet. Nicht durch Einsprüche und seien sie noch so klug, sondern indem du sozusagen immer einen winzigen Schritt vorausgehst, zu dem Motiv, zu dem ich ‚eigentlich‘ jeweils gehen will.“ 26. 5. 72

Nach der tumultarischen Umpolung der Körpersäfte in diesem Frühjahr 1972 brannte er darauf, in seine Arbeit zurückzukehren. Nie war Gesche mehr ersehnt. Sie sollte mit ihm noch einmal in die Schweizer Alpenwelt reisen. Der Weg ins frühsommerliche Tessin war der Aufbruch in ein Areal längst geschauter Erfüllungen. Denn das ist merkwürdig: Noch war keine der Zeichnungen da, geschweige denn das Programm für ein Buch, noch herrschte Finsternis, da wußte Janssen am Ende seiner delirierenden Tunnelfahrt: Er mußte nur noch sein Haus ordnen, die Früchte hingen schon ausgereift und zum Pflücken bereit. Gesche kam in den Mühlenberger Weg, schlief zwei Nächte lang aus und los ging's.

Die zweite Fahrt ins Tessin war eine Steigerung der früheren Reisen. Das Tagebuch geriet ausführlicher als in Norwegen, wo man täglich ein neues Ziel angesteuert hatte. Die künstlerische Ausbeute wurde unter dem Titel *Minusio* gleich zu einem Buch zusammengefaßt. Ein Ausflug nach Venedig erschloß dem Zeichenstift die Welt der Architektur. Das *Tessiner Tagebuch,* vom 3. bis zum 23. Juni '72 datiert, gibt die überraschendsten Einblicke in eine Phase produktiver Hochgestimmtheit.

Da ist Janssen der Frühaufsteher, der sich in den unverbrauchten Tag hineinwerkelt; der Reisebegleiter von Gesche, der nun schon drei Jahre „in Ehe“ lebt und noch jede ihrer Gewohnheiten bequasseln muß. Mit anderen Worten, es gibt keine Gewöhnung. Allgegenwärtig sind die Freunde, Schack kommt sogar einige Tage zu Besuch. Wie sich Janssen *in einem relaxen Streitgespräch mit Gesche noch einmal* seinen Charakter *erarbeitet,* nehmen wir unversehens an einer Krise teil, in der die glücklich errungene Stabilität dieser Tage durch den eintreffenden Gast aus den Fugen zu geraten droht. Jeden Augenblick bereit, den Freund der vernichtenden Analyse zu opfern, löst erst die persönlichherzliche Begegnung den Knoten. Aus fast allen Eintragungen spricht, wie das Gleichgewicht stets neu umkämpft ist. Mit einem unerhörten Anspruch gegen sich selber, aufs engste mit seiner augenblicklichen

Gemütsverfassung verdrahtet, balanciert Janssen die Ereignisse vor und in seinem Kopf — mit dem einen Ziel, für das Motiv offenzusein und statt Mühe und Arbeit nur die gehobenste Laune auf seine Zeichnung zu verwenden. Ja, die genüßliche Ausbreitung auf dem Papier, der Wechsel von Spannung und Entspannung, die Umschichtung ungezählter Tonnen Stein zwischen den vier Seiten eines altersgetönten Bogen Papiers — das ist eigentlich der Höhepunkt des Tages, vergleichbar dem Erklimmen einer Bergspitze und der alles überstrahlenden Freude, sich auf dieser Höhe halten zu können. Der übrige Tag ist eine Gratwanderung in Richtung auf den nächsten Gipfel und voll der heikelsten Zwischenfälle.

Solch ein Zwischenfall war der Umzug aus dem Atelier der Müllerin zu Johanna Ahlers. Frau Ahlers, eine norddeutsche Dame und, wie sich herausstellte, sogar eine gebürtige Oldenburgerin, wollte die Freundin in ihrem Atelier besuchen. Janssen und Gesche riefen, als die Tür aufsprang, wie aus einem Mund: „Raus!" So lernte man sich kennen, nachdem die Müllerin interveniert und resolut klargestellt hatte, daß sie hier auch nur Gäste seien. Nicht daß sich Gesche das zu Herzen genommen hätte, aber als sich zeigte, welch ein Anwesen Frau Ahlers 300 m über dem Lago Maggiore bewohnte, wurde sie neugierig. Unterhalb der Villa stand in einem riesigen, von alten Bäumen bewachsenen Garten ein Tessinhäuschen mit Terrasse und Seeblick, das sich als Quartier anbot. Die Vorzüge dieses urigen und völlig ungestörten Ortes lagen auf der Hand. Der Blick auf den gegenüberliegenden breiten Bergrücken, hinter dem die Sonne aufging, war bezwingend. Gesche konnte die Einladung kaum abwarten. Nach dem Venedig-Ausflug stand fest, daß man umziehen würde, als Janssen diese Eile, diese zielstrebige Abnabelung von ihrer ersten Gastgeberin unangenehm war.

Unter dem Datum 18. Juni 1972, 6 Uhr 15, notiert das Tagebuch:

Übrigens Gesche — sehr interessant:

Es wurde eine etwas peinliche Situation, als wir uns von Müllerins Atelier verabschiedeten. Müllerin und Ello kamen gerade aus Italien zurück, und wir waren beim Packen. Zwar sind's nur zwei Kilometer distance, aber die Eifersucht und so. — Ich hätte es gern anders gemacht — noch'n paar Tage untengeblieben und dann so bei 'ner ganz passenden Gelegenheit, die's ja nie gibt,

rauf. Aber Gesche — dies hier oben gesehen haben und die Gele-
genheit haben und sich unverdeckt jauchzend freuen ohne jede
taktische Dämpfung ihrer Gefühle — na, ich kann dir sagen, ich
habe erst mal ein Metrotonin genommen. Grausam. Mit der Ziel-
strebigkeit einer kranken Katze, die für ihren Zustand ein ad-
äquates Plätzchen sucht, so zieht es Gesche bei höchster Gesundheit
vom Guten unaufhaltsam zum Besseren. Sie hörte auch gar nicht
mehr auf die Sticheleien der Verletzten — sie packte ganz einfach
und murmelte vor sich hin: hm — hm ja — ja. Erst wenn sie vor
dem Panorama ihrer erfüllten Wünsche steht, holt sie tief Luft,
und den ganzen leisen Zweifel (woran?) kompensiert sie dann
mit dem Satz: „Pat, das hast du aber doch mindestens verdient."

Wenn Janssen hundertmal auf den Nerven anderer herumtrampelte,
hier blamierte seine Feinfühligkeit auch die weiblichste Instinkthand-
lung. Diese Empfindlichkeit ist die Kehrseite des jähzornigen Wüte-
richs, den wir kennen. Er mußte mit sich und seiner Umgebung im
Lot sein, wenn er zeichnen wollte. Mehr noch: eine von unten auf-
steigende, befreiende Glückseligkeit war die Voraussetzung. Sonst
bewegte sich nichts. Souverän über die Mittel des Künstlers zu ver-
fügen, war noch die geringste Forderung, die er an sich stellte. Er
mußte Lust haben und in dieser Lust so unwiderstehlich sein, daß er
haben konnte, was er wollte, ja, auch ohne es zu wollen. Immer noch
Arbeit genug, sollte es doch keine Anstrengung sein, keine, die es sich
anmerken ließ. Erst dann brachte die Entfesselung des Talentes einen
Schatz zutage, der das Leben im Lichte eines kaum für möglich ge-
haltenen Reichtums illuminiert. Und das Ganze zum Geschenk! Wie
der Erfolg ein Kind des Erfolgs ist, so wächst mit dem Gelingen das
Vergnügen am Gelingen und das Vergnügen am Vergnügen. Sich vollkommen selber Zweck, hatte diese Hochgestimmtheit die eine Aufgabe: Janssen frei zu machen für die Natur. Frei für jene Natur, die
geradeso aus dem vollen schöpft und die mit jedem Tag und jeder
Beleuchtung eine andere ist. Darauf kam es an: ihren autarken Sinnes-
änderungen mit der gleichen Autarkie zu antworten. Was ja nur heißt,
den Regen Regen und die Sonne Sonne sein lassen und an den Unter-
schieden mit der gleichen Liebe zu hängen. Wo die Landschaft melancholisch ist, diese Melancholie zu genießen, ohne unlustig zu sein; wo
sich das Wasser zwischen lauter Steinen hindurchzwängt, auch die

Hand leicht zu quälen, damit sie nicht zu routiniert über das Papier hinfährt. Die Schilderung der Natur ist für Janssen die Begegnung zweier Autarkien.

Ebenbürtigkeit auch im Umgang mit den Maßverhältnissen. Denn was die Natur kann, kann der Zeichner schon lange. Wenn wir uns vor einem Bergmassiv winzig klein vorkommen, drückt sich darin mehr als die objektiven Größenverhältnisse aus. Die Landschaft ist voll von ähnlichen Inszenierungen. Jeder kennt das Dorf im Tal, das aus Kinderbauklötzen zusammengestellt scheint. Das sagt mehr über die gewaltige Konstruktion der Alpen als Felsen über Felsen. Das rechte Verhältnis muß nicht das richtige sein. Das hatte Janssen bald heraus, der als geborener Flachländer wußte, wie noch der Ebene und dem ununterbrochenen Horizont ein Drama abzugewinnen ist.

Drei Reisen und drei Bücher: *Tessin — Norwegisches Skizzenbuch — Minusio*. Von Mal zu Mal freier handhabe Janssen das Prinzip der Vergrößerung und Verkleinerung. Die imposante Landschaft ist eben nicht eine Frage der Rahmenabmessung, sondern der dem Bild eingeschriebenen Dramaturgie. Das *Tessin*-Buch sammelt vor allem die Hochformate, die Schluchten und steil aufragenden Bergrücken. Von oben drängt sich nur wenig Himmel herein, und was den Menschen angeht, so erinnert an ihn ein einzelner Weg oder ein verloren wirkendes Gitter unten im Bild. Die meisten Zeichnungen sind auf oder nach der ersten Tessin-Reise im Mai '71 entstanden, einige auch im Dezember desselben Jahres, als Janssen nach mitgebrachten Fotos auf vom Wurmfraß löchrigem Bibelpapier noch einmal zu dem Thema zurückfand.

Mit dem *Norwegischen Skizzenbuch* wird die Landschaft entschieden zu einer Sache der Optik. Das ur- und eiszeitliche Land mit seinen gewaltigen Entfernungen und kolossalen Ausmaßen verwandelt den Durchreisenden in einen Zwerg. Der Zeichner antwortet, indem er sich diese Unverhältnismäßigkeit zu eigen macht und seinerseits vom Standpunkt der unendlichen Natur die Welt wie Spielzeug behandelt. Die Skizze, ohne viel Aufwand gefällig abgerundet, ist die passende Form. Anstelle des ins Hochformat eingezwängten Dramas das flach hingelagerte Panorama. Kein Mittel ist zu gering, um Weite und Tiefe einzuräumen. Eine aufgehellte, von den Seiten eingefaßte Fläche suggeriert ein stehendes Wasser unter grenzenlosem Himmel. Nie zuvor hat Janssen dem Illusionismus auf so lapidare Weise entsprochen. Und eben diese durchsichtige Anwendung der einfachsten zeichnerischen Kunststücke zeigt uns die Täuschung, die nicht nur zwischen groß und klein, sondern auch zwischen der zweiten und dritten Dimension frei schaltet und waltet. Man möchte von einer Selbstreflexion der ästhetischen Mittel sprechen, ginge es Janssen nicht um die Manipulation, die dieses riesige Land im Norden mit uns — mit unseren Sehgewohnheiten — vornimmt.

Die Serie, die im *Norwegischen Skizzenbuch* zwanglos aus den Stationen einer Reise entwickelt ist, kehrt im *Minusio*-Buch wieder. Diesmal als das schwelgerische Arrangement verschiedener Genres: Porträts, Blumen, Ansichten von Venedig und auch unmittelbar vor der Natur gefertigte Skizzen; ein Bilderbuch, wie es auf einer Reise nicht schöner entstehen kann. Ein opulentes Werk, in dem Janssen, nachdem er sich in seinem Metier restlos freigeschrieben hat, die Landschaft in alles Erdenkliche und Unerdenkliche hinüberspielt. Sogar das Papier — ein Atlas mit seinen stock- und altersfleckigen Rückseiten — landschaftet mit. Die Verwandlung ist vollkommen und schreitet gegen ihre beiden Extreme vor: die Täuschung, ja Verblüffung einerseits und andererseits das desillusionistische Handwerk. Kein Blatt, das sich nicht zwischen diesen Polen bewegt. Wenn die Alpen mehr Alpen, die Blumen mehr Blumen nie waren, dann trifft das immer nur in einer Hinsicht zu, in der Pointierung eines Momentes, sei es ein Schneerest, der in den Gesteinsspalten leuchtet, oder ein Nebel, der aus den Bergen aufsteigt. In anderer Hinsicht nimmt sich die Zeichnung die Freiheit heraus, beim Umriß oder auch beim Strich stehenzubleiben, der eigentlich nur ein Schlenker ist. Mit Verfremdung hat das nichts zu tun. Janssen sieht den Widerspruch in der Natur selber am Werk. Denn — wie er sagt — *die Natur kann sich nicht zum Munde monologisieren.*

Sie verkörpert das Prinzip Leben, das immer in Bewegung, ja, die Bewegung selbst, ein Gleichgewicht nur von Fall zu Fall herstellen kann; ein Gleichgewicht, das die Gegensätze für den Moment auspendelt. Solche Gegensätze sind in der Sprache des Zeichners Plastik und Fläche, Räumlichkeit und Kontur. Wie wir hinzufügen: Licht und Schatten, sind wir schon in anderen Dimensionen, auf der Grenze zwischen Bild und Phantasie. Was uns dort anschaut, glauben wir hier selber zu entdecken. Janssen ist denn auch erst richtig in seinem Element, wenn er die Gegensätze einander aufschließt.

Daß wir die Alpen auf einem Stück Papier mitnehmen können, ist ein Paradoxon, auf das der Zeichner mit einem anderen Paradoxon antwortet. *Irgendwas aber kein Rhabarber* heißt eine Arbeit, die in dem umgestülpten Blatt einer Pflanze aus der Familie der Knöterichgewächse ein Faltengebirge erkennen läßt. Scharfkantige Grate eines von Tälern zerklüfteten Bergmassivs ziehen sich am Stengel empor. Im Hintergrund und als Kulisse die Alpen, wie sie uns wohlbekannt, aber so skizzenhaft und schematisch ausgeführt sind, daß wir uns wirklich an den Rhabarber halten, wenn wir auf das aufgefaltete Hochgebirge sehen. Vergrößern und Verkleinern — nach diesen Prinzipien wird Janssen an seinem Arbeitstisch in Blankenese aus einem einzigen Steinchen die Welt der Berge modellieren.

Die Hälfte der unter dem Ortsnamen *Minusio* zusammengestellten Blätter ist übrigens noch im Atelier der Müllerin entstanden, oft frühmorgens, während Gesche schlief, und nach einer Skizze vom Vortag. Erst mit dem 19. Juni, dann aber gleich mit fünf Arbeiten an einem Tag, setzt die Reihe der Zeichnungen ein, die auf der Terrasse des Tessiner Steinhauses von Johanna Ahlers entworfen sind. Den Anfang macht das „Frühstücksgebirge", wie Janssen jenen breiten Höhenzug jenseits des Lago Maggiore nannte, hinter dem sich der neue Tag mit seinem ersten Licht ankündigte. Der scharf gezackte Bergsaum mit der frühmorgendlichen Hintergrundsaufhellung ist auf dem Buchumschlag abgebildet. — Was die Technik dieser Blätter angeht, so folgt auf die lockere Umrißzeichnung die farbliche Grundierung der Flächen, vornehmlich an den Orten mit Weiß, die später als Höhung hervortreten. Der Bleistift deckt mit wechselnden, den Gegenstand mitgestaltenden Strichlagen den Farbgrund wieder zu. Nur an ausgesuchten, genau kalkulierten Stellen bleibt der Buntstift oder der Papierton leuchtend stehen, wobei bildnerische und literarische Pointen nicht übereinstimmen müssen. Einzelnes wird am Schluß mit dem Bleistift noch einmal kräftig nachgezogen.

Die Zeichnungen sowohl für *Minusio* als auch für das *Norwegische Skizzenbuch* überließ Janssen einem Mann, der den Einfluß besaß,

Irgendwas aber kein Rhabarber. Minusio, Zeichnung mit Bleistift 24. 6. 1972

sie umgehend zu publizieren. Joachim C. Fest war einer, der Janssen auch nach außen Sicherheit gab und seine Eitelkeit befriedigte, der einfach einen Namen hatte, an den er sich anlehnen konnte, wenn er sich sonst mit der Welt überworfen hatte. Der ehemalige Chefredakteur beim NDR und Leiter des „Panorama"-Magazins war der Typ des belesenen, weltklugen, erfolgreichen und ruhig wägenden Mannes, auf den Janssen flog. Wenn er in diesem Leben den Gegenpart übernommen hatte, den rechthaberischen, ordinären und unbedingt parteiischen Kleinbürger, auf den er sich mit Macht hinausspielte, dann mochte er doch auf seinen Antipoden nicht ganz verzichten.

Solchen Freund hatte er immer haben wollen. Als Joachim Fest wieder mal im Fernsehen zu sehen war, hielt Janssen sich gerade im Haus des Schauspielers Heinz Schubert auf, der ihm mitteilen konnte, daß es sich um einen Nachbarn handele, der hier am Rande des Jenisch-Parks, nur ein Grundstück weiter, wohne. Janssen telefonierte nach nebenan, und noch am gleichen Abend ging er hinüber, und man plauderte bis in die Nacht. Das war Ende 1968. Obwohl man sich im Jahr darauf nur sporadisch sah, ergab sich die Verbindung zum Propyläen-

Verlag und zu Wolf Jobst Siedler, mit dem Fest nicht nur befreundet war, sondern mit dem auch vertragliche Absprachen bestanden über die Niederschrift eines Buches, das er gerade zu dieser Zeit in Angriff nahm: eine Biographie über Adolf Hitler.

Der Propyläen-Verlag war für Janssen auf halbmystische Weise mit der berühmten mehrbändigen Kunstgeschichte verbunden. Als sich die Gelegenheit bot, bei Propyläen unter dem Dach des Ullsteinverlags eine Retrospektive seines zeichnerischen Werkes der letzten zehn Jahre im ansehnlichsten Buchformat herauszubringen, zögerte er nicht lange. Soweit der herstellungstechnische Teil nicht von Siedler in Berlin, sondern in Hamburg abgewickelt wurde, übernahm Fest die Vermittlung. Auf einer Autofahrt in die Klischeeanstalt in Ahrensburg war die Atmosphäre äußerst gereizt. Brockstedt, der mit im Fond saß, blieb ruhig, aber Fest war so nahe vor der Endredaktion des Buches auf Janssens Wutanfall nicht gefaßt. Als sich herausgestellt hatte, daß die Farben stimmten, wollte der zufriedene Künstler seine Gereiztheit vergessen machen: „Ich kann nur mit jemandem befreundet sein, mit dem ich einmal zusammengekracht bin." Ab jetzt setzte die Freundschaft intensiv ein. Joachim Fest wurde zum tragenden Pfeiler, an den sich Janssen mit zuweilen hysterischer Anhänglichkeit heranwarf. So nahm er gleich zu Anfang hin, daß als Radierbeilagen zu dem neuen Buch statt der von ihm vorgeschlagenen Selbstporträts mehr Erotica verlangt wurden. Die verdrehten Mädchen ließen sich aber nur zögernd absetzen. Solche Fehleinschätzungen belasteten später das Verhältnis. Als nach mehreren Jahren diese und andere Blätter per Anzeige verramscht werden sollten, kam es zum Bruch mit Propyläen und dem Kometenschweif guter Wünsche, der daran hing. Janssen als Sonderangebot — das war unverzeihlich.

Sein Traum war, daß ein großer Verlag ihm lebenslang ein Gehalt aussetzte, ihn fürsorglich betreute und die Steuer für ihn abwickelte, kurz, ihm den Rücken freihielt für die Abenteuer auf dem Papier. Mit Fest und Siedler, mit den Freunden im Bunde entwickelte sich bald die Idee, eine Edition zu gründen. Bibliophile Bücher sollten nach dem Vorbild der zwanziger Jahre entstehen — mit Janssen vornweg als leuchtendem Stern und als Maßstab für alle Nachfolgenden. Grafische Zyklen waren in Planung mit kleinen Auflagen für die bedeutendsten Kunstkenner der Zeit, die man sich über die Welt verstreut dachte. Jemand, der dieses großangelegte Unternehmen sicher durch die internationalen Gewässer lenken sollte, der vielsprachig die Fäden knüpfte, distinguiert auftrat und aus bester Familie stammte, ein Weltreisender in Sachen Janssen, war schon gefunden. Über Jobst Siedler bahnte sich die Beziehung zu Luigi Toninelli an, dessen Vater in Rom eine einflußreiche Galerie führte und Künstler wie Marino Marini und Guttuso unter Vertrag hatte. Der im feinsten Nadelstreifenanzug tadellos in Erscheinung tretende Toninelli und die beiden gestandenen Karrieremänner Fest und Siedler — Janssen mußte glauben, daß ihnen die Welt gehöre. Es galt nur noch, sie untereinander aufzuteilen. Bald einigten sie sich über ein gemeinsames Ziel: eine Art Gelehrtenrepublik mit eigenem Standort. Eine Gemeinschaft beweglicher Geister, die sich ein- oder zweimal im Jahr treffen und einige Zeit freundschaftlich verbringen.

„Siedler, Fest, Toninelli, Janssen haben eingesehen, daß es ohne eine solche Einrichtung nicht mehr geht. Also ohne das, meinen wir, geht's nicht mehr so recht. Und wie Jockel sich ausdrückt, müssen wir etwas haben, worauf wir uns 2 x im Jahr freuen können, 2 x im Jahr treten die Herren zusammen."

Der Akademie-Gedanke, den jeder mit anderen Absichten im Herzen bewegte, sollte Janssen „größere Möglichkeiten", ja, die Welt erschließen. Den Weg aus der Atelierwohnung, aus seiner Provinz heraus konnte er sich nur im Geleitzug der Freunde vorstellen. Das ist typisch: aus der einen Burg heraus und sofort wieder in die nächste hinein. Die nur zu bereitwillig die selbsternannte Elite begrüßten, eben weil sie dazugehörten, waren jene drei, die auch geschäftlich immer enger zusammenrückten. Sie propagierten das Vorhaben nach Kräften. Während der eine über den Kontinent jettete und der andere von Berlin aus verlegerisch die Drähte zog, saß Fest bei Janssen und trug ihm — wie dieser es nannte — seine Lieblingsidee vor: die Rettung des Abendlandes.

Was jeden der Freunde zu der größten Hoffnung autorisierte, war die Euphorie, die von Janssen ausging. Nur — der war genauso blind begeistert wie in der Ausführung zögernd. Er brauchte die „Gelehrtenrepublik" als Festung gegen das künstlerische Banausentum der Zeit. Das war die passende Kulisse für seinen Einzug in die Landschaft und in die Naturbeobachtung. Er wußte nur zu gut, daß die Einsamkeit vor einem welken Blatt einen gewaltigen Regieaufwand kostet, damit nicht sektiererische Abkehr vom Leben daraus wird. *Diese halbe Walnußschale — ein Colosseum in Meryonscher Spielart.* Wenn so etwas überzeugen sollte, setzte es die kühnste Dramaturgie voraus. In dem Sinne brauchte er für seine gegen die Zeit gerichtete Zeichnerei eine stimulierende Begleitmusik. Ansonsten war die Idee einer „Gelehrtenrepublik" nicht praktikabel und einfach zu pathetisch.

Die Elitevorstellung diente wie der Größenwahn oder die Genietümelei als Putschmittel, und er machte davon denselben Gebrauch wie vom Alkohol. Letzten Endes entscheidet allein das Werk, daß es nicht pure Völlerei gewesen ist, sondern ein unerhörtes, wenn auch blasphemisches Elixier. Wie er immer sofort — in diesem Moment — wissen wollte, daß er geliebt wird, ließ er „seine Herrlichkeit und Mächtigkeit" feiern. Er, der geniale Mensch, und dort das Pack. Gesche mußte für ihn in den Biographien berühmter Männer lesen. Wenn sie in abstrusen Charakterzügen Verwandtschaft melden konnte, fand er das „zu schön" und, gegen Fest gewendet: „Wußtest du schon, daß ..." Nietzsche und Strindberg waren die Favoriten. Auch zog er aus Gesches schmalen Lateinkenntnissen den lächerlichsten Vorteil. Sie lieferte die Übersetzungen, damit er im Bildtitel den Originaltext verwenden konnte: *sic transit gloria mundi.*

Um das Elitesyndrom sammelte sich auch Politisches. Die Köpfe schoben sich zusammen, wenn das meckernde Einverständnis zu laut wurde — über die Gewerkschaften, die SPD, die Studenten, die *Demo-Blödel* und *Disku-Tanten.* Gerade sah er einen Konzern um seine Person sich kristallisieren, und natürlich war er gegen Mitbestimmung, die er als schlechte Nivellierung abtat. „Wir leben in einem Staat — wer da sagt: ‚Ich arbeite, aber habe kein Geld', der bekommt sein Häuschen." Die Demokratie war ihm ein Geleitzug, in dem der Langsamste die Geschwindigkeit angibt. Die Bürger um sich herum konnte er als Treibflüssigkeit deklassieren, „wie man sie beim dritten Orgasmus hat, wenn kein Sperma mehr kommt". Nur öffentlich dürfe man das nicht aussprechen. Sonst stünden die weißen Kittel vor der Tür und sagten: „Nun wollen wir uns mal anziehen, Herr Janssen. Machen Sie keine Schwierigkeiten." — In der Tat waren diese kraftmeiernden Attitüden für den Hausgebrauch bestimmt. Hier stachelte einer sich nach eigenem, nicht übertragbarem Rezept zur Höchstform an. Unmittelbar im Werk ist davon nichts zu spüren.

Auf der zweiten Tessinreise 1972 hatten Gesche und Janssen ein Gebäude in Augenschein genommen, das in der Nähe von Lugano die flachere Umgebung überragte. Das sollte die Zentrale der künftigen „Gelehrtenrepublik" werden. Toninelli hatte das kastenartige Bauwerk angemietet. Die Fronten des Repräsentationshauses waren so wuchtig, daß sie die Fenster fast verschluckten. Vor diesem Monument stellte Janssen fest: „Es muß die Gelehrtenrepublik werden." Die Miete teilten sich Fest, Siedler und Toninelli; der Künstler zahlte mit Radierungen. Die Krise kam, als die erste Ausstellung geplant wurde und Janssen, der vielleicht mit Saul Steinberg gerechnet hatte, einen unbedeutenden Maler an seiner Seite dulden sollte. Auf die Dauer beschränkten sich Fest und Siedler darauf, das Haus bei Lugano für ihre eigenen Redaktionsarbeiten gelegentlich aufzusuchen. Janssen kehrte nur noch einmal und auf ein paar Tage dorthin zurück.

Besser hatte sich die Zusammenarbeit mit Propyläen angelassen. 1970 war der Band *Zeichnungen* erschienen, eine Retrospektive des Werkes aus dem zurückliegenden Jahrzehnt. 1971 folgten zwei Bände im Schuber: *Radierungen* der letzten beiden Jahre. Die Vorzugsausgaben sollten auch hier die Herstellungskosten decken. 1973 brachte der Propyläen-Verlag zwei spektakuläre Werke heraus: *Minusio* und *Neue Zeichnungen*. Letzteres sammelt die schönsten Arbeiten dieser unvergleichlich produktiven Landschafts- und Reisejahre, soweit sie nicht in den anderen Publikationen Platz gefunden haben.

Die geschäftliche Verbindung mit Propyläen, mit Siedler, Fest und Toninelli wurde so eng, daß Brockstedt auf der Strecke blieb. Er hatte zuletzt 1972 in seinem Verlag das Buch *Tessin. Zeichnungen in der Schweiz* herausgebracht. Seitdem sah er sich zunehmend übergangen. Querelen waren die Folge. Die rivalisierenden Verleger lieferten einander Vorwände, sich beleidigt zu fühlen, bis Janssen, der solche Intimfeindschaften gewöhnlich anstachelte, schon zu tief in den Zank hineingezogen war und die Kontrahenten aufforderte, sich gefälligst miteinander zu „backpfeifen" und ihn als Zielscheibe „draußenvor" zu lassen. Brockstedt erhielt noch eine Serie von Blumenstilleben, die überwiegend im Juli '72 entstanden ist. Verblühte, vertrocknete, verschrumpelte Blumen, die frühlingshaftere Tage erlebt haben und nun das letzte Licht in den welken Kanten und Knickrändern ihrer Blüten versammeln. Wie zuckende Blitze, wie gleißende Schneekämme stechen sie gegen die tiefen Schwärzen ab. Mit dem Filigran der Zeichnung konkurriert unten im Wasserglas die Farbe: ein verhaltenes, innerliches Leuchten. Diese abgestorbenen und wieder ins Leben zurückgerufenen Blumen haben in Janssens Werk Geschichte gemacht.

Vom November '72 datiert der Abschiedsbrief, in dem Janssen dem Freund kündigte, weil er sich hinfort auf Fest, Propyläen und Schack stützen wollte. Förmlich geschieden, war die Freundschaft doch nicht aus der Welt zu schaffen. Man war gemeinsam durch dick und dünn gegangen. Brockstedt hatte auf dem Beifahrersitz gesessen, als Janssen seinen Mercedes mit Karacho in einen Volkswagen bohrte. Auch sonst hatte Brockstedt den geliebten Hauskünstler immer frei schalten lassen. Ein Tàpies blieb nicht länger ein Tàpies, wenn Janssen ihn in die Finger bekam. Eine Collage von Schwitters, die, von der Post zugestellt, hinten mit Stempel, Versicherungszettel und anderem postalischen Zubehör versehen war, signierte er kurzerhand um und erklärte die Rückseite zur Vorderseite. Zuletzt hatte Brockstedt die Bezahlung des Bauernhauses übernommen, das Gesche bekommen sollte. So mußte die „Sandkastenfreundschaft" auch diese Trennung überstehen.

Joachim Fest schrieb während dieser Jahre sein Hitler-Buch. Er hatte am Strandweg in Blankenese einen kleinen Studioraum gemietet, in den er sich jeden Tag zur Arbeit zurückzog. Morgens auf dem Weg schaute er bei Janssen vorbei, und gemeinsam „ging man über den Teppich". Das heißt, jeder erzählte von seinen Angelegenheiten und teilte aus dem Tagespensum mit. Janssen war selber noch im Banne Hitlers aufgewachsen, und so konnte es nicht ausbleiben, daß er ein starkes biographisches Interesse an ihm fand. Wenn Fest das ausufernde zeitgeschichtliche Material vorführte, hängte sich Janssen an die eine oder andere Geschichte. Die Szenarien zu den gewaltigen Reichsparteitagen in Nürnberg faszinierten ihn besonders. Ein Massenaufmarsch, für das kein Dach der Welt groß genug gewesen wäre. Und wie genial einfach die Lösung: Flakscheinwerfer, auf einen Punkt in den Himmel gerichtet, faßten das ganze wehrhafte Volk wie unter

723

Mit Joachim Fest *Gespräch über Hitler,* Zeichnung 14. 9. 1979
(Blattgröße 42 x 24 cm)

einer großen gotischen Kathedrale zusammen. Mittendrin der Führer.
Er schritt, einer ebenso ausgeklügelten wie gigantischen Regieanwei-
sung folgend, genau auf der Grenze zwischen Licht und Schatten
dreihundert Meter auf die Tribüne zu. — Solcherart waren ihre Erwägungen, von didaktischen Zeichnungen und pantomimischen Nach-
stellungen flankiert.
Tatsächlich stieß eines Tages der Baumeister dieser Massenarchitektur,
Albert Speer, zu diesem Freundeskreis hinzu. Jobst Siedler führte
ihn am Mühlenberger Weg ein. Es war der glücklichste Moment, und
Janssen nie liebenswürdiger als jetzt, da er seinen Ehrgeiz darin sah,

anstelle der großen Liebe zu Hitler sich selber zu setzen. Albert Speer vertraute ihm seine unveröffentlichten Gefängnisträume an.

Wie wohl selten in seinem Leben fühlte sich Janssen von den Freunden erhoben und getragen. Mit ihnen konnte er sich sogar unter Leuten bewegen, ohne gleich anzustoßen. Wieviel Händel hatte er nicht in den vergangenen Jahren heraufbeschworen. Wenn er unter fremden Menschen nicht gleich Anerkennung fand, löste das todsicher eine Katastrophe aus, die in Prozeßandrohungen endete — wegen Beleidigung, Tätlichkeit oder Hausfriedensbruch. Die Briefe, die ihm nach solchen verkorksten Nächten ins Haus flatterten und mit Strafanzeige drohten, waren oft noch unter den Nachwirkungen des Schocks niedergeschrieben:

„In der Nacht vom 9. Oktober 1970 bin ich von Ihnen ohne jeden erkennbaren Grund bedroht und tätlich angegriffen worden. Obwohl Sie mich wiederholt provoziert haben, mit Ihnen in diesen fremden Räumen eine Schlägerei anzufangen. Dennoch ist erheblicher Schaden von Ihnen verursacht worden.

(...) andernfalls ich Strafantrag und Strafanzeige gegen Sie stellen werde."

Einfach unter Menschen, und einer von vielen — Janssen wußte, das konnte nicht gutgehen. Den Alltag der Leute empfand er als persönlichen Affront. Auf die durchschnittlichen Umgangsformen reagierte er gereizt. Sie kamen ihm wie ungenutztes, ja, verschenktes Leben vor, und er machte dann immer gleich seiner Empörung Luft. Diesen Mann mußte man gegen sich selber in Schutz nehmen. Und das besorgten die Freunde. Wo auch immer — er konnte sie in ein Gespräch, in eine Situation verwickeln, deren Mittelpunkt natürlich er war. Im Kreis von Fest, Siedler und Toninelli hielt er es auf diese Weise neuerdings sogar in Gesellschaft aus.

Sie waren seine Stärke, aber auch seine Schwäche, die er sich etwas kosten ließ. Er hofierte sie mit Geschenken. Er überantwortete sich ihren Planungen. Und wenn er auch nie so funktionierte, wie es verabredet war, glich er es doch allemal und auf überraschendste Weise aus. Jobst Siedler hatte für den Verlag die Kunstbücher plus Radierbeilagen bekommen. Toninelli reiste von dem einen oder anderen Ende der Welt immer gerade rechtzeitig herbei. Später nahm er in Blankenese sogar Wohnung. Joachim Fest war ohnehin zur Stelle, und weil Janssen davon ausging, daß er eine Skizze nicht würdigen konnte, richtete er ihm eine umfangreiche Sammlung großer Zeichnungen ein. Die Zahlungen betrugen immer nur den kleinsten Teil des Handelswertes und waren leicht dadurch zu kompensieren, daß man gelegentlich den Markt beschickte. Mit dieser Großzügigkeit — „die Schubladen sollen überquellen" — verfolgte Janssen aber auch das Ziel, seine Freunde in einen Taumel, in einen wahren Rausch, in die unersättliche Lust nach mehr Besitz hineinzureißen. Wenn er hundertmal zu schwach war, eine Bitte abzuschlagen, es kam der Tag, an dem er die Rechnung aufmachte, das Spiel mit den Nullen, wie er es auch nannte, und kleinlichst Zahl auf Zahl türmte.

Der überschwenglich Liebende entpuppte sich als hinterfotziger Versucher. Denn schon war es zu spät, der Besitztrieb nicht mehr zu verbergen, die Lage so ausweglos, daß Stillhalten das einzige Mittel schien. Der Rasende verschonte nicht das Inventar eines fremden Haushaltes, nur um zu demonstrieren, welche Macht er über seine Freunde hatte. Es gab keinen, der sich nicht auf diese Weise prostituiert hätte. Zu dieser Zeit aber machte es Janssen zu seiner Spezialität, sich buchstäblich als Hitler aufzuspielen. Aber was heißt spielen. Er hätte sich nie und nimmer in einer Rolle genügt. Er schüttete sich Rotwein ins Haar, klebte die Strähne in die Stirn, schwärzte mit dem Kohlestift das berüchtigte Bärtchen, und wie man noch glauben mochte, daß auch das widerlichste Spektakel einmal ein Ende haben würde, steilte er sich zu der schrecklichsten Furie der jüngsten Geschichte hoch. Bevor er nicht in den Blicken der Erschreckten den letzten Zweifel an seiner Glaubwürdigkeit verschwinden sah, bevor er ihnen nicht den Rest Scham ausgetrieben und in Entsetzen verwandelt hatte, drehte der Geifernde die Stimme weiter auf. Das ganze Haus hallte wider. Und keiner wagte sich zu rühren.

20. Immer noch das Jahr 1972

Das Jahr 1972 sollte eines der produktivsten werden. Nach dem Tessinaufenthalt ging er an ein Kunststück, das in seinem Fach zu den gewagtesten zählt: er lavierte mit Pinsel und Tusche. Er führte auch die Radierung weiter, und gegen Ende dieser Periode entriß er dem übermächtig anwachsenden Chaos die grandiose Reihe von Selbstbildnissen, die unter dem Titel *Hanno's Tod* berühmt geworden ist.

Am Rande der Tessiner Sommerreise hatte er eine Bekanntschaft gemacht, die ihm nicht mehr aus dem Sinn gehen sollte. Für die Tochter von Frau Ahlers war Besuch angekommen. „Nicht im Bikini herumlaufen. Der Janssen ist da!" Mit diesen Worten, die sie sonst nur zu hören bekam, wenn Italiener in der Nähe waren, wurde die auffallend zierliche Freundin empfangen. Sie reagierte prompt: „Wer ist Janssen? Mein Gott, muß das ein bekloppter Kerl sein!" Davon rückte Roswitha Harting auch nicht ab, als sie ihm zum ersten Mal begegnete. „Ach, Sie sind das", drehte sie sich auf dem Absatz um und stieg wieder den steilen Garten zur Villa hinauf. Ab jetzt kam Janssen häufiger mit Gesche nach oben und brillierte zwischen den Kandinskys und Jawlenskys. Für die junge Frau und promovierte Mathematikerin strengte er sich besonders an.
In Hamburg arbeitete die Unruhe weiter in ihm. Wenn er jetzt Gesche los sein wollte, stellte er die Flasche provokativ auf den Tisch. Sie rückte dann sofort aus — zum Beispiel in die Schweiz, ins Tessin, und er hatte eine Gelegenheit, ihr nachzureisen.
Morgens um 6 Uhr klingelte bei Schack das Telefon und der Freund eskortierte den vom Alkohol schwer Angeschlagenen auf dem Flug nach Zürich. Die neue Begegnung mit Roswitha steigerte bei ihr nur die Abneigung. Sie fand ihn einfach unästhetisch. Janssen verdoppelte seine Bemühungen. Aber da nichts fruchtete, endete dieser Werbefeldzug in einem heillosen Besäufnis. Auf dem abschüssigen Weg in das Tessinhaus stürzte er den Hang herab genau in eine Feuerstelle, die der Gärtner angelegt hatte. Unter der Asche war noch Glut und Janssen mit beiden Füßen darin. Wenn er solche Peinigungen auch nicht absichtlich an sich vollstreckte, so hielt er sie doch für den Preis der Liebe. Nur — die Gegenleistungen durften nicht dauernd ausbleiben.

Die Frau Doktor der Mathematik fand ihn jedoch nach wie vor abstoßend. Wegen ihres besonderen Faches arbeitete sie viel mit Männern zusammen, die sie hofierten und die ihr wohl auch zu gefallen versuchten. Deshalb konnte sie selbstbewußt Maßstäbe setzen: „Ich mag nun mal den modebewußten Mann." Wenn das auch unerreichbar für Janssen war, so konnte man ihn doch ab jetzt in der Stadt durch zehn Damenschuhgeschäfte eilen und nach einer bestimmten Lederverarbeitung Ausschau halten sehen. Das apart geschnittene, ihm unverrückt die Stirn bietende Köpfchen hatte es ihm angetan und natürlich die knabenhaft grazile Gestalt. Auf einem seiner Wochenendblitzbesuche traf ihn die Müllerin außer sich und laut weinend: „Ich habe einen Körper erfunden. Jahrelang zeichne ich ihn. Und da läuft meine Erfindung und will mich nicht!"

Von Hamburg aus bombardierte er Roswitha mit Briefen, die sie in ihrem Züricher Forschungsinstitut nicht mal Zeit fand, zu Ende zu lesen. Aber wie es bei solcher massiven Werbung anders nicht sein kann, war sie auch in der Abwehr nur mit ihm befaßt. Er sei zu dick, darauf hatte sich schließlich ihr Widerstand zurückgezogen. An einem Herbsttag stand er dann in Zürich vor ihrer Tür: schlank und rank. Bei genauerem Hinsehen hätte ihr freilich das kränkliche Aussehen auffallen müssen, doch sie hing an dem Motiv, das ihr das Entgegenkommen erleichterte. Zwischen dem 11. und 22. November lebte Janssen zehn Tage mit Roswitha in ihrer Wohnung zusammen. Wenn sie im Institut war, zeichnete er zu Hause. Auf die Weise entstand ein Fabeltierbuch, so übermütig und phantastisch, daß es an die Fabulierlaune früherer Grotesken erinnert. Er fand es auch völlig in Ordnung, daß er in diesen Tagen für sie kochte. Denn sie konnte es nicht. Aber daß sie sein Geld nicht brauchte, daß sie ihren Unterhalt selber verdiente, irritierte ihn. Nach zehn Tagen machte er sich frühmorgens auf und davon, bevor sie noch erwacht war. Gerade auf dem Sprung ins Institut, klingelte ein junger Bote und überreichte Roswitha einen Strauß Orchideen. Um 11 Uhr folgte der Anruf: „War das nicht ein schöner postillon d'amour?" Hier schlug er zum ersten Mal seine Lieblingsmelodie der kommenden Zeit an: er fühlte sich zu alt.

In den folgenden Jahren besuchte er Roswitha noch drei- oder viermal. Sie hatte an der Universität in Düsseldorf eine Anstellung erhalten und wohnte jetzt dicht genug für den Notfall. Um vom Alkohol loszukommen, flüchtete er sich zu ihr und kurierte seine Leiden im Bett aus. Wenn er Brot mit Salz aß, aß sie ihres mit Zucker. Nach drei Tagen war er gewöhnlich wieder auf den Beinen, und es kam vor, daß er nur um den Häuserblock gehen wollte, nach ein paar Stunden aber schon aus Hamburg anrief und am nächsten Tag wieder in Düsseldorf anklopfte.

Roswitha hat Gesche nicht verdrängt; das kam erst mit Bettina. Roswitha, die grazil-gescheite Frau, war eine Herausforderung. Sie hatte zuerst seinen Ehrgeiz angestachelt. Dann trat er mit ihr die Flucht nach vorn an, als er sich mit Gesche nicht mehr zu helfen wußte und ihn das Eheversprechen zu drücken begann; ein Versprechen, das ihm nicht abgetrotzt worden war, sondern das er selber als „Trumpfkarte" immer wieder ausgespielt hatte, weil er glaubte, „das sei wesentlich hübsch für die Frau — abgesehen von den Sicherheiten etc.". Mit sich selber lag er deshalb am heftigsten im Zweikampf. Auf dem Höhepunkt seines Dilemmas versammelte er Gesche und Mutter Johanna um einen Grabstein auf dem Friedhof in Haseldorf — des Dichters Schoenaich-Carolath wird hier gedacht —, und mit tränenerstickter Stimme gestand er, daß er denn doch lieber nicht heiraten wolle.
Gemeinsam machten sie sich aber auf die Suche nach einem Bauernhaus im Marschland. Gesche sollte ihr ländliches Refugium haben. Zwischendurch hatten sie ihr Verhältnis immer wieder so weit geklärt, daß alles offen und möglich war. Wenn sie erst ein Bauernhaus gefunden hätten, würde das auch ein verlockendes Angebot an Janssen sein. Die Gemeinsamkeiten waren stärker als die Erschütterungen. In einer solchen Phase relativer Stabilität entstanden noch im Sommer '72, in nur drei Wochen, die lavierten Landschaften.
Die lavierte Federzeichnung ist eng mit Gerhard Schack verbunden. Er gab die Anregung, er saß am Zeichentisch gegenüber, als in rascher Folge nach dem 10. Juli 1972 rund 250 Blätter entstanden, er wählte aus und stellte die gelungenen Arbeiten zu einem Buch zusammen, das zu den schönsten zählt. *Landschaft* — der Titel sagt es schon: Wenn es bis dahin Landschaften nur im Plural gab, die geographische Vielfalt, dann zieht jetzt alles zur Landschaft, zum Inbegriff der Landschaft im Medium der lavierten Federzeichnung. Das Buch demon-

striert nicht, es ist überhaupt nicht aufdringlich und will nichts unter Beweis stellen. Es ist ein Dokument und mehr als das: ein Glücksfall, flüchtig und unwiederbringlich, ein entspannt geführter Dialog unter Freunden, die sich in den kleinsten Kleinigkeiten verstanden und zu ihrer Unterhaltung mehr nicht als einen spielerischen Anstoß brauchten. Der Kampf der Geschlechter gehörte in eine andere Welt.

Um aus den gegenseitigen Vergnügungen ein Buch zu machen, ließ sich Schack von der Chronologie einiger weniger Tage leiten. Aber was für Tage waren das! Zwei Dutzend und mehr Zeichnungen gingen an einem Nachmittag über den Tisch. Ein Versuch folgte auf den nächsten, die Einfälle sprudelten nur so, und die Leichtigkeit, mit der die Hand über die kleinformatigen Papiere fuhr, ließ kaum ahnen, daß doch jede dieser Sitzungen eine andere Aufgabenstellung hatte. Variationen über ein Thema. Wie die Natur selber Gelingen und Mißlingen auf einen endlosen Faden aufzieht, spielte Janssen sein Programm durch, indem er jedem Impuls nachgab. Ökonomisch noch in der Verschwendung.

Wenn ein Künstler eine Entwicklung hat, versteht sich von selber, daß dabei Erfahrungen gemacht und verwertet worden sind. Solche Lernprozesse sind von der subtilsten Art, und oft genug bleibt im Dunkeln, wie die äußeren Einflüsse und ihre unterirdische Verarbeitung ineinandergreifen. Janssen hat mit dem neuen Jahrzehnt das Lernen zu seinem speziellen Fach erhoben, er hat, soweit die verwickelten Vorgänge durchschaubar sind, das Lernen gelernt, was ja nur heißt, sich selber, die eigenen Kräfte und Fähigkeiten immer genauer im Verhältnis zur Welt zu sehen. Ängstlichkeit, Voreiligkeit, unzeitiges Bemühen — um das zuerst zu nennen — hat er ins Kalkül gezogen und, da sie nie ganz auszuschalten sind, die Situation so gemodelt, daß aus dem Nach- ein Vorteil wird. Wenn Gerhard Schack ihm jetzt beim Zeichnen gegenübersaß, sollte er ihn auch davon abhalten, zuviel Ehrgeiz dort zu investieren, wo Mühelosigkeit gefragt ist. Auch waren die spontane Zustimmung und das lebendige Minenspiel des Eingeweihten unerläßlich. Denn wenn zwischen der Fertigstellung der einen und dem Beginn der anderen Zeichnung die Gewichte unwägbar fein verteilt sind, dauert schon eine Antwort zu lang, und das Zwiegespräch der Augen muß entscheiden.

Schack war ein großer Liebhaber von Anspielungen und Bezüglichkeiten. Unter seinen Blicken zitierte jeder Strich die besondere Handschrift, das passende Thema oder das Werk eines Meisters. Und so umständlich seine Ausführungen darüber sein konnten, so ausdrucksvoll war der ganze Mensch im Dialog mit dem Zeichner. Die Figuren, die dieser wie einen Akkord auf dem Klavier anschlug, spielte jener zurück, für einen Außenstehenden vielleicht unmerklich, aber für Janssen eine Aufforderung, in welcher Weise fortzufahren sei. So lockte der eine den anderen durch die Szenerien der Landschaft, die sich im Laufe der Jahrhunderte angesammelt haben.

Auch wenn Schack, vorgebeugt und mit auf den Knien aufgestützten Armen, nur vor sich hin zu brüten schien, war er der behendeste und gewitzigste Beobachter, ohne dessen pointiertes Zuwarten die Schätze nicht freigelegt worden wären, auf die der rastlos Hantierende wie nebenbei, aber auf Schritt und Tritt stieß. Eine anrührende kindliche Freude und die sichtliche Betroffenheit des Wissenden — das waren die Erfolgssignale für den lavierenden Künstler und unverzichtbar in einem Handwerk, in dem so vieles dem Zufall überlassen ist.

Gut ein halbes Jahr vor den Lavierungen hatte Schack von einer Schweizreise einen Katalog mitgebracht, der 60 Zeichnungen von Claude Lorrain aus dem Album Odescalchi abbildete. Janssen, der gerade radierte, antwortete spontan mit zwei Platten, die den Titel *Bäume im Gegenlicht* tragen und auf den 31. Oktober bzw. 1. November '71 datiert sind. Obwohl er die Mittel der Strich- und Flächenätzung atemberaubend schnell dem Eindruck lichtdurchfluteten Blattwerks verfügbar machte, dauerte es viele Monate, bis er soweit war, das Thema mit Feder und gefärbten Tuschwassern auf kleinen ausgesuchten Papieren anzugehen. Erst nach dieser Zeit wichen die ängstlichen Rückversicherungen dem freien Spiel der Kräfte. Nun aber war doppelt willkommen, was sonst von den eintretenden Umständen abhängig geblieben wäre. Die unsichtbare Prozedur der Vorbereitung mündete in eine Selbstermächtigung ein, die gegenüber dem angestrebten Ziel nur ein Hindernis gelten zu lassen schien: den günstigen Augenblick. Als hätte es immer nur daran und an der guten Laune gefehlt, schüttelte er jetzt die Lavierungen gleichsam aus dem Handgelenk. Was wie Äußerlichkeiten aussieht, war aber ein Lernen in der Sache — mit dem Ziel einer alle Mühen vergessen machenden Anmut. Die schwerelose Akrobatik ist in Wirklichkeit aus der intensivsten

Beschäftigung mit der Landschaft hervorgegangen. Die lavierte Feder-zeichnung bildet nicht den Anfang, sondern den Höhepunkt und die Aufgipfelung eines Sujets, das Janssen von Bruegel bis Dahl, von Aert van der Neer bis Illies ausgiebig studiert hat. Er war tatsächlich nach Norwegen und in die Alpen gereist, und der Ausflug in die schleswig-holsteinische Marsch war manchen Sommer lang das tägliche Pensum. Er hatte Landschaften radiert und gezeichnet, vor der Natur oder frei erfundene, und er war zwischen allerlei Krimskrams auf Landschaften gestoßen, wie sie noch keiner gesehen hat. Sein mit allen Panoramen bevölkertes Gedächtnis zitierte Landschaften, wo andere nur Baum-wurzeln, Kirschkerne, ein welkes Blatt wahrgenommen hätten. Über diesen Fundus verfügte er mit der Sicherheit und Freiheit dessen, der getrost die Tür seines Hauses hinter sich schließen konnte, genau wis-send, daß jeder Federstrich ihm das Fenster in eine neue Gegend öff-nen würde. Es grenzt an Zauberei und blieb für Janssen doch immer die stärkste Erfahrung, daß ein paar Schlenker in der zweiten Dimen-sion — auf einem Stück Papier — genügten, und sie würden ihn wie ein liebgewonnener Weg in die Landschaft hinausführen.

Janssen gehört nicht zu denen, die unter der Last der Überlieferung stöhnen und im Angesicht ihrer Vorväter frühzeitig altern. Er ver-jüngt sich an der Seite seiner Vorbilder, ihre Erfolge beflügeln seine Erfindungslust, das Gesehene erst läßt ihn Entdeckungen machen, und wenn schon alles durch seine Hände gegangen ist, ist er frei für den Zufall. Die Probe aufs Exempel ist die lavierte Federzeichnung. Sie steckt voller Unwägbarkeiten. Janssen schreibt:

Wenn in meinem Metier irgendwo Planung, Wollen und Ein-übung zu nichts führen, dann ist's bei der lavierten Federzeich-nung, diese Pfütze ungleich gefärbten Wassers, die den Einfall der federführenden Hand einsumpft, die, ihren unübersichtlichen physikalischen Bedingungen folgend, auf die eigenwilligste Weise verdunstet, sich dem Einwirken des korrigierenden Willens gänz-lich widersetzt und nach Verflüchtigung fast ihrer ganzen Sub-stanz in einen anderen Aggregatzustand nur ein Zeichen intimer Erinnerung zurückläßt, oder wenn nicht — zu gar nichts nütze ist.

Aber dieser Zufall, der irreparable Tuschfleck, der alle Vagheiten entschuldigen und der das Ungefähr zum Kunstprinzip erheben könnte, ist in der Rolle des Schiedsrichters. Er entscheidet, indem er gegen sich selber aussagt und wir momentan ganz bei der Sache sind. Die lavierte Federzeichnung mag sich im Ungewissen und Zufälligen, in einem wasserverdünnten und nicht weiter interpretierbaren Rohrfederschlenker verlieren, sie entfernt sich darin nur, um in den entscheidenden Partien des Blattes die Sache selber sprechen zu lassen. Das ist ein weiter leerer Himmel, eine ausgedehnte spiegelblanke Wasserfläche, ein windgetuffter Baum, ein Dunstschleier in der Auflösung und eine von Sturmböen durchlüftete Wald- und Wiesenlandschaft. Es kann alles mögliche sein, die Stimmung jedes Augenblicks, nur nicht gequält, sondern auf den Punkt genau: eine Wolke, die sich auf den Horizont herabsenkt, ohne daß wir sie vor den verzehrenden Strahlen der Sonne schützen könnten. Eine Welt, die im Licht zerstiebt und aus dem Schatten neu geboren wird. Wo der Schatten alles und das Belichtete nichts ist, kommt es auf die Gegenständlichkeit besonders an. Herbeizitiert und an ihren Spuren greifbar, ist sie gegenwärtig ohne da zu sein. Mehr eine Entdeckung des Betrachters, der Grasbuckel, Pfützen, einen Luftzug wiedererkennt, als eine künstliche Hervorbringung. Das ist auch die Leistung, die diese lavierende Hand an uns vollbringt: Sie zieht uns unter den weiten Himmel, als hätten wir jahrelang in der Stube gehockt und als würden wir die Natur nur noch aus Büchern kennen.

Dieses mimesisfeindliche Jahrhundert hat es geschafft, daß wir sogar einen Claude Lorrain oder Ruisdael danach beurteilen, wie ihre Handschrift sich die Natur untertan macht. Wenn wir nicht schon einen Postkartenausschnitt mit uns führen, schauen wir durch Bilderrahmen. Aus Angst, angerührt, ja, verführt zu werden, nehmen wir vorsorglich beim Handwerk Zuflucht. Wie ist das gemacht? Hinter dem Gemachten die Landschaft zu erkennen, wie sie dem erschien, der sie zum ersten Mal — vor aller Manier — gesehen hat, das ist Janssen in den besten Blättern zu zeigen gelungen. Kopien, die nicht auf die Konstruktion, sondern auf das Auge des Künstlers zurückgehen. Und immer häufiger: Kopien ohne Vorlage. Diese Lust am Sehen und Wiedersehen ist ein Anachronismus. Sie paßt nicht in die Zeit und nicht zu der Einsicht, daß die Natur zu einem Schauplatz instrumenteller Ausbeutung und industrieller Zerstörung geworden ist. So ist denn die Augenlust ziemlich einzigartig. Und einzig erst recht sind die hauchzart getönten Papierschnipsel, auf denen — nach einem Wort des Zeichners — die vier Elemente zusammenwirken: *Erde als Sepia / Wasser, das die Sepia löst / Feuer, ums Wasser zu verdunsten / und die Luft, um das Wasser aufzunehmen.* Den Launen der Natur gehorchend, schreibt sich Janssen den Dingen ein und herausschaut, duftig-luftig, ein Aprilnachmittag, der sich in den Wassern eines gerade niedergegangenen Regenschauers tausendfach spiegelt.

Schack trug die Arbeiten in die Druckerei zu Christians. Zu diesem Hamburger Verlag hatte sich seit Mitte der 60er Jahre, seit Janssen dort Plakate, Kalenderblätter und Leporellos drucken ließ, eine immer engere Bindung angebahnt. Schack verstand sich gut mit der Familie, in deren Besitz das überschaubare Unternehmen ist. Aber besonders einer der Mitarbeiter — Herr Flögel — erleichterte ihm seine Herausgebertätigkeit. Der erfahrene Setzer bereitete mit Geschick und unter Anwendung neuartiger Reproduktionstechniken das Layout so weit vor, daß nur wenig zu wünschen übrigblieb. Eine zusätzliche Tonplatte steigerte noch die Wirkung. Janssen hatte seinerseits durch die Wahl der Formate, durch die Feinabstimmung der Farben und durch den Seriencharakter seiner Produktion der Zusammenfassung zu einem Buch schon vorgearbeitet. Das Ergebnis ist die originalgetreue Abbildung, wie sie frischer und authentischer kaum denkbar ist. Die Bemerkungen des Herausgebers Schack beschränken sich auf das Wissenswerte, ohne daß er auf seine Vorlieben, auf Widmungen und lehrreiche Wiederholungen, auf vor- und nachbereitende Skizzen verzichten mußte. Was aber der Veröffentlichung vor allem zugute kam und was die Zettelchen erst zu einem Buch rundete, in dem wir vom Ende gern wieder an den Anfang zurückblättern, das ist die Einleitung, die Janssen selber schrieb.
Wie er sich an seine Kindheit erinnert und von Omas Waschküche erzählt, ist er schon mitten in seinem Thema und bei den Erfahrungen des lavierenden Künstlers. Die Beiläufigkeit trifft den Kern der Sache. Die sich in Rinnsale teilende und wieder zusammenfließende Wasserlache macht über alle Hindernisse und Umwege hinweg erst sowas wie eine Landschaft sichtbar. In der Sache Aufschlußreicheres wird über die lavierte Federzeichnung lange nicht mehr geschrieben werden. Daß aber der rein informative Teil in einer Form dargeboten wird,

die auch die spröde Didaktik zu einem Erlebnis werden läßt, ist die gelungenste Vorbereitung auf die Bilder und literarisch außerordentlich. Zur Sache redend, über Tusche und Feder und über die Eigenschaften der verschiedenen Papiere berichtend, nähert Janssen die Information der lyrischen Form in einer Weise an, wie es das in der Literatur noch nicht gegeben hat. So entsteht nebenher und als Einstimmung auf das, was uns optisch erwartet, ein Gedicht. Denn lyrisch im Verhältnis zu den dramatischen Landschaften und den erzählenden Stilleben ist die Gattung der lavierten Federzeichnung.

Um ein vollkommen durchgestaltetes Buch wie die *Landschaft* hervorzubringen, hatte Janssen einen langen Weg zurückgelegt; lang erst recht im Verhältnis zu der gedrängt kurzen Zeit, die die Arbeit in Anspruch nahm. Sogar das wollte gelernt sein: einen Freund wie Schack in die Lage zu versetzen, ein Medium seiner Absichten zu sein und dabei selbständig, sogar eigenbrötlerisch zu bleiben, wenn es dem Werk zugute kommt. Auch die japanische Zeichenkunst, von der hier noch gar nicht die Rede war, hatte lange gewirkt und nicht erst seit Schack, sondern seit Mahlau, der alles Fernöstliche liebte. Alfred Mahlau, der auf dem Papier die Frei- und Leerräume wie die Japaner balancierte, fing gewöhnlich damit an, daß er die Zeichnung wie ein Netz auf dem Papier auswarf. Die Tuschfarben trug er dann Fleck um Fleck ein. Das ausgelegte Liniennetz hielt die nachträgliche Kolorierung gleichsam in der Schwebe. Anders als sein Lehrer, verfuhr Janssen aber gegen die Zeichnung souverän. Er nahm keine Rücksicht, sondern sah in dem Pinsel den eigenwilligsten Gegenspieler jener Ordnung, die er mit der Feder gerade erst gestiftet hatte. So gehört noch das Verlernen zum Lernen dazu.
Wie der Schüler auch auf die Weise seinem Lehrer Ehre machen kann, läßt sich aus einem Buch ersehen, das Zeichnungen von Mahlau und Janssen vereinigt: *Meine Rumänischen Spezialitäten*. Eliza Hansen — Mahlaus späte Lebensgefährtin — ist die Autorin des Kochbuchs.

Das Kochbuch erschien sogar noch vor der *Landschaft*. Schack brachte das große Werk erst 1974 mit Unterstützung der Griffelkunst-Vereinigung heraus. Das lag wohl auch daran, daß rund ein Drittel der

Landschaft mit Radierungen gefüllt ist. Sie entstanden überwiegend zwischen August und Oktober 1972 und halten mit ihrem Filigran und ihrer Durchsichtigkeit den lavierten Federzeichnungen glücklich die Waage. Diese graziösen und behutsam geätzten Meisterwerke sind eine Steigerung der Radierung, die 1970 mit den ersten Landschaften in ein neues Stadium eingetreten war und 1971 eine weitere, äußerst ergiebige Phase hatte.

Hokusai's Spaziergang heißt die Radierfolge vom Herbst 1971. Sie bereitete die *Landschaft* wesentlich mit vor. Sie besticht zunächst einmal durch den ungeheuren Ausstoß von Platten, die zwischen dem 1. Oktober und dem 14. November 1971 druckfertig wurden. Mehrere Platten täglich waren die Regel. Darunter befinden sich Platten, die so ausgearbeitet sind, daß in einer allein viele Stunden intensivsten Handwerks stecken. Während Janssen zuweilen schon nachts, in den ersten Stunden nach Mitternacht, ans Radieren ging, erschöpfte er seinen Drucker Frielinghaus, der an Auflagen noch gar nicht dachte, sondern nur Probedrucke zog und der nach den hektischen Wochen urlaubsreif war. Dieser furiose Radier-Herbst, der am 31. Oktober '71 die hundertste Radierung feierte — natürlich mit einer Radierung —, ist die Entstehungszeit eines Lehrwerks über die Radierung: *Hokusai's Spaziergang*. Wer denkt, daß dieses Hauptgeschäft den Mann völlig beanspruchte, greift zu kurz. Nebenher entstanden Platten für einen Katalog über Gavarni und eine Suite für Toninelli. Der didaktische Zweck hätte jeden anderen eingeengt. Janssen ging die Erprobung von Mitteln und Techniken desto leichter von der Hand. Ja, der Vergleich mit Musikern bietet sich an, die gelegentlich Etüden und Variationen verfaßt haben, um in ein Instrument einzuführen, und die bei diesem unscheinbaren Anlaß oft genug die besten Kompositionseinfälle verschwendeten. Frei von Pedanterie und mit um so zwangloseren und gefälligeren Weiterungen — so wollte Janssen sein *Traktat* über die Herstellung einer Radierung verstanden wissen. Das entnehmen wir auch dem sogenannten Waschzettel zu *Hokusai's Spaziergang,* den wir damit als den Geleitbrief seines Autors zu erkennen geben.

Der Titel dieses Buches bezieht sich auf den Titel einer Radierung, an der Janssen dem Leser seines Traktates die Herstellung einer Radierung vorexerziert. Neben der Anschaulichkeit der

Sprache gefällt in dieser Arbeit die großzügige, aber präzise Ordnung, mit der ein sprödes und ohne begleitende Handlung schwer darzustellendes Thema erklärt wird. Innerhalb der ungezählten Möglichkeiten der Radiertechnik begrenzt Janssen seine Demonstration auf einen einzigen Fall. Dieser wird eingekreist und von allen Seiten angegangen. Bei einem solchen Unternehmen mußten, kennt man den Autor, „zwangsläufig beiläufig" weit mehr Blätter entstehen, als für die Vorführung notwendig waren.

Das Vergnügen am Vorexerzieren mag den Zeichner auf die Idee gebracht haben, einmal ohne die Kandare der stilistischen Angewohnheiten drauflozuarbeiten. So entstanden die weiteren 80 Blätter, die in diesem Buch abgebildet sind und die sich nicht unbedingt auf das Traktat beziehen — ungemein spielerisch, von hier nach da hüpfend, im klassischen Sinne frei — das heißt: gelenkt und zusammengehalten von der inneren Motorik, ohne die einer gar nicht erst etwas in Angriff nehmen sollte. Das Nachwort des Herausgebers und seine ausführliche Chronik der einzelnen Blätter liest der Kenner mit Gewinn, und sie weisen bei wohltuender Distance den Herausgeber als Mitwisser aus.

Angefangen hatte es damit, daß Schack bat, einmal dem Werdegang einer Radierung beiwohnen zu dürfen. Eine Woche früher oder später wäre es vielleicht ungehört verpufft. Aber im Moment paßte es Janssen genau. Mehr noch: es war die besonders für diesen Zeitpunkt passende Gelegenheit, von der Demonstration eines einzelnen Falles auszugehen und zu zeigen, was in der Radierung sonst noch möglich ist. Um den Wunsch zu einer persönlichen Herausforderung zu machen, mußte er dem Freund nur noch die Bitte in den Mund legen: „Mach doch mal ganz viel Verschiedenes von dem, was du machen kannst."

Das traf ins Herz. Janssen wollte längst nicht mehr der Geilemädchenzeichner sein und nicht mehr als der Millionenstrichler gelten, der wie auf ein Markenzeichen festgelegt war. *Das Zeichnen nach der Natur,* auf das er sich geworfen hatte, folgte auch dem Impuls, sich von nur einer Handschrift freizumachen. Wenn er sich dem „Diktat der Objekte" unterstellte, dann bedeutete es auch, sich selber mal zu verlieren und die Hand gegen die eigenen stilistischen Zeichengewohnheiten führen zu lassen.

Die Entdeckung der Landschaft — das war von vornherein der Kampf gegen die Kunstkritik, die ihn klassifizierte, abstempelte und in die Schublade packen wollte. Es war die Abrechnung mit seinen Künstlerkollegen, denen er vorwarf, dem Wunsch nach einer übersichtlichen Konkurrenz und einem stabilen Markt nachgegeben zu haben. Sie hätten ihre Freiheit gegen den Signalcharakter einer unverwechselbaren Handschrift verkauft, aus der sie nicht wieder herauskönnen. Endlich war es ein Schlag gegen den Begriff des Stils, der zwar dem verständlichen Bedürfnis nach einer festen Gruppeneinteilung entgegenkomme, der aber zu einer Art Zwangskorsett verengt worden sei. Janssen vermißte, was er bei den Alten fand, auch wenn sie sich in ihren Hauptwerken noch so offiziell gaben: die Neben- und Seitensprünge, die *zärtlichen Adressen,* die *anmutigen Kapriolen* und *Koboldereien.* Den *Mozartfaktor* nannte er all das Beiläufige, das die programmatische Wichtigtuerei um jene Skizzen, Launen, Seitentriebe bereicherte, die dem Leben wie der Kunst erst die Fülle geben. Mit den *mozartschen Genien* wehrte er sich gegen die Reduzierung auf einen Stil, auf eine Warenmarke, auf ein Design.

Als eine der selbstgewählten Vaterfiguren ging ihm dabei Hokusai voran. Was er an dem Japaner am meisten bewunderte, war seine bis ins höchste Alter ungebremste Schöpferkraft. Der Drang, von Bild zu Bild fortzustürmen und sich selber zu überbieten. Jene verschwenderische Produktivität, die auch gegen die beckmessernde Kunstkritik das Werk in die Breite führte.

Hokusai (1760—1849) hatte jeden Tag seines neunundachtzigjährigen Lebens durchschnittlich zwei Werke geschaffen, insgesamt über 30 000 Entwürfe, die durch eine einzigartige zeichnerische Gestaltungskraft zusammengehalten werden. Daß dabei das Niveau wechselte und eine selbstkritische Auswahl fehlte, wollte ihm das Kritikerurteil lange Zeit zum Vorwurf machen. Wie heißt es doch gewöhnlich: „Weniger wäre mehr gewesen." Aber gerade das wollte Janssen nicht gelten lassen. Er sah darin die Bevormundung des schöpferischen Menschen und seiner Vitalität. In seinen Augen zählten die Skizze, der rohe Entwurf, das täglich ausgeschüttete Füllhorn zu den Voraussetzungen des Meisterwerks, Ja, erst das zeichnend festgehaltene Auf und Ab macht den Meister. Denn wie Hokusai alles und jedes darzustellen und mit derselben Aufmerksamkeit — ob schön oder häßlich — zu lieben, darin erkannte Janssen sich wieder. Und weil das nicht auf einmal zu erzwingen ist, sondern mit dem ganzen Künstlerleben bezahlt sein will, stellte sich Janssen hinter den großen Japaner, der nach einem schon mehrfach angehäuften Lebenswerk unverwandt in die Zukunft blickte. Von ihm sind die Sätze überliefert:

„Seit meinem fünften Lebensjahr bin ich versessen darauf, die Form von Dingen zu zeichnen. Seit meinem fünfzigsten Lebensjahr stellte ich eine Anzahl Zeichnungen her, aber unter all dem, was ich vor meinem siebzigsten Lebensjahr gemacht habe, ist nichts von großer Bedeutung. Mit zweiundsiebzig Jahren lernte ich schließlich die wahre Natur der Vögel, Tiere, Insekten, Fische und das Lebendige von Gräsern und Bäumen kennen. Mit achtzig Jahren werde ich daher gewisse Fortschritte gemacht haben, mit neunzig werde ich noch weiter in die tiefere Bedeutung der Dinge eingedrungen sein und mit hundert werde ich wirklich gut sein. Mit hundertzehn wird jeder Punkt, jede Linie meiner Zeichnung ein eigenes Leben besitzen. Ich hoffe nur, daß es Menschen gibt, die lange genug leben, um die Wahrheit meiner Worte bestätigen zu können."

Hokusaï's Spaziergang, die Radierung dieses Titels, deren Entstehung über alle Stufen der Ätzung bis zum Druck das *Traktat* beschreibt, ist die Kopie eines Surimono. Surimono heißen die Holzschnitte, die als Neujahrsgrüße oder Glückwunschkarten in begrenzter Auflage von Privatleuten in Auftrag gegeben wurden. Hier lag der Schwerpunkt von Schacks ostasiatischer Kunstsammlung. Er führte häufig Reproduktionen mit sich, die er den Freund zu überzeichnen einlud. Daraus entwickelte sich nach diversen Studien und Abwandlungen eine radierte Kopie, die, in der ersten Fassung verworfen, in der zweiten Fassung deutlich zeigt, wie Janssen das Drachenmotiv in eine andere Umgebung versetzt hat. Der Drache, der nach japanischer Tradition Perlen im Meer bewacht, ist zu einem Stück Landschaft geworden. Er vereinigt sich mit den um einen Wasserfall wild aufspringenden Felsen zu einer Gebirgslandschaft, die gegen den Himmel eine Gestalt erkennen läßt, die auf einer Brücke steht: Hokusai — zu seinen Füßen die entfesselte Natur.

Die Radierung vollendet die Metamorphose, die im Holzschnitt angelegt ist. Das Ornament, das uns seit dem Jugendstil daran hindert, die Leidenschaftlichkeit der japanischen Vorlage wahrzunehmen, tritt zurück. Janssen verwandelt den Drachen in ein Naturschauspiel — zu Hokusais besserem Verständnis.

Daran ist die freie Behandlung des Motivs beteiligt, aber mehr noch die Technik der Radierung. Erst die verschiedenen Stufen der Ätzung ermöglichen es, die Metamorphose so weit zu gestalten, daß Wasser, Fels und Drache ihre ungestümen Kräfte gegeneinander austauschen. Das *Traktat,* das die handwerkliche Seite dieses Dramas schrittweise darlegt, erfüllt literarisch alle Erwartungen, die mit der Gattung verknüpft sind. Die Entstehungsgeschichte der Radierung ist so lebendig und unterhaltend, daß die Belehrung zum Vergnügen wird. Das alte „prodesse et delectare" lebt wieder auf. Auch das gehört zum Charakter der Kopie, wie Janssen sie versteht.

In einem Punkt kehren wir noch einmal auf das Radieren und seine Technik zurück. Er betrifft den Unterschied zur Zeichnung. Die Zeichnung entsteht mit jedem Strich unter unseren Augen; das Auge bestätigt oder verwirft sogleich, was die Hand gemacht hat. Bis die Radierung sich als Bild fertig zeigt, sind verschiedene Verfahren und viele einzelne Schritte dazwischengeschaltet. Bis zum Druck prozessiert gleichsam das ganze Medium. Der Künstler hat es mit dem Negativ zu tun, und das Positiv existiert vorläufig nur in der Vorstellung. Die spiegelbildliche Umkehrung des Motivs ist dabei noch die geringste Schwierigkeit. Genau betrachtet, drängt sich der Vergleich mit dem Bildhauer auf, der die Form schafft, aber erst mit dem Abguß steht das Werk vor ihm. Unter der Hand des Radierers graben Nadel und Säure ein Relief in das Metall ein. Mit den einzelnen Stufen der Ätzung, mit den ausgesparten blanken Flächen und den tiefen Gräben, mit den Graten und Noppen wird die Platte selber zu einer Art Landschaft. Der tastende Finger fährt über ein schrundiges Gelände. Das ist von größtem Einfluß auf die Darstellung. Die Radierung, wie Janssen sie immer virtuoser handhabt, arbeitet sich plastisch — von innen her — gegen das Bild vor. Es gibt kein Außen, das nicht aus der Tiefe heraus modelliert wäre. Das ist aber gerade das Geheimnis der Metamorphose. Sie stülpt sich nicht oberflächlich über, sondern steigt von innen auf. Hier liegt der Unterschied zwischen der ersten und zweiten Fassung von *Hokusai's Spaziergang.* Strich und Flächenätzung ergänzen sich nicht einfach. Es genügt nicht, daß dem Felsengestein die Drachenfigur umrißhaft aufsitzt. Ein Spiel mit wechselnden Bedeutungen, entfaltet es sich vom Grund des tiefer geätzten Metalls.

Das Radieren bleibt nicht ohne Folgen für das Zeichnen, dem es ja in mancherlei Hinsicht entgegengesetzt ist. Die Gestaltung des Motivs aus der plastischen Form heraus wirkt auf den Zeichner zurück, auch wenn er sich nur in der zweiten Dimension bewegt. Er wird dem Sitzenden den Stuhl und der Liegenden das Sofa so in den Rücken schieben, daß sie ein Teil ihrer Anatomie sind. Eine Hand mag noch so viele Fettpölsterchen und Falten haben, sie ist aus Haut u n d Knochen — aus Knochen, die, kantig und spitz, zugreifen. Das Skalpell der früheren Jahre, das die Skelette freigelegt hat, ist zwar geschwunden; Janssen sucht jetzt die Oberfläche. Aber das Fleisch, das er zeichnet, hat sich den sezierenden Blick einverleibt.

Hokusai's Spaziergang und davor Landschaften nach Odilon Redon oder Hercules Seghers, das war das Hauptgeschäft in diesem Herbst 1971. Aber einmal erfolgreich in der Radierung und entschlossen, die Breite seines Könnens zu demonstrieren, ließ sich Janssen von den vorbereitenden Arbeiten anstecken, die Schack einem Katalog über Paul Gavarni, einem Zeitgenossen Daumiers, widmete. Er radierte eine Reihe von figürlichen Szenen nach dem Werk des Franzosen — Kopien, in denen sich der Tiefdruck dem lithographischen Flachdruck mehr als ebenbürtig erwies; in den Konturen pointiert oder auch schroff und ätzend, wo sich in der Szene ein Abgrund auftut. Besonders die Kostümierungen luden dazu ein, den lithographischen Stift mit den Mitteln der Radierung herauszufordern: die Gewänder fließender, den Brokat steifiger, die Morgentoilette noch aufgelöster. Kein Effekt, der sich nicht mit Asphaltlack und Säure übertreffen ließ. Natürlich ist die Radierung eine andere Welt. Gerade das reizte jedoch Janssen, und so wagte er immer mehr Übergriffe.

An einem Wochenende im November radierte er die Suite *Carnevale di Venezia*. Noch bevor er die Platten weiterarbeiten konnte, sind sie auf ungeklärte Weise abhanden gekommen und bis heute verschwunden geblieben. Der erste Zustand zeigt immerhin, wie er die Verkleidungsspiele über Gavarni auf Hokusai und sogar bis auf Callot zurückverfolgte. Es sind Enthüllungen des Fleisches und Maskierungen des Charakters, lauter amouröse Manöver vor der Silhouette Venedigs mit seinen Palästen und Kirchen. So verwinkelt wie die Architektur der Stadt ist das Lineament, das die Figuren in absonderliche Neckereien verwickelt darstellt. Mit diesen Erotica setzte Janssen ein Gegengewicht zur Landschaft. Thematisch schlug damit das Pendel weit zur anderen Seite aus. Wie hätte er Toninelli auch anders bedienen können, für den die Suite bestimmt war. Holsteinische Kopfweiden hätten auch kaum zu dem Italiener gepaßt. Und so bot sich hier die Gelegenheit, die boshaften Kabinettstückchen des Vorjahrs mit neuen Finessen wieder aufzugreifen.

Lange genug hatte Toninelli warten müssen. Er hatte atmosphärisch zur Aufbruchstimmung dieser Jahre beigetragen. Was an Verkaufsreisen und neuen Verbindungen getätigt wurde, ist mit seiner Person verknüpft, mit der Erscheinung dieses Künstlerdiplomaten, der immer mit einem Lederköfferchen unterwegs war. Mit jedem seiner Auftritte trug er den Abglanz der internationalen Gesellschaft in die norddeutsche Provinz nach Blankenese. Janssen bewunderte seine Vielsprachigkeit. Er genoß es, wenn der Italiener die fremden Zungen geschmeidig traktierte und besonders das Deutsche mit seiner unnachahmlichen Grandezza einfärbte. Hingerissen aber war er, wenn dieser Sprachgewandte in Ausdrucksnot geriet und unter dem Zwang, sich verständlich zu machen, zu den erstaunlichsten Bildern griff. Nur war diese Begeisterung wieder nicht anhaltend genug, um eine Radierserie „locker" zu machen. Toninelli, der den norddeutschen Künstler gegen manchen Widerstand im romanischen Ausland durchgepaukt haben soll, schlug am Mühlenberger Weg mit der Faust auf den Tisch: „Bin ich denn was Minderwertiges?" Das soll Janssen imponiert und den Weg zu *Carnevale di Venezia* freigemacht haben.

Das Buch mit dem gleichlautenden Titel gab zwei Jahre später Schack heraus. Es zeigt am besten, welchen Vorlieben Schack als Herausgeber anhing und wie Janssen ihnen nach Kräften willfuhr. Die Vorzeichnungen für die Radierungen und die Nachzeichnungen nach den Vorzeichnungen, das war das Bildmaterial, das Schack bei der Auswahl bevorzugte. Das Werk in statu nascendi. Und er hatte recht, denn lange genug war die Skizze entweder nicht mehr gewürdigt oder voreilig verabsolutiert worden. Erst seit *Carnevale di Venezia* haben wir wieder einen Begriff von der flüchtigen Skizze, einen Begriff, der zwar sprichwörtlich, aber schon halb vergessen ist. — Soweit das Buch voll ausgearbeitete Radierungen enthält, stammen sie vom Oktober '72, aus jener Radierphase, die an die lavierte Federzeichnung anschloß und von der unser Rückblick ausging. Aus der Sicht der 72er-Radierung fällt noch einmal ein charakteristisches Licht auf die Werkgruppe, die dem japanischen Lehrmeister gewidmet ist. *Hokusai's Spaziergang* und das Drumherum waren vor allem ein experimentelles Übungsfeld, ein weitgestecktes Gelände präludierender Technik, insgesamt ein fündiges Terrain für alle möglichen Weiterentwicklungen. Hier in diesem Umkreis wuchs sich die Kopie zur Serie aus. Hier gewann sie jene Selbständigkeit, die sie seitdem im Œuvre hat. Das Mädchenthema entfaltete sich zu mehrfigurigen Szenen. Die Landschaft mit ihren wechselnden Gesichtern setzte ein schier unbegrenztes Register von Radier- und Ätzverfahren frei.

Davon profitierte zuerst und soweit wir von der Zeichnung absehen: die Radierung ab August '72. Die schönsten Resultate sind zusammen mit den lavierten Federzeichnungen in dem Buch *Landschaft* gesammelt. Den Hauptteil bildet die *Froschlandserie*, ein Zyklus, der einen plattgefahrenen Frosch und die Metamorphose seiner sterblichen Überreste vorführt. Die ausgequetschte, gebeutelte Hülse wird zu Teilen der Landschaft „verzeichnet", bis zwar nicht der Prinz aus dem Märchen, aber ein zweites und besonders irdisches Leben daraus entspringt. Janssen, der dieses Motto in einem Begleittext leichthändig anschlägt, verweist auf den Kern: Gleich dem verwunschenen Märchenhelden ist der Reichtum dieser Welt in den unansehnlichsten Dingen verborgen. Was ist so tot wie der von einem Autoreifen planierte und von der Sonne ausgelaugte Tierkadaver? Nur noch Hülle, ein leerer Balg. Doch genügen sogar diese Reste, und unter dem tastenden, forschenden Blick des Künstlers glimmt der Lebensfunke wieder auf. So entstanden die springlebendigen Froschkoboldereien.

Die zauberische Verwandlung ist nicht bloß herbeigeredet. Sie ist eine in jeder Radierung mit anderen Mitteln wiederholte Sensation für das Auge. Janssen hat sich diesen Motiven und dazu einer Reihe von welken Blättern mit einem Zartsinn und einer Sorgfalt zugewandt, wie wir das von den Miniaturen eines längst verflossenen Handwerks

Frosch à la Feder und Tusche, Radierung 2. 9. 1972 (10,4 x 14,9 cm)

kennen. Der auf kleinstem Raum versammelte Krümelkram gebiert ein Universum nicht endender Überraschungen: als blickten wir in die Ätzschale — dorthin, wo die wasserverdünnte Salpetersäure das Metall angreift und unter unzähligen glitzernden Bläschen ihr geheimnisvolles Geschäft betreibt. Die winzigen lichtdurchfluteten Perlen steigen auf, und es rumort richtig, wenn die Platten jener chemischen Wirkkraft ausgesetzt sind, und sei es auch nur so kurz und behutsam wie diese Meisterradierungen. Das Ätzen ist ein vielgestaltiger Umwandlungsprozeß und im Bild nehmen wir daran teil. So arbeitet sich die Natur immer neu durch die unerfindlichsten Gestalten hindurch.
Natürlich sind das Ergebnisse einer ausgeklügelten Radiertechnik; einer Technik, die sich alles anverwandelt und noch das Unvorhersehbare so bezirzt, daß es in den gewünschten Effekt einstimmt. Um sich zu dieser Höchstleistung aufzuschwingen, mußte Janssen mit zwei Partnern im Bunde sein: einerseits mit dem Medium der Radierung, das ihm aufs neue und völlig ergeben war, und andererseits mit dem

Drucker Frielinghaus. Dieser zog von den empfindlichen Platten die einfühlsamsten Drucke. Kein anderer konnte die Platten so ausschlagen, daß im Divertimento sich jagender Einfälle noch die kleinste Szene durchsichtig bleibt. Immer häufiger ging Frielinghaus dazu über, die Farben und die Papiere zu wechseln. So trug er in jedes Motiv zusätzlich den Reichtum interpretierender Gestaltung. Die Radierung im Umkreis von *Hokusai's Spaziergang* zielt auf die Ebenbürtigkeit der angewandten Mittel. Mit Erstaunen sah man, wie bestimmte Prozeduren mit Asphaltlack und Säure dem Natureindruck die Waage halten. Was dort Demonstration war, ist in der *Froschlandserie* Ereignis geworden.

Janssen sollte noch das ganze Jahr '72 in der Radierung äußerst erfolgreich sein. Auf eine Blumensuite im September folgten größere Formate. Als er im November zum ersten Mal das Porträt zu einer Serie von Zeichnungen ausdehnte und es ihm gelang, Roswitha, Gesche, Verena, Philip, Bettina, den Liebreiz jedes dieser Gesichter in seinen flüchtigsten Momenten einzufangen, da fühlte er sich souverän genug, das auch auf der Zinkplatte zu wiederholen. Am Anfang des Jahres war er probeweise in die große Landschaft — 40 x 50 cm — eingestiegen. Jetzt, gegen Ende 1972, hatte er den Weg gefunden, seine geliebten Pusseleien in die Architektur des großformatigen, stattlichen Einzelblattes zu überführen. Eine gediegene Schau solcher Verkaufsstücke stellte der Propyläen-Verlag zur *Mappe I* zusammen. Wenn man die bis in die letzten Dezembertage ungebremst fortdauernde Produktivität rückblickend überschaut, drängt sich der Eindruck auf, ein einzigartiger Schaffensrausch hätte Janssen zu immer neuen Ufern weitergetragen. Verhinderungen, Unpäßlichkeiten, Krankheiten — wann wäre dafür Zeit gewesen? Der Mann war ja ununterbrochen an der Arbeit. Wie in den glücklichen Stunden der Konzentration die Zeit verrinnt, so entwickelt das Gelingen eine eigene befreiende Dynamik, vor der auch akute Schmerzen das Feld räumen.

In diesem nach 1958 und 1964 vielleicht produktivsten Schaffensjahr war Janssen jedoch zuletzt mehr krank als gesund. Dafür sorgte schon die Trennung von Gesche, dafür sorgte auch Roswitha, die zwar erobert, aber nicht gefesselt sein wollte, dafür sorgte vor allem der

Alkohol, der Absturz in die Flasche, der wieder häufiger Löcher in den Kalender riß. Daß überhaupt diese Monate nicht im Tumult untergingen, war noch am ehesten Gesche zu verdanken. Sie schuf klare Verhältnisse, nachdem sie sich für ein Kind entschieden hatte, für ein Kind, das die Trennung von Janssen bedeutete und das sie auf einem Bauernhof allein großziehen wollte. Nach einem Bauernhaus hatte man seit dem Sommer gemeinsam im Anzeigenteil der Zeitung gefahndet. Gefunden war es in dem Augenblick, als Janssen in die Küche zu Gesche hinüberrief: „Was ist eigentlich ein Haubarg?" Hinter Friedrichstadt, hinter der Eider, wohin sie sofort zur Besichtigung eilten, empfing sie der Bauer mit einer Schrotflinte. Man wurde handelseinig, als es Janssen gelungen war, den Steinhäger zu entwaffnen. Den Vertrag unter Dach und Fach tönte er großspurig, daß ihn das Bauernhaus vier Radierplatten kosten würde. Wenn Brockstedt nicht die sechsstellige Summe vorgestreckt hätte, hätte sich der Kauf gar nicht realisieren lassen. Aber so kam Gesche zu ihrem Haubarg in Witzwort, einem kleinen Ort in der Eiderstedter Marsch.

Ein Nebeneffekt der Sucherei war, daß auch Verena ein Strohdachhaus erhielt. Ein puppiges, von einem Bauerngarten üppig eingefaßtes Nordfrieslandhaus, das bei Niebüll im äußersten nordwestlichen Zipfel Schleswig-Holsteins liegt. Dorthin zog sie mit Sohn Philip, nachdem es sie zwischendurch in die Umgebung von Bremen verschlagen hatte. Aus bester Familie war sie sich nicht zu schade, aushilfsweise an der Kasse einer Schlachterei zu arbeiten, bis die Unterhaltszahlungen, von der Griffelkunst-Vereinigung gegen Jahresgaben verrechnet, stetiger flossen. Vor diesem Hintergrund ist es Gesche schon als Verdienst anzurechnen, daß sie von den aus dem Atelier gehenden Vermögenswerten einen Teil in eine dauerhafte Anschaffung ummünzte. Janssen kam nach wie vor ohne Auto, ohne Rücklagen, ohne die Annehmlichkeiten des gewöhnlichen Konsums — eben mit nichts aus, wenn es nur in Fällen, in denen es momentan pressierte, dazu ausreichte, 1000 Mark für ein Trinkgeld, für eine Wette hinauszuwerfen oder dafür, eine seiner Frechheiten zu entgelten und sich freizukaufen.

Der Witzworter Bauernhof war anderthalb Autostunden von Hamburg entfernt. Er sollte auch als Zuflucht dienen, und natürlich stellte er eine Einladung dar, sich aufs Land und in die Familie zurückzuziehen oder wenigstens die ruinösen Folgen des Alkohols gelegentlich auszukurieren. Wenn Gesche auch allein für ihr Kind und die geliebten Vierbeiner, die Schafe und Pferde, leben wollte, so war doch offen, ob sich Janssen nicht irgendwann auch danach sehnte. Er selber nährte die Illusion und von dem Haubarg war er ohnehin begeistert. Seine Bauweise ist so urig wie praktisch. Das auf einer Warft errichtete Bauernhaus stammt aus einer Zeit, als man den Überschwemmungen mit einer Konstruktion vorbeugte, die die tragenden Pfeiler und darauf das Dach und den oberen Boden stehen ließ, wenn das Nordseewasser schon die Mauern weggespült hatte. Sein Kinderbett in Oldenburg hätte ihn nicht besser gegen Unwetter schützen können.

Die Trennung war beschlossen, die Vorlieben teilte man noch. Insgeheim waren die Hoffnungen des einen aber schon nicht mehr die Hoffnungen des anderen. Das zog sich für Janssen in einer Beobachtung zusammen, die den Abschied vorwegnahm. Die kleinen Eitelkeiten sind gewöhnlich der unerschöpfliche Vorrat gemeinsamer Unterhaltung. Wenn sie aufhören, liebenswert zu sein, bricht eine Welt zusammen. Gesche drehte sich vor dem Spiegel und schob die Arme in den Nacken, ihre Pose kokett mit einer Blickwendung verfolgend. Sie wollte werden, wie die Frauen auf den Zeichnungen. Als Janssen unbemerkt dazutrat, schnappte die Falle zu: „Ich habe die Macht der Phantasie, die Frau will die Wirklichkeit." Auch wenn ihm nach Ländlichkeit und Familie zumute war und er mit solchen Aussichten kokettierte, dazwischen lag ein Abgrund.

Gesche mochte ihrerseits an eine gemeinsame Zukunft glauben. Aber das Ende ihrer Beziehung holte auch sie ein — allerdings aus entgegengesetzter Richtung, von den Anfängen her. Die schrecklichen ersten Wochen, als er im Wechsel Verena und seine neue Liebe zur Tür hinausgeprügelt hatte, konnte Gesche nicht vergessen. Auf keinen Fall wollte sie, daß sich das wiederholte.

Schwangerschaft und Trennung — das paßte und paßte nicht. Eine permanente Beunruhigung ging davon aus. Gründe, aus der Haut zu fahren, addierten sich wahllos hinzu. Gründe, die wie immer keiner einsehen konnte und die, die es traf, an Naturkatastrophen denken ließen, an schlagende Wetter, an den Blitz aus heiterem Himmel. Vor dieser Art von kosmischen Anschlägen mußte man auch in Phasen intensivster Arbeit jederzeit auf der Hut sein, besonders an den Nahtstellen, wenn das Thema gewechselt wurde, erst recht wenn eine abgeschlossene Suite aus dem Haus ging.

Zu einer solchen Gelegenheit wurde Brockstedt aus dem Bett geklingelt. Es war wieder mal der vorläufig letzte Akt in diesem sich hinziehenden Freundschaftstheater. Halb schlafend und notdürftig bekleidet, rückte Brockstedt im Mühlenberger Weg an. Die Blumensuite vom Sommer '72 stand zum Verkauf. Trotz der mitternächtlichen Stunde traf er dort auf Fest und Toninelli. Alle drei sollten schriftliche Gebote abgeben. Auf dem Höhepunkt der Nervosität sah sich Brockstedt in die Küche beiseite genommen und mit drei mehrstelligen Zahlen konfrontiert. Er durfte sich eine Summe aussuchen, wählte die niedrigste — und bekam zur Erbitterung der Mit- und Mehrbietenden die Suite ausgehändigt. Gegen vier Uhr früh, nach einem ausufernden Besäufnis, verließen Sieger und Besiegte das Atelier, als sich Janssen auf Brockstedt warf. Der strampelte sich los und seilte den Stapel Zeichnungen über das Straßenpflaster. Diese Geste kam für Janssen so überraschend, daß sie augenblicklich die Hände für eine Umarmung freimachte.

Solche Überfälle bleiben im Gedächtnis und setzen sich wie Alpträume fest. Es gab niemanden, der sich daran gewöhnen konnte. Der alte Freund Michael Hauptmann mußte nach vielen Jahren noch einmal diese Erfahrung machen. Der katastrophale Abend ließ alle, die da hineingeschlittert waren, restlos erschöpft zurück — bis auf Janssen, der am Ende noch die Dreistigkeit hatte, darüber Tränen zu vergießen. Michael Hauptmann stand vor dem fünfjährigen Bestehen seiner Galerie. Er bat um eine Radierung, die Auflage wollte er an treue Kunden verschenken. Janssen antwortete spontan mit einer Zusage. Nachdem er lange nichts von sich hatte hören lassen, kam endlich ein Anruf: „... am besten gleich". Die Tür in der Blankeneser Burg öffnete sich, Hauptmann stutzte noch über das vom Bademantel schlecht verdeckte Nachthemd, da mußte er sich schon entscheiden: „Zwei Platten — welche findest du besser?" „Für Michel zum 5." kratzte Janssen auf das Selbstporträt. Die Proben sollte Frielinghaus, die 80 Auflagendrucke Werkmeister ziehen. Da die Signaturen geschenkt wurden, wollte sich Hauptmann das beste Papier gönnen. Die Drucklegung durfte einiges kosten.

Zum Signieren der Auflage nahm Michael Hauptmann seine Frau Dodo mit nach Blankenese. In blendender Laune numerierte Janssen auch gleich alle Blätter durch und lud anschließend die Freunde in ein Restaurant bei den Karpfenteichen ein. Nach dem Essen fuhr man in Dodos offenem Kabriolett schlagersingend in Richtung Blankenese zurück. „Wohin? — Zu Hegewisch", fiel Janssen ein und angetrunken griff er Dodo ins Steuer. Ein Chausseebaum drückte den Kotflügel ein. Von dem blechernen Stoß aufgerüttelt, tönte er weiter: „Du kriegst ein neues Auto." Hegewisch war nicht zu Hause, und so landete man bei „Brötchen-Ahrens". In der Runde von acht Personen floß reichlich Alkohol. Die Ausgelassenheit steigerte sich. Nachträglich wollte Michael Hauptmann gemerkt haben, daß ein leichter Mißton aufgekommen war. „Bist du wahnsinnig geworden", fegte Janssen die gute Stimmung vom Tisch. Dodo hielt dagegen, da war der Freund dran: „Dir habe ich Tausende von Mark geschenkt." — „Die kannst du sofort zurückhaben." Hauptmann ging stracks zum Auto und gab die Auflage heraus. Noch im Garten entfachte Janssen mit den Radierungen ein Feuer. Die Blätter lüftete er einzeln, damit sich die Flammen hindurcharbeiten konnten. Angestachelt von seiner Kokelei, verließ er die Glut nur noch einmal, um mit einem plötzlichen Ausfallschritt der Frau gegen das Schienbein zu treten. Wieder zu Hause, in seinen eigenen vier Wänden, bekroch ihn eine besonders ekelhafte und weinerliche Verlegenheit, und als gäbe es noch irgendwas zu retten, widmete er Michael Hauptmann eine Grafik aus der Schublade.

Wer in solche Desaster hineingezogen war, sucht nachträglich nach Erklärungen. Gab es eine innere Logik, der dieser abrupte Stimmungswechsel folgte, oder schlug hier einer blindlings um sich? Janssen fühlte sich in solchen Momenten in Stich gelassen und von seinen Freunden enttäuscht. Dann schien er es aber wieder genau auf eine Situation abgesehen zu haben, die das Opfer nicht nur zu fordern schien, sondern auch völlig wehrlos machte. Schack saß am Steuer seines Autos, als er von hinten an der Gurgel gepackt wurde und er mitten im Verkehr die Hände nicht vom Lenkrad nehmen konnte. Tage, Wochen braucht der Mensch, um solche Einbrüche in seinen Nervenhaushalt auszugleichen. Janssen war oft schon am nächsten Morgen wieder am

Zeichentisch, und mit der gleichen Intensität jagte er einer vertrockneten Blüte jene für das gewöhnliche Auge unerreichbaren Sensationen ab.

Gegen Ende des Jahres 1972, nach dieser einzigartigen, über Risse und Abstürze hinwegführenden Gratwanderung, war er so erschöpft, daß man ihn krank nennen konnte. Ja, er stand seit Tagen unter starken Schmerzen und suchte — was nur im äußersten Fall geschah — die Ärzte im Eppendorfer Krankenhaus auf. Lähmungserscheinungen im linken Arm waren das auffälligste Symptom. Ursachen ließen sich aber nicht ausfindig machen, so daß man es schließlich auf das Rauchen — bis 50 Zigaretten pro Tag —, auf zu viel Kaffee und den Alkohol schob. Einige Tage Schonung wirkten bei dem 43jährigen schon wieder Wunder. Und Mitte Dezember fühlte er sich soweit über seinen Tiefpunkt erhoben, daß er eine Phase der Kräftigung genau auf ihrem Gipfel dazu benutzen konnte, die spektakulärste Leistung dieses Jahres in einem Zug zu vollbringen: *Hanno's Tod*.

Die literarische Anregung stammte von Joachim Fest. Er fand Janssen damals „völlig ungebildet", abgesehen von der Kenntnis einiger amerikanischer Erzähler mit Edgar Allan Poe an der Spitze. Nur kurz mußte es sein. Über Lichtenbergs Aphorismen ging ihm nichts. Richtig ist, daß er lesend nie bis ans Ende der *Buddenbrooks* vorgedrungen ist. Als Fest die Geschichte des kleinen Hanno erzählte und mit dem unterkühlten Pathos des Thomas Mann-Verehrers die Pointen setzte, erkannte Janssen sofort, was es mit der nüchtern-umständlichen Beschreibung der Krankengeschichte auf sich hat: „Mit dem Typhus ist es folgendermaßen bestellt." Die das Grauen ausmalende Phantasie wird erst richtig aufgerührt, wenn am Ende des langen Romans nicht ein Erzähler, sondern die Wissenschaft selber das Unabänderliche vollstreckt. Janssen war Hypochonder genug, um darin seine eigene Krankengeschichte wiederzuerkennen. Alle Texte, die er für eine bildnerische Bearbeitung bis dahin erwogen hatte, traten in den Hintergrund. Zwischen dem 15. und dem 21. Dezember 1972, in nur einer Woche, radierte er 27 Selbstbildnisse, die den herannahenden Tod durch alle Stadien der Auflösung zeigen.

Wenn Selbsterkenntnis je bis an das Ende vorgedrungen ist und die

Selbst aus *Hanno's Tod*, Radierung 20. 12. 1972 (22,3 x 14,7 cm)

Visionen des Verfalls wie Pestfliegen angezogen hat, dann in diesen Bildern, die zu Recht schonungslos heißen. Der Exhibitionist quält die Pose. Doch Janssen posiert nicht, er liefert sich aus, er wirft sich weg. Jedes Gesicht ist sein letztes. Wir können die Miene verziehen und Fratzen schneiden. In allen Grimassen sind wir noch mit uns einig. Es muß schon ein Schock wie nach einer Unfallgefahr oder eine fürchterliche Erschöpfung von uns Besitz ergriffen haben. Dann kommt es vor, daß wir unser Gesicht wie einen Lappen Haut fühlen, der dem Schädel übergestülpt ist und in den Falten strammt. Dieses Gesicht existiert von uns losgelöst. Wir selber haben uns in die Augenhöhlen, hinter das Nasen- und Schläfenbein zurückgezogen und blicken im Spiegel wie zu Jenseitigen hinüber. So sieht Janssen sich. Das eine Auge ist blind, ein leeres oder schwarzes Loch; das andere tastet sich brechend unter dem Lid hervor. Halb Totenkopf, halb Mienenspiel — je krasser die Gegensätze, desto grimmiger, aber auch desto humoriger der Szenenwechsel.

Das Gesicht ist in unserer Sprache das Gesehene wie auch das Sehen; das Gesicht, das einer zeigt, und die Visionen, die sich aufdrängen. Dazwischen liegen Abgründe, oft ein ganzes Leben mit seinen einschneidenden und unfaßlichen Veränderungen. Solche die ganze Gestalt umkrempelnden Veränderungen waren mit Janssen vorgegangen. Der körperliche Ruin hatte sich in den letzten Wochen massiv eingestellt. Die Gleichgewichts- und Gehstörungen, die teilweisen Paralysen waren nur die sichtbarsten Zeichen. In diesem Herbst hat er rund 40 Pfund verloren. Vor einigen Monaten noch ein Zweizentnerkoloß, wog er jetzt kaum über 150 Pfund. Das hatte einen tiefgreifenden Wandel seiner äußeren Erscheinung zur Folge. Wie immer, wenn das vom Alkohol aufgeschwemmte Gewebe gewissermaßen austrocknet, fängt die Haut an, wie eine leere Hülle um die Glieder zu schlackern. Der Prozeß des Alterns setzt überstürzt ein, so kraß und rapide wie sonst in Jahren nicht. Als wäre mit der Leibesfülle auch eine frische und kecke Jugendlichkeit gespeichert gewesen, war er nicht nur dünn und knochig, sondern auch alt geworden. Nach der Krise und mit einem Bein schon in dem neuen Lebensabschnitt war die Zeit reif, die Stationen des Verfalls aufzuzeichnen. *Hanno's Tod* entstand genau auf dieser Wende.

Einfach in den Spiegel schauen — das reichte freilich nicht. Seine Visage hätte Janssen nicht wie einen ausgeleierten Handschuh um- und umkrempeln können, wären da nicht die jahrelangen Vorarbeiten gewesen. Sie machten erst den Weg frei für diese Flut von Selbstdarstellungen.

Das Selbst begleitete ihn durch alle Perioden seines Schaffens. Der Profilkringel in der Lithographie war seinerzeit — 1959 — schon nicht mehr der Anfang gewesen. In den 60er Jahren kreiste das Selbst um den Mund, der, zum Singen oder Schreien geöffnet, das Zentrum einer Erregung war, die sich in Wellen über beide Backen ausbreitete. Dabei gerieten die Augen an den Rand und wurden zu Schlitzen verengt. Um 1970 bildete sich eine neue Ordnung. Das Gesicht trat in seine beiden Hälften auseinander. Es teilte sich entlang einer Mittelachse, die von der Nasenwurzel hoch in die Stirn und über den Nasenrücken bis zur Kinnfalte und herab über die Lichtschattenlinie des Halses tief in den Ausschnitt des Hemdes reichte. Freilich, von der Symmetrie sollte nur das gestörte Gleichgewicht bleiben. Deutlich abzulesen an den Augen, die — en face — selten auf gleicher Höhe liegen und noch seltener den gleichen Ausdruck haben.

Mit Vorliebe nahm Janssen eine leichte Krümmung der Nase zum Anlaß, die Mittelachse aus ihrer geraden Bahn herauszubiegen. Ja, mit seiner Nase ging er besonders gewaltsam um. Er verzeichnete sie mutwillig und quälte ihre Anatomie, als wollte er seiner Vorderansicht die holprige Profillinie einschreiben. Entlang dieser Vertikalen drängten sich alle Beunruhigungen.

Seit er 1970 in die Landschaft gegangen war, spiegelte sich das auch in seinem Gesicht wider. Was immer ihn beschäftigte, er kam mit erstaunlichen Weiterungen auf sich zurück. In Gedanken an Venedig setzte er sich 1971 eine Pappnase auf; das sperrige Ding dorthin, wo Licht und Schatten aufeinanderstoßen. Die Naht- und Bruchzone hatte es ihm angetan. Da kurvte er mit dem Zeichenstift entlang, nach links und rechts ausbiegend, rauf und runter, eine Berg- und Talfahrt, wie es sie abgründiger nicht gibt. Nase, Mund und Augen — lange genug hatte er jedes einzeln und für sich abgebildet. Endlich war er soweit, die bewegte Landschaft seines Gesichts in einem Wurf, in einer einzigen Gebärde zu erfassen. Als er *Hanno's Tod* radierte, hatte er diese Freiheit erlangt. Die unterschiedlichen Stellungen und Drehungen des

Kopfes waren ihm jetzt geläufig. Jene gelenkige Achse trat gleichsam nach innen, hinter die Szene, zurück. Von allen Seiten arbeitete sich die Zeichnung gegen das Selbst vor. Linie und Strich, Kontur und Plastik ergriffen sich gegenseitig. Janssen war am Ziel. Diesseits und Jenseits, die Landschaft und die Vision des Todes, teilten sich ihm gleichzeitig mit — in einem Zug. Derart mehrdeutig und vielgestaltig, brauchte er die Radiernadel nicht mal abzusetzen. Derselbe Strich erging sich in gegensätzlichen Bildern.

Diese Wandlungsfähigkeit ist das Janssen-Elixier. Keine Serie zeigt es besser als *Hanno's Tod*. Eine zur Sturzflut entfesselte Fülle von Gesichten und Gesichtern.

Mit einem der erfolgreichsten Deutungsmuster dieses Jahrhunderts möchte man von der Suche nach der eigenen Identität sprechen. Die beschädigte oder abhanden gekommene Einheit der Person, das Syndrom der Selbstentfremdung — was ist häufiger dargestellt worden? Aber weder hat Janssen die Diagnose der Jahrhundertkrankheit, noch deren Therapie jemals akzeptiert. Psychoanalyse, Rollentheorie, alle diese neuerlichen Identitätsbeschaffer prallen von ihm ab. Er hält die Diagnose für die Krankheit.

„Überhaupt gibt es keine Frustration außer die der Intelellen. Denn: entweder ist die Pression so groß, daß ich vollauf damit beschäftigt bin, den schmerzenden Druck zu lindern oder es schmerzt nicht + dann ist es keine Pression. Unzufriedenheit ohne Pression ist lediglich Unverschämtheit, Unbescheidenheit, Dummheit, Maßlosigkeit im Sinne des Wortes + für Betrachter ekelhaft." (6. 6. 1971)

Das Sinnlosigkeitsgefühl, auf Dauer gestellt und zur Theorie vertieft, haßte er. Dagegen lief er Sturm. Keiner, der vor seinen Explosionen sicher war, er selber am wenigsten. Die Aggressionen, diese Ausbrüche — waren sie nicht der beste Beweis für das Leben, für das Leben im Leben? Der Tod war ihm gleichbedeutend mit: Ewigkeit, Gleichgültigkeit, kristalline Ordnung, „ein einziges riesiges Händchenhalten". Man muß nicht Hysteriker sein, um gegen diese letzte Gewißheit alles Leben und auch noch das Chaos aufzubieten.

Janssen in seinem Element: das heißt Verausgabung und Grenzüberschreitung. Dieses sein Gesicht, das er in- und auswendig kannte, war ihm zur Welt geworden. In das Land des Grauens und Schreckens hatte er seine Wege eingezeichnet. Wie immer konnte er nicht bei sich sein, ohne daß er bei anderen war. Wieder mal bei Hokusai und der Riesenspinne. Dorthin — zur Kopie — wendete sich die unheimlich eindrucksvolle Reihe seiner Selbstbildnisse am Ende von *Hanno's Tod*.

21. Bettina

Als Bettina kam, zerschlug sich für Gesche die Hoffnung, doch noch mit Janssen auf dem Bauernhof in Witzwort zusammenzuleben. Auch nachdem die leidenschaftliche Verbindung nach nur drei Monaten zerbrochen war, bestanden keine Aussichten mehr. Im Frühjahr brachte Gesche ihren Sohn Adam zur Welt, in diesem Frühjahr 1973 hatte Bettina so um ihr Leben bangen müssen, daß sie endgültig das Haus am Mühlenberger Weg verließ. Unbegreiflich viel war geschehen, und es kam Janssen nicht mehr in den Sinn, aufs Land zu ziehen. Gesche und die Landschaft rückten in die Ferne. Die Zeit der hysterischen Liebe war angebrochen.

Janssen kannte Bettina, solange er mit der Familie von Professor Sartorius befreundet war. Zum ersten Mal sah er das kleine Mädchen im Elternhaus in Freiburg herumwuseln. Dort im Breisgau hatte auch eine Ausstellung der Holzschnitte stattgefunden. Das war lange her. Mitte der 60er Jahre siedelte die Familie des Nierenfacharztes nach Hamburg um. Mit Verena und Philip erschien Janssen jetzt häufig zu Besuch. Es war die Zeit der endlosen Kartenspielerei. Die Einsätze beim Pokern wuchsen ins Astronomische. Der Versessenste von allen war Roland, der Sohn des Hauses. Die siebzehnjährige Schwester Bettina war nur mit sich selber beschäftigt und pubertierte am Rande der Familie vor sich hin.

1969, nach der Trennung von Verena, zog es Janssen eine Zeitlang frühmorgens zu Sartorius nach Flottbek. Er fuhr ein Mofa, und die Brötchen zum Frühstück kaufte er unterwegs bei einem Lebensmittelwagen, der auf der Elbchaussee hielt. Als Neunzehnjährige lag Bettina am liebsten lang hingerekelt auf der Couch und hielt unbeweglich ein

Buch. Das Mädchen schien auf etwas zu warten, ohne zu ahnen, was es sein könnte. Um so genauer wußte es Janssen. Er zeichnete den schlaksigen Teenager diagonal hingestreckt, rechts davor die große zusammengerollte Gestalt des Lieblingshundes — eine latente Bedrohung, die natürlich niemand anders als er selber war. Bettina wich den Werbungen aus und gab sich noch indolenter, um ihre Mutter nicht aufmerksam zu machen. Aber etwas Magisches hatte es doch, wenn der alte Faun beharrlich wiederholte: „Wenn du 21 bist, dann hab ich dich."

Sie verschwand auf einige Zeit in einer katholischen Presse in Süddeutschland, um das Abitur zu machen. Die Beziehung zu Gesche war gerade ziemlich ausgeglichen, als Janssen seiner Gymnasiastin Postkarten mit possierlich-perversen Zeichnungen nachschickte. Nach seinem eigenen Verständnis: „das reine Angeilen". Bild um Bild nahm er die Spielchen vorweg, die er für sie beide voraussah. In seinem Kopf reifte die schlanke Mädchengestalt zu jener Weiblichkeit heran, die Jahre später den Reiz der *Bettina*-Serie ausmachen sollte. Er antizipierte ihre gemeinsamen Vergnügungen und kostete sie im voraus und weidlich aus. Und gewiß lebte er dabei über seine Verhältnisse. Er gab sich in den Zeichnungen hemmungsloser und auch sadistischer, als er war. Auf die Art reden hörte ihn niemand. Dennoch war es nicht die Hochstapelei eines Mannes, der nur in seiner Phantasie wirklich Erfüllung findet. Die Postkartengrüße verfolgten handgreiflich einen Zweck. Sie waren erotische Versprechungen und Einstimmungen, sie wollten betören und Lust machen; ein über Hunderte von Kilometern eröffnetes Vorspiel. Bettina sollte auf den Geschmack kommen. Und wenn sie es anfangs auch lächerlich fand, ja, peinlich berührt war, diese ihr auf den Leib rückenden Frechheiten zeigten Wirkung. Gegen diese Macht des Zeichners verblaßt alle Kunsttheorie.

Es ist die alte Geschichte. Janssen wurde wie ein Freund, wie ein lieber Sohn im Hause aufgenommen. Er gehörte zur Familie. Und das ohne jeden Hintergedanken, denn der alte Sartorius war kein ausgepichter Kunstsammler und schielte nicht nach Bildern. Dieses Vertrauen, diese Arglosigkeit mußte der Künstlerfreund in dem Augenblick zerstören, als er die heranwachsende Tochter an sich band. Spannungen zwischen Eltern und Kindern sind so unvermeidlich, daß niemand sie zu suchen braucht. Janssen ritt hier eines seiner Steckenpferde und ließ Bettinas aufkeimenden Oppositionswillen für sich arbeiten. Dazu kamen Unstimmigkeiten zwischen Vater und Mutter. Und wo alles sich auseinander bewegte, da trieb er noch einen Keil dazwischen. Zum 24. Dezember 1972 zeichnete er ein schmales vexierbildartiges Büchlein mit dem anspielungsreichen Titel: *Ein Ge-pferdte für Bettina.* Bettina wollte ihren Eltern vor allem auch eins auswischen, als sie sich für den Freund der Familie entschied, der dem Alter nach ihr Vater hätte sein können. Die empörte Mutter hat es nicht verwunden und soll eines Tages in Blankenese vor der Tür gestanden und Janssen schallend eine Ohrfeige verpaßt haben, die er, ohne zu mucken, herunterschluckte.

Am 1. Januar 1973 stieg Bettina die Treppe am Mühlenberger Weg 22 hoch. Die Türen waren an diesem kalten, sonnigen Neujahrstag unverriegelt. Janssen zeichnete. Oben im Arbeitsraum, im Moment der ersten Überraschung, schien alles möglich. Sie hätte nach der Begrüßung auch wieder weggehen können. Sie wußte, wie Verena und wie Gesche gelitten hatten. „Aber du denkst, der Mann, der dich liebt, wird sich ändern." Sie kamen ins Gespräch und tranken Kaffee. Beide waren verlegen, weil sie sich über Jahre aufgeputscht hatten. Die Angst vor der ersten Nacht schien unüberwindlich. Schließlich sagte Bettina: „Tut mir leid, um diesen langen Tisch kann ich nicht herumgehen." Er lachte beklommen, und wie er sich erhob, bewegte er sich scheinbar nur zum Plattenspieler. Aber auf wackligen Beinen bog er dann um den Zeichentisch herum. Sie waren schüchtern wie Konfirmanden. Der Weg die Außenstiege herab durch den Garten in das geräumige untere Zimmer, wo, in die Ecke geschoben, das große Bett stand, dauerte endlos. Eine Art Kaffeeschwips hüllte sie ein. Bettina ließ ihm Zeit, und sie fand es niedlich, wie er sie Stück für Stück entkleidete, immer in dem Gefühl, ein Weihnachtspaket auszupacken — ein Geschenk, in das er so viel Vorfreude gesteckt hatte. Noch am Abend kehrte Bettina in die Wohngemeinschaft zurück, in der sie ein Zimmer hatte. Aber nur zwei Stunden hielt sie es aus, dann telefonierte sie und bat darum, daß er sie abholte. Eine Woche lang lebten sie wie im Rausch zusammen. Sie aßen so gut wie nichts. Hin und wieder schenkte er sich einen Schnaps ein. Die Flasche versteckte er verschämt im Papierkorb.

Bettina, Zeichnung mit Blei- und Farbstift (22,5 x 36,5 cm)

Mitte Januar wurde Janssen überraschend nach Zürich gerufen, an das Krankenbett der Müllerin, die nach einer irrtümlich durchgeführten Leberoperation auf Leben und Tod lag. Bettina begleitete ihn. Gerade in der Stadt angekommen, wollten sie vor der Fahrt ins Krankenhaus noch ihre Rückflugtickets in Ordnung bringen. Bettina wartete im Taxi, und Janssen trat aus dem Reisebüro, als vor ihren Augen mitten in Zürich ein Schwan überfahren wurde. Der weiße Gefiederberg, um den die Autos erschrocken einen weiten Bogen machten, war ein böses Omen. Doch stand es mit der Müllerin nicht so schlimm, wie es aussah. Sie hing an lauter Kanülen und Schläuchen, als fristete sie nur noch das Leben eines Roboters. Aber sie war bei Bewußtsein. Als ihr Freund dazu kam, hatte sich Janssen von seinen ärgsten Befürchtungen schon wieder so erholt, daß ein Streit in der Luft lag.

Der Krankenbesuch verlief glimpflich. Bettina und Janssen waren guter Dinge, und unversehens fanden sie sich in den Geschäftsstraßen von Zürich wieder. Als wollten sie die Stadt leerkaufen, zogen sie von Laden zu Laden, hier eine Bluse und ein Kleid, dort eine riesige Puppe erstehend. Ja, Bettina bekam ihre erste alte Puppe geschenkt, die so groß war, daß sie sie im Laufen an sich pressen mußte. Die abgeknickten Glieder flatterten dann gespenstisch im Wind. Das paßte zu ihrem artifiziellen Spiel, das sie aus ihrer Liebe machten. Prinz und Prinzessin — so turtelten sie durch Zürich. Sie genossen ihr Luxushotel und den Blick über den See. Und wenn während des rasend kurzen Aufenthalts ein Augenblick Langeweile aufkam, dann lief Janssen wie ein Tiger durch das Foyer, und Bettina mußte lachen, wie der sektausschenkende Ober hinter ihm herstolperte.

Hotels sind ein Märchenland, wenn man die Sprache des Hauses spricht — und das ist überall in der Welt die des Trinkgeldes. Janssen und Bettina befanden sich auf einer zweiten Reise in Berlin. Sie kamen zum Essen zu spät ins Hotel zurück und baten den Portier um Obst, der bedauerte, nichts anbieten zu können. Janssen zog einen Tausendmarkschein aus der Tasche: „Sonst sterbe ich." Der Portier schob einen Teewagen voll Obst heran und stand wie angewurzelt, als der Gast eine halbe Banane aß und auf sein Zimmer verschwand. — Der eigentliche Anlaß der Reise war die Einladung zu einem Festessen des Propyläen-Verlages. Auf dem Bankett mußte sich Janssen die ganze Zeit übergeben. Bettina konnte nicht spucken, obwohl ihr speiübel war. „Jetzt schaffst du es", rief er über den Tisch an Jobst Siedler vorbei, als sie mit der flachen Hand gegen ihren Magen drückte.

Die Märchenwelt, die sie um sich schufen, war eine voller Abstürze. Plötzlich schien der Boden unter ihnen nachzugeben. Vor allem waren sie aber albern, irrsinnig albern. Die Servietten in Wilhelm Busch-Manier umgebunden, mit aufgestellten weißen Zipfeln hinter den Ohren, saßen sie zu Hause am Tisch, und in dieser Verkleidung konnten sie die Küche in eine Theaterbühne verwandeln. Das Theater war Bettinas Mädchentraum.

Anfangs weckte Janssen sie pünktlich zum Vorlesungsbeginn. Denn Bettina studierte an der Universität. Bald schien die Diskrepanz zum studentischen Alltag unüberwindlich, und sie schlief lieber aus, bis 12 Uhr mittags in dem kajütenartigen, von einem einzigen Bett ausgefüllten Raum, der hinter dem Zeichentisch lag. Auf diese Stunden freute sich Janssen, der morgens gewöhnlich zeichnete, in den Tagen aber kleine Geschichten niederschrieb, die er in einen Umschlag kuvertierte und zusammen mit einem Ei und einem Knäckebrot Bettina zum Frühstück servierte. Seine Art zu verwöhnen, war faszinierend. Er zog sie in seine Welt hinein, und nie hatte sie das Gefühl, bei sich und ihren

Wünschen so zu Hause gewesen zu sein. Die Geschichten, die er erfand, waren verwegen und ahnungsvoll traurig zugleich. Sie balancierten das zerbrechliche Glück, und wie er auf den Schwan in Zürich zurückkam, eilte er dem brutalen Ende schon voraus. Der Tod, aus den Tagen der *Hanno*-Suite in diese Zeit hineinragend, geisterte durch viele Erzählungen. Am sinnigsten, aber gewiß die schönste Liebeserklärung ist die Geschichte vom Mauersegler, der fliegt und fliegt, sogar im Schlaf, und der nur zum Sterben zur Erde niederkommt. Bettina vergaß die Eltern, das Studium, sie vergaß fast auch ihre Theaterambitionen. Wie unwiderruflich sie in sein Leben, in seine Kunst verwickelt war, merkte sie erst, wenn der Film riß. Es genügte schon, daß sie ein Strindberg-Drama aufschlug, und der Vernachlässigte schrie sie an: „In meinem Haus wird nicht gelesen!"

Er mußte sie zu seinem Geschöpf machen. Wenn es nicht seine Erzählung war, durfte sie in keiner anderen Geschichte existieren. So entstand mit der Zeit ein Buch, das viele Rollen verteilte: an Linde und Melusine, an Duscha und ihre Liebhaber, an Artemis und Orion, ja, ein selbstgebastelter Soldat, eine 70 cm große Puppe, spielt die Hauptrolle. Und doch heißt dieses Buch ausschließlich und zu Recht *Bettina*. Bettina war sein Geschöpf, nachdem die Schöpfung der Welt schon vollbracht worden war. Durch sie wurde Janssen noch einmal unter die Götter gehoben. Aber Geschichte und Vergangenheit, Mythologie und Technik — was auch in dieser meisterlichsten aller Schöpfungen zusammenkam, es war umsonst. Sie funktionierte nicht. War es *ein negativer Geniestreich? ein göttlicher Fehler?* Janssen, der das Buch *eine Nachzeichnung in romantischer Manier* nennt und dem automatenverliebten E. T. A. Hoffmann folgt, hat nie verschlüsselter und nie autobiographischer erzählt. Wir erfahren sogar, wie es die Götter getrieben haben. Doch wartet dieser mit samtschwarzen Fotos illuminierte Text noch auf eine größere Leserschaft.

Bleibt die andere Lesart dieses jüngsten Schöpfungsfalles nachzutragen. Bettina, der eine Rolle diktiert und eine melusinenhafte Existenz kunstvoll angepaßt wurden und die Kleid um Kleid abwarf — diese Bettina war all das auch selber und immer gewesen, ein Mädchen, das auffallende Kostümierungen liebte und in jeder Verwandlung neu auflebte. Ja, sie sprang koboldhaft zwischen den Rollen hin und her. Eben noch das schutzbedürftige Kind, lauerte ihm die Frau auf, und

die den Ungeduldigen zappeln ließ, war wieder eine andere. Der irr-
lichternde Romantizismus — Bettina war es mit Leib und Seele. Sie
liebte die kleinen bedeutenden Vorzeichen und hätschelte das Orakel.
Sie hing geschwisterlich an ihren Puppen. Und wenn ein Fetisch seine
Dienste anbot, hielt sie inbrünstig daran fest. Sie wußte genau, wie
die puffärmelige Bluse mit dem etwas zu strammen Saum in das
Muskelfleisch einschnitt. Ein ausgespannter Flügel, wand sich der Arm
geschmeidig darunter hervor. Zum Entzücken von Janssen, der anstellig und gelehrig war. Er merkte ihr die Vorlieben ab und ließ sich
von diesem zaubrischen Wesen in eine Welt voller Entdeckungen führen. Bettina war bildsam mit jener kindlich-sieghaften Entschlossenheit, die sagen will: „Soll er doch nur machen."
Seinerseits hatte Janssen das Gefühl, daß er alles mit sich geschehen
ließ. Das war neu, und er genoß es bis an die Grenze, die ihm erträglich
schien. Nur, die Grenze verlief jeden Tag woanders. Letzten Endes
bestimmte er wo.

Früher wäre undenkbar gewesen, daß Janssen solange in einem Wartezimmer gesessen hätte, bis er an der Reihe war. Aber wenn Bettina
mit ihrem Hund Clou Clou zum Tierarzt ging, harrte er mit aus. Ja,
er fand die Gesellschaft von Katzen-, Hunde- und Kanarienvogel-
haltern amüsant. Natürlich saß er nicht still auf der Bank, sondern
verwandelte das Wartezimmer in einen Zirkus. Endlich war Clou Clou
die Pfote verbunden worden, und es blieb noch Zeit, bei alten Freunden, bei Helga und Günter Gatermann in Niendorf, vorbeizuschauen.
Ohne jeden Anlaß fing er dort zu trinken an. Bettina widerte der
Alkohol an, aber im Auto auf der Fahrt zurück sagte sie ihm, daß
sie das Getue mit dem früheren Klassenkameraden abstoßend gefunden hätte. Janssen konnte das sowenig ungeschehen machen wie den
Rückfall in die Flasche. So überbot er sich mit einer anderen, größeren
Gemeinheit. Er griff Bettina ins Steuer und hielt es fest. Die Geschwindigkeit kaum abgebremst, prallte der Wagen mit 40 km/std gegen
einen Laternenpfahl und er mit der Nase gegen die Scheibe, so daß
ihm das Blut aus dem Gesicht sprang. Bettina kreischte auf, und der
Hund zog die Töne gellend hoch. Wie sie sich zu dem erschreckten
Tier herabbückte, kam er ihr zuvor und trat Clou Clou mit der Schuh-
spitze in den Bauch. Das Tier wirbelte durch die Luft und stieß Todes-

schreie aus. Im Nu waren sie von einer Menschenmenge umringt. Als im Hintergrund ein Polizeiwagen nahte, tauchte Janssen unter und rückte aus. Er war zu feige, sich den Fragen der Polizei zu stellen, die bald darauf Bettina und den Hund nach Hause fuhr und sich auch nicht sonderlich dafür interessierte, daß man einer querlaufenden Katze habe ausweichen wollen. Am nächsten Morgen stand er, die große Puppe unterm Arm, vor Bettina: Abbitte leisten.

Das war nur ein Nachmittag. Aber was war nicht alles geschehen: ein paar launige Stunden — die Alkoholschwäche — das zertrümmerte Auto — ein Fall von Tierquälerei — Angst, Panik und Flucht. Soviel ließ sich nicht wieder kitten, wie er in einem Anlauf zerstörte. Als alles überstanden war, konnte Bettina zwei Jahre lang nicht mal seinen Namen hören.

Besonders ein Spiel konnte jederzeit in Ernst umschlagen: „alter Mann und junges Mädchen." Janssen fühlte sich um Jahre gealtert, seit er abgemagert und faltig war. Er kokettierte mit dem Greis, was zu manchen Kindlichkeiten Anlaß gab. Mal steigerten sich beide übermütig in die Rolle hinein. Mal riß der Altersunterschied einen Abgrund auf, der unüberwindlich schien. Dann beherrschte ihn die Angst, Bettina zu verlieren. Er deckte sie mit Zärtlichkeiten zu, ja, er überstürzte die Zuwendungen, bis ein Gefängnis daraus wurde. Bettina merkte, wie übertrieben ängstlich sie ihn gerade als Frau machte und daß auch ihre vollkommene Besiegung nicht ausreichen würde, um ihn zu beruhigen. Am Ende deprimierte sie das am meisten. Die Unruhe steckte in ihm selber. Sie hatte keinen Einfluß auf sein Selbstvertrauen. Sie konnte Fehler begehen, auch provozieren, aber nicht nichts falsch machen. Unberechenbar, wie er war, brach er nach vorn — gegen sie — aus. Mochte noch soviel Unsicherheit dahinterstecken, in der Gewalt, die auf sie niederprasselte, hat die Angst jedes Recht verloren.

Dabei wollte er sie immer heiraten. Zweifel, auch an sich selber, quälten ihn unerträglich. Einmal waren Freunde zu Besuch, und Bettina, die am liebsten Elvis Presley hörte, ließ das ganze Haus unter der Musik erdröhnen und fühlte sich sichtlich wohl, als Janssen demonstrativ ausrief: „Guckt sie euch an. Hat sie nicht alles? Die will mich nicht heiraten! Was ist schlecht an mir?"

Bevor Bettina am 1. Januar die Treppe zu Janssens Atelier hochgestiegen war, lebte sie in einer Wohngemeinschaft an der Elbchaussee. Das Verhältnis zu einem jungen Mann hatte er gleich zu Anfang ohne viel Aufhebens beiseite gedrückt. Erst jetzt ließ er die Rivalität wiederaufleben. Wenn Bettina im Krach weggelaufen war und wieder häufiger in der Wohngemeinschaft Zuflucht suchte, hatte er obendrein Grund zur Eifersucht. Janssen hat beschrieben, wie der Eifersüchtige auch gegen sich selber wütet. Das *Bettina*-Buch ist auch darin das treueste Zeugnis; eine ungeschönte Reportage aus dem Spiegellabyrinth. Doch Verdächtigungen hin, Verdächtigungen her — zuletzt wollte er wieder mit ihr zusammenkommen. Als es einmal nicht danach aussah und Bettina in der Wohngemeinschaft die stärkste Unterstützung fand, griff er sich den herumliegenden Wohnungstürschlüssel und lief nach Hause zurück.

Bettina mußte nun jederzeit damit rechnen, daß er sie überfiel. Um ihm zuvorzukommen, kehrte sie im Schutz ihrer Freunde in den Mühlenberger Weg zurück. Er konnte zuerst nicht fassen, daß sie nur die Schlüssel abholen wollte und ließ sie zur Tür hinausgehen. Aber auf halber Treppe holte er sie ein, griff ihr in den Nacken und stieß ihren Kopf seitlich gegen die Hauswand. Kurz von ihr ablassend, konnte sie auf die Straße vorlaufen. Er setzte ihr jedoch schon wieder nach und schlug auf sie ein — blindwütig, wie man hätte glauben müssen, wenn er nicht bei jedem vorbeifahrenden Auto die Zusammengekrümmte untergehakt und ein Liebespärchen gemimt hätte. Inzwischen waren die Freunde herangeeilt, und mit ihrer Hilfe rettete Bettina einen Vorsprung in die Elbchaussee.

Jetzt hieß es: Janssen kommt! Die Wohngemeinschaft war in heller Aufregung, Türen flogen, Möbel wurden gerückt, man rüstete sich zur Abwehrschlacht. Ein Mitbewohner trat dem Zudringling mit einer Pistole entgegen. Als ein Schuß fiel, stürzte Bettina aus den hinteren Räumen herbei. Aber Janssen war verschwunden. Nur Blut klebte am Boden. Alle waren ratlos, und man rief die Polizei, die aber nicht den Verletzten suchen, sondern nur die Personalien aufnehmen wollte. Fieberhaft wie im Traum machte sich Bettina weiter auf die Suche nach dem Angeschossenen. Blutend, sich vor Schmerz windend, vielleicht schon bewußtlos, mußte er doch irgendwo stecken! Sie durchstöberte alle Zimmer. Da hörte sie nebenan aus der Rumpelkammer ein unterdrücktes Kichern. Zwischen abgelegten Sachen und alten Möbeln hielt er sich verborgen — aus Angst vor der Polizei. Er war nicht verwundet. „Woher kommt dann das Blut?" wollte Bettina wissen. Doch sie sollte ihn nicht durch lautes Fragen verraten. Er brauchte ihre Hilfe, um durch das Fenster zu fliehen. Die Polizei suchte ihn erst wieder im Mühlenberger Weg auf — zu Hause in seiner Burg, wo er sich sicher fühlte und Ausreden nach Belieben erfinden konnte.

In seinen vier Wänden war er stark. Hier exekutierte er seine abscheulichsten Stücke — am besten in Anwesenheit von Freunden. Ja, er holte sie extra zu sich ins Haus. Vor Zeugen war die Abrechnung erst richtig vernichtend. Bettina konnte ihn selber oft nicht so hassen wie diese seine Umgebung, die alles widerstandslos geschehen ließ, nur um sich seine Sympathie zu erhalten. Unwidersprochen durfte er vor allen drohen, daß die Eltern es büßen müssen, wenn die Tochter ihn verläßt. Die Wehrlose war ihrem Peiniger ausgeliefert, aber erst die schweigende Mittäterschaft der anderen verwandelte die verletzte Liebe in einen schnöden Rachefeldzug. Bettina fand diesen Freundeskreis geschlechtslos und ohne Standpunkt.

Das Ende war zum Greifen nahe. Bettina hatte sich in die Wohngemeinschaft geflüchtet. Frühmorgens, noch vor der Dämmerung läutete dort das Telefon Sturm. Die gebrochene Stimme am anderen Ende der Leitung drang Wort für Wort in ihr schlafbetäubtes Gehirn: „Es ist soweit. Ich bring mich um." Eine telefonische Nachfrage bei Helga Gatermann sollte klären, ob das ernst zu nehmen sei. — Nein, damit habe er schon oft gedroht. Nach zehn Minuten rief die alte Vertraute aber zurück: „Da ist etwas. Du mußt hin." Bettina, die Angst hatte, allein hinzufahren, wenn Janssen mit Messern hantierte, holte Joachim Fest aus dem Bett. Um 5 Uhr morgens standen sie im Mühlenberger Weg. Alles war verschlossen, auch die Tür zum Treppenaufgang. Sie riefen zu den Fenstern empor, sie beschworen Janssen, nach unten zu kommen. Als er öffnete, floß Blut von seinen Handgelenken. Wie sie noch der Blutspur in die oberen Räume folgten, schloß er sich auf der Toilette ein. Durch das Schlüsselloch war zu erkennen, wie eine Hand blutig ins Klo abtropfte, die andere schnippelte mit einer Rasierklinge an der Pulsader herum. Eile tat not. Aber was konnten sie tun? Aufeinander angewiesen, wünschte jeder sich ans andere Ende der Welt. Schließlich rannten sie die Tür ein. Das Schloß sprang aus der Halterung und der Selbstmörder ließ sich die Klinge entwinden. Seine Stimme klang wie aus großer Entfernung: „Wo ist Bettina?" Sie war schon weg.

Einmal kehrte sie noch zurück. Miteinander konnten sie es aber beide nicht mehr im selben Raum aushalten. Ein Ei, das Janssen nach ihr warf, traf eine an der Wand hängende Zeichnung, die Bettina angefertigt hatte. Sie ging hin und zerriß das verdorbene Blatt. Da schlug er sie zusammen. Als hätte er auf diesen Anlaß gewartet, prügelte er auf sie ein, unfair wie immer, nachschlagend und nachtretend. Er war auf Vernichtung aus. Unten am Boden und völlig entkräftet, war Bettina seltsam wach. „Mach's kurz. Ich kann nicht mehr." Der Tod, der da auf sie zukam, den wollte sie schnell. Aber er stand auf und kramte eine Zigarette hervor. Jetzt ging alles in Zeitlupe. Bettina raffte sich ungläubig auf und stakste die Treppe herunter und langsam entfernte sie sich. Auf der Straße kippte sie um. Ein Autofahrer las sie auf und fuhr sie nach Hause. Einige Tage lag sie im Krankenhaus. Das war das Ende. Es hatte nicht länger als drei Monate gedauert, und am 1. April war es nicht überstanden, aber vorbei.

Indessen zogen in Blankenese wieder die früheren Verhältnisse ein. Gewöhnlich belauerten sich die Freunde reihum. Janssen hatte selber ein Szenarium verfaßt, das die gegenseitigen Anwürfe sammelte. Eine Art unverdecktes Belfern: jeder gegen jeden. Schack, Fest, Frielinghaus und bis vor kurzem Brockstedt. Der innere Kreis im Kampf um den besseren Platz: Der eine war eine gefräßige Made im Vorlebensstadium; der andere intellektualisierte dem nach Freundschaft Suchenden etwas vor; dieser war überhaupt zu bedauern und jener ein Händler. Und dergleichen Gehässigkeiten mehr. Nur eine Frau, die von Janssen dauernd Besitz ergriffen hätte, hätte diese Hackordnung ernsthaft gestört. So war das Aufatmen allgemein, als das Mädchen verschwand. Zum Kehraus stellten sich die Freunde pünktlich ein. Es sah aus wie im Schweinestall. Sogar Eier klebten an der Wand. Hat denn hier niemand aufgeräumt? — Solange Bettina und Janssen glücklich waren, sind sie wie Kinder aus dem Haus gelaufen und auf Reisen gegangen, wenn es drinnen zu chaotisch wurde.

In die Bettina-Zeit fällt eine Auszeichnung, die in dieser Form noch keinem Künstler zuteil geworden war: eine zweite Ausstellung in der Kestner-Gesellschaft in Hannover. Die erste lag noch nicht acht Jahre zurück, da lud ihn Wieland Schmied wieder ein. Keine Gelegenheit konnte willkommener sein, den neuen Janssen vorzustellen, der seit 1970 sein Werk imposant in die Breite geführt und auch zahlenmäßig bis an die Grenze zur Unübersichtlichkeit ausgefächert hatte. Auf der Wende zum neuen Jahrzehnt hatte er wissen lassen: *Ich bin am 14. November 1929 in Hamburg geboren — habe 1956 angefangen zu zeichnen und seitdem 50 Holzschnitte, 70 Lithografien — 400 Radierungen und 2000 Zeichnungen gemacht.* Nur drei Jahre später hatte sich die Zahl der Radierungen und Zeichnungen — grob hochgerechnet — verdoppelt. Neben die Mädchenbilder waren die Landschaften getreten, die Landschaft Norwegens und der Alpen und die Marschlandschaft, das Stilleben und die Blumen, neben das Selbst das Porträt und vor allem die Kopie, die Kopie nach europäischen und fernöstlichen Vorbildern. Die Kunst war Janssen zu einer anderen Natur geworden und beides zur lebendigen Anschauung. Diese Hinwendung zur sichtbaren Welt war unerhört und ohne Beispiel. Gegen die sich totlaufenden Trends — gegen den Fotorealismus, gegen die Diktatur des Banalen und Trivialen, gegen Didaktisierung und Konzeptualisierung der Kunst — setzte Wieland Schmied ein Signal mit Janssen, der nicht aktuell war, es nicht sein wollte, der sich hinstellte und sagen konnte: *das läuft da heutzutage alles so eilig nach vorwärts — da gehst du selbst am besten gleich rückwärts.*

Wieland Schmied schrieb das Vorwort zu dem Katalog — inspiriert und treffend wie schon einmal. Am 23. März war die Ausstellungseröffnung und die Beziehung zu Bettina schon so gespannt, daß Janssen das Festessen platzen ließ. Vom Signiertisch weg drehte er durch und stürzte hinter Bettina her, als ihr die Widmungszeichnerei zu lange dauerte und sie im Nebenraum sich die Füße vertreten ging.

Die Ausstellung war ein Erfolg. Ein solcher Erfolg, daß Janssen seitdem konkurrenzlos ist — vielgepriesen, von Sammlern gesucht und umringt von einem Publikum, das über die Schar der Eingeweihten, wie sie der Kunstbetrieb gewöhnlich mit sich führt, hinausreicht. Konkurrenzlos aber auch mit den Folgen, daß er innerhalb der Kunstszene mehr denn je am Rande stehen sollte, fast schon außerhalb — hinausgedrängt, hinausapplaudiert, aus dem Wettbewerb vorzeitig entlassen. Dieselbe Kunstszene, die sich Akryl, Draht, Gips, Nägel, Fotos, schier alles einverleibt, was ein Experiment verspricht, ordnete dem Blei- und Farbstift, wie Janssen ihn führte, eine eigene — seine — Welt zu. Der Zeichner Janssen — außer Konkurrenz. Der Sonderstatus, den er für sich beanspruchte, drohte, sich in ein Reservat zu verwandeln, das man ihm zubilligte, um ihn beiseite zu bringen.

In der Kestner-Gesellschaft in Hannover wurde das Werk gezeigt, das zu Gesches Zeiten entstanden war. Mit dem Auftauchen Bettinas trat die Landschaft zurück; die Figur hatte einen neuen Auftritt. *Bettina* heißt die Serie vom Februar und Mai 1973, die, von einigen Stilleben unterbrochen, die lange Reihe der Erotica fortsetzt. Es sind Radierungen, in denen der Flügel als Motiv wiederkehrt, der Flügel des Mauerseglers und vielleicht des Schwans, Bettinas Flügel, wie er ihre Arme nannte — seine Arm-seligkeit.

Wenn Janssen weiblicher Schönheit je eine persönliche Gestalt gegeben hat, dann in diesen Blättern. Unverkennbar die Gestalt Bettinas. Nur, daß er sie immer schon gezeichnet hatte, in den 60er Jahren bereits, lange bevor es Bettina gab. In ihr war er nun wirklich seiner Erfindung begegnet. Auffallend ist auch, daß er selber diesem Bild ähnlicher geworden war. Bis vor kurzem von massiger und aufgeschwemmter Leibesfülle, sah er jetzt spitz, durchscheinend, ja zart aus. Diese abgezehrte und spitzknochige, die — was Bettina betrifft — überschlanke Physiognomie hat mit landläufiger Schönheit nichts zu tun. Doch für Janssen sind die erotischen Sensationen gerade aus diesem Stoff gemacht. Was er schön nennt, ist nicht das Makellose, nicht das Interessante und Aparte, wie es unser Verständnis will. Es ist der griffige und gelenkige Knochenbau, den wir eher häßlich finden. Die Beine dürfen rachitisch auseinanderstehen. Ihn stimuliert die untere Rippe, der an der Innenseite eingedellte Oberschenkel, ein flacher Bauch, der um den Nabel vorspringt, und eine Wirbelsäule, die wie beim Aal biegsam eingezogen ist. Auf vielen Bildern ist der sehnige Achsel-Brust-Muskel zu sehen.

Das sind die Elemente, aus denen er die Schönheit neu erschafft. Er bringt Bettina so vor uns, daß sie mit ausgestellter Hüfte und eingeknickter Taille, halb Kind halb Frau, sich anmutig dreht und ver-

Leibling, aus dem Umkreis der
Bettina-Serie. Radierung 1973
(37,3 x 14,9 cm)

legen windet: eine in dieser zweideutigen Bewegung anrührende Erscheinung. Dabei erfaßt er sie vom Umriß und von unten her, aus der
Sicht ihrer Schenkel, die sich leicht öffnen und die Sprache des Begehrens sprechen. Diesen Liebling nennt er *Leibling.* Wie nur wenige
Künstler in diesem Jahrhundert ist es Janssen gelungen, das Bild der
schönen Frau nach seiner Weise neu zu gestalten.

Bettina öffnete ihm auch den Weg zu Füssli. Johann Heinrich Füssli, der Schweizer Historienmaler, der nach London emigrierte, dort Fuseli hieß und sich zu seinen schaurigen und dramatischen Bildern von Shakespeare und dem Nibelungenlied anregen ließ, war eine Entdeckung, die in dieser Zeit in der Luft lag. Sie stand bei Janssen auf dem Plan. Und nicht nur auf seinem Plan. Auch Werner Hofmann, der Direktor der Hamburger Kunsthalle, bereitete im Rahmen einer ausgedehnten Rückschau auf die Zeit um 1800 eine Ausstellung von dem Romantiker vor. Ein Grund mehr, Füssli für sich zu erobern, gerade jetzt, da mit Bettina die Leidenschaft wie ein Alptraum über ihn gekommen war. Füssli ist der Maler emphatisch ausgestreckter Arme; Arme, die lang und länger werden, die sich aus dem gewundenen Körper herausdrehen und bis in die Zehenspitzen zurückreichen. Auf dieses sein Lieblingsmotiv war Janssen bestens vorbereitet. In den ersten Radierungen dieser neuen Serie vom Januar und Februar 1973 attackierte er den Arm, als wollte er Füssli bei seinen Vorlieben packen. Was an klassizistischen Stilisierungen und posierendem Pathos da war, löste er in wüste, ja, ungebärdige Szenen auf. Sexuelle Bedrängnisse, die nach fast zweihundert Jahren eher symbolisch verschlüsselt auf uns kommen, setzte er direkt zerstörerisch ins Bild. Dabei steigerte er mit den Mitteln der Radierung die malerischen Effekte. Wo der Asphaltlack, spröde und nicht flächendeckend aufgetragen, die Säure daran hindert, sich in die Platte einzufressen, da entsteht an den ausgefransten Negativrändern der Eindruck, daß der Pinsel mehr gerissen als geführt wird.

Füssli soll nie gelernt haben, mit der Ölfarbe richtig umzugehen, und war vor allem ein großartiger Zeichner. Auf den Zeichner besann sich die zweite Radierphase, die hauptsächlich in den Oktober 1973 fiel. Ein halbes Jahr lag die Katastrophe mit Bettina zurück. Janssen trieb jetzt den Klassizismus zu einem wolkigen Lineament auseinander, zu luftigen und traumhaft schwebenden Bildern, die einen befreienden Gegensatz zu dem dämonischen Aufruhr der früheren Blätter bilden. Am Ende der Serie — Februar 1974 — war er auch im perspektivischen Zeichnen so sicher, daß er es mit Füssli in dessen bester Manier aufnehmen konnte. Die Leiber, die dieser in schwindelerregenden Drehungen durch den Raum führt, verwandelte Janssen in das Gebärdenspiel zweier Hände. Diese Hände waren nicht nur über dem

Kopf eines alten Mannes verschränkt, sie standen nicht nur zu den Falten im Gesicht und zu den Falten in der Mütze und diese zueinander in stofflichem Kontrast — Janssen mußte dem berühmten Manieristen auch noch zeigen, was eine Frauenhand und was eine Männerhand ist. Seine Vorbilder womöglich noch übertreffen, das steckt in vielen seiner Kopien.

Die Suite der *Alp-Variationen. Zu Heinrich Füssli* erschien im Propyläen-Verlag. Sie umfaßte schließlich 28 Radierungen, die im Format und in den Motiven, aber auch in der Qualität unterschiedlich sind. Ihre Entstehung reicht über einen ungewöhnlich langen Zeitraum. Sie fiel in eine Zeit, die der Arbeit alles andere als günstig war. Dennoch sind daneben noch andere Serien entstanden. Serien, die nicht in jedem Fall zusammenhängend herausgegeben wurden. In der Nacht vom 16. auf den 17. Januar 1973 hatte Janssen zum Geburtstag seines Freundes Jobst Siedler sieben Radierungen gemacht: *Zerbi* — nach Zerberus, dem dreiköpfigen Wachhund vor den Toren der Unterwelt. Damals fühlte er sich noch kräftig. Der Sommer verlief dann desolat. Wiederholt fuhr er zu Gesche nach Witzwort hinaus — zu dem Haubarg. Dort wollte er sich sogar einen Arbeitsplatz einrichten, wurde jedoch von Unruhe umgetrieben. Nachts kroch er zu den Pferden und suchte im Stall auf einem Stroh- und Heulager Schlaf. Adam war jetzt schon einige Monate alt. Der Vater ist nie dort heimisch geworden, wo der Kleine aufwachsen sollte. In Witzwort entstand noch eine Reihe von Tierstilleben, die an die schönsten Radierungen dieser Art anknüpfen: Motten, Aalköpfe, Schalenweichtiere. Aus der gleichen Zeit stammt eine Folge von Selbstbildnissen, angeführt von *Selbst Seborin,* das er nach dem Haarwaschmittel betitelte. Er hatte sich mit Schaum im Haar radiert.

Nach Bettina klaffte eine ungeheure Lücke. Wie ein in seinem Lebensnerv Getroffener schlug er noch in wilden, nicht endenden Zuckungen um sich, als das Delirium jeden anderen schon hingerafft hätte. Damals gab man Janssen noch drei, höchstens fünf Jahre—und keiner, der nicht zugefügt hätte: „wenn er so weitermacht". Denn daß er in der Selbstzerstörung gründlich war, sah jeder. Heute mag er die Narbe neben der Pulsader vorzeigen und kokett auf den anatomisch versierten

Zeichner anspielen: „Auch Selbstmord will gelernt sein." Als er sich aber von Bettina endgültig verlassen fühlte, war das blutiger Ernst. Und Ernst war es auch, wenn er bald darauf mit Tante, wie Helga Gatermann nun schon zwanzig Jahre lang genannt wurde, auf dem Öltank saß und von oben durch die freigelegte Öffnung brennende Streichhölzer ins Schwarze fallen ließ. Aus Tollheit — gewiß. Aber was für ein den Tod verachtender Übermut muß das gewesen sein! Wer hätte sein Leben gewettet, daß sich in dem Tank nicht ein leicht entzündliches Luftgasgemisch befand und nicht der erste Funke sie mitsamt Haus in den Blankeneser Himmel verpufft hätte?

Man mußte auf das Schlimmste gefaßt sein, und man hatte Angst, daß er sich was antat. Er zerrte die Freunde Hals über Kopf in sein Dilemma hinein. Und wenn er den einen heute verschlissen hatte, rief er morgen nach dem anderen. So hilfesuchend und kläglich abhängig wie er war, so mies und denunziatorisch konnte er auch in seinem größten Elend sein. Die Gemeinheiten wurden nur von der Schadenfreude übertroffen, wenn es anderen ebenfalls dreckig ging. Wer aber so heruntergekommen war wie er, der mußte obendrein mit seiner Eifersucht rechnen. Wie konnte sich Janssen erregen, wenn Tante, die aus Anhänglichkeit bei ihm nach dem Rechten sah, auch ihrerseits zur Flasche griff. Ekelhaft fand er das, widerlich — eine Frau, die sich nicht beherrschen kann. Er mußte ihr das Verständnis verweigern, das sie ihm wie einen Notanker zugeworfen hatte. Nur er durfte leiden. Mitleiden war Anmaßung. Tante hielt aus, noch über ihre Kräfte hinaus. Sie war der flackernde Widerschein dieses sich selbst verzehrenden Feuers. Keiner in seiner Umgebung, der verschont blieb und nicht irgendwann ein Ende herbeigesehnt hätte.

Als aber eines Tages die Haustür sperrangelweit offen stand, das Licht wer weiß wie lange brannte und kein Janssen zu sehen, da war das Entsetzen groß. Frielinghaus und Fest schwärmten aus und machten sich im Baurs Park auf die Suche. Ihre Augen spähten nach den Baumkronen aus, zu den starken Ästen der Buchen und Eichen, ob er nicht vielleicht irgendwo hing. — „Darf ich nicht mal nach Berlin fahren?" meldete sich der Totgeglaubte zurück.

Was ihn nach Bettina am Leben erhielt, war der hysterische Versuch, einer anderen Frau habhaft zu werden. Nicht daß er wahllos zugegriffen hätte, aber man konnte in dieser Zeit vor ihm nicht sicher sein.

In der Buchhandlung Laatzen, wo er sich zum Signieren einfand, stellte er der Verkäuferin nach und setzte in großen Sprüngen um die Ausstellungstische. Einmal gab es für kurze Zeit eine Marie; dann eine Griechin, Koula, die seine überreizten Nerven in südländischer Begeisterung badete: „Oh, du meine Sonne." Um einer Göttinger Studentin nachzusteigen, weckte er nachts Dickus Heitmann, der für solche Lausbübereien zu haben war und sein Auto zur Verfügung stellte. Die Musik voll aufgedreht, rasten sie Richtung Süden und aßen am nächsten Tag schon wieder an der Elbe zu Mittag. Es war die hektische Verfolgungsjagd hinter einem Wesen her, das vor allem in der Einbildungskraft existierte. Wie ein verzogenes Kind seinen Willen haben muß, wollte er lieben. Der leiseste Widerstand vervielfachte seine Anstrengungen.

Janssen rief bei Jobst Siedler in Berlin an. Seine Privatsekretärin war am Apparat, und wie sie bedauerte, keine Verbindung herstellen zu können, fragte sie noch, wie es ihm ginge. — „Beschissen!" — Er verliebte sich am Telefon und nahm die 17-Uhr-Maschine nach Berlin. Über Nacht bei Bekannten, holte er am Morgen darauf seine Eroberung im Flugzeug nach Hamburg. In der Stadt mußte er ihr imponieren und kaufte ihr ein Auto. Sie fuhren in die Heide. Es nahte die Stunde der Stunden. Doch wie seiner Hände Arbeit endlich Früchte tragen sollte, stimmte etwas nicht. Vorsichtige Andeutungen fielen ihm jetzt schwer ins Gedächtnis. Als er floh, fuhr sie mit dem Auto wieder heim. Da ihm aber der Carman Ghia für diese kurze Bekanntschaft zu teuer war, schickte er Tom Eckhoff nach Berlin. Der findige Technikus schloß die elektrische Anlage kurz und steuerte den Wagen zurück nach Hamburg. Das war das undramatische Ende jenes Berlinausflugs, der Fest und Frielinghaus auf den Plan gerufen hatte und nach dem Lebensmüden Ausschau halten ließ.

Vor Jahren schon hatte Janssen eine zweite skandinavische Freundschaft geschlossen. Wie Gunilla Ahlström eine Galerie im schwedischen Hälsingborg, so führte Løska Smith-Hald eine Galerie in Oslo. Die Norwegerin verehrte Munch und liebte Janssen: seine Verzweiflung und Selbstgeißelung, seine Zartheit und Düsternis; lauter tiefverwurzelte weibliche Gründe, die ihre Zuneigung unantastbar machten. Sie brachte eines Tages eine junge Malerin mit dem Namen Kaja nach

Hamburg, die sie bei sich ausgestellt hatte, und machte sie mit ihrem Heros bekannt. Janssen biß sofort an, stürzte sich nach der ersten Trennung in einen Briefwechsel, flog auch mal nach Oslo. Wenn die Mutter — eine Sängerin — nicht gewesen wäre, wäre Kaja womöglich an die Elbe gezogen. So ist von ihr nur der Name geblieben auf einer Reihe von Radierungen, die Janssen ihr widmete; ein Name, der ihm die Brücke zu einem berühmten Norweger schlagen half: zu Ibsen und einer seiner dramatischen Hauptfiguren, zu Peer Gynt. *Totentanz* ist der Titel der großangelegten Radierserie, die in das Jahr 1974 reicht, aber mit Bettina ihren Anfang nahm.

„Alter Mann und junges Mädchen" — dieses Drama hatten Bettina und Janssen in den leidenschaftlichsten Szenen zur Aufführung gebracht. Das Thema reichte aber für den Zeichner weiter zurück. Er hatte es schon im November 1971 aus einem Holzschnitt von Hokusai entwickelt. Ein alter Gaukler schlingt in einer akrobatischen Pose die Arme so um seine Knie- und Fußgelenke, daß er, nach vorn gebeugt und wie selbstgefesselt, in dieser Pose verharrt. Ein Mädchen gesellt sich dazu und läßt sich ungezwungen mit diesem menschlichen Knoten ein. Was in solchen und gleichzeitig entworfenen Zeichnungen ein gelenkiges Knäuel von Armen und Beinen ist, das entblößt die Radierung bis auf die Knochen.

Totentanz — diese Folge von elf Blättern ist ein wahrhaft gespenstischer Pas de deux. Vorn das gespreizte Mädchenfleisch und dahinter ein wüster, knöcherner Geselle; Mann und Frau, die einander Himmel und Hölle sind. Der Alte setzt von hinten begehrlich die Knochenzange an, aber die Schöne scheint unangreifbar, als lebte sie vollkommen sich selber und ihrer Lust. Die schwellenden Formen und die geschmeidige Modellierung ihrer Glieder sind, wie Schack beobachten konnte, durch die Schule von Fontainebleau beeinflußt. Aber die wilde, zerzauste Gestalt des Mannes ist so nordisch wie das ganze Thema: der entfesselte Geschlechterkampf. Die Erregung, die die französischen Manieristen in die elegante Linie und in den die Komposition balancierenden Umriß zurücknehmen, lädt Janssen mit einem Fieber auf, das dieses ungleiche Paar wie von elektrischen Blitzen geschüttelt zeigt.

Die Liebe macht verletzlich. Janssen stellte sich immer vor, daß ihm mitgespielt wird. Er war das Opfer. Er wurde verheiratet, er wurde

Aus *Totentanz*, Radierung 1. 4. 1973 (49,3 x 39,2 cm)

verlassen. Verena hätte über seinen Kopf hinweg den Hochzeitstermin
festgesetzt, während die Mutter die Limousine steuerte und Janssen
auf dem Beifahrersitz erstarrte. Er — in den Händen der Frauen.
Sein Begehren lieferte ihn aus — an Verena, an Bettina. So war es im-

mer. Und erst recht fühlte er sich als Täter in der Rolle des Opfers. Angreifend war er der Angegriffene. Erschütternd und brutal in der Selbstentblößung ist denn auch das Hauptblatt in der Serie, das er gleich nach der Trennung, am 1. April 1973, radierte. Bettina an seiner Seite scheint die Siegerin. Was an Porträtähnlichkeit da ist, gestaltet sprechender, als es ein einzelner Gesichtszug könnte, ihre aus der Achselhöhle souverän herabgeführte Körperkontur.

In mitreißenden Szenen von ungewohnt großem Format — 50 x 40 cm — schildert die *Totentanz*-Serie den Kampf der Geschlechter. Die Erlösung durch das Weib bleibt auch für den modernen Peer Gynt eine Hoffnung, die in einer Niederlage endet. Janssen eröffnete die Suite mit einem Selbstbildnis: der untere Bildrand schneidet die uns zugedrehte Hand ab — genau dort, wo er sich die Pulsader hatte öffnen wollen.

22. Birgit Jacobsen

Am 9. Januar 1974 ging eine junge Mutter mit ihrer Tochter in Pöseldorf an der Alster einkaufen. Ursprünglich hatte sie mit ihrem Mann eine Reise unternehmen wollen, aber er war krank geworden und mußte zu Hause eine Nierenkolik auskurieren. Kurz vor Ladenschluß wollte sie noch eine Fußmatte besorgen. Sie betrat ein Geschäft, das solche Artikel zu führen schien. Hinter einem Tisch saß ein Mann — Grau in Grau, aber von der Sorte, die immer gleich den ganzen Laden für sich einnimmt. Er mußte alle Verkäuferinnen mit seinem Witz unterhalten. Die späte Kundin wandte sich an die Inhaberin: „Haben Sie eigentlich auch Fußmatten?" Da sie keine Antwort erhielt, sich aber durch die Ladenschlußzeit gedrängt fühlte, zeigte sie auf eine Fußmatte, die auf dem Boden ausgelegt war: „Ist die auch regenfest?" Da glaubte sich der Alleinunterhalter angesprochen: „Wissen Sie, diese Fußmatte braucht nicht wasserfest zu sein. Sie holt sich den Regenschirm aus Großvaters Garage." Unwillkürlich mußte die Frau lachen. Sie wendete sich jedoch ab, um nicht weiter vereinnahmt zu werden. Sie hielt den Blick in ihrem Rücken aus. Aber als der Schelm auf sie zutrat, ihre Hände sehen wollte und dazu feststellte: „Typische Jungshände", da wurde sie zornig. Nur um der in die Wangen schießenden Röte Herr zu werden, beugte sie sich über einen Schaukasten mit ausgestellten Ringen. „Welcher dieser Ringe würde Ihnen gefallen?" Sie überlegte kurz, ob es sie mehr bloßstellen würde, wenn sie schnurstracks den Laden verließ, und entschied sich für einen Silberring mit einem Skarabäus. In Sachen des Geschmacks fühlte sie sich sicher. Da hielt sie jeder Prüfung stand. Fassungslos mußte sie mit ansehen, wie der Fremde ihr den Ring aufsetzen wollte. Sie lehnte kategorisch ab. Da überreichte er ihrer Tochter einen Malkasten, den er wer weiß wo aus dem Regal zog und den sich das Mädchen sogleich unter den Arm klemmte, um ihn um nichts in der Welt wieder herauszurücken. Birgit stellte sich breitbeinig vor ihren Herausforderer, und wie sie ihrer Empörung Luft machen wollte, zupfte sie ihm den Hemdkragen unter seinem Pullover zurecht. Über diese ihre Zutraulichkeit war sie selber am meisten erschrocken. Auf die Frage, wie sie denn heiße, antwortete sie mit der Gegenfrage: „Sagen Sie mal, wie heißen Sie überhaupt?" — „Ich bin Horst Janssen." — „Und ich heiße Jacobsen."

Das Hin und Her ging gleich auf Biegen und Brechen weiter. Birgit mußte sich von dem Geschenk befreien. Und erst als die Geschäftsführerin ihr zur Vorsicht riet und flüsterte, das sei d e r Janssen, bestand sie darauf, daß sie sich mit einem selbstgebackenen englischen Kuchen revanchierte. Aber es war ihm nicht genug. Er wollte ihre Adresse. Das hatte Birgit in ihrer Ehe noch nicht erlebt, und so stieß sie rasch den Namen ihres Mannes — Kai Jacobsen — hervor, als sollte er sie vor dem Verführer schützen. Janssen adressierte am nächsten Morgen in dem Glauben, daß diese außergewöhnliche Frau auch einen außergewöhnlichen Namen haben müsse, die Post an Caj Jacobsen und eröffnete damit ahnungslos den Kampf um die Ehefrau.

In den nächsten Wochen und Monaten trug ihm das Prügel ein, wie er sie noch nicht eingesteckt hatte. Kai Jacobsen war von Beruf Kaffeeimporteur, vor allem aber ein durchtrainierter Sportler, und wenn er den Nebenbuhler auch nicht sehr ernst nahm, der aufdringliche Kerl sollte seine Abreibung bekommen. In der Tat provozierte Janssen den ruhigen Mann aufs äußerste. Er stellte ihn vor seiner Frau bloß und suchte jede Gelegenheit, um ihn zu erniedrigen. Dafür kassierte er Schläge. Der Garten im Hainholtkamp war mit den Spuren des

Kampfes übersät. Hier lag Janssens Zahnprothese im Gras und dort hing die zerdepperte Brille im Gebüsch.

In der Nacht darauf lauschte er schon wieder an der Haustür. Er drängte sich sogar gewaltsam in die Familie hinein. Die Kinder waren Zeugen, wie der Vater dem Eindringling entgegentreten mußte. Das Gerangel artete zu einer Schlägerei aus. Blut spritzte über den Flur. Den besudelten Teppich schaffte Birgit später aus dem Haus. Anderthalb Jahre dauerten die Raufereien an. Auch dann mochte sie sich nicht endgültig entscheiden. Zuletzt wollte Janssen auf den Part des gehässigen Widersachers nicht verzichten.

Birgit war unschlüssig. Daß er zu ihr paßte, merkte sie sofort. Beide hatten sie dieselbe Schrittlänge und was dergleichen verräterische Zeichen mehr sind. Sie war fasziniert davon, mit welcher Vehemenz er auf sie losging. Sie sagte sich: „Was ist das für ein Mann, der so wahnwitzige Wege findet, um sich einer Frau zu nähern? Was wird mit dir geschehen?" Nachdem sie das Gefühl hatte, jahrelang nur Kinder großgezogen zu haben, glaubte sie sich dem Leben zurückgeschenkt. Die ständige Hochspannung, die Theatralisierung ihrer Person und die ganze Aufmerksamkeit, die ihr, ausschließlich ihr galten, hoben sie über sich hinaus. Dann aber schaute sie sich den Menschen an und stellte zu ihrer Beruhigung fest, wie abgewirtschaftet er war, offensichtlich am Ende. Aber vor allem viel zu alt. Es war bei der zweiten oder dritten Begegnung, Janssen hatte sie in sein Haus gezogen, in die Küche, als er ihr bedeutungsvoll den Rücken zuwendete und sich am Waschbecken zu schaffen machte: „Sie sollen wissen, ich würde Sie sogar heiraten." Dafür hatte Birgit damals nur ein Lachen übrig: „Sie können bei mir überhaupt nicht landen, ich bin verheiratet und will es auch bleiben." Innerlich aber war sie von seiner Belagerung, die sich immer enger um sie schloß, hingerissen. Zuerst erschien Birgit einmal die Woche am Mühlenberger Weg: auf Bildungsurlaub beim Künstler, wie sie es vor sich selber nannte.

Die Stunden über waren sie pausenlos im Gespräch. Jede Sekunde ausgefüllt. Seine Schlagfertigkeit und sein Witz bereiteten ihr unaussprechliches Vergnügen. So viel Esprit und List waren ihr noch nicht begegnet; alles Eigenschaften, die sie plötzlich auch bei sich selber wiedererwachen sah. Nie war ihr Spieltrieb so herausgefordert worden, diese in einen kindlichen Ernst umschlagende Lust, alles zu versuchen und mutwillig auszukosten. Ja, das war's: sie fand Janssen geschwisterlich attraktiv. Ein Spielgefährte, wie sie ihn sich immer gewünscht hatte. Das half ihr darüber hinwegsehen, daß der Mann schlechterdings unvorzeigbar war, heruntergekommen und so gut wie ohne Garderobe. Ein schäbiger Alter, der am liebsten barfuß und im Morgenmantel hinter verschlossener Tür hauste. Wenn er sie inständig bat, ihn in ein ordentliches Leben zurückzuführen, dann wollte sie ihm das wie einen Letzten Willen erfüllen. Denn hier machte sie sich nichts vor und das sah jeder: „Der lebt noch zwei oder drei Jahre."

Janssen diente sich in der Gunst dieser Frau von ganz unten hoch; ein geprügelter Hund, der keinen Schlägen auswich, als er merkte, daß ihm das seine Rolle vorschrieb. Die Erfolge stellten sich zögernd ein. Die ersten sechs Wochen hatte Kai Jacobsen geglaubt, daß seine Frau zum Ballettunterricht ging. Dann stand er in Blankenese vor der Tür und rief sie heraus: „Ich weiß, daß du da bist." Birgit blieb noch zwei Stunden. Auf dem Weg zum Bahnhof konnten die Flüchtlinge nicht mehr rechtzeitig in den Baurs Park abschwenken. Vier aufgeblendete Scheinwerfer stellten sie. Der Ehemann, flankiert von zwei Polizeistreifenwagen, setzte zu den heftigsten Vorwürfen an. Da hakte sich Birgit bei Janssen unter und gab ihm auf offener Straße einen Kuß. Das war ein Triumph, wie er lange hatte auf sich warten lassen und wie er dem Sieger durch die entschuldigenden Worte der Polizei nur noch mehr versüßt wurde.

Freilich war nichts entschieden. Denn jetzt versuchte Birgit, sich wieder zu befreien. Ende Februar wurde sie krank, und damit entzog sie sich erst einmal Janssens hartnäckiger Verfolgung. Wie um einen magischen Jagdzauber abzuwehren, hatte sie ihm auch verboten, sie zu zeichnen. Janssen hatte nichts Eiligeres zu tun, als ihr Porträtskizzen nachzusenden, die sie noch auf dem Krankenbett zerriß und mit demselben Taxi zurückschickte. Da konnte man einen toben sehen: „Das ist mir noch nie passiert!" Solche Beschneidung seiner persönlichen Machtmittel hatte er noch nicht erlebt.

Reisen — das wurde zu ihrem eigentlichen Leben. Zu Hause fühlten sie sich gefangen. Birgit besonders, die sich von ihrem Mann beobachtet glaubte. Sie sah sich von seinen Spionen umzingelt. Auf Schritt und Tritt konnte ihnen in Hamburg ein Freund der Familie begegnen.

Sobald es aber gelang, für eine Reise den passenden Vorwand zu finden, brauchten sie kein Verstecken mehr zu spielen. Auf Sylt, in Husum oder Schleswig, am besten in der Schweiz oder in Paris mußten sie nicht fürchten, entdeckt zu werden. Janssen wußte nur zu genau, daß diese Art wegzulaufen die Entscheidung bloß hinauszögerte, die Birgit zwischen den Männern zu fällen hatte. So ließ er sie denn auch beim ersten Mal sitzen, als sie nach Venedig aufbrach, um ihren Künstlergeliebten in der Lagunenstadt wiederzutreffen. Aber schon bei der nächsten Gelegenheit hatte Janssen begriffen, daß Birgit unter anderen Bedingungen nicht zu haben war. Im Vorfeld der ersten gemeinsamen Flugreise spielte er ihre Heimlichtuerei sofort perfekt mit. Wenn man gemeinsam in der Flughalle war, stand man doch nie zusammen. Und selbst in derselben Abfertigungsschlange wartend, durfte zwischen ihnen kein Wort fallen.

Die erste von gut einem Dutzend Reisen ging Ende April 1974 in die Nähe von Lugano — nach Anjo. In der riesigen Villa, die Toninelli für das Projekt der „Gelehrtenrepublik" angemietet und die Janssen laufend mitfinanziert hatte, waren beide mutterseelenallein; von einer Weitläufigkeit beengt, die deshalb so beklemmend war, weil sie um ein tückisch ausgelegtes Wasserbett einen immer größeren Bogen machten.

Es gab noch andere Gründe, weshalb Birgit darauf drängte zu verreisen. Nur draußen konnte sie ihn vom Alkohol weghalten. Die ersten Wochen war es ihm zu verschleiern gelungen, daß er trank. Er lud sie nur zu sich ein, wenn die Flasche nicht auf dem Tisch stand, oder er griff höchstens mal heimlich danach. Er hielt sie so im Arglosen, daß er sie sogar zu einem Gläschen Wein animieren konnte; eine Erinnerung, die Birgit erschauern ließ, nachdem sie die ersten schweren Rückfälle miterlebt hatte. Der Alkohol wurde ihr Hauptgegner, und sie entwickelte einen Horror dagegen, so tiefsitzend und mit so rigorosen Folgen, wie nur sie dazu imstande war. Die Reisen waren fast das einzige Mittel, die ruinöse Schwäche zeitweise unter Kontrolle zu bringen.

Mit der Zeit entwickelte Birgit regelrecht eine Erziehungsstrategie. Wenn es zu einem gemeinsamen Leben mit Janssen kommen sollte, war das für sie nur unter einschneidenden Veränderungen akzeptabel. So verband sie mit den Reisen auch die Absicht, ihn aus seiner Burg, aus seiner Höhle zu vertreiben. Wie bewegte sich Janssen unter den Zumutungen des Alltags? Um das herauszufinden, nahm sie die widrigen Umstände in Kauf, die noch jede Reise mit sich brachte. Entweder war der Haustürschlüssel verloren oder der Paß abgelaufen oder alles ging Hals über Kopf. Im Herbst 1974 entführte sie ihn nach Paris. In Paris fiel er unter die Leute, unter die Masse der Touristen, die alle den gleichen Sehenswürdigkeiten zustrebten. Auf Schritt und Tritt stießen sie auf Kunst, die nicht durch seine Hände gegangen war. Wer war Janssen in Paris? Dies zu erforschen, ließ sich Birgit gut eine Woche kosten; eine Woche, in der sich zeigte, wie unfertig er für die Welt war, wenn er ihr ausgesetzt wurde. Sein Zuhause konnte er in einen Saustall verwandeln; dort blieb er immer der Mittelpunkt der Welt. Aber hier schrumpfte er zu einem Menschen zusammen, zu einem unter vielen, den es zu behüten galt, eine Aufgabe, die sie rund um die Uhr beanspruchte. Nur zögernd konnte er sich daran gewöhnen, daß Birgit in einem Hotelzimmer, das sie gerade bezogen hatten, die Möbel umstellen und alle Bilder umhängen mußte, um sich wohlzufühlen. Anmaßend erschien ihm, daß sie einen eigenen Plattenspieler mitbrachte. In seinen Augen bewegte sie sich in der fremden Stadt unerhört dreist.

Birgit kannte sich in Paris gut aus. Sie hatte vor einigen Jahren im Haus eines französischen Kulturministers als Gouvernante gearbeitet und auch die derzeitigen Berühmtheiten, darunter die Sagan und den Maler Buffet, kennengelernt. Solch einen Ministerpalast wollte sie Janssen zeigen, der halb neugierig, halb erschrocken sich in einem verschnörkelten, mit einem engen Gitter verriegelten Fahrstuhl wiederfand und in die oberen Stockwerke fuhr. Eine solche Fahrt ließ er nicht noch einmal an sich vollstrecken, erst recht nicht zur Aussichtsplattform des Eiffelturms. Im letzten Moment setzte er zurück, als sich der Fahrstuhl und mit ihm ein Haufen Touristen in die Höhe hoben. Auch sonst machte er Schwierigkeiten. Es stellte sich heraus, daß er nicht einfach geradeaus gehen konnte. Er sprang eher wie ein bockiger alter Esel im Dreieck — mit überraschenden Ausfallschritten nach links und rechts. Im Gedränge rannte er ungeschickt drauflos. Wie Birgit diese unregelmäßige Bewegungsart zu zähmen wußte, bleibt ihr Geheimnis. Immerhin muß es ihr gelungen sein. Denn sie führte ihn in Märschen bis zu 18 Kilometern durch die Straßen von Paris, das sie wie ein

Bilderbuch Seite für Seite vor ihm aufblätterte. Solche Streifzüge mieden die Galerien und Museen und sie mußten auch nicht tagsüber stattfinden. Am liebsten brachen sie nachts auf. Bis es dunkel wurde, warteten sie in einem dämmerigen Restaurant, das wie eine asiatische Lackschatulle ausgemalt war.

Nach Paris machte Birgit mit aller Deutlichkeit klar, daß man sich wieder mal auf einige Zeit trennen müßte. Sie kauften sich schwarze Ringe. Der Ehemann hatte vorher schon einmal in einem Gardinenring an der Hand seiner Frau den beharrlichen Seitensprung identifiziert. Immer noch fand Birgit Entschuldigungen, die ihren Mann beschwichtigten. Alles war noch offen; eine Situation, die Janssen unerhört quälte. Seine Eifersucht wuchs ins Grenzenlose. Nie war die Handtasche vor ihm sicher, in jedem Kleidungsstück fahndete er nach einem Indiz, daß Birgit die Verpflichtungen gegen ihren Mann und die Kinder nur vorschob, um ihn zu betrügen. Wenn er sie aber bei sich hatte, dann durfte sie nicht aus dem Haus, nicht mal eine Bluse durfte sie einkaufen gehen. Auf Dauer konnte er sie nicht einsperren und so mußte er sie für die Zeit der erzwungenen Trennung beschatten. Er beobachtete sie rund um die Uhr. Wenn er nachts auf Posten zog, machte er das nicht allein. Tom Eckhoff stand ihm zur Seite mit der Begeisterung des Jüngeren, mit der Erfindungslust des technisch Versierten und der Hartnäckigkeit des Verschwörers. Es ist klar, daß Birgit ihre Aufgabe darin sah, die Verfolgung nicht nur zu unterbinden, sondern Janssen von solchen Freunden überhaupt unabhängig zu machen.

Tom Eckhoff war von ähnlichem Schlage wie seinerzeit Horst Zuschke: gewandt und gewitzt, in Sachen Technik ein Tausendsassa, der mit einer Peilstabantenne umgehen konnte und in kniffligen Lagen über das Know how verfügte. Tom übernahm die technischen Probleme und Janssen die gesellschaftliche Verantwortung. Sohn Philip wäre hellauf begeistert gewesen. Bei ihren Lausbubenstücken rückten beide zusammen wie Tom Sawyer und Huckleberry Fin. Und die Polizei ließ meistens nicht lange auf sich warten. Den größten Unfug wickelten sie sogar direkt unter den Augen der Polizei ab.

Tom hatte von einer Reise durch die Sahara eine abenteuerlich konstruierte Schreckschußpistole zurückbehalten — ungefähr von dem Kaliber wie es die Kirschbauern im Alten Land benutzen, um die

Vögel zu verscheuchen. Zielen konnte man nicht mit dem Ding. Aber die Ballerei brachte nur Spaß, wenn man so tat als ob. Janssen und Tom schossen aus dem Arbeitszimmer heraus auf eine Karte von Nordafrika, die in der Küche aufgehängt war. Die Böllerschüsse alarmierten die Nachbarschaft, und bald rückte ein Polizeiaufgebot an. Es war die Endphase des Terrorismus und Angela Luther, mit der Janssen einmal in Kontakt gestanden hatte, noch immer nicht ergriffen. Männer mit kugelsicheren Westen umstellten das Haus. Tom mußte immer wieder auf die Straße, um aus seinem VW-Bus Munition nachzuholen. Zuerst wurde dieses Fahrzeug von den Sicherheitskräften aufgebrochen, dann standen fünf Mann in der Wohnungstür — die Waffen im Anschlag. Janssen wollte die Polizei überzeugen, daß man einem Spielzeug aufgesessen sei und visierte spaßeshalber. Als dieser Schuß, was noch keinem gelungen war, die Flurlampe traf und einen Kurzschluß auslöste, spitzte sich die Situation noch einmal gefährlich zu. Schließlich sah man die Kinderei ein. Zurück blieb die Besatzung eines Streifenwagens. Sie ging in die Nachbarschaft, um die Alarmierung schriftlich zu Protokoll zu nehmen. Tom und Janssen stiegen inzwischen in den leerstehenden Peterwagen und rollten ihn den Mühlenberger Weg hinunter, durch die enge Kurve bis hinter die nächste Biegung. Vom Turmzimmer aus weideten sie sich an dem Schreck der Polizisten, die von ihrem Auftrag zurückkamen und ihr Fahrzeug suchten.

Den befreienden Impuls solcher Albernheit ermißt nur, wer vor der Polizei eine tief eingewurzelte Angst hat. Janssen steckte diese Angst in den Knochen. Gerade Birgit schickte ihm immer wieder die Polizei auf den Hals. Es war oft das einzige Mittel, um ihn in Schach zu halten. Wenn er ihre Wohnung verwüstete und ihre Kinder bedrohte — das waren in der Tat kriminelle Aktionen —, alarmierte sie die Wache. Vorläufig festgenommen, nahm sie ihn dann jedesmal in Schutz: „Lassen Sie. Den Mann heirate ich sowieso." Zuletzt kam die Polizei deshalb nicht mehr zu Hilfe. Aber bis sich diese Art der Verteidigung abgenutzt hatte, beschäftigte sie den Streifendienst pausenlos. Es war das einzige, wovor Janssen zurückschreckte. Die Gefängnisstrafe vor rund zwanzig Jahren hatte er nicht vergessen. Nur die Einlieferung in ein Krankenhaus konnte ihm genau solchen Schrecken einjagen.

Birgit Jacobsen

Janssens Gegenmittel war der angedrohte Selbstmord. Wieder mal
hatte er das Schlimmste angekündigt. Im ganzen Haus lagen Rasier-
klingen verstreut. Das Opfer war aber nicht zu finden. Im Freundeskreis telefonierte man besinnungslos herum — von Birgit zu Fest zu
Schack usw. Tom war dabei, als die herbeigerufene Polizei die Wohnung durchsuchte. In allen Winkeln fahndete man nach Janssen. Der
lag jedoch mit einer Flasche Rotwein unter dem Bett im Turmzimmer.
Eine Federdecke hatte er hinter sich hergezogen, so daß schon drei, vier
Mann beim Öffnen der Klappe auf diese Wand aus Stoff und Feder-
bett gestoßen waren, aber noch niemand dahinter Leben vermutet
hatte. Tom bekam es schließlich spitz und lenkte die Polizei mit Rat-

schlägen ab. Den Dicksten schickte er auf den Dachboden. Kein Wunder, daß Birgit in Tom Eckhoff den meistgehaßten Gegenspieler sehen mußte. Sie hatte sich vorgenommen, aus Janssen einen autarken Mann zu machen, einen, der vor der Polizei nicht mehr weglaufen mußte und der keine Freunde mehr brauchte — nur noch sie.
Sie wollte diesem Mann noch einmal Leben unter die Füße bringen.

Birgit, Zeichnung mit Bleistift, nachträglich datiert 15. 10. 1980 (31 x 19,8 cm)

Er, der schon alles hinter sich hatte und doch rührend hilflos geblieben war, sollte sich wieder frei fühlen. Sie wäre imstande gewesen, ihm nach außen die Sicherheit und innerlich die Ausgeglichenheit zurückzugeben, weil sie selber kein unfertiges Ding mehr war. Auf diesen Missionseifer antwortete Janssen mit Gehorsam. Jawohl, er war gehorsam. Als er erkannte, daß das sein Weg in das Paradies ist, stürzte er sich nach seiner Art überschwenglich in den Gehorsam. Er machte einen Vorsatz daraus und suchte Wünschen zu willfahren, die Birgit noch gar nicht ausgesprochen hatte.

Gehorsam ist das Engagement des Opportunisten; eine Leidenschaft, die Janssen immer dem Künstler und seinem Talent zur Mimikry zugerechnet hat. Er selber hatte das Gefühl, sich bis an die Grenze zur Selbstverleugnung anzupassen, ja, er suchte sein Heil darin, es der geliebten Frau recht zu machen. Das fing an mit dem grauen Zweireiher, den er Birgit zu Liebe gleich in doppelter Ausfertigung im Schrank hängen hatte. Das erstreckte sich auf das tägliche kleine Opfer und machte auch vor seiner Kunst nicht halt.

Für Birgit fertigte er über zwei Dutzend Bilderbücher an, zeichnete er stoßweise Schulhefte voll und erging er sich in Leporellos, die, auseinandergefaltet, noch am besten den ruhelosen Weg seines Bleistifts dokumentieren. Birgit liebte, was klein, pusselig und verspielt war. Also beschenkte er sie mit Einfällen, mit bebilderten Geschichtchen und allerlei Schnickschnack. Der Pfriemelkram aus Großvaters Werkstatt lebte wieder auf. Keine Anzüglichkeit, die vergessen, kein Erlebnis, das zu beiläufig war, um nicht zu einer Geschichte verarbeitet zu werden. Ja, er bastelte buchstäblich an ihrer Liebesgeschichte. Die Anspielung, die Birgit gestern gemacht hatte, verarbeitete er heute weiter: zu einem Faltblatt, zu einer Collage, zu einem Büchlein. Nur zum Anfassen mußte es sein. Eine Puppenstubenbühne voll von Fetischen, die Glück oder Unglück beschworen. Die Welt löste sich auf in lauter Bezüglichkeiten. Das war Birgits Universum — ein Netz aus zahllosen ineinander verschlungenen Fäden, in das der Zufall hineinverknotet war, so oft und in so vielerlei Gestalt, wie die Gelegenheit Diebe macht. Die beredten Boten, mit denen er Birgit seine ununterbrochene Aufmerksamkeit versicherte, wechselten fast täglich die Adressen. Janssen werkelte daran in den besten Arbeitsstunden. Meisterliches entstand dabei. Sich in Birgits Vorlieben hineinzuknien, waren sie auch noch so bizarr oder noch so gebieterisch, schien ihn endlos zu beflügeln.

Was er im Kleinen tat, wiederholte sich im Großen. Die Birgit-Zeit war auch die Epoche, in der die Kopie zu einem Hauptwerk heranreifte. Zur Kopie, die aus vielen Motiven hervorgegangen ist, gehört auch der Gehorsam gegenüber der Vorlage; ein Gehorsam, der hellhöriges Aufmerken verlangt, wie man fremde Melodien ablauscht. Sogar eine Art Unterwerfungslust ist nötig, die angelegt sein mag, aber auch gelernt oder trainiert wird, damit aus der Unterwerfung wirklich ein Bedürfnis und daraus ein Vergnügen wird. Wer von seinen Frauen wäre besser geeignet gewesen, ihn zu diesem Hauptgeschäft zu inspirieren. Es entsprach vollkommen ihrem Naturell. Für Janssen war sie die lebendige Forderung nach Gehorsam, eine Frau, bei der er auf anderem Wege nichts erreichen konnte. Schließlich ist auch der Gehorsam nur eine List neben anderen. Die Kopie sollte ihn in seinem Metier auf einen neuen Gipfel führen.

Caspar David Friedrich wurde gerade mit großen Ausstellungen in Hamburg und London gefeiert. Die Radierserie, die Janssen dem Romantiker widmete, entstand auf der Wende der Jahre 1973/74, zum Teil sogar noch vor der ersten Begegnung mit Birgit. Im Gegensatz zu der leidenschaftlichen Adaption Füsslis ging er jetzt mit größerer Gelassenheit an die Vorlagen heran. Im Gefühl der Ebenbürtigkeit kam es ihm mehr auf ein liebevolles Wiedererkennen an. Das deutet auf eine repräsentative Form der Kopie voraus — auf die Kopie als Hommage. Die *Caspar David Friedrich*-Serie war für ein breiteres Publikum bestimmt und sollte auch Geld bringen, wie die größeren, vertriebsfreundlicheren Formate unmißverständlich anzeigen.

Caspar David Friedrich mag zu vielen Auslegungen Anlaß geben. Es hat sich mancher auf ihn berufen, der das Kalkül dieser Malerei — die Stille und Weite des Raumes und die unauslotbaren Zonen zwischen Tag und Nacht — dazu benutzt hat, um seiner Neigung zur Entkörperlichung der Szene Vorschub zu leisten. In dem Sinne hat sich sogar eine Richtung der abstrakten Malerei auf ihn berufen. Ganz anders Janssen. Er hielt sich an die Naturnähe und zog mit der Radiernadel in feinen, schwebenden und filigranhaft verzweigten Linien die bekannten Motive nach. Einmal mehr machte er deutlich, daß die präzise

Erfassung des Gegenstands unabdingbar ist, wenn mit dem einen Bild eine Welt von Bildern korrespondieren soll. Nach den sommerlichen Tagen in Witzwort arbeitete er die Eiderstedter Marsch in die Serie hinein. Ein flüchtiger Blick auf die ganze Mappe zeigt, daß er sich auch auf andere Künstler der Romantik bezogen hat. Ja, solche Anleihen sind in der Überzahl. In diesen Wochen lagen besonders zwei Buchbände auf seinem Tisch: „Deutsche Romantik — Handzeichnungen." Er überließ sich ganz den geliebten Meisterwerken. Aber auch wenn er noch so folgsam im Medium der Radierung war, die sprichwörtliche deutsche Eiche wurde ohnehin ein Janssen. „Im Grunde bin ich Romantiker."

Was er im großen Stil abhandelte, mußte er im Kleinen parodieren: In der „Hasenschule" stand Gehorsam auf dem Unterrichtsplan. In dieser kecken Rolle zeichnete er sich am liebsten selber. Schuldbewußt senkte er die Augen, und mit eingezogenen Schultern sagte er kleinlaut: „Ich will wieder artig sein!" Solche Zeichnungen schob er vor, um sich bei Birgit zu entschuldigen. Aus dem Gehorsam gegen die prätentiöse Welt der Frauen mußte er nach seiner Art ein Spielchen machen. Und Birgit spielte mit. Sie setzte ihre Mittel ein, und das waren oft genug solche Verrücktheiten, daß sie Janssen den Atem verschlugen.
Sie lagen beide im Mühlenberger Weg auf dem Bett. Jeder las in einem Buch, was auch vorkam. Draußen war es stockdunkel, als Birgit in die Stille hineinfragte: „Hast du ein Messer?" — „Ja — ja — ja", drückte er die leichtentzündliche Angst weg, denn er wußte nie genau, in welche Richtung sich ihr Temperament entladen würde. Sie verband ihm die Augen, führte ihn die Treppe herunter und ließ ihn auf den Asphalt vor ihr Auto treten. Etwas Kaltes, Nasses legte sich auf seine nackten Füße. Birgit wollte auf die Probe stellen, wie tapfer er ist. Janssen hörte Gescheppere. Als er Benzin roch, dachte er an einen Kanister. Ein Streichholz, das aufzischte, raubte ihm fast die Sinne: „Sie will mich umbringen." Aber statt sich die Binde von den Augen zu reißen, ergab er sich in sein Schicksal. Wie Birgit mit dem Auto davonbrauste, sah er auf seinen Füßen ein paar frisch geschnittene Gurkenscheiben und anstelle des ausgegossenen Benzinkanisters einen Eimer voll Obst, in den sie ein Sieb mit drei brennenden Kerzen gehängt hatte.

Janssen sollte noch andere Mutproben bestehen. In seinem Leben hatte er sich nicht so untergeordnet. „Wo wir hinfahren, darfst du nicht fragen." Birgit drückte ihn ins Auto. Gerade hatte er sich wieder vom Alkohol losgerissen. Abwechselnd schwitzte und fror er. In einem Birkenwäldchen rollte sie einen Riesenschlafsack aus, nur für sie beide. Weit und breit gab es nur einen Kiosk mit süßer Limonade.

Dann folgten Wochen, in denen sie getrennt waren, aber wieder zusammenkommen wollten. „In Ohlsdorf", diktierte Birgit. Obwohl sie einen großen Picknickkorb dabei hatten, kamen sie nicht zum Essen. Als sie sich aus dem Laub hochrafften, schauten sie auf das Monument eines Familiengrabs. In der Dunkelheit fegte Birgit vor der Krematoriumshalle B die herbstlichen Blätter ab. Ja, sie war unheimlich. Am liebsten hätte sie sich nachts auf dem Friedhof einschließen lassen.

Die Koketterie mit dem Tod ist in das *November*-Buch eingegangen. Ebenso der Wunsch, der geliebten Frau in den vergänglichen Dingen nahe zu sein und ihr alles und jedes zu widmen. Der November ist der Monat der Ernte und Verwesung, der Verwandlung in Schönheit und Tod, der Monat der verborgenen Erneuerung — der Geburtstagsmonat von Janssen. In diesem November 1974 nutzte er die glücklichen Stunden, um ein Kompendium von Zeichnungen anzulegen, ein zu köstlichen kleinen Fetischen aufgeputzter Herbst der Liebe. Es sind Arbeiten im mittleren Format. Zu klein für Joachim Fest, der sie stillschweigend überging — zur Enttäuschung von Janssen. Denn ihm waren die Miniaturhuldigungen an Birgit überaus wichtig. Lauter Dinge, die auf seinen Tischen und Fensterbänken herumlagen. Das gewaltige Herbstspektakel blieb draußen vor der Tür, aber die Mitbringsel von den Spaziergängen sammelten sich überall im Haus an. Kastanien, Federn, Novemberfrüchte. Nur, mit Birgit mußte es zu tun haben. Wenn in diese unaufwendigen Arrangements wie durch ein Fenster ein Sturmwetter hereinblitzte, war ihm das recht. Denn in allem sah er das Zeugnis einer großen Leidenschaft, einer reichen, übersprudelnden Natur. Nach seiner Art mußte er das mit dem Spieltrieb der Kinder vergleichen und der unstillbaren Lust, sich alles anzuverwandeln. Dabei half ihm seine Bilderbuchbastelei. So wurde das *November*-Buch, das er ohne die Mitwirkung eines Herausgebers aus Texten, Collagen, Zeichnungen und Kritzeleien zusammenstellte, sein schönstes, auf jeden Fall sein beliebtestes Buch.

Wie es ihm gelang, seine Liebe zu Birgit in all dem unerfindlichen Zeugs — in den Blümchen und Schachteln, in den Dosen und Knöpfen — irrlichtern zu lassen, mußte Janssen sich am Ziel seiner Kunst sehen. Selbstvergessen in den Dingen und die Dinge vollkommen für sich einnehmend, durfte er endlich sagen: „Ich kann alles zeichnen." Aber was heißt zeichnen? Das können andere auch. Aufs Gucken kommt es an. Richtig gucken — wer kann das? Einen Gegenstand in dem Moment einsehen, in dem er sich schenkt. Das im ersten Blick Gesehene notieren, ohne es durch Routine oder irgendeine Absicht zu verfälschen — wer ist dazu imstande? Janssen fühlte sich, wie er an seinen Verlegerfreund Jobst Siedler schrieb, „dem Gegenstand nicht nur gewachsen, sondern geradewegs eingewachsen". In diesen Tagen war er für die Sensationen des November in unerhörtem Grade aufgeschlossen. Er war im Vollgefühl seiner Kräfte, ja, euphorisch. Was sein Zeichenstift berührte, weckte er eigentümlich zum Leben.

Auf dem Gipfel des Gelingens stürzte er ab. Das Ende dieses Jahres 1974 verbrachte er schon in der geschlossenen Abteilung der psychiatrischen Klinik in Eppendorf.
Wie ist er dorthin gekommen? Birgit wollte ihn endgültig aus seiner Trinkerhölle herausholen. Sie sah im Alkohol die größte Barriere für ein Zusammenleben. Ultimativ machte sie ihm klar, daß er das Opfer einer stationären Behandlung bringen müsse, damit sie sich für ihn entscheiden könne. Zum Jahresende 1974 war es soweit. Als Janssen endlich in einem Anfall von Verzweiflung sein Einverständnis gab und sich mitziehen ließ, war ihnen nur der Name von Johann M. Burchard bekannt. Der Professor für Psychiatrie verlebte das Wochenende über Silvester und Neujahr außerhalb der Stadt. Er war nicht erreichbar. So schlossen sich hinter Janssen erst einmal die Türen der psychiatrischen Klinik in Eppendorf.
Er war gefaßt und anpassungswillig. Aus den Tagen der Napola wußte er, welche Zwangsjacken es gibt. Er hätte darauf schwören mögen, daß Birgit ihn gerade jetzt mit einem Italiener betrog. „Du bist tapfer", telegrafierte sie ihm hinterher. Er nahm es als heuchlerische Ermunterung, damit er weiter ruhig blieb und still hielt. Er nahm sich vor, leise aufzutreten und sich und den Kranken zu suggerieren, daß zwischen ihnen keine Unterschiede bestünden. „Säufer? Wa? — Ich

auch!" So hatte ihn die Gesellschaft der Alkoholiker, Rauschgiftsüchtigen und Suizidverdächtigen empfangen. Joachim Fest, der am Nachmittag zu Besuch kam, lächelte er in seinem Kittel gequält zu: „Schau her — seh ich nicht komisch aus?"

Eine Übernachtung genügte, und für Janssen stand fest: „Hier mußt du raus und zwar sofort." Der Anblick der eingeschlossenen Kranken hatte ihn geheilt. Sich selbst erpressend, stellte er sich einen hysterischen Moment lang vor, daß er nicht wirklich frei entscheiden könnte, sondern an dieses Schattenreich gefesselt sei. „Komm bitte, und hol mich raus", telefonierte er an diesem Tag mit Fest, der die absurde Situation schon erkannt hatte. Ihm dankte er später die Befreiungstat überschwenglich. 72 Stunden hatte er sich in der Klinik isolieren lassen, bis Professor Burchard aus dem Wochenende zurückkam und die Behandlung ambulant fortsetzte. Diese Zeit hatte ausgereicht, um Janssen das Schlimmste vor Augen zu führen. Unter die Alkoholkranken gestoßen, wußte er: „Dies wäre das Ende."

23. Die Zeichnung

Die Gesellenjahre waren die Jahre der Ehe mit Verena und mit Gesche, die er dazurechnete. Die Meisterjahre gehörten den kapriziösen Frauen. In dem Bewußtsein, schon ein Leben hinter sich zu haben, abgegolten das erste Engagement in Beruf, Ehe und Vaterrolle, wurde ihm mit Bettina, mit Birgit das Leben zum zweiten Mal geschenkt. Aber so, daß der vorgreifende Blick um den Blick zurück erweitert wurde. Meisterschaft — das bedeutet auch Entkrampfung; die Angst war gewichen, das Ziel nicht zu erreichen. Mit der vollen Verfügung über die künstlerischen Mittel balancierte er auch das innere Gleichgewicht neu aus. Der Spielraum der Möglichkeiten öffnete sich in die Tiefe der eigenen Vergangenheit. Janssen wendete sich auf seine Kindheit zurück; zurück auf die bildmächtige Epoche der ersten Freuden und Ängste, zurück auf den einen Raum nur aus Gegenwart und Unbedingtheit. Das ist des Lebens Lauf, hier aber auch ein Plan. Denn um unbefangen von sich sprechen zu können, muß einer erst ein Werk, eine Geschichte haben. Solange er daran baut, gehört er weniger sich als seiner Kunst. An Kunst, an eine angestrengt erarbeitete Stilistik sollte aber nichts mehr erinnern.

Endlich frei fühlte sich Janssen im *November*-Buch. Er nennt es das *Credo seiner eigentlichen Sehnsucht: die völlig und ganz und gar in sich selbstverständlichen, sprich „normalen" Stilleben.* Wenn er lange Zeit mit seiner Kunst den Gegenstand hervorgebracht und mit zart abgestuften Strichlagen den plastischen Körper hervorgetrieben hatte, sogar noch in den frühen Landschaften, dann war er jetzt so weit, sich von der Gegenständlichkeit selber das Vorn und Hinten vorgeben zu lassen. Weg von der Konstruktion einer Welt und hin zu ihr selber; er wollte in ihr verschwinden, als sähe er mit ihren Augen. Das ist die Quelle neuer Schönheit; einer Schönheit, die sich nicht mehr der Faszination durch das Häßliche und Absonderliche bedient.

Zwei Texte flankieren und stützen diese Erneuerung: *Über das Zeichnen nach der Natur* und die *Mannheimer Rede*. Die Stadt Mannheim hatte Janssen für das Jahr 1975 den Schillerpreis verliehen. Als ihn Ende Januar nach dem Aufenthalt in der psychiatrischen Klinik die Nachricht erreichte, mußte er glauben, das Glück hätte eigens für ihn einen Joker ausgespielt. Für den Tag der Preisverleihung, für den 1. März 1975, bereitete er eine Rede vor, die auch Birgit hätte verlesen können, wenn er im letzten Moment für die Feierlichkeiten ausgefallen wäre. Aber tipptopp im grauen Flanell und mit echter Dankbarkeit absolvierte er den Festakt im Mannheimer Schloß. Im Anschluß daran fuhr er in Begleitung von Fest, Siedler, Toninelli und Schack nach Heidelberg zu Albert Speer, der oberhalb des Schlosses in einem großbürgerlichen Vorstadthaus lebte. Im folgenden Jahr stellte die Kunsthalle Mannheim eine erste Retrospektive des zeichnerischen Werkes zusammen, die jedoch kaum noch von der Publizität des Schillerpreises getragen war. Im Gedächtnis haften blieb die *Mannheimer Rede*, die einer von Janssens Schlüsseltexten ist. Darin gibt er dem Auge den Vorrang.

> *Es ist also das Auge, dem ich das Primat einräume; und das Futter für dies vortreffliche Organ ist die wundervolle Scheinwelt um uns herum. Diese Augen, so sagen wir: die tasten den Himmel ab — tasten den Himmel ab wie die Fingerkuppen eine weniger ätherische Erscheinung abtasten, um sie zu begreifen.*

Weniger Akteur als Chronist, fährt Janssen fort: *Der Verführer unseres Auges ist also das Umunsherum. Ihm gibt sich das Auge hin und wird obendrein bezahlt mit wunderbaren Bildern dieser fließendvergänglichen Welt, wo keins dem anderen gleicht.* Weiter spricht er von der *Lust eines Auges, das nicht wegguchen kann,* und er nennt es das *ungezogene Auge.* Denn es läßt sich *schlechterdings einfach nicht von einer Ideologie gängeln.*

Das Auge, *die unbedingte Lust des Auges,* wie er es versteht, wird vom Denken beeinträchtigt. Das Denken „*drängelt sich (. . .) in die Erscheinung hinein.* Es teilt sie ein nach dem, was sich zeigt und was dahintersteckt, und kommt darüber ins Spekulieren. An einer Stelle seiner unveröffentlichten Vorarbeiten schreibt Janssen: „. . . da das Denken nicht aus einem eigenen Organ fließt — da es vielmehr Ausdruck des Guckhörmalriechschmeckundtastorgans ist, deswegen eben laß das Denken sein und gucke horche, fühl + schmecke und pfeife auf die Verachtung jener, die da denken, weil sie glauben, daß das Denken anfängt, wo die Voraussetzungen dafür aufzuhören scheinen".

Der Zeichner hat es mit den Erscheinungen zu tun. Kein Spekulieren und Engagieren, kein Denken und Hinterfragen soll sich dazwischendrängen. Dies alles mögen Anlässe oder Motive für eine Zeichnung sein und, soweit sie selber noch unter die Erscheinungen zählen, auch Gegenstände für eine Zeichnung abgeben. Aber *der Grund des Zeichnens ist das Gucken.*

Um das zu erläutern, ließe sich eine weitläufige, zu allen Zeiten lebendige Tradition anführen, für die Goethe — in größerem Zusammenhang — die beispielhafte Entsprechung gefunden hat:

„Wär nicht das Auge sonnenhaft,
die Sonne könnt' es nie erblicken."

Janssen hat dafür eine kleine Erzählung parat, die nicht weniger gleichnishafte Erzählung von *Jean Patou. Jean Patou ist ein ausgeprägter Augenmensch.* In Paris war Janssen auf ein Straßenschild mit der Aufschrift „Jean Patou" gestoßen. Er übersetzte sich: Hans Unbedingt — das war er selber. Und auch Birgit erschien dieser Fund so glücklich, daß sie der Rechtschreibung zum Trotz daran festzuhalten riet. Der *Jean Patou* der Erzählung ist ein *unbedingter Gucker.* Er ist es auf so absolute Weise, daß die Augen ihn nicht nur die Welt sehen lassen, sie sollen ihm auch den Tod abwehren helfen. Er stellt

Nachforschungen an, ob man den Tod nicht kommen sehen kann. Dann wollte er ihm nämlich zuvorkommen und einfach beiseite treten. Die naturwissenschaftliche Untersuchung bestätigt die Hoffnung freilich nicht. Doch der *unbedingte Gucker* zieht daraus seinen eigenen Schluß:

> *Dies fand also Jean Patou heraus; und dies erlöste ihn vom Denken. Denn er sagte sich: es ist müßig, eine Sache zu untersuchen, die er vor der Untersuchung falsch sah, weil er das falsch Gedachte als richtig empfand —, wenn dann nach der Untersuchung die vorangegangene falsche Schlußfolgerung aus einer richtigen Beobachtung doch eine Erklärung erfährt, die dann sooo richtig ist, wie es die Beobachtung war — ohne falsche Schlußfolgerung.*
> *Na und nun guckt er eben wieder, und was er sieht, ist ihm geschenkt.*

Geschenkt mit dem ersten Blick. Darauf dringt der Zeichner Janssen. Denn der zweite oder dritte Blick, der sich womöglich als Korrektur versteht, sieht nicht mehr, sondern weniger. Der ursprüngliche Plan öffnet sich nur dem ersten Blick. Dieses Einsehen in den Gegenstand, das im besten Falle ein unangestrengtes, ein plötzliches ist: das unter den Augen aufspringende Gegenüber — es ist freilich nur unter Umständen zu haben. Janssen muß ausgeschlafen sein, sich wohl fühlen — kein Alkohol. Er, der sich mit Giften vollgestopft und malträtiert hat, weiß besser als jeder andere, was es heißt, gesund zu sein. Es ist nicht das Allerweltsgefühl der Trimmdichgeneration. Diese seine auf Tage, auf Wochen zusammengedrängte Gesundheit ist mehr als nur Voraussetzung: sie ist eine Hochgestimmtheit, eine Ermächtigung, ein Aufbruch. Ein bis zum Übermut gesteigertes Glücksgefühl, das ihn frei macht, sich den Gegenständen — wie er sagt — *genüßlich zuzuwenden.* Mehr als einmal hat er es beschrieben. Hier in einem Morgenbrief:

„Großes Liebes
Nun habe ich just mal wieder — meine Glückseligkeit: die Sonne erleuchtet den Wald — natürlich das Mozarthorn und 3 Meter hinter meinem Rücken sanftes Atmen. Den Kopf voller Ideen + Pläne — Gelassenheit im Herzbauchkopf. Auch empfinde ich selbst in diesem Zustand mein Atelier wieder als Atelier und mich selbst 1 Schritt vor der totalen Gesundheit. Ich danke dir und

bade jetzt + koche dazu 1 Ei + Tee. Ach, wie ist / wäre die Welt so einfach.

Und ich genieße es — dein H J."

Ja, die Häuslichkeit und eine Frau gehören dazu. Sie haben teil und sind ein Teil der Inszenierung, mit der Janssen den morgendlichen Aufbruch in die Zeichnung einleitet. Die Inszenierung schreibt geradezu einen Dritten vor: *die Existenz eines Menschen, dem ich meine Vergnügungen beim Zeichnen heimlich oder offen widme. Alleingelassen, sozusagen (nur) in Auseinandersetzung mit dem Gegenstand allein, bin ich ganz gewiß nicht auf der Spitze meiner Intensität alias Vergnügungen.* Fühlt er sich aber geliebt und ist der Augenblick mit ihm, dann fliegt es ihm wie von selber zu. Mit einer Art Lust bricht er in die kleine Welt auf, die vor ihm auf dem Tisch ausgebreitet liegt. Daß es die kleine Welt ist, die Dosen und Knöpfe, die Haarspangen und Streichholzschachteln, das liegt an seiner euphorischen Gelöstheit. Denn sie ist ein gesteigertes Aufmerken, eine besondere Empfänglichkeit für jedes einzelne und noch für die winzigsten Sensationen. Die Gehobenheit hebt auch den Gegenstand. Janssen fühlt sich ihm jetzt vollkommen gewachsen. Die Ebenbürtigkeit ist die Quelle der Mitteilung, ja, die Mitteilung selbst. Sie geht über das hinaus, was eine noch so geschärfte Beobachtung je zu erfassen vermöchte.

Die Zeichnung, in der sich das ereignet, zeigt Janssen auf der Spitze seines Vergnügens. *Vergnügungen* — so möchte er seine Arbeiten verstanden wissen, und dieses Wort richtet sich durchaus gegen das, was gewöhnlich Arbeit heißt: Entfremdung, Leiden, Anstrengung. Nicht den leisesten Stilwillen läßt er gelten. Es ist der Gegenstand selber, der sich gibt. Und nur im Vollbesitz seiner Kräfte, im Moment der größten Intensität ist Janssen auch auf der Höhe dieses kleinen Universums, das so eigensinnig wie die Natur verschwenderisch ist. Selbstvergessen mit dem Zeichenstift darin herumkletternd, entsteht jenes novemberliche Panorama. Lauter vollplastische Dinge, Dinge des momentanen Gebrauchs und die Blumen des Herbstes, die uns auf jeder Seite des Buches neu und unverhofft anblicken. Ja, sie blicken uns wirklich an. Was ja nur sagen will, wir haben sie bisher nicht gesehen, wir sind an ihnen vorübergegangen. Nicht empfunden werden heißt: nicht da sein. Janssen, der mit diesem Aphorismus auf den geliebten Lichtenberg anspielt, hat sie zum Leben erweckt. Wie von

Zauberhand berührt, wächst dem Kleinkram eine Schönheit zu, die ihn noch einmal und nun richtig ins Dasein ruft. So viele Knöpfe, so viele Persönlichkeiten; unverwechselbar und eigen, *wie die Menschen wohl gerne Persönlichkeiten wären.* Janssen macht nicht sichtbar, er macht sehen. Das ist eine einzigartige Leistung. Noch einmal die Entdeckung der Welt. Der originale Augenblick. Es ist eine epochale Leistung, wenn man sich nur klarmacht, daß dieses Jahrhundert in jeder Hinsicht andere Wege gegangen ist.

Die Moderne hat den Gegenstand verabschiedet. Wenn er hier und da überdauert hat, dann zur Konstruktion einer eigenen Welt, die der unsrigen nur durch einen Bruch vermittelt ist, durch strikte Ablehnung oder durch Verfremdung, durch Schock, Montage und wie die Kunstprinzipien heißen. In Reaktion auf die bewegenden Kräfte der Zeit, auf Industrialisierung und Normierung und die daraus entspringenden gesellschaftlichen Großstrukturen, hat sich noch einmal eine Entwertung des Diesseits vollzogen, wie sie in dem Ausmaß nur die Kirche vorgemacht hatte. Zu einer solchen Entwertung der Sinnenwelt steht Janssen quer. Er ist der Antipode dieser Moderne. Ihr gewitzigster, reflektiertester Widersacher und ihr angreifbarster, wenn er die *wundervolle Scheinwelt* für sich sprechen läßt. Ein Einsamer auf vorgeschobenem Posten, den Nietzsche dramatischer nicht ersonnen haben könnte. Doch wenn Janssen nicht wütend ist, ist er witzig. Wie er uns an den vorüberhuschenden Dingen eines November vorführt, was *Gucken* heißt und wie er in diesem *Kleinkram* einem ganzen Jahrhundert und der Fehlentwicklung der Moderne opponiert, nennt er das zu Recht *Größenwahn im Kleinen.*
Einer der Einwände ist so alt wie die Realismus-Debatte: es sei eh alles subjektiv gesehen. Zugegeben — Janssen setzt den Gegenstand in Szene. Aber diese Inszenierungen sind Steigerungen der Erscheinung und Verdeutlichungen des Guckens. Keinen Hehl macht er daraus, daß der Zeichner es mit dem Schein und der Täuschung zu tun hat. *Die Zeichnung ist eine Täuschung mit durchschaubaren Mitteln. Ohne eindrucksvolle Täuschung wär's eine alberne Sache, und ohne Durchschaubarkeit der Mittel wär's eine schlechte Zeichnung. Sind aber diese beiden gegensätzlichen Elemente harmonisch vereint, wirst du sehen, daß*

die Natur bei genauer Betrachtung eher einer guten Zeichnung ähnelt als einer schlechten.

Die Täuschung eingestanden, ist das Auge nicht entlarvt, schon gar nicht passé. Es bleibt ein *verzwicktes Ding.* Das Auge ist ja nicht ein Organ unter anderen. Es ist der Inbegriff des Lebendigen — das Leben selbst. Und in diesem Horizont inszeniert Janssen die Knöpfe und Schachteln, den Kuchenrest und die Kastanienschale, all das tote und auffällig zum Leben erweckte Zeugs.

Hinter einer plateauartig in die Bildfläche gerückten Pappschachtel — so leuchtend rot und schön und einfach zu schade zum Wegwerfen — neigt sich eine Sonne gegen den Horizont. Auf den anderen Seiten des *November*-Buches begegnen uns immer wieder Blumen, aber mit jener merkwürdigen Blickwendung, die jeder aus seiner Kindheit kennt, wenn unter Blättern hervor — aus der Verschattung — ein Kobold uns anschaut. Wie er uns einen Moment lang fixiert, sind wir seine Geschöpfe.

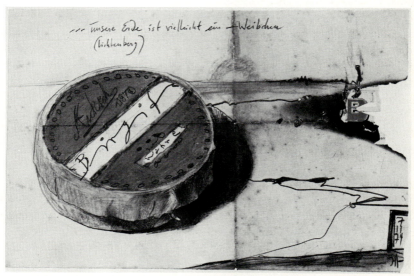

. . . *unsere Erde ist vielleicht ein Weibchen (Lichtenberg),* aus *November*-Buch, Zeichnung mit Blei- und Farbstift 7. 11. 1974 (18,5 x 28,4 cm)

Unter der Hand des Zeichners entsteht mit wenigen Strichen eine von Tannenspitzen unterbrochene Horizontlinie, davor noch die Andeutung eines Wassergrabens — und der Abstand ist hin. Wir können gar nicht anders, wir nehmen in den Verfärbungen des alten, stockfleckigen Papiers die Unebenheiten einer Landschaft wahr, die, bevor wir sie erkennen, schon uns erkannt hat. Aus dem, was bloß Material — Papier und Graphit — ist, springt uns Lebendiges an.

Auf die Spitze treibt es die Kokelei mit dem Feuer, die in vielen Zeichnungen wiederkehrt. Aus angesengeltem Papier, aus Verbranntem, wird das Brennen einer Flamme. Zwischen aschfarbenen, kalten Brandflecken sehen wir eine kleine Explosion — noch einmal und jetzt richtig — verpuffen. Was Leben heißt, wird uns in der Vermenschlichung des Todes zur Gewißheit, wenn wir mit den Augen des Kindes einen gestürzten Vogel in den letzten Schlaf begleiten. In dieser Perspektive zeigt uns Janssen einen Sperling, einen Falter; sogar ein Paar Ratten, das sich auf einer vergilbten Sterbeurkunde von 1899 zu einem zweiten, friedlicheren Dasein eingefunden hat.

Die spielerische Selbstvergessenheit, die jedes Gebilde zu seiner vollen Plastizität kommen läßt, setzt die meisterliche Handhabe aller Mittel voraus. Selbstdarstellung und Selbstvergessenheit sind die am weitesten auseinandergespannten Pole. Janssen ist Porträtist seiner selbst, wie es ihn in der Kunstgeschichte noch nicht gab. Und er ist es, der wieder auf *das Zeichnen nach der Natur* zurückgekommen ist, nachdem in diesem Jahrhundert die Malerei die Krise ihres Gegenstandsbezuges erlebt hat.

In der Hauptsache geht es darum, daß sich mit der Moderne die Unterscheidung durchzusetzen begann zwischen dem abgebildeten Sachinhalt und jener Wirklichkeit, die sich mit der Herstellung des Kunstgebildes konstituiert. Man entdeckte, daß das Kunstgebilde ebensogut Wirklichkeit beanspruchen kann wie der dargestellte Inhalt. Ja, im Verhältnis zu dem originären Akt des Machens und Bildens und erst recht im Verhältnis zu den produktiven Mitteln besitzt der fiktive, als gegenwärtig vorgetäuschte Gegenstand lediglich eine Scheinwirklichkeit. Es ist leicht einzusehen, daß den Zeitgenossen diese Erneuerung der Malerei als Revolution erschien. Denn verselbständigt sich erst einmal die Kunst zu einer „zweiten Natur", dann nimmt sich die lange Tradition der Wirklichkeitsnachahmung als eine Periode des Irrtums und der Entfremdung aus. Seit der Renaissance, davor ohnehin, sei die Malerei nicht selbst-, sondern fremdbestimmt und in einem undurchschauten Widerspruch mit ihrem eigentlichen Charakter gewesen. Die Illusionszertrümmerung und der säkulare Gestus der Versachlichung münden in eine Rückkehr an den Ursprung dessen ein, was primär die bildende Kunst sei: das Herstellen einer eigenen Wirklichkeit.

Geht man die Ismen der Moderne durch, so wiederholt sich das Zurück; was aber das Ursprüngliche sei, wechselt von Mal zu Mal. Der Impressionismus versucht die „Unschuld des Auges" wiederzugewinnen. Am überzeugendsten ist vielleicht der Rückgriff auf Archaisches. In den Gestaltungen der Primitiven gebe sich die ursprüngliche Gewalt des schöpferischen Menschen zu erkennen. In der Sehnsucht nach elementarer Wildheit werden die ästhetisch verbrauchten Formen barbarisiert. Man will in die Kernzone der wirkenden Naturkräfte selber vordringen. Das kunstlose Sich-Mitteilen, die Entdeckung einer sinnlichen Elementarsprache und die Spontaneisierung des Malaktes sind Ziele, die nach van Gogh — ungeachtet aller Unterschiede — auch die Fauvisten und Expressionisten und später bestimmte Richtungen der abstrakten Malerei verfolgt haben. Auch ein Kandinsky beruft sich auf den Selbstausdruck einer kosmischen Ordnung, wenn er für seine gegenstandslosen Schöpfungen die Suche nach einem unverfälschten Anfang geltend macht. Der epochale Drang zur Subjektivierung und Verinnerlichung hat auch den Begriff der Mimesis erfaßt. Die Natur, von anschaulicher Gegenständlichkeit immer mehr entbunden, führt dem Künstler jetzt von innen heraus die Hand.

Daß Linie und Farbe einen Eigenwert haben, dem die Abbildungsfunktion bloß nachgeordnet sei, stellt die Verbindung her zu einer Kunst, die eine ursprüngliche Formensprache entwickelt. In einer philosophischen Radikalisierung, auf der Suche nach dem Ersten und Grundlegenden, liegt der Schluß nahe, daß die Welt sich uns überhaupt erst mit und in den Symbolen und Zeichen eröffnet. Wo sich der Mensch in den sprachlichen und bildnerischen Mitteln wesentlich wird, da werden diese sich selber zum Thema. In der Rückwendung auf den welterschließenden Gestus von Form und Farbe geht es nicht mehr um den Gegenstand in einer besonderen Perspektive, sondern um das rhythmisch-plastische Sehen selbst. In der Nachfolge des Kubismus wird das Bild zu einer Aufforderung, im mitschaffenden Vollzug körperhaften Sehens den ehemals sinnlich-sinnhaften Zusammenhang des Menschen mit der Welt zu erneuern. Einer solchen Existentialisierung des Wahrnehmungsaktes muß die gegenstandbezogene Mimesis als eine unerträgliche Einschränkung erscheinen.

Wo man hinschaut, die klassische Moderne macht allenthalben einen neuen Anfang. Aber wie auch immer der Bereich ausgegrenzt wird, in dem sich das Wesen des Menschen noch ungebrochen und elementar ereignet, der Weg zurück an den Ursprung ist einer der gewaltsamen Abstraktion. Denn ein Teil wird fürs Ganze gesetzt. Wie um das zu verdrängen, spiegelt die moderne Kunst den Gründungsakt der Gewalt, dem sie sich verdankt, als Revolutionsattitüde zurück. Das Anfängliche und Unmittelbare, sei es nun der spontane, ungekünstelte Schöpfungswille oder der in den symbolischen Formen selbst thematische Weltbezug, stets entspringt diese Radikalität einer abstrakten Entgegensetzung gegen das, was als die Krise des neuzeitlichen Menschen totalisiert wird. Utopie und Pathologie, Revolution und Reaktion rücken zusammen. Dazwischen hindurch fällt der Gegenstand und die mimetische Einlassung auf sein anschauliches Äußeres. Nicht, daß es an Formen der Nachahmung in der Moderne fehlte; aber geschwunden ist die Zuversicht, von dorther, von den sichtbaren Vorderseiten der Dinge noch Mitteilungen über uns zu erhalten.

Die nachklassische Kunst der Moderne ist — stark vergröbert — ins andere Extrem umgeschlagen. In einem Akt der Umarmung wird die Wirklichkeit als Kunst entdeckt. „All is pretty", dieser Ausspruch von Andy Warhol ist nicht zufällig berühmt geworden. Vormals wollte man den Menschen, die Geschichte seiner Selbstentfremdung umkehrend, aus seiner ursprünglichen Mitte heraus erneuern. Jetzt bewegt man sich buchstäblich im Umkreis der von ihm künstlich gestalteten Welt. Er wird den Endprodukten seiner expansionistischen Zivilisation so gegenübergestellt, daß er sich darin wiedererkenne. Jeder Bildausschnitt, jedes einzelne Objekt, jede Aktion bekennt sich demonstrativ dazu, Teil des umfassenden Handlungssystems zu sein. Ja, Kunst sei niemals ein isoliertes Ding mit vier Seiten, sondern befinde sich, wo immer auch die Grenze verlaufe, inmitten des Lebensganzen. Das

Ganze, so unvermittelt herbeizitiert, ist ebenso eine Abstraktion wie jenes Ursprünglichkeitsideal. Die Zweideutigkeit von Revolution und Reaktion kehrt wieder in dem Durcheinander von Kritik und Anpassung.

Janssen steht quer zur modernen Kunst-Metaphysik in jederlei Gestalt. Auch die neue Plastik, obgleich Museumssäle für sie umgebaut werden, hat ihren Ort nicht im Raum, sondern im Denken. Gegen die verkehrte Totalisierung des plastischen Prinzips setzt Janssen rückhaltlos sein Ich. Umgekehrt bietet er gegen das cartesianische Ich, das sich in seinen Symbolen verabsolutieren will, die Anschauung und Plastizität im Gegenständlichen auf.

Janssens Medium ist die Zeichnung. Seine besondere Begabung und die Geschichte der Kunst sind merkwürdig verschränkt in diesem Medium. Denn die Zeichnung hat den Weg der Moderne, den Weg hinter das Abbild zurück an den Ursprung der bildnerischen Arbeit immer schon voll ausgeschritten. Als mit der Erfindung der Ölfarbe und der Linearperspektive der Illusionismus triumphierte, hat der Zeichenstift seine profane Materialität nicht verheimlicht. Im Gegenteil, mit abgestuften Schwärzen hat er, plastische Wirkungen hervortreibend, die Dreidimensionalität des Raumes vorgetäuscht und zugleich auf demselben Papier die figürliche Linie in einen Schlenker, in die Eindimensionalität eines planen Strichs auslaufen lassen. Von Anfang an weiß die Zeichnung, was dieses Jahrhundert stets neu zu entdecken glaubt: Der Strich ist noch vor Inanspruchnahme für die Zwecke der Mimesis eine Wirklichkeit eigener Art. Deshalb die lässig hingeworfenen Schraffuren schon bei den Altmeistern, wenn sie sich vom Zentrum der Darstellung an den Rand des Blattes bewegen; deshalb die Krakel, die die präzis gefaßte Figur flüchtig umkurven. Hier wird die Illusion der Naturnachahmung in Richtung auf das ursprünglichere Material, auf den Strich hin überschritten, der platterdings nur die Spur eines Farbmittels ist. So ist die Zeichnung seit jeher der Moderne voraus, ohne daß sie ihr Revolutionspathos geteilt hätte. Genauso ist die Existentialisierung der Raum- und Körpererfahrung, die die Heutigen über die Bildgrenze hinaus zur Plastik treibt, in den Zeichnungen der Alten längst angelegt. Sie radikalisierten die Kunst des Weglassens, als das Tafelbild und seine Kompositionslehre die

Angst vor dem Nichts vergessen machen sollten. Das Zwiegespräch mit der Leere beschäftigt uns in den Studienblättern Michelangelos oder Leonardos zuweilen mehr als das komplette Werk. Der horror vacui, dieser Sprengsatz der Moderne, er ist in den Zeichnungen der alten Meister am Werk. Dagegen duldet die Zentralperspektive in den Gemälden derselben Meister keine Leere und kein Fragment. Das Leiden an der Kunst ist das Leiden an ihrer Künstlichkeit. Sich deshalb der Illusion zu verweigern, ist nur eine von mehreren Konsequenzen. Letztlich beschneiden wir nur unsere Möglichkeiten und engen unseren Handlungsraum ein. Denn das Wunder bleibt: die Verwandlung und die Fähigkeit, in anderer Gestalt wiederzukehren. Wer sich einmal der Mühe unterzieht, in unserer Schrift aus der Nähe nichts als ein grafisches Muster zu sehen, dem mag sich für den Moment aufdrängen, daß nicht wir lesen, sondern daß der Buchstabe uns liest. Der Bleistiftstrich ist der Strich nicht mehr, wenn wir darin eine Figur erblicken. Unmöglich, dieser Farbspur die materielle Unschuld voll zurückzuerstatten. Auch das hat die Zeichnung besser als irgendeine andere Kunst aufbewahrt. Es ist nicht der gleiche Augenblick, der dem lebendigen Bild und dem das Symbol gehört. Die Zeichnung ist eh schon am Ziel. Sie hat den Weg der Moderne von Beginn an ausgemessen. Dem widerspricht es nicht, wenn die Gründe dafür ursprünglich nicht ästhetischer, sondern handfester Art waren: der Entwurfcharakter der Skizze, der Preis und die Knappheit des Papiers und das Tempo der Inspiration. Gerade sofern es sich noch um keine Kunst handelte, lief die Zeichnung der Kunstgeschichte voraus. Diese inwendige Dialektik, die ihr intelligentes Wesen ist, befreit den Zeichner davon, revolutionär zu sein. Janssen ist in dem Sinne kein Neuerer. Er ist es um so weniger, als in den Altmeistern seines Faches die Moderne vollendet ist. Es kommt darauf an, sie richtig zu erinnern.

Tod und Liebe, Liebe und Leidenschaft: einerseits sind das die klassischen Themen der Kunst, der schöpferische Fundus aller Zeiten; andererseits ist heute das Selbstverständliche aus dem Blick geraten. Janssen — nach seiner Art von renaissancehaftem Zuschnitt — will sein Leben, seine Kunst als eine zwischen diesen Extremen ausgespannte Totalität. Wo Marter und Ernüchterung im Opfer sei, da sei Zärtlichkeit; wo Tücke sei, da diene sich Freundschaft an; Heimlichkeit nehme ebenso

Maß am Zutrauen wie an der Bosheit. So wetterleuchten aus allen Horizonten die entgegengesetzten Affekte durch seinen Kosmos — zur *schrecklichen Lust eines Auges*, wie Janssen es nennt.

24. *Die Kopie*

Birgit hatte immer wieder Versuche unternommen, sich von Janssen zu lösen, denn seine Ausbrüche unter Alkohol waren entsetzlich. Schließlich hatte sie erreicht, daß er sich gegen die Alkoholsucht stationär behandeln ließ. Er sollte zunächst unter stark dämpfende Tabletten gesetzt werden, damit die Spannungen nachließen. Diese wahnwitzigen Spannungen, von denen er in Zuständen der Erschöpfung befallen wurde und die so unerträglich waren, daß man glauben mußte, ihm platze das Gehirn. Überreizt zog er dann jedes Mißverständnis haarklein hervor. Beschwichtigungen nützten nichts. Birgit konnte seine Nervosität wachsen sehen. Und wenn er, zum Zerreißen gespannt, über eine Bagatelle explodierte, dann wünschte selbst sie, die den Alkohol haßte: „Hoffentlich trinkt er bald wieder." — Birgit wollte seinen Affekthaushalt auf einem mittleren Niveau stabilisieren, und das schien ihr nur unter Aufsicht und medikamentös erreichbar. Die Radikalkur in der psychiatrischen Klinik von Eppendorf war nach ein paar Tagen unterbrochen worden. Statt dessen sollten Analysegespräche stattfinden — erst wöchentlich, dann in größeren Abständen. Wie sie merkte, daß er in Burchard einen angenehmen Gesprächspartner gefunden hatte, machte sie sich keine Illusionen mehr. Er würde auch den Professor bald um den Finger gewickelt haben.

Zu einer klassischen Psychoanalyse kam es nicht, war auch nicht beabsichtigt und wäre wohl undurchführbar gewesen. Janssen hätte irgendwann das Analyseverfahren an sich gerissen. Ansätze dafür gehen bereits aus dem Entwurf eines Briefes vom 23. 1. 75 hervor:

„Lieber Prof. Burchard

Was — wie ich bin, weiß ich nicht. Aber über das, was ich von mir zu halten habe, darüber weiß ich gut Bescheid zu geben. Und mit diesem Satz haben Sie schon mal einen gravierenden Aspekt zu fassen. Nämlich: wie der Lügner durch die Art und Weise und durch die Auswahl der Gelegenheiten zum Lügen dem Belogenen eine ziemlich genaue Einsicht in seine Person vermittelt." Für Janssen war es vor allem wichtig, von einem erfahrenen Mediziner zu hören, daß er nicht verrückt sei. Burchard führte ihn in die Grundlagen der Gehirnphysiologie ein; er erklärte ihm, was eine Synapsenfunktion sei und welche Vorzüge „Limbatril" habe — ein Mittel, das Janssen seitdem einnahm und das durchweg eine positive Wirkung zeitigte. Doch unterhielt man sich nicht nur über den Aufbau des Gehirns und der Sinnesorgane, auch auf die oldenburgische Kindheit kam das Gespräch. Burchard war aufgefallen, daß der Zeichner Janssen eine Vorliebe für spitz zulaufende Formen besaß und die Farbe in seinem Werk eine untergeordnete Rolle zu spielen schien. Den Todeskitzel mußte schon das Kind vorgekostet haben. Janssen hatte bereits früher Geschichten von der Lerchenstraße und dem Mädchen Linde erzählt. Jetzt kam er noch einmal ausdrücklich auf seine Kindheit zurück. Für das *November*-Buch schilderte er den Tod seines Großvaters; eine Erinnerung, zu der ihn die Eppendorfer Gespräche mit Burchard angeregt haben.

Janssen wäre nicht „der junge Ver-Werther", wie Birgit ihn sah und nannte, wenn er nicht irgendwann die therapeutischen Absichten des Professors verulkt hätte. Als er wieder mal auf Reisen war, schickte er Burchard Postkartengrüße. Zur Demonstration seiner nekrophilen Neigungen zeichnete er weiße Winterlandschaften. Nur ein Schneeball war rund und farbig ausgemalt. Das sollte den Fortschritt der Therapie anzeigen. Aus Paris meldete Janssen dann seine endgültige Heilung: im Bild der knallbunten Stadt war nun umgekehrt der Ball weiß ausgespart.

Natürlich kam Janssen nicht vom Alkohol los, auch wenn das nach dem Isolationsschock sein fester Wille war. Birgit mochte sich auflehnen wie sie wollte, dagegen war sie ohnmächtig. Trank er aber mal eine längere Zeit nicht, dann kamen beide gleich zur Ruhe, und auch Birgit war nur zu bereit, die Stunden gegenseitiger Vertrautheit auszukosten und eine Zukunft zu planen. Denn sie liebten sich und in solchen Tagen hatten sie tausendmal Ruhe und jeder war zu den größten Opfern bereit. So zerrissen Birgit sein konnte, so genoß sie das Glück, wenn sie einander geschwisterlich nahe waren und sie ihre Vorlieben teilten. Jeder spielte das Spiel des anderen leidenschaftlich mit. Wenn Birgit sich dann verkleidete — aus Trauer, daß sie ihre Kinder verließ, und aus Entsetzen, daß sie ihren Mann betrog, fand Janssen das sogar natürlich, und er selber machte die Maskerade mit. Sie waren außer sich, weil sie sich so gut verstanden. Sie hätten sich um einen Fingernagel gestritten. Aber Streit — wann hätte es ihn je gegeben?

Ein Jahr lang hatte Birgit in der Fuhlsbütteler Straße für 135 Mark monatlich ein Ladengeschäft gemietet. Sie bot ihre eigene, verrückt sortierte Kleidung an. Laufend dekorierte sie das Schaufenster um, denn verkaufen wollte sie nichts. Sie brauchte nur ein Alibi für ihren Ehemann. Schließlich war es Janssen, dem dieser Ausbruch verdächtig erschien, und er machte dem Emanzipationsversuch ein Ende. Birgit tauchte in einer Pension unter. Das war ihm auch nicht recht, und so besorgte er ihr eine Einzimmerwohnung in Eppendorf, in der sie sich einmal wöchentlich trafen. Diese Regelmäßigkeit brachte ihn ganz außer Fassung. Er hielt das nicht aus. Er wünschte sich, daß sie von zu Hause wegzog. Als sie nach heftigem inneren Ringen endlich eine eigene Wohnung angemietet hatte, stürmte er herein und zertrümmerte in einem Anfall maßloser Enttäuschung das Mobiliar. Die Wohnung war nur ein paar Minuten von der ehelichen entfernt.

Birgit reagierte auf Janssens Werbung außerordentlich. Hin und her gerissen zwischen ihrem Geliebten und ihrem Ehemann, entpuppte sich darin, wie sie die Entscheidung hinauszögerte, ihr ganzes Wesen. Sie baute Hindernisse auf, sie spielte Verstecken, sie wies ihn ab, sie erfand tausenderlei Gründe, um Zeit zu gewinnen. Jeden ihrer Schritte mystifizierte sie. Das war ihre Antwort auf seine Drängelei. Daraus zog er die Motive für eine zur Raserei gesteigerte Verfolgungsjagd, die ihn nicht mehr loslassen sollte. Birgit hatte den Grad von Intelligenz, der ihn um so mehr herausfordern mußte, als er selber mit aller Raffinesse und List vorging. Die Kostümierungen, die Geheimniskrämereien — *nichsagen* heißt es auf einer Zeichnung: das war Birgit, das war Janssen.

Sie war das widerspenstigste Ding und doch so schockierend direkt, daß er die Luft anhielt. Wie sie aus einer gelenkigen Taille heraus

Arme und Beine bewegte, die Arme resolut abgewinkelt, die Beine keck gespreizt, hatte es etwas Jungenhaftes. Immer in Fahrt, mußte sie aber gegen ein mädchenhaftes Erröten ankämpfen, das plötzlich in den Wangen aufloderte und sie zu verraten schien. Dagegen bot sie die Stirn, und unter klar und voll gezeichneten Augenbrauen faßte ihr Blick energisch zu. Gern suchte sie Unterstützung bei einem breitkrempigen Hut oder einer lockenreichen Perücke. Denn die Haare waren wieder eine schwer zu kaschierende Schwäche. Zwischen Angriff und Verteidigung hin und her springend, entfaltete sie ihr aufregendes Wesen. Sie war die eifrigste Verfechterin ihrer Meinung und baute sich am Widerspruch auf: „Das sehe ich anders — ganz anders." Wie einer, der diesmal nicht lügt, sondern sich demonstrativ gerade hinsetzt und die Wahrheit in einem einzigen Satz sagen will, konnte sie mit leidenschaftlichen Worten jedem Wenn und Aber einen Riegel vorschieben. Ein letztes Wort fiel aber nie. Das Gespräch lief weiter. Redend, immerfort redend, so konnten Birgit und Janssen endlos umeinander herum sein.

Sie war stolz darauf, das schwerst zu bändigende Tier in der ganzen Umgebung zu sein. Darauf war Janssen zugerast. Sollte er doch sehen, wie er damit fertig wurde. — Er wollte ohne sie nicht mehr leben und nannte sie seine letzte und ewige Liebe. „Einmal noch die Ehe, eine Familie und Oldenburg." Gemessen an dem Volumen, das eine Frau in seinem Leben beanspruchen durfte, war sie zu einnehmend.

Das Jahr 1975 war nicht sonderlich produktiv. Es verlief zu gehetzt und chaotisch. Da er nicht arbeiten konnte, kam zu der Angst, Birgit zu verlieren, noch die Unzufriedenheit mit sich selber. Wenn seine Unrast nicht durch Erfolge am Zeichentisch aufgefangen wurde, war er vollends unerträglich. Das Jahr 1976 schlug wenigstens mit zwei Radierserien zu Buch.

Was ihm allerdings die ganze Zeit über aus den Händen lief, war die Bastelei für Birgit. Er riß und klebte, er schnitt und kokelte mit Streichhölzern, er nähte, pappte und leimte und frönte ihrem Faible für alles Kleine und Zierliche. In einem Fall ist solch ein selbstgebasteltes Heftchen auf das Publikum gekommen: *Um Soonst. 2 Geschichten zu 19 Collagen,* von Hower 1976 verlegt. Hinter dem Prün- und

Fummelkram, hinter der Faksimilierung der Handschrift steckt die Absicht, den Betrachter aus der Anonymität zu locken. Das Medium „Buch" sollte wieder eine persönliche Handreichung werden. Deshalb stattete er es auch mit Originalradierungen aus oder er bemalte den Umschlag, wenigstens signierte er es.

Die *Mannheimer Rede* trug er seinen Lesern auf dieselbe Weise und gleichsam persönlich an. Die Texte handgeschrieben und mit Bildern collagiert, sieht noch der originalgetreue Nachdruck wie ein eigens hergerichtetes Präsent aus. Zur Buchpremiere zog er am liebsten einen kleinen Kreis um sich: „seine Gemeinde". Mit Vorliebe in Buchhandlungen, die so verwinkelt und vollgestellt sein mußten, daß sich um den Vortrag ein Gedränge bildete.

Für die Schar der Freunde, die 1974 zur Vorstellung der *Landschaft* in die Räume des Christians-Verlages geladen war, zeichnete er namentlich jedem eine Einladung. Wahrlich eine Geste den Gästen gegenüber. Unter dem Titel *Kleines Geste-Buch* gab Schack die Sammlung dieser Widmungsblätter heraus. Sie sind das Zeugnis eines fieberhaften Dedikationstriebes. So nennt man es, wenn einer sich persönlich verschenken und einem Menschen übereignen muß, um zu seiner vollen Leistung zu finden. Was manisch anmuten könnte, ist bei Janssen freilich ein Vorsatz. Für seine Person wollte er die verdinglichten Verhältnisse auf dem Buch- und Kunstmarkt außer Kraft setzen.

Das *Geste-Buch* war nur nebenbei und zum Spaß entstanden. Das Hauptaugenmerk richtete sich in dieser Zeit auf *Die Kopie*. Das im großen Maßstab geplante Buch sollte Gerhard Schack herausgeben, der das Unternehmen aber Jahr um Jahr hinauszögerte wie ein liebgewonnenes Geschäft, von dem man sich nur ungern wieder trennt.

Schack hatte Janssen den Weg in die Kopie eröffnet. Seine Vorlieben gaben die Richtung an. Er hat Bücher nach Blankenese getragen, aus denen hervorging, daß auch die Meister, die Rubens, van Gogh und natürlich Picasso, Kopien angefertigt haben. Sogar Shakespeare hat den Plutarch abgeschrieben. Als Janssen Anfang der 70er Jahre zu spüren begann, daß die Kopie ein eigenes Genre war, machte Schack aus dem Ängstlichen einen Souverän. „Ohne diesen Freund wäre ich nicht geworden, was ich bin."

Schack war in die Rolle hineingewachsen, die einmal Alfred Mahlau innehatte und die Janssen sein „formal-ästhetisches Gewissen" nennt.

Schack bestärkte ihn darin, daß „Genauigkeit zu Lasten des Objekts" abzulehnen sei. Als Beispiele führte er Dürers Hasen und die pingeligen Rasenstücke an. Ihnen seien die Aquarelle unbedingt vorzuziehen — wegen gewisser Unbeholfenheiten und weil sie sich nicht für einen zu engen Kunstbegriff mißbrauchen ließen. Das alles wollte Janssen von seinem Freund gelernt haben und erst recht die Verachtung für das „Gemein-Gewaltige". Auf Sächle ist der Spruch gemünzt: *Das Große ist bald langweilig, aber im Kleinen ist eine Welt verborgen.*

Dennoch war Schacks Stellung nach dem Höhepunkt der Freundschaft, nach *Hokusai's Spaziergang* und nach der *Landschaft*, schwieriger geworden. Mit der Zeit mußte er merken, daß seine Wortspielereien — die Limericks und Verballhornungen — nicht mehr auf die gleiche Gegenliebe stießen. Früher hatte er sich abends von Janssen verabschiedet und zu Hause am Telefon den Faden gleich wieder dort aufgenommen, wo er eben abgerissen war. Jetzt wurden die Pausen größer. Janssen forderte Ergebenheit. Aber er fühlte sich entwaffnet, wenn er mit Liebe überschüttet wurde. Das nannte er die Tücke, die Schack gegen ihn ins Feld führte: „Durch ungeheures Liebsein konnte er einen einlullen." Janssen war eines Tages der Kniefälle überdrüssig. Wirklich ging Schack auf ein Knie herunter, wenn er seinem Meister ein Buch überreichte. Es war eine ritualisierte Unterwerfungskoketterie und niemand konnte sie unzweideutiger darbringen. War er doch der Intimus, der in die verschwiegenen Register der Zeichnung Eingeweihte, der eine Andeutung, ein Zitat nicht nur würdigen, sondern mit den Augen auffangen und zurückspielen konnte. Er sah das Genie.

Zu zweit waren die Freunde gegen alle Welt gefeit. In dem Gefühl sonnte sich Janssen. Doch blieb es immer ein Balanceakt zum Größenwahn. Bis Schack in die Falle tappte. Er hatte „ja" gesagt, als er nach einem Ja gefragt worden war: „Ich bin Jesus. Bin ich Jesus?" Und es nützte ihm nichts, daß Janssen am nächsten Morgen, als die Halluzination vorbei und das Delirium ausgestanden waren, milde erinnerte: „Gestern war ich für dich ja noch der Herr Jesu." Die Falle sollte auch nicht im selben Moment zuschnappen. Jahre vergingen noch. Nur hatte Schack wie alle Freunde auf die Dauer keine Chance. — Nach Gesche und in den Tagen der hysterischen Liebe war er nur mehr am Horizont gegenwärtig. Seine Aufgabe blieb, *Die Kopie* zu edieren.

Und wenn es nicht zügiger geschah, dann lag es auch an Janssen. Denn die großen Kopien entstanden in unregelmäßigen Abständen. Serien wie die im März 1975 durchgestalteten Zeichnungen nach Utamaro — *Die Frau mit dem Äffchen* — kamen in der hektischen Zeit mit Birgit selten zustande.

Neben Schack war auch Joachim Fest an der Entstehung der *Kopie* beteiligt. Janssen eignete ihm durchweg die stattlicheren Formate zu. Nach Beendigung des „Brauner-Romans", wie Janssen das Hitlerbuch nannte, hatte Fest die Stellung eines Mitherausgebers der Frankfurter Allgemeinen Zeitung angenommen. Anfang 1974 sollte er in Frankfurt beginnen, zögerte aber die Übersiedlung noch ein paar Monate hinaus — auch auf Janssens Wunsch, der ihn am liebsten in Hamburg gehalten hätte, ihm sogar anbot, s e i n Kunsthändler zu werden. Noch das ganze Jahr 1975 kehrte Fest an den Wochenenden nach Blankenese zurück. So erlebte er an diesen Tagen das turbulente Ringen um Birgit mit. Oft fand er den Freund tief verschattet vor und führte ihn nach seiner Weise umsichtig, die Unterhaltung in die vertrauten Gleise lenkend, aus der Depression heraus. Bis Birgit anrief. Es war vielleicht mittags, und in einem Nebensatz merkte sie für den Abend die Begegnung mit einem Bekannten an, dessen Namen sie aber nicht preisgeben wollte — aus Prinzip nicht. Mit einem Schlag war das Gleichgewicht erschüttert und der Eifersüchtige auf die Folter gespannt. Fest, der auch den tobenden Janssen zu nehmen wußte, brauchte Stunden, um den Gepeinigten wieder in ein unverfängliches Gespräch zu verwickeln und zu beruhigen. Jahrelang hat er nach seiner Art den vollen Einsatz erbracht und die Nacht zum Tag gemacht, wenn es not tat. Janssen hat es ihm gedankt und ihm die Vorliebe für die repräsentative Kopie abgemerkt.

Mochte Joachim Fest den heroischen und universalen Gestus des 19. Jahrhunderts lieben, am Mühlenberger Weg lernte er die verzweiflungsvollen Tiefen und die unheldischen Desaster des Künstlers kennen. Ruhig und bestimmt zog er um Janssen eine Atmosphäre, die diesem wohl tat. Der belesene und elegante Schreiber, die kühle und einflußnehmende Persönlichkeit, der in seinem Beruf Erfolgreiche — alle diese Rollen handhabte Fest so, daß es niemand übersehen konnte. Aber ganz zwanglos und sogar auf eine jungenhafte Weise unbekümmert war er nur in Blankenese. Das gab ihm die Kraft, Janssen zur Seite zu stehen.

Wie Fest ohne sonderliches Zutun Schack verdrängt hat, so war Birgit der Untergang von Fest. Weil sie ihn auf Anhieb bedeutend, ja imponierend fand, mußte sie sich erst einmal gegen ihn behaupten und die Fronten klären. „Ach, Sie sind Birgit", ging Fest auf die junge Frau zu, von der er schon so viel vernommen hatte. „Nein, ich bin Frau Jacobsen." Später hatte sie immer wieder das Gefühl, daß Fest sie dem „großen Künstler Janssen" wie ein Objekt zuführen wollte. „Ziehen Sie doch die andere Bluse an, die liebt er besonders." Das machte sie erst recht trotzig.

Natürlich blieb Birgit nicht verborgen, daß Janssen für Fest im großen Stil arbeitete, während er für sie aus den Zügeln lief und die bunten Schnipsel collagierte. Entzückende Sachen — aber unerheblich. Birgit lehnte es ab, Profizeichnungen anzunehmen. Sie wollte keine Bestechung, vor allem wollte sie ihm jedoch keinen Vorwand liefern, ihre Wohnung zu erstürmen, damit er die Bilder wieder von der Wand reißen konnte. Nur wenn Janssen ihre Lieblingspuppe mit der Stickerei im Haar zeichnete, mochte sie diese Intimität nicht in fremde Hände gehen lassen. So kam auch eine Sammlung zustande. Aber die großen und ausgeführten Zeichnungen dieser Zeit erhielt vorrangig Joachim Fest.

Wir sagten schon, daß Janssen die kulturkritischen Gedanken seines Freundes immer in die gleiche Richtung zielen sah: die Rettung des Abendlandes. Was lag da näher als die Kopie? Die Kopie nach Füssli, nach Grünewald, nach Carracci, nach Georges de la Tour, nach Velasquez, nach Chodowiecki, nach Pollaiuolo und den anderen unsterblichen Abendländern. Janssen beugte sich dem nicht nur motivisch, er drängte auch das Skizzenhafte zurück und trat ins große Format ein. Er gab sich virtuos und schuf zwischen 1974 und 1976 einzelne Pracht- und Vorzeigestücke. So gesehen, war es e i n Stil, in dem er für Fest arbeitete. Er gefiel sich, diesem zu gefallen, und genoß dessen souverän ausgespendetes Lob.

Immer waren Freundschaften das Fluidum, in dem er seinen Weg und sein Werk fand. Wenn es in seiner künstlerischen Entwicklung so viele Epochen gibt, dann liegt es auch an den Freunden und Frauen. Ja, er wechselte von dem einen in den anderen „Strich", sobald eine „Ehe" zu Ende ging. Das entsprach der sehr persönlichen Aufmerksamkeit, mit der sich Janssen einem Menschen zuwendete, den er liebte. Und es gab keinen, der sich von ihm nicht bestens — eigentlich nur von ihm — verstanden wüßte. Er hob die Freunde über sich hinaus und machte sie glücklich, indem er sie mit ihrem besseren Selbst zusammenführte. In dem Sinne porträtierte er in den stattlichen Kopien die besonderen Neigungen und Vorlieben von Joachim Fest.

Janssen ging so auf den Menschen ein, daß der ihm buchstäblich die Hand führte — sogar in solchen Einzelzügen, die ihm selber undurchschaubar bleiben mußten. Das Sich-Verausgaben und Sich-Wegschenken, dieses fast zwanghafte Bedürfnis, sich dem anderen zu überantworten, um die eigene Sache voranzutreiben, ist das Wesen der Freundschaft und in der *Kopie* thematisch. Wie mußte erst ein Rembrandt, ein Goya, eine Zeichnung von Kobell auf den wirken, der sich immer gleich ganz weggab? Geradezu leidenschaftlich übereignete er sich diesen Gewalten. Und in der Freundschaft für Fest schuf er sich dafür die passenden äußeren Bedingungen. In diesen Tagen seiner verzweifelten Liebe zu Birgit lieferte er sich wie nie zuvor dem Freund aus. Er machte sich abhängiger als sonst. Joachim Fest finanzierte praktisch seinen Lebensunterhalt.

Janssen hatte in dieser Zeit nie Geld. Die 140 000 Mark, die er für die *Hanno-Suite* auf die Hand bekommen haben will, waren jedenfalls längst ausgegeben. Wenn er Geld brauchte, verkaufte er an Fest eine Zeichnung. Für die aufwendigeren Blätter bekam er 2000 Mark. Damit hätte er annähernd die Unkosten für sein Leben bestreiten können. Nach einer Aufstellung von Birgit mußte er noch einmal die doppelte Summe seiner Haushaltskosten, die ungefähr 2500 Mark betrugen, als Außenstände monatlich begleichen — Zahlungen an die Frauen und auch an Tom Eckhoff, der für Fotolaborarbeiten zu entlohnen war. Die laufenden Haushaltsausgaben deckten freilich die Reisekosten nicht mit ab. Und die Birgit-Zeit war Reisezeit. In die roten Zahlen geriet Janssen, als sich die Steuer meldete. Die Riesensumme von 80 000 Mark stand offen. Das Haus drohte gepfändet zu werden. Schack, Toninelli und Fest erhielten abwechselnd Zeichnungen; zum Ausgleich sollten sie die Steuerschuld tilgen helfen. Aus diesen Wirren ging Janssen mit Schulden bei seinem Freund Fest hervor, so daß alle Profizeichnungen, die er jetzt für ihn anfertigte oder, was nun auch vorkam, in Auftrag nahm, schon im Minus liefen. Vertrackt wurde die Situation dadurch, daß er diese Zwangslage suchte. Der Druck des Finanzamtes diente als Stimulus. Und daß Fest in dieser chaotischen Zeit Forderungen stellen konnte, brachte ihn an den Zeichentisch zurück. Zurück zur *Kopie,* für die es immer noch was zu machen gab. Birgit kümmerte nicht das artifizielle Grundmuster dieser Verstrickung. Sie sah, daß Janssen gegängelt wurde und daß er sich bei seinen Kopien auf einen Standard festlegte, den sie „erhaben" nannte. Sie fürchtete, daß er in eine Abhängigkeit hineingeriet, aus der es kein Entrinnen gab. Sie wollte ihn autark und machte ihm klar, daß bei seiner Großzügigkeit — die Radierzyklen wurden unter Beteiligung von Fest vertrieben, der in mehreren Fällen auch im Besitz der Platten war — jegliche Verschuldung ein Hirngespinst sei. Sie suchte das Gespräch mit Fest. Er sollte zur Verrechnung der Zeichnungen eine höhere Summe aussetzen. Fest wich mit dem Hinweis aus, daß er Janssens Leben ständig vorfinanziere und fand es schlechterdings peinlich, über Geld zu reden. Einmal in diesen Fragen engagiert, drängte Birgit weiter. Sie machte sich zu dem unterirdisch querulierenden Gewissen von Janssen, der denn auch schon mal, wenn er angetrunken war, damit herausplatzte, daß er sich schlecht behandelt fühlte. Aber er wäre nicht der rückhaltlose Bewunderer seines Freundes gewesen, wenn er es darüber zum Bruch hätte kommen lassen. Lieber wollte er gegen jeden anderen zänkisch und engherzig sein. Wie er sich bedingungslos vor Fest stellte, schien er für sich selber am meisten Schutz zu brauchen.

Inzwischen hatte ihm ein Regierungsauftrag vordemonstriert, daß Geld auch anders zu verdienen war. 25 000 Mark kassierte er für eine einzige große Radierung — *Routine-Landschaft,* die er in der sogenannten Umwelt-Mappe unterbrachte, in der auch Fußmann, Antes und andere vertreten waren. Den Auftrag hatte Claus Clément vermittelt, der sich neben seinem Beruf kunsthändlerisch umtat. Er war PR-Direktor und Werbechef in einem der größten Zeitungshäuser. Er konnte Beziehungen anknüpfen und was bewirken. Über ihn schrieb Janssen Briefe an Innenminister Maihofer. Eine neue Freundschaft zog am Horizont herauf.

Dagegen geriet manche alte Bindung in die Krise. Der Propyläen-Verlag hatte eine Zeitlang an Verena und Gesche Zahlungen geleistet und sie gegen Erlöse aus den Grafik-Editionen und dem Buchgeschäft verrechnet. Diese Beträge pfändete neuerdings die Steuer. „Ich arbeite als Sklave für Propyläen", schrie Janssen auf, und als der Verlag gar nichts mehr überwies: „Ich bin nicht mal mehr kreditwürdig!" Er, der damit kokettiert hatte, daß er sich an Axel Springer verkaufte, spürte die Schlinge um den Hals. Da beging Jobst Siedler einen Fehler. Er bot vor dem Weihnachts- und Geschenkfest 1975 in DIE ZEIT per Annonce einen Restposten Janssen-Grafik feil. Janssen im Sonderangebot. Der sah sich verramscht und kündigte Siedler noch in den ersten Tagen des Dezember die Freundschaft. Verträge gab es nicht, so genügte ein herber Brief. Damit war die Ära Propyläen alias Ullstein alias Springerkonzern beendet. Jobst Siedler, der für sich selber am wenigsten profitiert hatte und den auch Birgit nicht anders als jovial und reizend kannte, rechtfertigte sich später damit, daß der Verlag durch Herstellung und Verkauf der Bücher Verluste eingespielt habe, die nur durch Radierbeilagen abzudecken wären, die zwar versprochen, aber von Janssen nicht freigegeben worden seien. Der Verlag seinerseits lagerte, jahrelang nachdem die Bücher im Handel vergriffen waren, noch Hunderte unaufgebundener Exemplare von *Minusio* und den *Neuen Zeichnungen* im Keller seines Hauses. Im nachhinein bleibt festzustellen, daß Jobst Siedler unter den Freunden in der schwächsten Position war. Janssen brauchte Geld immer sofort, aber Berlin lag weit weg. Toninelli und Fest, die zeitweise in Blankenese einen Lager-Wohn-Raum angemietet hatten, waren stets zur Stelle.

Weihnachten 1975 beherrschte noch die Absage an Propyläen die Stimmung am Mühlenberger Weg. Joachim Fest war zu Besuch und bekam Janssens Unmut zu spüren: „Die Preußen sind auch nicht mehr, was sie mal waren." Er zog sich aus der Schußlinie und nahm seinen Freund Siedler in Schutz. Die Ramschanzeige sei keine Bosheit gewesen, erst recht hätten keine Absprachen bestanden. Bis tief in die Nacht redete und zeichnete Janssen. Er hatte sich langsam beruhigt und schrieb für die Ehefrau einen Weihnachtsgruß in ein Buch und leistete allerlei Signaturen. Eine halbe Stunde nach Mitternacht hielt Fest mehrere Bücher und eine Rolle von Radierungen in den Händen, obenauf eine Zeichnung, die er gerade zum Geschenk erhalten hatte: das Selbstbildnis mit dem Finger unterm Auge — Holzauge, sei wachsam! — Drei Stufen vor dem Ende der Treppe stolperte der Vollbepackte und schlug lang hin. Janssen half ihm auf die Beine, stützte ihn, tastete die Hand ab. Zuviel Aufhebens empfand der Freund, doch als sich am nächsten Morgen ein unangenehmes heißes Gefühl am Handgelenk einstellte, ging er zum Röntgen ins Krankenhaus. Ein haarfeiner Riß wurde diagnostiziert. Die folgenden Tage trug er den verbundenen Arm in der Schlinge, und Hamburg munkelte: Janssen hat Fest aus dem Haus und die Treppe heruntergeworfen. — Nichts dergleichen. Aber die Anrufe nach Frankfurt wurden seltener, schließlich blieben sie aus. Die Verehrung des Freundes hielt noch lange an. Wenn Janssen in seinem Innern jemals ein Denkmal errichtet hat, dann ist es Joachim Fest gewesen, und es dauerte Jahre, bis er daran zu rütteln wagte.

Während dieser Wochen war Birgit ihrerseits nicht untätig geblieben. Sie hatte erneut einen Anlauf genommen, Janssen von seinen Freunden unabhängig zu machen. Ob es nun Paris oder Rom sein sollte, war egal. Hauptsache, er würde sich aus seiner vermaledeiten Umgebung lösen und mit ihr von vorn anfangen. Rom war ihr lieber, Rom war noch einmal einen Versuch wert, einen letzten Versuch, der darüber entscheiden sollte, ob er mit ihr ein neues Leben beginnen könnte. Für Rom hatte Toninelli eine Einladung ausgesprochen. Janssen wollte Veduten malen. Zehn Tage im November 1975 wohnten sie in der Villa Hassler oberhalb der Spanischen Treppe, in einer dieser v-förmig vortretenden Appartements mit dem Blick über die Ewige Stadt. 1200 Mark kostete die fürstliche Wohnung pro Tag, und am Ende zahlte Toninelli dieselbe Summe noch einmal für die Renovierung der Räume. Dafür war ihm eine Serie von Stadtansichten versprochen worden, die er in seiner Galerie ausstellen und in den USA vorführen wollte, um den Künstler international groß herauszubringen. Die „Affäre Siedler" kam jedoch dazwischen, die Welt hatte sich einmal um sich selber gedreht, und an ihrem Ende wie an ihrem Anfang stand, als die Zeichnungen und Collagen über den Jahreswechsel fertig wurden, Hans Brockstedt in Hamburg an der Alster. Erbittert über diesen Verrat, ging Luigi Toninelli in eine Confiserie und kaufte

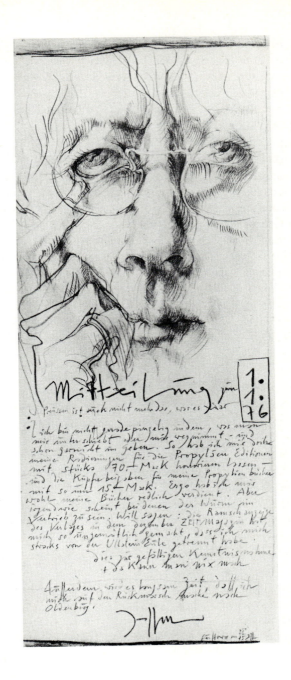

Händevoll Schokoladentaler, die er vor Janssen auf dem Zeichentisch ausschüttete: „Hier hast du deinen Judaslohn."

Die Provinz mupft auf ... Abschied von Luigi Colosseo, untertitelte Janssen die lavierte Federzeichnung, die in der *Kopie* die Reihe der Stadtansichten abschließt. Ein Hamster lugt aus dem Kolosseum hervor. Oldenburg läßt grüßen! Die wenigen Veduten gehören in den Zusammenhang der *Kopie,* denn sie sind nach Piranesi und Meryon gearbeitet. Das Thema „Stadt" war nicht neu. In der Zeichnung und in der Radierung gab es Vorläufer. In den letzten Monaten hatte Janssen häufiger das Lineal zu Hilfe genommen und manche Zeichnung mit einem Gitterwerk überzogen, um daraus den in die Tiefe gestaffelten Raum zu entfalten. Verwinkelt und ineinander geschachtelt wie ein Gedränge von Gassen und Häusern — so sollte es aussehen. Eine andere Quelle sind die Collagen für Birgit; das Kleben und Sengeln, das Fisseln und Reißen, bis ein Bild zum Anfassen daraus wurde. Angefangen hatte es wie immer zufällig und mit einem Mißgeschick. Wo ein Bild mißlungen war, hatte Janssen schon mal versucht, die Stelle zu überkleben und das im Farbton abweichende Papier in die Zeichnung zu integrieren. Die Collage ist das Herzstück der Moderne. Es sind nicht wenige, die eine seit der Renaissance andauernde Tradition der illusionistischen Malerei erst damit überwunden sehen, daß die homogene Bild- und Farbfläche zerstört und durch eine Montage von Wirklichkeitsfragmenten verschiedener Herkunft ersetzt wird. Es gibt mehrere Philosophien der Collage. Ohne Collage kein Kubismus, keinen Dadaismus, keinen Surrealismus. Die Moderne steht und fällt damit.

Janssen collagiert in seinen Zeichnungen auf eine Weise, die die neugewonnenen Freiheiten nutzt und doch der Moderne zuwiderläuft. Weder will er an den eingeklebten Realien das illusionistische Scheinbild scheitern lassen wie die Kubisten; noch rückt er wie die Dadaisten die Gegenstände des Gebrauchs aus ihren gewöhnlichen Verwendungszusammenhängen demonstrativ heraus; noch poetisiert er sie wie die Surrealisten, die ihre Objekte in eine unbestimmte Vieldeutigkeit entlassen. Janssen geht davon aus, daß das Bedürfnis zu sehen noch davon übertroffen wird, mit den Fingern zu tasten. Die Stadt mit ihren Straßen und Schluchten, das Gemäuer mit seinen Nischen und Spalten entsteht dort, wo die Riß- und Bruchkanten des Collagematerials aneinanderstoßen. Natürlich auch dort, wo die Zeichnung wider Erwarten einen Schatten wirft und die Verwirrung des Auges sich in das Chaos der Giebel und Gassen verliert. Zur Hauptsache ist es aber das Klebebild und das Schicht um Schicht aufgetragene Relief, das die Architektur zum Greifen nahe vor uns bringt. Die vergängliche Zeit, die in den Fugen und Ritzen nistet, steigt aus den angesengelten Papierecken auf. Die Druckbuchstaben der Zeitung schließen sich zum Mauerwerk. Ein Riß im Papier, und die Fassade bricht. Auf Täuschung läuft es hinaus, auf die Illusion vom steinernen Labyrinth der Stadt. Wie sich der Kopist in seiner Vorlage verleugnet, so verleugnet sich der Zeichner in den montierten Papierschnipseln. Es ist die Selbstverleugnung eines, der weiß, wer er ist und daß er jemand ist, und der sich den Vorteil herausnimmt, an den Riß- und Nahtstellen wie mit einem fremden Stift weiterzuzeichnen. Das collagierte Material ist auf seine Weise daran beteiligt — nur nicht im Sinne ursprünglicher Materialität, nicht als factum brutum oder als das Zitat einer wirklicheren Wirklichkeit. In seinen Collagen ist Janssen der genaueste Beobachter und hellsichtigste Analytiker der Moderne. Auf ihrem eigenen Terrain und mit ihren Mitteln schlägt er sie.

Die Blätter nach Piranesi und Meryon sind noch einmal ein Höhepunkt der *Kopie*. In diesem Jahr wurde sie abgeschlossen, und Schack brachte sie in Zusammenarbeit mit der Griffelkunst-Vereinigung im Jahr darauf endlich heraus. Das Buch hat von der Konzeption bis zur Aufmachung etwas Monumentales. Allein die Reihe der Meister, die der Zeichenstift nach und nach in das Unternehmen hineinverwickelt hat, ist dazu angetan, uns einzuschüchtern. Wer kann sich denn heute noch zwischen den Italienern und Niederländern, zwischen der deutschen Romantik und dem Manierismus der Schule von Fontainebleau so zwanglos bewegen, als gebe es nicht zu jedem einzelnen dieser Höhepunkte eine besondere Bibliothek?
Fragen wir nicht nach Bedeutungen, fragen wir lieber, wie es angefangen hat. Dabei waren die niedrigen Beweggründe zuerst ausschlaggebend. Um den Freunden zu imponieren, guckte Janssen ihnen die Vorlieben ab. Woran Schack und Fest ihr Herz hängten, hängte er sich dran. Er war gefällig, ja, er diente sich an und er ruhte nicht, bis es ihm gelungen war, sich selber an die Stelle eines Dritten zu setzen

und diesen womöglich vergessen zu machen. Die Virtuosität des Zeichners ist auch aus solchen Quellen gespeist. Gefallsucht, Neid, geradezu eine Unterwerfungsmanie — das sind die Antriebe, die er erst recht für sich arbeiten ließ, als er merkte, worauf es mit der *Kopie* hinausging. Wie um die Frauen und Freunde dieser Jahre warb er jetzt um die Großen der Kunst. Er schenkte sich buchstäblich weg. „Gegen die großen Vorzüge eines anderen gibt es kein Rettungsmittel als die Liebe — doch wer ist so gebildet, daß er nicht seine Vorzüge gegen andere manchmal auf eine grausame Weise geltend macht." Von Janssen eigenhändig abgeschrieben und wiederholt in Zeichnungen eingetragen, ist das auch eine Kopie oder — nach unserem Sprachgebrauch — ein Zitat frei nach Goethe.

Zu den Beweggründen, die die *Kopie* ausgelöst und immer begleitet haben, zählt die Rivalität. Dahinter steckt Angst; die Angst, zu spät zu kommen, so daß schon alles gedacht und getan ist, und natürlich die Angst, in der Konkurrenz nicht zu bestehen. Unter allen Künstlern fühlte er sich am meisten von den Zeitgenossen herausgefordert. Als einen persönlichen Affront empfand er die, die in derselben Stadt wohnten. In dieser Art von Rivalität wuchs er stets über sich hinaus. Sie trieb ihn wie ein Motor an. In gewisser Weise ist die *Kopie* die Nobilitierung dieser alten Schwäche. Denn daß es eine Schwäche ist, wußte er wohl. Nur wollte er jetzt darauf so wenig verzichten wie damals, als er Paul Wunderlich in diese Rolle hineinzwang. Früher mußte die Konkurrenz „aus dem gleichen Dorf" kommen, heute legte er historische Maßstäbe an.

Was für den Eifersüchtigen gilt, gilt genauso für den Opportunisten. Auch ihn sollte die *Kopie* freisprechen. Aufgrund seiner besonderen Begabung zur Nachahmung und Schauspielerei lügt sich der Künstler in die Welt hinein. Damit fängt alles an. Ein langer Weg lag hinter Janssen, seit er Ludwig Richter abgezeichnet und den Blumenbruegel gemimt hatte. Und so ließe sich noch manches nennen, was ihm als Schwäche oder schwieriger Charakter anhing und was er nun auf einer neuen und produktiven Entwicklungsstufe bekennen konnte. Denn auch das ist die *Kopie:* die kunstvollste Intensivierung eines Zwiegesprächs; jenes Dialogs, der nie abreißen durfte, der ihm zu einem unstillbaren Bedürfnis geworden war, so daß er reden, reden, immer wieder reden mußte und sei's im Wettstreit mit dem laufenden Wasserhahn. Janssen hat seine Defizite ins Leben hineinverfolgt und daraus den Funken geschlagen, der sein Werk zum Leuchten brachte. Die *Kopie* sammelt und bündelt sie wie in einem Fokus. Doch erst im Hinausgehen über die eigene Grenze ist daraus das opus magnum der 70er Jahre geworden.

Schack hat den auslösenden Reiz mitgeteilt, der Janssen zur *Kopie* als eigenständigem Thema anstachelte. Beim Durchblättern eines Buches mit italienischen Zeichnungen provozierte ihn Gesche — es war im April 1971 — mit der Bemerkung: „Du kannst ja gut zeichnen, aber dies ..." So entstand die früheste Kopie nach Michele di Giovanni da Fiesole. Der schüchterne Anlauf läßt den Abstand zu der Höhe ermessen, die er noch im gleichen Jahr und später erreichen sollte. Die Kopie am nächsten Tag wendete die Ängstlichkeit dieses ersten Versuchs ins Bild: er selber an der Hand von Botticelli. Das ist, auf den kürzesten Nenner gebracht, seine Ausdeutung der berühmten *Allegorie der Fruchtbarkeit*. Wie er sich hier an die Hand eines Größeren begibt und als ein ebenso folgsames wie mutwilliges Kind die Lacher auf seine Seite bringt, sollte das oft geschehen. Ein gut Teil Rivalität war immer dabei. Er konnte es nicht lassen, den Meistern auch von der Seite beizukommen, die nicht ihre stärkste oder eben nur vernachlässigt war. Ein Fehler diente oft zum Einstieg in die Kopie, mochte die Kopie auch allemal mehr als die Korrektur eines Fehlers sein. Wie lebte er auf, wenn Michelangelo einen Salamander darstellt, der alles mögliche, bloß kein Salamander ist. In den Zusammenhang gehört auch die Fotografie als Bildvorlage. Sie mußte unzureichend sein — zu klein, schwarzweiß, abgedunkelt oder vergilbt. Wenn die Reproduktion zu wünschen übrigließ, dann stimulierte ihn das. „Das Ohr an der Trennwand der Reproduktion", wie Schack es treffend nennt, wurde Janssen besonders hellhörig. Jetzt wollte er es genau wissen.

Dieser Impuls und der Griff zum Bleistift waren ein und dasselbe. Sehen und zeichnen, der erste Blick und schon genau wissen, wie es besser gemacht wird — darin liegt's. Dieses Sehen ist nicht von der Analyse getrennt; die Analyse liegt dem Sehen nicht zugrunde, ist ihm nicht als ein besonders scharfes Okular vorgeschaltet. Wie eine reife Frucht aufplatzt, ist das Bild mit dem ersten Blick da. Die Zeichnung ist dann die Prüfung des Gesehenen.

Von den Umständen, die die *Kopie* hervorgebracht haben, werden leicht die nächsten und fundamentalsten vergessen. Wer heute die Drehung eines Körpers perspektivisch richtig erfassen und darstellen will, dem fehlt die Schule. Er versucht vielleicht zu tüfteln, aber es wird ihm nicht gelingen, die menschliche Gestalt aus dem Strich lebendig entstehen zu lassen. Ein Jahrhundert bildender Kunst hat ihn davon entfernt. Wie kann einer heute das Studium der Anatomie nachholen? Alfred Mahlau war für die Ästhetik, aber nicht für die Figur zuständig. Andere Künstler wie Wunderlich haben in vergleichbarer Lage ein Bündnis mit der Fotografie gesucht. Janssen wendete sich der *Kopie* zu. Hokusai und Füssli waren solche Meister. Nur, daß Janssen aus dem Alter eines Schülers heraus war. Er hatte seinen Weg, einen Teil seines Weges schon hinter sich und ein Werk im Rücken. So mußte er dieses In-die-Schule-Gehen nach seiner Weise zu einem Kunstwerk machen. Was dabei herauskam, ist eine Demonstration des Lernens, für das noch jeder Begriff fehlt. Man nehme das Wort „lernen" nur wörtlich und ziehe die Bilder hinzu: so bildsam und unverhofft glücklich über den Kräftezuwachs — wo hat es einen solchen Lernenden je gegeben? Vielleicht wenn die Jugend die Tür zu einem neuen Zeitalter aufstößt. Aber wo auf der Höhe und im Moment der Meisterschaft? Die Situation ist außerordentlich — vielleicht einmalig. Ein fast hundertjähriges Vergessen hat an diesen Entdeckungen und Selbstentdeckungen mitgearbeitet. An seinen historischen Umständen gemessen, ist die *Kopie* das Unnachahmlichste von Janssens Werken.

Im einzelnen lassen sich die Kopien nicht über denselben Leisten schlagen. Zu unterschiedlich sind die Motive, zu unterschiedlich die Vorbilder. Von der einläßlichen Wiedergabe, von der Verdeutlichung und Verlebendigung bis zur Umgestaltung und nachzeichnenden Veränderung ist jede Gangart erprobt. Wie wir wissen, hat sich Janssen ursprünglich von mehreren Seiten der *Kopie* genähert. Eine davon war die übermalte Postkarte; mit Asphaltlack und Kugelschreiber überarbeitete Abbildungen berühmter Kunstwerke, die aus ihrer neuen *Kledage* verdutzt herausschauen. Die Surrealisten hätten dafür eine Theorie des Chocs in Anspruch genommen, Janssen vergleicht es mit dem *genüßlichen Vergnügen, eine bestehende Harmonie in leichtfertiger Bosheit zu zerstören. — Ich meine das Weiter- und Überzeichnen bereits vorhandener Bilder; ihre Ordnung im ersten und zweiten Zug aufzubrechen, so daß uns in Erinnerung an das Gewesene eine kleine schmerzliche Erregung anfällt, die dann den zerstörerischen Stift im dritten, vierten und fünften Zuge zu neuen Harmonien bewegt.* — **Subversionen** nennt er die Art Späße 1972, in dem Jahr, als die Terrorismusdebatte öffentlich eskalierte.

Solche Eingriffe und Attacken kehren auch später wieder. Sie bilden das eine Extrem. Andererseits kommt es Janssen darauf an, die Qualität der Vorlage durch seine Kopie hervorzutreiben. „Wer sagt, ich mache es sogar besser, der liegt schon falsch. Ich will euch die Alten sehen machen und was sie wirklich wollten."

Die *Kopie* spannt einen weiten Bogen. Zwischen den Polen nehmen die Arbeiten breiten Raum ein, die ihr Vorbild übertreffen wollen. Meistens im Anschluß an ein Detail und so, daß von dort die Szene neu und überraschend beleuchtet wird. In einem Porträt sind zum

Regal mit vertrockneten Blumen, dahinter Zeichnungen aus der *Kopie*-Zeit
(Foto Gunilla Ahlström, Hälsingborg)

Beispiel die Augen unter vorgewölbter Hand etwas zu hart verschattet. Janssen will den Schatten fließen lassen, um den Blick zu vertiefen und das Gesicht lebendiger zu gestalten. Bei anderer Gelegenheit reicht eine leichte Hervorhebung. Die Meister bleiben gewöhnlich unter dem stärksten Effekt, sie deuten nur an. Eine Pointierung genügt und das Motiv ist seiner Altertümlichkeit entkleidet. Ja, wir wußten bis dato nicht, wie nahe uns gerade dieses Bild steht. An Gründen für den Kopisten fehlt es nicht: Das Sublime retten, wo es der Manierist „durch Mache wegdrückt". Einen Atavismus dort einschmuggeln, wo glatte Kultur vorherrscht. Die Anlässe sind nicht zu zählen, die Janssen für seine Nachzeichnungen nutzt. Nur, Kritiken und Aktualisierungen im landläufigen Sinne sind es nicht.

Die Art der Annäherung an die Vorlage wechselt jedesmal. Wie wir im Durchblättern des *Kopien*-Buches diese Abwechslung suchen, sehen wir uns sicher geführt. Artistik im besten Sinne macht die Gefahr vergessen, der ein solcher Verwandlungskünstler ausgesetzt ist. Ein Schlenker am Rande oder eine unbekümmerte Kapriole, die alles aufs Spiel setzen könnte, läßt uns aufmerken. Für einen Augenblick treten wir aus dem Bann der Vorlage, und mit der Freiheit des Nachgeborenen überprüfen wir, wie Altes und Neues gegeneinander ausbalanciert ist.

Die *Kopie* ist voller Identifikationen und Projektionen, voller Montagen und Verfremdungen: über einem meerweiten, stillen Horizont ein Wasserfall; das abgeschlagene Haupt des Goliath ist ein Selbstbildnis. Die Reihe läßt sich fortsetzen. Dennoch wollen die Begriffe auf Janssen nicht passen, nicht auf die *Kopie*. Montage, Verfremdung und wie die Termini heißen — sie führen einen Kontext mit sich, der in diesem Fall seine erklärende Kraft einbüßt. Es sind Begriffe von der Leidensgeschichte des Menschen: das säkularisierte Vokabular der Psychoanalyse oder der modernen Gesellschaftstheorie — Begriffe, die einen Mangel benennen. Wer seine Identität sucht oder seine Wünsche hinausprojiziert, der hat es nötig, der ist nicht bei sich, ihm fehlt die Mitte. Er lebt auf fremde Kosten oder am Leben vorbei. Wer möchte das für den Zeichner und Kopisten behaupten? Wer möchte in der Identifikation mit den Romantikern oder Japanern einen Mangel an eigener Substanz sehen? Diese Auftritte in wechselnder Garderobe sind Bereicherungen und Weiterungen der Mittel und Möglichkeiten.

Janssen hat dafür den Boden wie keiner vor ihm bereitet: mit einer Reihe von Selbstdarstellungen, Selbsterforschungen, Selbstbespiegelungen und wie immer man die eindringliche Beschäftigung mit sich selber nennen mag. Seine nach allen Seiten ausgelebte und ausgefochtene Existenz macht die *Kopie* erst möglich. Erst die Entbindung aller inwendigen Gestalten und die Entfesselung noch der leisesten Regung setzen den Kopisten instand, sich von einem Rembrandt, von einem Goya zu eigenem Handeln ermächtigen zu lassen. Wie an der Hinterpforte des Kleistschen Paradieses begegnen sich in Janssen der Egozentriker und der Universalist. Denn der Autor der *Kopie* ist universell. Dafür aber fehlen uns heute die Begriffe. Dieses Jahrhundert hat uns immer wieder darauf gestoßen, daß das Menschenbild des Humanismus überholt ist. Technik, Entfremdung, allem voran die Geschichte zweier Weltkriege haben den Menschen demontiert und reduziert. Nur noch ein Schatten seiner selbst, als Marionette normierter Verhaltensweisen, zappelt er in einem Netz von Suprastrukturen. Das Selbstbildnis habe heute die Verluste anzuzeigen und darüber hinaus: die Unmöglichkeit, daß einer ein Gesicht hat. Damit ist Janssen aber nicht beizukommen. Er steht quer zur defizitären Rechthaberei der Zeit.

Die *Kopie* hat für Janssen eine ähnliche Bedeutung wie das *Zeichnen nach der Natur* — unter dem *Diktat der Objekte*. Wo sich eine Manier eingeschlichen hat, geht er aus sich heraus, und auf einem Umweg kehrt er anders zu sich zurück, als er weggegangen ist. Er nennt die Kopie: *Das Hineinschlüpfen in eine fremde Handschrift*. Viele Hände läßt er auf diese Weise für sich arbeiten. Aber nicht im Sinne von Ausbeutung, überhaupt nicht auf jemandes Kosten, sondern um für uns den Reichtum der Geschichte zurückzugewinnen.

Die *Kopie* ist ein historisches Buch, das uns nicht mit unserer Vorgeschichte entzweit. Kritik schafft Abstand. Kritik präpariert bestenfalls die Vergangenheit im Lichte einer wünschenswerten Zukunft. Die *Kopie*, wie Janssen sie versteht, ruft uns jedoch ins Hier und Jetzt und mitten in unsere Sinneserfahrung. Auch unsere Sinnlichkeit hat eine Geschichte. Das wäre die Umkehrung des bisherigen Historismus: Aus

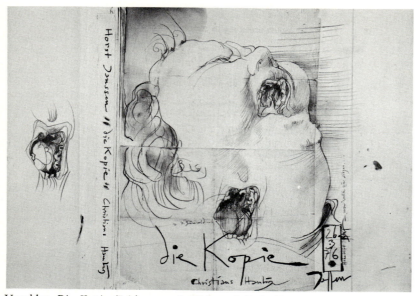

Umschlag *Die Kopie*. Zeichnung mit Blei- und Farbstift 26. 3. 1976. Kopie nach dem „Kopf eines Schreienden" von Matthias Grünewald.

der Geschichte herausschauen, wann und wo immer sie zum ersten Mal die Augen aufschlägt. In der Zeichnung, in dem intelligenten Strich gewinnt sie jenen anfänglichen Elan zurück, der alle Entdeckungen trägt und uns wie jedes erste Mal erotisch anrührt.

1976 ist das Jahr der Trennung von Birgit. Aber noch im November sollten sie gemeinsam eine Woche in Wien verbringen. Die Ablösung vollzog sich in unzähligen schmerzlichen Etappen. Bis zuletzt war für beide offen, ob die Kraft reichte. Für eine kleine Erpressung war Janssen immer gut. Birgit hatte sich wieder mal rar gemacht und nur unter der Bedingung in ein letztes Treffen eingewilligt, daß es nicht in seinem Haus, sondern auf neutralem Boden stattfand — im „Wienerwald" beim U-Bahnhof Hoheluft. In dieser demütigenden Umgebung ließ er sich das — wievielte? — Adieu abtrotzen. Wie er

Birgit weggehen sah, stürzte er noch einmal hinter ihr her und bat um eine letzte Chance, die sie ihm ausschlug. „Hoheluft Bhf — ,man' wollte nur siegen ..." steht seitlich auf dem Umschlag des *Kopien*-Buches, der nach einem Motiv von Matthias Grünewald gestaltet ist. *Der Kopf eines Schreienden* — die gequälte Kreatur. Das zwischen Nasensattel und Stirnfalten eingeklemmte Auge läßt ein wenig Schack erkennen. Doch das nur am Rande. Entscheidend ist die Umkehrung der Perspektive: Unterhalb des zum Schrei aufgestoßenen Mundes öffnet sich wie die Tunneleinfahrt der U-Bahn ein zweiter Schlund: ein Biß in die entblößte Kehle! „,Man' wollte nur siegen ..."

25. Frielinghaus

„Wir waren nicht verschiedenen Geschlechts, wir waren genau zu gleichen Teilen ich." Das hatte den Kampf zwischen Birgit und Janssen angestachelt und das hatte die Tage der Ruhe, des Friedens und der Harmonie, die es bis in die letzten Wochen gab, so unnachahmlich gemacht. Sie waren aus denselben Gründen die glücklichsten und die unglücklichsten Menschen. Er schrieb: „Ich liebte sie, wie ich vorher nie eine Frau geliebt habe, weil — sie log wie keine andere. Ich liebte sie eben deswegen. Ihre Lügen waren wirklich Fleisch. Sie machte per Lüge mich zum Mann." Und Birgit hielt dagegen, daß er der todtraurige Fall sei, der alle Welt glauben macht, daß die Frau, die ihn verlassen mußte, ihn aus Spaßvergnügen verwirrt und belogen habe und daß sie das Spiel selbst gewesen sei, dem er nicht mehr habe folgen können. „Ja, er konnte ihm nicht folgen — dem Spiel, denn da war der Alkohol. Ja, sie belog ihn, bis er begriff, was für ein Mann er war und daß man ihn belügen mußte."
Zwischendurch führten sie unter Ausnutzung ihrer letzten Reserven Krieg gegeneinander. Birgit hatte nie Zeit, und Janssen versuchte, sie bei allen Gelegenheiten einzufangen: „Ich will sie heiraten, dann kann sie gehen!" Wo er sie erwischte und zur Rede stellte, antwortete sie mit einem Ultimatum. Die Schlinge, die er auswarf, um sie an sich zu

binden, zog ihn vor den Staatsanwalt. Das Ermittlungsverfahren wegen Diebstahl, Hausfriedensbruch und Körperverletzung hat es tatsächlich gegeben. Aber es wurde niedergeschlagen.

Auch wenn sie sich über mehrere Tage gut verstanden hatten, konnte in jedem Augenblick ein Chaos über sie hereinbrechen. In einem italienischen Restaurant am Eppendorfer Marktplatz hatte man sich im kleinen Freundeskreis zum Abendessen getroffen. Das gedämpfte Licht schuf eine behagliche Atmosphäre. Da merkte Janssen, wie ein untersetzter Mann an der Theke stand und zu ihrem Tisch herüberstarrte. „Was gucken Sie Birgit an? Was!" Die Schlägerei brach Janssen vom Zaun, der nicht wußte und, wenn er es gewußt hätte, nicht davor zurückgeschreckt wäre, daß er gegen einen geschulten Geldtransportbewacher angetreten war. Sofort geriet er ins Hintertreffen. Instinktiv versuchte er, seine Hände zu schützen und sich mit den Ellenbogen herauszukeilen. Aber er flog in eine Ecke. Bei der geringsten Gegenwehr sollte ein Barhocker auf ihn niedersausen. Jetzt schaltete sich auch der Restaurantbesitzer ein und drohte mit einer Strafanzeige. Daß es dazu nicht kam, lag an Frielinghaus, der abwiegelte, eine Entschuldigung aussprach und bezahlte. Frielinghaus war auf solche Zwischenfälle vorbereitet. Immer wieder hatten solche Verabredungen damit geendet, daß Gläser flogen, Tische kippten und dem Hinausgeworfenen ein Lokalverbot nachgeschmettert wurde. Frielinghaus kehrte nach einer Weile an den Tatort zurück und blätterte mehrere Scheine auf den Tresen. Jeder solcher Abende kostete Hunderte von Mark.

Hartmut Frielinghaus hat sie alle überdauert — die Freundschaften mit Schack, Siedler, Toninelli und Fest. Er stand Janssen jetzt so nahe wie kein anderer. Hinter ihm lagen wechselvolle Jahre; Jahre der Erniedrigung und Jahre, in denen er den Ruf eines Meisterdruckers erworben hatte. Daß er das Drucken zu einer Kunst steigerte, hatte Janssen lange nicht davon zurückgehalten, gegen ihn ausfällig zu werden. Weil keiner die Angriffe so entgeistert und wehrlos über sich ergehen ließ wie Frielinghaus, ohne die Chance, die Bewunderung für den Künstler Janssen zu unterdrücken, hatte man sich daran gewöhnt, ihn für vollkommen abhängig zu halten. Ein Knecht, der seinen Meister gesucht und gefunden hat. Ein genauer Beobachter hätte aber merken können, daß Janssen ebenso auf ihn angewiesen war. Und vielleicht ist das der Hauptgrund, weshalb er sich instinktiv und über Jahre hinweg unerbittlich gegen seinen Kunstdrucker wehrte. Die vorsichtig geätzten Landschaften zog niemand besser als Frielinghaus. Ein kongenialer Partner, der die Platte so auswischen konnte, daß Zeichnung und Farbe am Ende des Druckvorgangs harmonisch auf dem Papier standen. Zur Einstimmung in die kleinen windgefächerten Landschaften hatte er selber mit zarten Tuschfarben aquarelliert, wie er es aus seiner Kunstschulzeit gewohnt war. Er hatte aus englischen Mühlen und alten Beständen handgeschöpfte Papiere aufgekauft, die die Möglichkeiten des Druckers erweiterten, so daß jeder Abzug anders — individuell — geriet. Janssen hatte sich mittlerweile so darauf eingestellt, daß er aufstöhnte, als Frielinghaus sich im Spätsommer 1972 vom Ausland abwerben ließ und in die Vereinigten Staaten ging. Die Größen der Pop-Art, darunter Jim Dine und Claes Oldenburg, hatten ihn eingeladen, mit ihnen zusammenzuarbeiten. Eifersüchtig erwartete Janssen den Abtrünnigen zurück: „Klagend: Wo ist Friely!!?? in Amerika."

Zwischen Schack und Frielinghaus bestand eine durch Jahre gewachsene Gegnerschaft. Bei allem Respekt vor dem Handwerker hatte Schack auf Abstand gehalten und sich selber zum Boten gemacht, der die Platten und Drucke brachte und holte. Doch nicht er, sondern Fest war es, der die Stellung von Frielinghaus erschütterte. Seit der *Bettina*-Serie, die Peter Loeding im Mai '73 auflegte, wurden die folgenden größeren Suiten nicht mehr am Falkenried gedruckt, sondern bei Sammet in Stuttgart, gelegentlich auch in Paris oder anderswo. Wenn von der *Hanno*- oder *Totentanz*-Serie dennoch Frielinghaus-Drucke in Umlauf sind, so deshalb, weil ihm nachträglich die Platten schon mal ausgehändigt wurden. Fest, Siedler und Toninelli hatten geschäftliche Gründe, die Auflage, die Kassettierung, die Distribution betreffend, weshalb sie Frielinghaus weitgehend ausschalteten. Fest steuerte praktisch die Verbindung zum Propyläen-Verlag und zur Pantheon Press. Mit förmlich erteilten Aufträgen konnte er die Auflagendruckerei am besten unter Kontrolle halten. Auch für den dubiosen Nachdruck älterer Platten von 1958 wollte er sich diesen Vorteil nicht aus der Hand nehmen lassen. Frielinghaus war selber ein viel zu leidenschaftlicher Sammler und Fest traute ihm nicht. Eine der Folgen ist, daß von den Suiten und von den *Mappen I* und *II* in großer Zahl „blaustichige" Drucke kursieren, die eine recht einseitige Neigung für kältere Farbtöne widerspiegeln. Die Unterschiede zur Kunst des Hartmut Frielinghaus treten am deutlichsten in der *Caspar David Friedrich*-Mappe zutage. Wo alles darauf ankommt, die in der Zeichnung angelegten Korrespondenzen in der Schwebe zu halten und die Bilder im Bild gegenseitig aufzuschließen, da spielt jede dramatische Aufhellung, jede spekulative Hervorhebung im Druck unweigerlich Verluste ein. Das blieb am wenigsten Janssen verborgen. Er brauchte außerdem zu seinem Drucker einen persönlichen und direkten Kontakt. Wie in der *Kopie,* leistete er auch in der Radierung sein Bestes, wenn er sich völlig auf eine Person einstellte.

Die enge Zusammenarbeit gab aber auch immer zu Reibungen Anlaß. Janssen griff oft nach dem ersten besten, um eine augenblickliche Wut abzureagieren. Manches Gewitter ging auf Frielinghaus nieder, das eigentlich anderen gegolten hätte. Allein, Frielinghaus war so schwach und in seiner Schwäche so herausfordernd, daß er die Aggressionen auf sich zog. In seiner etwas zu weiten Latzhose, mit seinen schmalen Schultern, den Hals entblößt und hochgereckt das Kinn, hielt er den Kopf hin. „Der Machtkampf als kleiner Geschlechtsverkehr" — zwischen Janssen und Frielinghaus wurde daraus zeitweilig ein Ritual, dem die anderen um so bereitwilliger beiwohnten, als es sie verschont ließ.

In den Tagen von Birgit mußten die prekären Umstände diese „Freund-Feindschaft" noch vertiefen. Janssen ging nie allein aus dem Haus. Entweder war Tom Eckhoff mit von der Partie oder sein „Freund und Kupferdrucker". Hinter der Windschutzscheibe seines kleinen Lieferwagens lauerten sie der flüchtigen Birgit auf, sie durchstreiften gemeinsam die Gärten und teilten sich das Schmierestehen. Die Eppendorfer Krawallnächte schweißten sie zusammen, bis sich zwischen ihnen wieder ein Abgrund auftat und Janssens unbändiger Haß sich die nächste beste Kreatur schuf — den Schmarotzer, den Parasiten, der auf seine Kosten lebte.

Im März 1976 war Janssen noch einmal nach Svanshall gefahren. Birgit begleitete ihn. Der Seewind sollte ihn vom Alkohol regenerieren. Nur mühsam erholte er sich. Aber im Anschluß an die Reise entstand eine Radierserie, die unter dem Titel *Svanshall* aufgelegt wurde

Janssen und Frielinghaus (Foto Gunilla Ahlström, Hälsingborg)

und 60 ausgewählte Blätter zählt. Diese Radierungen sind Frielinghaus in die Hand gearbeitet. Mehr noch: mit seiner außerordentlichen
Fähigkeit, aus dem Tiefdruck eine Kunst zu machen, ist er der Initiator
dieser Serie. *Von den drei Druckarten — Holzschnitt, Litho und
Radierung — verlangt letztere vom Drucker zum Radierer die größte
Selbständigkeit — vergleichbar der Selbständigkeit eines Zwillings, der
nicht darauf aus ist, sich von seinem Zwilling abzusetzen — und damit
alle seine Handlungen in Abhängigkeit zu dem Anderen brächte — sondern: der vielmehr sein Selbstverständnis in der Tatsache erkennt, ein
Zwilling zu sein.* Weil Frielinghaus jeden Druck anders ziehen kann —
in der Technik, in der Farbe, im Papier und in der Gewichtung der
Akzente, ist er der virtuose Drucker, der in den kleinen tiefgeätzten
Platten vorgeplant ist.

Von Janssens Seite lagen dem Gelingen wie so oft ein Mißgeschick und eine kleine Katastrophe zugrunde. Immer wenn sich seine Rückkehr zum Säurebad um ein weniges verspätete, war die Platte verätzt. Janssen ist dieses Malheur so häufig unterlaufen, daß er endlich aus der Not eine Tugend machen mußte. Die thematischen Vorgaben kamen ihm zu Hilfe: das Vor- und Eiszeitliche der Landschaft um Svanshall, die Schleif- und Ritzspuren jenes riesigen Eishobels mit seinen Rückständen aus Steingeröll und Kieselschutt. Dieses gigantische Naturschauspiel wiederholt en miniature die Tiefenätzung. Wo der Asphaltlack unregelmäßig abgesprungen oder abgestoßen ist, frißt die Säure sich so in das Metall hinein, daß bizarre Spuren zurückbleiben, die absichtlich nie herzustellen wären. Hier ist, wie vorher der Radierer, jetzt der Drucker gefordert. Die ihm geschenkte Freiheit kann er für seine Erfindungen nutzen. Und Frielinghaus hat sie genutzt: nicht nur gleicht kein Druck dem anderen, es gibt Drucke, die kaum erkennen lassen, daß sie von derselben Platte gezogen sind.

Die Muscheln und Steine, die Federn und Krebsscheren, die im Salzwasser gewaschenen Wurzeln und Knochen, all das angeschwemmte Strandgut: „Birgit Jacobsen hat's gesammelt/Friely hat es gedruckt."

Aus diesen Mitbringseln ist die kleine Welt zusammenradiert, die sich in dem *Svanshall*-Buch wie ein natürliches Kuriositätenkabinett auftut. „Finden" ist eines der Reiz- und Schlüsselworte der Moderne — im Gegensatz zu „wollen", „planen", auch zu „erfinden". Wir wissen, wie Picasso, Max Ernst und andere für sich beansprucht haben, daß sie nicht suchen, sondern finden. In dem *Svanshall*-Buch dokumentiert Janssen, was er unter „finden" versteht. In der Tat hatte er sich im Laufe der Jahre immer häufiger durch Gelegenheiten, durch Dritte und auch durch den Zufall bestimmen lassen. *Ehebruch* heißt ein Knäuel Muscheln, das vom Strandspaziergang auf seinen Arbeitstisch kam. Was Finden und Assoziieren, was Phantasie heißt, wird nebenher in einem Text entfaltet, der *Die Glühbirne* überschrieben ist. Diese nach Kalendertagen locker geordneten Eintragungen gehören zu den aufschlußreichsten Texten und in eine Reihe neben *Das Zeichnen nach der Natur* und die *Mannheimer Rede*. Die Pointe liegt darin, daß das Ganze n i c h t — wie es immer heißt — mehr als die Summe seiner Teile sei. *Das Ganze ist die Summe seiner Teile.* — Wie das? Der laufende Motor eines Traktors dient als Beispiel. Janssen geht davon aus, daß der im Blick auf den ganzen Apparat geleistete Vorgriff: „das ist ein Motor" — gar kein Blick, sondern ein Wissen ist, ein Vorbegriffenes und Vorgedachtes, das uns die Teile gerade nicht sehen läßt. *Dies ist ein Motor — fertig — punkt, und die Tatsache, daß die Übersichtlichkeit der Angelegenheit dieses Pauschalwissen noch provoziert, hindert uns, p a r t i e l l e Abläufe in dieser Maschinerie zu sehen und damit zu genießen.* Dagegen ist das Auge physiologisch so beschaffen, daß es nicht sogleich aufs Ganze geht, sondern *nach- und nebeneinander Teile des Ganzen* erfaßt. *Hier nun drängelt sich mir der Gedanke auf: es ist vom Teil-sehen zum Assoziieren kaum ein ganzer Schritt. Das gewöhnliche Assoziieren ist allgemein bekannt. Das Aufeinanderbringen von Auge und Bullauge, von Walnuß und Gehirn etc. Ein witzigeres Ineinanderbringen ist es dann, wenn wir aus einem willkürlichen Ausschnitt eines Ganzen durch Erinnerung an ein anderes gesehenes Teil eines Ganzen ein drittes Ganzes heraussehen. Ja — dieses in unendlicher Variante zu spielende Spiel ist wohl Phantasie — Phantasie, die ganz gewiß nichts „Ausgedachtes" ist. Ganz bestimmt gibt es nichts, was es nicht gibt, und folglich kann ich mir auch gar nichts ausdenken.* Was der Text Schritt für Schritt entfaltet, belegen die *Svanshall*-Radierungen, so klein und verspielt sie auch daherkommen. „Ohne Schack wäre die *Kopie* fast originell geworden" — wie um seine ungerechte Behauptung unter Beweis zu stellen, hat Janssen auf das Monumentalwerk das leichtgeschürzte Querformat folgen lassen und Frielinghaus auch noch mit auf die Titelseite genommen.

Das Ko-Unternehmen — 57 Platten x 40er Auflage = 2280 Radierungen — hat noch eine weitere Pointe. Die alten Meister haben nur die grafischen Blätter signiert, die sie an ihre Freunde weitergaben; seit etwa hundert Jahren werden Auflagen limitiert; unserer Zeit blieb es vorbehalten, daraus ein Geschäftsprinzip zu machen. Der Kunsthandel treibt mit der Grafik und dem Echtheitsnachweis Schindluder. In dieser Lage wollte Janssen zeigen, was ein Originaldruck ist und diesen Namen auch verdient. Zum Exempel: jeder von Frielinghaus gezogene Druck ist nicht nur ein Unikat, Janssen selber übernahm auch noch, jedes Blatt besonders zu „färbeln". Diese Färbelei ist von Anfang an in die Herstellung der Platten einbezogen gewesen — wie das Pastell, das dafür besser als der Buntstift geeignet ist. So entstand aus der Zusammenarbeit von Zeichner und Drucker eine moderne Adaption des Hercules Seghers.

Nachdem Schack immer mehr in den Hintergrund geraten und Fest aus dem Umkreis von Janssen verschwunden waren, hatte sich die Verbindung zu Frielinghaus in hohem Grade intensiviert. Er war als einziger Gesprächspartner übriggeblieben und fuhr zeitweilig jeden Tag nach Blankenese hinaus. Er wuchs in geschäftliche Tätigkeiten hinein, die vorher von anderen wahrgenommen worden waren. Die gemeinsamen Verfolgungsjagden hinter Birgit her taten ein übriges. Janssen hatte in der angespannten Situation den Eindruck, sich Zug um Zug in Frielinghaus' Hände begeben zu haben. So konnte der Kollaps nicht ausbleiben. Daß er vorrechnete, was Frielinghaus ihm verdanke, was er ihm schulde, wer er durch ihn sei und wer ohne ihn, das war die gängige Münze im Verkehr der beiden. Aber eines Tages stand Janssen in Begleitung von Tom Eckhoff in der Werkstatt seines Druckers und riß die Schubladen auf. Der hinterhältige Freund hätte das meiste für sich beiseite geschafft, die besten Radierungen gehortet und ihm vorenthalten. Er sei ein Betrüger. Frielinghaus mußte von den Stapeln, die sich nicht zuletzt auf Janssens Weisung und zu seiner Verfügung dort angehäuft hatten, Packen von Radierungen abheben und aushändigen. Sogar die Platten, soweit vorhanden, gingen aus dem Haus. Tage später lagen sie noch immer wahllos verstreut im Auto und rosteten vor sich hin. — Wenigstens dieser Schatz bearbeiteter Metallplatten kehrte nach Eppendorf zurück und wurde dort wieder eingelagert. Auch sonst stellten sich die früheren Verhältnisse her. Janssen ließ sich weiter von seinem Drucker „verwalten". Dem steckte jedoch das Trauma des nächtlichen Einbruchs in den Knochen.

Birgit setzte in vielem fort, was Bettina angefangen hatte, die damals in dem Alter war, nach dem Leben zu grapschen und das Risiko nicht zu achten. Auch Birgit hatte ihre Lieblingspuppe, eine Vorliebe für wunderbare Zufälle und kleine Fetische, am liebsten aber — und darin übertraf sie Bettina noch — verkleidete sie sich. Sie verkleidete sich mit einem Raffinement, daß mehr als weibliche Koketterie dahinter sein mußte. Tatsächlich hatte sie einen Grund: sie versteckte sich vor ihrem

Ehemann. Er sollte seine Frau nicht zusammen mit Janssen erwischen, nicht, solange die Trennung nicht endgültig ausgesprochen war.

Über Birgits Verkleidungskunststücke sind unwahrscheinliche Geschichten im Umlauf. Birgit soll, als sie wieder mal in den Mühlenberger Weg gezogen war, einen Hund unfreiwillig ins Haus gebracht haben. Das Tier war ihr gefolgt und einfach nicht mehr abzuschütteln. Mit Hilfe der Steuermarke ermittelte man den Besitzer, der herbeieilte und, während Janssen den Hund malte, mit Birgit ins Plaudern kam. Es war zufälligerweise ein Cousin ihres Mannes. Als er sich wieder entfernte, verabschiedete er sich, ohne die angeheiratete Verwandte wiedererkannt zu haben.

In den Monaten zwischen Meran, Paris und Rom litt Janssen unter anhaltenden Schmerzen im linken Arm. Ein Nerv wurde operativ verlegt. Die Wunde wollte lange nicht heilen und unter dem Eiter guckte der Knochen heraus. Birgit mußte ihm die Flüssigkeit aus der halbfaulen Wunde herausdrücken. Damit wiederholte sich ein Vorfall vom vorigen Jahr, als ihm beim Telefonieren ein Stapel Kupferplatten auf den bloßen Fuß gefallen war und sich in der aufgeschnittenen Zehkerbe ein Eiterherd gebildet hatte. Zum Arzt ging er gewöhnlich nicht. Überhaupt ließ er sich solche Schmerzen nicht anmerken. Aber um das Nervenleiden am linken Ellenbogen zu beseitigen, mußte er in die Universitätsklinik. Frielinghaus, der sich zum Krankenbesuch einfand, wunderte sich von weitem, wer Janssen da untergehakt hatte. Eine Krankenschwester? Es war Birgit. Sie schlüpfte in jede Verkleidung und dramatisierte jede Rolle.

Als Birgit ihrem Ehemann endgültig entglitten war und sich in ihrer eigenen kleinen Wohnung auch zu Janssen auf Distanz hielt, konnte sie ihre neu erworbene Freiheit nur behaupten, wenn sie einen Job übernahm und Geld verdiente. Sie wollte sich finanziell unabhängig machen. Diesen ersten Schritt zu einer eigenen Existenz beargwöhnte niemand heftiger als Janssen. Birgit hatte eine Stelle bei „Ceramicon" angetreten, ohne zu sagen, was und wo das war. Er fand es heraus. In der Lagerhalle zwischen Fliesen und Kacheln, zwischen endlosen Fluchten von Badezimmergarnituren und Küchenkeramik fuhrwerkte er die Gänge entlang und rief sein: „Wo ist Birgit?" Als er sie gestellt hatte, drang er in sie: „Du kannst was anderes als eine miese Verkäuferin sein!" So entstand das *Nocturno*-Buch.

In Blankenese zeigte er Birgit, wie er sich selber im Spiegel fotografierte — in seinem großen Spiegel, der zwischen zwei Fenstern hängt und der wie eine von seitlichen Winden aufgerauhte Wasserfläche mit blinden Flecken übersät ist. Er machte ihr vor, was mit der einfachen Kamera möglich ist — und legte sich zu Bett. In dieser Nacht vom 19. auf den 20. Juli '76 fotografierte Birgit sich selber — in den Posen, in den Gewandungen, in den Verkleidungen, die sie liebte, und natürlich in der Puffärmelbluse, die ihn so begehrlich machte. Das belichtete Material ging an Tom Eckhoff. Janssen versprach ihr, ein Buch daraus zu machen: „Du stehst auf dem Titel."

In den folgenden Monaten spitzte sich ihre Krise immer mehr zu. Die Gestaltung der freien Buchseiten hatte Janssen übernommen. Aber die Auswahl der Fotos wurde zur Streitsache und zur letzten Verklammerung, bis am Schluß nur noch Parteien gegeneinander standen. Als die Drucklegung bevorstand, wollte Birgit ausdrücklich um ihre Einwilligung gefragt sein. Es zeigte sich, daß diese übermütige Verkleidungskünstlerin die verletzlichste Intimsphäre besaß. „Birgit ist ungeheuer lebenshungrig und zugleich in Angst vor ihrem inneren Habitus." Janssen wußte, was er sagte, und er wußte auch nur zu genau, wie er sie mit dem Fotobuch provozierte.

Doch immer noch hatte er keine Geduld, zu warten und sie einfach kommen zu lassen. Ein letztes Mal wollte er sich nach ihr auf die Suche machen und erkunden, wo sie steckte und was sie trieb. Tom Eckhoff ahnte, daß es mit aufgebrochenen Türen enden würde. Alle Ablenkungsmanöver halfen nichts, Frielinghaus mußte losfahren. Unterwegs hielten sie vor einem Eisenwarenladen und kauften schwarzes Isolierband. Im Hof hinter der Carl-Cohn-Straße hatten Handwerker nach der Arbeit zwei Böcke an die Seite gerückt. Die plazierte Janssen unter Birgits Wohnung in der ersten Etage. Auf Höhe der Thermopenscheiben überklebte er das Glas kreuz und quer mit Isolierband. Er konnte die Scheibe nicht einschlagen, aber im Ganzen aus dem Rahmen drücken. In den Räumen riß er alle Schubladen, alle Türen, alle Verschläge auf, jeden Winkel durchsuchte er. Von verräterischen Briefen keine Spur. Im Badezimmer registrierte er die genaue Anordnung der Handtücher, bis er den Stapel auseinanderriß. Der diesen Verwüstungen hinterherräumte ohne die Chance, mit dem wachsenden Chaos mitzuhalten, war Hartmut Frielinghaus. Er machte Janssen auch darauf aufmerksam, daß er sich im falschen Keller befand, als er gerade die Holzverschalung aus der Wand riß. Das einzige, was der Wüterich an sich brachte, war ein Karton mit Birgits Spielsachen. Damit sauste er ab durch die Nacht.

Birgit war entschlossen, die Veröffentlichung des *Nocturno*-Buches zu verhindern. Mit zwei Rechtsanwälten bog sie im Oktober 1976 in den Mühlenberger Weg ein. Tom Eckhoff hatte ein Mikrophon versteckt und schnitt die Auseinandersetzung mit. Das Stichwort gaben die Rechtsanwälte: „Herr Janssen, Sie haben nicht die Einwilligung unserer Mandantin. Die Publikation ist ein Eingriff in die Intimsphäre." In einem der längsten Monologe verunklärte Janssen das Autorenrecht. Es trat eine Überlegungspause ein und danach kam eine Geldforderung auf den Tisch. Janssen fixierte den von ihm als Liebhaber identifizierten Begleiter, der andere mochte tatsächlich ein Rechtsanwalt sein, und stellte fest, daß es hier um kein Geschäft gehe, sondern um Liebe: „Birgit kriegt ein Buch geschenkt." Da gab sie ihren Widerstand auf. — Jetzt war der Weg frei für Claus Clément, der sein erstes „Janssenbuch" verlegte.

Bei der öffentlichen Vorstellung des *Nocturno*-Buches im Februar 1977 in der Buchhandlung Laatzen lösten sich zwei fremde Menschen mit ihren Ansprachen ab. Sie hatten sich gegenseitig nichts mehr zu sagen. Ihre letzten Worte hatte Birgit schon Wochen vorher an Janssen gerichtet: „Du mußt auch immer alles zerstören."

26. Viola und das Aquarell

Nachdem Janssen 1972 über dreißig Pfund verloren hatte, sah er anders aus. Vor allem war er schlanker geworden, und wenn er auch zwischendurch immer wieder verwahrloste, konnte er doch im Anzug repräsentieren. Auch der Künstler hatte sich gewandelt. Aus dem Millionenstrichler war der Mann des konturierenden, des sensiblen oder zupackenden Strichs geworden. Besonders im Gesicht zeigte sich der neue Janssen: Nicht mehr der runde Schädel, der schreiend, vor

Wut und im Gelächter explodieren konnte, sondern die gefaltete Visage — eine Landschaft aus altem und neuem Fleisch, aus gegeneinander arbeitenden Muskeln, aus rosiger oder eisgrau gefurchter Haut, eine Landschaft, durch die alle Wetter zogen. Dieses Gesicht war den Genüssen zugetan, war wandelbar und aufgeschlossen, ja bisweilen schreckhaft dem ausgesetzt, was kommt. Wollte man in diesem Gesicht die Aktiva gegen die Passiva aufrechnen: da wäre der Blick — er hat die Intelligenz, und da wären die Lippen. Diese Lippen waren fast wehrlos, auch wenn der Mund im ganzen wieder die Verspannungen eines Menschen zeigt, der viel reden muß. Der Zeichner *nach der Natur* und der Janssen der *Kopie* — er besaß die weichen und bildsamen Züge. Er sog die Erscheinungen dieser Welt förmlich auf. Ein vollkommener Schauspieler, konnte er sich alles anverwandeln. Die Radierungen, die das vorführen, sind Selbstbildnisse vom Dezember 1976: die *Molière-Suite*. Sie sind fast ausschließlich mit der Kaltnadel gearbeitet. Die meisten Blätter blieben Erstzustände und sind nicht fortgeführt worden. Aber die Zeit und ihre Stellung im Œuvre haben daraus fast schon vollendete Werke gemacht.

Auf einer der Radierungen zitiert Janssen aus Molières Drama *Der eingebildete Kranke*. Es ist die Geschichte seiner Liebe zu Birgit:
„Aber ich machte die kummervolle Wahrnehmung, daß
sie mit einem Schlage meine ganze Philosophie über
den Haufen warf. Aber alles was ich wünschte
hat sie nicht zu einer anderen machen können
und so habe ich denn den schweren Entschluß fassen
+ durchführen
müssen, mit ihr zu leben, als ob sie gar nicht meine Frau sei.
(. . .)
Ihr haltet mich vielleicht für wahnsinnig
in dieser Weise zu lieben. Aber ich glaube,
daß es nur eine Art von Liebe gibt und daß wer
ähnliche Gefühle wie ich nie empfunden (habe)
in Wahrheit auch niemals geliebt hat.
Alles auf der Welt bringe ich in meinem
Herzen in Zusammenhang mit
mit ihr. Ja, es ist Wahnsinn
und es dünkt Euch nicht wunderbar, daß

mein Verstand mir nur dazu dient, mir
meine Schwäche zu vergegenwärtigen,
ohne mir die Mittel zu geben
sie zu überwinden."

Noch gab es für Janssen nur Birgit. Er redete von ihr, er lebte in ihr.
Alles war Birgit, als er im Spätsommer 1976 mit Viola Rackow bekannt gemacht wurde. Das Treffen hatte Frielinghaus arrangiert, der
Viola schon lange verehrte. Gleich bei der ersten Begegnung hatte er
sich als der Janssen-Drucker vorgestellt und ihr kleine Landschaftsradierungen unter dem Tisch zugeschoben — zur Ansicht und damit
die übrige Gesellschaft diese Intimität nicht störte. Frielinghaus wollte
seine Entdeckung dem Freund vorstellen und Viola war sich für eine
kleine Angeberei nicht zu schade. An diesem Tag fuhren sie in ein
Restaurant nach Nienstedten, und wie man ins Plauschen kam, entwickelte sich ein Flirt mit Claus Clément, der dazugekommen war
und jetzt ungewollt mithalf, daß die lebenslustige Frau sich von ihrer
aufregendsten Seite zeigte. Nur — Janssen war viel zu sehr mit sich
beschäftigt, um mehr als amüsiert zu sein.
Bis gegen Weihnachten hielt die Verbindung zwischen Viola und
Claus Clément. Beide hatten eine gescheiterte Ehe hinter sich und das
ließ sie zusammenrücken. Er trauerte seiner Frau nach und sie besuchte
nach jahrelanger Trennung immer noch dreimal die Woche ihren Ehemann, der wie betäubt in die Polster seines Wohnzimmers zurück-
gefallen war und seine Firma schleifen ließ.
In diesem Herbst 1976 schienen alle damit beschäftigt, sich von der
Last alter Bindungen zu befreien. Claus Clément fuhr einen Porsche,
und wie um die Sorgen abzuschütteln, jagten sie zu Dritt und mit höchster Geschwindigkeit über Land. Doch erst als Birgit endgültig für
Janssen verloren war, traf er sich mit Viola auch mal allein. Ihr ging
es wie den meisten Frauen. Von seinem Äußeren eher abgestoßen,
fand sie ihn in der Unterhaltung ungeheuer anziehend. So gewann er
schließlich auch in ihren Augen. Eines Morgens rief Janssen bei Clément an. Er bat ihn, vor der Arbeit noch kurz vorbeizukommen und
ein Buch abzuholen. Clément eilte hinzu, und schon wieder halb auf
dem Weg ins Büro, ließ er sich von Janssen zur Buchablage in die
Schlafkammer schicken, wo ihn Viola begrüßte: „Hallo Claus!" Der

Zwischenfall verlief völlig undramatisch und stimmte besonders Frielinghaus fröhlich.

Viola wohnte mit ihren zwei heranwachsenden Söhnen in der Husumer Straße in Eppendorf. Den beiden Jungen war sie die beste Mutter, und welche Kapriolen sie auch machte, nie vergaß sie, die Rechte ihrer Kinder gegen die eigene überschäumende Lebenslust zu verteidigen. Wenn sie in den Mühlenberger Weg fuhren, schliefen ihre Söhne gewöhnlich schon. In den ersten Wochen kam es auch vor, daß sie alle zusammen Ausflüge in die nähere Umgebung unternahmen. Janssen freundete sich besonders mit Nicolaus, dem Jüngsten, an, der das quecksilbrige Temperament seiner Mutter geerbt hatte. Wer die beiden an der Elbe herumtollen sah, hätte sie für Vater und Sohn gehalten.

Mit Nicolaus ließ er sich ein, als wäre es Adam gewesen; Adam — Gesches Sohn, der mit seinem zurückstehenden Kinn auf drollige Weise dem Vater ähnlich wurde. Diesem Sohn Adam widmete Janssen im Frühjahr 1977 eine Parabel, die, zur Geschichte ausgeschrieben, der Textteil eines neuen, kleinen Buches wurde. Wie Janssen sich seine Väter aussuchte, so suchte er sich auch seine Söhne aus. Und mit Nicolaus spielte er den Part durch, der dem Geschesohn zugekommen wäre, den er im übrigen nur selten gesehen hat und vielleicht am längsten auf den Fotos, die in das Heft aufgenommen sind.

Das Büchlein trägt den Titel *Janssenhof Witzwort*. Ursprünglich sollte daraus nur eine Werbung für den Janssenhof werden. Die vorn eingebundene Straßennetzkarte mit der genauen Streckenmarkierung nach Witzwort macht das noch deutlich. Gesche hatte in den Jahren immer größere Mühe, den Haubarg zu unterhalten. Deshalb richtete sie einen Ponyhof ein. Janssen wollte ihr mit dem Buch unter die Arme greifen. Aber wie es so läuft, wurde daraus nicht nur ein Geburtstagsgeschenk für die Mutter seines dritten Sohnes, sondern eine Verbeugung vor der Frau. Und das war nicht nur Gesche, nicht nur Birgit und Viola, sondern vor allem Adams Großmutter Johanna Tietjens. „Geliebtes deutsches Grauhaar" schrieb Janssen unter ihr Porträt.

„Viola schläft tief" steht auf einer der Radierungen, die dem von Clément verlegten Büchlein beigegeben sind. „Viola schläft tief" — wann mag das gewesen sein? Gerade Viola war immer auf Achse; ein

Janssen im Spiegel. Im Bademantel und barfuß vor seinem Arbeitsplatz — zur Zeit
der Aquarelle. (Foto Gunilla Ahlström, Hälsingborg)

ungestümer Wirbelwind, der es genoß, wenn die Fetzen nur so flogen. Sie zog Janssen noch einmal in die Diskotheken, sie stürmte mit ihm von Tanzfläche zu Tanzfläche. Kein Auftritt war ihr frech genug und in der Kleidung kein Wagnis zu groß. Eine rasante Ausgelassenheit — das war ihr Element. Nur beschämte sie mit dieser Vitalität niemanden. Sie hatte ein Gespür dafür, was ihre Mitwelt überforderte, und genauso rasch konnte sie in verhaltenere, ernstere Töne hinüberwechseln. Aber Janssen wollte sie gerade überschießend vor Temperament und ungezähmt wie ein Raubtier. Am liebsten war ihm die Vorstellung, daß Viola vom Einkaufen beim Schlachter zurückkommt und gleich in das rohe Stück Fleisch hineinbeißt.

Frielinghaus folgte den beiden auf ihren anstrengenden Touren, und wenn es nötig war, glättete er die links und rechts hochschlagenden Wellen wieder. Doch hätte ihn dieser Sommer fast geschafft. Manchmal erst um 10 Uhr abends von Blankenese, vom Signieren und Papierschleppen, zurück, rief ihn Janssen um Mitternacht schon wieder an, damit er vor die Stadt in eine Kneipe nach Wedel komme. Es gab immer einen Grund, zum Telefon zu greifen. Aber wie hätte Frielinghaus nach ein paar Stunden Schlaf, wenn Janssen schon wieder auf vollen Touren war, wissen können, ob es Viola an diesem Morgen gut gehe? — Frielinghaus war am Rande seiner Kraft — und Viola bald auch.

Sie blieb von dem typischen Janssen-Terror nicht verschont. Die Husumer Straße wurde mehr als einmal zum Kampfplatz und die Nachbarschaft zu Zeugen brutaler Szenen. Janssen rannte die Haustür ein und riß in der Wohnung das Telefonkabel aus der Wand. Viola sollte niemanden anrufen und sich nicht bewegen können. Er legte ihr Auto lahm. Denn seine Angst war, daß sie zu ihren Liebhabern ging. Über diese Liebhaber kursierten in seinem Kopf die tollsten Erwägungen. Daß sie nicht treu sein konnte, war für ihn eine ausgemachte Sache. Sie mochte sich leidenschaftlich verteidigen und ihn bestürmen, ihm den Zeichentisch vor die Füße kippen und Gläser nach ihm werfen — sein Mißtrauen wuchs mit ihrer Empörung. Tatsächlich lag eine Zeit hinter ihr, in der sie nicht die Männer, am wenigsten aber sich selber geschont hatte. Doch war von allen zuletzt wieder nur ihr Ehemann übriggeblieben, von dem sie schon Jahre getrennt lebte, ohne mit ihm zu Ende zu kommen. Deshalb fühlte sich Janssen auch um die letzte

Sicherheit gebracht, die er um alles in der Welt brauchte und die er erpreßt hätte, wenn ein Mittel zu finden gewesen wäre. Er ahnte, daß die Jungunternehmer um Viola herum Makulatur waren. Nur um sich ein Spiel nicht entgehen zu lassen, traf er sich schon mal mit einem forschen Reeder zum Frühstück. Doch zur Hauptsache richtete sich sein Argwohn gegen Jürgen Rackow, dem er gebrauchte Rasierapparate ins Haus schickte und einen Anzug in Übergröße. Aber der steckte zu tief in seiner Lethargie, um auf die Herausforderung zu antworten.

Blieb für die unmittelbare Auseinandersetzung wieder nur Viola. Sie stellte sich schützend vor ihre Freunde, sie flirtete aus Trotz mit anderen Männern, und um sich gegen eine Bosheit zu wappnen, konnte sie auch fies sein. Die Pelze, Bücher, Bilder und Briefe, alle Geschenke verknotete sie in einem Tuch und ließ sie im Taxi vor Janssens Haus fahren. Er schickte Stück für Stück zurück. In Viola hatte er die direkteste Gegenspielerin. Wie im Krach, so in der Liebe. Sie war überwältigend spontan. Gemeinheiten, die gerade erst begangen waren, zählten im nächsten Augenblick nicht mehr. Sie gab sich völlig und in diesem Moment aus. Mit einem unbändigen Appetit machte sie schon die Vorspeise zur Hauptmahlzeit, und keinen Gang auslassend, fiel sie noch über die Dekorationen her. Janssen hatte das Gefühl, mit seinem Sperma den Mühlenberger Weg zu überschwemmen.

„Die feinnervigst organisierte, vulgärste Hummel aus Hamburg." Und sie war ihm zugeflogen! Das war seine Lieblingsvorstellung. Daran bastelte er wie an seinen besten Arbeiten. Ja, solche Inszenierungen waren immer schon das halbe Werk. In dieses Bild gehörte unbedingt, daß Viola ihm alles abverlangte und ihn regelrecht überforderte. Was ihre Wünsche und noch ihre geheimsten Regungen anging, so wollte er ihr Spiegel sein. Er schraubte die Forderungen an ihn riesig hoch, und er krümmte sich unter der Last, ihnen gerecht zu werden. Viola war unersättlich. Wie sie ihn wollte, hat er selber aufgeschrieben:

„Schön wie David (Michelangelo)
Groß wie Don Ku
sportiv wie Gibbon M. Spitz
'n Haut wie Chatherin Dunhan
Witz + Biß

wie Lichtenberg + Shaw
Gelöscht und abgeschmeckt wie Fontane
Rumorig wie Dosty
Verspielt wie Casanova + ebenfalls
von novascher Tragik
gepflegt innen + außen wie Pückler
und von desselben Ansprüchen
exotisch wie T. S. Laurence
duftend wie Ambrosius
Lieb wie der von Assisi
Lustig wie Amandus Mozart
mit dem Kleingeld Leonardos
Reich wie Krösus — potent wie Zeus
eifersüchtig wie Joseph
ebenso gut gelaunt + häuslich
Nicht ohne die List des Fuchses
                    [so einfach]"

Doch war das noch nicht genug! Ihre Hauptforderung hätte Viola in
Form einer Behauptung vorgebracht: „Eines kannst du eh nicht — nämlich aquarellieren." So soll sie Janssen zum Aquarell gezwungen und
obendrauf den Wunsch gesetzt haben: „Noch einmal eine Fetisch-Suite
in Unanständig."

Die Aquarelle, die er seit 1977 in Angriff nahm, entstanden freilich
nicht unvorbereitet. Aus Anlaß kleiner Buch- und Widmungszeich-
nungen hatte er schon Frechheiten dieser Art getuscht. In das Ende der
Birgit-Zeit fielen vereinzelt und nebenher anatomische Studien. Die
weibliche Anatomie in allen Streckungen — sie war das gleichsam dem
Pinsel eingezogene Rückgrat. So gesehen, ist das Aquarell die freieste
Anwendung der *Kopie* und dessen, was er dort gelernt hatte.

Im Dezember war die erste Serie kleiner Formate abgeschlossen. Janssen wollte seinem Kunsthändler zeigen, wie 100 000 Mark in bar zu
machen seien. Er veranstaltete am 21. 12. 1977 in dem unteren Raum
seines Hauses, den er eigens dafür herrichtete, eine Verkaufsausstellung für die Freunde. Die braunen, rosa und blauen Geldscheine wanderten in eine ordinäre Papiertüte, die binnen kurzem prallvoll war.
Während noch die letzten Gäste unten ihr Kauferlebnis beredeten,
stand oben in der Schlafkoje Viola zum Sprung bereit. Janssen ließ

das Geld aufs Bett herunterregnen. Einmal wie Dagobert Duck im Geld schwimmen — so hatte er sich das ausgemalt. Wäre Viola wirklich mit einem intimen Verhältnis zum Mammon geschlagen gewesen, sie hätte es nicht übers Herz gebracht. Aber es focht sie nicht an, und so suhlten sie beide gotteslästerlich im Geld.

Zwischen Weihnachten und Neujahr reisten Janssen und Viola nach Svanshall. Es war die Art von Reise, die ihn vom Alkohol wegbringen sollte. Zum Aquarellieren brauchte er alle Kräfte. Auf der Hinfahrt lag er in der Kajüte des Fährschiffes und krümmte sich schweißnaß. Als er die Folgen der selbstauferlegten Entziehungstortur überstanden hatte, wurde Viola krank. Dieser unglückliche Reiseverlauf hatte sich auf merkwürdige Weise angekündigt. Gunilla Ahlström wollte ihren Gästen einen besonderen Gefallen tun und Violas Bett mit lauter Violen schmücken. Sämtliche Blumenläden von Hälsingborg hatte sie zu dem Zweck aufgesucht. Jetzt trat Viola wie an eine Begräbnisstätte. Alle Blüten waren über Nacht verwelkt. Auf einem der ersten Spaziergänge wurde sie von nervösen Magenbeschwerden befallen. Rune Ahlström, der Arzt, diagnostizierte seelische Ursachen. In der Tat war Viola in den strapaziösen Tagen klargeworden, daß ihre Kräfte nicht ausreichen würden. Janssen drängte auch jetzt wieder auf eine Ehe. Wenigstens sollte Viola mit ihren Kindern in seine Nähe nach Blankenese ziehen. Aber sie spürte ihre vitalen Reserven zusehends schwinden.

Im Januar 1978 aquarellierte er intensiv weiter. Als Zeichner hexenmeisterlich schnell, trieb ihn das Aquarell zu noch größerer Eile an. Denn das Tuschwasser auf dem Papier ist nun mal irreparabel eigensinnig. Von dem einen in den anderen Aggregatzustand hinüberwechselnd, diktierte es ihm das Tempo. Den Pinsel zog er zwischen den Lippen ab. Jedes nächste Wasserglas war das beste, auch wenn es eine von Zigarettenkippen, Weinrückständen und Faulwasser eingesumpfte Brühe war. Und noch der Ascherest, der in der Pfütze oben schwamm, wollte ins Kalkül gezogen sein. Die Anspannung wuchs ins Unerträgliche.
Er stachelte sich zu einer äußersten Leistung an. Die Erotica, die ihn jahrelang beschäftigt hatten, wollte er aufgipfeln und in einer ge-

steigerten Farbigkeit auf den Höhepunkt führen. Es sollte sein Abschied von der Frau werden, bevor er „in die Alterspubertät" eintrat. Unter solchem Druck hatte er sich am Ende der zweiten *Mädchen-Serie* völlig erschöpft. Dazu kam die Angst, mit diesen — wie er meinte — bunten Sachen in die Öffentlichkeit zu gehen. Heimlich nagte der Zweifel, ob er mit dem Aquarell hinter der Zeichnung zurückblieb. Da nützte es nichts, daß Brockstedt ohne Zögern eine beträchtliche Summe Geld aussetzte. Anfang Februar 1978, am Tag der Übergabe, als die großformatigen Blätter aus dem Haus sollten, griff Janssen in einer heftigen, durch Wochen aufgestauten Erregung Viola an: „Du wolltest ja die Aquarelle! Du hast sie dir doch gewünscht! Du hast mich dazu getrieben! Ich bring dich um!" Er fiel über sie her. Brockstedt und Clément, die zu dieser Exekution bestellt waren, sahen die Schläge auf die Wehrlose niederprasseln und drängten auch den Prügelwütigen weg. Aber es war die Nachbarin, die zur Rettung die Polizei rief. Noch unten am Auto riß er Viola büschelweise Haare aus.

Manu propria, Aquarell 10. 9. 1977 (23,3 x 34 cm)

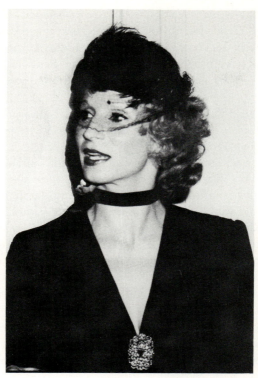

Viola

Die rücksichtslos fordernde oder die geldgeile oder die mannstolle Frau — in welche Rolle er Viola auch hineinpressen wollte, sie konnte es besser als jede andere verkraften. Sie pendelte die Gegensätze weit aus. Übersprudelnd vor Unternehmungslust, war sie auf diesen Charakter nicht festgelegt, sondern neigte auch zur anderen Seite. Sie besaß ein teilnehmendes, um Verständnis ringendes Interesse am Menschen. Sie kehrte bald zu Janssen zurück. Aber da sie sich nie restlos auslieferte, dauerte es nur einen aufwühlenden, die Husumer Straße erschütternden Monat lang, und Janssen ließ langsam von ihr ab. — „Ich will lieben!" Mit demselben Trotz, mit dem er sich in dieser Zeit zu den *Mädchen-Aquarellen* antrieb, ja vorwärtspeitschte, verlangte er auch in der Liebe das Opfer, die Kapitulation, die Demütigung, ohne die sie nicht sei, was sie ist. Daran gemessen, hat es Viola nie zur letzten Selbstentblößung kommen lassen. So konnte geschehen, was es vorher nicht gab: Janssen hatte mehrere Frauen nebeneinander. Annette hieß eine Taxifahrerin, und niemand begriff, warum er ihr nachstieg. Vielleicht wollte er an ihre hübschere Schwester heran. Aus dem nahen „Wein-Krüger" hatte er sich eine Kellnerin in den Mühlenberger Weg mitgenommen. Sie wachte an seinem Bett, während er in einem Anfall von Verzweiflung den Rest der Nacht durchweinte. Die Ausflüge in die Diskotheken zogen die eine und die andere Bekanntschaft ins Haus. Viola, die ihm immer noch am nächsten stand, ließ sich nicht zur Eifersucht reizen. Erst als Beatrice sich auch zur Nacht etablierte, spürte sie den Stachel. Beatrice war ein freundliches und unangestrengtes Mädchen, dessen Reiz auch darin lag, daß sie eine Mutter mit einer fröhlichen Stimme besaß, in die sich Janssen am Telefon verliebt hatte. Beatrice blieb, und wenn Viola kam, verschwand sie von selber.

Dieses zwischen mehreren Frauen hin und her springende Engagement war neu. Sicher sollte es ihn auch zu seinen *Mädchenbildern* beflügeln, an denen er weiterarbeitete. Dieses Thema wollte er ein für allemal auslaugen. Doch lebte er deshalb nicht ausschweifend. Was immer die Aquarelle darstellen: Orgien, sodomitische Exerzitien, Mehrpersonenrituale, solche Vergnügungen hat es am Mühlenberger Weg nie gegeben. Gruppensex — allein den Gedanken fand Janssen scheußlich. Ein kleiner Vorfall wirft darauf Licht. Ein musikalischer Sonderling hatte zusammen mit einer Malerin und dem Genuß von Drogen vorübergehend Janssens Neugier geweckt. Übrigens war es das einzige Mal, daß er einige Gramm Rauschgift an sich herankommen ließ. Man saß im Restaurant in Nienstedten in einer größeren Gesellschaft. In viele Melodien geteilt, lief das Gespräch über den Tisch, als der komponierende Pianist unter dem Tisch den Baßschlüssel herausholte und sein Geschlechtsteil vor den anwesenden Damen herumzeigte. Umstandslos verabschiedete Janssen, von der Bedienung darauf aufmerksam gemacht, den Gast. Wenn er in Fällen haarsträubender Provokation Nibelungentreue übte, hier war die Grenze überschritten. — Dagegen hätte er brennend gern die Bilder gesehen, die einer Frau beim Orgasmus durch den Kopf schießen.

Die erste und zweite Serie der *Mädchenbilder* sind bis in den Knochenbau von Viola inspiriert. *Vriederich* steht auf vielen Blättern — mit V wie Viola. Zugleich ist das eine Anspielung auf den Friedrich, den Liederlich aus dem „Struwwelpeter" und auch auf den Maler Caspar David Friedrich. Denn Viola hatte Janssen, als er gerade mal wieder sein selbstverfertigtes Gedicht auf den Romantiker vorlas, mit den Worten unterbrochen: „Is ja gut, Runge." Seitdem war *Vriederich* der Spitzname für Viola. — *Vriederich* ist der passende Titel für die ersten beiden Aquarellschübe. Es sollte aber noch bis zum Herbst des Jahres 1978 ein dritter Schub folgen. Auf den nahm eine andere Frau besonderen Einfluß.

Kerstin Schlüter wohnte 150 Meter von Janssen entfernt mit den Freundinnen Heidi Mahler und Ingrid Kelm in einem Haus am Abhang. Janssen hatte keine der Schönen bemerkt, obwohl er vom Zeichentisch aus den schmalen Zugang dorthin überschauen konnte. Nicht mal Nina Hagen war ihm aufgefallen, als sie da lebte. Das änderte sich erst mit dem Postboten Heinz Adler. In letzter Zeit überbrachte er häufig Einschreibebriefe an Kerstin Schlüter, die mit ihrem Mann in Scheidung lebte. In einer Person fliegender Bote, Gärtner und der Zipfel Welt, den Janssen gerade noch zu fassen kriegte, wenn er sich völlig abschloß, hatte Heinz Adler immer Zutritt zum Mühlenberger Weg 22. Eines Tages machte er in seinem hamburgischen Tonfall die Bemerkung: „Da drüben wohnt eine ganz Süße." Janssen war aufmerksam geworden, und als ihm im Spätsommer 1977 Kerstin über den Weg lief, richtete er aus dem Stegreif die Worte an sie: „Ich habe Sie schon oft gesehen. Würde Sie gerne mal kennenlernen. Sie können Ihr Kind ruhig mitbringen. Ich bin an sich ein unangenehmer Typ. Aber ich werde mir Mühe geben, wenn Sie kommen."
Einige Zeit verging, und man begegnete sich wieder auf der Straße. Um in Ruhe klönen zu können, holte Janssen von einer Baustelle ein Fahrverbotsschild und baute es vor den abbremsenden Autos auf. Er wiederholte seine Einladung.
Alle Freundinnen von Kerstin drängten in die märchenhaft anmutende

Künstlerburg. Aber sie ließ sich von ihrer Schwester begleiten. Er war an diesem Tag angetrunken, wenn auch höflich, geistreich, ja faszinierend. Als er statt eines Kuchens den mit Kresse garnierten Quark ins Zimmer trug, konnte er sich kaum auf den Beinen halten. Er war zu schwach und binnen kurzem komplimentierte er Kerstin wieder vor die Tür, die ernüchtert ihrer Schwester gestand: „Dabei hatte ich mich extra aufgerüscht, um eine Wirkung zu hinterlassen."

Der April 1978 war ein Monat, in dem sich die Krisen ballten. Seine Bindung an Viola hatte er in eine freundschaftliche Beziehung verwandelt, was für ihn ungewöhnlich genug war. Am 19. 4. 1978 wurde ihm die Biermann-Ratjen-Medaille zusammen mit Elizabeth Weichmann, Boy Gobert und Ledig-Rowohlt überreicht. Den Festakt im Hamburger Rathaus hatte er gerade überstanden, da brach ein Streit aus. Im Ratsherrnkeller war für die Preisträger ein Tisch vorbereitet, doch für keine weiteren Gäste. Janssen bestand darauf, daß ihn seine Freunde begleiteten — auf seine Kosten. In den Redewechsel schaltete sich die Frau des ehemaligen Bürgermeisters ein: „Herr Janssen, Sie müssen sich auch mal unterordnen." Die Entgegnung fiel so rüpelhaft aus, daß sich die Gesellschaft teilte. Vom offiziellen Festtisch wagten sich nur noch einzelne mehr oder weniger huldvoll in die Janssen-Runde. Der Senator und stellvertretende Bürgermeister Biallas, der diese Ehrung der Stadt Hamburg überhaupt ins Leben gerufen haben soll, biederte sich im falschen Moment an und hatte sofort eine heftige Attacke am Hals.

In diese Zeit fällt auch Janssens Auftritt in der Talk-Show „3 nach 9". Daraus wurde ein Fernsehdebüt in stark angetrunkenem Zustand. Der miteingeladene Bazon Brock konnte von Glück sagen, daß er zu dieser Stunde wegen Heiserkeit sprechunfähig und also kein Widerpart war. So wurde „Väterchen Franz Josef Degenhardt" Opfer einiger Umarmungen, die ihm fast die Luft abgedreht hätten. — Am Tag der Ausstrahlung erfuhr der mittlerweile 28 jährige Clemens, daß er der erste Sohn von Janssen ist.

Nach dem zwiespältigen Eindruck in der Öffentlichkeit knüpfte er die Verbindung zu Kerstin wieder an. Nun schien er zu seiner Beruhigung ein Programm daraus machen zu wollen. Er trank mäßiger und freundete sich mit dem Sohn Alexander an. Er saß auf Kerstins

Balkon, genoß sogar den Blick über die Elbe, und er leistete seine ersten Beiträge zur Innendekoration der Wohnung. Die Zeichnungen, die damals entstanden, riß er jedoch Stück für Stück wieder von den Wänden. Anfang Juli, als Kerstin in ihren Räumen eine Sommerparty gab, setzte er dem Fest ein Ende, indem er Pasteten in die Gardinen warf. Gegen seinen besseren Vorsatz verlief die Beziehung zu ihr genauso wechselvoll wie alle früheren. Nur die Umstände waren besonders, weil sie bloß einen Sprung entfernt wohnte. Es kam vor, daß er vom Arbeitstisch aus dem Sitzen weg zu ihr raste, eine kleine Zerstörung anzettelte, noch die Polizei abwartete, die Kerstin, ohne eine Anzeige zu erstatten, wegschickte, und nach 15 Minuten wieder an seinen Tisch zurückgekehrt war. Der Gast gegenüber hatte vom Anlaß so wenig wie vom Gewaltausbruch gemerkt.

Mit ihrem Faible für „Schöner Wohnen" bot ihm Kerstin eine Blöße, die er ausnutzen konnte. Er schaffte Möbelstücke, Spiegel, Rahmen, ja, Bilderrahmen für seine Zeichnungen an, die er dann wieder zertrümmerte. Er brach gezielt in das Haus ein und wußte nur zu genau, daß Kerstin und ihr Sohn verängstigt in der Ecke hockten. Wie immer überspringen wir die glücklichen Momente, diese Einsprengsel von Ewigkeit, und kommen auf das Ende.

Das Glück hat keine Zeugen. Das brief- und bildgeschmückte Frühstückstableau für Bettina, das bemalte Papiertischtuch für Birgit — fast wäre es unerwähnt geblieben. Das sekundenschnelle Erfassen einer Situation, die außer ihnen niemand sah, der gemeinsame Herzschlag in einer dritten Sache, wie es Viola mit Janssen erlebt hat — wann hätte es dafür Worte gegeben? Glücklich ist auch Kerstin gewesen. Aber im Frühjahr 1979 war sie mit ihren Kräften am Ende. Sie war noch keine drei Tage von einer Erholungsreise zurück, als er ihr das Kinn blau schlug — während der Fahrt im Auto. Der Höhepunkt ereignete sich wieder im Haus am Abhang. Wie schon häufiger ging eine Scheibe in Trümmer. Der alarmierte Hausbesitzer lief die Treppe herauf und direkt in eine Ohrfeige, die Janssen mit der Bemerkung austeilte: „Jetzt haben Sie einen Grund, die Polizei zu rufen."

Danach wurde er endgültig mit dem Verbot belegt, noch einmal die Wohnung zu betreten. Deshalb zitierte er Kerstin und die Mutter zu sich ins Haus. Im Vollsuff, aber mit einer schneidenden analytischen Schärfe haspelte er eine der ärgsten Tiraden herunter, die in dem

Vorwurf gipfelte: „Du kannst nicht lieben. Du bist unfähig zu lieben!"

Die Trennung von Kerstin fiel in den April 1979. Kerstin hatte noch entscheidenden Anteil an der dritten Aquarellserie, die im Herbst 1978 abgeschlossen worden war. Noch einmal das volle Engagement in die Frau, die Janssen für den ganzen, den wirklichen Menschen hielt, weshalb er ihr gehorchen wollte. Er gehorchte ihr so vollkommen, daß er sich als die Kopie all ihrer Wünsche verstand, ohne sie im geringsten zu verfremden. Weil er das besser als irgendein anderer konnte, hielt er sich für liebenswert. „Die lieben mich doch nicht wegen meiner Visage oder wegen meines Bauches. Erst recht lieben sie nicht den Vergewaltiger."

Die letzte Serie der Mädchenbilder unterscheidet sich von den früheren durch eine stärkere Verräumlichung der Szene. Türen öffnen sich nach hinten und Fluchtlinien sind deutlich ausgezogen. Symmetrien beherrschen das Geschehen, Symmetrien in den Körpern und Gegenseitigkeit in den Spielchen. Zu den Seiten wie nach vorn und hinten gehälftet, ist die Szene in einem prekären Gleichgewicht — wie auf der Kippe. Kraft und Gegenkraft, Reiz und Ruhe, Lust und Schmerz balancieren genau auf der Spitze.

In den Räumlichkeiten, in der weiblichen Anatomie und in den gedämpften „blankeneser" Farben finden wir Kerstin wieder. Diese dritte, über einen längeren Zeitraum entstandene Serie wird von Arbeiten begleitet — darunter von Collagen und Bleistiftskizzen, die in Format oder Thema aus der Reihe fallen. Dagegen war der zweite, Viola gewidmete Schub wie aus einem Guß: gestreckte Querformate; durchweg Mädchen, die der Länge nach liegen. Was die Zeichnung betrifft, so hat Janssen hier wie auch später den größten Aufwand getrieben. Er hat die Konturen zurückgenommen, wegradiert — neu gezogen — wieder radiert — noch einmal gezogen und das immer so fort, bis der Strich nicht nur „saß", sondern sich auch mit Patina und Körperlichkeit aufgefüllt hatte. Diese Weibchen liegen flach und fast sind sie mit der Unterlage eins. „Ich zeichne nicht die Frau auf dem Sofa, sondern das Sofa in der Frau. Sie liegt erst richtig, wenn die Wirbelsäule eine Couch ist."

Die Spiele und Stellungen der ersten Serie sind in der zweiten Serie zu Szenerien erweitert. Was in den *erotischen Arrangements* um 1970 die Maschinen und Insektenbeine waren, jene künstliche Welt des *Prélude,* das entfaltete sich nun zu einem Mehrfigurenschauspiel. Die Darstellung von Männern ist selten, eher sind es Paviane und dergleichen, die sich männlich abrackern. Oft bleiben die Mädchen zu zweit oder zu dritt unter sich. Sie sind merkwürdig unbeteiligt und schauen selbstvergessen und wie abwesend zu. Ihre Gedanken scheinen vom Horizont angesogen zu werden. Solche Horizonte, solche Glückseligkeiten sehen wir in den Blicken der Schönen, während ihre Leiber auf die Liebesfolter gespannt sind.

„Wenn man überhaupt etwas darstellt, ist man immer zwei, wenn nicht drei, wenn nicht vier." Auf die Weise in mehrere Personen geteilt und doch völlig sich selber Zweck, so scheint Janssen die Frau zu sehen. — Mehr nicht zur Deutung der *Mädchenbilder,* die Janssen übrigens zusammen mit einem erzählenden Text als Buch veröffentlichen wollte. Von der Absicht des Erzählers zeugen noch die Bildtitel: *Im Schloß — Requisitenkammer — Kleine Bodenkammer — Küche — Mädchenzimmer.* Unter dem Titel *Phyllis* ist die Sammlung aufregender Aquarelle schließlich 1984 erschienen.

Noch ein Wort zum Aquarell und zur Farbe. Die frühen Aquarelle will Janssen als ambitionierte Fortsetzung der Mahlau-Technik verstanden wissen: Farbflecken setzte er von oben und locker nebeneinander auf das Papier. Überlagerungen und ineinanderfließende Farben waren selten. Für seine neuen Aquarelle griff er noch hinter Mahlau zurück auf einen Mitschüler, der — wie sollte es anders sein — damals sein schärfster Konkurrent war. Ein halbes Jahr jünger als Janssen, konnte Michael Langer zu jener Zeit mit den billigsten Schulaquarellfarben und einem verhunzten Pinsel „wunderbar trocken" und bei höchster Konzentration scheinbar lustlos eine Parklandschaft aufs Papier bringen. Genauso trocken und mit einem Pinsel, dessen Borsten eher noch verbrauchter waren, wollte Janssen jetzt die Falten eines Rockes „hinschluren". Er hütete sich vor allen grellen Effekten. Und es kostete ihn Überwindung, in der ersten Aquarellserie die Grundfarben auch mal ungemischt zu setzen: Blau, Rot und Weiß — *Viola tricolor.* Satt durchschlagen sollten nur die Silber- und Goldbronzetöne. Damit die Aquarelle nicht bunt wirkten, legte er sie gewöhnlich noch einmal ins Wasser.

27. „Das Suizidaufbaujahr"

„Es muß mehr als alles geben." Das wäre ein Motto für Janssen. Weil
es aber nicht von ihm selber stammte, mußte er es dem Erfinder
neiden. Bescheidenheit war nicht sein Teil. Nie und nimmer wollte er
sich mit dem schwächeren Effekt begnügen. Er ging immer gleich aufs
Ganze: „Kein Mensch hat sich jemals ausgedacht, daß er sterben
wird." Das Tier, ja, das habe Grund, bescheiden zu sein. Es denke ans Fres-
sen, sei aber nicht in der Lage zu verzweifeln, und ihm gehe der Sinn
für Erotik ab. Selbst der Schimpanse könne sich nicht über das Wetter
freuen. Das Tier habe Ursache zur Bescheidenheit, es sei geradezu
sein Wesen. — „Nur für den Menschen zählt Bescheidenheit nicht, er
muß unbescheiden sein, sonst ist er kein Mensch."
Es gibt eine Geschichte, die mehr über den Künstler Janssen sagt als
über den noch unbekannten Picasso, von dem sie handelt. Vollard,
der Pariser Kunsthändler, der die Impressionisten groß gemacht hatte,
lehnte die hundert Bilder eines elegant gekleideten Mannes aus
Barcelona ab, weil ihm unvorstellbar schien, daß einer, der so jung
wie Picasso um 1900 war, nicht nur so viele Werke, sondern diese auch
noch gut gemacht haben könnte. Quantität — das ist nicht Manie, nicht
Ausflucht, kein Ersatz für Besseres. Wenn es nach Janssen ginge,
schlägt Quantität direkt in Qualität um. Er, der besessene Arbeiter,
der an einem Tag so viel wie andere in Wochen schafft und die *Hanno-
Suite* an sieben Tagen radierte, bricht über diese Geschichte in Tränen
aus, so oft er sie erzählt. Es sind Tränen über die Kleingläubigkeit
der Menschen. Denn auch in seinen Sentimentalitäten will er unübertroffen sein.
Kam aber einer daher, der den Weg für das Ziel und das Streben für
den Lohn erklärte, dann lehnte Janssen diese verräterische Bescheidenheit ab. Er bestand durchaus auf dem Ziel und der Erfüllung. Jedes
Relativitätsdenken war ihm verhaßt. Deshalb war er auch selten
ironisch. Ironie schien ihm zu lau. Sie bietet lauter Schlupflöcher, in
die sich einer bis zur Unangreifbarkeit zurückziehen kann. Ironie ist
eine Art, sich aus dem Problem herauszustehlen. Für Janssen gilt, was
Goethe über Laurence Sterne schrieb: wo er einen Witz macht, liegt
ein Problem.

Man sagt, die Liebe spielt mit dem Feuer. Janssen zeichnete eine Streichholzschachtel, und wie im *November*-Buch nachzuschlagen ist, entstand daraus ein *Memorial* der Leidenschaft. Das ist witzig u n d voller Anspielung, nur symbolisch ist es nicht. Janssen arbeitet nicht mit Symbolen. Er verbirgt in seinen Bildern wie in seinem Leben nichts. Ein Rätsel — das sind die anderen. Er hat sich immer verausgabt und verschwendet. Bis jetzt, bis kurz vor seinem 50. Geburtstag war er den Anstrengungen hinterhergelaufen. Es gab keine Strapaze, vor der er zurückgeschreckt wäre. Nur eine einzige Intimität wollte er gelten lassen: das ist die Stelle in einer Zeichnung, um deretwillen ein Liebhaber Geld dafür bezahlt.

Janssen vermeidet Gespräche, die den Charakter von Problemerörterungen haben. Stets suchte er den Disput, weil er unter Einsatz der ganzen Person geführt wird. Im Affekt konnte er sich emporschrauben. Fünf Sätze vorher spürte er die Wut hochkommen. Aber diese Wut war sowenig gespielt wie die Strategie der Provokation, die ihm immer zu Gebote stand. Er geriet so außer sich, daß nicht ein Spalt offen blieb, durch den sein Gegenüber entwischen konnte. In dieser Bedrängnis mußte jeder preisgeben, was die Maske der Verbindlichkeit sonst nicht hätte sehen lassen. „Ich genieße die Angst in euren Gesichtern. Was ich mir deshalb hoch anrechne, ist, daß ich bei diesem Genuß noch niemanden ermordet habe."
Es hat den Pastor wirklich gegeben, der bei einem Taufgespräch den Eltern Vorwürfe machte, daß sie nicht verheiratet seien, als Janssen dazukam, den gläubigen Anthroposophen in einen Disput verwickelte und unvermittelt die Frage einschaltete: „Wann sind Sie zuletzt fremdgegangen?" Der Pastor mußte den Seitensprung zugeben und verließ bestürzt den Kreis.
Die Gelegenheiten sind nicht zu zählen, daß Janssen direkt unangenehm und verletzend auf andere Menschen losgegangen ist. Während die Gegenseite nach Flucht- und Rettungsmitteln suchte, gewann er Zeit. Er wurde wieder zum Betrachter und kehrte in den Mittelpunkt zurück, der er in jedem Moment sein muß. — Nur um nicht mit aller Welt in Streit zu geraten, zog er sich in den Mühlenberger Weg zurück. Dort war er unbesiegbar.
Dort konnte niemand die Wutausfälle von sich abprallen lassen. Die

Angegriffenen spürten körperlich, daß sie Janssen bis zum Äußersten reizten, und buchstäblich wünschten sie sich weg. „Ja, wenn ich mich schon ärgere und schuld habe — schuld sowieso, dann will ich den Streit, die Trennung und alles, was dazugehört." So war es immer: den Streit im Streit wollen und nicht nebenher nach Entschuldigungen kramen. „Daß es richtiger wäre, sich zu vertragen, weiß meine Nachtmütze. Ein perfekter Streit — zum Teufel, sowas muß doch hinzukriegen sein." — Ein Meister der Verdrängung war er außerdem.

Janssen hat in seinem Leben immer den vollen Einsatz gebracht und, wenn es sein mußte, die Anstrengungen verdoppelt und verdreifacht. Was er auch tat, sein Engagement war total. Besonders die Frauen hatten das zu spüren bekommen. Und bis zu seinem 50. Geburtstag wollte er daran nichts ändern. Dabei sehnte er sich nach Häuslichkeit und danach, in Ruhe zu arbeiten. Die Frauen sollten ihn abschirmen. Aber immer zog er die Familie mit hinein. Denn er suchte in der Liebe auch die menschliche Vereinbarung und die Institution. Und war es nicht die Frau, die den Künstler verhinderte, dann war es diese Institution, durch die es zum Bruch kam. Denn er wollte sich nicht in Sicherheit wiegen. Für ihn fing die Beziehung genau dort an, wo sie für die Frau aufhörte: wenn er das Einverständnis gewaltsam tilgte, um das zu prüfen, was daran Liebe sei.

Janssen wollte auf dem Papier kein anderer als im Leben sein. Er zog einen Strich, den er mit dem Radiergummi auslöschte, um sich im Bild wieder nach vorn zu arbeiten. „Die Zerstörung macht es nur schöner." Vor den Augen von Claus Clément zerriß er eine Zeichnung, die zu den wenigen vollausgearbeiteten des *Nocturno*-Buches gehört. Wirklich wurde sie nur besser dadurch.

Zuletzt fällt der katastrophale Alltag auf das Talent zurück, zurück auf die Kunst, die alles tragen und dabei immer leichter werden soll, so leicht, daß man gar nicht merkt, daß irgend etwas an Kunst stattgefunden hat. Diesem Superlativ gehorcht Janssen unbedingt.

„Es muß mehr als alles geben." Die Zeichnung macht es möglich. Von Hause aus spontan und dialogisch, ist sie vor allen anderen Künsten im Vorteil. Denn mit einer Fülle ungekünstelter Gesten gehört sie in den Alltag; dorthin, wo das Leben noch in direkten und persönlichen

Verhältnissen aufgeht. Im Brief verbindet sie sich mit der intimen Mitteilung. Wo eine Nachricht fällig ist, wird sie zur Zeichnung. Die Telefonkritzelei macht jeden zum Artisten. Der Morgengruß, der Spickzettel, die Notiz für den Wochenmarkt wollen ausgeziert sein. Und jeden Tag stellt sich das Vergnügen neu ein, wenigstens am Rande eines Gesprächs oder einer Zeitung einmal deutlich zu werden: mit einem obszönen Kringel, mit einer handfesten Schweinerei. Wie ein klebriger Finger macht der Kugelschreiber die Runde. So viele Anlässe, so viele Zeichnungen. Janssen läßt keinen aus. Dieses Leben soll Zeichnung sein.

Janssen — ein vom Zeichnen Besessener. Das ist so eine Zuschreibung, die uns mit unserer Durchschnittlichkeit versöhnen könnte. Freilich, was für uns ein Zwang wäre, ist es nicht für ihn. Für Janssen ist es der Wille, sich nicht reduzieren zu lassen, auf das Zeichnen als Beruf sowenig wie auf eine seiner Unterabteilungen, weder auf den Porträtisten noch auf den Geilemädchenzeichner, noch auf den Millionenstrichler, auf den Landschafter nicht und nicht auf den Blumenvirtuosen. Dabei ist er all das. Jedesmal mit äußerster Hingabe. Und obendrein der Witzbold mit dem spitzen Bleistift, der Karikaturist und Pornograph, aber auch der Romantiker und der nachzeichnende Verehrer der Italiener und Niederländer, der Goya und Füssli und des einen Hokusai.

Dabei versteht es sich fast von selber, daß Janssen das Museum nicht genügen kann. In den größeren Museen ist für die Zeichnung die Schublade reserviert. Doch er braucht das Publikum, und das verschafft ihm das Buch.

Das Buch wiegt alles auf. In jeder Hinsicht kommt es ihm entgegen. Er ist es gewohnt, in Serie zu produzieren. Erst die Folge von Blättern entfaltet im Wechsel technischer Repertoires das Thema vollständig. Die zum Konvolut aufgelaufenen Blätter inspirieren schließlich als seine dritte große Begabung neben dem Zeichnen und Schauspielern: die Schriftstellerei. Der Geschichtenerzähler, der Märchenverdreher, der Tagebuchschreiber, der Gastgeber, der Reimschmied, der Lehr- und Altmeister, der Chronist aus Kindertagen, der Kritzler von Einkaufszetteln lassen wieder ganz andere Bücher — natürlich auch bebilderte — entstehen. Aber was heißt Bücher? Kataloge, Broschüren, voluminöse Wälzer sind es neben Heften und Heftchen, dazu der

Faksimiledruck, die großformatige Retrospektive, das biegsame Skizzenbuch, das Leporello und so weiter. Zusammengehalten wird diese Familie aus Gebundenem, Gefaltetem und Broschiertem durch die Hand des Zeichners.

„Ein Buch daraus machen!" Dieser Gedanke, hervorgerufen durch das spontane Gelingen — wie oft war das der Auftakt zu einer Reihe von Zeichnungen. Seit seiner frühesten Zeit war Janssen ein Büchermacher. Diesen Büchern gegenüber befinden wir uns vielleicht in einer ähnlichen Lage wie seinerzeit das Publikum, das sich zu den Musiken Haydns oder Mozarts einfand. Man war gesellig und ablenkbar, man unterhielt sich sogar. Jedenfalls war es kein Gottesdienst. Und so blättern wir heute in den Büchern — zerstreut, aber verführbar und mit einem uneingestandenen Augenhunger.

Nahezu fünfzigjährig, hatte Janssen gut drei Dutzend Bücher veröffentlicht. Mehrere unpublizierte befanden sich in befreundeten Haushalten, das Material zu weiteren war verstreut oder wurde gesichtet. Das Buch versüßte ihm den Verzicht auf die Institution des Museums. Es war seine Rache an der Wohnzimmerkultur oder — wenn man so will — eine Bosheit gegen die Zunft der Ausstellungsveranstalter, deren pädagogischen Biedersinn er mit einem eigenen Layout zuvorkam. Im Verhältnis zu den Mystifikationen des Kunstmarktes ist das Buch demokratisch.

Der Nimbus des Originals und des Handschriftlichen macht die Zeichnung zu einem Sammelgegenstand. Janssen hat sich — mit Übertreibung gesagt — seine Sammler herangezogen. Die Gelegenheitszeichnung, auf eine Kneipenrechnung oder eine Serviette notiert, verwandelte die Anwesenden in neugierige Zuschauer. Der Beschenkte wurde sogleich zum Hüter eines Schatzes. Eine nicht endende Zahl von Widmungsblättern ist unter den gespannten Blicken seiner Freunde entstanden. Aber auch die professionellen Arbeiten gingen nicht selten an die nächste Umgebung weg. Zu den Beschenkten gehörten eigentlich auch der Galerist und der Verleger. Jedenfalls hatte es mit freundschaftlicher Verbundenheit eher denn mit Geld zu tun.

Das Verschenken ist eine singuläre Eigenschaft und charakteristisch für Janssen. Nur ist es nicht Großzügigkeit allein. Kaum je war er selbstlos. Es war seine Art der Werbung. Und als Bestechung um so verzeihlicher, als er sich vor den vermeintlich übergroßen Vorzügen eines anderen nur durch Hingabe seines besten Teils — durch eine Zeichnung — glaubte retten zu können. Für die andere Seite war der unverhältnismäßige Segen eine Versuchung. Denn auch den manischen Sammler brachte es mit der Zeit um seinen Witz. Die maßlose Verwöhnung gaukelte ihm Rechte vor, die ihn unaufmerksam, fahrlässig und am Ende, wenn er gefordert war, rechthaberisch machten. Kurzum, wie man sieht, ging es stets um sympathetische Bindungen und um Abhängigkeit. Die Tumulte einer Liebesbeziehung waren es, die Janssen die Zeichnungen aus dem Haus zogen, nicht das Geschäft und nur mittelbar die Nachfrage auf dem Markt.

Der Markt war ihm zu anonym. Er verlangt von dem Künstler, sich in seinen Erfolgen zu wiederholen. Korrumpiert, und sei es auch nur in der Festlegung auf irgendeine marktgängige Manier manipuliert zu werden, war Janssens Angst. Die Art und Weise, wie er sich dagegen zur Wehr setzte, ging an die Existenz. Keine Besitztümer, keine Alterssicherung, keine eigenen Arbeiten im Schrank. Jeder Freund hat das Haus wohl einmal geleert. Geld war zwar da, doch nur solange es reichte. Und vor allem wollte er gar nicht erst den Gedanken aufkommen lassen, der ihn heimisch oder gemütlich werden ließ inmitten der Wut, mit der er sich wieder und wieder verausgabte. Gegen jede Verdinglichung so empfindlich, als fürchtete er um seine künstlerische Potenz, war Janssen bis in diese Tage auch der Verhinderer seines Ruhms.

„Besitz ordnet die Seele." Auf diesem Instrument spielte er virtuos. Er machte nicht nur aus seinen Freunden die eifrigsten Sammler, er kitzelte nicht nur ihren Besitzerstolz, er weckte auch ihre Habsucht. Wenn er am Ende ihre Habgier geißelte, konnte er sich das als eine mephistophelische Leistung zu einem gut Teil selber zuschreiben. Er wollte kein stärkeres Engagement als das Eigentum. „Weil die Menschen am Besitz kleben, bin ich bei meinen Sammlern besser aufgehoben als in irgendeinem Museum." Besitz — das ist das Janusköpfige der bildenden Kunst, ihr zwiespältiges Gesicht. Janssen lächelte dem einen u n d dem anderen zu und kehrte beiden den Rücken. Diesen Widerspruch hat er krasser als irgendein anderer nach seinen antagonistischen Seiten entfaltet. Er hätschelte das kindische Haben-Haben und er haßte das Besitzdenken wie die Pest. „Wir leben in einem Jahrhundert fortgeschrittenster Reproduktionstechniken. Heute kann man bessere Bücher als je zuvor machen. Aber die Leute wollen das Original. Sie hängen am Besitz. Wenn ich genau weiß, wann ich sterbe — es gibt da bestimmte Krebsarten, die solche Voraussagen zulassen —, dann bin ich bei den Eigentümern meiner Werke und zerstöre die Originale an ihren Wänden. Mich soll es in den Büchern geben. Das bin ich!"

Brief an Frielinghaus vom 23. 3. 1979. Zeichnung mit Blei- und Farbstift (24,2 x 26,3 cm).
Eine Station in dem wechselvollen „Arbeits- und Freundschaftsverhältnis" mit Janssen.

Einer, den Janssen wie eine Braut ausstaffiert hat und so, daß es aus den Kisten und Kästen wieder hervorquoll, war Hartmut Frielinghaus. „Frielinghaus, von mir kommen Sie nicht weg. Ich bin die beste Geliebte. Sie drucken mich." Im Laufe der Jahre hatte Janssen mit einer hartnäckigen Eifersucht alle Beziehungen weggedrängt, die Frielinghaus außerdem noch unterhielt. Die meisten Geschäfte ließ er durch ihn tätigen, der ordentlich, zuverlässig und sparsam war. Auf die Weise ergriffen beide so vollständig Besitz voneinander, daß jeder für sich allein nicht mehr wäre, der er ist. Was aus Janssens Mund gar nicht idyllisch klang: „Wenn ich ihn noch nicht umgebracht habe, wenn ich ihn immer noch ertrage, dann nur weil — ich kann auf ihn jetzt nicht verzichten. Man schaue sich die Radierungen zu *Svanshall* an, dann weiß man warum."

Frielinghaus fuhr an den meisten Tagen der Woche nach Blankenese hinaus. Er wickelte das Geschäft mit den Signaturen ab; ein Unternehmen von fast sagenhaften Ausmaßen, wenn man sich vorstellt, daß diese Unmenge von Katalogen, Büchern, Radierungen, Einladungen getragen, umgeladen, vorgelegt und wieder getragen werden mußte. Papier wiegt ja auch! Wenn es nicht Drucke oder Bücher waren, die über den Tisch gingen, lag Janssen bäuchlings auf dem Boden und signierte mal schnell und mal wettkampfmäßig schnell, während Frielinghaus von oben Blatt für Blatt wegzog und zu einem neuen Haufen hochschichtete. Janssen schob diese Beschäftigung mit Vorliebe auf den Nachmittag. Wenn unten die Autohupe ertönte und Frielinghaus vollbeladen die Treppe heraufstieg, eilte er ihm schon mit der Entschuldigung entgegen: „Herr Frielinghaus, ich arbeite gleich wieder für Sie." Das sagte er ohne Bosheit und fast zärtlich zu seinem engsten Mitarbeiter. Denn der sollte sich wohl fühlen, ihn wollte er verwöhnen. Deshalb ließ er ihn Platz nehmen zu einer Portion Lachs, die von irgendwoher ins Haus getragen worden war; deshalb wollte er ihm erst mal schöne Buchzeichnungen machen. Er sollte guter Laune sein. „Warum sind Sie nicht guter Laune, Friely?" forschte er ihn aus und gab ihm Gelegenheit, strahlend zu erwidern, daß es ihm gut gehe, da er heute viel gedruckt habe. Vor einem Dritten, der diesem Austausch von Höflichkeiten erstaunt beigewohnt hatte, kommentierte Janssen das mit den Worten: „Friely muß immer was geschafft haben, dann fühlt er sich wohl. Sein preußischer Arbeitstick.“

In Frielinghaus umwarb Janssen behutsam den schwierigen und launenhaften Künstler, bei dem es innerlich gärt, wenn er auch äußerlich umgänglich und zuvorkommend scheint. „Ich halte Sie wirklich für einen Künstler.“ Mit einer die tiefsitzenden Nöte ertastenden Einfühlungsgabe lauschte Janssen ihm die täglichen Sorgen ab. Alles, was er sonst nur ausnahmsweise war: selbstlos und sogar schuldbewußt, hier machte er sich ein Vergnügen daraus, die Rolle vollkommen auszuspielen. Es war die Institutionalisierung eines Zwiegesprächs mit seiner besseren Hälfte und ein ausdauerndes, die alltäglichen Mißverständnisse abarbeitendes Ehepalaver. Das Verhältnis zu Frielinghaus steht für Ehe. „Meine pathologische Arbeitsfrau“ nannte ihn Janssen. Und wie in jeder Ehe war da immer einer, den man piesacken und auch verletzen konnte: „Dabei sage ich allen Leuten: er ist krank. Aber sie sehen nur den netten, bescheidenen, zurückhaltenden Mann und schwärmen mir von ihm die Ohren voll. Es ist glatt der Vorwurf, daß i c h nicht so sei. Doch der pathologische Fall ist er.“ Es wäre keine normale Beziehung, wäre Frielinghaus ohne Gegenwehr. Nur reagierte er selten gleich. Er ließ den Ärger lieber auflaufen — bis zum berühmten letzten Tropfen. Dann war er ungefähr so sensibel wie eine Hausfrau, die schon den ganzen Dreck allein weggemacht hatte und der jetzt auch noch das passieren mußte . . . Einen seiner Höhepunkte erlebte dieses ungleiche Paar, wenn es ums Geld ging. Nie ist einer mehr er selbst, als wenn sein Lieblingsthema angeschlagen wird. Natürlich konnte Janssen nicht darauf verzichten, seinen Freund auf diese Weise unter Hochspannung zu versetzen, und so ließ er sich von Zeit zu Zeit in eine Orgie von Zahlen und Transaktionen hineinreißen. Das große Aufrechnen! Ein Exerzierfeld für den Oldenburger Schneidermeisterenkel, der Posten für Posten vorkalkulierte, wie ein Millionär gemacht wird. Sein jüngster Streich: er schenkte Frielinghaus das Copyright für die Plakate.

Als im Herbst 1978 das Stadtmuseum Oldenburg eine Ausstellung aller Janssen-Plakate machte, waren es 76. Dreieinhalb Jahre später schon 142. Die Oldenburger, allen voran Erich und Helga Meyer-

Schomann, die den Katalog einrichteten, hatten eine Flut von Plakaten ausgelöst. Frielinghaus wäre fast zum Geschäftsmann geworden. Für die abertausend Signaturen nahm Janssen in den ersten Jahren keinen Pfennig. Die Zahl der Ausstellungen im In- und Ausland hatte zugenommen, und diese Anlässe waren ihm gerade recht, um sich an ein breites Publikum zu wenden. Er wollte in der ganzen Republik landauf landab präsent sein. Bekanntlich gibt es mehr Buchhandlungen und ziehen diese Buchhandlungen mehr Menschen an als Museen und Galerien. Janssen war seitdem in den Geschäftsstraßen der großen und kleinen Städte mit einer eigenen „Gemäldegalerie" vertreten. Das stachelte ihn wiederum zu besonderen Leistungen an. Einige der spektakulärsten Aquarelle und Zeichnungen, zu denen ihn in Format und Ausführung nur die neue Öffentlichkeit bewegen konnte, sind Plakate. Als ein weiterer Ansporn lief nebenher die alte Fehde mit Professor Hassenpflug. Wie Janssen unvergessen ist, hatte ihn der ehemalige Direktor am Lerchenfeld von der Schule vergrault, als sich der Kunststudent weigerte, das Unterrichtsfach „Schrift" zu belegen. Schrift in allen Variationen, in einer nie gesehenen Fülle bildnerischer Möglichkeiten — das war jetzt im Plakat nachzuholen, um dem Bauhäusler noch nachträglich eins auszuwischen.

Die Plakatproduktion war genauestens erwogen: Am Kunstmarkt vorbei, sollten die Blätter direkt — handsigniert — in die Wohnzimmer. Die Plakate wurden zu einem raffinierten Mittel der Selbstdarstellung. Denn auch das gehörte dazu: Janssen beschäftigte das öffentliche Auge mit Meisterwerken, und zugleich verschaffte er sich damit die Freiheit, hinter dem Rücken eines immer größer werdenden Publikums das zu tun, was ihm am liebsten war: die stille und zurückgezogene Zeichnerei, nicht aufwendiger, als das Papier *im Zirkelschlag von Elle + Speiche* groß ist.

1979 hatte er wieder zu zeichnen begonnen. Nach fast zweijährigem Aquarellieren — die Bleistiftskizzen nicht gerechnet — war es ein neuer Aufbruch in die Zeichnung. Er fing mit Stilleben an und wechselte die Themen und Techniken. Als sich die Trennung von Kerstin anbahnte, stand fest, daß er Blumen zeichnen würde. Nicht mehr das welke Zeugs, sondern voll erblühte Blumen, die schwer an ihrer vergänglichen Schönheit tragen. Erneut lockte ihn die Farbe. Er wollte „mit dem Buntstift malen", wie er es nannte. Er dachte an Blumen, die so vollkommen von Trauer durchleuchtet sind, daß die Melancholie aus unvordenklichen Tiefen glüht, als strahlte sie aus dem Jenseits zurück. Deshalb tragen auch einige dieser Zeichnungen ein Kreuz über der Datumsvignette. Das Abenteuer „Frau" hatte ihn hoffnungslos zurückgelassen. Er hielt sogar die Freunde an, in ihrer weiteren Umgebung zu verbreiten, daß er Selbstmord begehe. Geradezu ein Kesseltreiben entfachte er gegen sich. Auf einen genauen Termin hin — für den 30. Januar 1980 — organisierte er seinen Tod. — 1979 wurde das „Suizidaufbaujahr". „Ja, ich mache Selbstmord." Was daran Kunst, was Leben war, wird immer unentschieden bleiben. Der Termin verstrich, aber mit der Liebe war es vorbei.

Es ist kein Widerspruch, wenn er sich im Mai 1979 noch einmal verliebte. „Man kann ja mal lustig sein, wenn man traurig ist." Oktavia nannte er die Schöne mit dem klassischen Nasenprofil und dem blendend weißen Gebiß. Auf Anhieb erinnerte sie ihn an seine Mutter, was freilich auf Viola oder Birgit genauso zugetroffen hätte. Oktavia wußte seine Seele mit wohltuenden Worten zu streicheln, in die sie sich beide wie in ein Schneckengehäuse zurückzogen: „Die anderen haben keine Chance." Die anderen — das war die Welt außerhalb des Hauses am Mühlenberger Weg. Die Verbindung ging auseinander, als Oktavia das Parterre mit einem Maschinenpark, mit Geschirrspüler, Trockner usw. ausstatten wollte.

Die Blumenstücke, die im Wechsel mit dem einen oder anderen Stillleben entstanden, gehören zu den großartigsten. Die Ausstellungen in Amerika, Tokio und Wien wurden damit beschickt. Die Komposition ist betont einfach, und der stärkste Effekt rührt daher, daß die Blumen vor einen dunklen Hintergrund gestellt sind. Wie sie sich aus der Vase heraus entfalten und, in den Spitzen leicht eingerollt, an den Rändern in großzügigen Kurvaturen ausschwingen, ist das ein imposantes Schauspiel. Dabei fällt auf, wie die Blütenblätter nicht nur gegen die Tiefe, sondern auch untereinander abgehoben sind. Jedes Blatt hat ein eigenes Leben. Beweglich wie Flügel, die voneinander abstehen, bilden sie zusammen die luftige Rosette einer voll erblühten Tulpe.

Wie immer, steigerte sich Janssen im Laufe der Serie, und auf dem Höhepunkt öffneten sich Seitenbühnen und schufen Raum für kuriose

Tulpen, Zeichnung mit Blei- und Farbstift 24. 4. 1979 (44 x 36,7 cm)

Einfälle. Das Detail, das seine besondere Aufmerksamkeit gewann, wurde in der nächsten Zeichnung zur Hauptsache. Bei den violetten Tönen angekommen, geriet er in die Krise. Er wollte, mit dem Farbstift malend, das Ölbild übertreffen. In der Tat glühten seine Arbeiten in einer bis dahin nicht gesehenen Farbigkeit.

„Mein Verhältnis zur Farbe ist ein besonderes, weil ich ein Zeichner bin." Eine Ablehnung der Farbe ist daraus nicht zu entnehmen. Auch will Janssen die Intelligenz der Linie nicht gegen die Sinnlichkeit der Farbe ausgespielt wissen. Als zwei verschiedene Arten von Genuß seien sie gleichrangig. Das Vergnügen des Zeichners vergleicht er mit einem Autofahrer, der einen Umweg durch die Landschaft macht, statt geradewegs die Autobahn zu nehmen. „Das Vergnügen des Malers ist wie das Durchschwimmen unterschiedlich temperierter Brandungswellen."

Bei Alfred Mahlau hatte er gelernt, auf die dritte Farbe zu verzichten, wenn zwei genügen. Oft hatte er die Zeichnung nur farbig gehöht. Mit Vorliebe rückte er die stärkeren Farbakzente an den Rand des Blattes. Gewöhnlich dominierte der Strich die Farbe: das zarte Rosa, das *vom dicken Graphit gemordet wird*. Es gab Phasen psychedelischer Farbkontraste, aber zur Hauptsache suchte er Abstufungen und Abtönungen. Er deckte einen Farbgrund unterschiedlich dicht mit Bleistift zu. In den großen Blumenstücken ging er neuerdings dazu über, den Buntstift und dazu Kreide in mehreren Schichten übereinanderzulegen. Rein aus der Farbe sind auch diese Blätter nicht gearbeitet. Aber Janssen gelang es, eine in seinem Naturell verwurzelte, jahrelang verfolgte Methode der Farbgebung auf eine neue Höhe zu führen. Dabei ließ er sich von einer einfachen Erkenntnis leiten: Um die Farbe zu treffen, von der wir wissen, daß es die Farbe dieses Gegenstands ist, genügt es völlig, sie nur an einem Punkt rein hervortreten zu lassen. Wo das sein wird, ist vor allem eine gestalterische und kompositionelle Entscheidung. In der stufenweisen Annäherung an diesen Punkt gewinnt die Farbe Qualitäten hinzu, die sie sonst nicht hat: Zeit, Gedächtnis und Geschichte. So hat er in die Farbe seine Dramaturgie hineingetragen. Steigerung ist alles. Sogar das Gelb — in seinen Augen eher steigerungslos — ging ihm jetzt von der Hand. Auf dem Buchumschlag für Peter Rühmkorf halten die giftigen Nikotintöne hof. Je älter Janssen wurde, desto deutlicher trat die Farbe hervor. Die Blumenstücke dieses Jahres beweisen es.

Der 50. Geburtstag am 14. November 1979 nahte mit großen Schritten. Längst hatte er einen Namen, und so mußte er damit rechnen, gewürdigt und gefeiert zu werden. Das war ihm unangenehm. Claus Clément hatte die Absicht, eine Sammlung von Selbstbildnissen herauszugeben. Erst als Janssen das Layout selber in die Hand nahm, begann er, sich für das Projekt zu interessieren, das — im Klett-Cotta-Verlag — zu einer überwältigenden Demonstration des Zeichners und Büchermachers wurde. Die Selbstbildnisse eigneten sich noch am besten, den Bogen aus der Mahlau-Zeit über die 50er und 60er Jahre bis in die Gegenwart zu schlagen. Und als hätte er nicht schon das *Selbst* zu Hunderten variiert, stürzte er sich erneut in das Thema. Es entstanden Zeichnungen, die dem Mienenspiel bis in den verborgensten, keiner Fotografie erreichbaren Gesichtsmuskel folgen, darunter grimassierende Momentaufnahmen: *Kleines Affentheater I + II + III* und wie die Titel heißen. Die Ähnlichkeit zu verfehlen, ist der Schrecken des Porträtisten. Janssen wendet diesen Schrecken gegen uns. Denn wie er mit jeder Visage, mit jeder Kopfbedeckung als ein anderer und doch unverkennbar als er selber zurückkehrt, ist das erschütternd. Früher zeichnete jedes Jahrhundert die Weltkarte neu. Janssen ist der Kartograph des menschlichen Gesichts bis in den letzten unerforschten Winkel — entlang den Fluchtlinien wachsender Entgeisterung.

Ergo — die Zusammenstellung von 157 Selbstbildnissen ist Tagebuch, Dokumentation und Chronik. Außer Janssen und nochmal Janssen ist es auch ein Sommergewitter, der Tessin und das Marschland bei Haseldorf; es ist Rembrandt und die Epoche der Romantiker, es ist Japan und der Ferne Osten. Dieser Janssen war nie allein. Er hatte sich an alles und jeden ausgeliefert und dem Selbstbildnis ungeahnte Dimensionen erschlossen. „Ein genial Überbegabter" schrieb Wolfgang Hildesheimer, der zu dem aufmerksamsten Kommentator des Janssen-Werks geworden war.

Das Œuvre, das Janssen bis zu seinem 50. Geburtstag zusammengezeichnet hatte, war in allen Phasen dem Alkohol abgerungen. Auch bei der jüngsten Folge von Meisterzeichnungen, bei den Blumen, Stilleben und Selbstbildnissen, war der Alkohol mit von der Partie. Zwischendurch nüchterte er immer mal aus. Das hielt dann einige Tage und sogar mehrere Wochen lang vor. Dann entstand das Beste. Doch geriet er unweigerlich wieder an den Alkohol. Er fiel in die

Flasche zurück und brauchte morgens schon seinen Korn, um den Kreislauf aufzupäppeln.

Um arbeiten zu können, mußte er frisch sein. Neuerdings ließ er es bei ein paar zusammenhängenden Stunden Schlaf bewenden, um am Morgen halbwegs ausgeruht in die Zeichnung aufzubrechen. Mittags hob er dann schon wieder das Glas darauf, und wenn er sich auch nicht bis zur Bewußtlosigkeit vollaufen ließ, sondern nach seiner Art redend, skizzierend und signierend am Tisch weiteragierte, war er doch fürs erste nicht imstande, die Leistung vom Vormittag zu wiederholen. Erst wenn er sich erneut freigemacht und gegen das Entziehungssyndrom behauptet hatte, gelang ein neuer Anlauf in die Zeichnung.

So vergingen die Wochen und Monate. Ein Ende schien nicht in Sicht. Entweder er stand unter Alkohol und war ununterbrochen überdreht oder er kämpfte dagegen an. Einigermaßen bei Kräften stürzte er sich in die Arbeit, bis er erschöpft war. So dauerte das nun schon jahrzehntelang. Der Rhythmus wechselte, aber der Kreislauf blieb immer gleich verhängnisvoll. Es war ein so ruinöser Kräfteverschleiß, daß ihm schon vor zwanzig Jahren die Ärzte nur eine kurze Restlebenszeit vorausgesagt hatten. Und obwohl er wegen polyneuritischer Störungen in den Füßen und Beinen seit längerem keine Schuhe mehr tragen mochte und im Winter sogar barfuß durch den Schnee lief, war ihm auch das nicht Warnung genug. Auf dem Höhepunkt einer Arbeitsphase, wenn er sich in einer euphorischen Anwandlung den flüchtigen Erscheinungen dieser Welt ebenbürtig gezeigt hatte, freute er sich schon wieder aufs Trinken. Ist Janssen der typische Alkoholiker?

Am Anfang war der Griff zur Flasche eine „schlechte Angewohnheit" und einfach Haltlosigkeit. Wenn sich die Probleme stauten, schien es der leichtere Weg. Durch sein ganzes Leben, obwohl es zu seinen Brutalitäten nicht passen will, gibt es Beweise für eine nie überwundene Schüchternheit. Birgit nannte ihn fürs Leben unfertig. Gegen solche Überempfindlichkeiten machte ihn der Alkohol stumpf; er dämpfte und zog einen Schleier vor die bohrenden Schwierigkeiten. Er bremste die rastlos arbeitenden Gedanken und federte den Ansturm der Wünsche und den unersättlichen Ehrgeiz ab. „Ich will dann nicht so viel!"

Wie ein richtiger Alkoholiker hatte er immer einen Schutzengel zur Seite. Er brach sich nicht die Knochen, auch wenn er die Elbböschung herunterstürzte, und bei keiner Prügelei verstauchte er sich die Hand. Er kannte die schwarzen Inseln, die dem Alkoholiker die Ereignisse vom Vortag vernebeln. Jene Löcher in der Erinnerung. Im Unterschied zu den ungeübten Feiertagstrinkern holte ihn der Schnaps nie völlig von den Beinen, nie war er nur noch ein lallendes Bündel Mensch und kaum jemals ganz unzurechnungsfähig. Deshalb ist er im Suff auch nicht ausgenommen, nicht betrogen oder übervorteilt worden. Im Gegenteil. Bis zum letzten Augenblick beherrschte er seine Freunde und Feinde. Auf eine zwingende Weise hielt er das Heft in der Hand.

Erst 1,6 Promille entfesselten in seinem Schädel jene infernalische Kombinatorik, die ihn alle Gründe zusammenziehen und die Strategie finden half, um einen Gegner restlos zu vernichten. Die Inszenierung des Bösen, die das Kalkül des Angriffs hinter die Front verlegt und vor der ersten Attacke die Fluchtwege verstopft — diese satanische Übermacht des Rachedenkens war die Folge des Alkohols. Ohne Planung, blindlings wütend, nur noch um sich schlagend, mußte er schon weit über 2 Promille haben.

„Ich bin als Alkoholiker geboren, und meine Leistung besteht darin, daß ich mich zeitweise von der Flasche wegbringe. Das ist mein Werk." In der Tat, dieses Riesenwerk hob ihn heraus. Deshalb war er nicht bloß krank. Darf man einen so produktiven Menschen überhaupt krank nennen? Gehorcht er nicht anderen Maßstäben?

Wie der gewöhnliche Fall eines Alkoholkranken aussieht, das brachte eines Tages eine zufällige Begegnung an den Tag. Janssen war ziemlich kaputt und seit Tagen schon unrasiert. Wie so oft ging er im Bademantel über die Teppiche. Oberhalb der Nasenwurzel und um die Augen herum sah er krank aus. Die Brille hatte blaurote Druckstellen hinterlassen, die wie in einem halbgefrorenen Stück Fleisch sich nicht zurückentwickeln wollten. Da stand plötzlich ein angetrunkener Mann im Zimmer, der durch die offene Gittertür einfach der Treppe nach oben gefolgt war. „Haben Sie eine Scheibe Brot für mich?" Janssen erkannte sofort den Alkoholiker und schob einen Geldschein in die bittend vorgestreckte Hand. Die 50 Mark sehen und in die Knie fallen waren bei dem Menschen ein und dieselbe Bewegung. „Ich habe an zwei Mark gedacht", sagte er fassungslos und brach auch sofort in Tränen aus. Janssen stand ihm gegenüber und sagte mit Abstand, wie vom Nordpol, indem er ihm seine Flasche reichte: „Hier noch eine flüssige Scheibe Brot. Dann raus!" — Zwei, die an der gleichen Zitze ziehen, auf dem Scheideweg in entgegengesetzte Welten. Hier Janssen, und da der Alkoholkranke, der dieser Welt kein größeres Geschenk zu hinterlassen hatte als das Versprechen: „Ich komme auch nicht wieder."

Alles in seinem Leben war Ökonomie und richtiges Haushalten, Einteilung und Aufgipfelung. Der Alkohol war das andere Extrem. Janssen wäre nicht der Künstler, hätte er den Alkohol nicht auch ins Kalkül gezogen. Das heißt, er hatte es gelernt, damit zu leben. „Der Glaube, daß die Erkenntnis des Fehlers zugleich die Heilung bedeutet, ist das positivistische 19. Jahrhundert. Jeder Mediziner weiß, eine Krankheit verzögert man bis zum Tod. Erst und allein das läßt uns an Leistung glauben." Janssen kannte den Defekt, und so galt es, ihn zu umwerben und daraus den Funken zu schlagen, der das Werk noch einmal zum Leuchten brachte.

Zwischen den Arbeitsphasen und im Übergang von dem einen zum anderen Thema wurde viel, ja ausufernd gesoffen. Er haßte das Chaos und er suchte das Chaos. Er ließ sich auf den Anfang zurückfallen, und daß dieses rücksichtslose Einziehen von Gift ein Umrüsten auf neue Ziele war, merkte auch seine engste Umgebung erst, wenn er wie ein Phönix aus der Asche aufgetaucht war. Die neuen Arbeiten! Ein Schritt weiter voran im Werk! Aber davor hatte er sich selber aus der Flasche herausgezogen, wie es der Alkoholsüchtige nicht kann. Ohne Arzt und Klinik hatte er die Verhältnisse um sich herum so geordnet und die geliebte Frau so an sich herangezogen, daß er die selbstauferlegte Entziehungstortur mit den Schweißausbrüchen und Halluzinationen überstand.

Im Suff ruinierte er sich rückhaltlos, aber nicht um sich zu zerstören und in der Zerstörung selber zu erkunden — wie manche meinen —, sondern „rein sportiv": „Es muß doch noch vier Wochen durchzuhalten sein." Wie er sich einerseits bis zum Gehtnichtmehr auslaugte, tankte er andererseits auch Kräfte auf und schuf er für seine Kunst neue Voraussetzungen. So gesehen, wäre der Alkohol ein Aspekt seiner Gesundheit.

Schwer begreiflich ist die Erklärung, die Janssen selber für die Initiative zum Trinken, für jenen ersten Griff zur Flasche fand. Nach einer Zeit der Nüchternheit und des künstlerischen Erfolgs hatte sich ein Überschuß an Vitalität aufgestaut. Wenn er dann im Vollgefühl seiner Kräfte war und er am Morgen eine hervorragend schöne Zeichnung gemacht hatte, wollte er aus purem Übermut eine Steigerung auf 101 Prozent. Dann stand er vor seiner Tür auf dem Söller und lebte so intensiv in dem von Wassertropfen funkelnden Buchenwald, daß die Euphorie des Augenblicks geradezu nach einem Glas Schnaps verlangte. Nach dem fünften und sechsten Schluck ging es dann rapide abwärts, und er fiel in ein schwarzes Loch.

Mit seinem 50. Geburtstag hörte Janssen auf zu trinken.

28. Nach dem 50. Geburtstag

Wenn einer mit der Flasche gelebt hat wie Janssen und sich pünktlich zum 50. Geburtstag eine Abstinenz verschreibt, ist das ein außerordentlicher Fall von Planung. Wieso konnte es dazu kommen? Kerstin war doch weg. Aber sie wohnte nach wie vor nur 150 Schritte entfernt. Sie hütete sich, den Weg an der Mauer entlang zu nehmen und an seinem Hinterfenster vorbeizugehen. Lieber stieg sie von unten aus dem Mühlenberger Loch die lange und steile Treppe nach oben. Janssen hielt nach ihr Ausschau und fahndete in ihrem Auto nach Männern. Als sie nach drei Monaten zum ersten Mal wieder auf dem Fahrrad in den Mühlenberger Weg einbog, schoß er wie der Blitz aus dem Haus und wartete Ecke Baurs Park auf ihre Rückkehr — vergeblich. Vor den Sommerferien nahm er sich ein Herz und suchte sie zu Hause auf. Inmitten ihrer Freundinnen reichte sie ihm kühl die Hand über den Tisch. Sie stellte die Forderung, er dürfe nicht mehr trinken.

Kerstin ging kurz danach auf Reisen und er schrieb ihr täglich Briefe. Als sie Mitte August zurückkam, war er nüchtern und aufgeräumt. Er warb um sie und präzisierte sein Versprechen. Zwischen ihnen sollte es endgültig aus sein, wenn er wieder zum Alkohol griff. Vor allem wollte er nicht mehr ihre Wohnung betreten und an den Ort der Verwüstungen auch nicht zu Besuch zurückkehren. Er ließ sich den Rückzug vom Alkohol etwas kosten und zeichnete ihr im Laufe der Zeit ein kleines Museum zusammen. Das sollte ihn davor bewahren, den Vertrag leichtsinnig aufzukündigen. So verbrachte „Horstimeiermittagessen", wie Kerstin ihn — nun aus fürsorglicher Gewohnheit — nannte, einen friedlichen 50. Geburtstag in völliger Abgeschiedenheit. Sie lebten in zwei getrennten Haushalten auf 150 Schritt Entfernung zusammen, und wenn er ganz ungestört bleiben wollte, stellte sie ihm das Mittagessen, das er nie vor dem Abend nahm, hinter den Zaun.

So geschickt er seine neue Zukunft eingefädelt hatte, ohne einen radikalen Eingriff wäre sein Plan undurchführbar gewesen. Janssen verordnete sich eine *impotentia totalis*. Damit hielt er sich die größten Desaster vom Leib. Denn das Scheitern einer Liebe ging immer sofort ins Vegetative. Setzten aber seine Kontrollorgane aus, machte er die Frau verantwortlich. Kerstin erwischte ihn auf dem Punkt, wo er nicht mehr glaubte, „mit dem Penis besser als mit dem Zeichenstift" zu sein. So wie sie es nahm, war es ihr Schade nicht.

Wenn ich alle 21 Tage nach irgendeiner dämlichen Vorlage onaniere, quält sich gerade soviel an milchiger Treibflüssigkeit aus meinem Geschlecht, was den Namen Schwanz nicht mehr verdient; das heißt zum Teufel nochmal: ich kann nicht mehr. (...) Sodann und nun? Daß es nicht D I E Freiheit gibt, weiß meine Nachtmütze. — Aber (Repetitor) ich verkroch mich, wenn ich weggeschickt wurde — ich kam, wenn ich gerufen wurde, manchmal auch wenn ich nicht gerufen wurde. Ich hing mir Kledage an, die ich nicht wollte, ich zwängte mich in Hosen, die mir den Sack verklemmten und meinen dicken Bauch für immer + ewig zweiteilten. Auf einen Blick hin ging ich und wusch mir die Haare, auf den zweiten Blick schnitt ich mir die Fingernägel bis auf den Schmerz runter. Ich holte mir Filzläuse aus der feinen Hamburger Clique. Ich interruppte auf Befehl und auf den Punkt genau. Keins meiner Frühstückstableaus zur Mittagsstunde glich dem anderen; ich redete und redete, wenn mein kleiner Kerl nicht mehr reden konnte und wenn er mal wieder konnte, dann redeten wir beide und ich quasselte den Himmel auf die Erde runter, stunden-, tagelang — und wollte doch eigent-

lich zeichnen. Und wenn mir das Hirn zu platzen drohte, fraß ich auf Befehl Glückseligkeit in Pillenform. Und — ich flog auf Abruf zum 1000 Stückchen nach Zürich, trödelte dem Nachmittagsshopping hinterher und flog abends zurück und so auch anders — nach Norden zur Nacht auf Sylt und morgen zurück und mit Paris war's nicht viel bequemer. Kurz — ich war der glücklichste Liebhaber der Welt. Und das wurde + war ich, als ich vor langen 7 Jahren vom prinzip Frau auf die Weibchen umsattelte. Bis dahin stank ich — sodann duftete ich. Man reichte mich rum und stellte mich vor. Ich redigierte Liebesbriefe, die nicht meine waren. Ich war unterrichtet, welche vorzüglichen Techniken und welche soliden Lächerlichkeiten diesem oder jenem Staatssekretär eigen waren und auch das Geheimnis der jeweiligen Sekretion war keins. Und dann: die 2 oder höchstens 3 Varianten Ehemann dieser Welt wurden mir von den süßen Gegenständen meiner stets verwirrten Leidenschaft in Variationsvariierungen zur täglichen Unterrichtsstunde gemacht: Gemeinschaftskunde I — Neues aus Stadthamburg. Auch wußte ich manche Scheidungstermine in dieser Stadt früher als der infragestehende Gatte. Also nochmal: Es türmte sich Vergnügen auf Vergnügen, und Alles und Jedes gefiel mir. Es war eine einzige Katastrophe aus den niedlichsten Katastrophen aller Welten in der Zeit; und ich weiß heute nicht, wann ich eigentlich gezeichnet habe. Doch nun wie eingangs dargestellt, NUN IST FINI. Jetzt endlich zeichne ich und werde zeichnen + fange grad' erst an zu zeichnen.

Als er diesen Lebensplan Ende 1980 plakatierte und an die Glocke hing, war das neue Stück schon einige Monate lang erfolgreich gelaufen. Er hatte nicht mehr getrunken, das Haus nur sehr selten verlassen und viel gearbeitet: getextet, gezeichnet und radiert. Es sollte Rückfälle geben wie im November des Jahres, als er von der Eröffnung einer Alfred-Mahlau-Ausstellung zurückkam und einen sargähnlichen Pappkarton voller Holzwolle auf seinem Söller in Flammen aufgehen ließ. Das Skelett, das er vorher der Verpackung entnommen hatte, stellte er sorgsam auf. Aber Kerstin wollte er fertigmachen: „Du bezahlst mit deiner Physis." Am nächsten Tag war der Alptraum ausgestanden. Die Rückkehr zum Alkohol dauerte immer nur einen

Tag, und unausgesprochen galt die Verabredung, daß Kerstin sich in dem Fall besser nicht in Reichweite hielt.

Aber entscheidend war: er vertrug den Schnaps nicht mehr. Je länger sich die Alkoholpause ausdehnte, desto empfindlicher reagierte sein Magen. Nur zwei Gläser Korn, und ein heftiges Würgen zwang ihn über den Abort. So griff er bei Gelegenheit, wenn sich zum Beispiel „das Fernsehen" angemeldet hatte und sich sonstwie die Verantwortung für einen Regelverstoß abwälzen ließ, lieber zu einem Glas Wein. Von den harten Getränken war er runter.

Ein neuer Lebensabschnitt begann. Was vorher alltäglich war, wurde mehr und mehr zur Ausnahme. Er regte sich nicht mehr so auf. Er mußte nicht immer gleich mit seiner ganzen Person bezahlen. Kerstins Wohnung hatte er nicht mehr betreten. Ungestört konnte sie sich in ihren vier Wänden entfalten und die Sammlung Rahmen für Rahmen bis unter die Decke hochziehen. Wofür jede der Frauen an Janssens Seite ihr Leben gegeben hätte — für eine ruhige Verstetigung des Alltags, sie hatte es. Und für ihren Sohn Alexander drei Väter: „einen leiblichen Vater, einen Lernvater und einen Brotvater". Sie verdankte es ihrem glücklichen Naturell und daß es mit dem Bild zusammenpaßte, das Janssen sich gerade jetzt von der reifen Frau machte. Schlampert mit Blankeneser Chic, fand er Kerstin auf herausfordernde Weise verdorben und sogar verworfen aussehend. So hängte er ihr das allgemeine Begehren an; ein Begehren, an dem er sich für seine Verweigerung schadlos hielt. Wie alles nach seinem 50. Geburtstag, gehörte auch das zu den Rahmenbedingungen, die ihm für neue Leistungen den Rücken stärken sollten.

Janssen war fleißig wie nie zuvor. Da er nicht mehr trank und nicht mal für einen Gang auf den Wochenmarkt das Haus verließ, arbeitete er nur noch. Selbst die Depressionen stand er zeichnend durch. Jeden Herbst lagen von ihm bis zu sechs neue Bücher auf dem Tisch. Ein gewaltiger Ausstoß von Werken. Eine irritierende Fülle von Publikationen. Doch das war nicht alles. Einzelne Blätter und besondere Einfälle, das Nebenher und Obendrauf, spielte er weiterhin den Freunden zu.

In dieser Zeit beschäftigte er mehrere Verlage auf einmal, und neue Verlage schossen in seiner Umgebung wie Pilze aus dem Boden: Dorn-

busch-Verlag, Arkana-Verlag, Luciferlag. Was gewöhnlich die ganze Arbeitskraft fesselt, wickelte er an der Peripherie ab: Ausstellungen in den USA, in der DDR, in Tokio und in der Albertina zu Wien. Wenn er die Präsentationen auch nicht selber eingerichtet hatte und schon gar nicht persönlich zu den Eröffnungen erschienen war, so dirigierte er diese Unternehmen doch aus der Entfernung. Dem Zufall war nichts überlassen. Heute verschenkte er irgendwohin, was übermorgen an genau der Stelle aushing, für die es bestimmt war. Dazu kamen Ausstellungen in Hamburg und Umgebung. An der Alster, am Leinpfad hatte er seit drei Jahren ein kleines, ständiges Bayreuth, wozu er freilich am wenigsten getan hat: die Galerie *Svanshall*. In Lübeck und Hannover, in Oldenburg und Altona und in der Bücherstube am Neuen Wall stand er selber am Pult und las in drangvoller Enge aus seinen Texten vor. Die Plakate verschafften ihm in den Schaufensterauslagen und an den Litfaßsäulen eine dauernde Präsenz. Nach Möglichkeit wollte er jeden Tag einen Artikel über sich in der Zeitung lesen. Janssen „nachts barfuß" durch Blankenese, Janssen im „Zirkus Roncalli", „Die Lüste des Horst Janssen" hießen einige der Schlagzeilen. Wenn man das Imperium, das er sich mit dem Zeichenstift erobert hatte, mit einem Gebäude vergleicht, dann hatte es nicht nur diverse Etagen, Säle und Kammern, er steckte auch seinen Kopf aus allen Fenstern zugleich heraus. Und saß doch unentwegt in Klausur am Mühlenberger Weg, und gewöhnlich erst am vorgerückten Nachmittag stellte Frielinghaus den Kontakt zur Welt her.
Er war der Verhinderer seines Ruhms und sein bester Public-Relations-Manager. „Macht macht Spaß." „Ich kann Macht machen." Wenn einer ihm das Kaufmännische absprach, ätzte er ihm das in die Radierplatte. Früher wär's ins Stammbuch gekommen, nur hätte es dann nicht alle Welt lesen können. Als Carl Vogel ihm zu seinem 50. Geburtstag eine Ausstellung widmete: *Frühe und beiläufige Arbeiten* und seine Janssen-Sammlung über vier Orte der Stadt ausbreitete, war das eine Freundestat. Der erste umfangreiche Katalog — eigentlich sind es fünf! —, der den Künstler nichts kostete. Aber dann folgte Januar 1980 eine Auswahlpräsentation in der Ständigen Vertretung der Bundesrepublik Deutschland in Ostberlin. Wie Janssen noch im gleichen Jahr in Dresden mit einer Ausstellung seiner neuen Radierzyklen unter Beweis stellen konnte, hatte er sich sein Debüt in der DDR an-

ders vorgestellt. Er sah sich durch Vogels „Verwirr-Spielchen" um die Zustimmung geprellt und antwortete mit einem Brief an Staatssekretär Gaus, den er in der WELT veröffentlichte. Selten ist ein Freund so öffentlich zum „Ärgernis" erklärt und so wütend und bissig angenommen worden. Auf diese einschlägige Zeitungsanzeige ließ Janssen gleich ein *Pamphlete-Jahr* folgen. Das brachte den literarisch außerordentlichen Wutanfall zurück auf die Reihe: für die für 1981 anvisierte Schreiberei wollte er zur Höchstform auflaufen. So paßte Stückchen für Stückchen in das Mosaik dieser immer komplexer organisierten Existenz. Und weit und breit gab es keine Lobby, die für ihn die Werbetrommel gerührt hätte. „Er muß immer alles selber machen", steckte Carl Vogel zurück, der es gut gemeint hatte, aber vorgeprescht war.

Wie Janssen die Fäden in der Hand hielt und sich neuerdings zur öffentlichen Person machte, war das ein kalkulierter Akt und im ganzen ein Kunstwerk, das seinen besten Zeichnungen — Könnerschaft ohne Raffinement — nicht nachstand. Er ließ seinen eigenen Kommentator auf- und ableben: „N. Boleige" alias Eigenlob. Es gab in den Chefetagen der großen Zeitungshäuser keinen mehr, der es mit ihm hätte aufnehmen mögen. Blamage, Verriß, Kritik oder auch nur Herausforderung — wann hätte es das gegeben? Reagierte er doch auf die leiseste Witterung immer prompt. Und schon der Nachlässigkeit und Trägheit half er gewaltig auf die Sprünge. Er beherrschte sein Revier und erschloß sich immer größere Räume. Wenn Bissingers KONKRET ihn auszugsweise nachdruckte, beklagte sich postwendend Johannes Gross, daß er das auch gern für sein KAPITAL beansprucht hätte. Wenn Günter Grass auf die Anfrage einer Ulmer Galerie zu antworten versäumt hatte, machte Janssen, daß kein Gras darüber wuchs ... Zwischendurch, zu Ostern 1982, wußte Bundeskanzler Helmut Schmidt auf die Frage nach einem Genie in unserer Zeit nur zu antworten: „... Horst Janssen ..." Die Fernsehinterviewerin Lilli Palmer war ziemlich ratlos, aber die Zuschauer spitzten die Ohren. „Der berühmte Zeichner" — „der größte lebende deutsche Künstler" — „die epochale Ausnahme" — „jedes seiner Talente würde einen geringeren Mann verbrauchen". Diese Superlative, zwischen Paris, Chicago und Poschiavo niedergeschrieben, sollten nicht im Feuilleton bleiben, sondern unter die Leute kommen, auch wenn Janssen selber ihnen die

Trompete lieh. Das Publikum sollte darauf brennen, ihn einmal wirklich zu erleben. Der abweisende und unnahbare Künstler — es versteht sich, daß er gerufen werden mußte. Seit Jahren lag das Fernsehen auf der Lauer. Als dann endlich das seltene Tier aus seinem Versteck hervorkam und sich auf der Mattscheibe zeigte, war das wie eine Safari in eine andere Welt — dorthin, wo diese Gesellschaft ihre Nietzsche, Dostojewski oder Edgar Allan Poe ausgesetzt hat. Die Fernsehsendungen 1982 machten das „gefährdete Genie" populär.

Wie Janssen das anstellte, hatte es Methode und gehörte zur Inszenierung eines Lebenswerks. Jetzt wollte er über die Grenzen der Nation hinaus bekanntwerden. Und auch darin blieb er sich treu. Immer hatte er den Leuten ihr eigenes Mobiliar ins Haus getragen; was Anbiederung gewesen wäre, wenn es nicht das helle Entzücken ausgelöst hätte. Nun kam er den Franzosen mit den glorreichen Köpfen ihres 17. und 18. Jahrhunderts und den Russen mit ihren Volksdichtern und den Rheinländern mit einem Schwall Janssen-Signaturen, für die sie bei ihren Hauskünstlern das Hundertfache hätten zahlen müssen. Aber den Goethe-Gratulanten stellte er sich mit einer Ehrung auf Wilhelm Busch an die Seite.

Als Baron Philippe de Rothschild anfragen ließ, ob Janssen für die berühmten Mouton-Weine, wie vordem Picasso, Dali, Moore und andere, ein Jahrgangsetikett entwerfen würde, kam ihm das sehr zupaß. Zwar stehen die Rothschilds nach dem Weinetikett noch heute an, aber Janssen, der gerade radierte, gab ihnen dafür 17 „Lockenköpfchen", wie er die Corneille, Richelieu, Ludwig XIV. nannte. Es war eine Demonstration überschießender Laune. Denn wie gesagt, ein Etikett hätte genügt. Aber er mußte den Franzosen ihre vorrevolutionäre Vergangenheit nach Hause bringen. Und wenn diese ihnen selber angekratzt und verstaubt vorkommen mochte, dann zog er daraus den Vorteil, den die Radierung dem glatteren Kupferstich voraus hat. Unter die vornehme Perückengesellschaft mischte er die koboldhaften Gestalten Callots. So führt fast jeder dieser erhabenen Köpfe sein grimassierendes Spiegelbild mit sich.

Die Radierserie entstand im Sommer 1980 und zählt zu den in sich geschlossensten Leistungen. Ihr Titel: *Caprice 2.* Wieso 2? 1975, in jenem unruhigen und wenig ergiebigen Jahr, hatte Janssen eine Folge von zwölf Radierungen angefangen — eine Huldigung auf Louis Armstrong und den Boogie-Woogie. Die ausgelassen tanzenden Figuren, die er damals *Caprice* nannte und unvollendet ließ, mußte er endlich mit einer neuen Suite überbieten.

Nach den Franzosen waren die Russen dran. Nicht gleich danach, denn über 100 Radierungen und Zeichnungen für zwei Bücher drängten sich dazwischen. Aber nach einem halben Jahr, im Frühjahr 1981, war es soweit. Dann entstanden die Zeichnungen für das *Tocka*-Buch — überwiegend Köpfe berühmter russischer Dichter, weil das Porträt immer noch an der Reihe war. Wie so oft hatten kleinere Anlässe das größere Unternehmen auf den Weg gebracht. Tete Böttger aus Göttingen, der sich selber einen Spekulanten und Privatgelehrten nannte und der für Parapsychologie und Kabbalistik inklinierte, wenn er nicht für seine Elektrofirma unterwegs war, hatte Janssen die russische Seele nahegebracht. Er war befreundet mit dem in Bankgeschäften reisenden Herrn Lebahn. In dessen Moskauer Amts- und Wohnräume gelangte eines Tages ein Puschkin-Porträt, das Janssen aus Gefälligkeit für den Freund gemacht hatte. Das russische Hausmädchen sagte spontan: „Das ist nicht unser Puschkin." Da war der Zeichner gefordert und schob die ganze Serie nach. Und wenn Janssen bis dahin glaubte, daß die russische Seele in einem finsteren Moorloch Atem schöpfe, dann mußte er sich eines Besseren belehren lassen und den aufgelichteten Birkenwald hinterherreichen.

Bei der Durchdringung so großer Kulturen ging es Janssen wie dem Historiker Leopold von Ranke, der unter Bergen von Papier und Dokumenten die Hand nur zwischen zwei Seiten schob und die aufschlußreichste Quelle fand. Dieses Ingenium war mehr wert als alle Belesenheit, die sich im übrigen auf Rowohlt-Monographien stützte. Las er aber Gogol, dann inszenierte er jede Seite bis in die Einzelheiten, und Zeile für Zeile trat so lebendig hervor, daß es bei einem gewöhnlichen Leser die Lektüre eines ganzen Romans aufwog. Tete Böttger hat annähernd 40 Zeichnungen zu einem repräsentativen Buch zusammengestellt: *Tocka. Schwermut* und in dem eigens gegründeten Arkana-Verlag herausgegeben. Das Bild des alten Tolstoi kaufte die Bundesregierung an und überreichte es Leonid Breschnew, als er im Spätsommer 1981 in Bonn zu Gast war. Gewidmet hat Janssen das schmucke Werk den *deutschen Bankern*. Bevor noch das Erdgasröhrengeschäft zur Nagelprobe der europäisch-amerikanischen Beziehungen werden sollte, hatte er damit Stellung bezogen.

Einen Coup landete Janssen auf dem Kölner Kunstmarkt desselben Jahres. Mit sage und schreibe 300 bis 400 Bucheinzeichnungen rückte er den Rheinländern ins Haus. Jeden Morgen lagen um die fünfzig Buchwidmungszeichnungen in den Vitrinen, und wer pünktlich zur Stelle war, konnte für wenig Geld kaufen. Für eine kurze morgendliche Spanne Zeit drängte sich die Mehrzahl der Messebesucher, einschließlich der Galeristen, in der Ausstellungskoje des „Lübecker Kunsthauses" und plünderte das Tagesangebot. Hier war Frank-Thomas Gaulin in seinem Element. Er hatte diesen Anschlag auf den Kult der Künstlersignatur mit vorbereitet. Woche für Woche hatte er Stapel von Büchern aus dem Haus am Mühlenberger Weg herausgetragen, die mal aufwendiger, mal weniger aufwendig mit Zeichnungen auf der ersten freien Seite versehen waren. „Banausenrausreißblätter" nannte sie Janssen. Was ihm durch Jahrzehnte zur Gewohnheit geworden war, jetzt mußte er es vor einem großen Publikum demonstrieren: die Verschwendung en passant und das gewissermaßen für nichts. Hinzu kam, daß er sich über die Auslieferungspraktiken einiger seine Bücher vertreibenden Verlage geärgert hatte. Ihnen wollte er eine Lektion erteilen.

Auf dieser Kunstmesse 1981 war auch zum ersten Mal die in akrylfarbiger Routine hingeschluderte Anbiederung zu sehen, mit der Warhol sich den Deutschen für das Goethe-Jahr empfahl. Der poppige Olympier nach Tischbein. Bevor noch der 150. Todestag Goethes im März 1982 gekommen war, hatte sich Janssen für Wilhelm Busch engagiert, dessen Gedenktag in die gleiche Zeit fiel, aber natürlich weniger Beachtung fand. Mit einem Vortrag und einer Ausstellung, unter anderem des *Wiedensahler Totentanzes,* im Wilhelm Busch-Museum in Hannover, schlug sich Janssen auf die Seite von Max und Moritz, jener zwei Helden, die ihm seit Kindertagen soviel galten wie Reineke Fuchs. Der *Wiedensahler Totentanz,* die *Mortadito-Serie* und sechs großformatige, zwischen dem 15. und 24. Januar 1981 entstandene Blätter sind allesamt Gerippe-Zeichnungen. Das entfesselte Skelett in so viele Stellungen und Szenen verwickelt, wie über dieses ernste Thema Scherze möglich sind. Es ist ein Kriegenspiel mit dem

Am Zeichentisch, 1981 (Foto Gunilla Ahlström, Hälsingborg)

Tod, eine wahre Gerippe-Wut, in die sich Janssen immer mehr hinein-
steigerte, seitdem er zwei knöcherne Gesellen in seinem Arbeitszimmer
aufgebaut hatte — dort, wo einst Birgit vor dem Spiegel posierte.

Totentanz, Russo- und Frankophilie, Signieren und Färbeln, *Pamphle-
ten* und Vortragen, Gaulin-Bedienen und Tete Böttger-Schmeicheln,
dazu Berühmtwerden von Paris bis Wien, von Boston bis Tokio — das
waren einzelne Programmpunkte in diesen Jahren, aber die Hauptsache war es nicht. Denn eigentlich war die Zeit nach dem 50. Geburtstag genau eingeteilt in ein Radierjahr — 1980; ein Schreibjahr — 1981;
ein Zeichnungsjahr — 1982. Alles, was dann noch geschah und wovon
wir die Spitze des Eisbergs gezeigt haben, lief nebenher, teils als
mozartliches Divertimento und teils um den Tag zu Ende zu bringen.
Denn den Fernseher stellte er erst abends an.
Er verließ seine Blankeneser Burg fast gar nicht mehr. Mal ein nächtlicher Gang durch die Straßen — mehr war nicht drin. Seine Wohnung
verwandelte sich in eine bizarre Mülldeponie. Wo Birgit noch für

einen frischen Durchblick gesorgt hatte, da kam Kerstin gegen die Unordnung nicht mehr an. Die Zimmerecken waren zugewachsen. Bücher, die mal ins Regal paßten, türmten sich zu Bergen auf und bildeten Halden. Unter den Füßen wurde das Papier zu Staub und Asche zermahlen. Der Griff unter einen Stapel loser Blätter löste eine Drecklawine aus. Auf den Borten drängten sich verschrumpelte Blumen und von der Decke hingen Spinnweben herab. Wehe — wenn Frielinghaus auf die Idee kam, da sauberzumachen. Das stets abgedunkelte Arbeitszimmer war zu einem einzigen weitläufigen Stillleben geworden. Inmitten dieses Universums von neuen Bildern und Panoramen, die alle noch zu konterfeien waren, saß der Zeichner. Und es störte ihn nicht, daß er seinen schmalen Arbeitsplatz auf der Tischplatte gegen eine Wanderdüne aus Ascheresten, Sektkorken und Zigarettenkippen verteidigen mußte; eine Wanderdüne, die nicht nur das Feuerzeug und den Bleistiftanspitzer unter sich begrub, sondern auch das gesuchte Stück Kreide und den passenden Stift.

Dieser Müllhaufen war sein Gefängnis und sein Elysium, sein Exil und sein Oldenburg. Wenn andere zum Amazonas fahren oder im freieren Skandinavien Wohnung nehmen, dann zog er sich doppelt trotzig in seine Festung zurück. Hier herrschte der Ausnahmezustand, und anders wollte er es nicht haben. Die Stacheldrahtkrone auf der Eingangstür fühlte er direkt in sein Gehirn stechen.

Der Taxifahrer, der diesen Ort zum ersten Mal betrat, verlangte sich die penibelste Ruhe ab. Wie er die Tür aufdrückte, stand er Auge in Auge den Skeletten gegenüber. Janssen gab ihm 100 Mark mit dem Auftrag, einen Schuh und eine Postkarte zu einer bestimmten Adresse zu fahren, allerdings sollte er den Schuh erst vorher am Bahnhofskiosk mit Krokantschokolade füllen. Der Taxifahrer, der immer noch keine Miene verzog, ging übertrieben dienstlich ab, als hätte es gegen die Ehre seines Berufsstandes verstoßen, wenn er sich nur einen Augenblick lang gewundert hätte, daß er einen Pferdeschuh, den Schuh für den behuften Fuß eines Ponys, im Arm davontrug.

Janssen stand in diesen Tagen frühmorgens auf. Mehrere Tassen Kaffee spülten den Giftstau in den Gliedern herunter. Eine Stunde lief er auf und ab oder er schrieb einen Morgenbrief oder er zeichnete eine Postkarte. Von acht bis dreizehn Uhr wurde gearbeitet. Wenn er sich nicht zu einem kurzen Schlaf hinlegte, kam Kerstin zu einer

Plauderei herüber oder der Schulfunk war dran oder er las Nietzsche und zur Abwechslung Micky Maus. Der Nachmittag gehörte Frielinghaus, dem Signierpensum und der Gefälligkeitszeichnung. Und erst abends, wenn er wieder allein war, nahm er sein erstes Essen ein. Dennoch hatte er in den letzten drei, vier Jahren nur zugenommen. Nach dem Absetzen der Flasche sah er zeitweise beängstigend krank aus. Die Haut war pastös und fleckig. Er schwitzte viel. Der Hals trat wulstig hervor und zog den Kopf schwer und massig auf die Schultern herunter. Damit er sich während der vielen Stunden am Zeichentisch den Bauch nicht einklemmte, saß er auf der Vorderkante eines Stuhles, der so ramponiert und verschlissen war, daß allein diese halb erzwungene Stellung wie ein Attentat auf seine Gesundheit wirken mußte. Doch von dem Korbstuhl wollte er sich nicht trennen und auch nicht von Tantchens Pelz, der zerknüllt in seinem Rücken lag.

Wer ihn zuletzt vor einigen Jahren gesehen hatte, mußte über die Veränderungen dieses Menschen erschrocken sein. Manchmal schien es, als vergammele hier einer bei lebendigem Leibe. Ohne Zähne im vorderen Teil des Mundes und mit Kaffeeflecken auf den Lippen wuchs er sich regelrecht zu einem Stilleben aus. Unter einem feisten Kinn das Hemd halb offen, konnte er wie eine in ihrem Fett blühende Uraltpuffmutter aussehen. Aber ein Tag war nicht wie der andere. Die blutunterlaufenen Stellen unter der Brille verschwanden wieder, und das Gesicht straffte sich rosig.

Wie früher zwang er seiner Umgebung die Situation auf. Nur, daß jetzt jeder Satz das doppelte Gewicht hatte. Statt sich zu echauffieren, legte er ein Wort ein, und das saß genau. Er war ein Stilleben, aber mehr für sich als für Dritte. Denn beobachten ließ er sich nach wie vor nicht. Er war auf dem Sprung und beweglich wie immer. Wie zu allen Zeiten lebte er intensiver und schneller. Der Kinderarzt Dr. Hartig, der seit kurzem mehrmals wöchentlich seinen Blutdruck maß, hatte Werte bei 155 zu 85 festgestellt; die Leber funktionierte, wenn auch an der oberen Grenze, normal; der leicht erhöhte Blutzucker war korrigierbar.

Ohne diese Pferdenatur wäre sein Arbeitspensum undenkbar gewesen. 1980 machte er zum Radierjahr. Im Februar entstand, erst als Grafikbeilage für das Buch, dann als selbständige Radierfolge, eine Serie von

Janssen 1982 (Foto Gunilla Ahlström, Hälsingborg)

17 Selbstbildnissen: *Ergo.* Was er dort nach längerer Pause an technischen Fertigkeiten zurückgewann, steckte er in das Hauptwerk dieses Jahres, in die Suite *Nigromontanus,* die er Ernst Jünger zum 85. Geburtstag widmete. Im Sommer schaltete er die *Caprice*-Serie ein. Zwischen August und Oktober steigerte er noch einmal den Ausstoß zumeist kleiner Radierungen, 71 Platten *zu Evelyn:* „Exlibris — Schnörkel — Visitenkarten — Buchstaben — Totes — Vertrocknetes — Keimendes — ziemlich lebendig dargestellt — auch Abstraktes — soweit Buchstaben sowas sind." Endlich, zum Geldverdienen, machte er im Dezember zwei großformatige Selbstbildnisse für Volker Huber. Dabei blieb ein Höhepunkt dieses Radierjahres unerwähnt: das *Løska-Triptychon* vom Juli. Und als sei all das nicht genug, machte er sich auch noch an eine *Paranoia-Serie,* die im ersten Zustand fertig wurde. Wenn er auch an das selbstgesteckte Ziel von 300 Radierungen nicht ganz herankam, das Jahr 1980 gehörte dem Zink, der Säure und der tiefen Ätzung. Er hatte so viele Platten poliert, daß sich die Sehnen im Arm schmerzhaft entzündeten.

Nigromontanus ist eine literarische Figur, die Figur eines Lehrmeisters, die in einem der kurzen Texte auftaucht, die Ernst Jünger zuerst 1929 und dann in einer zweiten Fassung 1938 unter dem Titel *Das abenteuerliche Herz* zusammengefaßt hat. Janssen hatte in den 70er Jahren angefangen, Ernst Jünger zu lesen. Der Hinweis kam seinerzeit von Wolf Jobst Siedler, der unter dem Nationalsozialismus die Versetzung in ein Strafbataillon überlebt hatte, der ein Sohn Jüngers zum Opfer gefallen war. Nach dem Krieg hatte sich Siedler mit dem Vater des gefallenen Kameraden angefreundet und als Verleger dessen Bücher gefördert. Janssen lernte das Jünger'sche Werk kennen, und als er auf *Das abenteuerliche Herz* stieß, machte er es so ausschließlich zur Quelle seiner Bewunderung, daß er nachher die Verehrung seines Lehrers Nigromontanus in direkter Linie auf seine Vaterfiguren, auf Ernst Jünger und Alfred Mahlau, zurückführte.

Die Kopie hat viele Quellen, und eine geht darauf zurück, daß Janssen seinen leiblichen Vater nie gesehen hat. Deshalb konnte er die Ahnenreihe seiner Zeichenkunst auf so viele Väter und Vorväter ausdehnen. Nachdem das Hauptwerk dieser Jahre erschienen war, wollte er seinen Huldigungstrieb noch einmal auf eine Person lenken: auf den Autor seiner Lieblingslektüre. Ernst Jünger lebte aber noch. Und so war es von Anfang an ein besonderes Risiko, dem Vielbewunderten auch persönlich zu begegnen. Nachdem Janssen mehrmals aus *Das abenteuerliche Herz* öffentlich vorgelesen und manche Texte auch abgeschrieben hatte, bot sich 1977 die Gelegenheit zu einer Reise. Michael Klett, der zu dieser Zeit enger mit Janssen befreundet war, hatte die Verbindung zu Jünger hergestellt. Zu Dritt, denn Viola war mitgekommen, fuhren sie von Stuttgart nach Wilfingen. In der holzgetäfelten Bibliothek empfing Jünger seine Gäste. Er war aufgeschlossen und im Gespräch prägnant, aber kühl. Janssen hatte sich schon vor der Begegnung mit seinem Idol einen Taschentröster eingesteckt und redete bald — angetrunken — auf Teufel komm heraus. In diesem Wortschwall überbot er sich selber noch einmal, als er lauthals das Porträt anpries, das er ad hoc von seinem Gastgeber angefertigt hatte und das nicht sonderlich günstig ausgefallen sein soll.

Am nächsten Tag folgte ein zweites Treffen in einem 30 km entfernten Gasthof. Und siehe da, außer Haus und von einem guten Essen animiert, taute Ernst Jünger nach ein paar Gläsern Rotwein auf. Jetzt fand er Janssen unterhaltend und sogar amüsant. Mit ihren Geschichten übertrafen sich die beiden bald um die Wette. Ausgelassen — mit leuchtend weißen Haaren — wippte der alte Wunderknabe auf den hinteren Stuhlbeinen hin und her und gab Reiseberichte und Pikanterien zum Besten, zu denen die Ehefrau eine nicht weiter befragte unpersönliche Miene machte. Als der Achtzigjährige spätnachts das Auto aus der Parklücke winkte, war er das Bild eines übermütig ein Scherzo traktierenden Dirigenten. Niemand war über die Wandlung glücklicher als Janssen, der es auch verwand, daß er von der Bedienung nicht ein einziges Mal, aber Ernst Jünger immer wieder um ein Autogramm gebeten worden war.

Seitdem hatte Janssen verschiedene Pläne für eine Hommage erwogen. In der Radierung fühlte er sich in diesem Jahr 1980 den höchsten Ansprüchen gewachsen. *Das abenteuerliche Herz* hatte ihn wie kein zweites Buch in seinen Bann gezogen. Die Texte legen die Bruch- und Fundstellen frei, aus denen auch Janssen schöpfte. Jünger läßt sich von den „verborgenen Korrespondenzen" leiten, die zwischen der Welt im Kleinen und Großen, zwischen Mikro- und Makrokosmos hin und her laufen. Das feingesponnene Netz einer mit sich selber in ihren Teilen und im Ganzen zusammenhängenden Natur springt im Augen-Blick unverhofft auf und wird zum Erlebnis. Der Erkenntnisschock und die schlagende Einsicht, das Staunen und die Bestürzung, der Schreck und das Grauen sind die Schlüssel zu den geheimen Schatzkammern. Wo unter Erschütterungen die verkrustete Alltagswelt aufbricht, wird der apokalyptische Moment zum Bild. *Das abenteuerliche Herz* ist die Sammlung solcher Bilder und Schlüsselszenen. Soweit das zu spekulativen Verallgemeinerungen und zu den Sinn-Bildern einer konservativen Zivilisationskritik führt, ging Janssen eigene Wege. Er blieb nicht im Bild, er bewegte die Bilder. Er zog mit der Radiernadel die Schalen und Spelzen nach und Seite für Seite die aufgeblätterte Anatomie. Er folgte den Metamorphosen ihrer flüchtigen Erscheinung. Darin stimmte er mit dem Lehrer Nigromontanus überein: „Das Denken sah er als ein Handwerk an; er hielt darauf, daß es am Stoffe betrieben wurde (...) Sein erster Unterricht war Anschauungs-Unterricht (...) Während der ersten Jahre handelte er allein die Lehre von der Oberfläche ab."

Im Jahr der *Nigromontanus*-Suite stellte die Hamburger Kunsthalle die Studienblätter von Leonardo da Vinci aus. Vielleicht gab das die Anregung, Schrift und Bild zu verschränken. Mit diesem grafischen Mittel gelang es Janssen, die 60 x 50 cm großen Radierplatten randvoll und doch souverän gegliedert durchzuzeichnen. Als früher das Papier selten und kostbar war, mußten die Gelehrten bisweilen ihre verschiedenen Beobachtungen auf einem einzigen Blatt zusammenziehen. Was danach zu drangvoller Enge führte, ist heute zu einem Bild des Überflusses geworden. Überfluß — das ist der erste und überwältigende Eindruck beim Anblick der Platten. Buchstabe für Buchstabe, Zeile für Zeile sind die Jünger'schen Texte mit der Hand abgeschrieben, und als sei es nicht genug, schlingt sich hier und da der Faden der Erzählung über das Zeilenende hinaus. Überfluß in jeder Hinsicht: ein Korso von Stilleben, ein Lexikon chirurgischer Knoten, Sektionen des Halses und Rückens und in dem Gedränge der Blutgefäße eine in die Tiefe gestaffelte anatomische Ordnung. Immer sind es mehrere Welten, die sich ineinanderschieben. Und fast jede dieser vielteiligen Kompositionen gleicht einer Bach'schen Fuge auf den einen Buchstaben K wie Kerstin.

Der Widerspruch gehört dem Verstand an. Halten wir uns aber an die

Oberfläche der Dinge, gibt es den Wechsel der Erscheinungen und im Wechsel der Erscheinungen den Überfluß. Und zu allem Überfluß das Lebendige neben dem Toten, neben der Verwesung den frischen Keimling. Neben dem Tumult die Stille, neben der Blume die schneidende Schärfe des Seziermessers und mitten in all dem irdischen Kram die Weite eines kosmischen Sternhaufens. Zwischen solchen Polen entfalten die großen Zinkplatten ihren Reichtum: verschwenderisch wie die Natur selber. Sogar die Schrift bleibt nicht, was sie ist. Sie schreibt sich den Naturformen ein.

Nigromontanus — für Ernst Jünger zum 29. März 1980 ist in der Radierung ein Meisterwerk. Von dieser Leistung profitierten in den folgenden Monaten die 71 Platten *zu Evelyn.* Evelyn Hagenbeck war Galeristin und wenige Monate zuvor gestorben. Die Galerie dieses Namens war in die Hände von Susanne Christians übergegangen. Ihr zum Geschenk und zur Erinnerung an die Tote machte Janssen einen Schwung Radierungen, der die ganze Palette von Themen und Motiven umfaßt: *Kopien* nach Rembrandt neben Landschaften und Vexierbildern, Selbstbildnisse neben Stilleben und Vignetten usw. Die tiefen Ätzungen mit ihren malerischen Effekten im Druck verbinden sich mit einer Zeichnung, die nie sicherer und nie zupackender war. In den tiefen Schwärzen bis gegen die Abstraktion vorstoßend, lichtete die Zeichnung das Chaos auf. — Wie immer, wenn Janssen sich für jemanden voll ausgab, folgte auf eine maßlose Verwöhnung die Abrechnung. Susanne Christians und der alte Hamburger Verlag unter ihrem Vater hatten sich im Laufe der fünfzehnjährigen Zusammenarbeit manche Blöße gegeben. Es kam zum Krach, nicht zum Zerwürfnis.

29. Schreiben und Zeichnen

Die drei oder vier Jahre nach der selbstauferlegten Abstinenz bilden einen Zusammenhang. Zwar lief scheinbar pausenlos alles Mögliche durcheinander, aber Janssen arbeitete nach dem Kalender und ganz besonders dann, er von einem Metier in das andere wechselte. Auf das Radierjahr folgte ein Jahr Schreiben. Natürlich schrieb er nicht nur. Zur Entspannung von der Schreiberei machte er auch, was dazu paßte: Gerippezeichnungen und Illustrationen. Er stellte die Welt im Sinne Callots als albernes Theater dar.

1981 entstanden die Texte zu zwei Büchern: *Anmerkungen zum Grundgesetz* und *Angeber Icks*. Und im Herbst dieses Jahres erschien *Querbeet — Aufsätze, Reden, Traktate, Pamphlete, Kurzgeschichten, Gedichte und Anzüglichkeiten.* Der Christians-Verlag beeilte sich endlich, die durch Jahre aufgelaufene Sammlung von Texten herauszugeben. Ohne Schnörkel und zeichnerisches Beiwerk über 430 Seiten nur Text. Soviel hatte Janssen immerhin geschrieben, und wenn man genau hinschaut: geschrieben seit 1965, seit er anläßlich der ersten Kestner-Ausstellung von Carl Vogel gebeten worden war, sich zu seiner Person zu äußern. Die Texte davor füllen gerade zwanzig Buchseiten.

Den Schriftsteller Janssen gab es seit 1965. Und gleich die erste Veröffentlichung — ein Lebenslauf *in der neumodischen Manier der Selbstdarstellung aufstrebender Kunstmaler* — war ein solcher Treffer, daß niemand ihn übertreffen konnte und die wenigen Zeilen jahrelang zu jeder Gelegenheit wieder abgedruckt wurden. Ja — weil er analytisch gestochen scharf von sich selber Mitteilung geben konnte und dazu den Witz wie ein Florett aufblitzen ließ, machte er nicht nur die Kritiker, sondern auch seine Verehrer bis heute sprachlos. Der Schriftsteller ist womöglich noch einzigartiger als der Zeichner. Wie er mit 36 Jahren die ersten kleinen Texte in den Satz gehen ließ und gleich ein Meister des Wortes war, fällt uns wieder ein, was wir nur vergessen hatten und über die Entfaltung seines Werkes in den letzten Jahren auch vergessen mußten. Janssen war ein Spätentwickler. Er war ein Spätentwickler, weil die kleinbürgerlichen Lebensumstände seiner frühen Jahre und die Kriegs- und Nachkriegszeit gar nichts anderes zuließen und weil schließlich das Zeichnen Vorrang hatte. — Zuletzt hat der Spätentwickler seine besonderen Vorteile — die Vorteile der Ökonomie. Ohne sich schon verzettelt zu haben, wartet er ab: das rechte Wort zur rechten Zeit.

Janssen war immer literarisch. Seine frühesten Bilder erzählen eine Geschichte oder holen sie, wie in den Ludwig Richter-Kopien vom Winter 1945/46, mit einem einzigen Wort ins Bild hinein: *Überrascht* schrieb der 16jährige in gotischen Lettern dazu. Als er wie Kirchner, wie Munch, wie Mahlau malen konnte, erzählte er nebenher immer noch Bildergeschichten. 1948 entstanden ein Rollbild und auf zirka 1,5 Meter Länge dieser Text:

„In einem Kaffee in Spanien saßen 2 Herren und schauten immer nach einem Mädchen, das saß auch in dem Kaffee. Sie guckten immer und guckten aber sie konnten doch nicht sehen was es nun eigentlich war
Schatten oder Haare.
Darum riefen sie den Ober und sagten ihm, er solle zu dem Mädchen gehen und nachsehen ob es Schatten sei oder ob es Haare wär'n. Der Ober ging zu dem Mädchen und beugte sich und sprach: einen Wunsch? gnädiges Fräulein. DANKE sprach das Mädchen und der Ober beugte sich (diesmal tiefer) und ging zu den Herren. Es ist keines von beiden. Es sind Fliegen." H J 48

Bis weit in die 50er Jahre konnte sich niemand vorstellen, daß einer, der in der Rechtschreibung solche Bolzen schoß, jemals sollte schriftstellern können. Freilich genauer betrachtet, kokettierte Janssen schon in der Anti-Geschichte von 1948 mit seiner stilistischen Unbeholfenheit. Er machte sie zum Stilprinzip. Das ist ja das Schwerfaßliche an einem Talent: unter seinem Niveau ist es doch auf der Höhe. „Unter dem Nivo Nivou Niveu?" schrieb Janssen 1959 — zuzeiten der Telefonkritzeleien, und schon wurde ihm die Rechtschreibschwäche zur witzigen Pointe. Das wiederholte sich auf allen Stufen seiner künstlerischen Entwicklung: Nicht die Defizite beseitigen, sondern sie ins Leben hineinverfolgen und für das Werk produktiv machen.

1980 waren Rechtschreibung und Grammatik kein Problem mehr. Von allen Seiten bestätigte man Janssen, was er früher nicht hatte: eine umfassende Bildung. Er illustrierte gerade die *Anmerkungen zum Grundgesetz*. Klassenzimmeratmosphäre — ein Schülergeripppe steht in der Strafecke — an der Wandtafel ist ein Wort zu lesen: „Hera - klit". Den Bruchteil einer Sekunde hatte er bei der Niederschrift gezögert und mit der Trennung des Wortes das alte Rechtschreibdesaster zu einem die Szene erleuchtenden Witz gezündet.

Man kennt die gönnerhafte Geste, mit der dem bildenden Künstler versichert wird, daß er sich auch in der Sprache artikulieren kann. Diese leicht abwertende Belobigung mußte der Schriftsteller Janssen längst nicht mehr über sich ergehen lassen. Seit Jahren erschütterte er den Liebhaber seiner Bilder, wenn er zu erkennen gab, daß er nicht nur zeichnete, sondern wußte — haarklein wußte, was und wie er zeichnete. Aber die Zeichnerei war nicht der einzige Anlaß zum Schreiben. Mit Vorliebe griff Janssen literarische Gattungen und Genres auf, um sie nach seiner Weise zu traktieren und womöglich zu steigern. Er hatte Märchen geschrieben und umgeschrieben und das Gebet in eine satanische Selbstkasteiung verwandelt, er hatte den Kalauer gepflegt, die Zote gebändigt, Briefe und Tagebücher verfaßt und die *Tessiner Litanei* gesungen. In einer einzigen Gattung — in der Lyrik — hatte er sich so vielfältig umgetan, daß er vom Schüttelreim bis zum barocken Chiasmus, vom Limerick bis zum Kinderbuchvers jede Form erprobt hatte. Die köstlichsten Nonsens-Strophen sind unter dem Titel *Petty fauer* schon 1970 erschienen. Der Wortwitz, die Verballhornung, die Parodie — all das unterlief ihm ständig und wie von ungefähr. Aber das „richtige" Gedicht, das Stimmungsgedicht, gab es nicht. Das heißt, es gab diese ernste Lyrik doch — als freirhythmische Prosa. Nur hatte Janssen sie dort untergebracht, wo sie niemand vermutete: im Kapitel über *Die lavierte Federzeichnung*. Und an anderer Stelle ließ er sogar die Erklärung folgen, warum er sein Gedicht in Sachprosa versteckt hat:

Unsere heimliche, nicht geäußerte Ahnung sagt uns aber, daß sich in dem aufwendigen Wörtergewerkel das Gedicht selbst betrügt. Wir ahnen, daß das Gedicht ein geschriebenes Gesprochenes ist und nicht ein im Nachhinein gesprochenes Geschriebenes; daß das Gedicht, würden wir nur warten, in einem Augenblick entsteht, wo wir's gar nicht erwarten und womöglich überhören würden, daß also ein ununterbrochenes Geplauder und Gesinge, Horchen und Warten notwendig wäre, damit wir unter tausend Gehorchtem ein Aufhorchen hätten, was wir nur an der kleinen Stille, die ihm folgt, erkennen würden.
Kann sein, daß wir darüber sterben ohne ein Gedicht zu erlangen.

Das Prosawerk ist voller plastischer Schilderungen und Personenbeschreibungen. In den Landschaftsdarstellungen deutet sich der fabulierfreudige Erzähler an. Doch die kleine Form gab immer den Ton an. Der Witz ist das formalästhetische Prinzip, dem noch der zur Anklageschrift geronnene Wutanfall gehorcht.

In der Rolle des Didaktikers ist Janssen der rigorose Vereinfacher. Das hilft ihm, das Schwierige leicht zu sagen. Berühmt gerade unter solchen, die Ähnliches versucht haben, ist sein Traktat über *Die Herstellung einer Radierung*. In der leichthändig ausgebreiteten Fülle von Informationen läßt er den Leser Atem schöpfen. In anderem Zusammenhang reißt er ihn in wahrer Detailbesessenheit mit sich fort. Er wechselt die Tempi und in dem Stimmengewirr hält er den Ton. Den deutschen Langsatz weiß er, wie einen Zwirnsfaden sicher durch ein Nadelöhr zu führen. Und seine Pointen sitzen so genau, daß im Leser Bewunderung dafür nachschwingt, wie das eingefädelt war.

Wer keine Seite von Janssen gelesen hat, kennt doch den Autor. Denn zu jedem Bild gibt es einen kurzen Text. Diese kleinen, oft nur aus einem Wort, einem Ausruf bestehenden Zusätze sind aus der Situation gegriffen. Sie sind das Stenogramm eines Dialogs, egal ob jemand am Zeichentisch gegenübersitzt oder nicht. Ein im Wortsplitter aufgefangenes Augenplinkern — voller Anspielungen und vieldeutig. Der Betrachter verweilt um so lieber bei seiner Enträtselung, als er einen Grund mehr hat, sich auch noch mit dem Bild länger zu unterhalten. Besonders die gemalten Postkarten heben auf dieses Zusammenspiel von Bild und Text ab. So ist denn der *Postkarten*-Katalog, den Erich Meyer-Schomann 1981 zusammengetragen und herausgegeben hat, zu gleichen Teilen ein Bilder- und Lesebuch. Eine Chronik der Tageslaunen und -liebschaften.

Und immer ist es unverkennbar Janssen, der mit einem Wort zu Bruch geht und eine neue Sprache an Land zieht — seine Sprache. Daran hat er im Laufe der Jahre gearbeitet: nicht Sprechen-über, nicht Reden-von, sondern Sich-Einbringen in die Sache. Im Gespräch, im Disput gibt es kein Drittes, das nicht in dieser oder jener Perspektive erschiene. Janssen nimmt den Leser als Zuhörer. Der Zuhörer sitzt nicht still, sondern er reagiert unmittelbar auf den, der redet und nach und nach die Register seines Temperaments zieht. Janssen — der Schimpfer und der Hochgestimmte, der Pfiffikus und der Pathetiker, der Possenreißer und der, der Gift und Galle spuckt. Jedesmal haben wir ihn direkt vor uns. In die Situation hat sich der Autor Janssen hineingeschrieben. In seinen Schriften ist er körperlich gegenwärtig. Jeder

Satz souffliert seine Stimme, jedes Wort seine Stimmung. Die Texte sind mehr gesprochen als geschrieben. Für die *Anmerkungen zum Grundgesetz* heißt das: hier wird kein Programm verkündet, hier teilt sich eine Existenz mit.

Wie kam es zu dem politischen Engagement? Als sich auf der Wende von den 60er zu den 70er Jahren, im Übergang von der Großen Koalition zum sozialliberalen Bündnis, weite Teile der Intelligenz politisierten und die studentische Protestbewegung vorwärtsstürmte, hielt sich Janssen abseits. In dieser Zeit des grassierenden Bekenntnisfurors gab es von ihm so gut wie keinen öffentlichen Kommentar. Was damals ein Sakrileg war: Er fühlte sich in seiner Entwicklung persönlich gestört. Zarte japanische Landschaften entstanden, während die führenden Vertreter seines Jahrgangs von Podium zu Podium hetzten. Die Stille, die er sich verordnete, war freilich nicht sein Lebenselement. Er war nicht so unpolitisch, wie es scheinen konnte. Und das ist belegt.

1950 malte er die Gouache *Revolution;* ein Thema, das er 1961 auch in der Radierung aufgriff. Später tauchen Titel und Beschriftungen von Bildern auf, die zeigen, daß er die Tagespolitik verfolgte — bei laufendem Radio während des Zeichnens. Es sind Kurzkommentare zur Zeitgeschichte. Eine parteipolitische Stellungnahme läßt sich daraus nicht entnehmen. Wenn Janssen seinen Zeichenstift dem Schwager Hubalek oder Franz Josef Degenhardt oder Ben Witter lieh, dann wurde daraus kein politisches Manifest. Vom Agit'prop-Theater der Monk/Hubalek zog er sich rasch in die Kantine des Schauspielhauses zurück; „Väterchen Franz" folgte er nicht in den Kommunismus; Ben Witters *Protokolle aus der Unterwelt* setzte er fort mit einem Protokoll aus dem Mundhöhlen- und Zahn-Kiefer-Bereich. Nach *Deutschland deine Ganoven* die Kariesteufel im Zahnbelag; eine vergnüglich anzuschauende Kumpanei mit dem *Nebbich.*

Mit gelegentlichen Zwischenrufen hielt sich Janssen die Option offen, in politicis mitzureden, wann und wie er wollte. Als das 1973 auf dem Höhepunkt der Steiner-Wienand-Affäre zum ersten Mal geschah — es ging um die Bestechlichkeit eines Bundestagsabgeordneten —, trat nicht der Zeichner, sondern der Zeitungsartikler hervor: *Über den Verlust der Lüge.*

In dieser Form wendete er sich über Jahre nicht wieder an die Öffentlichkeit. 1978 bot sich ihm eine andere Gelegenheit. Er knüpfte an die Freundschaft mit Walter Scheel an, der jetzt Bundespräsident war und zu einem Prominentenessen nach Bonn eingeladen hatte. Janssen erschien nicht. Aber er ließ sich durch eine bebilderte Tischrede vertreten, die leichtfüßig und artig gereimt *1 Löffel für Walter* heißt und im Refrain: *Lieber Tee — Liberté.*

Nach seiner Weise inszenierte er den Einstieg in ein Thema, das ihm so wichtig war, daß er bis ins reife Mannesalter gewartet hatte, bis die Fünfzig voll waren. Er begann, wie er es gelernt hatte: nicht geradezu und mit der Tür ins Haus fallend, sondern von unten und aus dem Parterre — in der Kinderperspektive. Er machte ein Bilderbuch für Johannes Klose, zum Geburtstag des Bürgermeistersohnes. Wie er zum Vater im Rathaus hinüberschielte, konnte er dem Kleinen getrost einige Frechheiten ins Album schreiben: Solidarität ist — *wenn alle dran glauben müssen.* Die Erziehung zum Staatsbürger unter der Form des Kalauers. *Dümmeleien eines Unparteiischen* nannte Janssen das Buch.

Die Freundschaft mit Hans Ulrich Klose hat Janssen nicht politisch beeinflußt. Aber an ihn konnte er sich wenden, um ein Thema aufzubereiten, das jetzt an der Zeit war. In der Werkstatt des Künstlers ging es dem Bürgermeister nicht anders als allen Freunden. Er saß im Sessel gegenüber, zog an seiner Pfeife, trank zur Gesellschaft ein paar Schnäpse aus dem Eierbecher — und hörte zu. Was er hörte, war das Generalthema, das Janssen abwechselnd neu orchestrierte: „Dieser Staat schmückt sich mit dem Grundgesetz wie die Leute mit ihrem Pepita- oder Glencheck-Anzug ..."

Da die Gespräche noch in die Zeit der harten Getränke fielen, war Janssen manchmal in desolater Verfassung. Es kam vor, daß er sonntags bei Kloses anrief und vorschlug, mal nicht an der Alster, sondern an der Elbe spazierenzugehen und bei ihm vorbeizuschauen: „Ach bitte, es geht mir so schlecht." — Bis die Bürgermeisterfamilie eintraf, suchte er nach einer Droge, die ihn unter Spannung hielt. Er tanzte nach einer Musikkassette und warf sich in die Pantomime. Zwanzig Jahre Elvis Presley liefen ab — vom ersten Hüftschwung bis zur Routinegebärde der Spätzeit. „Ich möchte sterben wie er." Mit dem Ärmel wischte er sich die Tränen aus dem Gesicht. Weil er grau und abgezottelt aussah, nahm er noch einen Schluck Korn. Unten stieg die Familie aus dem Auto. Frau Klose stellte eine Portion tiefgefrorene Entensuppe in der Küche ab. Sohn Johannes lag an Vaters Schultern und ließ sich den Strampelanzug ausziehen. Heute zeichnete Hans Ulrich Klose. Er hatte Talent und Laune zum Nachahmen und die Motive liefen ihm flüssig aus der Hand. Janssen hätte jetzt keinen Strich aufs Papier gebracht. Aber diesen Sonntag gehörte er zur Familie. Er konnte über sein neues Thema sprechen und das Grundgesetz um- und umwenden.

Mit Janssen befreundet zu sein, war immer ein Risiko. Wenn er nicht aus der Rolle fiel, besorgte es ein anderer. In einem Nienstedtener Restaurant wollte Klose „Stein, Schere, Blatt" lernen; ein Spiel, mit dem Janssen bei sich zu Hause die Entscheidung herbeiführte, wer aus der Küche Kaffee oder Zigaretten holen mußte. Natürlich konnte Janssen die Spielregeln nicht einhalten, ohne den Text zu ändern. Großes Armwedeln und durch das Lokal dröhnte der Dreiheber: „Hau — ab — du schielst." Am folgenden Tag, am 19. Juli 1979, war in der Zeitung zu lesen: „Bürgermeister Klose flüchtet vor betrunkenem Maler."

Seit dem Vorfall soll sich Kloses Presse verschlechtert haben. Ein tumultuöser Ausflug nach Sylt ging noch mal glimpflich ab. Bei seinem letzten Inselbesuch war Janssen von der Polizei mit den Worten abgeschoben worden: „Auf dem Festland schläft es sich viel besser."

Als Klose dann für einen humaneren Ausbau der Industrie zu kämpfen begann und die übertriebene Kernenergienutzung rückgängig zu machen versuchte, war der Politiker im Parteienstreit so gefordert, daß er alle anderen Interessen erstmal hintansetzte. Mit dem Entschluß, vom Bürgermeisteramt zurückzutreten, hatte Janssen 1981 nichts zu tun. — Die Freundschaft blieb auch über größere Distanz bestehen.

In der Person von Hans Ulrich Klose hat Janssen die Politik umworben. Die Nähe zum Rathaus inspirierte ihn, wenn er sie auch sonst nicht weiter ausnutzte. Und selbstredend ist nicht ohne Wirkung geblieben, daß er sich im Disput einem Sozialdemokraten gegenüber wußte, einem gescheiten und erfolgreichen dazu. In der Hinsicht hatte sich sein Freundeskreis in der letzten Zeit verjüngt. Wenn er vor einigen Jahren noch in Genietümelei machen und das Demokratiegeschrei der Studenten verspotten konnte, dann hatte er sich inzwischen Freunde eingetauscht, die dem nicht mehr aus vollem Herzen applaudierten. Janssen beanspruchte für sich weiterhin einen Platz jenseits der Parteien. Aber in den aktuellen Fragen sah er seinen Standpunkt neuerdings durch protestierende Minderheiten vertreten. In dem Sinne schrieb er Bundeskanzler Schmidt. Zu Heinrich Albertz suchte er Briefkontakt. Als die Medien hierzulande die Polen zu einem blutigen Freiheitskampf anstiften wollten, hielt er nicht länger an sich. Ein Plakatanschlag sollte die Heuchelei anprangern. Im letzten Moment versagte er sich die Veröffentlichung an den Litfaßsäulen. Fast hätte ihn sein neues politisches Engagement über die selbstgesteckten Grenzen hinausgetragen. Er war informiert wie nie zuvor und lebte das Zeitgeschehen mit. Ausgiebiger denn je sah er fern. In seiner Schlafkoje verfolgte er alle Programme. Die Mattscheibe war nur einen Handteller groß, aber das Bild so scharf, daß er danach zeichnen konnte.

Die *Anmerkungen zum Grundgesetz* sind kein politischer Kommentar, sie sind nicht Meinung oder Wortmeldung. In ihnen teilt sich eine Existenz mit. Wollte man sie auf den Buchstaben zurückstutzen, schnürte man ihr die Luft ab. Jeder Satz führt seinen Atem mit, den Atem der Erregung und Empörung und den Pestatem des querulierenden Stänkerers. Die Pausen sind ein einziges zorniges Luftholen. Janssen ist aufgebracht und bohrend. Die Satire gerät ihm zum bitterbösen Fanal. Mit den Kausalisten kausaliert er und richtet die Richter — jedesmal gleich unversöhnlich. Sogar der Witz hat seine Not. Vom Morden und Töten ist die Rede und davon, daß uns schon ein billiges Lufthansaticket in eine Gegend bringt, wo gefoltert wird. Die Szenen, die das plastisch vergegenwärtigen, sind besonders peinigend — weil zeitlose Gegenwart. *Alles ist Mordio.* Was aber das Schlimmste ist: die Scheußlichkeiten geschehen im Namen und unter den Augen des Gesetzes. *Keiner dieser Folterknechte würde dieser Grausamkeit fähig sein,* wäre er nicht gedeckt. Das Gesetz gewährt nicht nur Schutz und Hilfe, es leistet ebenso Beihilfe zum Mord.
Aber das Grundgesetz — erspart es nicht wenigstens uns Bundesbürgern dieses Wechselbad aus Paragraphen und Willkür?
Zwar ist es *hilfreich und tröstlich, in einer Rechtsordnung eingebettet*

zu sein — in einer solchen, wie die unserer Republik. Aber das Grundgesetz ist kein Grund zum Ausruhen. Auch das freiheitlichste Gesetzeswerk auf deutschem Boden kann allen Superlativen zum Trotz nicht vergessen machen, daß Freiheit immer heißt: mehr Freiheit. *... mit weniger als der vollen Entfaltung der Person fangen wir natürlich gar nicht erst an.* Das ist das Credo der Aufklärung. Janssen zitiert es auch in der Sprache der modernen Gehirnforschung: Das *menschliche Gehirn (ist) die am höchsten und kompliziertesten organisierte Materie im Universum.* Aber dieses Hirn — *ein Universum an Möglichkeiten* — wird entweder eingenebelt oder eingeschlagen. Finsternis — wohin man schaut. *Gegen diese böse Dunkelheit* steht als ein kleines Licht das Gesetz. *Das Gesetz ist seiner Idee nach zuerst einmal ein winziger Trost, ein winziges Lichtlein gegen die Kinderangst des Menschen.* So betrachtet und nicht mit einer Anhäufung von Paragraphen verwechselt, ist *das Gesetz erst auf dem Wege zu sich selber.*

Es kam Janssen mehr als gelegen, dieses anspruchsvolle Büchlein von Gifkendorf aus in die Republik zu entsenden. Nach Gifkendorf, an den Rand der Lüneburger Heide, hatte sich Andreas Meyer mit seinem Merlin-Verlag zurückgezogen. Das war genau die richtige Adresse, um die schwarz-rot-gelbe Korrespondenz zu eröffnen. Janssen hat immer solche Rollenspiele gesucht, um richtig in Fahrt zu kommen. Wenn die Umstände nicht danach waren, mußte er sie sich erfinden. Nur wenn das Szenarium in allen Einzelheiten stimmte, konnte er sich so entfalten, daß er bis in die Diktion zwingend glaubhaft war.

Angeber X war eine andere Rolle, in die er sich schon lange hineingespielt hatte. „Angeber icks kann doch nix." So hatte ihn Birgit genannt, als er mal wieder maßlos übertrieben hatte. Diesen Kinderreim zog er sich wie ein Kostüm an. In dieser albernen Verkleidung durfte er auf die Pauke hauen. Wie eben noch Andreas Meyer, so war Claus Clément diesmal sein Partner. Der warf eines Tages das Bündel Zeichnungen wieder über den Zaun und Janssen vor die Füße, als die Schimpferei direkt gegen ihn losbrach. Das kam auch jetzt noch vor. Einige Wochen später, nachdem sich Janssen beruhigt hatte, sagte er zu Clément: „Ich habe eine Leiche im Keller. Das ist bei mir das Turmzimmer." Hinter der Tür lagen wohlverschnürt die Zeichnungen und dazu die fertigen Texte, die CC in seinem Verlag im

Frühjahr 1982 herausgeben konnte: *Angeber Icks* = *H. Janssen. Eine Quijoterie.*
Das in der Form eines Journals aufgemachte Buch ist die witzig-wortgewaltigste Geißelung des Kunstbetriebs, die es gibt. Am Ende des Pamphlete-Jahres steigerte sich Janssen noch einmal zu einer Schmähschrift. Er traf den Nerv der Gattung und war formvollendet noch im Affekt und erst recht, wenn er gegen die Verwahrlosung der Formen ins Feld zog. *Angeber Icks* ist ein Pamphlet gegen *Kunst + Kommerz, gegen eine total verleimte Sache, in der das eine ohne das andere gar nicht wäre.* Ein Pamphlet gegen die hemmungslose Vermarktung der Kunst und gegen die Künstlichkeit dieses Marktes. Ein Pamphlet gegen die *menschenverachtende Managerclique* und gegen den zum *Spielball* gewordenen Künstler. Ein Pamphlet gegen die selbsternannte Avantgarde, gegen die *in breiter Front vorwärts lärmenden Avantis.* Vor allem aber ein Pamphlet gegen die *derzeit gewaltigste Institution*, gegen *Dummheit + Heuchelei.* — Furios ist allein schon der Auftakt:

Quatsch
Das ist das phonetische Signal dafür, dass eine reiflich faule, fallende › Williams ‹ auf dem Boden aufschlägt. Die Früchte, von denen hier (auch) die Rede sein soll, sind, obwohl nur das Adjektiv quer zum Maule liegt, — sind vergleichsweise › geistiger ‹ Natur. Da aber stiere Dummheit, Blödsinnerei und wahrhaft unschuldige Schamlosigkeit zum Absturz einen angemessenen Raum hat, nämlich den unendlichen, horcht man in solchem Fall vergebens auf dies hübsche Phonsignal › Quatsch ‹. Also: der Dummheit sind keine Grenzen gesetzt.

Kunst und Handel — *Kunst-Strich-Handel* waren in den Augen von Janssen *so sehr einunddasselbe*, daß er sowohl den Esel als auch den Sack klopfte. Die *Esel-Sack-Klopferei* machte vor nichts und niemandem halt, vor Warhol nicht und nicht vor Beuys. Man könnte meinen, hier würde auf alles gescholten. Vielleicht sogar um der Schelte willen, gleichsam im Eifer des Gefechtes und weil Janssen sich an seiner Wut berauscht hatte. Aber das war nicht der Fall. Er nahm Beuys auch gegen den Beifall von der falschen Seite in Schutz. „Die Ästhetik des Müllhaufens" — Janssen wußte, daß auch er ihr viel verdankte: „Aber damit fängt es erst an. Das ist doch nur die Voraussetzung…"

Was Warhol betraf, so hielt ihm Janssen die besondere Situation zugute, die jener in dem reichen Amerika vorgefunden habe. Die Käufer von Kunst hätten es nicht verdient, einen van Gogh im Schlafzimmer zu haben. Was sie haben sollten, war die Welt als Suppendose. Das sei ein geistiges Argument gewesen und damit habe Warhol recht gehabt. Deshalb könne es keinen schlechten Warhol geben. Nur — das sei kein Grund, dabei stehenzubleiben und eine Masche daraus zu machen. Verhundertfacht werde dieser Einfall immer dünner! So *pamphletet* denn *Angeber X* nicht nur gegen die unheilvolle Allianz von Kunst und Kommerz. Janssen trieb in dieser Schrift seine Auseinandersetzung mit der Moderne voran. Er *bezichtigte bereits die Lissitzkys und Kandinskys der Ermüdung* — der *Ermüdung an der alten Welt.* Die Augen offenzuhalten, sei ihnen schwer geworden. Sie hätten sich ganz auf sich zurückgezogen. Weil Janssen denn auch darin ein legitimes Bedürfnis wiedererkannte, sprach er später von der „auch-Sehnsucht nach Abstraktion". In seinem eigenen Œuvre seien das die reinen Schrifttafeln, hieß es dann in der Rede „Über den Künstler".

Seine Gegenposition zu den Fehlentwicklungen der Moderne und zu den sich jagenden Ismen hat Janssen durch sein Werk belegt. Soweit die Zeichnungen nicht für sich selber sprechen, hat er ihnen erklärende Texte an die Seite gegeben; Texte, die das Auge wieder inthronisieren, das *Wunder-Auge, wovon jeder von uns 2 im Kopfe stecken hat, was aus der Sache das Kucken macht.* Mit der Zeit genügte es ihm nicht mehr, sein zeichnerisches Werk als Kommentator zu begleiten. Der reflektierende Zeitgenosse trat auf den Plan. Seit er 50 Jahre alt geworden war, verschränkte er in seinen Texten anthropologische, philosophische und politische Argumente. Von der griechischen Mythologie bis zu den jüngsten Erkenntnissen der Physiologie spannte er den Bogen immer weiter. Das Alterswerk kündigte sich an. „Horst Janssen, ein Denkerkünstler von besonderer Intensität." Das wird in Zukunft der Zeichner u n d der Schreiber sein.
Als im Herbst 1983 die Debatte über die Nachrüstung auf dem Höhepunkt angelangt war, hatte er seinen Standpunkt in mehreren Artikeln für KONKRET soweit abgeklärt, daß er in DIE ZEIT als einer der

schärfsten Kritiker des atomaren Rüstungswahnsinns vor die Nation trat. Dazu erschien ein Buch auf dem Markt, das er *Pfänderspiel* nannte. Die *Totentänzchen,* die als eine Auswahl aus zwei Radierserien dem Buch zur Illustration beigegeben sind, zeigen uns noch einmal den gerippewütigen Janssen. Aber was heißt: noch einmal? Da fängt einer 1958 an, Gerippe zu zeichnen, und fünfundzwanzig Jahre später hat er sich mit seiner makabren Vorliebe bis an den Puls der Zeit herangearbeitet. Eine beklemmende Aktualität hat Janssen eingeholt. Mehr denn je ist er dokumentarisch in der Selbstdarstellung und authentisch in seinen Themen, die die einer am Rande des Holocaust dahintreibenden Menschheit sind.

Früher hatte Janssen Unrecht auf Unrecht getürmt und seine Kunst mußte es entgelten. Heute hat er immer noch keinen ordentlichen Bücherschrank und ist doch beschlagen wie kaum ein anderer. Wie kam dieser Einsiedler zu seinen Informationen? Im Prinzip nicht anders als zu den Landschaften, den Vögeln und Steinen, die er zeichnete. Sie wurden ihm ins Haus getragen: via Fernsehen, per Post und durch die Freunde. Vor allem durch die Freunde war er unterrichtet. Da sie selber oft keine andere Waffe haben als die Verweigerung von Informationen, hatte er sich zum Seismographen entwickelt, der die unterdrückte Nachricht erspürte. In seiner Gegenwart war jeder existentiell gefordert. Das war die enervierende Strategie der Gespräche. Wenn er nur wollte, war an Geselligkeit kein Mangel. Es gab Abende, an denen er sie alle um sich versammelte: den hochdotierten Werbefachmann aus der Zeitungsbranche, den stieseligen Dozenten von der Universität, den aus den arabischen Ländern heimgekehrten Kaufmann, Kerstin und ihre Freundinnen, den Buchhändler des Tages und natürlich Frielinghaus. Jeder war Botschafter aus einer anderen Weltgegend.

Man mache sich klar, daß meistens mehrere Bücher gleichzeitig in der Fertigung waren. Ausstellungen mußten arrangiert werden. Es genügte auch nicht, Zeichnungen in die Platte zu ätzen. Sie wollten gedruckt und verteilt sein. So lief ständig ein Karussell von Unternehmungen, das sich immer weiter drehte. Die Geschäfte fesselten den Klausner an die Welt, ja, er konnte ihr gar nicht stärker verbunden sein als durch diese unaufhörliche Betriebsamkeit. Das Ganze entwickelte sich mehr und mehr zu einem Konzern. Doch Geschäftliches hin, Geschäftliches her — immer waren die geselligen Termine auch die hohe Zeit des Räsonnements. Janssen brauchte diesen Betrieb, um sein Lieblingsthema spekulativ zu entfalten: „Der Mensch ist eine Mißbildung der Natur ... Seine Fehler sind seine Chance ... Der Künstler — ein positiver Kretin ..." Das Thema beschäftigte ihn, solange er denken konnte. Aber seiner Argumentation waren ein neues Gewicht und größere Überzeugungskraft zugewachsen, seit er zusätzlich zu den Organen des Künstlers auch über die Geduld des Reflektierenden verfügte: „Ich sage ungern die Unwahrheit." Früher mußte er um jeden Preis recht haben. Die „Hitleriaden" waren seltener geworden.

Die besonderen Aktivitäten mußten eines Tages die Aufmerksamkeit des Finanzamtes erregen. Seit Jahren lag den Beamten keine Einkommensteuererklärung vor. Weil er für die Behörde unerreichbar war, standen eines Sommertages 1980 drei Steuerfahnder vor der mit einer Kette abgesicherten Zauntür. Mit einer eisenbrechenden Zange verschafften sich die Beamten Zutritt. Als hätte Janssen sie erwartet, begrüßte er die zur Diele Hereindrängenden: „Nehmen Sie Platz, meine Herren. Das Haus steht zu Ihrer Begutachtung." Drei Mann hoch, wagten sie sich nicht zu rühren, lagen doch überall auf dem Boden die frisch mit Asphaltlack bestrichenen Radierplatten herum. Sie staksten auf Zehenspitzen durch die Zimmer. Am meisten überzeugte sie, daß keine Reichtümer zu sehen waren: keine alten Möbel, keine kostbaren Teppiche und in den Schubladen keine Zeichnungen. Wie sich zeigte, besaß Janssen nicht mal ein Konto. Es vergingen einige Monate, bis das Finanzamt die Steuerschuld für die verflossenen sieben Jahre auf 198 000 DM festgesetzt hatte — zuzüglich einer Strafe für Steuerverkürzung.

Solche Ereignisse ordnen das Leben neu. So war es auch bei Janssen. Er führte Buch und kritzelte Kolonnen von Zahlen auf den Türpfosten. Darüber hinaus traf er Anstalten, damit sich die Überraschung nicht wiederhole. Vor allem mußte er die auf mehrere Raten verteilte Steuerschuld tilgen. Da kam ihm zupaß, daß auf das Radierjahr und das Schreibjahr ein Jahr der Zeichnung folgen sollte. 1982 war das Jahr der Zeichnung und des Pastells. Nach der *Caprice-*

Radiermappe entstanden die ersten Pastell-Köpfe. Stark farbig waren im Sommer 1981 die Blätter, auf denen — mit Feder und Aquarell — Guardi in Lübeck Einzug hielt. *Mordio! Alles ist Mordio.* Die in den Texten dieses Jahres aufgeheizte Wut schaffte sich ein Ventil in den Illustrationen nach Francesco Guardi: Endzeitstimmung im Kostüm des Rokoko. Wie Wäsche zum Trocknen aufgehängt ist, so baumeln die Strangulierten in die Veduten hinein. An einem Tag waren es elf Aquarelle, die Janssen aus Feder und Pinsel flossen — elfmal das alberne Welttheater. Frank-Thomas Gaulin stellte annähernd 50 Blätter im „Kunsthaus Lübeck" aus. Er empfahl sich, bei der Tilgung der sechsstelligen Steuerschuld mitzuhelfen. Noch im selben und im folgenden Jahr ging er mit einem eigenen Stand auf die Kunstmessen nach Köln und Basel.

Den Auftakt für das Pastell-Jahr 1982 verlegte Janssen in die Galerie von Gunilla Ahlström nach Schweden. In Gedanken an Svanshall und an den Kullen fing er an, Steine zu malen. *Steine werde ich zeichnen für Steine.* Er hatte das geltungssüchtige Zertermordio satt und wollte sich vor der Welt abschließen. Das Thema reichte tief in das Jahr hinein. Aber daneben gab es andere Themen: die Welt des Spielzeugs und die knallbunte Kindersehnsucht, der sich das Pastell besonders aufdrängt. Wieder ein Motiv waren die Schuhe, die Damen- und Kinderschuhe, die Dr. Hartig ins Haus trug. Und zur Fußballweltmeisterschaft ein Fußballstiefel. Des weiteren was immer ging: Blumen, Stilleben und Selbstbildnisse. Bis zum 30. April hatte Janssen für Gaulin eine Ausstellung zusammengezeichnet, die so farbig und abwechselnd in den Motiven wie in der Zusammenschau poetisch war; eine gefällige Präsentation, wie sie der Zeichner lange nicht vor einem größeren Publikum ausgebreitet hatte. Auf der Baseler Kunstmesse fanden die Blätter reißend Absatz.

Übergangslos schloß sich eine Zeichensuite für den Kampener Galeristen Josef Peerlings an: *Josefland.* Janssen plante ein Sylt-Buch: „Erinnerungen eines Krüppels". Wie die Atelierwand schon halb voll Muscheln und Seepocken hing, kam ein Unternehmen dazwischen, das der Höhepunkt dieses Zeichenjahres werden sollte: *Paranoia.* Eine Massierung von Selbstbildnissen, wie es das von Selbstbildnissen strotzende Œuvre noch nicht erlebt hat. *40 Zustände* eines Gesichts, das bis dahin schon besser beobachtet, besser erforscht, besser ausgeleuchtet war als irgendein Gesicht der Weltkunst. Diesmal quälte er die Ähnlichkeit bis an die Grenze und darüber hinaus. Gewöhnlich können wir unser Gesicht nicht fühlen. Janssen kann es. Vollgesogen mit allen möglichen Erfahrungen, hängt es in den Falten. Eine winzige Regung hier, eine winzige Regung da, und die von so vielen Launen aufgetriebenen Züge ordnen sich wieder zu einer neuen Visage. Über diese Visagen verfügt er mit derselben Freiheit, mit der wir ein Kissen endlos zerwühlen können. Janssen hat beschrieben, wie er sich diesen oder jenen Ausdruck zurechtlupft und -zupft. Es ist die Freiheit des Alters, das alles kennengelernt hat und sich nicht mehr kopfüber in jedes Abenteuer stürzen muß. 52jährig sieht er sich im Spiegel zu, und als wär's ein Stilleben, kombiniert er die extremen Seelenzustände in den Grenzbereichen von Angst, Wut und Verwesung. Entfernte Welten schieben sich ineinander. Unten zum Totenkopf skelettiert, birst der Schädel am Scheitel, und die Haare stehen in Flammen: Protuberanzen eines kosmischen Körpers. Besonders schmerzlich sind die Hände anzusehen, denen die Fingernägel wie Messer eingezogen sind. Der Namenszug — die Janssen-Metapher — bläht sich gewaltig auf. Das ist die Stunde des Pastells, der entfesselten Farben; Farben, die nicht mehr vom Blei überdeckt und gebändigt werden. Blühende, pulsierende, beißende Farben. Grüne Finger, blaue Nägel — wann hätte es das in Janssens Werk gegeben? — Wohl mit Blick darauf bemerkte er zu den *Paranoia*-Bildern: „Ein klein wenig über van Gogh hinaus."

Die Radierungen zu *Hanno's Tod* beschreiben die Stadien des Zerfalls, den Weg hinter das Gesicht zurück bis auf den Knochen. Die *Molière-Suite* tummelt sich im Kostüm. Kostümierungen des einen Gesichts sind auch die Selbstbildnisse der *Ergo*-Zeit. In einer Art dialektischem Dreischritt wollte Janssen die *Paranoia*-Zeichnungen als *innere Maskerade* verstanden wissen. Sie sind der späte Triumph eines Künstlers, der sein Thema stets von zwei Seiten angepackt hat: von innen u n d außen; mit Zeichenstift u n d Radiernadel; mit den Mitteln der Verwandlung u n d der durchdringenden Schärfe eines analytischen Verstandes.

Janssen war immer spiel- und gerippewütig. Mit den ersten großen Radierungen am Ende der 50er Jahre hatte es angefangen. Die Vorliebe für skelettierte Gestalten war noch ans Grafische und die Belebung der Fläche zurückgebunden. Mit den Jahren, mit den Jahrzehnten behängte er das Gerippe mit Fleisch. Dieser „realistische Tic" konnte zu seiner Zeit mit keiner Hilfe rechnen, und so mußte er sich auf die alten Meister und das Auge verlassen. Er lernte den Faltenwurf eines Kleides zeichnen und in den Falten die Glieder und unter der Haut die Knochen. Immer war ihm die Radiernadel ein anderer Bleistift. Immer ging er von beiden Seiten, von innen und außen, gegen die Oberfläche vor.

Die *Paranoia*-Zeichnungen wurden durch das *Løska-Triptychon* von 1980 und durch Radierungen vom Herbst 1981 vorbereitet. Gerade rechtzeitig zu der ersten, von Heinz Spielmann eingerichteten Janssen-Retrospektive waren die Pastelle und dazu das *Paranoia*-Buch fertig. Was der Freund und Galerist Brockstedt in seinen Räumen ausstellen konnte, ergänzte im „Museum für Kunst und Gewerbe" die *Retrospektive auf Verdacht*. 1982 — nach Paris, Wien und Tokio ein Janssen-Herbst in der Hansestadt —, diesseits und jenseits der Alster.

„Partielle Sonnenfinsternis". Janssen und Brockstedt 1983 (Foto Gunilla Ahlström, Hälsingborg)

525

Arbeit — Intensität — Steigerung. Seit Janssen von den hochprozentigen Alkoholika abgekommen war und seit der selbstverordneten *impotentia totalis* hatte er unaufhörlich sein Werk vorangetrieben. Viele Züge seines Künstlertums, die lange vorher angelegt waren, entfaltete er jetzt zur Meisterschaft: den Pamphletisten, den Porträtisten, den Zeitkritiker, den Schriftsteller, den Illustrator und — schließlich — den Fotografen. Im nächsten Umkreis seines Hauses verfolgte er die vier Jahreszeiten mit einer gewöhnlichen Polaroid-Kamera. Ohne Ausschnittvergrößerung, ohne jegliche Manipulation sind die Fotos Beleg und Dokument: „Es gibt das wirklich." Das Universum, das der Zeichner auf dem Papier zusammengezogen hat, es ist nicht die Erfindung eines Phantasten. „Es ist da. Du kannst es sehen. Ein Druck auf den Auslöserknopf genügt." Auf das Auge kommt es an.

Statt in die Zukunft wie auf viele uneingelöste Versprechen zu starren, schaut Janssen um sich herum — lauter *fixierte Augenblicke*. So hat sich das Werk in Dutzenden von Büchern um den Mann gesammelt. Andere verwalten den Mangel und suchen, was sie nicht haben. Er hat Intensität auf Intensität gehäuft und die erfüllten Momente nicht aus einem, sondern aus vielen Leben Schicht um Schicht zu einem Berg aufgetragen. So ein Mensch kommt ohne Evangelium aus und ohne Ideologie. Nicht mal Geschichten muß er sich erfinden. Der Tod ist ihm, was er ist: eine häßliche Gleichmacherei. — Janssen hat sein Ich in allen seinen Facetten materialisiert, alle flüchtigen Augenblicke sind Werk geworden. Weil er nichts nachzuholen hat, braucht er sich am wenigsten vorzumachen.

Das ist ihm zuletzt am wichtigsten: Er will alles gesehen, alles erlebt und alles gedacht haben. Wenn die Menschen gewöhnlich in Geschäften eingesperrt und auf tausenderlei Weise verhindert sind, der Künstler ist es nicht. Er ist der Modellfall Mensch. Er teilt sich in die Vielfalt der Welt, und an welchem Ende und an welchem Abgrund er sich auch bewegt, er schöpft aus dem vollen.

Drei Jahre lang hatte Janssen pausenlos Pensum gemacht. Der „positive Streß" stürzte ihn im Frühjahr 1983 in eine Depression. Früher hätte der Alkohol ausgeholfen. Nun zog er sich aquarellierend da heraus. Und am Ende hatte er einen neuen Einfall: er wollte Gold sammeln. „Alle schwachen Männer sind dabei, sich ununterbrochen zu verausgaben. Was ich an ihnen so liebe. Getrieben werden sie von der

Angst; von der Angst, daß die Menschen sie verachten, und von der Angst vor dem Tod. Vor der Todesangst versage nur ich nicht. Ich sage: Tod, kannst du nicht heute schon kommen? Aber wie ich in der Zeitung lese, auf den Seiten mit den Traueranzeigen — der Tod ist gerade beschäftigt."

Und noch einmal: „Die Quelle unseres Arbeitens, Planens und Schaffens ist die Todesangst. Es sind lauter Vorkehrungen, diese Angst vergessen zu machen. Arbeitend fügen sich unterderhand die Tage zu jenem herrlichen Damm, den wir gegen das Sterben errichten. Doch paradoxerweise: Nur die so rastlos tätig sind, kennen, wenn sie zwischendurch innehalten, die Todesangst. Und obwohl diese Dauerarbeiter immerfort von der Todesangst bedroht sind, sind sie jedesmal fassungslos ergriffen, daß sie sie vergessen konnten. Daß die Angst vor dem Tod auch einfach nicht da sein kann, ist die Quelle meiner Hoffnung — und meines Mißtrauens."

Bibliographie

Eingerückt sind die Veröffentlichungen, die nicht auf Janssen als Autor oder auf seine Mitwirkung zurückgehen.

1948

Seid ihr alle da? Kasperle-Bilder von Horst Janssen. Mit Versen von Rolf Italiaander. Hermann Laatzen Verlag, Hamburg 1948.

1965

Horst Janssen. Katalog der Ausstellung in der Kestner-Gesellschaft Hannover 1965/66. Mit dem Werkverzeichnis der Grafik bis 1965 von Carl Vogel. Text von Horst Janssen, Wieland Schmied und Carl Vogel. Hannover 1965.

1966

Plakate und Traktätchen zu den Ausstellungen 1965—66 in Hannover, Hamburg, Darmstadt, Stuttgart, Berlin, Düsseldorf, Lübeck, Basel und München. Christians Verlag, Hamburg 1966.

10 Zeichnungen aus der Sammlung Poppe Hamburg. Verlag der Galerie Brockstedt, Hamburg 1966.

> *Horst Janssen.* Katalog der Ausstellung des Kunstvereins der Rheinlande und Westfalen. Text von Wieland Schmied. Düsseldorf 1966.
>
> *Horst Janssen.* Zeichnungen, Aquarelle, Grafik. Text von Wieland Schmied. Kunsthalle Basel 1966.

1967

Prosit Neujahr. Leporello. Mit einem handgeschriebenen Text von Horst Janssen. Christians Verlag, Hamburg 1967.

Zeichnungen Horst Janssen — Fotos Thomas Höpker. Verlag der Galerie Brockstedt, Hamburg 1967.

1968

Ballade vom Herrn Latour. Mit einem handgeschriebenen Text von Horst Janssen. Christians Verlag, Hamburg 1968.

Vive la Compagneia. Leporello. Christians Verlag, Hamburg 1968.

Has und Swinegel. Leporello. Mit einem handgeschriebenen Text von Horst Janssen. Christians Verlag, Hamburg 1968.

Horst Janssen (Interview). — In: *Der Widerrist.* Unabhängige Schülerzeitung für das Johann Rist-Gymnasium Nr. 2. August 68. Titelblatt und Zeichnungen Horst Janssen. Wedel 1968.

Über den Gehorsam. Szenen aus Deutschland, wo die Unterwerfung des eigenen Willens unter einen fremden als Tugend gilt. Eine Produktion des Deutschen Schauspielhauses in Hamburg (Autoren: Claus Hubalek, Egon Monk). Programmheft 1 der Spielzeit 1968/69. Titelblatt und Zeichnungen Horst Janssen. Hamburg 1968.

> *Alfred Mahlau. Zeichnungen Aquarelle.* Mit Texten von Carl Georg Heise und Horst Janssen. Herausgegeben von Günter Gatermann. Hamburg 1968.

1969

Ballhaus Jahnke. 48 Radierungen 1957—1965. Mit einem Text von Wieland Schmied. Insel Verlag, Frankfurt a. M. 1969.

Die Schweinekopfsülze. Günter Grass — Horst Janssen. Leporello mit dem Gedicht von Grass. Merlin Verlag, Hamburg 1969.

Martin Walser: mit Janssen im Ohr; Horst Janssen: Eustachius grüßt Walser. Zum Jahreswechsel 1968/69. Herausgegeben von „Wege und Gestalten". Dr. Karl Thomae GmbH. Chemisch-pharmazeutische Fabrik. Biberach an der Riss 1969.

Paul Wolf + die 7 Zicklein. Text und Bildchen von Horst Janssen. Merlin Verlag, Hamburg 1969.

Hensel und Grätel. Text und Bildchen von Horst Janssen. Merlin Verlag, Hamburg 1969.

Über die Trauer + Hoffnung. Folge von 7 Bilderbögen für Buchhandlung und Antiquariat Hermann Laatzen, Hamburg 1969.

1970

Zeichnungen. Mit einem autobiographischen Text. Propyläen-Verlag, Berlin 1970.

Petty fauer. 20 guten Morgen + hast du gut geschlafen Gedichte. Verlag der Galerie Brockstedt, Hamburg 1970.

Ben Witter: Deutschland deine Ganoven. Protokolle aus der Unterwelt. Zeichnungen von Horst Janssen. Verlag Hoffmann und Campe, Hamburg 1970.

Drawings. Katalog der Ausstellung in der Galerie Marlborough Fine Art, London 1970.

Horst Janssen: Picture Book. A selection of 12 coloured drawings from the exhibition of Marlborough Fine Art, London 1970.

1971

140 neue Radierungen 1970—1971 (Zur Eröffnung der Ausstellung 100 Janssen-Radierungen). Mit einem handgeschriebenen Text von Horst Janssen: *Brief an einen Kupferdrucker.* Galerie Brockstedt, Hamburg 1971.

Radierungen 1970—71. Mit dem *Brief an einen Kupferdrucker* von Horst Janssen. Propyläen-Verlag, Berlin 1971.

Landschaften. Radierungen 1970. Mit einem Text über die Landschaftszeichnung von Horst Janssen. Propyläen-Verlag, Berlin 1971.

14 Biber. Leporello. Mit einem Text von Horst Janssen. Herausgegeben von Gerhard Schack. Christians Verlag, Hamburg 1971.

Paul Gavarni. Katalog der Ausstellung in Hamburg, Bielefeld und Osnabrück 1971—72. Abbildungen von 2 Zeichnungen und 5 Radierungen von Horst Janssen nach Gavarni. Herausgegeben von Gerhard Schack. Hamburg 1971.

Horst Janssen: Raderinger Utstilling i Norge 1971. Vorwort von Jakob Brun. Oslo, Stavanger, Ålesund und Trondheim 1971.

Horst Janssen: Etsningar. Katalog der Ausstellung in Göteborgs Kunstmuseum 1971.

Horst Janssen: Radierungen 1970—1971. Katalog der Galerie Kornfeld. Zürich 1971.

1972

Hokusai's Spaziergang. Mit zwei Texten von Horst Janssen: *Über das Zeichnen nach der Natur* und *Traktat über die Herstellung einer Radierung.* Herausgegeben von Gerhard Schack. Christians Verlag, Hamburg 1972.

Tessin. Zeichnungen aus der Schweiz 1971. Mit einem Brief von Johann Wolfgang Goethe aus der Schweiz 1779. Verlag der Galerie Brockstedt, Hamburg 1972.

Subversionen. Leporello mit 20 farbigen Abbildungen übermalter japanischer und chinesischer Holzschnitte. Mit einem Text von Horst Janssen. Herausgegeben von Gerhard Schack. Christians Verlag, Hamburg 1972.

Fatter für Philip. Mit einem handgeschriebenen Text von Horst Janssen. Hower Verlag, Hamburg 1972.

Horst Janssen: Zeichnungen und Druckgraphik. Katalog der Ausstellung des Frankfurter Kunstkabinetts Hanna Bekker von Rath 1972.

1973

Horst Janssen. Katalog der Ausstellung in der Kestner-Gesellschaft Hannover 1973. Text von Horst Janssen und Wieland Schmied. Hannover 1973.

Norwegisches Skizzenbuch. September 1971. Mit einem Reisetagebuch. Propyläen-Verlag, Berlin 1973.

Minusio. Von einer Reise im Frühsommer 1972. Propyläen-Verlag, Berlin 1973.

Carnevale di Venezia. Mit Vor- und Nachzeichnungen zur Suite der Radierungen für Luigi Toninelli. Herausgegeben von Gerhard Schack mit Unterstützung der Griffelkunst-Vereinigung. Christians Verlag, Hamburg 1973.

Horst Janssen — Paul Gavarni. Katalog und Vorwort zur Ausstellung am Dom von Gerhard Schack. Lübeck 1973.

Neue Zeichnungen. 1970 bis 1972. Propyläen-Verlag, Berlin 1973.

Mißverständnisse. Leporello. Übermalte Postkarten nach Bildern von Fra Angelico, Leonardo, Schiele etc. Text von Horst Janssen. Herausgegeben von Gerhard Schack. Christians Verlag, Hamburg 1973.

1 Ge-pferdte für Bettina. 10 Zeichnungen, 100-fach zu variieren — 1 Potenzello. Hower-Verlag, Hamburg 1973.

Der Wettlauf zwischen Hase und Igel auf der Buxtehuder Heide. Faksimile-Ausgabe der Zeichnungen von 1950. Neske Verlag, Pfullingen 1973.

Eliza Hansen: Meine Rumänischen Spezialitäten. Mit Zeichnungen von Alfred Mahlau und Horst Janssen. Christians Verlag, Hamburg 1973.

Bettina — eine Nachzeichnung in romantischer Manier. Hower-Verlag, Hamburg 1973.

Handzeichnungen und Radierungen. Zu den Zyklen Hokusai's Spaziergang — Die Kopie — Hanno's Tod — Die Landschaft — Carnevale di Venezia. Katalog der Ausstellung des Kupferstichkabinetts der Hamburger Kunsthalle 1973 und der Kunsthalle Bielefeld 1974. Mit Unterstützung der Griffelkunst herausgegeben von Eckhard Schaar und Gerhard Schack. Christians Verlag, Hamburg 1973.

> *Horst Janssen — Radierungen.* Galerie Valentien. Stuttgart 1973.
>
> *Hanns Theodor Flemming: Horst Janssen und sein Werk in der zeitgenössischen Kunst.* — In: Universitas 28. 1973. S. 871—878.

1974

Landschaft. Lavierte Federzeichnungen und Radierungen. Text von Horst Janssen. Mit Unterstützung der Griffelkunst-Vereinigung herausgegeben von Gerhard Schack. Christians Verlag, Hamburg 1974.

Kleines Geste-Buch. Herausgegeben von Gerhard Schack. Christians Verlag, Hamburg 1974.

> *Caspar David Friedrich.* 12 Handzeichnungen der Kunsthalle Hamburg. Text von Eckhard Schaar. Hamburg 1974.
>
> *Peter Tomory: Johann Heinrich Füssli, Leben und Werk.* Propyläen-Verlag, Berlin 1974.
>
> *Horst Janssen — Radierungen 1958—1974.* Katalog der Ausstellung in der Galerie Pels-Leusden. Berlin 1974.
>
> *Horst Janssen — Radierungen und Zeichnungen.* Katalog der Ausstellung im Kunstverein Ulm 1974. Mit einem Vorwort von Hans Kinkel. Ulm 1974.
>
> *Horst Janssen: Hanno's Death and other etchings.* Katalog der Ausstellung in der Galerie Lefebre. New York 1974.

November. Collagen, Fotos, Wörter, Texte, Kritzeleien, Zeichnungen. Propyläen-Verlag, Berlin 1975.

Selbstbildnisse zu Hanno's Tod. Mit dem XI. Kapitel aus den Buddenbrooks von Thomas Mann. Herausgegeben von Gerhard Schack. Christians Verlag, Hamburg 1975.

Gerhard Schack: Japanische Handzeichnungen. Mit Kopien von Horst Janssen nach Kyosei und Hokusai. Christians Verlag, Hamburg 1975.

Mannheim. Festrede anläßlich des Schiller-Preises der Stadt Mannheim 1975. Faksimile des handgeschriebenen Textes mit Collagen. Herausgeber Stadt Mannheim. Christians Verlag, Hamburg 1975.

> *Bücherkatalog Horst Janssen.* Verzeichnis der Bücher und Kataloge 1948—1975. Buchhandlung Felix Jud & Co, Hamburg 1975.
>
> *Günther Wirth: Horst Janssen.* Rede zur Eröffnung der Ausstellung „Horst Janssen — Graphische Zyklen" in der Hans Thoma-Gesellschaft. Reutlingen 1975.
>
> *Horst Janssen: Die graphischen Zyklen.* Katalog der Ausstellung in der Thoma-Gesellschaft, Reutlingen. Mit Texten von Alfred Hagenlocher, Horst Janssen und Gerhard Schack. 1975.
>
> *Horst Janssen: Disegni e Aquaforti.* Katalog der Ausstellung der „Promotrice delle Belle Arti", Turin. Mit Texten von Luigi Carluccio und Wolfgang Hildesheimer. 1975 (2. erweiterte Auflage 1976).
>
> *Horst Janssen: Radierungen und Bücher.* Katalog der Ausstellung in der Galerie Belle (C. J. Bolander). Vesteras (Schweden) 1975.
>
> *Verleihung des Schillerpreises der Stadt Mannheim* (Mannheimer Hefte 2). Mit Texten von Ludwig Ratzel, Alfred Hentzen und Horst Janssen. 1975.

Um Soonst. 2 Geschichten zu 19 Collagen. Hower-Verlag, Hamburg 1976.

Norsk Skissebok — Norwegian Sketches. Norwegisches Skizzenbuch (2. Ausgabe). Mit Text des Reisetagebuches auf Norwegisch, Englisch, Deutsch und Japanisch. Verlag Artes Galleri, Oslo 1976.

Zeichnungen und Radierungen 1969—1975. Erweiterte Ausgabe des Katalogs der Kestner-Gesellschaft von 1973. Mit Texten von Horst Janssen, Wieland Schmied und Gerhard Schack. Herausgegeben von Gerhard Schack. Christians Verlag, Hamburg 1976.

Gerhard Schack: Es konnte ein Mann aus Versehen. Limericks, Schüttelreime und andere Sprüche. Mit Abbildungen von Zeichnungen und Radierungen von Horst Janssen. Herausgegeben von Friedemann Bartning. Christians Verlag, Hamburg 1976.

Horst Janssen: Das Werk des Zeichners. Katalog der Ausstellung in der Kunsthalle Mannheim 1976. Herausgegeben von Günther Ladstetter. Mannheim 1976.

Horst Janssen: Zeichnungen und Graphik. Katalog der Ausstellung in der Galerie Vömel, Düsseldorf 1976.

Horst Janssen: Graphic Work. Publikation zur Ausstellung der Cambridge Art Association. Herausgegeben von Carla Maria Casagrande. Cambridge (USA) 1976.

Horst Janssen: „Caspar David Friedrich" — „Totentanz". Katalog der Ausstellung in der Gallerie Art-Difusio. Barcelona 1976.

Johann Heinrich Füssli — Horst Janssen. Ausstellungskatalog der Galleria Blumen. Lugano 1976.

Horst Janssen — 13 drawings. Ausstellungskatalog mit Text von Giorgi Soavi. Herausgegeben von Olivetti & C.S.p.A. Italien 1976.

Horst Janssen: Einzelblätter — Graphische Zyklen. Katalog der Ausstellung in der Städtischen Galerie Albstadt, herausgegeben von Alfred Hagenlocher. 1976.

Publikation zur Ausstellung der großen Radierzyklen im Mannheimer Kunstverein. Mit dem Text der Rede zur Verleihung des Schillerpreises von Horst Janssen. Mannheim 1976.

1977

Birgit Jacobsen — Horst Janssen: Nocturno. 30 Fotos + 30 Zeichnungen + Collagen. Text von Ernst Jünger. CC-Verlag, Hamburg 1977.

Horst Janssen — Hartmut Frielinghaus: Svanshall. Mit Texten von Horst Janssen. Christians Verlag, Hamburg 1977.

Janssenhof — Witzwort. Mit Texten von Horst Janssen und Theodor Storm. Herausgegeben von Claus Clément. CC-Verlag, Hamburg 1977.

Die Kopie. In Zusammenarbeit mit der Griffelkunst herausgegeben von Gerhard Schack. Christians Verlag, Hamburg 1977.

Japanske Handtegninger, Tegninger of Bøker av Horst Janssen. Katalog der Ausstellung im Henie-Onstad Kunstsenter. Hövikodden-Oslo 1977/78.

1978

Plakate. Werkverzeichnis der Plakate von 1957—1978. Mit Texten von Wilhelm Gilly, Horst Janssen und Erich Meyer-Schomann. Katalog der Ausstellung im Stadtmuseum Oldenburg 1978. Bearbeitet und herausgegeben von Erich und Helga Meyer-Schomann. Verlag Manfred Meins. Oldenburg 1978.

1979

Frühe und beiläufige Arbeiten. Fünfzig und nochmal fünfzig zum fünfzigsten Geburtstag aus der Sammlung Carl Vogel. Herausgegeben vom Kunstverein in Hamburg. Christians Verlag, Hamburg 1979.

Angefangene Zeichnungen und Skizzen. Je fünfzig zum fünfzigsten Geburtstag aus der Sammlung Carl Vogel. Herausgegeben von der Hochschule für bildende Künste Hamburg. Christians Verlag, Hamburg 1979.

Selbstportraits. Fünfzig zum fünfzigsten Geburtstag aus der Sammlung Carl Vogel. Herausgegeben im Auftrag der Deutschen BP. Christians Verlag, Hamburg 1979.

Landschaften. Fünfzig davon zum fünfzigsten Geburtstag aus den Sammlungen Schack und Vogel. Herausgegeben von der Griffelkunst-Vereinigung Hamburg. Christians Verlag, Hamburg 1979.

Horst Janssen — Aspekte seiner Arbeit. Zum fünfzigsten Geburtstag anhand von Beispielen aus der Sammlung Carl Vogel. Herausgegeben von der Ständigen Vertretung der Bundesrepublik Deutschland. Christians Verlag, Hamburg 1979.

Ben Witter: Nebbich oder Löcher im Lachen. Zeichnungen von Horst Janssen. Fischer Taschenbuch Verlag, Frankfurt a. M. 1979.

Ergo. Mit Texten von Horst Janssen. Verlag Cotta'sche Buchhandlung und Nachfolger, Stuttgart, und CC-Verlag, Hamburg 1979/80.

    Zeichnungen und Radierungen. Text von Hans Kinkel. Ausstellungskatalog Jahrhunderthalle Hoechst 1979.

1980

Ergo — Texte. Ergänzung zum Buch *Ergo:* 151 Selbstportraits 1947—1979. Christians und CC-Verlag, Hamburg 1980.

Dümmeleien eines Unparteiischen. Johannes (Klose) zum 21. 5. 79. Mit Texten von Horst Janssen. Verlag der Galerie Brockstedt, Hamburg 1980.

Gerhard Schack: Gavarni. Aquarelle, Handzeichnungen und Lithographien von Paul Gavarni (1804—1866). Horst Janssen: Zeichnungen und Radierungen nach Gavarni. Christians Verlag, Hamburg 1980.

Alfred Mahlau. Der Zeichner und Pädagoge. Texte, Auswahl der Abbildungen und Zusammenstellung von Horst Janssen. Christians Verlag / CC-Verlag, Hamburg 1980.

    Drawings, Graphics, Poster. Text von I. v. Bethmann Hollweg. Ausstellungskatalog Worthington Gallery, Chicago 1980.

    Master Drawings. Texte von Alfred Hentzen und Annemarie Pope. Ausstellungskatalog Chicago Art Institut 1980.

    Winfried Maass: Ein genialischer Mensch. Das lüsterne Leben des Zeichners Horst Janssen. — W. Maass: Die Fünfzigjährigen: Porträt einer verratenen Generation. Hoffmann und Campe, Hamburg 1980. S. 89—104.

1981

Querbeet. Aufsätze, Reden, Traktate, Pamphlete, Kurzgeschichten, Gedichte und Anzüglichkeiten. Christians Verlag, Hamburg 1981.

Postkarten. Katalog zur Ausstellung im Kunstverein Oldenburg. Bearbeitet und herausgegeben von Erich Meyer-Schomann. 1981.

Die Kopie. Mit zwei Reden von Horst Janssen und einem Nachwort von Gerhard Schack. Für die Taschenbuchausgabe zusammengestellt von Ulrike Buergel-Goodwin. Deutscher Taschenbuchverlag, München 1981.

Anmerkungen zum Grundgesetz. Merlin Verlag, Gifkendorf 1981.

Tocka — Schwermut. Arkana Verlag, Göttingen 1981.

Nigromontanus — für Ernst Jünger zum 29. März 1980, *Caprice 2* — Kapriolen zu einem Weinetikett des Baron Philippe de Rothschild. Zwei Bände in einem Schuber. Christians Verlag, Hamburg 1981.

'76 — Verzeichnis aller Janssen-Radierungen zusammengefaßt in Jahrgangsheften. Herausgegeben von Hartmut Frielinghaus. Dornbusch Verlag, Hamburg 1981.

Horst Janssen. Katalog zur Ausstellung bei Berggruen et Cie. Mit einem Vorwort von Jean Clair. Paris 1981.

1982

Horst Janssen — Zeichnungen. Katalog zur Ausstellung in der Graphischen Sammlung Albertina, Wien. Herausgegeben von Walter Koschatzky. Mit einem Beitrag von Wolfgang Hildesheimer. Prestel-Verlag, München 1982.

Horst Janssen. Zeichnungen, Radierungen, Plakate. Katalog für die Ausstellungen im Museum of Modern Art Kamakura, Tokyo, und im Munch-Museum, Oslo 1982.

Horst Janssen — Retrospektive auf Verdacht. Buchkunst, Plakate, Einladungen, bebilderte Briefe, dekorative Arbeiten, Photographien, Druckkunst. Katalog zur Ausstellung im Museum für Kunst und Gewerbe Hamburg 1982. Herausgegeben von Heinz Spielmann. Christians Verlag, Hamburg 1982.

Angeber Icks — Eine Quichoterie. Herausgegeben von Claus Clément im CC-Verlag, Hamburg 1982.

Paranoia — 40 Pastelle — 40 Zustände desselben Gegenstandes — Selbst, Nature morte. Mit einem Text von H. Janssen. Verlag Galerie Brockstedt, Hamburg 1982.

538

Fixierte Augenblicke. 44 Photos aus der Ausstellung der Freunde der Photographie im Museum für Kunst und Gewerbe, Hamburg. Mit einem Text von H. Janssen. CC-Verlag, Hamburg 1982.

Altonaer Rede. „Frische Texte" zur Eröffnung der Ausstellung Janssen-Postkarten im Altonaer Museum, Hamburg 1982. Hower Verlag, Hamburg 1982.

66 Janssenplakate. 1978—1982. Lucifer-Verlag im Kunsthaus Lübeck, 1982.

Querbeet. Aufsätze, Reden, Traktate, Pamphlete, Kurzgeschichten, Gedichte und Anzüglichkeiten. Mit 96 Zeichnungen für die Taschenbuchausgabe. dtv-Verlag, München 1982.

100 x Horst Janssen. Lagerkatalog der Galerie am Grasholz. Verlag für Originalgraphik H. Küfner, Rottendorf 1982.

1983

Guardi zu Lübeck. 31 aquarellierte Federzeichnungen und 8 abgeschriebene Aufsätze aus „Das abenteuerliche Herz" von Ernst Jünger. Herausgegeben von Claus Clément. Luciferlag Kunsthaus Lübeck 1983.

Das Pfänderspiel. Ein tagespolitischer Seitensprung. Deutsch, Russisch, Amerikanisch. Merlin Verlag 1983.

Seid ihr alle da? Kasperle-Bilder von Horst Janssen. Mit Versen von Rolf Italiaander. Reprint der Ausgabe von 1948. Mit einem Text von H. Janssen. Verlag der Galerie Brockstedt, Hamburg 1983.

November. Mit einem Brief von Horst Janssen. 2. Auflage. Verlag Galerie Peerlings, Krefeld 1983.

Tocka — Schwermut. Postkartenbuch. Mit einem Text von H. Janssen zur Taschenbuchausgabe. dtv-Verlag, München 1983.

Horst Janssen. Zeichnungen 1979—1983 — Radierungen 1970—1983. Katalog der Ausstellung in sieben Städten der USA. Mit Texten von Horst Janssen. Vorwort Reinhold Heller. Verlag der Galerie Brockstedt, Hamburg 1983.

Janssen-Katalog 2. Dekoratives: Plakate, Schmuckblätter, Tischkarten, Postkarten. Edition St. Gertrude, Hamburg 1983.

Hundert Hamburger Gedichte. Mit 16 Zeichnungen von Horst Janssen. Herausgegeben von der Lyrik-Werkstatt des LIT. Hamburg 1983.

Horst Janssen — Zeichnungen. Katalog zur Ausstellung in der Graphischen Sammlung Albertina, Wien. Herausgegeben von Walter Koschatzky. Mit einem Beitrag von Wolfgang Hildesheimer. Dritte erweiterte Auflage mit zwei Texten und weiteren 18 Zeichnungen aus den Jahren 1978—1983 von Horst Janssen. Prestel-Verlag, München 1984.

Phÿllis. Verlag der Galerie Brockstedt, Hamburg 1984.

'74 und '75 — Verzeichnis aller Janssen-Radierungen zusammengefaßt in Jahrgangsheften. Herausgegeben von Hartmut Frielinghaus. Dornbusch Verlag, Hamburg 1984.

Register

542

Fotos:
Gunilla Ahlström
Studio Grünke
Thomas Höpker
Horst Janssen
Helga Sick
Ingeborg Sello
Horst Zuschke

Dieses Buch ist zu beziehen über
B. S. LILO-Verlag, Postfach 20 25 11, 2000 Hamburg 20
oder über die Druckerei
H. M. Hauschild GmbH, Rigaer Straße 3, 2800 Bremen 15

ISBN 3-920 699-57-2